D1676175

UBT 017056599599

Integriertes Steuer- und Sozialsystem

Manfred Rose (Hrsg.)

Integriertes Steuer- und Sozialsystem

Mit 45 Abbildungen und 19 Tabellen

Physica-Verlag

Ein Unternehmen
des Springer-Verlags

Professor Dr. Manfred Rose
Ruprecht-Karls-Universität Heidelberg
Alfred-Weber-Institut
für Sozial- und Staatswissenschaften
Forschungsstelle Marktorientiertes Steuersystem
Manfred-Lautenschläger-Haus
Zeppelinstraße 151
69121 Heidelberg

ISBN 3-7908-0008-2 Physica-Verlag Heidelberg

Bibliografische Information Der Deutschen Bibliothek
Die Deutsche Bibliothek verzeichnet diese Publikation in der Deutschen Nationalbibliografie; detaillierte bibliografische Daten sind im Internet über <http://dnb.ddb.de> abrufbar.

Dieses Werk ist urheberrechtlich geschützt. Die dadurch begründeten Rechte, insbesondere die der Übersetzung, des Nachdrucks, des Vortrags, der Entnahme von Abbildungen und Tabellen, der Funksendung, der Mikroverfilmung oder der Vervielfältigung auf anderen Wegen und der Speicherung in Datenverarbeitungsanlagen, bleiben, auch bei nur auszugsweiser Verwertung, vorbehalten. Eine Vervielfältigung dieses Werkes oder von Teilen dieses Werkes ist auch im Einzelfall nur in den Grenzen der gesetzlichen Bestimmungen des Urheberrechtsgesetzes der Bundesrepublik Deutschland vom 9. September 1965 in der jeweils geltenden Fassung zulässig. Sie ist grundsätzlich vergütungspflichtig. Zuwiderhandlungen unterliegen den Strafbestimmungen des Urheberrechtsgesetzes.

Physica-Verlag Heidelberg
ein Unternehmen der BertelsmannSpringer Science+Business Media GmbH

© Physica-Verlag Heidelberg 2003
Printed in Germany

Die Wiedergabe von Gebrauchsnamen, Handelsnamen, Warenbezeichnungen usw. in diesem Werk berechtigt auch ohne besondere Kennzeichnung nicht zu der Annahme, dass solche Namen im Sinne der Warenzeichen- und Markenschutz-Gesetzgebung als frei zu betrachten wären und daher von jedermann benutzt werden dürften.

Umschlaggestaltung: Erich Kirchner, Heidelberg

SPIN 10900741   88/3130 5 4 3 2 1 0 – Gedruckt auf säurefreiem Papier

Vorwort

Das deutsche Steuer- und Rentenrecht ist den Anforderungen dieser Zeit nicht gewachsen. Zwar hat sich die Politik zaghaft an einer Reform des Steuer- und Rentensystems versucht, eine zukunftsträchtige Lösung der Probleme aber wurde nicht gefunden. Weder wurde das Integrationsproblem von Einkommen- und Körperschaftsteuer gelöst, noch die Komplexität des Steuerrechts insgesamt reduziert. Bürger und Unternehmen können oft nur mit erheblichem Aufwand ermitteln, welche steuerlichen Pflichten ihnen auferlegt werden und welche Rechte ihnen zustehen. Jede Durchschaubarkeit ist inzwischen auch bei den Systemen der Altersvorsorge abhanden gekommen. Der demokratische Anspruch auf Transparenz der Steuerlasten wie auch bezüglich der zu erwartenden Rente wird vom Gesetzgeber gröblichst missachtet. Darüber hinaus trägt das deutsche Steuersystem zum weiteren Zerfall des sozialen Netzwerks bei, da die hohen Abgaben im unteren Lohnsegment die Arbeit im Vergleich zur Sozialhilfe kaum noch lohnend machen. Die Finanzierung der Renten über den Generationenvertrag ist in Anbetracht einer alternden Gesellschaft nicht gesichert, so dass in der Zukunft die Umstellung der Altersvorsorge auf Kapitaldeckung weiter ausgebaut werden muss. Es stellt sich daher die Forderung nach einer marktorientierten und einfachen Besteuerung, die zum einen den Anforderungen einer global agierenden Marktwirtschaft gerecht wird, zum anderen die Einbindung des Steuersystems in ein funktionierendes soziales Netzwerk und ein finanzierbares Rentenmodell ermöglicht.

Der Heidelberger Steuerkreis, dem die Professoren Joachim Lang von der Universität Köln, Hans-Georg Petersen von der Universität Potsdam, Bernd Raffelhüschen von der Universität Freiburg und Manfred Rose von der Universität Heidelberg angehören, veranstaltete im Juni 2001 in Heidelberg einen Kongress mit dem Titel „Integriertes Steuer- und Sozialsystem in der Zukunft". Ziel dieses Kongresses war es nicht nur, die besonderen Reformerfordernisse in den Bereichen der Steuern und Renten zu untersuchen, sondern auch die Reformfähigkeit von Politik und Gesellschaft in Deutschland einmal grundsätzlich zu hinterfragen. Dieses Anliegen verdeutlicht bereits der in diesem Buch in TEIL I veröffentlichte Kongresseröffnungsvortrag von Lothar Späth, in dem er eine grundlegende Reform des Steuer- und Sozialsystems hin zu mehr Eigenverantwortung des Bürgers fordert.

Im TEIL II („Gesellschaftlicher Wandel und Reformfähigkeit") dieses Bandes finden sich weitere Referate, die sich aus vielfältiger gesellschaftskritischer Sicht vor dem Hintergrund des derzeit zu beobachtenden tiefgreifenden gesellschaftlichen Wandels mit Grundorientierungen einer Reform des Steuer- und Sozialsystems befassen.

In TEIL III („Steuern einfach und gerecht gestalten") diskutieren Ökonomen und Juristen alte und neue Steuermodelle mit dem Ziel, von dem gegenwärtigen deutschen Steuerchaos zu einem Steuersystem zu gelangen, das insbesondere den Forderungen nach Einfachheit und Fairness bei der Besteuerung entspricht.

In TEIL IV („Praktische Probleme des neuen Steuerrechts in Deutschland") werden praktische Probleme der Umsetzung von Änderungen des Steuerrechts diskutiert, die in Zusammenhang mit der Steuerreform der rotgrünen Regierung stehen.

In TEIL V („Neue praktische Lösungen einer Besteuerung von Unternehmensgewinnen") wird über das kroatische Erfolgsmodell einer Besteuerung des zinsbereinigten Gewinns von Unternehmen berichtet. Auf dem Hintergrund der Erfahrungen aus der kroatischen Steuerpraxis wird die Besteuerung der Unternehmensgewinne im Rahmen des zur langfristigen Einführung in Deutschland vorgeschlagenen Heidelberger Einfachsteuer-Systems vorgestellt.

Die Beiträge in TEIL VI („Generationengerechte Rentenreform") beschäftigen sich mit den Problemen der gesetzlichen und freiwilligen Altersvorsorge. Im Mittelpunkt steht die Frage der Ergänzung oder gar des Ersatzes des derzeitigen Umlageverfahrens durch ein Kapitaldeckungsverfahren. Diskutiert werden auch praktische Auswirkungen der aktuellen Rentenpolitik.

In TEIL VII („Integration von Sozialtransfer und Einkommensteuer") richten die Beiträge das Interesse auf die mögliche Integration von Sozialtransfers in das Steuersystem. Die verbesserte Wiedereingliederung von Arbeitslosen und Sozialhilfeempfängern in das Erwerbsleben durch die Integration von Einkommensteuer und Sozialleistungen steht im Fordergrund der Betrachtung.

An dieser Stelle möchte ich auch all jenen danken, die einen Beitrag zum erfolgreichen Gelingen sowohl des Kongresses als auch zur Veröffentlichung dieses Tagungsbandes geleistet haben. Mein Dank gilt der DAMUS-Stiftung, die durch ihre Gewährung finanzieller Mittel die Durchführung des Kongresses und die Veröffentlichung der Referate in diesem Band ermöglicht hat. Meiner Mitarbeiterin Merike Glass danke ich für die Organisation des Kongresses und die Vorbereitung der Veröffentlichung dieses Bandes. Unterstützt wurde sie dabei von meiner früheren Sekretärin Margarita Hofmann, meiner derzeitigen Sekretärin Vera Horky, sowie den wissenschaftlichen Hilfskräften Axel Berchtold, Alexander Verwiebe und Christina Sieffert. Auch ihnen möchte ich an dieser Stelle meinen Dank aussprechen.

Heidelberg, im Oktober 2002

Manfred Rose

Inhaltsverzeichnis

I Deutschlands Reformfähigkeit

Lothar Späth
Sind wir in Deutschland fähig zu grundlegenden Reformen?   3

Gabriele Krone-Schmalz
Klartext - offene Worte über Deutschland und seine Reformfähigkeit   21

II Gesellschaftlicher Wandel und Reformfähigkeit

Claus Leggewie
Reformen jetzt, oder: Wie man einen missbrauchten Begriff retten kann   29

Benediktus Hardorp
Brauchen wir eine Reform des Reformierens?   38

Wolfgang Kersting
Freiheit, Selbstverantwortung, soziale Gerechtigkeit   50

Peter Koslowski
Sozialversicherungsillusion und Demutualisierung der Gesellschaft   70

III Steuern einfach und gerecht gestalten

Joachim Lang
Einfachheit und Gerechtigkeit der Besteuerung von investierten Einkommen   83

Wolfgang Schön
Vermeidbare und unvermeidbare Hindernisse der Steuervereinfachung   147

Bernd Genser
Ist eine duale Einkommensteuer einfacher und gerechter als eine umfassende Einkommensteuer?   176

Eckart Schremmer
Einfach und gerecht? Die erste deutsche Einkommensteuer von 1874/78 in Sachsen als Lösung eines Reformstaus in dem frühindustrialisierten Land ... 191

Gebhard Kirchgässner
Moralische Aspekte der Besteuerung ... 215

Michael Ahlheim
Ökosteuern – Idee und Wirklichkeit ... 242

IV Praktische Probleme des neuen Steuerrechts in Deutschland

Peter Bareis
Systematische Aspekte und praktische Probleme des ab 2001 geltenden Einkommensteuerrechts ... 271

Arndt Raupach
Neues Unternehmenssteuerrecht ... 287

Ernst Georg Schutter
Neue Aufgaben für die Finanzverwaltung ... 304

V Neue praktische Lösungen einer Besteuerung von Unternehmensgewinnen

Michael Keen and John King
The Croatian Profit Tax: An ACE in Practice ... 323

Manfred Rose
Eine einfache, faire und marktorientierte Besteuerung von Unternehmensgewinnen ... 343

VI Generationengerechte Rentenreform

Charles B. Blankart
Zur politischen Ökonomik von Rentenentscheiden ... 385

Axel Börsch-Supan
Nach der Reform ist vor der Reform: Weitere Schritte für eine
nachhaltige Reform der Altersvorsorge in Deutschland   397

Winfried Schmähl
Eine zukunftsorientierte Alterssicherungspolitik erfordert
einen integrierten und ausgewogenen Ansatz   409

Jörg Tremmel
Generationengerechtigkeit und Rentenbesteuerung   421

Berthold U. Wigger, Robert K. von Weizsäcker
Rentenfinanzierung und intergenerationelle Gerechtigkeit: Eine
wachstumstheoretische Perspektive   437

VII Integration von Sozialtransfer und Einkommensteuer

Joachim Mitschke
Abstimmung von steuerfinanzierten Sozialleistungen und
Einkommensteuer durch Integration   463

Hans-Peter Klös
Zur Konvergenz von Arbeitslosen- und Sozialhilfe   480

Sabine Dann, Andrea Kirchmann
Alexander Spermann, Jürgen Volkert
Einstiegsgeld in Baden-Württemberg   497

I Deutschlands Reformfähigkeit

Sind wir in Deutschland fähig zu grundlegenden Reformen? *

Lothar Späth

Magnifizenz, meine sehr verehrten Damen und Herren,

ich habe mir natürlich einen Augenblick überlegt, ob ich so tief wieder in die politischen Gefilde einsteigen soll, wie es dieser Vortrag zwangsläufig erfordert, zumal ich seit 10 Jahren versichere, nicht in die Politik zurückzukehren. Aber da ich es ohnehin nie lassen kann, gelegentlich anzumahnen, dass uns durch das Tempo, mit dem sich die internationale Entwicklung bewegt und in der Globalisierung die europäische und die deutsche Gesellschaft einfordert, nichts anderes übrig bleiben wird, als der Frage nachzugehen, warum es uns eigentlich nicht gelingt, das Tempo der Wirtschaft und deren Auswirkungen auf die Gesellschaft ein Stück weit auf die Politik zu übertragen. Man hat im Gegenteil eigentlich den Eindruck, dass die Politik eher reformfeindlicher geworden ist. Und das ist das alte Spiel. Ich habe natürlich auch keine Antwort darauf, ob die Deutschen etwa prinzipiell unfähig für Reformen wären. Also im Prinzip sind sie reformfähig. Nur, was sagt das?

Ich habe den Eindruck - und die Beispiele zeigen dies - die Reformen sind entweder unzureichend oder sie kommen mit erheblicher Verspätung, meist zu einem Zeitpunkt, wo die nächste Stufe der Reform schon einsetzen müsste. Oder aber, sie kommen überhaupt nicht. Und die große Frage lautet: Was ist eigentlich der Grund, dass die Bevölkerung das erträgt? Ich bin mir noch nicht einmal sicher, ob nicht eine Analyse einmal zeigen wird, dass z. B. die letzte Bundestagswahl nicht nur eine Wahl etwa gegen Kohl und die CDU war, sondern eine Abwahl des ersten Versuchs, nach 16 Jahren Regierungszeit ernsthaft Reformen in Angriff zu nehmen. Und ich bin nicht so sicher, ob die neue Regierung tatsächlich als Reformregierung gewählt wurde. Und manchmal habe ich das Gefühl, sie begreift jetzt, dass auch sie nicht als Reformregierung gewählt wurde und hält sich daran. Oder schauen Sie mal nach Berlin. Dort hat jetzt eine Diskussion begonnen, die etwa so lautet: „Wir wollen alles verändern, aber erst müssen wir sehen, wie wir dafür Mehrheiten gewinnen". Die Chancen, in Berlin für Reformen Mehrheiten zu gewinnen, sind besonders schlecht. Deshalb kann dort jetzt mutig ein Reformkonzept vorgetragen werden. Aber während des Wahlkampfes wird wahrscheinlich eh nichts reformiert. In der Zwischenzeit werden die Verhältnisse noch schlechter. Das könnte den Reformdruck erhöhen, aber mög-

---

* Wortlaut des zur Kongresseröffnung gehaltenen Vortrags.

licherweise kommen Konstellationen zustande, die Berlin allein nicht lösen kann. Und das Ergebnis wird dann sein, dass möglicherweise die Schwierigkeiten, Berlin zu helfen, noch sehr viel größer sind, weil dann die Bundestagswahl droht. Und man kann im Grunde fast strategisch überlegen, dass man dann ohne weitere Reformen den nächsten Bundestagswahltermin erreicht mit der Begründung: Es sei ja jetzt alles durch Berlin zu unsicher geworden. Sie sehen es ja auch an der „Schlachtart", die jetzt aufgestellt wird. „Wenn die PDS in den Senat kommt", sagt die Union, „dann geht im Länderfinanzausgleich gar nichts mehr", was ja objektiv eine interessante Begründung für den föderalistischen Staat ist.

Ich sagte Ihnen das als Beispiel - ich nehme dann lieber mal meine eigene Partei ein bisschen aufs Korn - weil damit schon sichtbar wird, wie die Fronten sind. Also die Frage ist nicht: Was braucht eigentlich die deutsche Bundeshauptstadt? Das wäre ja einmal eine interessante Fragestellung. Jeder Ministerpräsident sagt, die Landeshauptstadt braucht eine besondere finanzielle Zuwendung, weil sie das Aushängeschild des Landes ist. Da gibt es einen großen Streit in Baden-Württemberg beispielsweise, wie viel die Badener Stuttgart als Landeshauptstadt zugestehen können. Wenn Sie nach München gehen und behaupten würden, München ist wie Nürnberg, weiß ich nicht, was die Bayern mit Ihnen tun würden. Und selbst, wenn Sie an Düsseldorf denken - und selbst Kiel hat den Anspruch auf eine besondere Stellung in Schleswig-Holstein, von den Stadtstaaten gar nicht zu reden. Aber interessanterweise diskutiert niemand die Frage, wie müsste eigentlich eine Bundeshauptstadt aussehen, die Kulturaushängeschild ist.

Vor kurzem bin ich von Shanghai nach Berlin geflogen - natürlich über Frankfurt. Aber ich habe mir überlegt, was ein Chinese, der den Luxus des Shanghaier Flughafens als Bürger eines Entwicklungslandes genießt und dann in Tegel landet, etwa für eine Vorstellung von Deutschland hat. Aber wir haben ja eine Chance in Schönefeld. Das wird wahrscheinlich in den nächsten 20 Jahren Wirklichkeit.

Und Sie können gleich das zweite Beispiel aus der Verkehrspolitik bekommen: Es ist doch faszinierend, welche Diskussionen wir über Europa führen. Das beschränkt sich zur Zeit auf die Ausbreitung der Maul- und Klauenseuche und der damit zusammenhängenden europäischen Gefahren. Sie ist jetzt untergegangen, weil sie nach einem Vierteljahr immer noch keinen echten Fall in Deutschland haben und sich in England immer einen ausleihen müssen, um die Diskussion am Leben zu erhalten. Das europäische Parlament befasst sich eindringlich mit dieser Frage. Gleichzeitig verkauft Deutschland den Transrapid an die Chinesen, damit die Strecke von Pudong nach Shanghai gebaut wird. Jetzt nehmen wir aber nicht Lizenzen für unsere ingenieurtechnische Leistung ein, sondern wir geben noch 300 Millionen Steuergelder nach China mit, damit das wirklich gebaut wird. Und jetzt sagen die schlauen Chinesen: „Wenn ihr Deutschen ganz lieb zu uns seid und uns vielleicht das Ganze fast schenkt, dann können wir auch darüber reden, ob ihr die 50 Milliarden Strecke von Shanghai nach Peking bekommt". Möglicherweise können wir dann eines Tages Touristenreisen zur Fahrt mit dem Transrapid von Shanghai nach Peking veranstalten. Und China Airlines übernimmt den Transport der deutschen Touristen. Auf die Idee, dass der eigentlich zu dieser Zeit zwischen Paris, Frankfurt und Moskau verkehren sollte, kommt niemand. Dabei wären solche Hochgeschwindigkeitsverbindungen in Europa wie geschaffen, um etwa das Problem mit den knappen Slots der europäischen Flughäfen zumindest etwas zu entschärfen. Die wären dann nämlich für die Interkontinentalflüge frei. Aber so eine Diskussion findet schlicht nicht statt.

Was ist also los in Deutschland? Ich glaube, wir haben einen Zustand erreicht, in dem die Interessengruppen so mächtig sind, dass sie - verbunden mit einem System des Harmonisierungsdrucks - dafür sorgen, dass alle Entscheidungen im Prinzip für notwendig gehalten werden. Und auch die Bevölkerung und die Parteien sagen nie „nein" zu den Reformen. Sondern alle sagen „so nicht" und „jetzt nicht" und „warum nicht anders?". Und am Ende steht immer ein sogenanntes „Moratoriums-Nein". Hermann Lübbe hat den Begriff des „Moratoriums-Nein" geprägt. Das heißt: „Ich will ja gar nicht ‚nein' sagen. Aber wenn ihr jetzt so drängt und wollt eine Entscheidung, dann sage ich einmal vorsorglich ‚nein'. Wenn ihr mir genügend Zeit gebt zum Überlegen, dann sage ich vielleicht auch ‚ja'. Aber so, wie ihr mich jetzt fragt - jetzt und gleich soll ich etwas entscheiden - das kommt gar nicht in Frage, ich brauche Zeit."

Das ist vielleicht ein Ergebnis einer sehr langen Phase einer Wohlstandsgesellschaft, die zu dem Ergebnis kam, es gibt risikofreien Fortschritt. Vielleicht haben Deutschland die 80er Jahre am wenigsten gut getan, in dem uns die Europäische Gemeinschaft einen Fortschritt beschert hat, der tatsächlich risikofrei war. Und deshalb interessiert mich auch an der Problematik der 68er weniger, mit welchem Polizisten sich Herr Fischer geprügelt hat, als vielmehr die Tatsache, dass es einer Generation gelungen ist, unser Gesellschaftssystem so zu blockieren, dass wir im Grunde in einen Wettbewerb der Schiedsrichterfunktion in der Gesellschaft eingetreten sind, statt der Stürmerfunktion. Und heute haben wir in vielen Bereichen, in denen es auf Fortschritt ankommt, nicht mehr die Kräfte und die Menschen, die nach vorn drängen. Das ist nicht mehr die Gesellschaft, die aus der Aufbauzeit der Nachkriegszeit geprägt ist. Unsere Großväter und Väter hatten dort unglaubliche unternehmerische Neugier und Bereitschaft zum Risiko und haben vielleicht damit eine solche Dynamik geschaffen, die übrigens das Sozialsystem erst ermöglicht hat. Erhard hat immer gesagt, wenn die Wirtschaft schnell wächst, dann kann man auch die sozialen Leistungen dynamisch wachsen lassen. Aber da muss immer ein Abstand sein. Inzwischen wachsen die Sozialleistungen dynamischer als die Wirtschaft. Und wir diskutieren heute über eine ganz andere Gesellschaft - nicht nur im Hinblick auf die demographische Entwicklung. Es geht auch um Wettbewerb und völlig andere Entwicklungen, z.B. bei den Lebensentwürfen der junge Menschen. Aber wir sind nicht in der Lage, ein Paket von Reformen so im Zusammenhang zu diskutieren, dass sich daraus ein System ergäbe, in das wir als Gesellschaft hineinwachsen können. Und ich glaube, das ist das Anliegen des Heidelberger Kreises, welches ich sehr unterstütze.

Die Realität sieht aber anders aus. Da macht man immer wieder ein „Reförmchen" und nennt es dann einen „Schritt in die richtige Richtung". Übrigens trägt die öffentliche Meinungsbildung in den Medien gewaltig dazu bei, diesen Prozess so zu gestalten. Denn sobald irgendein Reformvorschlag kommt, wird gelobt - „ist ein Schritt in die richtige Richtung" - und dann kommt das „Aber". Und das „Aber" ist so umfassend, dass der Rösselsprung gewissermaßen zum Zwang wird. Aber wo kämen wir denn hin, wenn hinter der Reform schon die nächste käme? Der Stau und der Druck, den wir jetzt bei den Reformen haben, lässt uns aber gar nicht anders handeln, als in die Öffentlichkeit zu gehen und darauf aufmerksam zu machen. Und deshalb bin ich gerne hergekommen. Jetzt müssen die Fachleute in der Öffentlichkeit immer wieder aus ihrem Sachverstand heraus klarlegen, dass Deutschland so nicht weitermachen kann. Denn wir dürfen nicht glauben, dass im internationalen Wettbewerb irgendjemand auf Deutschland Rücksicht nehmen wird. Es gibt ja Deutsche, die wollen jetzt eine Auszeit - wie im Eishockey. Die meinen, dass wir doch die Wiedervereinigung schon geschafft haben, mit der wir eigentlich gar nicht gerechnet haben. Das wäre schlimm genug, dass uns das getroffen hat. Und jetzt droht noch die europäische Einigung. Das ist nun wirklich zu viel auf einmal - Erweiterung und Vertiefung. Also da müssen wir erst einmal tief Luft holen, bis wir uns von den Strapazen der Vergangenheit erholt haben. Aber das geht nicht!

Ich will mich gar nicht lange bei der Beschreibung, die Sie alle kennen, aufhalten. Sondern ich möchte an Beispielen versuchen, aufzuzeigen, wo die Ansätze sind. Zunächst einmal: An was liegt es? Ich habe vorher gesagt, wir haben das Problem der Verbände und Interessengesellschaft. Kein Land ist so verbandsorientiert durchorganisiert und hat damit eine Struktur, bei der die Lobby im Grunde immer bei den Bewahrenden ist. An den Runden Tischen erscheinen nicht die Ideenträger für die neue Gesellschaft, sondern die, die sicherzustellen haben, dass diese Ideenträger kein Unheil anrichten. Nicht aber, dass die das Unheil für die Gesellschaft abwenden wollen. Nein, die meinen das Unheil für ihre Interessensgruppe. Nehmen Sie das Bündnis für Arbeit. Wer sitzt denn dort? Alle die, die sich wenigstens über eines einig sind: der Flächentarifvertrag muss bleiben. Und die diskutieren mit Vertretern einer Produktionsgesellschaft, die es schon gar nicht mehr gibt. Im Osten sind 80 Prozent der Menschen in der Dienstleistung tätig, im Westen 70 - da werden es bald 80 Prozent sein. Nebenbei bemerkt, das ist ein Punkt, wo sich der Westen dem Osten anpassen wird. Aber die Wortführer in dieser Runde sind die Industriegewerkschaften. Und dann läuft das natürlich auf solche Diskussionen - wie etwa mit der Entfernungspauschale - hinaus. Da überlege ich mir, was machen die denn mit den vielen jungen Leuten, die mit ihrem Computer Software produzieren? Ich meine die, die sich morgens aus dem Bett schleichen, ihre Kaffeetasse in der Küche angeln und dann anfangen, auf die Tastatur einzuhämmern. Können Sie mir erklären, wie ich da eine Entfernungspauschale mache - vom Schlafzimmer ins Wohnzimmer? Aber wenn der mit dem Auto zu seinem Kunden fährt, ist der doch genau so tätig wie der, der jeden Morgen zu seinem Arbeitsplatz fährt. Aber das wird einfach nicht gesehen, weil die, die diese Entfernungspauschale gemacht haben, immer noch mit der Vorstellung leben, dass 80 Prozent der Menschen regelmäßig früh um 6:00 Uhr zu ihrem Arbeitsplatz fahren. Das ist genau so wie die Frage, ob sie 38 oder 40 Stunden arbeiten sollen. Dabei wird übersehen, dass ein Großteil der Menschen heute nicht mehr eindeutig zwischen Arbeitszeit, Kommunikation, Scheinselbstständigkeit, echter Selbstständigkeit und Freizeit unterscheidet. Aber auf solche Menschen sind diese Bündnisse überhaupt nicht vorbereitet. Das ist also der erste Punkt: die Verbände und Interessengruppierungen, die so stark sind, dass sie im Grunde die Entbürokratisierung verhindern.

Ich habe einmal eine große Erfahrung in Baden-Württemberg gemacht. Ich habe eine Entbürokratisierungskampagne eingeleitet und war ganz begeistert, als mir meine Verwaltung nachgewiesen hat, dass wir 40.000 Vorschriften beseitigt haben. Und keiner hat es gemerkt. Es hat sich auch nichts geändert. Als ich Stichproben der 40.000 beseitigten Verwaltungsvorschriften sah, war mir das sonnenklar. Da war nicht eine dabei, die relevant war. Solche Aktionen können wir noch viele in Deutschland machen, wo wir Vorschriften abschaffen, die man ohnehin nicht mehr braucht. Aber wir gehen nicht an die, die ich gemeint habe. Und wenn Sie einmal sehen, welche Stellungnahmen etwa die Industrieverbände zu neuen Gesetzesvorlagen abgeben, wird Ihnen Angst und Bange bei dem Gedanken, dass die Wirtschaft die Führerschaft bei der Entbürokratisierung übernehmen will. Da sind natürlich die Spitzen, welche die Wirtschaft vertreten, die durchaus reformfreudig sind. Aber wenn ich mir die ganzen Apparate anschaue, die jedes Gesetz auf die Interessen dieses Verbandes, jenes Verbandes und dieser Organisation hin anschauen - und vor allem die Summe der Stellungnahmen betrachte - dann wird mir wieder eines klar. Nämlich, dass die Deutschen in der Lage sind, aus der einfachsten politischen Gesetzesidee ein so kompliziertes Werk zu machen, dass die, die es angestoßen haben, es nicht wiedererkennen. Aber dafür ist es beschlussfähig und am Ende sogar unter den Parteien einigungsfähig. Nur einigen die sich über etwas, was die, die es initiiert haben, gar nicht wollten. Und dann behaupten die noch, sie hätten die Reform gemacht.

Das ist der eine zentrale Punkt. Wir brauchen statt der Verbandsdemokratie neue Formen der Kommunikation zwischen Bevölkerung, Politik und Gesellschaft zu diesen Themen. Ich glaube durchaus, dass wir solche Einrichtungen - nennen Sie es Runder Tisch oder nennen Sie es Räte - brauchen. Diese Gremien sind wichtig, weil sie der Politik etwas vorschlagen können und vor allem der Bevölkerung transparent machen, wo das Problem liegt. Denn die Politik lebt ja eigentlich oft davon, dass die Dinge nicht transparent sind.

Und damit bin ich beim zweiten Punkt: Die deutsche Gesellschaft scheint nicht neugierig zu sein. Machen Sie doch einmal eine Statistik darüber, wie viele Westdeutsche inzwischen nach 10 Jahren in Ostdeutschland waren. Wenn Sie dann noch Ostberlin ausklammern, bekommen Sie ein schönes Bild von den gelangweilten und desinteressierten Deutschen. Und da liegt auch gleich die Antwort. Denn wer nicht neugierig ist, der hat natürlich keine Lust, sich auch flexibel mit neuen Dingen zu beschäftigen. In der Wirtschaft läuft das ganz anders - zwangsläufig. Da müssen Sie jeden Tag experimentieren und versuchen, eine Sache besser zu machen. Und hinter all dem steht die Überlegung: Gelingt das Experiment, übertrage ich es auf andere Bereiche; missglückt es, ziehe ich es wieder zurück und kann sagen, dass ich daraus gelernt habe.

Überlegen Sie einmal, wo die öffentliche Seite ernsthaft experimentiert. Wir hatten gestern eine Sitzung des Stifterverbandes der Deutschen Wissenschaft und haben die Frage erörtert, was beim Wettbewerb „Reformhochschule" herausgekommen ist. Wenig. Aber man muss von außen schon Druck ansetzen, dass überhaupt einmal bestimmte flexible Ausnahmezustände geduldet werden. In einer perfekten Gesetzes- und Verordnungslandschaft können Sie eben nicht experimentieren. Sie müssen also Freiräume für Experimente schaffen. Die deutsche Gesellschaft hat einen großen Hang der absoluten Gleichbehandlung. Nehmen Sie das Zulassungssystem für die Universitäten. Das ist beileibe keine ideenreiche Veranstaltung, sondern das ist der Druck der Gleichbehandlung, der dann zu solch verrückten bürokratischen Systemen führt. Und während jeder inzwischen sagt, „Wir wollen eigentlich einen Wettbewerb der Universitäten", hat man nach wie vor das Thema der zentralen Zulassungssysteme mit der Folge des Numerus clausus. Und wenn Sie sehen wollen, wie sich das dann praktisch auswirkt, haben Sie jetzt ein ganz wunderbares Beispiel. In einer Woche habe ich drei Überschriften in Zeitungen gelesen. Erste Überschrift: „Der Numerus clausus muss in der Informatik in Deutschland eingeführt werden, weil die Zahl der Studenten doppelt so hoch ist wie die Zahl der angebotenen Studienplätze" - erste Meldung. Zweite Meldung: „Wir müssen mehr Greencards ausgeben, um Ausländer als Informatiker hereinzuholen, weil unsere Kapazität nicht reicht". Dritte Meldung: „Im Osten laufen die jungen Leute weg". Heute verhandeln die Ministerpräsidenten mit dem Bundeskanzler über den Solidarpakt 2. Die Spannbreite liegt zwischen 300 und 160 Milliarden in den nächsten 10 Jahren. Da wird sicherlich der große Krieg ausbrechen. Aber auf die Idee, mit nur einer Milliarde Mark in Ostdeutschland 25 Fachhochschulen zu bauen und den Numerus clausus zu vergessen, kommen die bestimmt nicht. Diese Fachhochschulen kann man doch nach einem Fertigbautyp aus dem Boden stampfen und in ein paar Jahren, wenn die dann wegen der Altersentwicklung wieder leer stehen, für alle möglichen Ausbildungseinrichtungen verwenden. Der Bau kostet höchstens 25 bis 30 Millionen. Lassen Sie ihn 40 Millionen kosten und die Milliarde reicht für 25 solcher Fachhochschulen. Diese drei Überschriften lassen wir so stehen und sagen: „Es ist fürchterlich in Deutschland." Aber auf die Idee, dass wir die jungen Leute nach Ostdeutschland locken, weil sie hier keinen Studienplatz finden, im Osten aber wohl, kommen wir nicht. Dabei wissen wir doch alle, dass die Unternehmen der Softwarebranche dorthin gehen, wohin die Informatikstudenten ausgebildet werden.

Gestern hatten wir im Wirtschaftsausschuss des Deutschen Bundestags eine vierstündige Anhörung über das Dilemma des Ostens. Da frage ich mich, wer da noch zusammenhängend denkt? Und deshalb kommen Sie immer wieder zum selben Bild, nämlich, dass selbst die einfachsten Dinge in Deutschland nicht unbürokratisch gelöst werden können. Sie können sich sicherlich vorstellen, was da losgeht, wenn die darüber streiten, wie sie die 25 Fachhochschulen verteilen sollen. Und überhaupt: Kann der Westen zulassen, dass so viele Fachhochschulen im Osten gebaut werden? Und wenn die gebaut werden, wie werden sie zwischen den Ostländern verteilt? Und wo ist dann in dem jeweiligen Land ein Standort, der im politischen Wettbewerb einigungsfähig ist? Wenn das alles ausdiskutiert und beschlussfähig gemacht worden ist, dann sind fünf Jahre herum, und wir brauchen die Hochschulen wahrscheinlich nicht mehr. Denn das wäre der Zeitpunkt, zu dem wir den ersten Schwung Informatiker ausgebildet hätten.

Mit anderen Worten: Die deutsche Gesellschaft hat einen unglaublichen Hang, alles gerecht und im Detail ausgewogen zu machen. Hinzu kommt noch die mangelnde Experimentierlust, die mangelnde Neugierde auf die Zukunft und die bremsenden Interessenverbände. Und dann erkennen Sie, warum wir Deutschen so einen Begriff wie „Reformstau" in unserem Wortschatz haben.

Und dann kommt gleich der nächste Punkt: der Harmonisierungsdruck des deutschen Grundgesetzes. Ich glaube, man muss einmal in die fundamentale Diskussion eintauchen und sehen, dass wir ein Grundgesetz haben, bei dem das Zusammenwirken von Bund und Ländern über den Deutschen Bundesrat inzwischen - zusammen mit den Gemeinschaftsaufgaben - eine Form angenommen hat, die mit den Länderkonferenzen noch als dritte Institution die absolute Unregierbarkeit Deutschlands sicherstellt. Nehmen Sie z.B. die Kultusministerkonferenz. Dort werden nicht etwa die Spielregeln für den Wettbewerb der deutschen Bundesländer um die besten Bildungseinrichtungen oder die besten Hochschulen gemacht. Nein, da wird unter einem Harmonisierungsdruck gearbeitet, der zum Prinzip hat: Was nicht einigungsfähig ist, darf nicht gemacht werden. Nun stellen Sie sich die 16 Kultusminister in der Farbgebung, wie wir sie in Deutschland im bunten Rahmen der Parteien haben, vor. Stellen Sie sich diesen Apparat vor und dann träumen Sie von der Chance, diese Konferenz würde wichtige Strukturen für den Wettbewerb der besten Bildungseinrichtungen schaffen. Der frühere Ministerpräsident von Niedersachsen, Glogowski, hat einmal gesagt: „Wenn Schüler aus Baden-Württemberg und Bayern kommen, müssen wir die ein Jahr stilllegen, bis unsere so weit sind, dass die sich anschließen können." Das war eine sehr selbstkritische und ehrliche Aussage. Aber so etwas darf es in Deutschland ja eigentlich nicht geben. Die Schulen müssen alle gleich sein. Falls die Eltern in Deutschland umziehen, müssen doch die Kinder den selben Standard bekommen. Das Problem ist, dass der eh nicht da ist. Und zweitens: Die Eltern mit Kindern werden künftig in ganz Europa herumziehen, wenn nicht sogar weltweit. Wollen Sie alle Schulen auf der Welt auf ein Niveau bringen? Übrigens kenne ich viele, die ganz glücklich sind, dass sie ihre Kinder im Ausland gleich einmal auf englische Schulen schicken können und diese zweisprachig aufwachsen. Ich meine, dass genau dieses einer der entscheidenden Punkte ist. Der Föderalismus ist auf Wettbewerb angelegt. Wer hat die besten Kindergärten? Wer hat die besten Schulen? Wer hat die besten Krankenhäuser? Wer hat die wirtschaftlichste Abwasserbeseitigung? Wer organisiert den Nahverkehr am besten? Darin liegt eine unglaubliche Chance für Ideen und für Wettbewerb. Aber wenn Sie jetzt die Finanzausgleichsfunktion noch dazu nehmen, dann haben Sie überhaupt keinen Ansatz mehr von dem, was den Föderalismus stark macht. Das war übrigens einmal der Gedanke des Grundgesetzes.

Dann haben wir noch diese unglaubliche Entwicklung der Gemeinschaftsaufgaben, die ich vorhin schon mal kurz angesprochen habe. Sie können auf Landesebene doch im Grunde gar nichts mehr machen, ohne dass der Bund bei allem mitmischt. Und bei allem, was der Bund macht, hängen sich die Länder mit rein. Die meisten haben übersehen, dass das daher kommt, dass fast alle Gesetze Verwaltungsaufgaben enthalten. Und immer, wenn eine Verwaltungsaufgabe drin ist, dann sind auch die Länder zuständig - also müssen die Länder mitbestimmen. Und nehmen Sie jetzt die

Verhaltensweise der Deutschen, die zu diesem Harmonisierungsgefühl gehört. Sie werden nämlich immer eine Partei in die Regierung wählen und dann vor lauter Schreck, dass sie es gemacht haben, in der nächsten Landtagswahl auf jeden Fall die Gegenbewegung einleiten. Damit wird sichergestellt, dass nach den nächsten Landtagswahlen in der Regel die Opposition die Mehrheit im Bundesrat erhält. Und hinzu kommt, dass Sie fast nur noch Koalitionsregierungen haben. Ich erinnere mich immer an die herrliche Zeit, als ich in Baden-Württemberg bei drei Legislaturperioden mit der CDU eine Alleinregierung hatte. Ich sage es jetzt nicht, weil das für die CDU gut war. Sondern ich sage das, weil in jedem Land, in dem eine Regierung eine Weile lang kontinuierlich arbeiten kann, wirklich etwas verändern werden kann. Wenn Sie aber dauernd einen Koalitionspartner haben, der sich erst einmal profilieren muss, geht damit die meiste Zeit verloren. Da wird dann ein Kompromiss gemacht, der seine Profilierung wieder schädigt, damit er sich dann sofort in eine neue Profilierung stürzt. Und stellen Sie sich nun vor, dass dieser Kompromiss dann auch noch mit den Widerständen der Opposition im Bundesrat geordnet werden muss, damit sich dann dort eine Mehrheit bilden kann. Wenn Sie sich jetzt das ganze Zusammenwirken etwa bei einer Finanzreform vorstellen und dann noch die Bedienung von Ländern mit Sonderzuweisungen mit einbeziehen; wie wollen Sie denn bei diesem Gemisch klare Verhältnisse hervorbringen? Ich halte das für so gut wie ausgeschlossen.

Genau da wäre übrigens mein erster Ansatz für eine Lösung. Wir brauchen eine Reform des Grundgesetzes mit einer stärkeren Unabhängigkeit der Länder, einer echten Wettbewerbssituation zwischen den Ländern. Und wir müssen diese vielen Fördertöpfe abschaffen. Nehmen Sie einen und gleichen den Betrag auf die Einwohnerzahl aus. Und wenn dann die Starken wirklich im Wettbewerb um die besten Lösungen miteinander ringen, dann bekommen wir eine Dynamik in der Reformbereitschaft, wie wir sie in Deutschland lange nicht gesehen haben. In der Wirtschaft nennt man das „Benchmarking". Wettbewerb heißt immer Benchmarking. Und seit die Hochschulen Benchmarking machen, können Sie beobachten, wie betroffene Universitäten reagieren, obwohl das noch gar keine Folgen hat. Das wird aber nicht lange so bleiben. Die Entwicklung bei den Finanzen wird sehr schnell dazu führen, dass wir für die Universitäten einen richtigen Wettbewerb bekommen. Und die Zentralstelle für die Vergabe von Studienplätzen wird es nicht mehr lange geben, ich verspreche es Ihnen. Das wird die Politik übrigens nicht aus innerster Überzeugung heraus angehen. Das wird von außen erreicht. Die Internationalisierung hat immer einen Vorteil, alles wird vergleichbar und tritt in einen Wettbewerb. Ich habe das immer am liebsten zu den Zeiten Helmut Kohls gesagt, als Scharping Oppositionsführer war. Da konnte ich sagen: „Die Kinder des Bundeskanzlers und die des Oppositionsführers studieren alle in Amerika." Womit der Nachweis erbracht ist, wie gut unser deutsches Bildungssystem ist und vor allem, wie groß das Vertrauen der Politik in eben diese Bildungseinrichtungen, für die sie die Verantwortung trägt, ist.

Englisch wird sowieso bald die zweite Wissenschaftssprache. Das können Sie gar nicht verändern. Sie können in der Internetgesellschaft nicht ohne Englisch arbeiten. Das wird sich auf verschiedene Studiengänge verschieden auswirken. Aber eines ist klar, wenn Sie an einer Hochschule nicht auch in englischer Sprache lehren, scheiden Sie aus dem Wettbewerb um die intelligentesten Studenten aus dem Ausland aus. Die lernen nicht Deutsch, um ihr Studium der Wirtschaftswissenschaften in Deutschland zu machen, wenn sie danach in einer Firma mit Auslandsaktivitäten eh nur noch in Englisch korrespondieren. Mein ostdeutsches Unternehmen, die Jenoptik, macht 50 Prozent ihres Umsatzes in Asien. Bei uns ist die zweite Sprache Englisch, und in vielen Teilen des Unternehmens wird nur Englisch gesprochen. Wir werden Englisch als zweite Sprache bekommen und der Wettbewerb der Universitäten wird auch dadurch kommen, dass die reichen Leute ihre Kinder dann woanders studieren lassen. Die Privatuniversitäten werden dann erfolgreich sein, wenn die öffentlichen sich nicht bewegen. Ich bin persönlich der Meinung, dass die öffentlichen Universitäten so viel leisten wie die privaten - übrigens auch in Amerika. Nehmen Sie die University of California, die ist so erfolgreich wie Stanford. Das Entscheidende ist doch, dass die Studenten dorthin wollen, wo sie die beste Ausbildung bekommen. Vergessen Sie das Hochschulrahmengesetz. Lassen Sie die Länder doch einfach machen, was sie wollen. Dann werden Sie erstens Universitäten haben, die keine Studiengebühren und keine Studenten haben, und Sie werden zweitens Universitäten mit hohen Studiengebühren haben, wo jeder hin will, weil sie einfach so gut sind.

Und wir in der Wirtschaft haben es einfach. Wir geben dann unserem Personalchef die Auswahl der Universitäten, deren Studenten wir sehen wollen. Dann brauchen wir uns bei der ganzen Suche auch gar nicht so anstrengen. Wir strengen uns dafür auf ganz anderen Gebieten an. Inzwischen gründen fast alle größeren Unternehmen eigene Akademien. Denn die Jagd um die besten Köpfe steht bei der Altersentwicklung in Deutschland schon auf dem Programm. Wir schlagen uns in wenigen Jahren um die besten Absolventen der Universitäten und wir werden denen alles bieten. Die Jenoptik wird sich jetzt ab diesem Jahr schon die ersten Studenten suchen und ihnen anbieten, in den nächsten fünf Jahren den MBA in Amerika zu machen oder in unsere Büros in Asien zu gehen, um sich dort weiterzuqualifizieren. Wir wollen die besten Köpfe haben, und für die geben wir viel Geld aus. Für die würden wir wahrscheinlich sogar Stipendien bezahlen, damit die an den besten Universitäten studieren können. Denn heute ist ohnehin nicht mehr wichtig, was in unseren Bilanzen steht. Was interessiert denn das Anlagevermögen oder die Rückstellungen von gestern? Wenn ich heute ein Unternehmen kaufe, sehe ich mir die zwanzig besten Köpfe an - das habe ich gerade in Amerika gemacht. Und wenn die gut sind, kaufe ich mir das Unternehmen, weil die Menschen den Wert des Unternehmens darstellen, nicht die Maschinen. Also halten wir fest: Föderalismus muss wieder Wettbewerb um die beste Lösung heißen. Nur so kommen wir weiter.

Der nächste Punkt ist die Transparenz. Ich habe das Gefühl - und lassen Sie es mich an der Rentenreform erläutern - dass die Politik inzwischen ein gewaltiges Interesse daran hat, die Wahrheit des Problems nicht ans Tageslicht treten zu lassen. Und zwar, weil sonst ihre politische Handlungsfähigkeit angesichts der Größe des Problems angezweifelt wird. Betrachten wir also ganz banal das Rentenproblem. Und nehmen Sie es mir jetzt bitte nicht übel, dass ich nicht wissenschaftlich abgesicherte Zahlen vortrage, sondern nur das Prinzip. Das Problem der Rentenreform ist ein absolut unpolitisches und die Ausgangslage ist denkbar einfach: in der Kasse ist nichts drin. Es gab bisher keine Kapitaldeckung. Die wurde jetzt durch einen „Schritt in die richtige Richtung" erstmals eingeführt. Aber es war ganz einfach: Die Leute werden sieben Jahre älter als zu dem Zeitpunkt, als die Rentenformel entwickelt wurde. Das begreift jeder. Nur, den selben Leuten haben wir vor kurzem noch versprochen, dass die Renten sicher sind. Wobei jeder, der genau gerechnet hat, wissen müsste, dass sie nicht sieben Rentnerjahrgänge, die sie zu viel haben, aus der Kasse bezahlen können, in die immer weniger einzahlen. Also war absehbar, dass dieses System ohne eine grundlegende Reform nicht funktioniert. Man hat dann versucht, höhere Einkommensgruppen in das kollektive System verstärkt hereinzuziehen. Inzwischen wissen wir, dass die Beitragszahlerseite gar nicht funktionieren kann. Denn heute gehen die Leute nicht mehr mit 14 in die Lehre und stehen somit als Beitragszahler zur Verfügung. Nein, die kommen heute mit 28 von der Universität, wenn sie dort bis zum Vorruhestand nicht bleiben können - was manche schon versuchen. Und zum Ausgleich gehen sie nicht mehr mit 65 in den Ruhestand, sondern mit 60 in den Vorruhestand. Und dann leben sie nach den letzten Sterbetafeln noch einmal drei Jahre länger.

Und inzwischen ist das größte Wachstum von Arbeitsplätzen, nach der Aussage der Regierung, bei der Biotechnologie zu verzeichnen. Wir machen überall Biotechnologiewettbewerbe mit dem Ziel, möglichst viele Arbeitsplätze mit neuen, modernen Produkten und Dienstleistungen zu schaffen. Die sollen den Menschen ein noch längeres und besseres Leben garantieren. Stellen Sie sich vor, diese ganzen Unternehmen sind erfolgreich. Dann verschärft sich das Problem mit den Beitragszahlern. Also was können wir tun? Sollen wir die Renten senken? Oder sollen wir sie langsamer steigen lassen und dafür die Beiträge erhöhen? Irgendwann müssen wir dann eine gewaltige Lücke füllen, weil die Lebensentwürfe unserer jungen Generation so sind, dass wir keine Chance haben, diese kollektive Sicherheit in dem Umfang aufrechtzuerhalten. Die Zahl der Selbständigen und Scheinselbständigen - um den Begriff einmal aufzunehmen - wird in der nächsten Generation eine ganz andere sein. Es gibt nicht mehr den Enkel, der 40 Jahre die Absicht hat, zu Heidelberger Druck, zu Bosch oder zu Daimler zu gehen. Da erzählt der Großvater voll Stolz: „Da war ich vierzig Jahre", und der Sohn sagt: „Ich auch schon 25." Der Enkel bekommt da einen Lachkrampf bei dem Gedanken und sagt: „Kann ich die Urkunden haben. Die stelle ich mir ins Internet als Erinnerung an meine Vorfahren". Der macht viel lieber Projekte; der wird selbständig; der geht dort eine Weile hin; der geht da eine Weile hin. Wer diese Lebensentwürfe betrachtet, kann überhaupt keine Chance sehen, dass sie eine aus der Produktionsgesellschaft solidarische kollektive Versicherungssystematik durchhalten.

Und trotzdem wird den Leuten nicht ehrlich gesagt, dass da eine Deckungslücke ist. Ich will jetzt nicht rechnen, wie hoch die ist, aber die Lösung ist schon klar. Die kommt irgendwann. Dann wird nämlich die Mehrwertsteuer auf europäisches Niveau gebracht und die Politiker werden es damit rechtfertigen, dass der Druck zur einheitlichen Mehrwertsteuer in Europa so groß ist, dass man sich dem nicht entziehen kann. Und die Mehreinnahmen, die gegen erbitterten Widerstand entgegengenommen werden, - es sind dann so 16 bis 18 Milliarden pro Jahr - werden im Rahmen der nächsten Steuersenkung zum Ausgleich der Rentenkasse genutzt. Damit können Sie eigentlich schon rechnen.

Nun können Sie auch eine intelligente Lösung machen - so, wie die Bundesregierung jetzt mit der Ökosteuer. Da wird gesagt: „Wir senken die Lohnnebenkosten." Was übrigens niemand kann, denn Sie werden die Lohnnebenkosten in Deutschland nicht senken können. Das ist eine der größten Versprechungen in der Politik, die nie einzuhalten ist. Aber, da sie es versprochen hat, kommt sie nun auf die Idee und beschafft über die Ökosteuer das Geld, um die Lohnnebenkosten zu senken. Da müssten die Leute ja eigentlich glücklich sein. Zum einen wird der Industrie der Wunsch nach Senkung der Lohnnebenkosten erfüllt, und zum anderen wird den Ökologen geholfen - also den Grünen. Allerdings werden die Industriezweige wieder herausgenommen, die furchtbar viel zahlen müssten.

So, und jetzt geht es los. Da eine hohe Rente von hohen Beiträgen abhängt, müssten Sie eigentlich den Leuten sagen: „Geht am Sonntag auf die Autobahn und tut was für Eure Rentenversicherung." Das wäre ja die Logik. Wenn das aber alle machen, haben wir ein Verkehrsproblem. Dann müssten wir aus der Pflegeversicherung Zuschüsse zum Autobahnausbau geben, damit die Leute ihre Rentenversicherung auch wirklich in Ordnung bringen können.

Ich will an dem Beispiel nur zeigen, wie die Politik Probleme zudeckt, statt sie mit den Leuten in einer großen Offenheit zu diskutieren. Wenn Sie nämlich an der Tankstelle mit jemanden reden, der dort tankt, und dem sagen, dass er jetzt mehr Mineralölsteuer bezahlen muss, dafür aber eine bessere Autobahn und eine schnelle Zugverbindung bekommt, dann lässt der mit sich reden. Wenn ich dem aber sage: „Hör mal, du musst mehr für das Benzin zahlen wegen Deiner Altersvorsorge", dann sagt der: „Ich bin Beamter, ich will eine andere Tankstelle." Mit anderen Worten: Steuern sind generelle Deckungsbeiträge des Staates. Und wenn Sie jetzt Steuern und Sozialversicherungsbeiträge vermischen, dann führt dieses Verwirrspiel zu nichts anderem, als zu einem Vertrauensverlust in die Politik. Wie die Rentenreform daher erfolgen muss, wissen inzwischen alle. Die Frage ist nur, wie schnell man die Privatversorgung aufbaut und das kollektive System herunterfährt. Ich sage daher voraus, dass wir alle zwei Jahre eine Rentenreform bekommen werden, weil das alle zwei Jahre wieder korrigiert werden muss. Vielleicht am Anfang nur alle vier Jahre, und dann alle zwei Jahre, und dann jedes Jahr. Und jedes Mal machen wir mit der Rentenreform wieder einen Schritt in die richtige Richtung - halt eine „Rösselsprung-Rentenreform".

Klar ist eines, durch Steuern können Sie Standortpolitik betreiben, aber eben nicht die ganzen Lebensprobleme einer Gesellschaft lösen. Unser Steuerrecht ist deshalb so kompliziert, weil man immer wieder versucht hat, Dinge, die gar nichts mit dem Deckungsprinzip des Staates zu tun haben, einfach mit zu verpacken. Ich will jetzt aber gar nicht intensiver auf die Einzelheiten des Konzeptes eingehen, sondern ich will nur sagen, dass wir hier einen Umbau und eine Vereinfachung dringend brauchen.

Und damit komme ich zu dem für mich wichtigsten Punkt, aus dem ich Hoffnung schöpfe. Ich schöpfe nämlich im Augenblick nicht Hoffnung aus der politischen Gestaltungskraft unserer politischen Parteien, sondern ich setze auf etwas ganz anderes, nämlich auf das Element der Globalisierung und der daraus entstehenden Dynamik. Vor allem beim Steuersystem wird da ein enormer Druck entstehen und Sie werden sehen, wie schnell wir zu einer Verlagerung der einkommensbezogenen Steuern hin zu Verbrauchssteuern kommen. Warum? Nehmen Sie als Beispiel die Körperschaftssteuer. Ich will Ihnen ein Märchen erzählen. Es ist ein Märchen, damit niemand sagen kann, ich hätte behauptet, das sei so. Betrachten Sie also einen großen Konzern - ich nehme einfach einmal Daimler-Chrysler als nicht vorhandenes Beispiel. Eines morgens kommt im Vorstand der Vorschlag, die 10 besten Völkerrechtler und Steueranwälte der Welt einzustellen. Da werden die besten Gehälter gezahlt. Und die setzen sich einmal im Jahr hin und überlegen, wie sie das Unternehmen körperschaftssteuerfrei machen können. Da gibt es ja viele Überlegungen. Sie können heute einen Konzernsitz auf einer

Plattform im Pazifik machen. Das verpacken Sie als Steuerabschreibungsmodell. Ich bin überzeugt, dass Sie da genügend Interessenten finden. Und statt nun nach Öl zu bohren, setzen sie dort die Finanzzentrale mit ein paar Computern drauf. Die können sie fernsteuern. Da brauchen sie nur eine Wartungsmannschaft wie bei einer Ölplattform. Und dann bin ich einmal gespannt, welches Finanzamt der Welt für diese Plattform zuständig ist - in internationalen Gewässern nämlich keines. Und dann sieht das bei Daimler so aus, dass die Entwicklung der Autos, wie auch die Wertschöpfung, im wesentlichen im Internet geschieht. Die Ingenieure und Datenexperten sind aus allen Ländern der Welt und arbeiten per Internet an so einem Projekt. Da wird über Verrechnungspreise solange daran gefeilt, bis in Hochsteuerländern nichts mehr an Wertschöpfung entsteht. Und dann überlege ich mir noch, was passiert, wenn diese 20 Anwälte und Völkerrechtler beim Finanzamtvorsteher in Stuttgart / Bad Cannstatt, Abteilung Körperschaftssteuer, vorfahren und 80 Ordner abladen, die lückenlos beweisen, dass hier keine Wertschöpfung passiert. Der hat dann ein Problem. Und wenn Sie sich einmal die Entwicklung der Körperschaftssteuer ansehen, dann wird Ihnen klar, dass wir auf dem besten Wege sind, dass so etwas passieren könnte.

Mit anderen Worten, die Globalisierung wird auf das Steuersystem einen solchen Druck ausüben. Was machen wir, wenn die großen Player gewissermaßen mit unseren Spielregeln spielen? Ich nenne ein zweites Beispiel - auch ein Märchen. Der selbe Konzern kommt beispielsweise auf die Idee, er baut in Europa einen Pick-Up. Sie wissen, Pick-Up ist dieser kleine Lastwagen, den die amerikanischen Mittelständler so lieben. Da wirft man einfach sein Zeug drauf. Das hat man in Deutschland nicht, da wird lieber eine Plane drüber gemacht. Es geht ja schließlich den Nachbarn nichts an, was man auf seinem Lastwagen befördert. Aber jetzt hat ein Meinungsforschungsinstitut herausgefunden, dass die jungen Europäer auch so locker werden und die Plane nicht mehr brauchen. Also soll ein Pick-Up in Europa gebaut werden. Jetzt gehen die aber nicht nach Deutschland und schauen, wo der beste Standort ist. Nein, die füttern einen Computer mit allen Eigenschaften europäischer Standorte. Sie geben dort alles ein, was ihnen einfällt - wo sind die Kunden; wo ist die Kaufkraft; wie sehen die Verteilersysteme aus - und all das, was sie da einfach wissen müssen. Dann gehen sie an die Frage heran, was kostet die Investition, wie hoch sind die Löhne, wie hoch ist die Produktivität, wie hoch sind die sozialen Kosten, wie stabil ist die Regierung? Hier geben sie für Italien immer 16 Monate ein, für Deutschland bis zu 16 Jahre - das Programm schreiben sie hoffentlich bald um. Und dann wirft der Computer Barcelona oder Dublin aus. Das wären die zwei Standorte, wo ich jetzt vermuten würde, dass er sie auswirft. Daraufhin gehen die zu jeder Stadt, die die Fabrik gern hätte. Da sagen die: „Ihr könnt die Fabrik haben. Ihr müsstet nur mit den Gewerkschaften über die Löhne verhandeln, oder entsprechende Subventionen geben, oder das Grundstück schenken, oder auf die Gewerbesteuer verzichten." Da sagen die Deutschen: „Das geht alles nicht." Aber nehmen Sie doch mal die Diskussion um die Chipfabriken in Ostdeutschland. Plötzlich können Sie mit allen verhandeln - sogar mit den Gewerkschaften, wenn Sie sagen: „Die Fabrik kommt, oder sie kommt woanders hin."

Was passiert eigentlich mit unserem demokratischen Selbstverständnis, wenn unsere Spielregeln verhandelbar sind? In Asien können Sie in jedem Land über die Spielregeln verhandeln. Ich bin nicht sicher, ob die Entwicklung darauf hinauslaufen wird, dass Sie in Asien bald nicht mehr verhandeln können oder ob wir nicht dorthin kommen, dass Sie in Deutschland auch alles verhandeln können. Und wenn Sie jetzt den Ländern bei solchen Entscheidungen noch mehr Spielraum geben, dann werden Sie sich wundern, wie die Ministerpräsidenten unglaubliche Industrieansiedlungen hinbekommen. Das ist Wettbewerb. Den kann man wollen oder nicht, aber der Druck wird von außen so unglaublich wachsen, dass Ihnen gar nichts anderes übrig bleibt.

Wir werden ein Benchmarking der Spielregeln einzelner Standorte erleben. Der Druck, der daraus entsteht, wird das Ganze verändern. Und deshalb werden wir auch die Tabus brechen. Und das ist mein nächster und vorletzter Punkt.

Tabus heißt, wir Deutschen reden über bestimmte Dinge, als ob die anders wären als sie sind. Dazu zählt zum Beispiel die flexible Arbeitswelt. Im Osten reden wir, dass wir eine Lohnanpassung an den Westen brauchen. Tariflich ist dies auch schon beinahe passiert. Nur, wer zahlt im Osten nach Tarif?

Lassen Sie mich abschließen. Ich hoffe auf zwei Dinge: auf die Tatsache, dass der Druck von außen die Politiker zum Tempo anfeuert, und zweitens, dass der politische Druck von innen, der durch die Folgen der Nichtreform entsteht, das gewaltig verstärkt. Die Leute spüren nämlich jetzt langsam, dass das Reformtempo und der Reforminhalt unzureichend sind. Und sie werden irgendwann den Politikern Vertrauen schenken, die ihnen die Reform bescheren, und nicht mehr denen, die ihnen versprechen, es gäbe zwar Reformen, aber sie würden an ihnen spurlos vorbeigehen. Wir brauchen jetzt nicht darüber reden, dass jeder immer hofft, dass alles gut für ihn abläuft und dass ihm kein Opfer zu groß ist, dass sein Nachbar für ihn bringt. Ich glaube, dass wir einen Stimmungsumschwung bekommen; vor allem von einer jungen Generation, die mit dieser Art von Perfektion im Staat nicht mehr leben möchte. Eine Generation, die Lust hat zum Risiko und bislang daran gehindert wird, ihre Lebenslust - zu der auch Risikobereitschaft gehört - auszuleben. Und ich glaube, dass wir einen anderen, neuen, öffentlichen Dialog brauchen und dass wir auch wieder Vertrauen in die Wissenschaft brauchen.

Und lassen Sie mich auch dieses sagen: Eines hat die Wissenschaft selbst verschuldet - nämlich die Tatsache, dass man in vielen Fällen für jede Meinung einen wissenschaftlichen Gutachter kaufen konnte. Früher sind die alten Germanen mit Keulen aufeinander losgegangen. Heute gehen sie mit Gutachtern aufeinander los. In dieser Gutachterwelt findet jeder zu jedem Thema für jede Meinung irgendeinen Gutachter, der öffentlich auftritt und sagt: „Jawohl, das ist ganz anders, als mein Kollege sagt". Somit verlieren die Leute das Vertrauen zu Wissenschaftlern, dass diese sich nicht dazu hergeben, zweifelhafte Thesen zu vertreten. Ich glaube, das muss in Ordnung kommen. Wenn die Leute den Politikern misstrauen, verstehe ich das noch. Aber wenn sie auch der Wissenschaft unter dem Aspekt misstrauen, das sei auch eine Interessengruppe, dann geht etwas von dem verloren, mit dem Sie in einer modernen komplexen Gesellschaft leben müssen, nämlich - ich zitiere wieder Hermann Lübbe - „mit dem Sozialkitt des Vertrauens". Herrmann Lübbe hat einmal gesagt. „Wenn die Menschen kein Vertrauen mehr zueinander haben, also zunächst zur Wissenschaft und dann auch zur Politik, dann fehlt der Sozialkitt, der eine Gesellschaft zusammenhält."

Und lassen Sie mich mein Lieblingsbild zum Abschluss bringen. Es ist nämlich nicht nur in Deutschland so. Deutschland fängt allerdings an, einen Rekord zu entwickeln, einen Rekord im Reformismus aufzustellen, wobei der Rekord auch gleichzeitig auf die Oberflächenwirkung von Reformen übertragbar ist. Es ist so, dass heute Deutschland und Frankreich die am wenigsten flexibel und dynamischsten Länder der Europäischen Union geworden sind. Und das sind die beiden, die sich eigentlich vorgenommen haben, den Kurs Europas zu bestimmen. Wenn Sie heute die kleinen Länder wie Irland, die Niederlande, Portugal oder Dänemark anschauen, die Skandinavier überhaupt, dann beobachten Sie, dass dort eine andere Kultur der Reformbereitschaft und der Diskussion herrscht. Aber oft haben sie die selben Probleme wie überall. Und Sie haben es jetzt gesehen, wie die Politik plötzlich mit ihren Folgen konfrontiert ist und die dann durch Beschluss verweigern will. Sie haben erlebt, dass die Bundesregierung beschlossen hat, es bleibt bei 2,8 Prozent Wachstum - konsequent und mutig beschlossen. Und kein Mensch kümmert sich darum. Jetzt sind sie bei 2 Prozent und auch das wird nicht eintreten. Alan Greenspan wird in diesem Sektor mehr erreichen, als alle Staatsmänner der Welt zusammen, und er ist von niemandem gewählt und hat kein Mandat. Die Weltmärkte nehmen von den politischen Großkonferenzen kaum mehr Kenntnis, aber wenn Alan Greenspan hustet und sagt: „Ich denke über die Zinsen nach", haben Sie nur noch wenige Sekunden Zeit, bis die Weltmärkte verrückt spielen. Das müsste den Politikern zu denken geben, was ihre Aufgabe ist, nämlich nicht die Globalisierung zu bekämpfen, sondern die Dynamik der eigenen Gesellschaft wieder herzustellen.

Und da dies ein europäisches Problem ist, nehme ich immer gerne das Beispiel der Tiere im Zoo. Warum? Weil ich glaube, unser Problem ist, dass eine Generation, die Entscheidungen treffen muss, im Zoo geboren ist. Und jedes Tier, das im Zoo geboren ist, das hat dieses Schlüsselerlebnis, dass morgens der Wärter das Futter bringt. Da fragt keiner, woher dieses Futter kommt. Das ist ja auch gar nicht nötig, denn es kommt jeden morgen. Dann gibt es im Zoo noch ein paar alternde Löwen, die man bei der Gründung eingefangen hat - meistens deutscher Abstammung. Die erzählen nun den jungen Tieren, wie das früher war, als man sein Futter in der freien Wildbahn beschaffen musste, wie früh man da aufstehen musste und was passierte, wenn man nichts gefischt oder nichts erwischt hat - dann hat man den ganzen Tag Kohldampf geschoben. Da sagen dann die Jungen: „Das muss eine spannende Zeit gewesen sein. Aber der Wärter wollte doch pünktlich kommen?" Nur jetzt hat sich das Problem verschärft. Inzwischen haben wir nämlich so viele Zoowärter eingestellt, dass fast auf jedes Zootier ein Wärter kommt. Die jungen Zootiere werden aber ganz locker. Die haben über die freie Wildbahn viel gelesen und finden das ganz spannend. Die wissen auch, dass die freie Wildbahn z.B. nicht ohne soziale Elemente funktioniert. Da marschiert der große alte Elefant in der Mitte der Herde, damit man den schützen kann. Und die Jungen werden von den Alten bewacht. Und das Antilopenbaby lernt von der Mutter ganz früh, dass es mit allen Tieren spielen darf, nur nicht mit dem Löwen. Und jetzt sagen die jungen Tiere im Zoo: „Wir wollen das auch mal erleben. Das ist zwar mit Risiken verbunden, aber dafür müssen wir abends nicht im Käfig sitzen." Aber jetzt kommt die Gemeinschaft der Zoowärter und sagt: „Macht das ja nicht, denn da draußen sind die bösen Cowboys aus Amerika, die Drachen aus China und die Tiger aus Asien. Da seid ihr sofort weg! Wir machen lieber ein Zoozaun-Erhöhungsprogramm - und zwar als Gemeinschaftsaufgabe. Und wir versprechen Euch, zum Ausgleich sperren wir die wilden Löwen abends noch etwas früher - wie beim Ladenschluss - ein."

Und jetzt findet der Kampf statt, ob die Bequemen, Langweiligen und Faulen den Zoo aufrechterhalten - mit wenig Bewegungsfreiheit, aber einer relativen Sicherheit - oder ob die Lust an der freien Wildbahn überwiegt. Mit der Zeit lautet die Frage aber nur, ob der Zwang der Nichtfinanzierbarkeit des Zoos das Problem löst oder die Begeisterung der jungen Zootiere auf die freie Wildbahn. Ich würde mir wünschen, dass es die freie Wildbahn ist und die Lust der Jungen auf das Risiko. Das schließt die Solidarität nicht aus, bringt aber die Leistung wieder in das richtige Lot. Wenn uns das gelingt, dann können wir sogar in Kauf nehmen, dass der deutsche Zoo geschlossen wird und über die freie Wildbahn wieder Wachstumsraten kommen, die einen Wohlstand zulassen, die der Zoo auf Dauer - ohne freie Wildbahn - nicht erwirtschaften kann.

Vielen Dank

Klartext - offene Worte über Deutschland und seine Reformfähigkeit

Gabriele Krone-Schmalz

Vielleicht wäre es ehrlicher gewesen, im Titel den Begriff *Reformfähigkeit* durch *Reform**un**fähigkeit* zu ersetzen. Aber der Reihe nach. Unser Alltag ist in vielfältiger Weise nicht mehr von unserer Verfassung gedeckt. Da steht was anderes drin als das, was wir machen. Die meist verletzte Verfassungsnorm ist Artikel 33 unseres Grundgesetzes. Dieser Artikel besagt, dass öffentliche Ämter nach Eignung, Befähigung und fachlicher Leistung zu vergeben sind. Von Parteienproporz steht da nichts. Tatsache ist, dass wir täglich Zeuge unverschämter Anmaßung einer Minderheit sind. Denn die Parteienzugehörigkeit der wahlberechtigten Bürger in Deutschland liegt bei 3 Prozent - das sind etwa 2 Millionen. Wenn wir unsere Verfassung ernst nähmen, dann müsste sich die „Mitwirkung an der politischen Willensbildung" innerhalb der Gesellschaft - das ist die Aufgabe von Parteien - etwa im gleichen Rahmen bewegen. Die Realität sieht jedoch ganz anders aus. Die Inhaber der mittleren und hohen Ämter in Behörden und öffentlichen Einrichtungen sind nicht zu 3 Prozent Parteiangehörige, sondern schätzungsweise zu 98 Prozent. Unsere Demokratie leidet daran, dass die nichtorganisierten Interessen der großen Mehrheit in dieser auf Mehrheit angelegten Demokratie gar nicht zur Geltung kommen. Das Sagen haben gut organisierte und artikulationsfähige Minderheiten. Mehrheiten wie Steuerzahler, Sparer, Familien mit Kindern dringen mit ihren Interessen nicht durch. - Ganz gleich unter welcher Regierung - es lässt sich etwas beobachten, das ich als Tyrannei von Parteien und Verbänden bezeichne und das Infame daran ist, dass beide es grandios verstehen, Gruppeninteressen schamlos als Allgemeinwohl zu verkaufen. Das fängt beim Thema Subvention an und hört bei der Steuergesetzgebung noch lange nicht auf. Und solange sich der Rest der Gesellschaft - die große Mehrheit, der sog. mündige Bürger - das gefallen lässt, ist es mit der Reformfähigkeit in Deutschland nicht weit her. Allerdings stellen sich sofort zwei Fragen:

1\. Wie lässt sich an diesem Zustand überhaupt etwas ändern - auf demokratischem Wege versteht sich - denn Fakt ist: außerhalb von Parteien kriegt man nichts bewegt, weil einem niemand zuhört und man keine Macht hat und innerhalb von Parteien kriegt man nichts bewegt, denn wenn man da ist, wo man entscheiden kann, ist man so wie die, die man eigentlich ablösen will.

Und die 2. Frage lautet: hat die große Mehrheit überhaupt ein Interesse daran sich einzumischen, etwas zu ändern. Denn solange es uns auf so hohem Niveau schlecht geht, ist der Reformdruck für den einzelnen nicht so groß, dass es lohnte, die eigene Bequemlichkeit zu überwinden.

Es kommt noch etwas hinzu: die beängstigende Staatsgläubigkeit in diesem Lande - der Staat ist für alles und jedes zuständig und soll's gefälligst richten, wenn's irgendwo hakt - diese Staatsgläubigkeit ist auch nicht gerade dazu angetan, wirkliche Reformen zu beflügeln. - -

- - Da machen uns die Russen längst was vor und keiner merkt's... aber das ist ein anderes Thema.

Ich will mich nicht ewig bei den Parteien aufhalten - und Sie haben ja schon festgestellt, dass einseitige Schuldzuweisungen nicht meine Sache sind - aber ein Wort dazu sollte noch sein, weil ich glaube, dass genau hier ein wesentlicher Schlüssel für Reformfähigkeit bzw. Unfähigkeit liegt. Und das hängt mit der Zwitterrolle von Parteien zusammen, die offenbar einer viel stärkeren Kontrolle bedarf: einerseits sollen die Parteien in der Gesellschaft verwurzelt sein, andererseits setzen sie sich im Staat fest - - ich werde sie jetzt nicht mit der 150. Definition von Staat langweilen, jeder weiß, was damit gemeint ist, wenn ich sage: „im Staat festsetzen" - unfreundlich ausgedrückt: die krankenhafte Bemächtigung aller entscheidungstragender Bereiche der Gesellschaft. Die Versuchung, nur die Vorteile aus beiden Rollen zu ziehen ist natürlich groß, aber einer gesellschaftlichen Weiterentwicklung zutiefst abträglich. Denn eins ist klar: ich habe doch in *der* Position an Reformen, die auf Demokratisierung, Dezentralisierung, Deregulierung, Vereinfachung hinauslaufen, überhaupt kein Interesse. Es kostet mich nur Macht. Und damit keiner merkt, warum ich dagegen bin, erzähle ich dem Bürger was von seinem Schutz und sozialer Gerechtigkeit. Wenn ich 90% der Bevölkerung von staatlichen Sicherungssystemen abhängig mache, dann kann ich auf diese 90% Macht und Einfluss ausüben.

Regierung und Opposition vermitteln folgendes Bild: - der Regierungswechsel hat daran nichts geändert - das Hauptanliegen der Akteure ist nicht die Gesellschaft zu entwickeln, für neue Herausforderungen passende Antworten zu suchen und möglichst auch zu finden, nein, sondern sich gegenseitig Unfähigkeit, Fehler und Schuld vorzuwerfen, ohne Rücksicht auf die Sache. Die entsprechenden Rituale sind so primitiv wie erfolgreich - aber dass das kein Widerspruch sein muss, stellen wir ja neuerdings auch in anderen gesellschaftlichen Bereichen fest.

Und sie gehen *so* - diese bewährten Rituale: Klebe deinem Gegner ein böses Etikett an die Backe und schon ist er die nächste Zeit nur noch damit beschäftigt, alle anderen davon zu überzeugen, dass er dieses Etikett zu Unrecht trägt. Zur inhaltlichen Auseinandersetzung kommt er auf diese Weise nie, denn er befindet sich nachhaltig in der Defensive. Mit der Bezeichnung „unsozial" ist eine besonders gute Wirkung zu erzielen. Dann - konstruiere Widersprüche, die keine sind, aber dem Zeitgeist entsprechen. Etwa: Eigenverantwortung oder Sozialstaat? Markt oder Moral? Wettbewerb oder Gerechtigkeit? Wenn das alles nichts nützt, dann winke gelangweilt ab mit dem Hinweis, das sei ja alles nichts Neues. Auch das Jonglieren mit dieser albernen Kategorie funktioniert, obwohl es ja eigentlich nicht gegen denjenigen spricht, der eine alte Idee tausendmal wiederholt, sondern eher gegen den, der 999 Anläufe braucht, um zu kapieren, dass es sich um eine gute Idee handelt.

Im Grunde haben wir sowohl *strukturell* als auch *mental* gut vorgesorgt, damit uns um Himmels Willen keine Reform unterläuft, die diesen Namen verdienen könnte. Strukturell liegt eine Menge darin begründet, dass wir erfolgreich Zuständigkeiten vernebelt haben. Unsere Finanzverfassung ist eine Lachnummer, allerdings eine ziemlich teure. Man muss sich ja nur einmal im privaten Bereich vorstellen, was dabei herauskommt, wenn diejenigen, die etwas beschließen, eine Kauf- oder Investitionsentscheidung treffen, für die damit verbundenen Kosten nicht aufzukommen brauchen. Fantastisch.

Die Erfindung von *Gemeinschaftsaufgaben* und *Mischfinanzierung* (ein Sündenfall größer als der andere) führt außerdem dazu, dass der Bund ständig in Bereiche reinregiert, in denen er laut Verfassung nichts zu suchen hat. Und das Schärfste - jeder weiß, dass das öffentliche Finanzwesen, so wie wir es uns geschaffen haben, zur Verschwendung zwingt. Die zig Milliarden, die der Bund der Steuerzahler Jahr für Jahr auflistet, könnten nie und nimmer zusammenkommen, wenn es nicht eine gut ausgebaute strukturelle Basis für derlei Missstand gäbe.

Beim nächsten Punkt kriegen wir die Kurve von den *strukturellen* zu den *mentalen* Reformbremsen, denn das folgende zeigt beides anschaulich. (Das kann heute hier ja ohnehin nur eine kleine Auswahl sein.) Wenn sich ein Großteil unserer Probleme, (zu deren Lösung wir Reformen brauchen) auf Kosten reduzieren lässt - was ja wohl der Fall ist - dann stellt sich doch sofort die Frage, warum wir uns sechzehn Bundesländer leisten. Die deutsche Vereinigung wäre eine gute Chance gewesen, mit ein paar teuren Anachronismen aufzuräumen. Das Bundesverfassungsgericht hat eine Länderneugliederung schon vor Jahren angemahnt. Da war von Vereinigung noch keine Rede. Erinnern Sie sich, als der Zweite Senat 1988 wegen der Zahlungsunfähigkeit der „Länder" Bremen und Saarland mit dem Länderfinanzausgleich befasst war? - *das* ist ja auch so ein perverser Dauerbrenner - Einige Geberländer sprachen damals recht deutlich von Konkursverschleppung und waren nicht mehr bereit, durch ihre Finanzzuweisungen diese merkwürdigen Gebilde am Leben zu halten. Das Gericht nannte als erste Option die Neugliederung der Bundesländer. Und bei allem Respekt - Bremen würde - wenn es Niedersachsen angegliedert wäre - eine unauffällige Mittelstadt sein und das Saarland wäre ein großer Landkreis, mehr nicht ...wie wir alle wissen, hat der angesprochene Gesetzgeber von der Anregung des Bundesverfassungsgerichts bisher keinen Gebrauch gemacht... Man kann das auch undiplomatischer formulieren: man hat sich ernsthaft nicht drum geschert. Es wurden zwar - meines Wissens - mindestens drei Kommissionen eingesetzt, die - wie so viele andere auch - für den Papierkorb gearbeitet haben, aber das war's dann. Klar, wer rationalisiert sich schon gerne selbst weg. Dafür habe ich ja menschlich durchaus Verständnis, aber wenn schon, denn schon und da gestatten Sie mir bitte noch einmal einen Blick auf unsere russischen Nachbarn - von wegen der Reformfähigkeit. Ich weiß noch sehr genau, als es zu Perestroika-Zeiten unter Gorbatschow darum ging, die Zahl der Ministerien in der damaligen Sowjetunion drastisch zu reduzieren. Wie viele deutsche Politiker fühlten sich berufen - reihenweise und parteiübergreifend - ein entschlossenes Vorgehen anzumahnen, da müsse man durch, ohne Rücksicht auf diejenigen, die an ihren Posten und Pöstchen kleben - bei soviel Heuchelei und Inkonsequenz dreht sich mir heute noch der Magen um. Und mit Putin verfahren wir ja ganz genauso. Der soll mal eben von Grund auf bitte sofort und umfassend das ganze Land reformieren, das sich - nebenbei bemerkt - über 11 Zeitzonen erstreckt. Und - was machen wir? Abgesehen von einer Länderneugliederung stellt sich bei uns - wenn wir schon beim Föderalismus sind - noch eine ganz andere Frage: entweder geben wir den Ländern wieder mehr Kompetenzen (wie das im übrigen ja auch im Grundgesetz steht) oder wir reduzieren den Länderregierungsapparat drastisch. Dafür brauchen wir dann auch keine Berufsparlamentarier mehr - jedenfalls nicht in dem Umfang.

Wir kommen zu einer mentalen Reformbremse, die ein Kollege von mir so treffend „Gerechtigkeitsfalle" genannt hat. Damit ist folgendes gemeint. Wir sitzen in einer Gerechtigkeitsfalle und sind kaum mehr reformfähig, weil wir alle bestehenden Systeme im Prinzip für gerecht halten und bei allen Veränderungen im Prinzip Ungerechtigkeiten wittern. Ich möchte das erweitern: wir sitzen in einer Gerechtigkeitsfalle, weil wir mit jeder einzelnen Reformmaßnahme für sich genommen Gerechtigkeit erzielen wollen. Das geht nicht. Also tun wir lieber gar nichts. Ob das letztlich gerechter ist...? Und die Gerechtigkeitsfalle schnappt auch dann zu, wenn wir bereits im Vorfeld einer Veränderung jeden nur denkbaren Missbrauch immer gleich mitdenken, um ihn auf jeden Fall durch entsprechende Regeln und Verordnungen ausschließen zu können bzw. an der ursprünglich einmal angestrebten Veränderung so lange herumstutzen, bis so gut wie nichts mehr übrig bleibt. Der gleiche Mechanismus greift bei übertriebener Berücksichtigung der sogenannten Einzelfallgerechtigkeit. Wenn z.B. die alleinstehende Verkäuferin, die ihre alte kranke Mutter zu versorgen hat, als Begründung dafür herhalten soll, dass bundesweit Ladenschlusszeiten begrenzt werden. Dieses „Argument" wurde ja ernsthaft in die Debatte geworfen -

das ist dann allenfalls politisches Kabarett, aber sicher keine ernstzunehmende reformpolitische Diskussion.

Tatsache ist natürlich schon - mal abgesehen von diesem abenteuerlichen Beispiel - dass eine langfristig zukunftsorientierte Politik, die Veränderungen real berücksichtigt und sie nicht schön rechnet, dass eine solche Reformpolitik zunächst einmal weh tun wird. Die Zeiten der Wohltaten per Gießkanne für alle sind vorbei. Aber ich bin - bis zum Beweis des Gegenteils - zutiefst davon überzeugt, dass Menschen in ihrer Mehrheit bereit sind, Nachteile in Kauf zu nehmen und Schwierigkeiten zu bewältigen, um ein Ziel zu erreichen, dessen Notwendigkeit oder Sinnhaftigkeit sie einsehen. Nur - genau daran hapert es: ein klar definiertes Ziel - wo soll's denn hingehen? - hat weder die vorige Regierungs-Koalition geboten, noch ist es bei der jetzigen auszumachen. Zwischen den einzelnen Positionen innerhalb der rot-grünen Koalition liegen noch Welten.

Was wollen wir denn *wirklich?*, mehr staatliche Fürsorge oder mehr eigenverantwortete Freiheiten? Beides geht nicht, das ist sonst wie bei den Löwen im Zoo: die Gitterstäbe sollen zwar weg, aber die pünktliche Fütterung, die soll bitte bleiben.

Noch ein Punkt: wenn wir reformfähig sein wollen, müssen wir dringend die Empörungsrituale abschaffen, dieses formalisierte Duftmarkensetzen. Wie soll man zu Antworten kommen, wenn man nicht mal Fragen stellen darf, ohne in eine große verbale Keilerei zu geraten. Fragen die da z.B. lauten:

- wie passen Dauersubventionen und soziale Marktwirtschaft zusammen?
- ist Familienförderung für alle - ohne Rücksicht auf deren Wirtschaftskraft - eine soziale Errungenschaft oder eine Mogelpackung (weil die Beschenkten es letztlich finanzieren).
- oder eine ganz andere Frage: welche Krankenkassenleistungen müssen solidarisch getragen werden und welche nicht? usw. usw.

Ich denke, es hat etwas mit demokratischer Qualität zu tun - und das ist auch ein Kriterium für Reformfähigkeit - wenn man einen ungeliebten Gedanken auch einmal zulässt, ihn hin und herwendet, bevor man ihn wegschiebt, ohne gleich einen Sündenfall daraus zu machen und die Welt in gut und böse einteilen zu wollen. Es hilft überdies der Sache ganz enorm, auch Dinge auf den Tisch zu bringen, die man letztlich selber dort nicht liegen lassen will. Denn der Reiz, dass jemand hastig Weggepacktes wieder vorkramt, ist groß, der Reiz wird viel geringer, wenn dieser jemand vorher Gelegenheit hatte, diese Dinge ausgiebig zu betrachten.

Was ist von der Reformfähigkeit einer Gesellschaft zu halten, die sich - gelassen oder desinteressiert - eine ganze Reihe von Perversitäten leistet. Ich nenne mal nur zwei: z.B. dass es für Investitionsentscheidungen maßgeblich ist, was *nach* Steuern übrigbleibt, statt was *vor* Steuern zu erreichen ist. Was soll dabei denn schon rauskommen? Und wenn die volkswirtschaftlich schädlichen Folgen solcher Fehlsteuerungen sichtbar werden, dann wird wieder umverteilend verschlimmbessert.

Auf einer anderen Ebene, aber genauso pervers ist folgender Sachverhalt: Wenn der Staat seinen Bürgern nicht zwei Drittel des Erwirtschafteten wegnähme, dann brauchten wir uns nicht diverse Hilfskonstruktionen auszudenken, wie man die Aufzucht von Kindern bezahlt, so als sei es nichts weiter als eine Dienstleistung. Dieses Gefeilsche ist zumindest aus dem Blickwinkel der Kinder widerlich. Um diese Perversitäten als solche zu erkennen, müssen Zusammenhänge klar sein. Diese deutlich zu machen - denn das A und O einer Demokratie sind gut informierte Bürger - diese Zusammenhänge deutlich zu machen, das ist die hochsensible Aufgabe von Wissenschaft und Massenmedien gleichermaßen.

Ich persönlich würde mir von einer institutionalisierten, massenwirksamen Kooperation viel versprechen, aber dazu brauchen wir - aufs Fernsehen bezogen - Programmstrukturen, die so etwas zulassen und Wissenschaftler, die ihre Angst vor einfacher Sprache ablegen. Viele Ihrer Kollegen scheuen die Konzessionen, die man machen muss, wenn man sich einfach und allgemeinverständlich ausdrückt. Da funktionieren wissenschaftliche Absicherungsrituale nicht mehr. Da zählen keine unterschwelligen Spitzfindigkeiten, da sind keine praxisfernen seminaristischen Diskussionen gefragt und mögen sie im einzelnen noch so interessant sein.

Zum Schluss möchte ich noch eine besonders heimtückische Reformbremse erwähnen. Das ist die irrige Vorstellung, - in sogenannt zivilisierten Ländern weit verbreitet - irgendwie schon alles in den Griff zu kriegen. Nach dem Motto, es wäre doch gelacht, wenn wir dafür keine allseits zufriedenstellende Lösung anbieten könnten. Diese Denkweise verhindert schon im Vorfeld eine Menge - auch wenn sich das widersprüchlich anhört. (Aber Aktionismus und Entscheidungsfreude ist ja auch nicht dasselbe.) Nach meiner Auffassung wäre es nicht nur ehrlicher, sondern auch der angestrebten reformorientierten Weiterentwicklung dienlicher, die schlichte Erkenntnis zu akzeptieren: Das und das Problem existiert zwar, aber daran können wir von Staats wegen nichts ändern. Es gibt längst nicht für alles befriedigende Lösungen, die Kunst besteht allerdings darin, unterscheiden zu können. Ich formuliere das mal als Wunsch und verrate Ihnen damit gleichzeitig mein Lebensmotto: Möge ich den Mut haben, die Dinge zu ändern, die zu ändern sind, möge ich die Kraft haben, die Dinge zu ertragen, die nicht zu ändern sind und möge ich die Weisheit haben, das eine von anderen zu unterscheiden.

II Gesellschaftlicher Wandel und Reformfähigkeit

Reformen jetzt, oder: Wie man einen missbrauchten Begriff retten kann

Claus Leggewie

Je schwammiger der Begriff der Reform wird, desto häufiger bekommen wir ihn zu lesen und zu hören. An einem einzigen Stichtag fanden sich kürzlich in einer überregionalen Zeitung folgende Schlagzeilen: „Riester erwartet Mehrheit für *Rentenreform*" lautete der Aufmacher, mit „Kirchhofs Vorschläge für eine radikale *Reform*" waren Vorschläge des ehemaligen Bundesverfassungsrichters zur Steuervereinfachung überschrieben. Des weiteren las man: „Entwurf für eine *Schulrechtsreform*" und „Keine *Reform* der Gemeindefinanzen". Es folgten Meldungen über die „*Reform* der Einwanderungspolitik", über Proteste gegen die „*Dienstrechtsreform*" der Bundesbildungsministerin und Vorschläge zur „*Reform* des Wahlrechts" durch die Verlängerung der Legislaturperiode auf fünf Jahre.[1]

So wie im Auslandsteil der Zeitungen und Fernsehmagazine Katastrophen und Kriege den Ton angeben und im Unterhaltungsteil Sendungen der elektronischen Medien „durchgekaut" werden, beherrscht die Innenpolitik das ewige Wechselspiel von Reform und Gegenreform. So gut wie jeder öffentliche Vorschlag oder Gesetzentwurf wird zur Reform geadelt, und bereits vor ihrer Verwirklichung melden die Opposition oder Interessengruppen die fällige „Reform der Reform" an. Selbst erklärte Gegenreformer wie Maggie Thatcher, Ronald Reagan oder der chilenische Diktator Pinochet wurden selten als das bezeichnet, was sie waren: als Reaktionäre. Das Wort hat selbst bei erklärten Reformfeinden einen schlechten Klang, während Reformen allseits beliebt zu sein scheinen.[2] Doch leben wir angeblich in Zeiten des „Reformstaus", womit der rhetorische Overkill erreicht ist.

Diese Entwicklung ist nicht allein begriffsgeschichtlich von Bedeutung und ich möchte ihr im Hinblick auf eine moderne Regierungslehre nachgehen. Dieses weite Feld möchte ich auf zwei diskursanalytische Fragen begrenzen: Welche Argumentationsmuster zeichnen das weite Gebiet der „Reformpolitik" aus, und was ist mit der allfälligen Frage gemeint: „Sind wir in Deutschland fähig zu grundlegenden Reformen?" (Lothar Späth[3]). Die rhetorische Frage, in der das „Nein!" als Antwort stets mitschwingt und eine

---

[1] Frankfurter Allgemeine Zeitung, 18.5.2001.
[2] Vgl. dazu die große Studie von Albert Hirschmann, Denken gegen die Zukunft. Die Rhetorik der Reaktion, München 1992, ferner Jean Starobinski, Aktion und Reaktion, Leben und Abenteuer eines Begriffspaars, München 2001.
[3] Vortrag auf dem Heidelberger Steuerkongress „Integriertes Steuer- und Sozialsystem in der Zukunft", 21. Juni 2001, vgl. auch Herbert A. Henzler/ Lothar Späth Countdown für Deutschland: Start in eine neue Zukunft? Berlin 1995.

speziell deutsche „Unfähigkeit zu reformieren" unterstellt wird, kann man einer älteren Debatte zuordnen, die vor einem Vierteljahrhundert geführt wurde, als man über die „Unregierbarkeit" aller westlichen Demokratien gestritten hat.[4] Seinerzeit erhob sich auch auf breiter Front „Steuerprotest", vor allem in nordwesteuropäischen Wohlfahrtsstaaten mit hoher Steuerquote, personifiziert durch „Steuerrebellen" wie den dänischen Politiker Mogens Glistrup oder den Gründer der deutschen „Bürgerpartei", Hermann Fredersdorf.[5] Man kann darüber streiten, ob solche, meist kurzlebigen „Ein-Punkt-Bewegungen" eher als Ausdruck oder als Ursache von Unregierbarkeit anzusehen sind; jedenfalls illustrieren sie ein Legitimationsproblem westlicher Wohlfahrtsstaaten, deren Innovation, wie heute kaum noch bestritten wird, überfällig ist. Diverse Ausprägungen der Steuerrebellion, von der illegalen Praxis der Steuerhinterziehung und Steuerflucht, über halblegale Formen des Steuerstreiks bis zu legalen Formen des Steuerprotests in quasi-gewerkschaftlicher (Bund der Steuerzahler) oder semipolitischer Form (*Tax Reform Movements*, Steuerparteien) weisen auf einen Mangel an „Output-Legitimation" (Effizienz) modernen Regierens hin. „Finanzpsychologie", also die Akzeptanz des Steuersystems, ist der neuralgische Punkt moderner Wohlstandsgesellschaften[6], und auf wenig wird soviel Energie verwendet wie die „Notwehr gegen das Steuerjoch".[7] Welches Konzept und welche Praxis der Veränderung des Steuersystems verdienen sinnvollerweise den Namen „Reform"?

1 Reformstau: Die Rhetorik der Erneuerung

Da so gut wie alle politischen Kräfte in die Mitte drängen, scheinen Reformen heute heimat- und richtungslos geworden. Bei Verwirrungen der Begriffe hilft meist eine Vergewisserung bei ihrer Herkunft, die auch im Falle von reformieren im Lateinischen zu suchen ist. Reformare bedeutet „in eine neue Form bringen" und gelangte, auf dem Umweg über Frankreich, ins

---

[4] Dazu am besten Wilhelm Hennis, Regierbarkeit. Zur Begründung einer Fragestellung, in: ders., Regieren im modernen Statt. Politikwissenschaftliche Abhandlungen I, Tübingen 1999, S. 274-286.
[5] Siehe Detlef Murphy, u.a., Protest. Grüne, Bunte und Steuerrebellen. Ursachen und Perspektiven, Reinbek 1979.
[6] Günter Schmölders/Burkhard Strümpel, Vergleichende Finanzpsychologie. Besteuerung und Steuermentalität in einigen europäischen Ländern, Wiesbaden 1968, Hans Peter Haarland u.a. (Hrsg.), Die öffentliche Finanzkrise im Urteil der Bürger. Eine empirisch-finanzpsychologische Untersuchung der Wahrnehmung und Bewertung der öffentlichen Einnahmen- und Ausgabenpolitik, Köln 1995 und Klaus Tipke, Besteuerungsmoral und Steuermoral, Wiesbaden 2000.
[7] Friedrich von Schönfels / Jürgen Leske: Schlauer als der Staat erlaubt. Notwehr gegen das Steuerjoch, München 1995.

Weltlexikon. Bald war nicht mehr allein an neutrale Umgestaltung gedacht, sondern an eine erkennbare und planvolle Verbesserung des bestehenden Ordnung; die in der Reformation angelegte theologische Dimension ist heute kaum noch erkennbar, und der so bezeichnete Vorgang läuft auch nicht mehr auf die Rückkehr in eine gute, alte Zeit hinaus. Seit dem 19. Jahrhundert breiteten sich von England aus liberale, dann sozialistische Reformparteien aus, die weltliche Ambitionen verfolgten und in die Zukunft orientiert waren. Man könnte hier von der Emanzipation, vielleicht sogar von der Geburtsstunde moderner Politik überhaupt reden, die in dieser Zeit mit dem Anspruch auftrat, die soziale Welt durch planvolle Eingriffe von Bürgern und Staat verbessern zu können. Reformer fühlten sich im Einklang mit Aufklärung und Fortschritt, das heißt: der Begriff Reform zeigte eine Richtung an, die mit der geschichtlichen Bewegung ging. Und damit besaß er auch eine Heimat, nämlich bei der politischen Linken.

Natürlich hatte es auch vorher jede Menge Vorschläge gegeben, Staat und Gesellschaft zu erneuern. Aber diese waren statisch und setzten, in aristotelischer Tradition, ein „gutes" Konzept politischer Herrschaft oder sozialer Ordnung gegen ein schlechtes. Wer heute reformieren will, hat nicht mehr eine bessere Ordnung an sich im Sinn, die sich der Einsicht der Menschen irgendwie erschließen soll. Man denkt vielmehr an einen Prozess, der diese Ordnung unter ihrer aktiven Mitwirkung hervorbringt und auch immer wieder zur Disposition stellt. Dass so gesehen „der Weg das Ziel" sei, war (lange bevor daraus eine esoterische Alltagsparole wurde) die Einsicht von Eduard Bernstein, des wohl bedeutendsten Theoretikers der Reform vor hundert Jahren[8], als auch andernorts, wie in den USA und Frankreich, progressive Bewegungen aufblühten.[9]

Reformist war bereits damals weniger ein Adelstitel als ein Schimpfwort. Als solcher war man stets eingeklemmt zwischen den Bewahrern um jeden Preis und Revolutionären, die auf den „jähen Umschwung" warteten, der nach Marxscher Geschichtsauffassung ohnehin schon beschlossene Sache war. Noch bis in die 1970er Jahre hinein führten Revolutionäre und Reaktionäre das große Wort, während Reformer mit ihrem positiven Bekenntnis zur offenen Gesellschaft und Demokratie und ihrem Konzept der schrittweisen Veränderung in der Defensive blieben. Rekapitulieren wir also, wie ein Sozialwissenschaftler Reform definiert, der seinerzeit als führender theoretischer Kopf der SPD auftrat: „Reform wird eine planvolle Veränderung (Umgestaltung, Verbesserung) im gesellschaftlichen Regel- und Institutionengefüge genannt, die zu einer Umverteilung der Macht in der Gesellschaft

---

[8] Eduard Bernstein, Die Voraussetzungen des Sozialismus und die Aufgaben der Sozialdemokratie, Bonn/Bad Godesberg 1973 (zuerst 1899).
[9] Richard Hofstaedter, The Age of Reform. From Bryan to F. D. R., New York 1955.

führt und erweiterte Freiheit bzw. Partizipation für die begünstigten gesellschaftlichen Gruppen zur Folge hat".[10]

Selbst in sozialdemokratischen Parteien hat die Rhetorik der Reform seither schwer gelitten. Als „Reformer" gerieren sich wie gesagt eher jene politischen Kräfte, die Institutionen und Errungenschaften des Wohlfahrtsstaates beschneiden wollen, ihn also nicht, wie es an der Zeit und auch in der Logik eines reformerischen Programms wäre, umbauen und verbessern, sondern in seinen Grundfesten erschüttern wollen. *Reform Party* heißt beispielsweise die vom texanischen Milliardär Ross Perot ins Leben gerufene Bewegung populistischer Staatsverächter, und Tax Reform fordern vor allem jene, die dem Staat im Zeitalter der Globalisierung die Steueraufkommen entziehen möchten, die zur Gewährleistung sozialer Gerechtigkeit nun einmal unabdingbar sind. In nicht wenigen Fällen sind populistische (oder neo-poujadistische) Angriffe auf den Wohlfahrtsstaat eingebettet in xenophobe Mobilisierung oder rechtsradikale Demokratiekritik, wie man wieder am Beispiel skandinavischer Steuerrebellen zeigen kann.[11]

Über die konkreten Modalitäten der Umverteilung von Macht und Ressourcen lässt sich trefflich streiten, zumal die wirtschaftliche Globalisierung, darunter der fiskalisch schwer fassbare elektronische Handel, und weltweite Umweltrisiken neue und weit kompliziertere Verhältnisse geschaffen haben. Doch ohne ein auf Gerechtigkeit bezogenes Fundament, den Anspruch auf Freiheitsgewinne und bessere Beteiligungschancen der Bürgerschaft verdient keine Position den Namen Reform. Erst in dem Maße, wie die Links-Parteien davon abgerückt sind, ist Reform zum Allerweltsbegriff verkommen. Sie haben diese Inflation, die sie so konturlos und verwechselbar gemacht hat, selbst betrieben, nachdem sie Begriff und Sache zuvor bereits durch dogmatische Auslegung beschädigt hatten.

2   Reformismus 2.0: Zur Erneuerung einer Rhetorik

Wer also könnte heute noch Träger des Reformgedankens sein? Die Parteien wirken, ohne in wohlfeilen Populismus zu verfallen, erschöpft, auch die sozialen Bewegungen haben an Phantasie verloren, und die so genannte „Subpolitik", die Anliegen der Bürger in Eigenregie bearbeitet, missrät leicht zur Selbstbedienung gut ausgestatteter Gruppen. In dieser Lage setzen viele, auch die politischen Eliten, auf die Weisheit der Experten. Fachleute

---

[10] Peter Glotz/Rainer-Olaf Schultze, „Reform/Reformismus" in: D. Nohlen u.a. (Hrsg.), Lexikon der Politik, Bd. 1 Politische Theorien, München 1995, S. 519-532, s. auch von Christian von Krockow, Reform als politisches Prinzip, München 1976.

[11] J. G. Andersen/ T. Bjørklund, "Radical Right-Wing Populism in Scandinavia: From Tax Revolt to Neo-liberalism and Xenophobia", in: J. Hainsworth (Hrsg.), The Politics of the Extreme Right, London 2000.

werden gerufen, wo immer sich unerledigte Reformen auftürmen, zuletzt in der Frage der Zuwanderung, bei der Reform der Bundeswehr und im frisch gegründeten Nationalen Ethikrat. Ratgeber vom Fach, aus der Wissenschaft wie aus der Praxis, können zur Lösung komplexer Probleme zweifellos einen Beitrag leisten. Die von ihnen vorgeschlagenen Wege und Ziele wirken oft wie das Ei des Columbus; in der Öffentlichkeit entsteht der Eindruck, starrsinnige Bürokraten und inkompetente Politiker würden sich ohne Sinn und Verstand entgegenstemmen. Die Steuerreform dient hier wieder zur Illustration - man könnte das System so schön einfach und übersichtlich gestalten, warum tut man es dann nicht endlich?

Das zähe Beharrungsvermögen der Bürokratie und Parteiapparate soll keineswegs geleugnet werden, aber auch die Stellung der Experten ist nicht unschuldig. Selten sind sie frei von Eigeninteressen, und überdies widerspricht heute jeder Expertise eine Gegenexpertise. Dieser unausweichliche Pluralismus, den ausgerechnet die Ratgeber gern beiseite wischen, macht die Rolle der politischen Entscheider nicht überflüssig, sondern noch bedeutsamer. Politik wendet ja nicht einfach dieses oder jenes Konzept an, was auf reine Technokratie oder Expertenherrschaft hinauslaufen würde. Sie besteht vielmehr im Ausgleich widerstreitender Interessen, und dieses Eigengewicht des Politischen, das sich vor allem in der Legislative institutionalisiert hat und sich gegenüber der Bürokratie und einer bisweilen arroganten Rechtsaufsicht behaupten muss, sollte heute doppelt unterstrichen werden, da auch hierzulande eine präsidial gestimmte Kanzlerdemokratie in Versuchung gerät, weniger durch den Sachverstand als durch Reputation und Prominenz der Experten gestützte Entscheidungen am Parlament vorbei zu präjudizieren.

Was nun die Steuerreform betrifft, den Dauerbrenner bundesdeutscher Nachkriegspolitik[12], sind Vorschläge und Gegenexpertisen Legion. Aber nicht jedes mehr oder weniger gut durchgerechnete Konzept der Steuervereinfachung verdient schon, Reform genannt zu werden. Dazu braucht es mehr, wie ich in dem nachfolgenden Schaubild verdeutlichen möchte: eine allgemeine, plausible Idee humanen Fortschritts, ein wirksames Instrument der Steuerung, die keineswegs immer oder auch nur vorrangig über den Staat verlaufen muss[13], und soziale Trägergruppen, die nicht ausschließlich dem eigenen Wohl verpflichtet sind.

---

[12] Vgl. Presse- und Informationsamt der Bundesregierung (Hrsg.), Steuergerechtigkeit durch Steuersenkung, Bonn 1964, Bund Deutscher Steuerbeamten (Hrsg.), Steuergerechtigkeit durch Steuervereinfachung. Hermann Fredersdorf zum 50. Geburtstag, Düsseldorf 1974, Anton Rauscher (Hrsg.), Steuergerechtigkeit, Köln 1995.

[13] Dazu jetzt Birger R. Priddat (Hrsg.), Der bewegte Staat. Formen seiner Reform. Notizen zur „new governance", Marburg 2000.

Abbildung 1: Reformen in modernen Wohlfahrtsstaaten - am Beispiel der Steuerproblematik

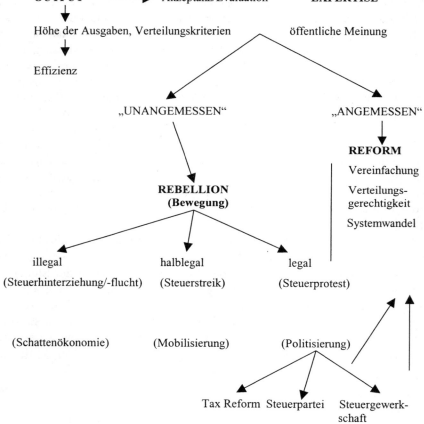

Nur unter diesen Prämissen können Veränderungen im Steuerrecht als Reform gelten. Was unter der Flagge „radikale Vereinfachung" segelt, ist - wie die meisten *flat tax*-Initiativen in den USA zeigen - häufig vom Geist der Gegenreform (oder Reaktion) beseelt, jedenfalls nicht auf eine sinnvolle Erweiterung von Freiheit *und* Gerechtigkeit ausgerichtet. Man sollte sich an anspruchsvollere Versuche halten, wie sie mit der „ökologischen Steuerreform" in Angriff genommen worden sind.[14] Diese scheint kompakt genug, um einige der genannten Kriterien zu erfüllen, und sie ließe sich über die Umorientierung des Steuersystems von der herkömmlichen Erwerbsökonomie auf Energieverbrauch und Umweltbelastung hinaus, was eine Umverteilung zum gegenwärtigen Zeitpunkt impliziert (t_1), um das Prinzip der Generationsgerechtigkeit erweitern, womit die Parameter auf t_n erweitert werden. Damit ist eine Richtung („Modernisierung") vor- und auch eine politische „Adresse" angegeben, ohne dass man diese noch fortschrittsoptimistisch mit einer geschichtsphilosophischen Bewegung identifizieren und an einem bestimmten Ort der politischen Topographie festmachen könnte. Die Konkretisierung dieses Prozesses hängt, worauf hier nur am Rande hingewiesen werden soll, nicht allein und auch nicht vorrangig vom Fachwissen der Experten ab, sondern von der Qualität öffentlicher Deliberation, die im Hinblick auf den angedeuteten Paradigmenwechsel neben den Steuerexperten vor allem Akteure der Bürgergesellschaft einbeziehen muss.

Was hier am Beispiel der ökologischen Steuerreform bloß angedeutet wurde, war schon immer ein Hauptproblem reformistischer Theorie und Praxis. Der Ansatz verdient - trotz Herbert A. Henzler ; Lothar Späth seiner bereits deutlich gewordenen Unvollkommenheiten - nicht, mit Rücksicht auf die Haushaltslage und populistische Stimmungen kassiert zu werden. Doch genau das hat die rot-grüne „Reformregierung" offenbar vor.

---

[14] Dazu etwa Matthias Kramer/Jana Brauweiler, Umweltorientierte Unternehmensführung und ökologische Steuerreform. Deutschland, Polen und Tschechien im Vergleich, Wiesbaden 2001; Mohssen Massarrat, Das Dilemma der ökologischen Steuerreform. Plädoyer für eine nachhaltige Klimaschutzpolitik durch Mengenregulierung und neue globale Allianzen, Marburg 2000 und Jan Priewe, Die Öko-Steuer-Diskussion, Berlin 1998

Literaturverzeichnis

Andersen J. G. / Bjørklund, T. (2000), Radical Right-Wing Populism in Scandinavia From Tax Revolt to Neo-liberalism and Xenophobia, in: Hainsworth, J. (Hrsg.), The Politics of the Extreme Right, London.

Bernstein, E. (1973), Die Voraussetzungen des Sozialismus und die Aufgaben der Sozialdemokratie, Bonn/Bad Godesberg 1973 (zuerst 1899).

Bund Deutscher Steuerbeamten (Hrsg.), (1974), Steuergerechtigkeit durch Steuervereinfachung Hermann Fredersdorf zum 50. Geburtstag, Düsseldorf.

Frankfurter Allgemeine Zeitung vom 18.5.2001.

Glotz, P. / Schultze, R.-O. (1995), Art. Reform/Reformismus in: D. Nohlen u.a. (Hrsg.), Lexikon der Politik, Bd. 1 Politische Theorien, München, S. 519-532.

Haarland, H. P. u. a. (1995), Die öffentliche Finanzkrise im Urteil der Bürger. Eine empirisch-finanzpsychologische Untersuchung der Wahrnehmung und Bewertung der öffentlichen Einnahmen- und Ausgabenpolitik, Köln.

Hennis, W. (1999), Regierbarkeit. Zur Begründung einer Fragestellung, in: ders., Regieren im modernen Staat. Politikwissenschaftliche Abhandlungen I, Tübingen, S. 274-286.

Henzler, H. A. / Späth, L. (1995), Countdown für Deutschland : Start in eine neue Zukunft? Berlin.

Hirschmann, A. (1992), Denken gegen die Zukunft. Die Rhetorik der Reaktion, München.

Kramer, M. / Brauweiler, J. (2001), Umweltorientierte Unternehmensführung und ökologische Steuerreform. Deutschland, Polen und Tschechien im Vergleich, Wiesbaden.

Krockow, Ch. v. (1976), Reform als politisches Prinzip, München.

Massarrat, M. (2000), Das Dilemma der ökologischen Steuerreform. Plädoyer für eine nachhaltige Klimaschutzpolitik durch Mengenregulierung und neue globale Allianzen, Marburg.

Murphy, D. u. a. (1979), Protest. Grüne, Bunte und Steuerrebellen. Ursachen und Perspektiven, Reinbek.

Presse- und Informationsamt der Bundesregierung (Hrsg.), (1996), Steuergerechtigkeit durch Steuersenkung, Bonn.

Priddat, B. R. (Hrsg.) (2000), Der bewegte Staat. Formen seiner Reform. Notizen zur „new governance", Marburg.

Priewe, J. (1998), Die Öko-Steuer-Diskussion, Berlin.

Rauscher, A. (Hrsg.), (1995), Steuergerechtigkeit, Köln.

Richard, H. (1955), The Age of Reform. From Bryan to F. D. R., New York.

Schmölders, G. / Strümpel, B. (1968), Vergleichende Finanzpsychologie. Besteuerung und Steuermentalität in einigen europäischen Ländern, Wiesbaden.

Schönfels, F. v. / Leske, L. (1995), Schlauer als der Staat erlaubt. Notwehr gegen das Steuerjoch, München.

Starobinski, J. (2001), Aktion und Reaktion, Leben und Abenteuer eines Begriffspaars, München.

Tipke, K. (2000), Besteuerungsmoral und Steuermoral, Wiesbaden.

Brauchen wir eine Reform des Reformierens?

Reformanlässe und Reformwege des Steuerrechts - zu den Aufgaben des 21. Jahrhunderts

Benediktus Hardorp

1 Steuerrecht - oder die Crux des Reformierens

Wer auf die Reformen des Steuerwesens im letzten Jahrhundert schaut, blickt auf ein Meer von guten und bösen Absichten, auf ein Meer von Scheinerfolgen, von Selbsttäuschungen und ihnen folgenden „Ent-Täuschungen". Wie kommt es eigentlich in unserer hochintelligenten Zeit dazu? Zumeist geht es wohl so zu: Es wird auf gesellschaftlichem Feld ein Missstand beobachtet, eine diesem gewidmete gute Idee - eine Reformidee natürlich - gefasst; diese wird dann so gut wie möglich in die gesellschaftliche Realität implantiert - und ungefähr das Gegenteil des Gewünschten ist früher oder später das beobachtbare Ergebnis. Denn es gibt nicht nur den Steuergesetzgeber, es gibt auch die, die Steuern zahlen sollen! Aus beabsichtigten, „sorgfältig" geplanten Lenkungsanlässen des Steuergesetzgebers werden so u. U. „Schlupflöcher" unwilliger Steuerzahler. Das Steuerwesen scheint eine Hydra zu sein - mit einer heute wie früher sich mehrenden Zahl nachwachsender Köpfe, die unter der bekannten, weil immer wiederholten Bekämpfungsart nach wie vor prächtig gedeiht und ihr Wesen infolge dieses (unzureichenden) Bekämpfungs- oder „Förder"-Konzeptes weiterhin auszudehnen scheint. Woher kommt dieser, allen rationalen Anstrengungen und Erwartungen widersprechende Verlauf? Sind wir nicht in der Lage, die wirkliche Problematik in der gesellschaftlichen Realität - und diese selbst - genau genug zu erfassen? Suchen wir die Probleme draußen statt drinnen? Oder trauen wir uns nur nicht, die wirklichen Ursachen zu benennen oder sie anzugehen? Kennen wir unsere eigene Bewusstseins- und Gesellschaftsverfassung so wenig, dass wir in ihr nicht die wirksamen Ursachen verändern können? Sind wir der von uns geschaffenen Welt nicht gewachsen?

2 Die Konsumbesteuerung begreifen!

Wie steht es denn mit der gegenwärtigen Lage des Steuerwesens in der Bundesrepublik Deutschland und - darüber hinaus - mit dem in der Europäischen Union? Wie sieht es schließlich weltweit aus? Bedenken wir zunächst

Folgendes: wir haben uns gewöhnt, das wirtschaftliche Leben der Gegenwart weltweit mit dem Wort „Globalisierung" zu beschreiben. Wir verwenden diese Bezeichnung dabei sehr oft in angsterregendem Sinne: wie wenn etwas Unheimliches, Unbeherrschbares auf uns zukäme. Viele Menschen haben das Gefühl, in allen Tatbeständen dieser Art einer Krake zu begegnen, deren sie sich kaum erwehren können; sie protestieren daher gegen die Steuerlast, versuchen vielleicht, dieser Last auszuweichen, und/oder - sie resignieren am Ende.

Dabei muss man im Grunde sehen und zugestehen, dass es sich bei allem Globalisierungsgeschehen der Gegenwart auch um die lange angestrebte, jetzt eine erste, deutlichere Gestalt annehmende, weltwirtschaftliche Form der Menschheitswirtschaft handelt. Ist sie nicht seit Jahrhunderten erstrebt und herbeigewünscht worden? Freier Handel über die Welt hin, Wegfall der Zollgrenzen, freie Wahl des Betätigungsortes für jedermann - das waren doch die Losungen! Dabei hat man offenbar angenommen, dass neben dem erwünschten wirtschaftlichen Fortschritt in Wohlstandsgewinnen und weltweiter Arbeitsteilung politisch alles bleiben möge, wie es war. Nun geht die Rechnung an dieser Stelle nicht wie erhofft auf, weil die Wirtschaft sich gerade im Zuge dieser Globalisierung in einem Maße der politischen Regulierung entzogen hat, von dem man überrascht ist. Man bemerkt, dass es gegenüber dieser neuen weltweiten Wirtschaftsform kein gesamtgesellschaftlich adäquates Ordnungssystem bisher gibt; die Ordnungs- und Gestaltungsansätze nationaler Systeme („alter Bauart") reichen dazu nicht aus, weil ihr Regelungssystem nur bis zur nationalen Grenze reicht. Sollen wir nun ein internationales Regelsystem nach nationalem Vorbild einrichten? Verlegen wir damit nicht erneut lediglich den Ort der Missstände wie des Handlungsbedarfes und vermehren wir nicht - hydraähnlich wie gehabt - die Probleme? Blicken wir aber, wie unser Thema dies erfordert, zunächst auf das Steuerwesen.

Der beobachtete Ablauf von Maßnahmen und Folgen muss offenbar auch an unserem unzureichenden Analysevermögen liegen. Wir denken immer noch: Steuererhebung heißt die Frage zu lösen, wie ein Staat möglichst unmerklich zu seinen - möglichst reichhaltigen - Steuern kommt, wie er möglichst viele Erhebungsformen der Besteuerung schafft, die in ihrer Gesamtheit diese Unmerklichkeit - und zugleich hohe Einnahmen - bewirken sollen. Das Gegenteil ist bei diesem „Feldzug" leider immer wieder - ja sogar zunehmend - eingetreten: die Bürger empfinden sich vom staatlichen Steuerzugriff sehr merklich umklammert und bedroht, verstehen ihn als ungerecht - und betreiben seine Abwehr wie ein Kavaliersdelikt - oder wie einen Sport. Die Finanzwissenschaft hat dagegen gezeigt: Steuererhebung heißt immer ein Konsumopfer bringen - von den Bürgern für ihren Staat.[1] Steuererhebung ist damit wirtschaftlich - und das gilt ohne Ausnahme - in ihrer Wirkung immer Konsumbesteuerung.

Dass dies so ist, ist für viele Menschen noch nicht einsichtig, sondern wie verschleiert. Sicher sehen sie: es ist ein bisschen so; es ist aber - vielleicht? - auch „ein bisschen anders". - Es ist leider kein bisschen anders, der private Konsum wird durch die Steuer zurückgedrängt, trägt diese Last. Wir können nur wählen, ob wir die Steuererhebung unseres Staates - aller Staaten - auch gesamtwirtschaftlich als private Konsumeinschränkung verstehen und als solche regeln wollen oder ob wir unsystematisch „weiterwursteln" und die Hydra damit wie bisher stärken.[2] Unser fehlender Durchblick ist ihr „Futter". Denn eine Steuerlast wirkt immer auf den Konsum - gleichgültig, wie sie erhoben wird. Sie wird entweder, wenn die leistenden Unternehmen sie entrichten, bei diesen Bestandteil ihrer Wertschöpfung, geht über deren Abrechnungspreise kostenmäßig in die nachfolgende Wertschöpfungskette ein - und landet schließlich über den Endpreis der Güter oder Leistungen beim Konsumenten; oder sie wird - zweiter Fall mit gesamtwirtschaftlich gleicher Folge - als Kaufkraft vor dem Konsum abgeschöpft (Einkommensteuer, Lohnsteuer etc.) und vermindert so die Konsumkaufkraft der Bürger. Jede Besteuerung ist daher früher oder später als Konsumeinschränkung von dem Bürger aufzufangen bzw. bei ihm - und sei es verdeckt - aufzufinden.

Dieser Tatbestand hat im Zeitalter der Globalisierung allerdings noch eine weltwirtschaftlich weitergreifende Folge als bisher. Traf die Steuerlast früher im Wesentlichen den inländischen Konsumenten, d. h. den Bürger, der seinerseits die öffentlichen Aufgaben seines Landes demokratisch mitbestimmt, so folgt aus der weltwirtschaftlichen, die staatlichen Grenzen überschreitenden Arbeitsteilung (oder Wertschöpfung) zunehmend die Tatsache, dass die im Unternehmensbereich erhobene Steuerlast kostenmäßig, wie gezeigt, in die grenzüberschreitende Wertschöpfung, den Export, eingeht und so schlussendlich beim ausländischen Abnehmer landet. Das führt allerdings gleichzeitig zu bedauerlichen Einschränkungen der Wettbewerbsfähigkeit des (jeweiligen) leistenden Inlandes bzw. der grenzüberschreitend Leistenden oder in der Folge zu ökonomisch unzweckmäßigen Leistungsorten. Die leistenden Unternehmen bemerken den aufgrund des weltwirtschaftlichen Wettbewerbs (notwendig) erfolgenden Rückschlag. Dieser ist ökonomisch verständlich wie berechtigt. Er ist auch selbstverschuldet. Warum soll der ausländische Abnehmer - so wird dieser fragen - die inländische Infrastruk-

---

[1] Vgl. die Schriften von Manfred Rose hierzu: statt vieler Nachweise in: Konsumorientierte Neuordnung des Steuersystems, Berlin-Heidelberg-New York etc. 1991, S.7 ff m. w. N.

[2] Vgl. vom Verfasser: Steuerreform im Zeitalter der Globalisierung. Die Bedeutung des gesellschaftlichen Bewusstseins für die Steuererhebung. In: die DREI Nr. 3/1999, S. 45 f.

tur über seinen Konsumpreis mitfinanzieren? Niemand wird ihm dies wirklich verständlich machen (können); bestenfalls kann man ihn täuschen. Sollen das doch, so wird er sagen, die inländischen Bürger (im Ausland!) selbst zahlen! Sie tun es gegenwärtig immer dann, wenn als Bemessungsgrundlage für die eigene Steuererhebung ihres Staates: der inländische Letztverbrauch - auch bei vorausgehender ausländischer Wertschöpfung (einschließlich ausländischer Steuerlasten darin) - genommen wird. Daraus folgt, zu Ende gedacht: alles Wertschöpfungsgeschehen sollte, wo immer es stattfindet, so vollständig wie möglich von jeder Besteuerung freigestellt werden; eine Steuerbelastung darf sinnvollerweise erst am Ende der Wertschöpfungskette beim Konsum - und nach dessen Art und Ausmaß - erfolgen. Nur die abgeschlossene („honorierte") Wertschöpfung ist unter international gegenseitigen Leistungs- oder Austauschverhältnissen brauchbarer (fairer) Maßstab für die Erhebung von Steuern. Das ist die Tatsache, das sollte auch unser Denkansatz für die Besteuerung sein.

3   Das Realeinkommen besteuern

Eine solche Umstellung des Steuersystems bedeutet: Abschaffung aller Steuern, die den Wertschöpfungsstrom belasten oder Kaufkraft vor dem Konsum abschöpfen (könnten). Es bedeutet die - schrittweise - Abschaffung aller einkommensteuerähnlichen Besteuerungsformen (einschließlich der Vermögensbesteuerung). Ist das berechtigt, ist das sozial vertretbar? Es ist berechtigt - und es kann sozial gestaltet werden. Die Bedingungen des internationalen Wettbewerbs im Zeichen der Globalisierung sagen: finanziert euer jeweiliges Bürgersystem (öffentliche Aufgaben allgemein und insbesondere diejenigen auf sozialem Gebiet) gerade im Zeitalter weltweit verflochtener Leistungserstellung im eigenen Lande, in eigener Regie selbst. Lasst den Export von solchen Lasten frei; belastet den inländischen Konsum - die Mehrwertsteuer zeigt beispielhaft, dass und wie dies im Prinzip geht; es ist also keine Utopie. Nehmt das Realeinkommen, nicht das Geldeinkommen (- letzteres ist ja nur ein gesellschaftlicher „Zwischenzustand"; eine Art „Leistungsgutschrift") als Besteuerungsgrundlage und versucht, den Konsum, die Leistungsentnahme des Bürgers aus den weltwirtschaftlichen Wertschöpfungsprozessen zum Maßstab seiner persönlichen Lastenbeteiligung an den öffentlichen Aufgaben zu machen, diese selbst progressiv - nach euren sozialen Vorstellungen - zu besteuern! Ihr erfasst so das reale Einkommen über die Ausgaben der Bürger für ihren Bedarf. Diesen grundlegenden Hinweis hat Rudolf Steiner im Jahre 1919 ausgesprochen.[3]

---

[3] R. Steiner, Soziale Zukunft (Vortrag v. 20.10.1919), Bern 1950, S. 63 ff.

Die Umsatzsteuer hat im übrigen - und in diesem Sinne - eine unterschiedliche, sozial gestaffelt angesetzte progressive Belastung des Konsums schon immer, wenn auch nur sehr zaghaft, in ihrem Besteuerungsansatz veranlagt (oder versucht). Dieser Ansatz lässt sich ausgestalten. Länder mit einer größeren Zahl von Steuersätzen bei der Umsatzsteuer haben diese Richtung bereits eingeschlagen. Es ist natürlich leichter, sich am grünen Tisch eine „Tarifgerechtigkeit" papierener Art für eine Einkommensteuer (oder für ihr ähnliche Steuern), für die Besteuerung des *Nominaleinkommens* auszudenken, diese in theoretischen Belastungskurven etc. „überzeugend" darzustellen und sich an der so errungenen - leider scheinbaren - Gerechtigkeit illusionshaft zu berauschen. Es ist aber nicht möglich mit ihr gezielt in die Wirklichkeit einzugreifen und diese sinnvoll zu gestalten. Man darf dabei eben nicht im „Falldenken" einzelner, statisch gedachter Tatbestände hängen bleiben, sondern muss in wirtschaftlichen Kreisläufen - in realen Wertschöpfungs- und Geldkreisläufen - beweglich denken lernen. Sobald man dies tut, sieht man die tatsächlichen, kreislaufmäßigen Folgen der Besteuerung, die am Einzelfall nicht so leicht erkennbar werden; man sieht so die wirtschaftlichen Realitäten und wird in dieser Welt handlungsfähig.

4 Beschäftigung schaffen; Beschäftigung erhalten

Was würde ein solches Herumwerfen des Ruders - von Theoriegerechtigkeitssteuern (Einkommensteuer, Erbschaftsteuer etc.) zu einer Realbesteuerung des Konsums - im weltwirtschaftlichen Wertschöpfungsgeschehen bewirken? Eine solche Umstellung würde das Land, das diesen Prozess im Vergleich zu seinem weltwirtschaftlichen Umfeld vorantreibt, zur Steueroase - im Vergleich zu diesem Umfeld - machen. Wo Unternehmensgewinne - diese sind ja mehr buchmäßige „Zwischenfeststellungen" im Wertschöpfungsgeschehen - unbesteuert bleiben, wird Kapital - als instrumentelle Grundlage der Leistungserstellung - aus dem eigenen Wertschöpfungsgeschehen der Unternehmen dieses Landes - leicht gebildet und weiteres Kapital - zur Unterstützung und Fruktifizierung des unternehmerischen Entwicklungsgeistes angezogen. Die Realseite dieses Kapitalbilde- oder Kapitalanwerbevorganges, der sich in Zwischenstufen als Finanzanlage (Pensionsfonds, Anlagefonds etc.) darstellen mag, ist letztlich doch immer eine Realkapitalbildung. Wie würden sonst letztlich Werte geschaffen, die als Finanzertrag verfügbar werden? Wo Instrumente unternehmerischen Geistes geschaffen werden, werden aber immer auch Hände gebraucht, die diese Instrumente in Gang halten, d. h. es wächst - der Tendenz nach - die Beschäftigung im jeweiligen Inland. Sie wächst und vor allem: sie bleibt dort, wo dies geschieht. Standortfrage?

5 Konsumbesteuerung bewirkt Wohlstandsgewinn

Wo Beschäftigung geschaffen wird, bleibt und zunimmt, arbeiten und leben Menschen. Wo Menschen leben, wird notwendiger Weise konsumiert. Wo Menschen - über ihre Geldeinkommen - wachsenden Anteil am Ertrag der Wertschöpfung haben, weil sie an ihr in irgendeiner Weise doch letztlich „beteiligt" sind, wird auch das Realeinkommen als Konsum wachsen und damit zugleich die Bemessungsgrundlage einer Konsumbesteuerung verbreitern. Unter solchen Bedingungen wird die gesellschaftliche Leistungserstellung aber nicht mehr durch die Besteuerung behindert. Die Leistung wird auf jeden Fall zunächst einmal erbracht - und nicht womöglich von vornherein unterlassen, weil sie sich „wegen der Abzüge" nicht zu lohnen scheint. Erst nach Bezug eines Geldeinkommens für oder durch sein Engagement wird von dem Leistenden selbst über die Verwendung seines Einkommens aus der Leistung - durch seine Geldausgabe nämlich - entschieden. So kommt es zum Realeinkommen. Im Gelde, d. h. im Zwischenzustand des Geldbesitzes, hält der wirtschaftliche Leistungsprozess gesellschaftlich gleichsam zunächst „den Atem an"; es geschieht in diesem Moment noch nichts wirtschaftlich Reales. Aus dieser geldlichen „Schwebelage" heraus gibt es dann die Alternative: Verbrauch oder Investition. Wird verbraucht: so folgt daraus die Besteuerung; wird investiert, so bleibt der Wertschöpfungsbeitrag der Investition, der durch die Steuererhebung kostenmäßig nicht verteuert werden soll, zunächst konsequenterweise unbesteuert. Realkapitalbildung (durch Investition) bleibt ja Bestandteil des Leistungsprozesses (für andere), sie ist noch keine Leistungsentnahme des Verbrauchers aus der gesellschaftlichen Wertschöpfung. Diese Leistungsentnahme findet erst beim Konsum statt. Die Technik der Steuererhebung konzentriert sich, wenn wir - wie hier vorgeschlagen - vorgehen, auf einen einzigen Punkt: den Übergang der Wertschöpfung in den Konsum, in dem alle Wertschöpfung ja irgendwann enden muss (- sonst war sie keine). Der Konsum ist ein Realtatbestand, kein - gesamtwirtschaftlich gesehen - geldlicher „Zwischentatbestand", kein Buchungsvorgang, sondern eine Realentscheidung am Ende des Wertschöpfungsgeschehens. Weil in den noch nicht konsumptiven Vorstufen dieses Leistungsgeschehens auf einen Wertschöpfungsbeitrag ja auch noch ein Wertverlust folgen kann, deswegen sind die in diesem Geschehen vorausliegenden Abnahmetatbestände - in den Vorstufen des Prozesses - als „Zwischenkonsum" vom hier gemeinten Endkonsum zu unterscheiden. Erst auf diesen soll die Steuererhebung sich richten; der Vorsteuerabzug in der Unternehmerkette macht's (technisch) möglich.

Die Überwachung der Steuererhebung wird dabei im Grunde einfacher, weil sie sich auf einen Steuertatbestand beschränken kann und sich nicht auf fünfzig - oder wie viel immer - Steuerarten und Steuertatbestände verteilt.

Im gegenwärtigen System ist die Steuerhinterziehung, wenn sie denn geschieht, ja auch nicht auf die Verbrauchs- oder auf die Einkommensteuer beschränkt zu denken; wenn schon Hinterziehung: dann beides! Ein Handwerker, der „schwarz" kassiert, wird eben weder Umsatz- noch Einkommensteuer zahlen - sonst wird die eine Zahlung zur „Selbstanzeige" für fehlende andere! Es gab aber (- auch in diesem Fall) zwei unterschiedliche Tatbestände verwaltungsaufwendig zu prüfen - und steuerlich zu würdigen. Zudem ist zu bedenken: im Zeitalter der virtuellen Leistungs- wie Abrechentechnik, die gegenwärtig rasant zunimmt, wird die Überwachung virtuell erbrachter Leistungen (und der entsprechenden Zahlungsströme) immer schwerer, wenn nicht gar unmöglich. Arbeitsleistungen eines Inländers werden zunehmend via Internet (im Ausland oder für Unternehmen dort) erbracht und auch dort abgerechnet. Irgendwo auf der Welt - nur nicht im Inland! - erfolgt die Gutschrift für eine Leistung, die vom Inland aus erbracht wurde. Eine Lohnsteuerabrechnung oder ähnliches wird dabei kaum möglich - oder jedenfalls leicht umgehbar - sein.

Wenn es dagegen für die Besteuerung gar nicht mehr auf die Erzielung von Geldeinkommen, sondern nur noch auf dessen Verwendung, auf das Realeinkommen ankommt, so werden alle Zwischenabrechnungstatbestände steuerlich uninteressant und somit steuerfrei bleiben; nur der tatsächliche Konsum - ein Realvorgang - bleibt Besteuerungsgegenstand. Es gibt infolgedessen keine „Schwarzarbeit" (und deren Kriminalisierungsfolgen) mehr, weil jede Leistungsentfaltung - ob ohne oder gegen Entgelt (gemeinnützig oder eigennützig) - sozial gebilligt ist. Sie geschieht ja für andere. Es gibt steuerlich nur den Konsumtatbestand - und als Gefahr - den Konsum an der Besteuerung vorbei. Dies Problem wird allerdings - wie heute - bleiben, da muss man auch in Zukunft kontrollieren. Man muss aber nur an einer Stelle kontrollieren - nicht an hundert verschiedenen. Weil eine Leistungsentfaltung nicht mehr besteuert wird, entfallen Wohlstandsverluste durch die gegenwärtig eintretende steuerliche Leistungsverhinderung oder durch die dadurch bewirkte Leistungsenthaltung der potentiellen Leistungsträger. Der gesamtgesellschaftliche Wohlstand wächst; aus Wohlstandsverlusten werden Wohlstandsgewinne.

6 Die Konsumsteuer bewirkt eine sozial verstehbare Welt

Wie wird der anzustrebende Umbau der Besteuerung auf die Sozialverfassung unserer Gesellschaft zurückwirken? Wir schaffen durch ihn ein allgemeines Klima der Leistungsförderung, eine Welt für tätig sein wollende Menschen. Wir schaffen eine Welt, die verstehbar und sozial wie wirtschaftlich transparent wird. Wir erlauben Identifizierung mit dieser sozialen Welt. Der Geist einer völkischen Gemeinschaft bedarf zu seiner Pflege einer sozial ausreichend transparenten Welt, die genügend Identifikations- oder Selbstfindeelemente mit ihr und für sie enthalten muss. Wir lernen, wenn wir dies bedenken, auf eine andere Weise wieder erkennen, dass Besteuerung heißt: die öffentliche Hand mit Gemeinschaftsaufgaben betrauen, die, wenn der Einzelne sie marktmäßig erbringen oder erwerben wollte, unökonomisch sein würden. Sollen wir die Straße vor unserem Hause selber bauen und unterhalten? Günstiger tut das die Gemeinschaft; eine öffentliche Aufgabe ist angezeigt: Wir verstehen ohne weiteres auch den Rationalisierungsvorteil, die Ökonomie solchen Handelns. Wir wollen öffentliche Aufgaben; wir wollen sie auch tragen. Wir nähern uns dem Zustand, den Manfred Rose als Ausspruch von Novalis zitiert: Seine Steuern sollte man entrichten, wie man seiner Geliebten einen Blumenstrauß überreicht. Es darf ja gern ein „Rose-Strauß" sein!

Wer in einer so verfassten Gesellschaft nicht konsumiert, wird steuerlich auch nicht behelligt und muss sich sinnvolle Investitionsprojekte für sein Geldeinkommen suchen, in denen dieses Wertschöpfungsbeiträge unterstützen oder selbst leisten kann, d. h. wo es den Wertschöpfungsprozess instrumental unterlegt. Im platten Werbedeutsch der Finanzwelt formuliert: in denen sein „Geld arbeitet". Man kann diesen Zusammenhang von Finanzierung und Wertschöpfung der Sache nach als eine gesellschaftliche Kooperation von Sparer und Investor verstehen; wie es in der Sprache der Nationalökonomie immer hieß: $S = I$. - Dem Sparen von Geld muss in der Gesellschaft irgendwo ein komplementäres Realinvestment entsprechen, wenn eine Geldanlage rentabel werden und nicht nur eine Vermögensumverteilung - mit gesellschaftlichem „Nullsummen-Effekt - zur Folge haben soll. Wenn der Einzelne aber aus dem Ergebnis solcher geldlich verfügbaren „Zwischenprozesse" (Finanzanlagen) durch Verwendung finanzieller Erträge konsumiert, also aus seinem Geldeinkommen Realeinkommen macht, so ist auch sein Steuerbeitrag fällig - und zwar nach Art und Umfang seines Konsums. Sein individuell gewählter Verbrauchsweg - seine Ausgabenentscheidung - bestimmt auch die Höhe seiner Besteuerung. Lebensnotwendiger Grundbedarf wird niedrig (heute z. B. mit 7 % USt), gehobener Bedarf steigend (etwa mit 16, 22, 30, 35 % USt etc.) besteuert, wenn wir das Ganze in der Technik der Mehrwertsteuer denken. Überträgt der Einzelne die ihm verfügbar gewordene Kaufkraft (aus Arbeitseinkommen, Kapitaleinkommen, Erbschaft, Schenkung - oder aus was immer) an andere, z. B. an Kinder (zur Ausbildung) oder an gemeinnützig Tätige, so werden sich die Steuerbelastungssätze - und damit auch die reale Steuerlast nach den tatsächlich beschrittenen Verbrauchswegen richten - und sich ganz von selbst ermäßigen, weil so voraussichtlich vermehrt im Bereich des notwendigen Grundkonsums (bei niedrigeren Steuersätzen) verbraucht wird. Eine progressive

Besteuerung ist jedenfalls auch hier möglich, wenn sie - was bisher nicht ernsthaft geschah - auf diesem Felde versucht wird.

Ein Gemeinnützigkeitsrecht wird im Konsumsteuersystem schließlich vollends überflüssig. Niemand muss mehr „heilig" tun, um bei der Leistungserstellung steuerfrei zu bleiben; alle sind auf diesem Felde steuerfrei. Ein Grundsatz durchzieht das Ganze: jede Leistungserbringung dient den anderen, ist insoweit nicht eigen- sondern gemeinnützig. Die Besteuerung richtet sich eben nicht auf den Vorgang der Leistungserbringung, sondern richtet sich auf den tatsächlich eingeschlagenen Verbrauchsweg, den Bezug von Leistungen. Sie folgt der hierbei getroffenen Wahl des Konsumenten; er gibt die Richtung an! Diese markiert zugleich auch den Beginn eines neuen Wertschöpfungsgeschehens, wenn man den in jedem Kauf liegenden faktischen Auftrag zu neuer Produktion bedenkt. Der Verbrauch ist zunächst immer das Ende einer Wertschöpfung. Er zeigt, „was geht", was „der Markt" will. Er deutet aber zugleich auch auf künftigen Bedarf - und kann insoweit als Auftrag zu neuer Wertschöpfung verstanden werden (- wie es praktisch ja auch geschieht). Verbraucherorganisationen beginnen, dies zu sehen und zu gestalten.

Wir schaffen also mit dem Umbau unseres Steuersystems von der Einkommen- zur Konsumbesteuerung eine leistungsfördernde und sozial transparente Welt, deren soziale Gerechtigkeit im Sinne des gegenseitigen, sozialen Aufeinander-Bauens und des gegenseitigen Geltenlassens gestaltet werden kann. Eine solche Sozialverfassung gibt den Menschen Raum, sich im Dienste anderer leistend zu entwickeln; sie gibt Raum zur Persönlichkeitsentwicklung und -entfaltung. Der ökonomische Aspekt dieses Geschehens ist: Arbeitsteilung. Diese verlangt und bewirkt seit Beginn der Neuzeit, wovon hier die Rede ist.

Unser Steuersystem muss von einer nicht erreichbaren, scheinbaren Unmerklichkeit der Steuererhebung, die zu einem System der (verdeckten) Steuerverlagerung von einem Tatbestand in der Wertschöpfungskette zum anderen, vom Tatbestands- und Besteuerungsverschiebesystem, zu einem Selbstfindungssystem unserer Gesellschaft umgestaltet werden. Ein solches System führt, indem es sozial transparent wird, zur allgemeinen Kenntnis der Ziele, die mit der Steuererhebung verfolgt werden: die demokratisch - letztlich von den Bürgern selbst - festgestellten öffentlichen Aufgaben. Es kann auf diese Weise und auf diesem Wege auch zur Übereinstimmung des Individuums mit den Zielen der Gesellschaft führen, so dass mit der Akzeptanz des sozialen Ganzen auch die Bereitschaft zu seiner Finanzierung - als logische Folge des Beauftragungs- oder Aufgabenwillens - wachsen wird. Besteuerung ist dann nichts anderes als die Umsetzung dieses Weges. Die Ziele des Weges müssen aber auch in den Umsetzungsmaßnahmen des Weges erkennbar sein und bleiben. Nur eine Gesellschaft, die ihre Ziele mit ihren Wegen in Übereinstimmung erlebt, schreitet voran und leistet selbst ihren Beitrag zur Kultur- oder Bewusstseinsentwicklung der Menschheit.

7 Ziel und Grenzen der Besteuerung

Ist dies nun alles umsetzbar, verlangen wir nicht zu viel auf einmal? Letzteres ist schon vom Ansatz her deswegen nicht möglich, weil es sich bei unserem Reformvorschlag gar nicht um einen einzigen großen Reformschritt handeln kann, der hier vorgestellt wird, sondern um einen Reformweg, der Schritt für Schritt vorgehen will. Es kann daher niemals zu viel auf einmal sein, weil die Betroffenen das Maß seiner schrittweise Umsetzung selber mitbestimmen. In dieser gerafften Zusammenschau der Problematik kann nur die Logik dessen aufgezeigt werden, was sich gegenwärtig international im Wettbewerb der Steuersysteme längst vollzieht.[4] Was ist denn der gegenwärtig stattfindende Umbau des Steuersystems - vornehmlich der Unternehmensbesteuerung - anderes als ein (halbverstandenes) Voranschreiten in dieser Richtung? Weil in unserer Darstellung das Ziel - auch wenn es noch weit entfernt erscheint - bewusst gemacht wird, kann jeder Schritt von nun an auch an diesem Ziel gemessen werden. Dieses Ziel wird so zum richtunggebenden „Polarstern" aller denkbaren Umbauschritte. Der Weg kann damit daran gemessen werden, ob er (wenigstens) in die richtige Richtung führt. Diese Richtung enthält: Rücknahme der Belastungswirkung jeder Einkommensbesteuerung im Wertschöpfungsgeschehen; Abschaffung z.B. der Gewerbesteuer, Rückführung der Vermögensbesteuerung (zum Teil schon geschehen) - das alles sind Maßnahmen und Schritte in die geforderte Richtung und auf diesem Wege. Sie könnten auch so verstanden werden.

Zwei Aufgaben nichtsteuerlicher Art, die an dieser Stelle nicht behandelt werden können, werden bleiben:
1. die Sozialbindung des Kapitals, die den Charakter des Kapitals als Wertschöpfungsinstrument ja schon deutlich macht, muss auch in seiner Form (als Finanzierungsinstrument) in dem Sinne verstehbar werden, dass dessen Bildung sozial berechtigt erscheint und infolge dessen erleichtert wird,
2. die föderative Verfassung der Bundesrepublik in ihre Länder, die Gliederung Europas in seine nationalen Staaten, bedarf - für die Aufgabenträger („Steuergläubiger„) - der rechtlich wie ökonomisch sinnvollen Zuteilung von Haushaltsmitteln aus der Steuerquelle. Das sollte in einem flexiblen Teilungsverfahren der Steuergläubiger untereinander für diese Quelle - statt in unbeweglichen „Trennsystemen" - geschehen.

---
[4] Vgl. vom Verfasser: Vom Wettbewerb der Steuersysteme global – und was daraus zu lernen ist. In GOETHEANUM Nr. 33/1997, S. 425 ff.

Diese ausgrenzenden Hinweise müssen hier genügen; sie sollen an dieser Stelle nur deutlich machen, dass die darin liegenden Probleme gesehen werden.

Zusammenfassend können wir nunmehr sagen:
1. Reformanlass für das Gebiet der Besteuerung ist unser bisher ungenügend greifendes, am Einzelfall orientiertes eigenes Reformverhalten.
2. Dieses muss im Sinne einer klaren Durchschaubarkeit neu gegriffen werden.
3. Erste Einsicht: die Steuererhebung gehört nicht in das Wertschöpfungsgeschehen der „Unternehmerkette", sondern an dessen Ende.
4. Eine solche Umstellung der Steuererhebung fördert - extern - die internationale Wettbewerbsfähigkeit desjenigen regionalen, nationalen oder zonalen Wirtschaftsgebietes (EU z. B.), das auf diesem Wege entsprechende Vorwärtsschritte macht.
5. Dies fördert - intern - Durchschaubarkeit wie Akzeptanz eines konsumbasierten Steuersystems als eines gesellschaftlichen Selbstfindungssystems.
6. Das Steuersystem einer Gesellschaft muss allerdings von Nebenaufgaben nichtsteuerlicher Art entlastet werden; zu solchen Nebenaufgaben gehören die Regulierung der Vermögensmacht (Kapitalbildung und Berufung in unternehmerische Leitungsfunktionen) und des Vermögensüberganges (Erbschaft wie Leitungsnachfolge), die Maßnahmen zum Umgang mit der Umwelt (unglücklicherweise „Ökosteuer" genannt), die ihrem Wesen nach nichtsteuerlicher Art sind. [5]
7. Der Umgang mit der Umwelt muss in einer Abgabe ohne steuerliche Zielsetzung (ohne Einnahmeerzielung für den Staat) geregelt werden.[6]

Das gegenwärtige Steuerrecht erscheint nach alledem wie in einen längst zu klein gewordenen Konfirmandenanzug einer verstaubten Moderichtung gezwängt. Es bedarf stattdessen eines neuen zukunftstragenden Wurfes und einer rechtlichen Formung dieses gesellschaftlichen Selbstfindungssystems aus einem Guss[7]. Dessen Anfang ist bereits in dem historisch ganz einmaligen und neuartigen Steuertatbestand „Ende der Wertschöpfung" - oder Konsum - (Beispiel: Mehrwertsteuer) international gebilligt im Aufbau. Dieser Ansatz muss ausgebaut und sozial gestaltet werden. Dies wird nur in einem Generationenvorhaben erreichbar sein und er wird ein Prozess der flexiblen sozialen Beurteilung wie Gestaltung hinsichtlich der Belastbarkeit der jeweiligen Verbrauchswege werden. Er findet im Grunde längst - nur unver-

---

[5] Das Diesbezügliche hat der Verfasser in seinem Aufsatz: „Steuererhebung und Vermögensbildung" dargestellt. In: GOETHEANUM Nr.: 17/1998, S. 238 ff.

[6] Hierzu vom Verfasser: Steuerreform und ökologischer Steueransatz. In: Die DREI Nr. 7/8/1998, S. 124 ff.

[7] Vgl. auch: Steuerrecht und Gesellschaftsordnung - können wir das Ruder herumwerfen? Zum Reformprozess im Steuerwesen. In: die DREI Nr. 2/2001, S. 33 ff.

standen - statt. Diese Daueraufgabe ist aber keine „Reformkrankheit" mehr, sondern ein Prozess ständigen Mitgehens mit der gesellschaftlichen Entwicklung und mit dem entsprechenden Bewusstseinsprozess autonom gestalteter Bürgersysteme gliedhafter Art, der sie begleitet.

Literaturverzeichnis

Hardorp, B. (1997), Vom Wettbewerb der Steuersysteme global - und was daraus zu lernen ist. In GOETHEANUM Nr. 33, S. 425 ff.

Hardorp, B. (1998), Steuererhebung und Vermögensbildung dargestellt. In: GOETHEANUM Nr: 17 S. 238 ff.

Hardorp, B. (1998), Steuerreform und ökologischer Steueransatz. In: Die DREI Nr. 7/8/ S. 124 ff. - Steuerreform im Zeitalter der Globalisierung.

Hardorp, B. (1999), Die Bedeutung des gesellschaftlichen Bewusstseins für die Steuererhebung. In: die DREI Nr. 3, S. 45 f.

Hardorp, B. (2001), Steuerrecht und Gesellschaftsordnung - können wir das Ruder herum werfen? Zum Reformprozess im Steuerwesen. In: die DREI Nr. 2, S. 33 ff.

Rose, M. (1991), Konsumorientierte Neuordnung des Steuersystems, Berlin-Heidelberg New York etc. 1991, S.7 ff m. w. N.

Steiner, R. (1950), Soziale Zukunft (Vortrag v. 20.10.1919), Bern, S. 63 ff.

Freiheit, Selbstverantwortung, soziale Gerechtigkeit

Grundriss einer liberalen Sozialstaatsbegründung

Wolfgang Kersting

Eine Theorie der sozialen Gerechtigkeit hat die Aufgabe, den Sozialstaat mit einer normativen Hintergrundtheorie auszustatten, sozialstaatliche Wirksamkeit mit einer allgemeinen, notwendig abstrakten normativen Begründung zu versehen. Die Reichweite einer solchen gerechtigkeitsphilosophischen Sozialstaatsbegründung darf nicht überschätzt werden. Das Ziel einer Sozialstaatsbegründung kann nicht die Bereitstellung eines sozialpolitischen Distributionsalgorithmus sein. Es gibt keine gerechtigkeitstheoretische Blaupause für die Reform sozialer Sicherungssysteme. Allenfalls kann der politischen Philosophie eine Interpretation des verfassungsrechtlichen Sozialstaatsprinzip gelingen. Genauso wenig wie sich ein institutionelles Arrangement aus der normativen Hintergrundtheorie des Sozialstaats destillieren lässt, enthält sie selbst bereits ein hinreichendes begriffliches Instrumentarium zur gerechtigkeitstheoretischen Analyse der vorhandenen, historisch gewachsenen sozialstaatlichen Institutionen. Denn diese bilden zumeist ein nur noch Spezialisten zugängliches Gemenge unterschiedlichster Versicherungs-, Versorgungs- und Fürsorgeformen mit je eigenen normativen Leitvorstellungen. Und da diese Leistungssegmente unterschiedlich ausgestaltet sind, teils dem versicherungseigentümlichen Äquivalenzprinzip, teils dem Solidaritätsprinzip, teils dem Prinzip der Gleichbelastung und Benachteiligungsvermeidung, teils dem Prinzip der Suffizienz folgen, sind sie auch verschiedenen Ungerechtigkeitsrisiken konfrontiert. Folglich entstehen hier allerorten gerechtigkeitstheoretische Sonderprobleme, deren Lösung mithilfe des großformatigen Legitimationsarguments nicht vorangebracht werden kann. Man denke nur an die soziale Altersicherung, die auf einem geschichtlich gewachsenen Umlageverfahren beruht, das bei seiner Einführung von der Doppelvoraussetzung einer zumindest konstanten Bevölkerung zum einen und homogenen Familienstrukturen zum anderen ausging, daher aufgrund der sich seit langem abzeichnenden demographischen und familiensoziologischen Veränderung zunehmend zu gerechtigkeitsriskanten intragenerationellen und intergenerationellen Umverteilungseffekten führen wird. Keine Ruhestandsgeneration war ja so wohlversorgt wie die jetzige, und keine zukünftige Ruhestandsgeneration, auch nicht die, die jetzige alimentiert, wird je ein so hohes Versorgungsniveau erreichen können. Ähnliche Ungleichgewichte finden wir, wenn wir andere Leistungssegmente des sozialstaatlichen Versorgungssystems betrachten. Je differenzierter ein sozialstaatliches Leistungssystem, umso schwieriger ist es, auf allen Ebenen der Verteilung, in allen Versorgungssegmenten die leitenden Gerechtigkeitsstandards aufrechtzuerhalten. Oft geht ein Gerechtigkeitsfortschritt mit neuer Ungerechtigkeit einher. Der Sozialstaat ist ein leckes Schiff; während man im Bugraum abdichtet, dringt im Heckbereich wieder Wasser ein. Aber das Schiff ist gleichwohl schwimmfähig; und die, die im Wasser treiben, sind froh, wenn sie an Bord genommen werden.

Für eine gerechtigkeitstheoretische Analyse der komplexen sozialstaatlichen Realität benötigen wir also ein multiples normatives Instrumentarium, das auf der philosophischen Begründungsebene selbst nicht entwickelt werden kann. Hier ist ein Abwägen und Ausbalancieren unterschiedlichster normativer und rationaler Ansprüche vonnöten, das sich gegen eine Integration in ein prinzipielles Begründungsargument sperrt. Die Ebenen des großformatigen Legitimationsarguments und der kleinformatigen gerechtigkeitsethischen Analysen vorfindlicher gesetzlicher Versicherungs- und Versorgungssegmente dürfen nicht vermischt werden. Eine Sozialstaatsphilosophie muss sich damit begnügen, unser Verständnis des Sozialstaats und seiner legitimatorischen Leitbegriffe zu verdeutlichen. Wenn es ihr gelingt, uns zu zeigen, welche Bedeutung der Sozialstaat, welche Bedeutung die Institutionalisierung sozialer kollektiver Verantwortung vor dem Hintergrund der maßgeblichen normativen Orientierungen unserer politisch-kulturellen Selbstverständigung besitzt, und welche Bedeutung wir den sozialstaatlichen Leistungssystemen, dem Sozialversicherungsstaat mit seinen Versorgungs- und Fürsorgeeinrichtungen daher als konsistente Bürger, Demokraten und Freunde von Freiheit und Gleichheit geben müssen, dann sollten wir zufrieden sein. Die Ökonomie kann uns zeigen, wie viel uns der Sozialstaat kostet; um jedoch herauszufinden, was uns der Sozialstaat wert ist, benötigen wir die Hilfe der Philosophie. Nur normative Reflexion kann uns das logische Gewebe unserer normativen Leit- und Orientierungsbegriffe verdeutlichen, in das wir unsere Gerechtigkeitskonzepte, Sozialstaatsbegründungen und politischen Handlungsrechtfertigungen einfügen müssen, wenn sie rationaler Anerkennung fähig sein wollen.

Begründungen dieser Art bezeichnet man als kohärentistisch. Sie erheben keinen Letztbegründungsanspruch, sondern machen Voraussetzungen. In meinem Fall sind die Voraussetzungen die menschenrechtlichen Fundamente von Rechtsstaat und Demokratie. Eine kohärenztheoretische Rechtfertigung des Sozialstaats gelingt dann, wenn sie das Sozialstaatsprinzip in das Netz unserer Menschenrechts-, Rechtsstaatlichkeits- und Demokratieüberzeugungen hängen kann, so dass die Maschen nicht reißen und das Sozialstaatsprinzip genauso Halt empfängt, wie es umgekehrt den Elementen des Menschenrechts, des Rechtsstaats und der Demokratie selbst auch neuen und stärkeren Halt gibt. Ihre Achse wird von einem Argument gebildet, das im Rahmen einer plausiblen Interpretation der menschenrechtlichen Basisprinzipien die Einsicht vermitteln möchte, dass der Rechtsstaat aus Gründen *normativer Konsistenz* sich zur Einräumung von Leistungsansprüchen und zur Übernahme von Leistungspflichten bereit finden muss und um der allgemeinen Wirksamkeit des Freiheitsrechts willen sich zu progressiver Einkommensbesteuerung und sozialstaatlicher Umverteilung genötigt sieht. Denn normative Konsistenz besagt, dass ein angemessenes, normative Implikationen wie Verwirklichungsbedingungen gleichermaßen berücksichtigendes Verständnis der naturrechtlichen Grundlagen des Rechtsstaats ein über Rechtsstaatlichkeitsgewähr hinausreichendes staatliches Engagement fordert, dass Positivierung und Institutionalisierung der menschenrechtlichen oder vernunftrechtlichen Basisprinzipien der Freiheit und Gleichheit selbst eine sozialstaatliche Erweiterung rechtsstaatlicher Aufgabenstellung verlangen, der Rechtsstaat also bei Lichte betrachtet den Sozialstaat selbst aus sich heraustreibt. Es ist evident, dass der Dreh- und Angelpunkt eines solchen Arguments der Freiheitsbegriff ist, dass der Nachweis zu führen ist, dass normative Konsistenz verlangt, den in reiner Eingriffs- und Übergriffsabwehr begründeten Absolutismus des negativen Freiheitsbegriffs zu durchbrechen und der materialen Ermöglichung des Gebrauchs des Freiheitsrechts, der materialen Ermöglichung selbstbestimmter Lebensführung ebenfalls fundamentalrechtliche Relevanz einzuräumen.

Es ist ersichtlich, dass kohärenztheoretische Begründungen normative Rechtfertigungen liefern. Normative Rechtfertigungen bilden jedoch nicht die einzige Möglichkeit, den Sozialstaat zu begründen. Man kann den Sozialstaat auch technisch begründen, als unerlässliches stabilitätspolitisches Instrument. Seit jeher wusste die politischen Philosophie, dass gute Politik auch auf die Entschärfung sozialer Spannungen, auf den Abbau extremer, gesellschaftsspaltender sozio-ökonomischer Ungleichheit, auf die Stärkung der bürgerlichen Mitte und daher auch auf die Vergrößerung sozio-ökonomischer Gleichheit gerichtet sein muss. Von Aristoteles *Politik* bis zu Hayeks *Verfassung der Freiheit* finden sich einschlägige Ermahnungen an den Gesetzgeber. Und auch Kant ist der Meinung, dass es um des Bestands der bürgerlichen Verfassungsordnung willen notwendig und daher indirekte Pflicht sei, die durch Versorgungsunsicherheit, Armut und Elend hervorgerufenen stabilitätspolitischen Risiken durch geeignete Versorgungsarrangement zu bekämpfen. Aber eine politische Begründung ist instrumentalistisch und ganz etwas anderes als eine normative Begründung. Eine normative Sozialstaatsbegründung zielt auf den Nachweis interner moralischer Notwendigkeit, betrachtet den Sozialstaat als integralen Bestandteil unserer politischen Lebenswelt und moralischen Wirklichkeit und daher als substantiell wertvoll. Für die politische Begründung hingegen ist der Sozialstaat nur ein dem Rechtssystem äußerliches, nur technisch wichtiges Instrument. Sozialstaatliche Versorgungsleistungen dienen nicht konsequenter Freiheitsrechtsverwirklichung, sondern fungieren nur als Berstschutz, um das Systems privater Freiheit und privaten Eigentums vor seinen autodestruktiven Auswirkungen zu schützen.

Die folgende Skizze einer liberalen Sozialstaatsbegründung stützt sich auf drei Argumente. Das erste entfaltet den grundlegenden Gedanken. Es ist sehr einfach. Die beiden folgenden dienen der zusätzlichen Plausibilisierung des in dem grundlegenden Argument vorgetragenen Konzepts. Dabei wird einmal Gebrauch gemacht von dem altvertrauten Gedankenexperiment des Vertrages; zum anderen werde ich ein Argument skizzieren, das in genauer Umkehrung der Rawlsschen *common-asset*-Metapher die politische Verpflichtung zur Finanzierung eines freiheitsrechtlich begründeten Sozialstaats als Benutzungsgebühr für die erfolgreiche Verwendung vorgefundener kooperativer Ressourcen auslegt. Zur Konturierung meiner Position werde ich abschließend den freiheitlichen Sozialstaat mit dem sozialstaatlichen Egalitarismus konfrontieren.

1

Menschen sind Hypleptiker, zum Anknüpfen an Vorfindliches, zur Abhängigkeit von Voraussetzungen verurteilt. Diese Voraussetzungen sind einerseits handlungsermöglichend, andererseits handlungsbestimmend. Sie zerfallen in zwei Klassen: in individuelle Ressourcen und strukturelle Gegebenheiten. Individuelle Ressourcen umfassen alle Eigenschaften, die der Mensch an sich und in sich vorfindet. Sie sind teils genetisch formiert, teils Auswirkungen von sozialer Herkunft und Erziehung. Der Ort der strukturellen Voraussetzungen ist hingegen die individuellem Handeln vorgängige gesellschaftliche Verfassung mit ihren ökonomischen, rechtlichen und politischen Systembereichen. Ersichtlich besteht zwischen beiden Gruppen von Handlungsvoraussetzungen eine Korrelation: Gesellschaftliche Verfassungen können die Entwicklung der individuellen Anlagen und Fähigkeiten begünstigen oder hemmen.

Die Geschichte der politischen Philosophie ist charakterisiert durch ein wachsendes Bewusstsein von der Wichtigkeit institutioneller Lebensvoraussetzungen. Der Anspruch an die konstitutionellen Rahmenbedingungen individueller Lebensplanungen ist dabei stetig gestiegen: vom Sicherheitsstaat über den Rechts- und Verfassungsstaat zum Sozialstaat. Hinter dieser Ausweitung steht die Einsicht, dass selbstbestimmte und eigenverantwortliche Lebensgestaltung, dass der Genuss von Freiheit und Freizügigkeit an materielle Voraussetzungen gebunden ist. Wenn der Wert des Freiheitsrechts im Zustand der Mittellosigkeit verschwindet, wird aus der Grammatik unserer ethisch-politischen Selbstverständigung das naturrechtliche Herzstück herausgebrochen. Wenn die Menschen über keine materiellen Ressourcen verfügen können, dann rückt hinreichender Ressourcenbesitz in den Rang einer freiheitsermöglichenden Bedingung, dann wird hinreichender materieller Ressourcenbesitz zur Voraussetzung von Recht, personaler Würde und bürgerlicher Existenz, dann erweist es sich wie das Rechts selbst als Grundgut, dann muss bürgerliche Solidarität für eine hinreichende materielle Versorgung einstehen. Zumindest dann gilt dieser Ermöglichungszusammenhang zwischen dem immateriellen Zentralgut des Rechts und einem materiellen Zentralgut hinreichenden Ressourcenbesitzes, wenn wir das Recht nicht nur im Lichte des *status negativus*, als Abwehrrecht betrachten, sondern uns auf die in den normativ-individualistischen Begriff der Rechtsordnung eingelassene normative Leitvorstellung einer eigenverantwortlichen, zur selbstbestimmten Lebensführung fähigen Person beziehen. Angesichts dieser operationalen Abhängigkeit des Freiheits- und Freizügigkeitsrechts von hinreichendem materiellen Güterbesitz muss eine um gerechte Grundgüterversorgung bemühte Gesellschaft auch eine zumindest basale Versorgung mit einem Ersatzeinkommen im Falle wie auch immer verursachter Erwerbsunfähigkeit sicherstellen. *Die menschenrechtliche Verpflichtung zur Rechtsstaatlichkeit treibt aus sich selbst eine freiheitsrechtliche Verpflichtung zur Sozialstaatlichkeit hervor.*

In der Numerus-clausus-Entscheidung des Bundesverfassungsgerichts von 1972 finden sich die Umrisse einer leistungsrechtlichen Grundrechtsauslegung, die eine solche Überlegung aufgenommen hat. Hier geht es nicht mehr um Daseinsfürsorge im Sinne biologischer Kontinuitäts- und Existenzsicherung. Hier geht es um Exklusionsabwehr, um die teilhaberechtliche Voraussetzungen wirksamer Grundrechtswahrnehmung, genauer: um die Voraussetzungen, die gegeben sein müssen, damit das Freiheitsrecht verwirklicht werden kann, denn, so heißt es im Urteil, " das Freiheitsrecht wäre ohne die tatsächliche Voraussetzung, es in Anspruch nehmen zu können, wertlos".[1] Der Freiheitsrechtsanspruch muss also um der Konsistenz willen nicht nur Abwehransprüche umfassen, sondern auf die Gewährleistung der "notwendigen Voraussetzungen für die Verwirklichung des Freiheitsrechts" selbst ausgedehnt werden.[2] Das Bundesverfassungsgericht variiert damit ein Argument, das zuerst in der Sozialstaatskonzeption von Lorenz von Stein vorgetragen worden ist. "Die Freiheit ist eine wirkliche erst in dem, der die Bedingungen derselben, den Besitz der materiellen und geistigen Güter, als die Voraussetzungen der Selbstbestimmung, besitzt".[3] Da zu

---

[1] BVerfGE 33, 303; 331.
[2] BVerfGE 33, 303; 337.
[3] Lorenz von Stein, Geschichte der sozialen Bewegung in Frankreich von 1789 bis auf unsere Tage, Bd. 3, München 1921, Neudruck Darmstadt 1959, S. 104.

den notwendigen Voraussetzungen für die Verwirklichung des Freiheitsrechts auch eine hinreichende Versorgung mit materialen Gütern gehört, weist diese Argumentation auch einen direkten Weg zu einer freiheitsrechtlichen Sozialstaatsbegründung. Sie könnte folgendermaßen aussehen.

Jeder Mensch hat das Recht, über seine Kräfte und Fähigkeiten selbstbestimmt verfügen zu können, ein Leben nach seinen Vorstellungen führen zu können und von der Gesellschaft und seinen Mitmenschen als selbstverantwortliches Wesen, als Zweck an sich selbst respektiert zu werden. Diese autonomieethische Ausweitung verwandelt das Freiheitsrecht in ein unverkürztes Selbstverfügungsrecht, das eine bürgerrechtliche Anspruchsgrundlage begründet, die ihrerseits zur Bereitstellung von Sozialleistungen, zur Bereitstellung eines interimistischen Ersatzeinkommens bei Erwerbslosigkeit verpflichtet. Hier geht es nicht um Subsistenzsicherung, hier ist ein anspruchsvolleres sozialstaatliches Leistungsniveau verlangt, geht es doch um eine Versorgung, die die Aufrechterhaltung der bürgerlichen Lebensform gestattet. Biologisch lebt der Mensch wirklich nur von Brot allein. Daher muss ein sich der Subsistenzsicherung verpflichtender Sozialstaat über die Bereitstellung von Suppenküchen, Wolldecken und Massenunterkünften nicht sonderlich hinausgehen.

Selbstverfügung, Selbstbestimmung, ein Leben nach eigenen Vorstellungen zu führen verlangt mehr als Existenzgarantie, als die Sicherung der Möglichkeit, am Leben zu bleiben. Selbstbestimmung verlangt den Besitz materieller Ressourcen, verlangt Optionen und Alternativen. Ein Leben, das nur den Geleisen der Not und Mittellosigkeit folgt, findet ohne Eigenbeteiligung statt. Wenn wir das negative Freiheitsrecht von seiner koordinationspolitischen Restriktivität befreien und etwa die sozialen und ökonomischen Bedingungen des Rechts auf selbstbestimmte Lebensführung mit in den begrifflichen Kranz des Freiheitsrechts hineinnehmen, dann kann seine sowohl rechtlich als auch rational gebotene Institutionalisierung nicht bei der Etablierung rechtsstaatlicher Verhältnisse Halt machen, da Markt und Eigentumsordnung immer nur eine selektive Garantie für eine Wahrnehmung dieses Selbstbestimmungsrechts bieten, dann muss sie als notwendige strukturelle Ergänzung sozialstaatliche Einrichtungen verlangen.

Die freiheitsrechtliche Verankerung sozialstaatlicher Leistung hat jedoch nicht nur Auswirkungen auf das Niveau der Transferzahlungen. Ist es eine legitimationsentscheidende Aufgabe des Staates, für die Voraussetzungen einer selbstbestimmten Lebensführung seiner Bürger zu sorgen, dann darf er sich nicht mit Umverteilung begnügen. Sozialstaatliches Engagement darf nicht monetaristisch verkürzt werden, es muss zumindest auf zwei Feldern politische Initiative und institutionelle Phantasie entwickeln: auf dem Gebiet der Beschäftigungspolitik und auf dem Gebiet der Ausbildung. Denn zum einen ist der selbsterhaltungermöglichende Arbeitsplatz autonomieethisch dem Bezug von sozialstaatlichen Transfereinkommen grundsätzlich vorzuziehen. Zum anderen ist die Entwicklung der Fähigkeiten und Fertigkeiten die Voraussetzung für selbstbestimmte Lebensführung; nur aus der Anspannung der eigenen Kräfte, aus der selbstbeanspruchenden Leistung lässt sich Selbstgenuss und Selbstwert gewinnen. Daher verlangt ein freiheitsrechtlicher Sozialstaat sowohl offensive Arbeitsmarktpolitik und die Etablierung und Pflege eines horizontal wie vertikal hinreichend ausdifferenzierten Ausbildungssystems. Der freiheitsrechtliche Sozialstaat ist um die Ermöglichung der Wahrnehmung des Freiheitsrechts, ist um die Ermöglichung selbstbestimmter Lebensführung bemüht. Sein Hauptziel ist die Minimierung von Autonomierisiken, nicht die Erträglichmachung der Folgen manifesten Autonomieverlustes. Daher ist der freiheitsrechtliche Sozialstaat nicht auf das Versicherungsprinzip zu reduzieren, das ihn in komfortabler Nachträglichkeit verharren und auf den Versicherungsfall warten lässt. Daher zeigt sich seine Leistungsstärke auch nicht an dem Niveau der Versorgung, mit der die Ertragseinbußen eingetretener Unselbständigkeit kompensiert werden, sondern an dem Ausmaß seiner autonomiepolitischen Kreativität, seiner institutionellen Phantasie. Aus freiheitsrechtlicher Perspektive ist der Sozialstaat vordringlich ein Ermöglicher, der Vorsorge für die Freiheit trifft, kein Reparaturunternehmen, das Autonomieschäden flickt. Und wenn arbeitsmarktpolitische Verbesserungen ökonomische Maßnahmen verlangen, die dem Besitzstandswahrungsinteresse der Sozialstaatsklientel widersprechen, dann sind diese zwar politisch kaum durchsetzbar, gleichwohl um des normativen Ziels der Vermehrung der Möglichkeiten selbstverantwortlicher Lebensführung willen moralisch geboten.

Die Leistungsdifferenz zwischen sozialstaatlicher Daseinsfürsorge und sozialstaatlicher Freiheitsfürsorge ist materialer Ausdruck eines wichtigen begründungstheoretischen Unterschiedes, der seinerseits die Konsequenz zweier divergierender Menschenbilder ist. Die anthropologische Basis der subsistenzrechtlichen Argumentation ist der homo sapiens, das biologische Gattungswesen Mensch. Hier geht es um den rechtlichen Schutz der fundamentalen biologischen Kontinuität, um das Weiterleben, das einerseits durch Folter und Tod, andererseits aber auch durch Lebensmittellosigkeit gefährdet werden kann. In dem subsistenzrechtlichen Argument wird nur der Kreis der biologisch relevanten Dependenzen kausal abgeschritten. Das autonomieethische Argument, das ein freiheitsfürsorgerisches Sozialstaatsengagement begründet, geht hingegen von dem Begriff der Personalität aus. Während der homo sapiens erst durch menschenrechtliche Zuschreibungen normative Signifikanz erhält, ist der Begriff der Persönlichkeit ein Grundbegriff der moralisch-kulturellen Grammatik unserer Selbstverständigung und von Haus aus mit normativer Signifikanz ausgestattet. Die ihm durch menschenrechtliche Zuschreibungen zugewiesenen normativen Bestimmungen differenzieren diese originäre normative Signifikanz nur aus. Daher besteht nicht nur der Quantität nach, sondern auch der Qualität nach ein erheblicher Unterschied zwischen einer biologischen Kontinuitätssicherung und Existenzsicherung zum einen und einer materialen Ermöglichung personaler und freiheitlicher Lebensführung zum anderen. Erstere steht dafür ein, dass Menschen am Leben bleiben und weiter existieren; letztere verlangt die Gewährleistung des Maßes an faktischer Freiheit, dass Menschen brauchen, um handeln und das Leben einer Person führen zu können.

Hier muss einem weiteren Einwand begegnet werden. Keinesfalls impliziert dieses Begründungsargument die These, dass die menschenrechtliche Anspruchsgrundlage ein Recht auf Glück beinhalten würde. Natürlich ist dem von kantianischen Eiferern bis zum Überdruss repetierten Argument, dass "für dasjenige, worin Menschen ihre Glückseligkeit suchen, sich überhaupt kein allgemeines Gesetz finden lässt", zuzustimmen. Zuzustimmen ist auch der Folgerung, dass die politische Freiheit eben darin bestehe, "dass der Mensch in diesem seinem Streben ... keinem gesetzlichen Zwange unterliegt".[4] Kant hat sich dem eudämonistischen Despotismus des Polizei- und Wohlfahrtsstaats seines Jahrhunderts entgegengestellt, der in der Nachfolge eines Glück und Sittlichkeit amalgamierenden Aristotelismus das zwangsbewehrte Recht zur Durchsetzung marial-ethischer Vorstellungen eines sittlich-glücklichen Lebens benutzte. Aber in der hier skizzierten Konzeption der Verteilungsgerechtigkeit geht es um materiale Voraussetzungen individueller Freiheitsausübung, nicht um ein sittlich ausgezeichnetes Glücksverständnis. Und auch dann, wenn wir den Glücksbegriff von seinen Sittlichkeitseinlagerungen befreien, ihn psychologisieren und präferenzindividualistisch zuspitzen, können wir ihm keine menschenrechtliche Unterstützung geben. Wir können ihn daher auch nicht als gerechtigkeitsethisches Kriterium staatlicher Versorgungs- und Verteilungspolitik verwenden. *Auf ein Recht auf Glück lässt sich kein Sozialstaat gründen.* Aber das will auch keiner, daher laufen die Kantianer mit diesem Hinweis offene Türen ein. Erst dann begeben sie sich ins rechtsphilosophische Abseits, wenn sie meinen, dass aufgrund des eudämonismuskritischen Arguments Kants sozialstaatliches Verteilungshandeln grundsätzlich nicht als rechtlich notwendig ausweisbar sei.

2

Die Rawlssche Gerechtigkeitstheorie will Regeln zur Lösung innerkooperationsgemeinschaftlicher Teilungsprobleme entwickeln. Sie etabliert eine Ge-

---

[4] Julius Ebbinghaus, Sozialismus der Wohlfahrt und Sozialismus des Rechtes, in: ders, Sittlichkeit und Recht. Gesammelte Schriften Band I, Bonn 1986, S. 235.

rechtigkeit zwischen Kooperationspartnern. Die unter dem Schleier der Unwissenheit ermittelte Verfassung bestimmt allein die Grundstruktur einer Gesellschaft selbständiger Wirtschaftssubjekte, die Grundstruktur einer geschlossenen, alle Erwerbsunfähigen ausschließenden Marktgesellschaft. Gerade weil es auf die internen Verteilungsprobleme des Kooperationssystems eingeschränkt ist, taugt das Differenzprinzip nicht als Sozialstaatsprinzip. Denn obwohl das Differenzprinzip sozio-ökonomische Ungleichheit zulässt, liegt ihm eine "conception of reciprocity" zugrunde, ist es ein "principle of mutual benefit".[5] Die Vereinbarkeit von wechselseitiger Vorteilhaftigkeit und Ungleichheit ist darin begründet, dass der Kooperationsgewinn in ungleicher Gesellschaft größer ist als in gleicher Gesellschaft, somit selbst der Schlechtestgestellte in ungleichen Gesellschaften eine größere Kooperationsdividende erhalten kann als in gleichen Gesellschaften. Wird die Verteilungsgerechtigkeit als moralisch vorzugswürdige Regulation interner kooperationsgemeinschaftlicher Verteilungskonflikte entwickelt, dann kommen Individuen nur dann in den Genuss der Gerechtigkeit, wenn sie Mitglieder der Kooperationsgemeinschaft sind. *Für Rawls konvergieren Gerechtigkeitsgemeinschaft und Kooperationsgemeinschaft.* Daher vermag seine Gerechtigkeitstheorie keine Sozialstaatsbegründung, keine Begründung der moralischen Vorzugswürdigkeit kollektiver Sicherungssysteme zu liefern. Denn die Adressaten sozialstaatlicher Versorgung sind gerade die Mitmenschen, die entweder aus der Kooperationsgemeinschaft ausgestoßen oder nicht in sie aufgenommen werden. Die Adressaten der sozialstaatlichen Versorgung sind Arbeitslose, Arbeitsunfähige, Rentner, Kranke und geistig, psychisch und körperlich Behinderte, all die also, die sich in einer Gesellschaft der Gegenseitigkeit, des wechselseitigen Vorteils nicht behaupten können, da sie nichts anzubieten haben, das zu erwerben andere interessiert sein könnten.[6]

Obwohl wegen der Wiederentdeckung des Themas der sozialen Gerechtigkeit so hochgelobt, hat Rawls doch gerade den Bereich gerechtigkeitstheoretisch völlig ausgeklammert, den wir vordringlich mit dem Thema der sozialen Gerechtigkeit verknüpfen, nämlich den Bereich, der durch die Versorgungsleistungen der gesetzlichen Sozialversicherungssysteme von der Rentenversicherung über die Krankenversicherung bis zur Arbeitslosenversicherung und Sozialhilfeversicherung definiert ist, also den sozialstaatlichen Bereich. Rawls war sich über diese Lücke in seiner Gerechtigkeitstheorie freilich im klaren."We are to assume", so Rawls, "that all citizens are fully cooperating members of society over the course of a complete life. This means that everyone has sufficient intuellctual powers to play a normal

---

[5] John Rawls, A Theory of Justice, Cambridge 1971, S. 102.
[6] Vgl. Wolfgang Kersting, Theorien der sozialen Gerechtigkeit, Stuttgart: Metzler 2000, S. 68-171; ders., John Rawls, Hamburg 1993, vollständige Neufassung 2001.

part in society, and no one suffers from unusual needs that are especially difficult to fulfil, for example, unusual and costly medical requirements".[7] Rawls gibt zu, dass "care for those with such requirements is a pressing practical question". Aber dass dieser Frage innerhalb des Horizonts seiner Theorie nicht zur Beantwortung ansteht, wird sofort deutlich, wenn er anmerkt, dass „at this initial stage, the fundamental problem of social justice arises between those who are full and active and morally conscientious participants in society and directly or indirectly associated together throughout a complete life".[8] Es ist offensichtlich, dass Rawls mit seinen idealisierenden Unterstellungen eines Vollbeschäftigung ermöglichenden Arbeitsmarktes und einer lebenslangen Arbeitsfähigkeit der Bürger der Fairness-Gerechtigkeit eine Anwendungssituation auf den Leib schneidert, die mit den Verteilungsproblemen der politischen Realität keinerlei Berührung hat. Daher muss sich seine Theorie in dem Maße, in dem die Realität hinter diesen Idealvorstellungen zurückbleibt, notwendigerweise als unvollständig und ungenügend erweisen.

Wie lässt sich diese Mangel beheben? Wie lässt sich die Rawlssche Konzeption vervollständigen? Eine vollständige Konzeption der Verteilungsgerechtigkeit wird zwei unterschiedliche gerechtigkeitstheoretische Dimensionen miteinander verknüpfen müssen: auf der einen Seite die auf Kooperationsgemeinschaften zugeschnittene Gerechtigkeitsdimension der angemessenen Lasten- und Gewinnverteilung innerhalb eines Systems des wechselseitigen Vorteils, kurz die Dimension einer Gerechtigkeit des wechselseitigen Vorteils; und auf der anderen Seite die auf Solidargemeinschaften zugeschnittene Gerechtigkeitsdimension der markt- und leistungsunabhängigen, unparteilich jedem Anspruchsberechtigten zuteil werdenden Grundversorgung. Glücklicherweise ist das Vertragsargument so flexibel, dass es auch mit dieser schwierigeren Begründungsaufgabe betraut werden kann. Freilich müssen wir dann die parametrischen Idealisierungen des Rawlsschen Arguments rückgängig machen und den Markt nicht länger von den Beschäftigungs- und Versorgungsrisiken trennen, denen Menschen auf dem Markt und durch den Markt ausgesetzt sein können. Es ist nämlich überhaupt nicht einzusehen, dass die Verfassungswähler, die kein besonderes, sondern nur allgemeines Wissen haben, die sich also als Jedermann vor dem Hintergrund allgemeiner Struktur- und Problembeschreibungen situieren, sich nicht fragen, was aus ihnen wird, wenn ihr Leben keinen Normalverlauf nimmt oder nur stotternd startet, wenn ihre Arbeitskraft nicht mehr nachgefragt wird, wenn sie das Schicksal der Arbeitslosigkeit ereilt oder wenn sie gänzlich arbeitsunfähig werden oder es gar von vornherein sind, was aus ihnen also

---

[7] John Rawls, Kantian Constructivism in Moral Theory: The Dewey Lectures, in: Journal of Philosophy 77 (1980), S. 546.
[8] Ebd.

wird, wenn sie ein Leben außerhalb der Kooperationsgemeinschaft führen müssen, weil sie der Markt entweder von Anfang an zurückweist oder irgendwann ausgespuckt hat.

Die Arbeitslosigkeitsoption ist analytischer Bestandteil einer allgemeinen Beschreibung des kapitalistischen Wirtschaftssystems, und die Arbeitsunfähigkeitsoption ist analytischer Bestandteil einer allgemeinen Beschreibung menschlichen Lebens. Gerade weil sie ihre Entscheidung im Hinblick auf ein ganzes Leben treffen und damit rechnen müssen, dass ein Teil ihres Lebens in der Arbeitslosigkeit verbracht werden kann, werden sie das Verteilungsproblem nicht auf das Problem der Verteilung der kooperativ erwirtschafteten Güter auf die aktiven Kooperationsmitglieder beschränken, sondern auf alle Mitglieder der sich hinsichtlich der Güterproduktion kooperationsgemeinschaftlich organisierenden politischen Gemeinschaft ausdehnen. Diese sozialstaatliche Erweiterung des kontraktualistischen Begründungsszenarios führt somit zu einem Argument, dass der normativ-freiheitsrechtlichen Sozialstaatsbegründung eine rationale Sozialstaatsrechtfertigung zur Seite stellt. Da jeder damit rechnen muss, in eine Lage geraten zu können, in der er nicht mehr selbst für sich und seine von ihm abhängigen Angehörigen sorgen kann und daher fremder Hilfe und Unterstützung bedarf, werden sich die Verfassungswähler auf ein Verfahren der Verstaatlichung der Solidarität einigen, auf eine Regelung also, durch die sich die verfasste Allgemeinheit verpflichtet, den hilfsbedürftigen Mitgliedern der Gesellschaft jene Unterstützung zuteil werden zu lassen, die sie benötigen, um zumindest ihre grundlegenden Bedürfnisse befriedigen zu können. Bei Rawls haben wir im Kontrakt eine Betriebsversammlung vor uns: Wirtschaftsbürger, Mitglieder des Kooperationsunternehmens Marktgesellschaft kommen unter dem Schleier der Unwissenheit zusammen, um sich eine gerechte Verfassung zu geben. Jetzt hingegen ist der organisationspolitische Referenzrahmen ausgeweitet: jetzt gibt sich eine politische Bürgergemeinschaft eine Verfassung, und die Ausstattung mit Rechten, Chancen und materiellen Gütern, die erforderlich sind, um das Leben eines Bürgers zu führen, bilden jetzt den kriteriellen Bezugspunkt für die konstitutionellen Entscheidungen.

3

Das folgende Argument bietet eine individualistische Umkehrung des kollektivistischen Arguments Rawls' vom *common asset*.[9] Das Rawlssche Argument besagt, grob vereinfacht, dass die Kooperationsgemeinschaft als

---

[9] Vgl. Wolfgang Kersting, Theorien der sozialen Gerechtigkeit, Stuttgart: Metzler 2000, S. 168ff.

ideeller Gesamtbesitzer aller individuellen Talente und Begabungen anzusehen ist und die durch ihren Einsatz erwirtschafteten Güter dann nach Maßgabe der Grundregeln der Verteilungsgerechtigkeit an die Individuen verteilt. Dieses Argument, das die altvertraute Gemeinbesitzidee auf die individuellen Produktivitätsressourcen der Individuen überträgt, hat eine dezidiert anti-liberale Pointe, denn es spricht den Individuen a limine jeden grundrechtlichen und meritorischen Anspruch auf die von ihnen unter Einsatz ihrer Talente und Fähigkeiten erarbeiteten Güter ab.

Wir alle sind Nutznießer der gesellschaftlichen Kooperation auf mehreren Ebenen. Und ohne das gedeihliche Klima einer entwicklungsfreundlichen Kooperation könnten wir grundsätzlich nicht die Anlagen, Fähigkeiten und Talente zur Entfaltung bringen, die in uns schlummern. Als Kehrseite des *common asset*-Gedankens entdeckt sich die ökonomisch-ethische Benutzung der Gemeinschaft durch den einzelnen. Und auch hier ist es so, dass gerade die Hochtalentierten von der Gemeinschaft profitieren, denn nur eine komplexe, ausdifferenzierte Gesellschaft mit hochentwickelten wissenschaftlichen, künstlerischen und technisch-wirtschaftlichen Sektoren enthält die erforderlichen perfektionistischen Anreize und Herausforderungen, kann der außergewöhnlichen Begabung ein geeignetes Entwicklungsmilieu bieten. Insofern korrespondiert der Besserstellungsabgabe der wirtschaftlich Erfolgreichen im Rahmen des *common asset* - Gedankens eine Benutzungsabgabe für gesellschaftliche Talententwicklung und Begabungstraining im Rahmen des Gedankens gesellschaftlicher Entwicklungshilfe. Wir haben hier ein stabiles Verhältnis der Wechselseitigkeit: nicht nur verwendet die Gesellschaft die wirtschaftliche Leistungsfähigkeit der natürlich Bevorzugten in gerechtigkeitspolitischer Absicht; ebenso verwenden insbesondere die natürlich Bevorzugten das gesellschaftliche Anreiz-, Entwicklungs- und Bildungssystem zur Vervollkommnung ihrer natürlichen Anlagen. Daher kann man anstatt von einer kollektiven Bewirtschaftung der individuellen Talente auch von einer individuellen Benutzung sozialer Vervollkommnungsagenturen sprechen. Und aus liberaler Perspektive ist der letzten Lesart der Vorzug zu geben, weil sie mit den Voraussetzungen des normativen Individualismus vereinbar ist, die Rawlssche Idee eines Gemeinbesitzes der lebenserfolgsrelevanten Talente, Fähigkeiten und natürlichen Eigenschaften hingegen grundlegenden normativen und persontheoretischen Überzeugungen des Individualismus widerspricht.[10]

Diese Umkehrung des *common asset*-Gedankens, dieser Wechsel von der distributiven Talentpoolbewirtschaftung zur perfektionistischen Ausnutzung des Kooperationssystems, zeigt einen zweiten Weg zu einer rationalen Begründung des Sozialstaats. Diese Begründung stützt sich auf die Vorstellung

---

10 Dazu ausführlich meine Rawls-Kritik in Wolfgang Kersting, Politische Theorien der sozialen Gerechtigkeit, Stuttgart: Metzler 2000, Kap. III.

einer Benutzungsgebühr, die im Rahmen einer progressiven Einkommenssteuer entrichtet wird und für die Finanzierung der freiheitsrechtlich notwendigen sozialstaatlichen Leistungen verwendet wird. In dem Gedanken der Benutzungsgebühr ist die Überlegung enthalten, dass der karrierepolitisch erfolgreiche Einsatz der natürlichen Fähigkeiten, Talente und Begabungen ebenso wie die positive Verzinsung günstiger sozialer Startbedingungen abhängig von einem gut funktionierenden, hinreichend ausdifferenzierten und politisch stabilen, durch allgemeine Anerkennung getragenen sozio-ökonomischen Kooperationssystem ist. Ebenso wie eine Wachstumsökonomie dem Kapital gute Verwertungsmöglichkeiten bietet, bietet ein entwickeltes gesellschaftliches Kooperationssystem den individuellen Anlagen, Talenten und Begabungen gute Entfaltungsbedingungen. Vor diesem Hintergrund lässt sich das sozialstaatliche Verteilungsprinzip als *progressive Benutzungsgebühr* verstehen, die die Individuen für die perfektionistische, ihren Lebenserfolg verbessernden, zumindest ihren sozio-ökonomischen Grundgüterbesitz mehrenden Inanspruchnahme des günstigen kooperationsgemeinschaftlichen Entwicklungssystems zu entrichten haben und die für die Besserstellung der Schlechtestgestellten innerhalb des Gesamtsystems zu verwenden ist. Und dass dabei die Einkommensstärkeren größere Benutzungsabgaben zu entrichten haben als die Einkommensschwächeren, versteht sich von selbst. Denn der, der am meisten von den günstigen Entfaltungschancen eines kooperativen Systems profitiert, muss auch, das ist das Grundgebot proportionaler Gerechtigkeit, die höchsten Benutzungsgebühren entrichten. Natürlich ist das Ausmaß des systemabhängigen Lebenserfolgs nicht objektiv festzustellen, ist ein Vergleich karrierepolitischer Bilanzen mit denselben Schwierigkeiten behaftet wie der notorische interpersonelle Nutzenvergleich. Aber wir benötigen eine operationelle Größe. Daher müssen wir auf das Einkommen zurückgreifen und seine Höhe zum Erfolgsmaß einer systemermöglichten Lebenskarriere erklären.

4

Die hier skizzierte Sozialstaatsbegründung hält an der menschenrechtlichen Orthodoxie fest und hat darum den Vorzug äußerster begrifflicher Sparsamkeit. Sie kommt mit dem normativen Fundus der Kernmenschenrechte aus und benötigt neben dem gleichermaßen für Rechtsstaatlichkeit und Demokratie zuständigen Grundprinzip der gleichen Freiheit kein weiteres Prinzip. Insbesondere benötigt sie kein selbständiges Prinzip der Verteilungsgerechtigkeit. Dadurch unterscheidet sie sich vom Egalitarismus, der in all seinen Spielarten dem Rechtsstaatsprinzip ein eigenständiges Verteilungsprinzip zur Seite stellt, das als Unterschiedsprinzip, als Ressourcengleichheitsprinzip oder Wohlfahrtsgleichheitsprinzip die Verteilung der gesellschaftlichen Güter organisiert.

In den Augen der Egalitaristen legitimiert sich der Sozialstaat als Instrument einer umfassenden egalitären Verteilungsgerechtigkeit, kommen Bürgern leistungsrechtliche Ansprüche auf eine gleiche Ausstattung mit lebenskarriererelevanten Ressourcen zu. Die sozialstaatliche Hauptaufgabe ist es, alle illegitimen Ungleichheitsursachen, mögen sie in der Natur, in dem sozialen Herkunft oder den Verteilungsergebnissen des Marktes wirksam werden, durch kompensatorische Transferzahlungen zu neutralisieren. Das in den unterschiedlichen Konzeptionen der Egalitaristen immer wieder variierte Hauptargument sieht folgendermaßen aus. Würden wir allein Markt und Privatrechtsordnung als Verteilungsregel materieller Güter akzeptieren, dann würden wir uns dem Diktat der moralisch unverantwortlichen Natur und der kontingenten sozialen Herkunft unterwerfen. Ein gesellschaftliches Verteilungssystem darf sich jedoch nicht einer naturwüchsigen Entwicklung überlassen, die die Willkür der natürlichen Begabungsausstattungen und die Zufälligkeit der Herkunft in den gesellschaftlichen Bereich hinein verlängert und sozio-ökonomisch potenziert, darf sich daher auch nicht auf die Etablierung formaler Koordinationsregeln beschränken. Aufgabe eines gesellschaftlichen Verteilungssystems muss es vielmehr sein, die Verteilungswillkür hinsichtlich der natürlichen Fähigkeiten wie auch die Zufälligkeit der sozialen Startpositionen auf der Grundlage von Gerechtigkeitsregeln zu korrigieren.

Die Konzeption der egalitären Verteilungsgerechtigkeit beruht auf einer übertriebenen Interpretation der vertrauten moralischen Intuition, dass Gerechtigkeit etwas mit Verdienst zu tun haben muss. Eine gerechte Verteilung ist eine Verteilung kat' axian. Das Verdientlichkeitskriterium der Egalitaristen ist die eigene Leistung. Das, was man sich durch eigene Leistung erarbeitet hat, gehört einem, und niemand, darf es einem nehmen, auch der Sozialstaat nicht. Das jedoch, was einem zufällt, muss umverteilt werden. Und zu dem, was einem zufällt und nicht selbst erarbeitet worden ist, gehören alle natürlichen und herkunftsbedingten Eigenschaften und Fähigkeiten, Dispositionen und Einstellungen, die wesentlich für Erfolg und Misslingen der Lebenskarriere verantwortlich sind. Der Egalitarismus der Verteilungsgerechtigkeit duldet keinen genetischen und sozialen *windfall profit*. Er verlangt daher wohlfahrtsstaatliches Einschreiten, eine kompensatorische Umverteilungspolitik, die die nicht-vorhandene natürliche und soziale Ausgangsgleichheit der individuellen Lebensprojekte nachträglich fingiert und die moralische Verteilungswillkür von Natur und Geschichte bricht.

Wie aber sollen die verdienten und unverdienten Anteile am Lebenserfolg ermittelt werden? Wie das durch Eigenleistung Erworbene von dem, was sich vorgefundenen günstigen natürlichen und sozialen Anfangsbedingungen verdankt, getrennt werden? In der Theorie, sei es der des Cartesius, sei es der Kantischen, lässt sich der energetisch-produktive Kern der Subjektivität mühelos von den Einflüssen der natürlichen Umstände trennen, in der Wirklichkeit jedoch kommt man mit diesem simplen subjektivitätsmetaphysischen Dualismus nicht weit. Kein individuelles Entscheidungsprogramm, keine subjektive Präferenzordnung, keine persönliche Ethik des guten Lebens, die nicht auch Spiegel des Sozialisationsmilieus ist, die nicht auch in den vorgegebenen Mustern der natürlichen Umstände wurzeln, die jeder Mensch in Gestalt seiner genetischen und körperlichen Verfassung an und in sich vorfindet. Selbst Stimmungsprofile, optimistische Einstellungen, Durchsetzungsvermögen und das Ausmaß an Risikobereitschaft, alles Leistungsfermente, sind auf natürliche Verteilungen zurückzuführen: die Auswirkungen der Lotterie der Natur bestimmen das gesamte Entscheidungsarsenal und Verhaltensrepertoire der Individuen. Eine trennscharfe Sortierung der illegitimen und legitimen Ungleichheitsursachen ist damit ebenso unmöglich wie eine genaue Bestimmung des Redistributionsausmaßes.

Der folgende Einwand wiegt aber noch viel schwerer. Die Egalitaristen wollen, dass die Leistung ihren Lohn empfängt- darin zeigt sich ihr liberales Erbe. Sie wollen aber auch die gerechtigkeitstheoretische Neutralisierung aller vorgegebenen Ungleichheiten, die die Subjekte in ihrer unterschiedlichen Natur, in ihren unterschiedlichen sozialen Startpositionen und auch noch während des Verlaufs der Lebenskarrieren vorfinden. *Daher müssen sie auf die illusionäre Idee verfallen, einen selbstverantwortlichen abstrakten Persönlichkeitskern aus der Hülle seiner natürlichen und sozialen Vorgegebenheiten herauszuschälen.* Alles das, was in dem starken Sinne kontingent ist, dass es auch in anderer Form um uns und in uns vorgefunden werden könnte, wird damit der politisch-egalitären Bewirtschaftung unterstellt, wird zum Gegenstand steuerpolitischer Abschöpfung oder kompensatorischer Zuwendung. *Aber wir sperren uns dagegen, dass unsere Begabungen und Fertigkeiten uns nicht zugesprochen werden, und betrachten es als eine Form von Enteignung, wenn sie lediglich als von uns nur treuhänderisch verwaltete Gemeinschaftsressourcen angesehen werden, deren Ertrag gänzlich zur gerechtigkeitsstaatlichen Verteilungsdisposition steht. All das, was die Theorie der Verteilungsgerechtigkeit als natürlich und sozial Zufälliges, Willkürliches und Kontingentes der gerechtigkeitspolitischen Egalisierung überantwortet, das macht uns aus, das prägt unseren Charakter, unsere Persönlichkeit, unsere Identität, all das sind wir.* Ich kann doch nicht darum einen Anspruch auf staatliche Transferleistungen erheben, weil ich ich bin, und kein Anderer, Erfolgreicherer, mit besseren natürlichen und sozialen Startvoraussetzungen Ausgestatteter.

Der Egalitarismus unterschätzt die systematische Reichweite seiner einschlägigen Argumente. Die Rede von der moralischen Willkür natürlicher und sozialer Ausgangsverteilungen, von der Ausgleichsbedürftigkeit ungleicher Begabungsausstattungen, von der Rektifikation unverdienter Benachteiligungen und Bevorzugungen ist alles andere als harmlos. In unmäßigem Moralismus verlässt sie den Binnenraum individuellen und gesellschaftlichen Handelns und dehnt moralische Beurteilungs- und Behandlungsweisen auf die Natur aus. Letztlich rückt der Egalitarismus damit den Sozialstaat in religiöse Dimensionen. Der Sozialstaat wird mit einem Defatalisierunsauftrag ausgestattet; er stellt sich gegen das Schicksal, den Zufall, die Kontingenz. Er wird zur Schöpfungskorrektur, zu einer Art Zweitschöpfung, in der die moralischen Versäumnisse der Begabungsverteilung der Erstschöpfung dadurch korrigiert werden, dass die Begünstigten von den Benachteiligten in Kompensationshaft genommen werden.

Wie weit mag wohl dieser metaphysisch-hybride Defatalisierungsauftrag der egalitären Gerechtigkeit reichen? Zuständig für Defatalisierung ist die Technik. Technik ist autonomiekompetent, erhöht die Spielräume der Freiheit und der Selbstbestimmung. Wo gestern noch das Fatum herrschte, haben wir heute bereits Optionen. Wenn der Freund der Gleichheit ein hinreichend tiefes Verständnis seiner eigenen Überzeugungen besitzt, dann muss er zu einem leidenschaftlichen Befürworter der Technik werden. *Denn erst die Technik eröffnet wirkliche Egalisierungschancen, ersetzt die Ungleichheitskosmetik der Transferzahlungen durch eine Behandlung der Ungleichheitswurzeln selbst.* In dem Maße, in dem die Kapazitätslandkarte unserer Gene unter die Kontrolle einer manipulativen Technik gerät, in dem Maße mindert sich die Herrschaft des genetischen Zufalls. Dem Egalitaristen muss jedes technische Mittel recht sein, um die *Zivilisation der Gleichheit* voranzutreiben. Überdies ist es ein weitaus verlässlicheres Mittel als die Kompensationsmaschinerie des Systems der progressiven Einkommensteuer, kommt zudem nicht zu spät, sondern verrichtet ihr Distributionswerk gleichsam im biologischen Urzustand eines jeden. Es ist also nicht verwunderlich, dass im Kielwasser des Human Genome Projects zunehmend mehr gerechtigkeitsethische Untersuchungen sich mit dem Verhältnis von Genetik und Gerechtigkeit beschäftigen und nach Ausgleichsprogrammen fragen, um den Unterschied zwischen den "genetic haves and genetic have-nots" auszugleichen. Die genwissenschaftliche und gentechnologische Entwicklung arbeitet offenkundig der egalitaristischen Sozialstaatsphilosophie in die Hände. Wenn man ein solch ausschweifendes Verständnis von Benachteiligung hat, dass jede Differenz in der natürlichen Ausstattung mit erfolgspragmatischen Fähigkeiten und Eigenschaften einen kompensationswürdigen Benachteiligungsfall darstellt, dann sind egalisierungstechnologische

Initiativen unausweichlich und fester Bestandteil des politischen Programms des Egalitarismus.

Wie weit mag der Egalitarismus der Lebenserfolgsressource, die wir selbst sind, gehen? Schönheit, zumal in einer so äußerlichkeitskultischen Gesellschaft wie der unsrigen, ist eine soziale Macht. Muss nicht angesichts der überaus kläglichen Ergebnisse der natürlichen Ästhetiklotterie einerseits und der unleugbaren Startvorteile der Schönen andererseits der Egalitarist revoltieren? Eine Schönheitssteuer einführen oder freie Kosmetik oder freies Hanteltraining für alle einschlägig Bedürftigen? 1960 hat L.P.Hartley in London bei Hamilton ein Buch mit dem schönen Titel *Facial Justice* veröffentlicht. Es gehört in die Gattung der Utopien, die bekanntlich allesamt sozialtechnologische Großversuche mit dem Ziel der vollständigen Ausrottung aller Kontingenzen darstellen; es berichtet von dem Gerechtigkeitsskandal der Schönheit, von dem unverdienten Aussehen, dem Wettbewerbsvorteil der angenehm geschnittenen Züge, es berichtet auch von der benachteiligenden Hässlichkeit und der marginalisierenden Unansehnlichkeit. Und es berichtet von der "Antlitz-Gleichmachungs-Behörde" und ihrem Egalisierungsprogramm, das durch die Entwicklung einer risikolosen und unaufwendigen Gesichtschirurgie ermöglicht wurde und erlaubte, die blinde natürliche Verteilung ästhetischer Eigenschaften durch Gesichtsplastiken der ausgleichenden Gerechtigkeit zu überformen, so dass nur noch ästhetische Durchschnittlichkeitsvarianten existierten und die körperliche Individualität sich auf eine karrierepolitisch neutrale Mediokritätsvariation beschränkte.

Dass Schriftsteller aufgrund ihres professionsbedingten Phantasievorsprungs die bedenklichen Implikationen philosophischer Theorien bereits imaginativ erfassen, wenn die Philosophen noch auf die blanken Oberflächen ihrer moralischen Begriffe starren, zeigt auch das folgende Beispiel. Es stammt aus einer Science-Fiction-Erzählung von Kurt Vonnegut, Jr. und bietet eine gute Illustrierung der Rolle des für die egalitaristische Theorie unverzichtbaren Figur des staatlichen Handicappers, der den Bevorzugten Bleichgewichte in die lebenskarrierepolitischen Taschen steckt, damit sie keinerlei unverdienten Vorsprung gegenüber den Benachteiligten besitzen. "The year was 2081, and everybody was finally equal. They weren't only equal before God and the law. They were equal every which way. Nobody was smarter than anybody else. Nobody was better looking than anybody else. Nobody was stronger or quicker than anybody else. All this equality was due to the 211th, 212th, and 213th Amendments to the Constitution, and to the unceasing vigilance of agents of the United States Handicapper General...Hazel had a perfectly average intelligence, which meant she couldn't think about anything except in short bursts. And George, while his intelligence was way above normal, had a little mental handicap radio in his ear. He was required by law to wear it all times, It was turned to a government transmitter. Every twenty seconds or so, the transmitter would send out some sharp noise to keep people like George from taking unfair advantage from their brains".[11]

Die egalitaristische Begründung rückt den Sozialstaat offenkundig aus dem gewohnten Koordinatensystem. Die gleichheitsorientierte Verteilungsgerechtigkeit ist nicht subsidiär, sondern ein perennes Unternehmen. Da sie nicht an hinreichender Versorgung interessiert ist, kommt sie mit der Etablierung versorgungssichernder Strukturen nicht zur Ruhe. Da es ihr Ziel ist, den normativen Egalitarismus materiell abzubilden und die auf diesen ressourcistischen und welfaristischen Verteilungsfeldern herrschenden ungleichheitsproduktiven Faktoren durch die Kompensation bevorzugungs- und benachteiligungsrelevanter Bestimmungen zu neutralisieren, muss sie sich zu einem ewigen Umverteilungsengagement bereitfinden. Damit begegnet uns mit dem Egalitarismus ein Sozialstaatsverständnis, das selbst dann, wenn Vollbeschäftigung herrscht und auch die Mitglieder der unteren Lohngruppen selbsttätig ein anständiges Auskommen finden, das sozialstaatliche Verteilungswerk fortsetzen muss. Denn Egalitarismus löst ebenso wie die Diskursethik die sozialstaatlichen Leistungen von den wirtschaftlichen Verhältnissen ab und unterwirft sie einem moralischen Dogmatismus: Erhebt die Diskursethik die Partizipation zu einem Wert an sich, so der Egalitarismus die materiale Gleichheit. Aufgrund dieser ökonomischen und zugleich freiheitsrechtlichen Dekontextualisierung verliert der Sozialstaat seinen subsidiären Charakter und verwandelt sich in eine autonome Wertverwirklichungsveranstaltung.

Vergleiche ich die von mir oben skizzierte liberale Sozialstaatsbegründung mit dieser egalitaristischen Konzeptionen, dann scheint mein Argument von der Notwendigkeit sozialstaatlicher Politik zumindest drei Vorteile zu haben. Zum einen kommt es ohne eine egalitäre Metrik aus. Der aus dem Freiheitsrecht selbst abgeleitete Anspruch auf materielle Versorgung im Falle wie auch immer verursachter Selbstversorgungsunfähigkeit wird nicht als materialer Anspruch auf einen gleichen Anteil an natürlichen und externen Ressourcen ausgelegt. Daher bedarf mein liberales Argument von der materiellen Ermöglichung der Freiheit und von der Benutzungsgebühr auch keiner fiktiven Auktionen, auf denen über den Umweg der fiktiven Ermittlung kompetitiver Gleichgewichtspreise die fiktive Höhe des jeden gleichermaßen zukommenden Ressourcenanteils festgestellt wird. Damit ist es auch frei von dem irritierenden Ökonomismus, der alle egalitaristischen Konzeptionen prägt, die gezwungen sind, die von ihnen ins Spiel gebrachten gleichen Ressourcenansprüche zu bemessen. Die Höhe der Benutzungsgebühr ist von dem Wert irgendwelcher natürlicher Ressourcen völlig unab-

---

[11] Kurt Vonnegut, Jr., Harrison Bergeron, in: Louis P. Pojman/Robert Westmoreland (Hrsg.), *Equality. Selected Readings*, New York - Oxford 1997, S. 315-318; S. 315.

hängig und ist ausschließlich eine Angelegenheit der politischen Festlegung. Es ist eine verhängnisvolle Überstrapazierung der Leistungsfähigkeit politischer Philosophie, wenn sie sich daran macht, durch solche fiktiven Szenarien eine Taxonomie der Equalisanda zu entwickeln. Sie gerät dann in die Falle der Pseudokonkretheit.

Ein weiterer Vorzug meines Arguments ist, dass es nicht durch die unselige Vorstellung belastet ist, soziale Gerechtigkeit hätte etwas mit dem Ausgleich unverdienter natürlicher und sozialer Ungleichheiten zu tun und der Sozialstaat hätte die Aufgabe, vor allem diejenigen, die durch ein ungünstiges und unverdientes Natur- und Sozialschicksal benachteiligt worden sind, zu Lasten der natürlich Bevorzugten und sozial Privilegierten zu entschädigen. Dieser egalitaristische Mythos verwandelt damit die progressive Einkommensteuer in ein Instrument moralischer Natur und Schicksalskritik.[12] Es versteht sich, dass ein Sozialstaat, der mit derartigen prinzipiellen Egalisierungsaufgaben betraut wird, den Anspruch einer marktunabhängigen moralischen Notwendigkeit erheben muss. Die Egalitaristen schreiben dem Sozialstaat eine Rolle zu, die beträchtlich von der Aufgabe abweicht, die ihm in meiner Begründungsargumentation zugewiesen wird. Nach meinen liberalen Vorstellungen ist der Sozialstaat notwendigerweise dem Subsidiaritätsprinzip verpflichtet. Auch wenn aufgrund der gegebenen wirtschaftlichen und gesellschaftlichen Verhältnisse nicht damit zu rechnen sein wird, dass je ein Beschäftigungsniveau erreicht werden könnte, dass sozialstaatliche Transferzahlungen überflüssig machen könnte, ist der Begründungsidee nach doch der liberale Sozialstaat ein auf seine eigene Überflüssigkeit wartende Überbrückungsveranstaltung. Ausdruck dieser Subsidiaritätsverpflichtung ist die Vorrangigkeit eigenverantwortlicher und selbstversorgungsfähiger Lebensführung, ist die lebensethische Vorzugswürdigkeit einer auf staatliche Versorgung nicht angewiesenen Existenz. Selbstbestimmung ist weniger freies Schalten und Walten mit fremden, staatlich umverteilten Ressourcen, sondern eine Lebensführung auf der Grundlage der Selbstversorgung. Nur dann, wenn - wohlgemerkt: aus welchen Gründen auch immer - jemand nicht in der Lage ist, sich und die von ihm einschlägig Abhängigen selbst zu versorgen, springt der Sozialstaat mit seinen Fremderhaltungs- und Fremdversorgungsleistungen ein. Der Sozialstaat übernimmt gleichsam in solchen Fällen die freiheitsrechtliche Ausfallbürgschaft. Diese Sekundarität verliert er in den egalitaristischen. Der einem Egalitätsprinzip unterworfene, seine egalisierenden Kompensationsaktivitäten selbst auf die individuellen Naturausstattungen ausdehnende Sozialstaat ist eine eigenständige, von jedem Marktversagen unabhängige Gerechtigkeitsveranstaltung, die einem

---

[12] Dazu ausführlich Wolfgang Kersting, Theorien der sozialen Gerechtigkeit, Stuttgart: Metzler 2000, Kap. III, Kap. IV, Kap. VII.

Moralprogramm folgt, das mit den fundamentalen Voraussetzungen des normativen Individualismus nicht vereinbar ist.[13]

Literaturverzeichnis

Ebbinghaus, J. (1986) Sozialismus der Wohlfahrt und Sozialismus des Rechtes, in: ders., Sittlichkeit und Recht. Gesammelte Schriften Band I, Bonn, S. 235 ff.

Kersting, W. (2000), Theorien der sozialen Gerechtigkeit, Stuttgart, S. 68-171; ders. (1993), John Rawls, Hamburg, vollständige Neufassung 2001.

Kersting, W. (2000), Rechtsphilosophische Probleme des Sozialstaats, Baden-Baden.

Kersting, W. (2000), Politische Philosophie des Sozialstaats, Weilerswist.

Kersting, W. (2000), Politische Solidarität statt Verteilungsgerechtigkeit. Eine Kritik egalitaristischer Sozialstaatsbegründung.

Kersting, W. (2000), Politische Philosophie des Sozialstaats a.a.O., S. 202-256.

Kersting, W. (2001), Grundriß einer liberalen Sozialstaatsbegründung, in: Deutsche Zeitschrift für Philosophie, Sonderheft: Politische Philosophie heute.

Kersting, W. (2001), Kant und das Problem der liberalen Sozialstaatsbegründung, in: Akten des IX. Internationalen Kant-Kongresses in Berlin, Berlin.

Kersting, W. (2000), Theorien der sozialen Gerechtigkeit, Stuttgart, S. 168ff.

Kersting, W. (2000), Theorien der sozialen Gerechtigkeit, Stuttgart, Kap.III., Kap.IV, Kap. VII.

Rawls, J. (1971), A Theory of Justice, Cambridge, S. 102 ff.

Rawls, J. (1980), Kantian Constructivism in Moral Theory: The Dewey Lectures, in: Journal of Philosophy 77, S. 546 ff.

Stein, L. v. (1921), Geschichte der sozialen Bewegung in Frankreich von 1789 bis auf unsere Tage, Bd. 3, München 1921, Neudruck Darmstadt, S. 104 ff.

Vonnegut, K. / Bergeron, H. (1997), in: Pojman L. P. / Westmoreland, R. (Hrsg.), Equality. Selected Readings, New York - Oxford, S. 315-318; S. 315 ff.

---

[13] Zum Thema der Egalitarismuskritik und liberalen Sozialstaatsbegründung vgl: Wolfgang Kersting: Rechtsphilosophische Probleme des Sozialstaats, Baden-Baden 2000; ders. (Hrsg.): Politische Philosophie des Sozialstaats, Weilerswist 2000; ders.: Politische Solidarität statt Verteilungsgerechtigkeit. Eine Kritik egalitaristischer Sozialstaatsbegründung, in: ders. (Hrsg.): Politische Philosophie des Sozialstaats a.a.O., S. 202-256; ders.: Grundriß einer liberalen Sozialstaatsbegründung, in: Deutsche Zeitschrift für Philosophie, Sonderheft: Politische Philosophie heute, 2001; ders.: Kant und das Problem der liberalen Sozialstaatsbegründung, in: Akten des IX. Internationalen Kant-Kongresses in Berlin, Berlin 2001.

Sozialversicherungsillusion und Demutualisierung der Gesellschaft

Abbau von Gegenseitigkeitsbeziehungen und Entwicklungen im Versicherungswesen

Peter Koslowski

In der Sozialversicherung und in der privaten Versicherung ist gegenwärtig eine Tendenz erkennbar, die man als Demutualisierung beschreiben kann. Die Versicherten und die Versicherer versuchen den Anteil der Versicherung, der auf Gegenseitigkeit oder Mutualität beruht, zugunsten einer exakten Abrechnung der Risiken mit möglichst genauer Aufteilung der Risikogruppen und entsprechender Feinabstimmung der Versicherungsbeiträge zurückzudrängen. Die Sozialversicherung kommt dadurch naturgemäß unter Druck, weil sie der Versicherer ist, der jene Risiken absichert, die in der Privatversicherung nur schwer zu versichern sind, und weil sie auf dem Prinzip der Gegenseitigkeit und nicht der Äquivalenz beruht. Alle Versicherungen scheinen heute vom Prinzip der Gegenseitigkeit auf das Äquivalenzprinzip umzustellen.

Für die meisten Privatversicherungen ist dieser Prozess der Demutualisierung nicht zu kritisieren. Er führt zu höherer Effizienz durch die genaue Berücksichtigung der Konsumentenpräferenzen und Konsumentennachfrage, und er reduziert die Gefahr von moral hazard, die Gefahr, dass sich das Verhalten der Versicherten zu größerer Risikobereitschaft ändert, weil sie versichert sind.

Problematisch wird die Tendenz zur Demutualisierung der Versicherungen, wenn bestimmte Risiken nicht mehr versicherbar werden und aus der Versicherung herausfallen. Ebenso problematisch ist, wenn der Prozess der Demutualisierung zusammenfällt mit Momenten von Illusion über die tatsächlichen Versicherungsbeiträge und zu erwartenden Versicherungsleistungen. Letzteres geschieht vor allem in der Sozialversicherung der Bundesrepublik Deutschland, die systematisch Illusionen über die Höhe der Abdeckung von Risiken erzeugt.

Die Reformen an der Reichsversicherungsordnung hatten nach dem 2. Weltkrieg aus der zunächst im 19. Jahrhundert auf die Arbeiterschaft beschränkten Sozialversicherung durch die Ausdehnung des Kreises der Versicherten und des Umfangs der Versicherungsleistungen eine Volksversicherung gemacht, die beinahe die gesamte Bevölkerung bei normierten Versicherungsleistungen umfasst. Die Sozialversicherung der Bundesrepublik

Deutschland ist eine Fortschreibung der Arbeiterversicherung unter stark veränderten sozialen Bedingungen und Zwecksetzungen.

Die Bedingungen des 19. Jahrhunderts, die eine Arbeiterzwangsversicherung erforderten, Massenarmut und Vermögenslosigkeit, treffen heute nicht mehr zu und gelten nur noch für eine Randgruppe der in der Sozialversicherung Versicherten. Private Vermögensbildung und private Versicherungsnahme müssen aufgrund des gestiegenen Reichtumsniveaus, Bildungsstandes und der damit verbundenen Verantwortungsfähigkeit der Individuen bei der Frage nach dem Umfang der in der Sozialversicherung versicherten Risiken und Bevölkerungskreise Berücksichtigung finden. Da die private Vermögensbildung in Form von dauerhaften Gebrauchsgütern auch in sozial schwachen Kreisen angestiegen ist und die eigenverantwortliche Entscheidung über die Versicherungshöhe aufgrund des gestiegenen Bildungsniveaus für weite Bevölkerungskreise möglich geworden ist, ist eine Verringerung des vom Staat verpflichtend gemachten Versicherungsumfanges und größere individuelle Entscheidungsfreiheit in der Versicherungsgestaltung heute geboten.

Die deutsche Sozialversicherung setzt sich das Ziel einer Sicherung des Einkommens im Fall von Krankheit, Arbeitslosigkeit und Alter. Dabei orientiert sie sich an der Aufrechterhaltung des um einen variierenden Abschlag verringerten Durchschnittseinkommens in den Phasen, in denen ein Risikofall eingetreten ist. Die Sozialversicherungsrente sichert das Durchschnittseinkommen im Alter bei 45 Versicherungsjahren zu etwa 72-73 v. H. des Netto-Einkommens der dem Verrentungsalter vorangehenden Jahre ab. Dies ist ein sehr hoher Satz für eine Sozialversicherung, in die man eintreten muss. Das vergleichbare Rentenniveau der Sozialversicherung in England liegt beispielsweise nur bei 30 v. H. des durchschnittlichen Einkommens der Männer . Ein Rentenniveau von 70 v. H. des vorherigen Nettoeinkommens ist besonders dann eine sehr hohe Absicherung, wenn man berücksichtigt, dass der alte Mensch im Gegensatz zu jungen Familien bestimmte Investitionen für Gebrauchsgüter (Möbel, Küchengeräte, etc.) bereits getätigt hat und auch die Kosten für die Aufrechterhaltung der Berufsfähigkeit entfallen, die auf einen Anteil am Einkommen von etwa 10 v. H. geschätzt werden.

Ist das Ziel der Besitzstandwahrung auf allen unterschiedlichen Einkommensniveaus in der Rente ein Ziel, das sich der Staat setzen und mit Zwang bei allen Staatsbürgern durchsetzen sollte? Welche Art von Rentengesetzgebung kann der Staat verbindlich machen und erzwingen? Der Staat kann nur solche Gesetze erzwingen, die Allgemeinheit beanspruchen können, d.h. solche, zu denen jeder als zustimmend gedacht werden könnte. Der Staat kann den Bürgern keine Vorschriften über ihr Glück machen. Durch ein allgemeines Sozialversicherungssystem kann daher nicht Vollversicherung, d.h. der willkürliche Lebensplan der annähernden Gleichverteilung des Einkommens in allen Phasen des Lebens, sondern nur eine Absicherung gegen Grundrisiken, d.h. eine Grundversicherung, verbindlich gemacht werden. Die Arbeitersozialversicherung der Bismarckschen Tradition war eine Grund- oder Mindestversicherung, die mit Rechtszwang durchgesetzt wurde. Die heutige Sozialversicherung verpflichtet dagegen gesetzlich zu einer Vollversicherung. Ein solcher Zwang zur Vollversicherung zwingt dem Bürger ein bestimmtes, für risikofreudige Individuen nicht zustimmungsfähiges Versicherungsschema auf und ist illegitim.

Die Sozialversicherung setzt voraus, dass alle Bürger die Gleichverteilung ihres Einkommens auf die verschiedenen Phasen ihres Lebens wünschen. Diese Gleichverteilung widerspricht dem natürlichen ökonomischen Zyklus der Familie. Ein Schema, das junge Familien mit hohen Investitionen für die Gründung eines Hausstandes unterstützt und die Einkommen von Haushalten mit Personen von fünfzig Jahren und älter reduziert, kann höhere Vernünftigkeit und Allgemeinheit beanspruchen. Dieses Schema entspricht derjenigen Verteilung des Lebenseinkommens, die bei privatem und freiwilligem Sparen entsteht, weil sich eine junge Familie bei der Gründung der Familie verschuldet und sich entschuldet, wenn die Kinder aus dem Haus gehen. Die Rentenversicherung geht von einem einsamen Individuum aus, das für sich allein lebt und in allen Lebensphasen dieselben Konsummöglichkeiten haben will. Es ist daher nicht verwunderlich, dass das Sozialversicherungssystem auch den ihm entsprechenden Ehetypus fördert. Es begünstigt die Ehe ohne Kinder, bei der beide Ehepartner verdienen. Es benachteiligt die Familie.

Das deutsche Sozialversicherungssystem ist in der Rentenversicherung nicht nur an Sicherung gegen Risiken und Not, sondern an Besitzstandsicherung orientiert. Dieses Ziel ist legitim für den einzelnen, rechtfertigt aber kein gesetzliches und allgemeines Zwangssystem, weil die negativen Rückwirkungen der Besitzstandsicherung auf das soziale Leben zu groß sind. Die negativen Rückwirkungen zeigen sich in abnehmenden Kinderzahlen und dem, was ich die "Sozialstaatsillusion" genannt habe.

1 Die "Sozialstaatsillusion" und die Frage der Gerechtigkeit zwischen den Generationen

Das Sozialversicherungssystem führt zu abnehmenden Zukunftsinvestitionen in Form von Kindern. Es verstärkt die Tendenz zu kinderlosen Ehen oder zu Familien mit wenigen Kindern. Diese Situation zurückgehender Zukunftsinvestitionen entsteht aus Illusionen über den Wert des ersparten Vermögens aus Rentenansprüchen. Unsere gegenwärtige Situation kann in Analogie zu Ricardos Staatsschuldillusion als "Sozialstaatsillusion" bezeichnet werden. Staatsschuldillusion heißt: Wenn der Staat sich verschuldet, können die wirtschaftlichen Ent-scheidungsträger keine wirtschaftlich richtigen und rationalen Entscheidungen mehr fällen, weil sie ihre wirtschaftliche Lage nicht mehr angemessen und wirklichkeitsgetreu zu erkennen vermögen. Die Finanzierung der Staatsausgaben durch Verschuldung statt durch Steuererhebung verhindert die Transparenz der Wirklichkeit.

Ein entsprechendes Illusionsproblem, das aus fehlender Voraussicht auf Schuldendienst-Verpflichtungen entsteht, tritt auch in der gegenwärtigen Rentenversicherung auf. Auch die gegenwärtige Rentenversicherung enthält Elemente einer Verschuldung. Sie kommt einer Verschuldung der gegenwärtigen Generation bei der kommenden gleich. Wenn die Zahl der Rentner im Verhältnis zur Zahl der Arbeitenden oder die Rentendauer zunimmt, verschuldet sich die Rentnergeneration bei der arbeitenden Generation, ohne je die Schulden zurückzahlen zu können. Wenn die Zahl der Kinder und damit die Kindergeneration im Vergleich zur Elterngeneration abnimmt, weil die arbeitenden Eltern nicht genügend Kinder aufziehen, dann verschuldet sich die Elterngeneration bei den Kindern - ebenfalls ohne Rückzahlungsmöglichkeit. In der deutschen Sozialversicherung sind die folgenden illusionsfördernden Momente wirksam:

Es fehlt die Transparenz über die zukünftigen Zahlungsverpflichtungen, d.h. die Transparenz für den einzelnen darüber, wie weit seine Generation sich bei der nachfolgenden verschuldet hat, indem sie zu wenig Kinder aufgezogen oder ihre Lebensdauer hinausgeschoben hat.

Die künftigen Zahlungsverpflichtungen der Kinder für die Eltern werden in der gegenwärtigen Periode ungenügend beachtet bzw. abdiskontiert.

Die Entscheidungen zwischen Konsum und Kapitalbildung werden entsprechend verzerrt.

Warum ist die sozialstaatliche Rentenversicherung einer Verschuldung bei der zukünftigen Generation äquivalent, wenn sich das Generationsverhältnis zu Lasten der Jüngeren verschiebt? Zahlt nicht die arbeitende Generation ständig in die Sozialversicherung ein? Die gegenwärtig arbeitende Bevölkerung erwirtschaftet die Renten der Bevölkerung, die in der Vorperiode gearbeitet hat. Die Renten der gegenwärtig arbeitenden Bevölkerung jedoch werden von der in der Folgeperiode arbeitenden Generation erwirtschaftet. Der moderne "Generationenvertrag" dreht das traditionelle Schema um. Die Eltern sorgen jetzt nicht mehr wie früher durch Kapitalbildung für ihre Kinder, sondern die Kinder sorgen mittels des staatlichen Zwangssparens durch die Sozialversicherung für ihre Eltern und ihre eigenen Kinder, das heißt für die Enkel - eine Veränderung, deren historische Bedeutung für den Aufbau der sozialen Welt und deren enorme Rückwirkungen auf das Verhältnis der Generationen noch nicht hinreichend gewürdigt sind.

Die junge Generation weigert sich zunehmend, der Aufgabe des Großziehens des Nachwuchses im für die Alterssicherung erforderlichen Umfang nachzukommen. Sie weigert sich - wegen ihrer Doppelbelastung aus verständlichen Gründen -, die verstärkt nötige Kapital- und Ersparnisbildung für die Aufzucht von Kindern und die Alimentation der Rentner zu leisten. Da sie gezwungen wird, wachsende Teile des Einkommens für die Alterssicherung der älteren Generation abzuzweigen, ist sie nicht mehr im alten Umfang zu einer konstanten Reproduktionsrate bereit. Die Geburtenrate und damit die Kapitalbildung in Form von Humankapital sinken. Das Sinken der Reproduktionsrate des "Humankapitals Kinder" ist durch das Sozialversicherungssystem und seine Umkehrung der Sorgepflicht mitbedingt. Das System der Altersversorgung prämiert die Kinderlosigkeit.

Verstärkt wird dieser Prozess durch die Sozialstaatsillusion. Die arbeitende, ältere Generation nimmt die Realität verzerrt wahr und überschätzt systematisch den Wert ihres Vermögens aus ihren angehäuften Rentenansprüchen. Die Leistungen der Sozialversicherung können bei konstanten Beitragssätzen nur bei unveränderten Altersstruktur - und das heißt bei konstanter Kinderzahl pro Familie und konstanter Lebenserwartung - finanziert werden. Verringern sich die Kinderzahlen oder erhöht sich die Lebenserwartung bei gleichbleibendem Pensionsalter oder verändern sich gar beide Parameter gleichzeitig in entgegengesetzter Richtung wie heute, müssen die Beiträge erhöht oder die Leistungen gekürzt werden.

Die Beitragszahler zur Rentenversicherung leben in einer Illusion über den abdiskontierten Wert ihrer Beiträge zur Zukunftssicherung. Sie überschätzen notorisch den Vermögenswert ihrer Beiträge, weil sie von einem konstanten Verhältnis von Erwerbstätigen und Leistungsempfängern ausgehen. Sie halten sich für reicher, als sie es in Wirklichkeit sind. Sie übersehen nämlich, dass sie mit weniger Kindern und daher weniger späteren Beitragszahlern kaum den Gegenwert erhalten werden, den die heutigen Beiträge nach heutiger Rechnung ausweisen.

Dieser Sozialstaatsillusion kann vom Staat durch ständig steigende Beitragssätze zur Sozialversicherung oder durch steuerliche Anreize für höhere Kinderzahlen nur der Theorie nach gegengesteuert werden. Denn wenn man die gegenwärtige demographische Entwicklung, unveränderte Leistungen und unveränderte Staatszuschüsse zur Finanzierung der Rentenversicherung zugrunde legt, müsste der zur Deckung der Rentenausgaben erforderliche Beitragssatz von augenblicklich 19,2 v. H. bis auf 35 v. H. im Jahre 2030 erhöht werden. Dieser Beitragssatz ist jedoch einer durchschnittlichen Arbeitnehmerfamilie nicht zumutbar.

In der Nationalökonomie wird häufig angesichts der vom Bevölkerungsschwund verursachten Finanzierungsprobleme die Ansicht vertreten, dass das Bevölkerungsproblem selbst ein realwirtschaftliches sei, dem mit institutioneller Umorganisation nicht begegnet werden könne. Der Rückgang der Kinderzahlen ist in der Tat ein Problem, das alle westlichen Demokratien betrifft. Die Bundesrepublik weist von allen Demokratien jedoch die niedrigste Geburtenrate auf. Der Rückgang der Geburten ist ein Problem unserer Institutionen der Daseinsvorsorge, weil unser Sozialversicherungssystem keine Anreize enthält, Kinder zu haben, sondern klare "disincentives", Abschreckungsmomente gegen Kinder aufweist. Bei der Beseitigung der Abschreckungselemente der Sozialversicherung, Kinder zu haben, geht es nicht um eine Politik der Mehrung der Bevölkerung, sondern um eine Politik der Gleichstellung der Familie und der Internalisierung der Kosten des Rückgangs der Kinderzahlen auf die Verursacher.

Nach dem Verursacherprinzip sollten diejenigen, die keine Kinder haben, die Kosten des Bevölkerungsrückgangs vermehrt tragen, und die Familien, die zur Sicherung der Renten beitragen, verstärkt von den finanziellen Kosten der Kindererziehung entlastet werden. Das gegenwärtige System der Altersvorsorge privatisiert die Kinderlasten und sozialisiert den Kindernutzen im sogenannten Generationenvertrag der Erwachsenen mit den Kinder anderer. Es ist ein Gebot der Gerechtigkeit, dass bei einer Sozialisierung des Kindernutzens auch die Kinderlasten in größerem Umfang sozialisiert werden, auch wenn Abschläge bei der finanziellen Gleichstellung von Eheleuten mit Kindern, bei denen nur ein Ehepartner Erwerbsarbeit leistet, mit Eheleuten ohne Kinder, bei denen beide Erwerbsarbeit ausüben, für die Freude gemacht werden müssen, die Kinder ihren Eltern bereiten.

2 Kultur der Unterhaltsvorsorge und neue Subsidiarität

Das Sozialversicherungssystem schwächt das sinnvermittelnde und soziale Gemeinschaft schaffende Moment der Daseinsvorsorge, die "Kulturfunktion der Unterhaltsvorsorge" (Werner Sombart). Unterhaltssorge und -vorsorge ist nicht nur ein ökonomisches, sondern auch kulturelles Phänomen, weil sie unsere ganze wirtschaftliche, familiäre und geistige Lebensführung beeinflusst. Eigenverantwortliche Unterhalts- und Daseinsvorsorge, z.B. die Entscheidung über Sparen, ist immer kulturell bestimmt und wirkt auf unsere außerwirtschaftliche Lebensführung zurück. Kapital- und Ersparnisbildung in Eigenverantwortung bedeutet: eine Person handelt und entscheidet verantwortlich für sich. Die Kapitalbildung ist Resultat eines individuellen Erkenntnis-, Entscheidungs- und Verantwortungsprozesses, der in die Wahl der bestmöglichen Alternative mündet. Diese verantwortliche Wahl für mich selbst kann nicht vollständig von staatlichen Agenturen übernommen werden, ohne dass gerade das Moment der individuellen Optimierung, d.h. der für den einzelnen besten Entscheidung ausgeschaltet wird.

Die staatliche Zwangsversicherung eliminiert die Kultur- und Sinnfunktion der Vorsorge durch Zwangssparen und Wiederausteilen nach Einzahlungsleistung. Die Altersvorsorge wird vollständig aus dem Bereich eigenverantwortlicher Lebensgestaltung herausgenommen. In einem solch zentralen Bereich der Lebensführung wie der Sorge für das Alter und damit für das Ganze des Lebens wird der einzelne reduziert zu einem verwalteten Objekt und zu einem Kind, das betreut werden muss. Eine Infantilisierung der deutschen Bevölkerung in einer Art nationalen Schrebergartenidylle ist die Folge. Die Ausblendung von Vorsorge für und Antizipation des Alters aus dem Leben des arbeitenden Menschen führt in einen Unernst der Lebensführung nicht nur in bezug auf die Altersvorsorge, sondern auch in Bezug auf die Verantwortung für die gesamte Lebensführung. Ernst und Herausforderung werden dann auf Spielplätzen des Lebens wie etwa im Sport, im Bergsteigen, Segeln oder in Abenteuersafaris gesucht, nicht mehr jedoch in der Gestaltung des eigenen Lebens und dem der Familie.

Die Aufhebung der Eigenverantwortung für die Altersvorsorge durch eine kollektive Vollversicherung beseitigt die Notwendigkeit, sein Leben als ganzes im Blick zu behalten, die Notwendigkeit, sich der Mahnung des Solon, die Herodot berichtet, zu erinnern, dass man keinen vor seinem Ende glücklichpreisen solle. Die Vollversicherung macht diesen Blick auf das Ganze überflüssig. Das Alter ist nicht mehr im Verlauf zum Tod auch in der Jugend zu einer gewissen Gegenwärtigkeit zu bringen.

Allgemeine staatliche Vollversicherung ist so teuer, dass ihre Finanzierung nur bei Wachstum möglich ist, weil nur durch dieses die in verstärktem Maße notwendigen Staatszuschüsse zur Sozialversicherung gedeckt werden können. Die staatliche Vollversicherung zwingt die Wirtschaft auf einen Wachstumspfad, dessen Kosten an Umwelt und Hetze des Wirtschaftslebens größer sein können als der Sicherheitsgewinn durch die allgemeine Vollversicherung. Ein System der Altersvorsorge darf nicht Wachstum der gesamten Volkswirtschaft zu seinen Voraussetzungen haben, weil volkswirtschaftliches Wachstum prekär ist, zu viele Nebenwirkungen aufweist und wahrscheinlich nicht auf Dauer durchhaltbar ist. Jedes System der Alterssicherung muss auch im stationären Zustand der Volkswirtschaft, bei Nichtwachstum funktionieren, weil es sonst auf etwas zu Unsicheres und mit zu vielen negativen Nebenwirkungen Behaftetes, nämlich ständiges Wachstum, gründet.

Eine Reform der sozialen Sicherheit ist wegen der Finanzierungslücken der Rentenversicherung unumgänglich. Diese Lücken können nicht ohne weiteres durch eine Erhöhung des Bundeszuschusses gestopft werden, weil der Bund nicht unbeschränkt und ohne Rücksicht auf gesamtwirtschaftliche Gerechtigkeit und gesamtgesellschaftliche Prioritäten enorme Summen in die Subventionierung des Konsums der Rentner stecken darf. Ein Umbau der Sozialversicherung und eine Umgewichtung der Säulen der sozialen Sicherheit, das heißt der staatlichen Zwangsversicherung, der betrieblichen Sicherung und der privaten Versicherung, zugunsten der beiden letzteren ist heute geboten. Diese Reform und Neugewichtung in der sozialen Sicherheit muss die individuelle Lern- und Entscheidungsfähigkeit der Individuen im System der kollektiven und individuellen Daseinsvorsorge und die lebensweltliche Sinnhaftigkeit und kulturelle Prägung der Daseinsvorsorge wiederherstellen. Sie muss die Sozialstaatsillusion der staatlichen Daseinsvorsorge, dass es soziale Sicherheit ohne Berücksichtigung des Gleichgewichts zwischen den Generationen geben könne, beseitigen.

Das bei der Reform der sozialen Sicherung leitende Prinzip muss das Subsidiaritätsprinzip sein, das Prinzip, dass die Ordnung der Daseinsvorsorge dem sinnhaften Aufbau der sozialen Welt und der Ordnung der lebensweltlichen Sozialbezüge des Menschen folgen muss. Das Subsidiaritätsprinzip führt zu einer größeren Transparenz und Nähe der Daseinsvorsorge zum Handelnden. Es macht dem einzelnen den Zusammenhang von Alterssicherung und Familienentwicklung, von sozialer Sicherung und der Erziehung bzw. Kultur der Unterhalts- und Altersvorsorge wieder sichtbar. Die Absicherung der Lebensrisiken muss in Institutionen geschehen, in denen sozialer Handlungssinn erfahrbar und persönliche Loyalitäts- und Haftungsbeziehungen ausbildbar sind.

Die Soziologie spricht heute von einer Zurückdrängung der klassischen Familie zugunsten einer "Pluralisierung der Lebensformen" wie freie Lebensgemeinschaften, Alleinerziehende usw. Diese Entwicklung mag man begrüßen oder ablehnen. Sozial- und familienpolitisch ist diese Entwicklung jedoch dann bedenklich, wenn die Kosten der Pluralisierung der Lebensformen ohne weiteres externalisiert bzw. sozialisiert und auf den Sozialstaat überwälzt werden – z.B. wenn die Sozialhilfe für Alleinerziehende oder für alternative Lebensformen dort in Anspruch genommen wird, wo die "Alternativität" aus einem Fond finanziert wird, der eigentlich für Notlagen eingerichtet ist und von allen Bürgern finanziert wird.

Die Familie wird in der neuen Subsidiarität die erste, aber nicht einzige Rolle spielen. Sie ist die ursprüngliche und natürliche Institution der Daseinsvorsorge. Sie ist jedoch heute, wo die Markt- und damit Konjunkturabhängigkeit des Familienerwerbs sehr hoch ist und die Großfamilie durch regionale, berufliche und soziale Mobilität in ihrem Zusammenhalt reduziert ist, nicht mehr in der Lage, die Daseinsvorsorge allein zu leisten. Neben der Familie müssen betriebliche und berufsgenossenschaftliche Sozialleistungsinstitutionen treten.

Das Subsidiaritätsprinzip fordert, zwischen solchen Risiken, die nur durch die größte Gemeinschaft und solchen, die durch subsidiäre kleinere Gemeinschaften getragen werden können, zu unterscheiden. Die staatliche

Zwangsdaseinsvorsorge sollte nur die Grundsicherung des Daseins, den Schutz vor Not und nicht vor Armut im Alter leisten. Nur diese Sicherung ist ein allgemeiner Staatszweck, von dem angenommen werden kann, dass ihm alle Bürger zustimmen würden. Hier gilt es deutlich zu unterscheiden zwischen dem Staatsziel des Schutzes vor Not im Alter und demjenigen des Schutzes vor Armut im Alter. Der Vorschlag der Fraktion der Grünen im Deutschen Bundestag, eine steuerfinanzierte Grundrente für alle einzuführen, um Armut im Alter zu vermeiden, unterstellt als Ziel staatlicher Daseinsvorsorge etwas, das unerfüllbar ist. Der Staat kann nicht Armut beseitigen, sondern nur vitale Not, weil Armut ein relativer Begriff ist. Arm ist, wessen Mittel in einem Missverhältnis zu seinen Bedürfnissen und Ansprüchen stehen. Ein reicher Mann, dessen Jahreseinkommen von 300 000 Mark auf 30 000 Mark fällt, wird sich arm fühlen, aber nicht in Not sein. Wenn es relative Armut während der Erwerbstätigkeit gibt, wird es sie auch während des Rentenalters geben. Die relative Armut kann der Staat weder im aktiven Erwerbsleben noch in der Rente beseitigen.

Es ist auch nicht Aufgabe der staatlichen Daseinsvorsorge, jede relative Verarmung im Rentenalter zu vermeiden. Das Sicherungsziel der Sozialversicherung, dass der Versicherte im Alter nicht aus seiner bisherigen Sozialschicht herausfallen dürfe, ist kritisch zu befragen. Die Besitzstandwahrung relativer Einkommenspositionen mag ein Interesse des einzelnen sein, und er kann sich diesem Interesse entsprechend privat versichern. Besitzstandwahrung ist aber weder Mittel für das Staatsziel einer Sicherung der Bürger gegen Not, noch ein Staatsziel in sich. Denn wäre es Staatsziel, so würde der Staat ja eine bestehende Einkommens- und Sozialschichtung privilegieren und festschreiben. Der Rechts- und soziale Staat sollte aber gegenüber der sich aus dem freien Spiel der gesellschaftlichen Kräfte ergebenden Verteilung und Schichtung neutral sein und nur am Rand des sozialen Spektrums, im Falle von Not oder Monopolisierung von Reichtum und Macht, in die Verteilung gestaltend eingreifen.

Selbst wenn sich der Staat das Ziel der Besitzstandwahrung bei den Renten im Verhältnis zum Erwerbseinkommen der aktiven Phase setzen würde, könnte er es heute gar nicht realisieren, weil eine Rentnergeneration als ganze ihren Besitzstand nur bei einem konstanten oder sich verjüngenden Altersaufbau der Bevölkerung wahren kann. Altert die Gesamtgesellschaft, so ist der Besitzstand der Älteren nur bei einer Verschlechterung der relativen Situation der Jüngeren möglich. Dieses Problem der intergenerationalen Gerechtigkeit, der Gerechtigkeit zwischen den Generationen, ist die letzte Ursache der gegenwärtigen Krise der Altersversicherung. Gerecht ist es nicht, wenn der Staat eine Einkommensschichtung auch bei den Renteneinkommen festschreibt, ohne die veränderten Bedingungen von Bevölkerungsaufbau und Lebenserwartung zu berücksichtigen. Gerecht ist jedoch auch nicht eine massive und diskretionäre Entwertung von Rentenanwartschaften. Gerecht ist ein Interessenausgleich bei un-parteiischer Abwägung und Berücksichtigung der Ansprüche der betroffenen Generationen. Eine Festschreibung von Ansprüchen einer Generation bei veränderten Randbedingungen ist ebenso ungerecht wie eine diskriminierende Entwertung von Ansprüchen.

Die Gerechtigkeit zwischen Generationen ist ohnehin nur in geringem Umfang realisierbar. Wann jemand geboren wird, bestimmt in hohem Maß sein Schicksal. Wer zwei Weltkriege und Inflationen aufgrund seines Jahrgangs mitgemacht hat, erfährt ein anderes Schicksal als derjenige, dem die "Gnade der späten Nachkriegsgeburt" zuteil wurde. Ökonomisch steht sich aber wieder die Generation der geburtenstarken Jahrgänge des "Babybooms" schlechter als die Generation ihrer Eltern in den entsprechenden Lebensjahren .

Gleiche Lebensbedingungen zwischen den Generationen im einzelnen herstellen wollen, hieße die Unverfügbarkeit der Geburt und des Lebensschicksals aufheben, hieße, Gott spielen zu wollen. Der Staat kann hier nur annähernde Gerechtigkeit anstreben. Es muss auch angemerkt werden, dass in einer Demokratie mit einem Altersaufbau, in dem die höheren Altersklassen sehr stark sind, nicht die Gefahr besteht, dass die Jungen, sondern dass die Alten bevorzugt werden. In der Bundesrepublik verfügt gegenwärtig die Altersklasse der 45 und mehr Jahre alten Bürger über eine absolute Mehrheit gegenüber den jüngeren, so dass diese Altersklasse, wenn sie sich ebenso einig ist wie die jüngere, alle Gesetzesänderungen zugunsten einer verbesserten Altersversorgung politisch durchzusetzen vermag.

3 Remutualisierung als Kompensation von Demutualisierung

Im gegenwärtigen Prozess der Demutualisierung der Gesellschaft kommen verschiedene Entwicklungen zusammen, die die Mutualität oder Gegenseitigkeit der Generationen in dramatischer Weise aushöhlen. Die Gegenseitigkeit der Generationen wird ausgehöhlt: erstens durch demographischen Wandel; zweitens durch Entwicklungen der Globalisierung wie Outsourcing von Produktionen ins Ausland, global operierende Unternehmen und "Relocation" von Professionals, das heißt die Ansiedlung von gutverdienenden professionellen Arbeitskräften im Ausland zur Realisierung eines niedrigeren Steuersatzes; drittens Zuwanderung und Immigration andersnationaler Bürger; viertens allgemeine Abwanderung zum Zweck der Steuervermeidung. Die Abschwächung der nationalen Solidarität im postnationalen Zeitalter, die Abschwächung der Klassensolidarität und die Abschwächung der religiösen Solidarität in einer säkularen Gesellschaft weisen alle in dieselbe

Richtung: Die Verhältnisse auf Gegenseitigkeit werden abgebaut. An ihre Stelle treten Versicherungen nach dem Äquivalenzprinzip von Beiträgen und Leistungen auf strenger Grundlage des Marktprinzips. Das in der oben beschriebenen Sozialstaatsillusion hervortretende Moment der Demutualisierung durch demographischen Wandel ist sicher das stärkste Moment im Prozess der Demutualisierung. Verändern sich die Zahlenverhältnisse der Generationen zueinander, sind die gewohnten Transferleistungen von den jüngeren Arbeitenden auf die älteren nicht mehr aufrechtzuerhalten. Wie diese Demutualisierung durch alternative Institutionen kompensiert werden kann, ist noch nicht erkennbar. Möglicherweise treten Solidaritätsverhältnisse auf der Grundlage der Berufes, welche die Nationengrenzen überschreiten, an die Stelle der nationalen Solidarität. Berufsgruppen, die international operieren, mögen untereinander ein stärkeres Zusammengehörigkeitsgefühl entwickeln als die Mitglieder einer Nation. In jedem Fall wird die Demutualisierung der Gesellschaft eine Stärke der auf privater Vorsorge gründenden Rentenversicherung erfordern. Dem Kapitalmarkt und dem Sparen in Form von Aktien wird eine neue Bedeutung zukommen.

Es besteht die Gefahr, dass die Demutualisierung durch demographischen Wandel und Globalisierung zu einer Feindschaft der Globalisierungsverlierer gegenüber dem Prozess der Globalisierung führt. Solche Entwicklungen sind, wie man aus der Entwicklung der Zwanziger und Dreißiger Jahre des 20. Jahrhunderts weiß, gefährlich und können zu einer Schließung der Märkte und einem Abbau des Freihandels führen. Es kann daher notwendig sein, dass die Befürworter der Globalisierung die Globalisierungsgegner durch Transferzahlungen kompensieren, um die Vorteile aus dem Freihandel gleichmäßiger zu verteilen. Hier würde sich eine neue Art der Mutualität oder Gegenseitigkeit zwischen Globalisierungsgewinnern und Globalisierungsverlierern ergeben, indem Kompensationszahlungen für die Nachteile aus der Globalisierung von denjenigen bezahlt werden, die besondere Vorteile aus der Globalisierung ziehen. Eine solche Umverteilung könnte dann Pareto-optimal sein, wenn die Globalisierungsgewinner genau das abgeben, was sie durch das Stillhalten und die Zustimmung der Globalisierungsverlierer gewinnen. Eine solche Pareto-optimale Herstellung von Gegenseitigkeit führt indirekt zu einer Remutualisierung der Gesellschaft. Es wäre ökonomisch rational und Pareto-optimal, der Gefahr eines zunehmend politischen Drucks in Richtung einer Schließung der Märkte und eines Abbaus der Globalisierung durch eine Remutualisierung durch Kompensation der Globalisierungsverlierer entgegenzuwirken.

III Steuern einfach und gerecht gestalten

Einfachheit und Gerechtigkeit der Besteuerung von investierten Einkommen

Joachim Lang

1 Problemstellung

a) Einfachheit und Gerechtigkeit der Besteuerung von Einkommen hängen wesentlich davon ab, wie investierte Einkommen behandelt werden. Solange die Steuernorm keine Investition zu regeln hat, stellt sich die Besteuerung von Einkommen denkbar einfach dar: Einnahmen, die sofort dem Konsum zugeführt werden, können nach der schlichten Norm des Zuflusses besteuert werden.

Fallen indessen Einnahmen und Konsum zeitlich auseinander, so entsteht ein höchst komplexer Regelungsbedarf, der das Einfallstor für Kompliziertheit und Ungerechtigkeit des Steuerrechts bildet und folglich ein Chaos der Investitionsbesteuerung produziert hat[1]: Die tatbestandsmäßige Qualifikation von Investitionen führt zu dem höchst streitträchtigen Thema der Abgrenzung von Erwerbsaufwendungen: Ist die Einnahme für Erwerbszwecke investiert oder dem Privatkonsum zugeführt worden? Die Ungleichbehandlung der Einkünfte beruht auf verschiedenartiger Ermittlung von Einkünften. Die Bilanzierung (accrual method) ergibt zeitlich andere Quantitäten als die Überschussrechnung (cash flow method). Die Arten der Vermögensbildung und Zukunftsvorsorge (Spargguthaben, Bausparverträge, Wertpapier- und Aktienfonds, Lebensversicherungen, Formen gesetzlicher und betrieblicher Alterssicherung etc.) genießen höchst unterschiedliche Steuerfolgen, die durch Steuersparmodelle optimiert werden. Hierauf reagiert der Gesetzgeber mit Maßnahmen gegen die Verlustverrechnung[2].

Schließlich wurde das Chaos der Investitionsbesteuerung durch das Altersvermögensgesetz mit Steuernormen für die kapitalgedeckte private und

---

[1] Zu diesem Ausgangsbefund ausführlicher J. Lang, Prinzipien und Systeme der Besteuerung von Einkommen; DStJG 24 (2001), S. 49, 73 f.

[2] Aktuelle Beispiele: Durch das Steuerentlastungsgesetz 1999/2000/2002 v. 24.3.1999, BGBl. I S. 402, sind das Verlustverrechnungsverbot für Verlustzuweisungsgesellschaften (§ 2b EStG) und die periodische Begrenzung der Verlustverrechnung durch die sog. Mindestbesteuerung (§ 2 III EStG) eingeführt worden. Zu den Beschränkungen des Verlustausgleichs und Verlustabzugs m. w. N. J. Lang, in: Tipke/Lang, Steuerrecht, 17. Aufl., Köln 2002, § 9 Rz. 65 f.

betriebliche Zusatzversorgung[3] gekrönt, deren Kompliziertheit das Förderungsangebot des Gesetzgebers unattraktiv macht.

b) Das Chaos der Investitionsbesteuerung ist hauptsächlich darauf zurückzuführen, das dem Recht der Besteuerung von Einkommen kein einheitliches Einkommenskonzept zugrunde liegt. Reinvermögenszugangstheorie, Quellentheorie und Formen "konsumorientierter" Bestimmung von Einkommen sind miteinander vermengt. Die Besteuerung von Einkommen stellt sich international als ein hybrides Normensystem[4] dar, das teils an die Entstehung und teils an der Verwendung von Einkommen anknüpft, teils auch willkürlich Einkünfte wie insb. private Veräußerungseinkünfte von der Besteuerung ausnimmt. Derartige Ausnahmen bezeichnet Franz W. Wagner[5] als "Atemlöcher, die der Gesetzgeber bisher weise offen gehalten hat, damit das Steuersystem keine unheilvollen Wirkungen entfaltet".

c) Das Thema der Einkommenskonzepte mit seinen juristischen und ökonomischen Implikationen lässt sich nur in einer interdisziplinären Diskussion sachgerecht bewältigen[6]. Während in den USA ein Wandel steuerlicher Einkommenskonzepte seit Jahrzehnten im zahlreichen rechtswissenschaftlichen Schriften diskutiert wird[7], beteiligen sich deutsche Juris-

---

[3] Gesetz zur Reform der gesetzlichen Rentenversicherung und zur Förderung eines kapitalgedeckten Altersvorsorgevermögens vom 26.6.2001, BGBl. I S. 1310. Dazu grundsätzlich C. Dorenkamp, Die nachgelagerte Besteuerung der sog. Riester-Rente - einkommensteuerrechtlich ein großer Wurf, zumindest für den Regelfall, Eine Analyse der §§ 10a, 22 Nr. 5 sowie des XI. EStG-Abschnitts, StuW 2001, S. 253. Zum Altersvermögensgesetz auch J. Lang, Steuerrecht (Fn. 2), § 9 Rz. 606.

[4] Dazu D. F. Bradford, Untangling the Income Tax, Harvard University Press, Cambridge 1986, S. 175 ("The existing tendency to use a hybrid of income-type and consumption-type tax rules has placed a premium on expert tax planning"); F. W. Wagner, Die zeitliche Erfassung steuerlicher Leistungsfähigkeit, in: Hax/Kern/Schröder, Zeitaspekte in betriebswirtschaftlicher Theorie und Praxis, Stuttgart 1989, 261, 270 ff.; J. K. McNulty, Tax Policy (Fn. 7), S. 2115 f.; U. Niehus, Die steuerliche Behandlung investiv verwendeter Einkommensbestandteile im Spannungsfeld zwischen Systemwahrung und Systemveränderung, Frankfurt 2000; ders., Kritische Anmerkungen zum Systemcharakter des Einkommensteuerrechts, DStZ 2000, S. 697, 701 ff.; J. Lang, Prinzipien und Systeme (Fn. 1), S. 82 f.; C. Dorenkamp, Spreizung (Fn. 44).

[5] Kann es eine Beseitigung aller steuerlichen Ausnahmen geben, wenn es keine Regel gibt?, DStR 1997, S. 517, 521.

[6] Umfassend hierzu die neuseeländische Dissertation von K. Holmes, The Concept of Income, A multi-disciplinary analysis, IBFD Publications BV, Amsterdam 2001.

[7] W. D. Andrews, A Consumption-Type or Cash Flow Personal Income Tax, Harvard Law Review, Vol. 87 (1974), S. 1113 (dazu W. E. Weisflog, StuW 1983, 337); M. J. Graetz, Implementing a Progressive Consumption Tax, Harvard Law Review, Vol. 92 (1979), S. 1575; A. Gunn, The Case for an Income Tax, The University of Chicago Law Review, Vol. 46 (1979), S. 370; A. Shachar, From Income to Consumption Tax: Criteria for Rules of Transition, Harvard Law Review, Vol. 97 (1984), S. 1581 (Reply by H. E. Abrams, Harvard Law Review, Vol. 98 [1985], S. 1809; V. Thuronyi, The Concept of Income, Tax Law Review, Vol. 46 (1990), S. 45; Bankman/Griffith, Is the Debate Between an Income Tax and a Consumption Tax A Debate About Risk? Does it Matter?, Tax Law

ten nur sehr vereinzelt an der interdisziplinären Diskussion[8]. Die unterschiedlichen Belastungswirkungen werden praktisch nicht zur Kenntnis genommen. Nur so lässt es sich erklären, dass der "Karlsruher Entwurf"[9], der pointiert auf die Periodizität der Entstehung von Einkommen abstellt[10], mit der nachgelagerten Besteuerung von Leistungen zur Zukunftssicherung eine verwendungsorientierte Besteuerungsform empfiehlt[11] und damit in typisch hybrider Art aus dem Einkommenskonzept des Entwurfs ausbricht[12].

Review, Vol. 47 (1992), S. 377; B. H. Fried, Fairness and the Consumption Tax, Stanford Law Review, Vol. 44 (1992), S. 961; G. K. Yin, Accomodating the "Low-Income" in a Cash-Flow or Consumed Income Tax World, Florida Tax Review, Vol. 2 (1995), S. 445; N. B. Cunningham, The Taxation of Capital Income and the Choice of Tax Base, Tax Law Review, Vol. 52 (1996), S. 17; A. C. Warren, Fairness and a Consumption-Type or Cash Flow Personal Income Tax, Harvard Law Review, Vol. 88 (1975), S. 931; ders., Would a Consumption Tax Be Fairer Than an Income Tax?, The Yale Law Journal, Vol. 89 (1980), S. 1081; ders., How Much Capital Income Taxed Under an Income Tax Is Exempt Under a Cash Flow Tax?, Tax Law Review, Vol. 52 (1996), S. 1; Bankman/Fried, Winners and Losers in the Shift to a Consumption Tax, The Georgetown Law Journal, Vol. 86 (1998), S. 539; J. K. McNulty, Struktur der Einkommensteuer und Reformtendenzen der Besteuerung in den Vereinigten Staaten, StuW 1989, 120, 123 ff.; ders., Flat Tax, Consumption Tax, Consumption-Type Income Tax Proposals in the United States: A Tax Policy Discussion of Fundamental Tax Reform, California Law Review, Vol. 88 (2000), S. 2095.

[8] So u. a. C. A. L. Rasenack, Neuorientierung des Steuersystems durch Einführung einer direkten Verbrauchsbesteuerung an Stelle der traditionellen Einkommensbesteuerung?, in: Festschrift für H. Quaritsch, Berlin 2000, S. 363; J. Lang, Prinzipien und Systeme (Fn. 1), S. 76 ff. (m. w. N.).

[9] P. Kirchhof u. a., Karlsruher Entwurf zur Reform des Einkommensteuergesetzes, Heidelberg 2001.

[10] Dazu P. Kirchhof, Der Karlsruher Entwurf und seine Fortentwicklung zu einer Vereinheitlichten Ertragsteuer, StuW 2002, S. 3, 9 f. (Besteuerung in der Zeit); K. Tipke, Der Karlsruher Entwurf zur Reform der Einkommensteuer, Versuch einer steuerjuristischen Würdigung, StuW 2002, S. 148, 165 ff. (Zeitabschnittsprinzip und Verlustabzug).

[11] § 9 Karlsruher Entwurf (Fn. 9).

[12] Zu diesem Systembruch insb. F. W. Wagner, "Karlsruher Entwurf zur Reform des Einkommensteuergesetzes" - Anmerkungen aus der Perspektive ökonomischer Vernunft, StuW 2001, S. 354, 360 f. P. Bareis, Zur Kritik am "Karlsruher Entwurf zur Reform des EStG", StuW 2002, S. 135, 136 f., rechtfertigt den hybriden Charakter des Karlsruher Entwurfs mit der Notwendigkeit, politische Kompromisse einzugehen. Die Arbeitsgruppe habe sich für eine "klassische Einkommensteuer" entschieden, die nicht "das Ziel der alleinigen Besteuerung des Konsums" verfolge.

2 Kriterien gerechter und einfacher Besteuerung von Einkommen

2.1 Postulate der Gleichheit und Neutralität

a) Zentraler Ausgangspunkt der juristischen Dogmatik ist die Steuergerechtigkeit (tax fairness): Die international vorherrschende Rechtsdogmatik verankert Steuergerechtigkeit hauptsächlich im Gleichheitssatz[13]. International anerkannter Maßstab für die gleichmäßige Austeilung der Steuerlasten ist das Leistungsfähigkeitsprinzip: Steuerlasten werden gleichmäßig nach der wirtschaftlichen Leistungsfähigkeit der Steuerzahler zugewiesen[14]. Die Diskussion der Einkommenskonzepte dient der horizontalen Steuergerechtigkeit, nach der Steuerzahler mit dem gleichen Einkommen die gleiche Steuerlast tragen sollen[15]. Das Einkommen hat als Bemessungsgrundlage der Einkommensteuer die Funktion eines Indikators, der steuerliche Leistungsfähigkeit richtig messen soll[16].

b) Mit der rechtlichen Bestimmung von Einkommen (notion of income) begeben sich Juristen auf ein höchst interessantes Forschungsfeld von "Law and Economics". Der Gerechtigkeitszweck der Einkommensteuer gebietet die strikt gleichmäßige Austeilung der Steuerlasten nach dem Maßstab wirtschaftlicher Leistungsfähigkeit. Das anzustrebende Ideal ist die synthetische Einkommensteuer, deren Normensystem die einzelnen Einkunftsarten durch einen einheitlichen Steuertarif gleich belastet. Voraussetzung dieser Belastungsgleichheit ist aber auch eine Bemessungsgrundlage, die das gesamte Einkommen erfasst und leistungsfähigkeitsgerecht definiert.

Die rechtliche Dogmatisierung des Leistungsfähigkeitsprinzips zielt auf ein Steuersystem ab, in dem wirtschaftlich gleiche Sachverhalte mit gleicher

---

[13] Dazu umfassend K. Tipke, Die Steuerrechtsordnung, Bd. I., 2. Aufl., Köln 2000, S. 282 ff. (mit zahlreichen Nachweisen auch ausländischer Quellen).
[14] Dazu umfassend K. Tipke, Steuerrechtsordnung (Fn. 13), S. 479 ff.
[15] "Horizontal equity" und "ability to pay" bilden auch die Ausgangspunkte der Dissertation von K. Holmes, Concept of Income (Fn. 6), S. 19 f., 21 f.
[16] Dazu ausführlich J. Lang, Die Bemessungsgrundlage der Einkommensteuer, Rechtssystematische Grundlagen steuerlicher Leistungsfähigkeit im deutschen Einkommensteuerrecht, Köln 1988.

Belastungswirkung besteuert werden[17], und schlägt dadurch die Brücke zu den ökonomischen Wirkungsanalysen und Neutralitätspostulaten. Seit der ersten Steuermaxime von Adam Smith[18] gibt es für Ökonomen und Juristen einen gemeinsamen Ausgangspunkt horizontaler Steuergerechtigkeit: die Gleichheit der Besteuerung, verwirklicht durch entscheidungsneutrale Ausgestaltung der Steuernormen[19]. Die Neutralitätspostulate (Neutralität der Besteuerung gegenüber Inflation, Gegenwarts- und Zukunftskonsum [sog. intertemporale Neutralität], gegenüber Rechtsformen) bilden die Basis für ein gemeinsames Gleichheitsverständnis. Sie dienen nicht nur dem juristischen Gerechtigkeitskriterium der Gleichheit, sondern sie befriedigen auch das Kriterium der Effizienz, das Ökonomen an die erste Stelle der Kriterien für ein "gutes" Steuersystem zu setzen pflegen[20]. Das durch die Neutralität der Besteuerung verwirklichte Kriterium der Effizienz fundiert die ökonomische Rationalität der Steuergleichheit[21]. Aus diesem Grund erweist es sich als zweckmäßig, wenn Rechtsdogmatiker ökonomische Wirkungsanalysen zur Kenntnis nehmen.

2.2 Soziale Gerechtigkeit durch Umverteilung

a) Während Gleichheit und Neutralität ein Forum bilden, auf dem sich Ökonomen und Juristen gut verständigen können, klaffen die Grundüberzeugungen weit auseinander, wenn es um Umverteilungsgerechtigkeit geht.

---

[17] Grundlegend zur rechtlichen Relevanz der Belastungswirkungen D. Birk, Das Leistungsfähigkeitsprinzip als Maßstab der Steuernormen, Köln 1983, S. 68 ff., 155 ff.
[18] F. K. Mann, Die Gerechtigkeit in der Besteuerung, in: Festgabe für G. v. Schanz, Tübingen 1928, Bd. II, S. 112, 113, hat darauf hingewiesen, dass Adam Smith mit der ersten Steuermaxime nicht "equity", sondern "equality" gefordert habe. Damit sei die Maxime ökonomisch objektivierbar und nicht "metaphysisch fundiert". Die erste Steuermaxime im "Wealth of Nations" von 1776 lautet: "Die Bürger sollen Steuern im Verhältnis zu ihren Fähigkeiten ("in proportion to their respective abilities") zahlen, und zwar besonders im Verhältnis zum Einkommen, das sie unter dem Schutze des Staates genießen."
[19] Dazu aus ökonomischer Sicht R. Elschen, Entscheidungsneutralität, Allokationseffizienz und Besteuerung nach der Leistungsfähigkeit, StuW 1991, S. 99; F. W. Wagner, Neutralität und Gleichmäßigkeit als ökonomische und rechtliche Kriterien steuerlicher Normkritik, StuW 1992, S. 2. Aus juristischer Sicht J. Lang, Entwurf eines Steuergesetzbuchs, BMF-Schriftenreihe, Heft 49, Bonn 1993, S. 95 f.; ders., Steuerrecht (Fn. 2), § 8 Rz. 7 f. Die in meinem Entwurf eines Steuergesetzbuchs verwerteten ökonomischen Erkenntnisse verdanke ich den vielen Gesprächen, die ich mit Manfred Rose, Franz W. Wagner und Ekkehard Wenger anlässlich der Beratung der Regierungen Ungarns, Polens und Lettlands geführt habe.
[20] Der Nobelpreisträger Joseph E. Stiglitz setzt von fünf Kriterien eines "guten" Steuersystems die Effizienz an die erste Stelle und die Gerechtigkeit nach den Kriterien der Effizienz, Einfachheit, Flexibilität und Transparenz an die letzte Stelle. Siehe Stiglitz/Schönfelder, Finanzwissenschaft, deutschsprachige Ausgabe, München 1989 (Nachdruck 2000), S. 408 ff.
[21] Dazu näher J. Lang (Fn. 19).

Diese Art von Gerechtigkeit fällt in die vertikale Steuergerechtigkeit, die Steuerlasten nach der Höhe des Einkommens zuteilt. Im Unterschied zur horizontalen Gerechtigkeit der Gleichheit kollidiert die vertikale Gerechtigkeit der Umverteilung mit dem Kriterium der Effizienz. Umverteilungsgerechtigkeit und Effizienz können also nicht zielkonform interpretiert werden.

In dem Konflikt zwischen Umverteilungsgerechtigkeit und Effizienz verlaufen die Fronten nicht zwischen Ökonomen und Juristen; es werden vielmehr im Streit um normative Grundpositionen Bündnisse zwischen Ökonomen und Juristen geschlossen. Die moderne, Wertneutralität anstrebende und quantitative operierende Wirtschaftswissenschaft schlägt wieder in eine normative Wissenschaft um, wie sie die Klassiker der Nationalökonomie gepflegt haben.

Die heute wohl herrschende Steuernormenlehre in Deutschland unterscheidet scharf zwischen Fiskalzwecknormen, die den staatlichen Finanzbedarf durch gleichmäßige Zuweisung der Steuerlasten nach dem Leistungsprinzip decken sollen, und Sozialzwecknormen, mit denen gesellschaftliche Zwecke verfolgt werden[22]. Zu letzterer Normengruppe gehören die Umverteilungsnormen, mit denen nicht Gleichheit, sondern der Sozialstaat verwirklicht wird.[23]

b) Im Bereich der Steuern auf das Einkommen entzünden zwei Grundfragen den Streit um das Ausmaß von Umverteilungsgerechtigkeit: Soll die Besteuerung von Einkommen progressiv sein oder gehört die Zukunft der flat tax? Soll die Bemessungsgrundlage (tax base) periodisch auf die Entstehung von Einkommen (so die traditionelle Einkommensteuer) oder lebenszeitlich auf die Verwendung von Einkommen (so die "konsumorientierte" Einkommensteuer) abstellen?

aa) Die Progression beurteilen wir heute als sozialstaatliche Umverteilungsnorm[24]. Die traditionelle Auffassung, die Progression sei durch den Gleichheitssatz und das Leistungsfähigkeitsprinzip geboten, teilen wir nicht[25]. Wie ausgeführt, betrachten wir Gleichheit, Leistungsfähigkeitsprin-

---

[22] Grundlegend K. Vogel, Die Abschichtung von Rechtsfolgen im Steuerrecht, StuW 1977, 97; D. Birk, Leistungsfähigkeitsprinzip (Fn. 17), S. 67 ff., 153 ff., 194 ff., 232 ff., K. Tipke, Steuerrechtsordnung (Fn. 13), S. 73 ff.

[23] Dazu J. Lang, Steuerrecht (Fn. 2), § 4 Rz. 21, 196 f. (m. w. N.).

[24] Grundlegend K. Tipke, Steuergerechtigkeit in Theorie und Praxis, Köln 1981, S. 97, gegen BVerfG (Fn. 25): "Der progressive Tarif ist kein Ausfluss des Leistungsfähigkeitsprinzips. Die gleichmäßige Anwendung dieses Prinzips führt zur Proportion, nicht zur Progression. Erst wenn das Sozialstaatsprinzip ins Spiel kommt, ...kann man die Progression erklären." Siehe auch M. Jachmann, Sozialstaatliche Steuergesetzgebung im Spannungsverhältnis zwischen Gleichheit und Freiheit: Belastungsgrenzen im Steuersystem, StuW 1996, 97; K. Tipke, Steuerrechtsordnung (Fn. 13), 403 ff. (m. w. N.).

[25] Auf der Grundlage dieser Auffassung judizierte das Urteil des Bundesverfassungsgerichts vom 24.6.1958, BVerfGE 8, 51, 68 f.: Eine "formale Gleichbehandlung von Reich

zip und Effizienz als zielkonforme Postulate. Diesen Postulaten entspricht die "flat tax", während die Progression mit erheblichen Effizienzverlusten verknüpft ist. Die Erfahrungen mit hohen Spitzensätzen des Einkommensteuertarifs haben die erheblichen Verletzungen der Gleichheit und des Leistungsfähigkeitsprinzips im Widerstand gegen die Progression offengelegt.

Das Maß der Progression lässt sich nicht wissenschaftlich, auch nicht sozialstaatsrechtlich bestimmen. Die Progression beruht vielmehr auf einem sozialpolitischen Verständnis von Umverteilungsgerechtigkeit, hinter dem auch die Fiskalgier des Staates versteckt ist. Historisch markieren hohe Spitzensätze eine Episode des 20. Jahrhunderts, das in Deutschland mit einem Spitzensatz der Einkommensteuer von vier Prozent[26] begann. Mit dem StSenkErgG von 2000[27] scheint sich die Episode scharfer Progression dem Ende zuzuneigen.

bb) Im Gegensatz zur Frage der Progression bietet die Frage nach dem "richtigen" Einkommensbegriff sehr viel wissenschaftlichen Diskussionsstoff, mündet aber schließlich auch wieder in einer normativ-politischen Überzeugung von Umverteilungsgerechtigkeit und in budgetären Argumenten[28]. In der umfangreichen amerikanischen rechtswissenschaftlichen Literatur werden gegen die "konsumorientierte" Einkommensteuer Einwände der Umverteilungsgerechtigkeit erhoben: Die "Consumption-Type or Cash

---

und Arm durch Anwendung desselben Steuersatzes" würde "dem Gleichheitssatz widersprechen. Hier verlangt die Gerechtigkeit, dass im Sinne der verhältnismäßigen Gleichheit der wirtschaftlich Leistungsfähigere einen höheren Prozentsatz seines Einkommens als Steuer zu zahlen hat als der wirtschaftlich Schwächere..." Die traditionelle Auffassung wurde auch gegen das Leistungsfähigkeitsprinzip eingesetzt (grundlegend K. Schmidt, Die Steuerprogression, Tübingen 1960). Einwände gegen Progressionsnormen treffen jedoch nicht das Leistungsfähigkeitsprinzip, sondern Gerechtigkeitsvorstellungen, die auf sozialen oder gar sozialistischen Anschauungen beruhen, die sich wissenschaftlich nicht verifizieren lassen. Zur rechtsdogmatischen Bedeutung des Leistungsfähigkeitsprinzips für die Progression M. Elicker, Kritik der direkt progressiven Einkommensbesteuerung, Plädoyer für die "flache Steuer" aus rechtswissenschaftlicher Sicht, StuW 2000, S. 3; J. Lang, Konkretisierungen und Restriktionen des Leistungsfähigkeitsprinzips, in: Festschrift für H. W. Kruse, Köln 2001, S. 313, 322 f.

[26] So der progressive Einkommensteuertarif (0,67-4 Prozent) des Preußischen Einkommensteuergesetzes vom 24.6.1891, Gesetz-Sammlung für die Königlichen Preußischen Staaten, 1891, Nr. 19 (Nr. 9463), S. 175.

[27] Gesetz zur Ergänzung des Steuersenkungsgesetzes vom 19.12.2000, BGBl. I S. 1812. Mit diesem Gesetz wird der Spitzensatz der Einkommensteuer in 2002 auf 48 Prozent, in 2003/2004 auf 47 Prozent und ab 2005 auf 42 Prozent herabgeführt.

[28] So prägnant P. Kirchhof (Fn. 10), S. 9: Der Einkommensteuerpflichtige solle "mit seinem gegenwärtigen steuerpflichtigen Einkommen zur Deckung des gegenwärtigen staatlichen Finanzbedarfs beitragen. Dementsprechend ist die Einkommensteuer in ihrer Ausgestaltung als Jahressteuer und in ihrer kontinuierlichen Erhebung auch auf eine Belastungsgleichheit in der Zeit angelegt."

Flow Personal Income Tax" würde die Reichen allzu sehr verschonen[29]. Dabei werden Effizienzverluste und Verletzungen der Steuergleichheit nach dem Maßstab einer lifetime ability to pay hingenommen. In die gleiche Richtung argumentieren Gegner einer "konsumorientierten" Einkommensteuer in Deutschland; dabei steht vor allem die Zinsbereinigung und die periodische Ungleichbehandlung von Kapital- und Arbeitseinkünften im Kreuzfeuer der Kritik[30].

2.3 Steuergerechtigkeit durch Vereinfachung

a) Herkömmlicherweise wird das Kriterium der Gerechtigkeit in einem Spannungsverhältnis zur Einfachheit des Rechts gesehen: Je detaillierter Individualinteressen berücksichtigt werden, desto komplizierter fällt das Recht aus[31]. Das gilt nicht nur für die Ausdifferenzierung durch den Gesetzgeber, sondern ebenso für die Anwendung von Gesetzen[32]. Namentlich Generalklauseln, die eine geradezu unendliche Fülle individueller Interessenlagen erfassen, produzieren häufig eine endlose Judikatur, weil sich im Rechtsleben ständig neue Konstellationen privater und beruflicher Umstände herausbilden, die juristisch zu beurteilen sind[33]. So können Vereinfachungen

---

[29] Exemplarisch der Fall des Geizhalses Mr. Scrooge in "A Christmas Carol" von Charles Dickens, diskutiert von W. E. Weisflog (StuW 1983, S. 344) zu dem Beitrag von W. D. Andrews (Fn. 7). Zur Fairnessdiskussion insb. die Beiträge von B. H. Fried, V. Thuronyi, A. C. Warren und J. McNulty (Fn. 7). Resümee von J. McNulty, Tax Policy (Fn. 7), S. 2183: "...to obtain sufficient redistribution, the result is to tax both consumption and capital or capital income, which is what an income tax at least tries to do by itself..."

[30] Meinungsführer ist hier D. Schneider, Mängel in der ökonomischen Begründung einer Steuerfreiheit für Kapitaleinkünfte, StuW 2000, S. 421; ders., Steuerlast und Steuerwirkung, München/Wien 2002, S. 260 ff. (Vertikale Steuergerechtigkeit wider Steuerfreiheit für Kapitaleinkünfte durch Ausklammerung von Unsicherheit). Siehe auch S. Homburg, Soll die klassische Einkommensteuer wiederbelebt werden?, in: M. Rose (Hrsg.), Standpunkte zur aktuellen Steuerreform, Heidelberg 1997, S. 107, 111 ff.; P. Bareis, Karlsruher Entwurf (Fn. 12), S. 136 f. (m. w. N.).

[31] Dazu für das Steuerrecht bereits grundlegend die sog. Vereinfachungskommission, Untersuchungen zum Einkommensteuerrecht, BMF-Schriftenreihe, Heft 7, Bonn 1964, S. 28 ff. (Problem der Steuervereinfachung). Im weiteren J. Lang, Steuergerechtigkeit durch Steuervereinfachung, in: Festschrift für D. Meyding, Heidelberg 1994, S. 33, 34 f.; J. Thiel, Steuergerechtigkeit und Steuervereinfachung in der Praxis, in: Festschrift für K. Tipke, Köln 1995, S. 295; M. Jachmann, Grundlagen einer Steuervereinfachung, in: Festschrift für K. Offerhaus, Köln 1999, S. 1071, 1083 ff.

[32] Dazu D. Meyding, Vereinfachender Gesetzesvollzug durch die Verwaltung, DStJG 21 (1998), S. 219; A. Raupach, Steuervereinfachung durch die Rechtsprechung?, DStJG 21 (1998), S. 175; J. Wolff-Diepenbrock, Der Beitrag der Finanzrechtsprechung zur Kompliziertheit und zur Vereinfachung des Steuerrechts, in: Festschrift für K. Offerhaus, Köln 1999, S. 299.

[33] Klassisches Beispiel sind die Legaldefinitionen der Erwerbsaufwendungen (§§ 4 Abs. 4; 9 Abs. 1 Satz 1 EStG). K. Tipke, Karlsruher Entwurf (Fn. 10), S. 162: "Die Trennlinie

durch kasuistische Restriktion von Generalklauseln erreicht werden, indem der Gesetzgeber massenhaft vorkommende Streitfälle positivistisch entscheidet[34]. Es ist auch anerkannt, dass das steuerliche Massenverfahren zu Vergröberungen der sog. Einzelfallgerechtigkeit durch Typisierungen und Pauschalierungen zwingt, und zwar auf den Ebenen der Gesetzgebung und der Rechtsanwendung[35]. Das Steuerrecht tangiert aber so viele Interessenlagen im schwierigen monetären Verhältnis des Bürgers zum Staat, dass auch nach Ausschöpfung der Vereinfachungsmöglichkeit eine inhärente, politisch bedingte Komplexität des Steuerrechts verbleibt[36]. Ein auf wenige Generalklauseln reduziertes Einkommensteuergesetz kann und wird es nicht geben.

b) Jedoch richtet sich die Intensität, mit der Steuervereinfachung seit Jahrzehnten diskutiert wird, nicht gegen die inhärente Komplexität des Steuerrechts. Bemängelt werden vielmehr die überflüssige Unverständlichkeit von Normen, vermeidbare Transparenzverluste, gleichheitsschädliche Differenzierungen und die Überfrachtung des Steuerrechts mit Lenkungsnormen[37]. Derartige Mängel haben das Ziel "Steuergerechtigkeit durch Vereinfachung" begründet[38]. Das Steuerrecht befindet sich in einem so desolaten Zustand, dass Steuergerechtigkeit und Steuervereinfachung weithin zielkonform interpretiert werden können.

---

zwischen Erwerbssphäre und Privatsphäre ist bekanntlich wirklich die 'Hauptkampflinie" des Einkommensteuerrechts".

[34] So z. B. die Steuerabzugsbeschränkungen der §§ 4 Abs. 4a-7; 9 Ab. 1 Satz 3 Nr. 4, 5; 12 EStG. Derartige Sondervorschriften über Massenfälle erachtet K. Tipke (Fn. 35) zur Verhinderung und Verminderung von Streitigkeiten für notwendig.

[35] Das BVerfG lässt die "vergröbernde, die Abwicklung von Massenverfahren erleichternde Typisierung" (BVerfGE 87, 172) grundsätzlich zu. Dazu P. Kirchhof, Der verfassungsrechtliche Auftrag der Steuervereinfachung, in: Festschrift für D. Meyding, Heidelberg 1994, S. 3, 5 ff.; H. G. Ruppe, Steuergleichheit als Grenze der Steuervereinfachung, DStJG 21 (1998), S. 29, 49 ff.; M. Jachmann, Steuervereinfachung (Fn. 31), S. 1083 ff.; J. Lang, Steuerrecht (Fn. 2), § 4 Rz. 132 (m. w. N.). Zur Ebene der Rechtsanwendung umfassend L. Osterloh, Gesetzesbindung und Typisierungsspielräume bei der Anwendung der Steuergesetze, Baden-Baden 1992.

[36] Dazu die sog. Vereinfachungskommission (Fn. 31); H. G. Ruppe, Grenze der Steuervereinfachung (Fn. 35), S. 30: "Ist die politische Entscheidung für ein bestimmtes Steuersystem bzw. eine bestimmte Steuer getroffen worden, so ist damit auch die Entscheidung für einen bestimmten Grad an Komplexität gefallen, der sich nicht mehr beliebig reduzieren läßt."

[37] Zu diesen Mängeln der nachfolgende Beitrag von W. Schön, Vermeidbare und unvermeidbare Hindernisse der Steuervereinfachung (publiziert auch in: StuW 2002, S. 23).

[38] Dazu J. Lang, Steuergerechtigkeit durch Vereinfachung (Fn. 31); P. Kirchhof, Steuergleichheit durch Vereinfachung, DStJG 21 (1998), S. 9.

Das auf diesem Kongress diskutierte Konzept der Einfachsteuer[39], der Karlsruher Entwurf[40] und auch meine Entwürfe[41] dienen sämtlich dem Ziel, die äußere (rechts-technische, begrifflich-sprachliche) und innere (normativ-konzeptionelle) Struktur von Steuergesetzen zu verbessern. Das bedeutet Vereinfachung und terminologische Bereinigung der Gesetzessprache, formallogisch konsistenter Gesetzes- bzw. Gesetzbuchaufbau, sodann materiell die Entlastung des Steuerrechts von Differenzierungen, die eine gleichmäßige Austeilung der Steuerlasten stören. Dazu gehören z. B. die Willkür eines "pragmatischen" Einkünftekatalogs, die bereits eingangs erwähnte Steuerfreiheit privater Veräußerungsgewinne und die Steuerbefreiung von Zuschlägen für Sonntags-, Feiertags- oder Nachtarbeit, mit der gleichheitswidrig nur der Freizeitverzicht von Arbeitnehmern, die einen gemäß § 3b EStG gestalteten Arbeitslohn beziehen, prämiert wird. Zu eliminieren sind in diesem Zusammenhang auch alle Lenkungsnormen, die den Steuerpflichtigen zu einem bestimmten, staatlich erwünschten Verhalten anregen sollen. Wissenschaftlich nicht zu verifizieren ist allerdings das Ausmaß der Umverteilung: Die "flat tax" ist gewiss einfacher zu handhaben als die gegenwärtige progressive Steuer; diese produziert jedoch eine rechtspolitisch unvermeidbare Komplexität des Einkommensteuerrechts, wenn der Verzicht auf Progression und Steuerprivilegien gesellschaftlich nicht konsensfähig ist[42].

Das Ziel struktureller Vereinfachung des Steuerrechts setzt indessen die folgerichtige Verwirklichung eines Konzepts voraus. Daher erschwert der Streit um das "richtige" Konzept der Einkommensteuer die Bemühungen um Steuervereinfachung. Möglicherweise hat die Rechtsentwicklung das "hybride" System bereits so festgeschrieben, dass die Hybridizität als inhärente Komplexität des Steuerrechts hingenommen werden muss.

---

[39]Siehe M. Rose, Eine einfache, faire und marktorientierte Besteuerung von Unternehmensgewinnen, in diesem Band.

[40] Siehe Fn. 9.

[41] J. Lang, Reformentwurf zu Grundvorschriften des Einkommensteuergesetzes, Köln 1985; ders., Entwurf eines Steuergesetzbuchs (Fn. 19).

[42] So wurde gegen den Karlsruher Entwurf (Fn. 9) eingewandt, er sei gesellschaftlich nicht konsensfähig, weil er die Absenkung des Spitzensatzes zu Lasten der Arbeitnehmer finanziere, denen die Steuerfreiheit von Abfindungen (§ 3 Nr. 9 EStG), von Zuschlägen für Sonntags-, Feiertags- oder Nachtarbeit (§ 3b EStG) u. a. Bezügen i. S. d. § 3 EStG genommen werde.

3 Besteuerung von Einkommen im Wettbewerb der Staaten um mobile Produktionsfaktoren

a) Der Wettbewerb der Staaten um mobile Produktionsfaktoren bewirkte die Steuerentlastung investierter Einkommen[43] und verstärkte dementsprechend die Konsumorientierung der Einkommen. Dabei hat sich aber die Gleichheitsqualität der Einkommensbesteuerung deutlich verschlechtert: Ihr hybrider Charakter tritt immer deutlicher hervor. Die bisher schon unvollkommen verwirklichte Idee der synthetischen Einkommensteuer wird zunehmend zugunsten einer mehr oder weniger offenen Schedulenbesteuerung preisgegeben. Die Steuerlasten verschieben sich von mobilen auf immobile Faktoren, von Kapital auf Arbeit, von direkten Steuern auf das Einkommen auf indirekte Steuern auf den Konsum. Verlierer des Steuerwettbewerbs sind die ortsgebundenen Bezieher von Arbeitseinkünften.

b) In den meisten Ländern setzt die Steuerentlastung der investierten Einkommen auf der Unternehmensebene an: Die Körperschaftsteuersätze sind in nahezu allen Ländern mehr oder weniger deutlich unter die Spitzensätze der Einkommensteuer abgesenkt worden[44]. Trendsetter ist Irland, das bis zum Jahre 2003 seinen Körperschaftsteuersatz auf 12,5 Prozent abgesenkt haben wird. Seit 1993 halbierte der deutsche Gesetzgeber den Körperschaftsteuersatz[45]. Die Senkung der Körperschaftsteuersätze wird finanziert mit der Rückkehr zu "klassischen" Körperschaftsteuersystemen mit Doppelbelastung auf den Ebenen des Unternehmens und der Anteilseigner, allerdings abgemildert durch eine internationale Vielfalt von shareholder-relief-Methoden[46]. Das synthetische Integrationsmodell[47] gilt zunehmend

---

[43] Dazu ausführlich A. Raupach, Perspektiven für den Steuerstandort Deutschland, StuW 2000, S. 341, sowie mit Übersicht über die umfangreiche Literatur J. Lang, Steuerrecht (Fn. 2), § 8 Rz. 75 ff. Siehe im weiteren die Beiträge zu dem Kongress der European Association of Tax Law Professors "Tax Competition in Europe" Juni 2002 in Lausanne. Generalbericht von W. Schön und deutscher Nationalbericht von J. Hey. Veröffentlichung vom IBFD, Amsterdam, in 2002. Vorher sind die Manuskripte im Internet (eatlp@ibfd.nl) verfügbar.

[44] Dazu die Tabelle von J. Hey, in: Herrmann/Heuer/Raupach, Einf. KSt, Anm. 448 (Tabelle 4), sowie C. Dorenkamp, Spreizung zwischen Körperschaftsteuer- und Spitzensatz der Einkommensteuer, in: J. Pelka (Hrsg.), Unternehmenssteuerreform, Köln 2001, S. 61 (ausführlich zum hybriden Charakter der Einkommensteuer).

[45] Bis 1993 betrug der Körperschaftsteuersatz 50 Prozent. Mit dem Steuersenkungsgesetz vom 23.10.2000, BGBl. I S. 1433, wurde der Körperschaftsteuersatz auf 25 Prozent abgesenkt und das körperschaftsteuerliche Anrechnungsverfahren durch das Halbeinkünfteverfahren ersetzt. Dazu der Beitrag von A. Raupach, Neues Unternehmensteuerrecht, in diesem Band.

[46] Dazu J. Hey, in: Herrmann/Heuer/Raupach (Fn. 44), Anm. 224.

[47] Zur lehrreichen "integration debate" in den USA siehe J. Hey, Harmonisierung der Unternehmensbesteuerung in Europa, Köln 1997.

als Auslaufmodell. Je niedriger der Körperschaftsteuersatz angesetzt ist, desto umfassender werden Investitionen einschließlich der privaten Zukunftsvorsorge in Kapitalgesellschaften organisiert.

c) Die skandinavischen Länder suchen ihr Heil in der sog. Dual Income Tax. So besteuern Finnland, Norwegen und Schweden Kapital- und Unternehmenseinkommen mit einem niedrigen Proportionalsteuersatz von 28 bzw. 30 Prozent, während Arbeitseinkommen progressiv mit 50 Prozent und mehr belastet werden[48]. Einen besonders pragmatischen Weg haben die Niederlande beschritten, indem sie die Einkommensteuer auf ein Schedulensystem mit drei Einkünftegruppen, den sog. boxen umstellten; die erste box wird progressiv, die zweite box proportional besteuert, während die dritte box sollertragbesteuert wird[49].

d) Schließlich zeigt der anhaltende Widerstand gegen die europäischen Bemühungen um eine "effektive Besteuerung von Zinserträgen innerhalb der Gemeinschaft"[50], dass die vielbeklagte Insuffizienz der Zinsbesteuerung in absehbarer Zeit nicht zu bewältigen ist. Dies ist wohl das deutlichste Zeichen für den Abschied vom Konzept der traditionellen Einkommensteuer. Selbst wenn in Europa ein Konsens über die Besteuerung von Zinsen zustande kommen sollte, so ermöglicht die durch Internet u. a. Telekommunikationsmittel perfektionierte Globalisierung die Verlagerung des Kapitals an Orte, wo Zinsen nicht besteuert werden. Für die Steuerwissenschaften stellt sich die Frage, ob der durch die Globalisierung erzwungene Abschied von tradierten synthetischen Konzepten[51] einschließlich einer integrierten Besteuerung von Unternehmen hinzunehmen ist oder ob es Wege zur Rückkehr in die Gleichbelastung von Einkünften gibt.

---

[48] Dazu der nachfolgende Beitrag von B. Genser, Ist eine duale Einkommensteuer einfacher und gerechter als eine umfassende Einkommensteuer? Siehe auch F. W. Wagner, Korrektur des Einkünftedualismus durch Tarifdualismus - Zum Konstruktionsprinzip der Dual Income Taxation, StuW 2000, S. 431.

[49] Das "Wet Inkomstenbelasting 2001" besteuert die erste box "inkomen uit werk en woning" (Einkünfte aus Arbeit und eigener Wohnung) progressiv bis 52 Prozent mit Einschluß von "premies volksverzekeringen" (Volksversicherungsabgaben). Die zweite box "inkomen uit aanmerklijk belang" (Einkünfte aus wesentlicher Beteiligung) wird einheitlich mit 25 Prozent istbesteuert und die dritte box der nicht unter box 1 und 2 fallenden Einkünfte aus "rendementsgrondschlag" (eingesetztem Kapital) mit 1,2 Prozent sollertragbesteuert. Für die boxen 2 und 3 besteht keine Volksversicherungspflicht.

[50] So zuletzt der Richtlinienvorschlag der EU-Kommission, KOM (2001) 400 endg., vorgelegt am 20.7.2001, ABl. C 270/257 vom 25.9.2001. Siehe m. w. N. H. M. Anzinger, Harmonisierung der Zinsbesteuerung in der EU, StuW Nr.3/2002.

[51] Dazu A. Bavila, Moving Away from Global Taxation: Dual Income Tax and Other Forms of Taxation, ET 2001, S. 211.

4 Konzepte und Methoden der Bestimmung von Einkommen

4.1 Periodische versus lebenszeitliche Bestimmung von Einkommen

a) Die Debatte über Konzepte der Besteuerung von Einkommen hat mit dem Titel "Einkommen versus Konsum"[52] einige Verwirrung angestiftet. Die Feststellung von Manfred Rose, dass jede Steuerbelastung ein Konsumopfer ist[53], hat von jeher auch die Theorien zur Einkommensteuer geprägt. Zunächst werden die Einkommensbegriffe in den USA als auch anderswo in einem zu engen Rahmen diskutiert: Bemessungsgrundlage der Einkommensteuer ist nicht nur das adjusted gross income ("Summe der Einkünfte" i. S. d. § 2 Abs. 3 EStG), sondern das durch Konsumabzüge (sog. Privatabzüge[54]) verringerte taxable income (zu versteuerndes Einkommen i. S. d. §§ 2 Abs. 5 Satz 1; 32a Abs. 1 Satz 1 EStG). Die Einkommenstheorien werden auf der Ebene des gross income diskutiert, während das System der Konsumabzüge - soweit ich sehe - nur in Deutschland rechtswissenschaftlich umfassender dogmatisiert worden ist[55].

Der international übliche dualistische Aufbau des zu versteuernden Einkommens ist bereits bahnbrechend von Adolph Wagner[56] formuliert wor-

---

[52] So exemplarisch Smekal/Sendlhofer/Winner (Hrsg.), Einkommen versus Konsum, Heidelberg 1999. Die gebräuchliche Gegenüberstellung von "Einkommen" und "Konsum" verstellt den Blick auf den Gegenstand der Kontroverse: Es geht um Alternativen der Bestimmung von Einkommen und nicht etwa um die Alternative einer Ausgabensteuer. Auch der berühmte Heidelberger Kongress von 1989 setzte die konsum- gegen eine einkommen- bzw. kapitalorientierte Ausgestaltung des Steuersystems. Siehe M. Rose, Konsumorientierte Neuordnung des Steuersystems, Heidelberg 1991 (englische Version: Heidelberg Congress on Taxing Consumption, Heidelberg 1990). Korrekt ist die Bezeichnung von W. D. Andrews (Fn. 6): Consumption-Type Income Tax.
[53] M. Rose, Plädoyer für ein konsumbasiertes Steuersystem, in: M. Rose (Hrsg.), Neuordnung (Fn. 52), S. 7, 14: "Die endgültige Reallast einer Steuerzahlung ist immer ein Konsumopfer."
[54] § 2 Abs. 2 u. 4 EStG (Sonderausgaben, außergewöhnliche Belastungen, kindbedingte Freibeträge). Dazu J. Lang, Steuerrecht (Fn. 2), § 9 Rz. 68 ff.
[55] Dazu m. w. N. J. Lang, Bemessungsgrundlage (Fn. 16), S. 71 ff., 191 ff., 517 ff.; K. Tipke, Die Steuerrechtsordnung, Bd. II, Köln 1993, S. 672 ff.; J. Lang, Steuerrecht (Fn. 54); ders., Prinzipien und Systeme (Fn. 1), S. 120 ff.
[56] Finanzwissenschaft, Bd. II, 2. Aufl., Leipzig 1890 (ein Jahr vor dem in Fn. 26 zit. preußischen EStG), S. 444: "Die wirtschaftliche Leistungsfähigkeit einer Person liegt in zwei Reihen von Momenten, solchen, welche den Erwerb und Besitz von Sachgütern, und solchen, welche die Verwendung dieser Güter zu eigener oder anderer pflichtgemäß zu ermöglichender Bedürfnisbefriedigung betreffen." Zu diesem Ansatz m. w. N. J. Lang, Bemessungsgrundlage (Fn. 16), S. 34 f.

den. Daraus erwuchs die von Klaus Tipke[57] begründete Lehre vom indisponiblen Einkommen: Nach dem sog. privaten Nettoprinzip ist der für den notwendigen Lebensbedarf verwendete und demnach für die Steuerzahlung nicht verfügbare Teil des gross income aus der Bemessungsgrundlage auszuscheiden. Diese Lehre bestätigt das Bundesverfassungsgericht seit 1982[58] und stellt an das Einkommensteuerrecht grundsätzlich zwei Anforderungen, erstens die realitätsgerechte, mit dem Sozialhilferecht abgestimmte Steuerfreiheit des Existenzminimums (allgemeines privates Nettoprinzip) und zweitens die realitätsgerechte Berücksichtigung von Unterhaltsverpflichtungen (spezielles Familien-Nettoprinzip)[59]. Demgegenüber ist man sich zwar international darüber einig, dass ein Existenzminimum steuerfrei zu stellen ist. Es gibt jedoch keine internationale Diskussion darüber, nach welchen Kriterien dieses Existenzminimum in der Bemessungsgrundlage und nicht lediglich als ein roher Einheitsbetrag im Tarif zu quantifizieren ist.

Gleichwohl ist festzustellen, dass die Bemessungsgrundlage die Konsumopferfähigkeit determiniert. Dies entspricht der opfertheoretischen Rechtfertigung des progressiven Einkommensteuertarifs[60].

b) Wirft man schließlich einen Blick auf das traditionelle Konzept des steuerlichen Einkommensbegriffs, so begegnet man auch dort einer konsumbasierten Einkommensdefinition. Das Haig-Simons-Schanz-Konzept zielt darauf ab, die steuerliche Leistungsfähigkeit am gesamten Bedürfnisbefriedigungspotential zu messen[61]. So geht es im Kern nicht um den termino-

---

[57] Grundlegend K. Tipke, Steuerrecht - Chaos, Konglomerat oder System?, StuW 1971, S. 2, 16 f.; ders., Steuerrecht, Ein systematischer Grundriss, Köln 1973, S. 209 f.
[58] Grundlegend BVerfG v. 3.1.1982, BVerfGE 61, 319, 344: Aus dem Leistungsfähigkeitsprinzip ergäbe sich, "dass auch solche Ausgaben einkommensteuer-rechtlich von Bedeutung sind, die außerhalb der Sphäre der Einkommenserzielung - also im privaten Bereich - anfallen und für den Steuerpflichtigen unvermeidbar sind..." Grundlegend zur Steuerfreiheit des Existenzminimums BVerfG vom 25.9.1992, BVerfGE 87, 153, Leitsatz 2: "Der Steuergesetzgeber muss dem Einkommensbezieher von seinen Erwerbsbezügen zumindest das belassen, was er dem Bedürftigen zur Befriedigung seines existenznotwendigen Bedarfs aus öffentlichen Mitteln zur Verfügung stellt." Zur weiteren Entwicklung der Rspr. siehe J. Lang, Steuerrecht (Fn. 2), § 9 Rz. 70 ff., Rz. 75 ff.
[59] Dazu J. Lang, Steuerrecht (Fn. 2), § 9 Rz. 68 ff., Rz. 75 ff.; ders., Prinzipien und Systeme (Fn. 1), S. 120 ff. Grundsätzlich gegen diesen Ansatz D. Schneider, Leistungsfähigkeitsprinzip und Abzug von der Bemessungsgrundlage, StuW 1984, S. 356; ders., Steuerlast und Steuerwirkung (Fn. 30), S. 307 ff.; P. Bareis, Transparenz bei der Einkommensteuer - Zur systemgerechten Behandlung sog. "notwendiger Privatausgaben", StuW 1991, S. 38; ders., Markteinkommensbesteuerung und Existenzminima - roma locuta, causa finita?, in: Festschrift für D. Schneider, Wiesbaden 1995, S. 39.
[60] Dazu aus rechtsdogmatischer Sicht J. Lang, Konsumorientierung - eine Herausforderung für die Steuergesetzgebung?, in: Smekal/Sendlhofer/Winner (Fn. 52), S. 143, 152 f.
[61] Grundlegend für das Haig-Simons-Schanz-Konzept war G. Schmoller, Die Lehre vom Einkommen in ihrem Zusammenhang mit den Grundprinzipien der Steuerlehre, in: Zeitschrift für die gesamte Staatswissenschaft, 19. Jg. (1863),S. 1, 50: Einkommen sei die

logisch irreführenden Gegensatz von kapital- und konsum-orientierter Besteuerung, sondern um den Zeitraum der Leistungsfähigkeitsindikation: Das Haig-Simons-Schanz-Konzept bestimmt das Einkommen periodisch[62], während die Befürworter einer "konsumorientierten" Einkommensteuer auf die lebenszeitliche Perspektive abstellen[63].

Das bedeutet nun nicht, wie irrig angenommen wird, dass die Einkommensteuer erst am Lebensende festgesetzt werden sollte. Auch eine "konsumorientierte" Einkommensteuer hat selbstverständlich den periodischen Finanzbedarf des Staates ebenso abzudecken wie die traditionelle Einkommensteuer. Der Methodenunterschied besteht darin, dass das Konzept der traditionellen Einkommensteuer auf die Entstehung von Einkommen innerhalb einer Periode zugreift, während die "konsumorientierte" Einkommensteuer steuerliche Leistungsfähigkeit nach der Verwendung von Einkommen misst. Insofern stimmt der Begriff einer "Konsumorientierung" von Einkommen. Die "konsumorientierte" Einkommensteuer besteuert aber nach heutiger Erkenntnis keine Konsumausgaben, sondern Einkommen, das verwendungsorientiert ermittelt wird. Diese Methoden einer verwendungsorientierten Einkommensermittlung sind von denen erkannt worden, die das Fenster zu einer überperiodischen Sicht von Belastungswirkungen geöffnet haben.

4.2 Rechtliche Würdigung des Haig-Simons-Schanz-Konzepts

a) Im krassen Gegensatz dazu steht die "net accretion theory" des Haig-Simons-Schanz-Konzepts, deren Vertreter das Einkommen im Raum einer

---

"Summe von Mitteln, welche der Einzelne, ohne in seinem Vermögen zurückzukommen, für sich und seine Familie, für seine geistigen und körperlichen Bedürfnisse, für seine Genüsse und Zwecke, kurz für die Steigerung seiner Persönlichkeit in einer Wirtschaftsperiode verwenden kann." Zur Entwicklung des Haig-Simons-Schanz-Konzepts siehe R. Hansen, Gustav Schmollers Beitrag zur allgemeinen Steuerlehre, in: B. Strümpel, Beiträge zur Wirtschaftswissenschaft in Berlin, Berlin 1990, S. 1; K. Holmes, The Concept of Income (Fn. 6), S. 55 ff.

[62] G. v. Schanz, Der Einkommensbegriff und die Einkommensteuergesetze, Finanzarchiv 13. Jg. (1896), S. 1, 7: "Das Einkommen stellt sich bei konsequenter Festhaltung des Begriffs als Zugang von Reinvermögen in einer Wirtschaft während einer gegebenen Periode dar"; R. M. Haig, The Concept of Income: Economic and Legal Aspects, in: R.M.Haig (Ed.),The Federal Income Tax, Columbia University Press 1921, S. 7: "Income is the money value of the net accretion of one's economic power between two points of time". Zu R. M. Haig siehe K. Holmes, The Concept of Income (Fn. 6), S. 59 ff. Siehe im weiteren H. Simons, Personal Income Taxation, The Definition of Income as a Problem of Fiscal Policy, Chicago 1938.

[63] So z. B. D. F. Bradford/US Treasury Tax Policy Staff, Blueprints For Basic Tax Reform, 2. Aufl., Arlington 1984: "Ideally, two taxpayers should be compared on the basis of a whole lifetime of circumstances..."; A. C. Warren, Consumption Tax (Fn. 7), S. 1101 ff. (The Consumption Tax From a Lifetime Perspective).

Periode mit geschlossenem Fenster zur Lebenszeit und zugezogenen Vorhängen bestimmen. Es wird der Nettozuwachs (net accretion) ermittelt. Das ökonomische Konzept der "Reinvermögenszugangstheorie" erfasst nicht nur Vermögenszugänge und -abgänge im juristischen Sinne, schon gar nicht nur die Früchte einer Sache, mit dem sich der römisch-rechtlich geprägte Einkommensbegriff der Quellentheorie begnügt[64]. Dem Haig-Simons-Schanz-Konzept liegt vielmehr ein extensiver ökonomischer Güterbegriff zugrunde, der alle für die Bedürfnisbefriedigung geeigneten Vorteile erfasst. Daher hat die rechtliche Umsetzung des Haig-Simons-Schanz-Konzepts von Anfang darunter gelitten, dass die Ökonomen das Einkommen weit umfassender definierten, als es die rechtliche Erfassung von Einkommen zulässt.

b) Rechtlich betrachtet erfasst das Haig-Simons-Schanz-Konzept drei Kategorien von Einkommen, das rechtsdogmatisch gut determinierbare Markteinkommen, das rechtsdogmatisch und -praktisch schwerlich zu erfassende imputed income, d. s. die Wertschöpfungen und Nutzungen in der Konsumsphäre[65], und schließlich das Transfereinkommen (Erbschaften, Schenkungen, Unterhaltsbezüge), das keine neue Leistungsfähigkeit schafft, sondern mit dem Leistungsfähigkeit intersubjektiv übertragen wird.

aa) Das Markteinkommen als die Summe der Einkünfte aus einer mit Gewinnabsicht ausgeübten Erwerbstätigkeit bildet weltweit den ganz überwiegenden Teil des Einkommensteuerobjekts. Der Einkünftekatalog des deutschen Einkommensteuergesetzes wird rechtsdogmatisch von der Markteinkommenstheorie geprägt[66]. Paul Kirchhof[67] hat dieser Rechtsdogmatik

---

[64] B. Fuisting, Die Preußischen direkten Steuern, 4. Bd.: Grundzüge der Steuerlehre, Berlin 1902, S. 110, 147 ff.; R. Beiser, Zur Quellentheorie und deren Aufspaltung einer Einkunftsquelle in Fruchtziehung und Stamm, ÖStZ 2000, 390. Zu den ökonomischen Lehren der Quellentheorie K. Holmes, The Concept of Income (Fn. 6), S. 85 ff. (Economist's Deviations from the Foundation Concept of Income).

[65] Dazu J. Lang, Bemessungsgrundlage (Fn. 16), S. 251 ff. (Wertschöpfungen in der Privatsphäre); K. Holmes, The Concept of Income (Fn. 6, S. 79 f., 521 ff. (S. 521: "value of the benefits derived from non-market transactions").

[66] Dazu R. Wittmann, Das Markteinkommen - einfachgesetzlicher Strukturbegriff und verfassungsdirigierter Anknüpfungsgegenstand der Einkommensteuer?, Augsburg 1992; ders., StuW 1993, S. 35; K. Tipke, Steuerrechtsordnung (Fn. 55), S. 566 f.; J. Lang, Bemessungsgrundlage (Fn. 16), S. 229 ff., 273 ff.; ders., Steuerrecht (Fn. 2), § 9 Rz. 52 (Überblick). Auch die berühmte Entscheidung Eisner v. Macomber des US-amerikanischen Supreme Court von 1920 (252 US 189) definiert das Einkommen markteinkommenstheoretisch: "Income may be defined as the gain derived from capital, from labour, or from both combined". Ausführlich zu dieser Entscheidung K. Holmes, The Concept of Income (Fn. 6), S. 225 ff.

[67] Grundlegend P. Kirchhof, Gutachten F zum 57. Deutschen Juristentag, München 1988, S. 16 f. Siehe auch P. Kirchhof, Verfassungsrechtliche und steuersystematische Grundlagen der Einkommensteuer, DStJG 24 (2001), S. 9, 14 ff. (Teilhabe am Erfolg individueller Marktnutzung)

eine allerdings lebhaft umstrittene freiheitsrechtliche Rechtfertigung hinzugefügt[68].

bb) Staaten wie z. B. die USA, Kanada und Japan, in denen das Haig-Simons-Schanz-Konzept praktiziert wird, besteuern außerhalb des Markteinkommens zumindest Teile des imputed income. Eine international einheitliche Rechtspraxis lässt sich noch bei den Liebhabereieinkünften (hobby losses) feststellen, die an der Grenze des Markeinkommens zur Konsumsphäre angesiedelt sind[69]. Hier wird erstaunlicherweise nicht periodenbezogen gedacht: Erwirtschaftet der Steuerpflichtige während der Gesamtheit aller Perioden der Liebhaberei Verluste, so sind Periodenverluste und -gewinne nicht der steuerbaren Markteinkommenssphäre zuzuordnen[70]. Wer aber eine Segelyacht überwiegend selbst nutzt und gelegentlich verchartert, hat nach dem Konzept des imputed income einen laufenden Selbstnutzungswert anzusetzen, was zu permanent positiven Einkünften führt. Eine umfassende Nutzungswertbesteuerung wird aber in keinem Land praktiziert. Besteuert werden regelmäßig nur die Nutzungswerte von Immobilien[71]. Dies verletzt den Gleichheitssatz, so dass die singuläre Besteuerung der Immobiliennutzung in Deutschland abgeschafft worden ist[72].

Wenn Spiel- und Lotteriegewinne zum Einkommen gerechnet werden, dann müssten auch Spiel- und Lotterieverluste berücksichtigt werden. Tatsächlich gestatten aber Länder, die Spiel- und Lotteriegewinne besteuern, die Verlustverrechnung nur innerhalb von Spiel- und Lotterieeinkünften. Diese Lösung widerspricht im Konzept einer synthetischen Einkommensteuer dem Nettoprinzip, das die Verlustverrechnung auch zwischen verschiedenen Einkunftsarten gebietet[73].

---

[68] Gegen die Lehre von P. Kirchhof insb. K. Tipke, Steuerrechtsordnung (Fn. 55), S. 528 ff., 558 ff., 567 f., und in Festschrift für K. Tipke, Köln 1995: H. Söhn, Erwerbsbezüge, Markteinkommenstheorie und Besteuerung nach der Leistungsfähigkeit, S. 343, sowie A. Steichen, Die Markteinkommenstheorie, Ei des Kolumbus oder rechtswissenschaftlicher Rückschritt?, S. 365; J. Beil, Der Belastungsgrund des steuerstaatlichen Synallagmas, Frankfurt 2001, S. 105 ff.

[69] Dazu mit Nachweisen der umfangeichen Literatur J. Lang, Steuerrecht (Fn 2), § 9 Rz. 124 ff.

[70] Extremfall: BFH v. 24.8.2000, BStBl. 2000, 674, bejaht im Falle des sog. Generationenbetriebs steuerbare Einkünfte bei einer Totalgewinnperiode von mehr als 100 Jahren, z. B. die Zeit zwischen Aufforstung eines Waldes und der Holzernte.

[71] Dazu K. Tipke, Steuerrechtsordnung (Fn. 55), S. 581 ff.; 528; J. Hackmann, Die unterlassene Besteuerung der Nutzungswerte selbstgenutzten Wohnungseigentums: Vergebene Reformpotentiale, in: FS für A. Oberhauser, Berlin 2000, S. 387; Gurtner/Locher, Theoretische Aspekte der Eigenmietwertbesteuerung, Archiv für Schweizerisches Abgaberecht, 2001, S. 597.

[72] Die Besteuerung des Nutzungswerts selbstgenutzter Wohnungen wurde ab 1987 mit dem Wohneigentumsförderungsgesetz vom 15.5.1986, BGBl. S. 730, abgeschafft.

[73] Vgl. J. Lang, Steuerrecht (Fn. 2), § 9 Rz. 60 ff.

Praktisch nicht zu erfassen sind die Wertschöpfungen in der Privatsphäre[74]: Wenn jemand Gemüse im eigenen Garten anbaut, sein Eigenheim selbst anstreicht, den privaten PKW selbst repariert, so liegt nach amerikanischem Steuerrecht steuerbares imputed income vor. Tatsächlich erfasst die amerikanische Praxis dieses imputed income nicht, was mit dem Gebot eines gleichmäßigen Gesetzesvollzugs nicht zu vereinbaren ist. Die rechtlichen Grenzen der Erfassung von imputed income zeigt exemplarisch das von Peter Böckli[75] untersuchte sog. "Schatteneinkommen" auf, das die Hausfrau mit der Führung des Haushalts erwirtschaftet. Die Finanzbehörde müsste hier Millionen von Fällen mit höchst streitigen und intimen Bewertungsfragen bewältigen. Selbst typisierende Lösungen wie der Ansatz von durchschnittlichen Bezügen einer Haushälterin wirken so bizarr, dass es bisher kein Staat gewagt hat, in derartige Intimbereiche des imputed income vorzudringen. Tatsächlich ist es sogar so, dass die gegenseitige Nachbarschaftshilfe bei der Errichtung von Eigenheimen, die Leistungsaustausch und Markteinkommen darstellt, weithin unerfasst bleibt.

cc) Transferleistungen (Erbschaften, Schenkungen, Unterhaltsbezüge) sind nach dem Haig-Simons-Schanz-Konzept Einkommen[76]. Gleichwohl werden Erbschaften und Schenkungen in den allermeisten Ländern nicht durch die Einkommensteuer, sondern durch eine gesonderte Erbschaft- und Schenkungsteuer besteuert. Das Haig-Simons-Schanz-Konzept stellt auf die Bereicherung des Erben ab und verkennt damit den Umstand, dass keine steuerliche Leistungsfähigkeit entsteht, sondern dass steuerliche Leistungsfähigkeit lediglich transferiert wird. Daher besteuert die Erbschaft- und Schenkungsteuer nicht wie die Einkommensteuer hinzuerworbenes Einkommen, sondern einen Vermögensübergang, der aus der Vermögenssubstanz bezahlt werden muss[77]. Das investierte Einkommen wird doppelt besteuert, zunächst durch die Einkommensteuer und später durch die Erbschaft- und Schenkungsteuer, die demzufolge das Investieren bestraft.

---

[74] Dazu näher J. Lang, Bemessungsgrundlage (Fn. 65); K. Tipke, Steuerrechtsordnung (Fn. 55), S. 578 ff.
[75] Von Schatteneinkommen und Einkommensbindung, Gedanken zur Ehegattenbesteuerung, Steuer-Revue 1978, S. 98, 105 ff.
[76] G. v. Schanz, Einkommensbegriff (Fn. 62).
[77] So auch st. Rspr. des BVerfG: BVerfGE 41, 269, 281 (Steuer auf die "Substanz der zugewendeten Bereicherung"); 67, 70, 86 ("Besteuerung des wirtschaftlichen Vorgangs des Substanzübergangs"); 89, 329, 336 "Bezahlung aus der Substanz"); R. Seer, Die neue Erbschaft- und Schenkungsteuer auf dem verfassungsrechtlichen Prüfstand, StuW 1997, S. 283, 285; R.-J. Northmann, Zu den Substanzsteuern nach Wegfall der Vermögensteuer: Erbschaft- und Schenkungsteuer ein Relikt?, in: Arbeitsgemeinschaft der FachanwStR (Hrsg.), Der Fachanwalt für Steuerrecht im Rechtswesen, Herne/Berlin 1999, S. 89; J. Lang, Steuerrecht (Fn. 2), § 8 Rz. 40 f. (m. w. N.).

Schließlich werden auch Unterhaltsbezüge in aller Regel nur besteuert, soweit der Verpflichtete die Unterhaltsleistungen abziehen kann[78]. Wir ordnen diesen Transfer steuerlicher Leistungsfähigkeit nicht der Ebene der Einkünfte zu, sondern behandeln Unterhaltsabzüge im Rahmen eines sog. Realsplittings als logisches Pendant zu Unterhaltsbezügen[79]. Hier greift das oben (1.) erwähnte spezielle Familien-Nettoprinzip Platz, das die realitätsgerechte Berücksichtigung von Unterhaltsverpflichtungen gebietet.

dd) Zusammenfassend ist festzustellen, dass die Einfachheit und Gerechtigkeit der Besteuerung von Einkommen die Reduktion der Bemessungsgrundlage auf das Markteinkommen voraussetzt. Dabei ist allerdings der historisch überlieferte und in der ökonomischen Literatur als volkswirtschaftlicher Funktionsbegriff gebräuchliche Begriff des Markteinkommens rechtsdogmatisch untauglich[80]. Im Interesse einer einfachen und gerechten Bemessungsgrundlage sind alle bereichernden Erwerbsvorgänge außerhalb der einkommensverwendenden Konsumsphäre zu erfassen, also nicht nur die Einkünfte aus nachhaltigem erwerbswirtschaftlichen Handeln[81], sondern auch Einkünfte aus gelegentlichen Erwerbsakten, windfall profits, Schatz- und Zufallsfunde[82].

---

[78] So die Unterhaltsleistungen an den geschiedenen oder dauernd getrennt lebenden Ehegatten nach Maßgabe der §§ 10 Abs. 1 Nr. 1; 22 Nr. 1a EStG.
[79] Zu diesem Familien-Realsplitting J. Lang, Bemessungsgrundlage (Fn. 16), S. 650 ff.; H.-J. Kanzler, Besteuerung von Ehe und Familie, DStJG 24 (2001), S. 417, 460 f. (m. w. N.). Zur Verfassungsmäßigkeit des Familien-Realsplittings BVerfG vom 3.1.1982 (Fn. 58), S. 355.
[80] Zur historischen Herkunft und Entwicklung des Markteinkommensbegriffs siehe den Beitrag von E. Schremmer in diesem Tagungsband. Im weiteren R. Wittmann, Markteinkommen (Fn. 66), S. 8 ff. Im Hinblick auf leistungslos erworbenes Einkommen (siehe Fn. 82) erweist sich die markteinkommenstheoretisch fundamentale Definition der Einkunftsquelle von H. G. Ruppe, DStJG 1 (1978), S. 7, 16, als "entgeltliche Verwertung von Leistungen (Wirtschaftsgütern oder Dienstleistungen) am Markt" als zu eng. Obgleich ich den Begriff des Markteinkommens in die juristische Diskussion eingeführt habe (siehe H. Söhn, Markteinkommenstheorie [Fn. 68], S. 344), verwendete ich in meinem Entwurf eines Steuergesetzbuchs (Fn. 19) keine marktbezogene Terminologie, um eine klare Unterscheidung von Erwerbssphäre (Terminologie: Erwerbseinkommen, Erwerbsbezüge/-aufwendungen etc.) zur einkommensverwendenden Konsumsphäre ziehen zu können.
[81] So der an der Markteinkommenstheorie von P. Kirchhof orientierte Karlsruher Entwurf (Fn. 9) in § 2 Abs. 1.
[82] K. Holmes, The Concept of Income (Fn. 6), S. 421 ff., behandelt entsprechend dem Haig-Simons-Schanz-Konzept "Gifts and Windfall Gains" in einem Kapitel. Nach dem hier dargelegten rechtsdogmatischen Ansatz ist jedoch das Geschenk als Einkommensverwendung zu qualifizieren, das mit der Schenkungsteuer doppelt belastet wird, während die sog. windfalls (Oxford Dictionary: "a piece of unexpected good fortune") wie z. B. Börsengewinne Erwerbseinkommen darstellen. Bei Funden mag es schwerfallen, eine marktwirtschaftliche Leistung anzunehmen (siehe J. Lang, Bemessungsgrundlage [Fn. 16], S. 259). Gleichwohl handelt es sich um einen Erwerbsakt, dessen Steuerbarkeit die gleichmäßige Besteuerung nach der Leistungsfähigkeit gebietet, zumal die streitanfällige Abgrenzung zur professionellen Schatzsuche vom Abtauchen zu versunkenen Schiffen bis hin zur Ölexplo-

Vorstöße in den Bereich des imputed income, um das Konsumpotential des Steuerzahlers voll zu erfassen, scheitern an der Gleichheitswidrigkeit von Gesetz (Besteuerung nur von Immobilien-Nutzungswerten) und Gesetzesvollzug und sind auch mit dem Vereinfachungsziel unvereinbar.

Die Doppelbelastung der investierten Einkommen durch Einkommen-, Erbschaft- und Schenkungsteuer ist zu beseitigen. Hier liefert die lebenszeitliche Bestimmung von Einkommen einen neuen Ansatz, nämlich die Lebensendbesteuerung von Einkommen (siehe 6.5), das bis zum Lebensende noch nicht besteuert worden ist. Es handelt sich im wesentlichen um stille Reserven und unversteuerte Vermögenszuwächse, die sich in nachgelagert besteuerten Vorsorgefonds gebildet haben.

4.3 Die Überschussrechnung (cash flow method) als Methode für die lebenszeitlich konzipierte nachgelagerte Besteuerung von Einkommen

a) Nach alledem ist festzuhalten, dass steuerliche Leistungsfähigkeit im Grundsatz am Potential der Bedürfnisbefriedigung zu messen ist. Davon gehen nicht nur die Vertreter einer "konsumorientierten" Einkommensteuer, sondern auch die Theorien von Gustav Schmoller, Georg von Schanz, Robert M. Haig und Henry Simons aus[83]. Zudem spiegelt sich die Konsumleistungsfähigkeit in dem oben (4.1) dargelegten dualistischen Aufbau des zu versteuernden Einkommen wider, der den für den notwendigen Lebensbedarf verwendeten und daher indisponiblen Teil des Einkommens aus der Bemessungsgrundlage für den konsum-, nämlich opfertheoretisch gerechtfertigten Tarif ausscheidet.

Indessen führt die rechtliche Umsetzung der ökonomischen Einkommenskonzepte zu Restriktionen vor allem im Bereich des imputed income, so dass das rechtsdogmatische Konzept der Einkommensteuer am Markteinkommen ausgerichtet ist, weil sich nur die rechtlich bestimmbaren Vorgänge des Wirtschaftsverkehrs "einfach und gerecht", d. h. durch Gesetz und Gesetzesvollzug praktikabel erfassen lassen. Danach sollen alle bereichernden Erwerbsvorgänge der Einkommenserzielung in die Bemessungsgrundlage einbezogen werden, um im Ergebnis das Konsumpotential vor dem Konsum zu messen. Für die Dogmatik des Einkommensteuerrechts ist fundamental die Abgrenzung der Erwerbs- zur Konsumsphäre.

Innerhalb dieser Rahmenbedingungen des geltenden Einkommensteuerrechts stellt sich nunmehr die Frage nach einer lebenszeitlich orientierten Bestimmung des Markteinkommens. Das geltende Einkommensteuerrecht

---

ration wieder ein klassisches Beispiel für die Verkomplizierung des Einkommensteuerrechts durch Ungleichheit darstellen würde.

[83] Siehe die in Fn. 61/62 zit. Literatur.

hat hybriden Charakter, weil die sog. Konsumorientierung der Einkommensteuer nicht, wie häufig von Juristen befürchtet wird, einen Paradigmenwechsel der Einkommensteuer bedeutet, sondern sich innerhalb anerkannter Prinzipien und bestehender Institutionen des Einkommensteuerrechts vollzieht. Im Kern geht es nicht um einen institutionellen Wandel, sondern lediglich um die Perspektive, ob die rechtlichen Institutionen im Lichte eines geöffneten Fensters zur Lebenszeit oder mit zugezogenen Vorhängen im abgedunkelten Raum einer einzigen Periode betrachtet werden. Dem Juristen ist die überperiodische Perspektive durchaus vertraut: Wie oben (4.2, b, bb) dargelegt, wird die Erwerbssphäre zur konsumptiven Liebhabereisphäre überperiodisch abgegrenzt, und das Nettoprinzip wird überperiodisch durch Verlustrücktrag/-vortrag (§ 10d EStG) konkretisiert.

b) Umstritten ist allerdings das rechtsdogmatische Konzept der Einkommensteuer insofern, als keine Einigkeit über die Prinzipien herrscht, die dem Konzept der Einkommensteuer zugrunde liegen. Im Vordergrund der Diskussion stehen zwei Prinzipien:

aa) Das Periodizitätsprinzip ist nach der wohl überwiegenden Meinung ein technisch-budgetäres Prinzip, das den in einer staatlichen Haushaltsperiode gegebenen Finanzbedarf zu sichern hat[84]. Demgegenüber nimmt Paul Kirchhof die budgetäre Komponente zum Anlass, um das Periodizitätsprinzip als ein in § 2 Abs. 7 EStG fundamental verankertes Prinzip gegenwartsgerechter Besteuerung zu erklären[85]. Schon vor knapp drei Jahrzehnten hat Walter Schick das Periodizitätsprinzip in seiner Schrift zum Verlustrücktrag als ein sachgerechtes Besteuerungsprinzip bewertet, das der "Vergleichbarkeit in der Zeit" diene[86].

In der Tat widerspricht die überperiodische Verwirklichung des Nettoprinzips der Idee periodischer Messung des Einkommens. Beschränkt man die Gerechtigkeitsperspektive mit Walter Schick und Paul Kirchhof auf die einzelne Periode, so stellt der Verlustabzug des Karlsruher Entwurfs[87] einen Systembruch dar, dessen Beschränkung auf fünf Veranlagungszeiträume reichlich willkürlich erscheint. Im übrigen leuchtet auch aus der Perspektive

---

[84] Grundlegend K. Tipke, Steuerrecht (Fn. 57), StuW 1971, S. 16: Das Periodizitätsprinzip sei "kein Wertungsprinzip, sondern ein technisches Prinzip. Gerechter wäre die Anknüpfung an das Totaleinkommen", und ausführlich m. w. N. K. Tipke, Steuerrechtsordnung (Fn. 55), S. 668 ff. ; J. Lang, Bemessungsgrundlage (Fn. 1), S. 186 ff.
[85] P. Kirchhof, zit. in Fn. 28, sowie ders., Einkommensteuergesetz, 2. Aufl., Heidelberg 2002, § 2 Rn. 17 (Jahressteuerprinzip als materielles Prinzip der Einkommensbesteuerung: "Die Besteuerung des am gegenwärtigen Markt erwirtschafteten Einkommens finanziert den gegenwärtigen staatlichen Finanzbedarf in einer gegenwartsgerechten Progression").
[86] W. Schick, Der Verlustrücktrag, München 1976, S. 13.
[87] P. Kirchhof u. a., Karlsruher Entwurf (Fn. 9), § 8.

einer einzigen Periode nicht ein, warum Zinsen besonders im Verhältnis zu Arbeitseinkünften nicht besteuert werden sollten[88].

Das Bild ändert sich schlagartig, wenn das Fenster zur Lebenszeit geöffnet und dadurch die überperiodischen Phänomene (vorangegangene/nachträgliche Verluste, Diskriminierung des Zukunftskonsums etc.) ins Licht gerückt werden. Die rechtsdogmatische Relevanz dieser Phänomenologie hängt allerdings davon ab, ob man das Lebenseinkommen als den "richtigen" Indikator steuerlicher Leistungsfähigkeit anerkennt[89].

Hingegen vermag die Forderung nach budgetärer Ergiebigkeit der Einkommensteuer keine konzeptionelle Weichenstellung zu begründen, da auch die lebenszeitliche Variante der Einkommensteuer die Ergiebigkeit der Einkommensteuer für sich in Anspruch nimmt. Es wird nämlich nicht erst am Lebensende[90], sondern jede Periode besteuert, und zwar mit Methoden der Einkünfteermittlung, die sich letztlich als fiskalisch effizienter erweisen als die rein periodenbezogenen Methoden mit den von Franz W. Wagner[91] erkannten "Atemlöchern". Nicht von ungefähr führen die lebenszeitlich konzipierten Optimal-taxation-Theorien zur effizienten Verwirklichung einer "comprehensive tax base", wie in Abschnitt c auszuführen sein wird.

bb) Das zweite rechtlich umstrittene Prinzip ist das Nominalwertprinzip[92]. Dieses Geldordnungsprinzip (1 Euro = 1 Euro) verzerrt die Leistungsfähigkeitsindikation, wenn man nur eine einzige Periode betrachtet. Erst die lebenszeitliche Perspektive nimmt die Geldentwertung in das Blickfeld und deckt damit die Verfälschungen der Nominalwertrechnung durch Scheingewinne und unerfasste Schuldnergewinne auf[93]. Dies verletzt das Leistungsfähigkeitsprinzip, das als Realwertprinzip zu verstehen ist[94]. Mit diesem Inhalt fordert das Leistungsfähigkeitsprinzip die Inflationsneutralität

---

[88] Dazu insb. die in Fn. 30 zitierte Literatur.

[89] Dazu insb. J. Hackmann, Die Besteuerung des Lebenseinkommens, Ein Vergleich von Besteuerungsverfahren, Tübingen 1979, sowie m. w. N. das in den Fn. 63; 64 zitierte Schrifttum. Ablehnend insb. P. Kirchhof, Einkommensteuergesetz (Fn. 85): Das Lebenseinkommen bezeichne einen "Erwerbserfolg, der im Zeitpunkt des steuerlichen Zugriffs nicht mehr verfügbar zu sein braucht, vielmehr vom jeweiligen Konsum und Sparverhalten des Steuerpflichtigen und seinem Dispositionsgeschick" abhänge. Die Belastung des Einkommens "nahe der jeweiligen Gegenwart sei aber eine "Zentralforderung materieller Steuergerechtigkeit".

[90] So der Einwand von P. Kirchhof (Fn. 89).

[91] Ausnahmen (Fn. 5).

[92] Dazu mit zahlr. Literaturnachweisen H. G. Ruppe, in: Herrmann/Heuer/Raupach, Einf. EStG, Anm. 550; J. Lang, Bemessungsgrundlage (Fn. 16), S. 176 ff.; K. Tipke, Steuerrechtsordnung (Fn. 13), S. 512.

[93] Dies anerkennt auch P. Kirchhof, Einkommensteuergesetz (Fn. 85), Rn. 77.

[94] So K. Tipke, Steuerrechtsordnung (Fn. 92).

der Besteuerung, die jedoch das Bundesverfassungsgericht 1978 bei der Überprüfung der Zinsbesteuerung verweigert hat[95].

c) Im geltenden Einkommensteuerrecht stehen sich zwei Methoden der Einkünfteermittlung gegenüber, von denen die eine periodenbezogen und die andere lebenszeitlich konzipiert ist: Der Betriebsvermögensvergleich (§§ 4 Abs. 1; 5 Abs. 1 EStG) zielt als "accrual method" auf das periodische Entstehen von Einkommen, seine Periodisierung ab, während die Überschussrechnung (§§ 4 Abs. 3; 8 ff. EStG) Einkünfte in kurzfristiger Perspektive periodenverzerrend ermittelt. Jedoch gewinnt die Überschussrechnung (cash flow method) in der lebenszeitlichen Perspektive die von der Optimal Taxation Theory verlangten Eigenschaften intertemporaler Neutralität.

aa) Die Überschussrechnung (cash flow method) ist zunächst eine einfache Kassenrechnung von Einnahmen und Ausgaben, die der Steuerpflichtige wesentlich leichter zu vollziehen vermag als den Betriebsvermögensvergleich[96]. De lege ferenda verleiht der Vorzug der Einfachheit der Überschussrechnung die Tauglichkeit als eine für alle Einkunftsarten geltende Methode, während der Betriebsvermögensvergleich nur für Unternehmer mit bilanzfachlicher Hilfe in Betracht kommt. Deshalb wird in den USA und auch hierzulande verstärkt darüber diskutiert, die Überschussrechnung als Universalmethode steuerlicher Einkünfteermittlung anzuordnen[97]. Die deutsche rechtswissenschaftliche Diskussion leidet darunter, dass hauptsächlich die vereinfachungstechnischen Vorteile ins Feld geführt und die viel bedeutenderen Neutralitätseigenschaften weitgehend unerwähnt gelassen werden. Franz W. Wagner[98] ist es zu verdanken, die Überschussrechnung des geltenden deutschen Einkommensteuerrechts als Methode lebenszeitlich konzipierter Einkünfteermittlung verdeutlicht zu haben[99]. Allerdings leidet das geltende Einkommensteuerrecht unter dem Systembruch, dass die Investitionen in Gestalt von Anschaffungs- und Herstellungskosten nicht sofort als Erwerbsaufwendungen abgezogen werden können, sondern im Rückgriff auf die "accrual method" nach Maßgabe von Abschreibungsvorschriften (§§ 4 Abs. 3 Satz 3; 9 Abs. 1 Satz 3 Nr. 7 i. V. m. §§ 6 Abs. 2; 7 ff. EStG) auf die Nutzungsdauer von Wirtschaftsgütern zu verteilen sind.

---

[95] BVerfG vom 9.12.1978, BVerfGE 50, 57.
[96] Dazu J. Lang, Steuerrecht (Fn. 2), § 9 Rz. 192 ff.
[97] So insb. H. Weber-Grellet, Bestand und Reform des Bilanzsteuerrechts, DStR 1998, S. 1343, 1348, und m. w. Nachw. K. Tipke, Karlsruher Entwurf (Fn. 10), S. 164 f., mit dem systemkonsequenten Vorschlag, Investitionsaufwendungen sofort zum Steuerabzug zuzulassen. Zur aktuellen amerikanischen Diskussion G. Vorwold, Cash Flow versus accrual method - Paradigmenwechsel des US-amerikanischen Tax Accounting?, StuW Nr. 3/2002.
[98] Die zeitliche Erfassung steuerlicher Leistungsfähigkeit (Fn. 4).
[99] Seit dem in Fn. 7 zit. Beitrag von W. D. Andrews, A Consumption-Type or Cash Flow Personal Income Tax, von 1974 ist amerikanischen Steuerjuristen die "konsumorientierte" Wirkung der Überschussrechnung klar.

Die Beseitigung dieses Systembruchs öffnet das Fenster zur Lebenszeit und verleiht der Überschussrechnung die Eigenschaften der intertemporalen Neutralität, indem die Besteuerung der investierten Einkommen auf spätere Perioden verlagert wird. Die Grundstruktur der lebenszeitlich konzipierten Überschussrechnung besteht aus einem Fonds mit Einzahlungen und Auszahlungen. Die investiven Einzahlungen sind voll abzugsfähig, die konsumptiven Auszahlungen voll zu versteuern[100]. Die Neutralitätseffekte der Überschussrechnung lassen sich auch ohne Einrichtung eines Fonds erreichen. Wenn etwa Zinsen reinvestiert werden, so wird die Zinseinnahme durch die Investitionsausgabe neutralisiert, so dass die Zinsen im Ergebnis nicht besteuert werden. Mit der Einrichtung eines Fonds werden jedoch der lebenszeitliche Charakter und die spätere Besteuerung der Auszahlungen sichergestellt und im übrigen die kurzfristigen Periodenverzerrungen der Überschussrechnung vermieden[101]. Für das Verständnis der systemkonsequenten Überschussrechnung erscheint es zweckmäßig, diese in ihrer Wirkung als nachgelagerte (konsumorientierte) Investitionsbesteuerung[102] mit folgenden Neutralitätseffekten zu bezeichnen:

- Wer in kurzer Zeit sein Lebenseinkommen erwirtschaftet, wird periodisch stärker belastet als der, dessen Lebenseinkommen auf die Lebenszeit verteilt ist. Diesem Effekt wirkt die nachgelagerte Investitionsbesteuerung entgegen. Steuerpflichtige mit verschieden langem Erwerbsleben werden gleichbehandelt[103].
- Die nachgelagerte Investitionsbesteuerung bewirkt in vollem Umfange Inflationsneutralität auf einfache Weise, während die "accrual method" eine Indexierung verlangt, die vom Bundesverfassungsgericht aus guten Gründen des Währungsschutzes abgelehnt worden ist[104].
- Die nachgelagerte Investitionsbesteuerung behandelt Gegenwarts- und Zukunftskonsum neutral, während die "accrual method" den

---

[100] Diese Grundstruktur liegt dem Vorschlag von "Einkünften aus qualifizierten Vermögensanlagen" in § 123 meines Entwurfs eines Steuergesetzbuchs (Fn. 19) zugrunde. Ihr folgt das in Fn. 3 zitierte Altersvermögensgesetz bei der steuerlichen Behandlung der kapitalgedeckten privaten und betrieblichen Zusatzvorsorge.

[101] So kann z. B. der Steuerabzug fremdfinanzierter Anschaffungs- und Herstellungskosten erheblich periodenverzerrend wirken. Die Fondslösung (dazu im weiteren unten V.1) lässt nur den Abzug der Eigenaufwendungen zu. Die Fremdfinanzierung wird im Fonds berücksichtigt.

[102] Zur Investitionsbesteuerung nach dem Prinzip nachgelagerter Besteuerung ausf. J. Lang, Prinzipien und Systeme (Fn. 1), S. 83 ff.

[103] Vgl. dazu S. F. Franke, Löhne und Gehälter in langfristiger Sicht und ihre Besteuerung nach der Leistungsfähigkeit, Baden Baden 1979.

[104] Dabei hat sich das BVerfG vom 9.12.1978 (Fn. 95) nicht damit befasst, dass die Überschussrechnung bei Kapitaleinkünften eine inflationsneutrale Besteuerung ohne Schaden für die Stabilität der Währung ermöglicht.

Gegenwartskonsum präferiert und den Zukunftskonsum diskriminiert.
- Das Nettoprinzip wird überperiodisch uneingeschränkt verwirklicht. Wird z. B. im Falle der gesetzlichen Rentenversicherung mehr ein- als ausgezahlt, so ist der überperiodisch entstandene Verlust voll berücksichtigt.
- Schließlich bewirkt die periodische Besteuerung den namentlich von Manfred Rose[105] nachgewiesenen Anstieg der "finalen" Steuerlast. So verdoppelt sich die Steuerbelastung eines Sparguthabens innerhalb von 40 Jahren, wenn Zinsen traditionell periodisch und nicht nachgelagert bei der Auszahlung des Sparguthabens besteuert werden (siehe nachstehende Tabelle).

Tabelle1: Periodische und nachgelagerte Besteuerung eines Sparguthabens				
Verzinsung: 6 Prozent Steuersatz proportional 30 Prozent				
Alter des Sparers	Sparguthaben ohne Steuern in €	Periodische Besteuerung in €	Steuerlast in %	Nachgelagerte Besteuerung in €
25	10.000	7.000	30,00	10.000
26	10.600	7.294	31,19	10.600
27	11.236	7.600	32,36	11.236
28	11.910	7.920	33,51	11.910
29	12.625	8.252	34,63	12.625
30	13.382	8.599	35,74	13.382
60	76.861	29.544	61,56	76.861
61	81.473	30.785	62,21	81.473
62	86.361	32.078	62,86	86.361
63	91.543	33.425	63,49	91.543
64	97.035	34.829	64,11	97.035
65	102.857	36.292	64,72	102.857 -30.857
Konsumfonds		36.292		72.000
finale Steuerlast			**64,72%**	**30%**

---

[105] Siehe z.B. M. Rose, Konsumorientierung des Steuersystems - theoretische Konzepte im Lichte empirischer Erfahrungen, in: G. Krause-Junk (Hrsg.), Steuersysteme der Zukunft, Berlin 1998, S. 247.

bb) Der Betriebsvermögensvergleich (§§ 4 Abs. 1; 5 Abs. 1 EStG) soll im Prinzip das periodische Entstehen von Einkommen erfassen (accrual method), genügt indessen diesem Ziel nur unvollständig, da er Wertzuwächse erst im Zeitpunkt der Realisation erfasst[106]. Überhaupt ermöglicht das Steuerbilanzrecht "konsumorientierte" Besteuerungsformen, die dem geltenden Ertragsteuerrecht seinen hybriden Charakter vermitteln. Z. B. führt die Pensionszusage an den Alleingesellschafter einer GmbH infolge der Pensionsrückstellung zu einer geradezu perfekten Form nachgelagerter Besteuerung. Die GmbH wird als Vorsorgefonds eingerichtet, in dem die Besteuerung der für die Pensionszahlungen benötigten Erträge durch die Pensionsrückstellung aufgehalten wird. Erst die Pensionszahlung unterliegt der nachgelagert zugreifenden Einkommensteuer des Gesellschafters.

4.4 Die Zinsbereinigung als fiskalisch effiziente Methode für die lebenszeitliche Besteuerung von Einkommen

Als Alternative zur Methode der nachgelagerten Besteuerung (cash flow method) ist die Methode der Zinsbereinigung entwickelt worden[107]. Diese Methode besteuert Einkünfte nur insoweit, als diese die marktübliche Normalverzinsung überschreiten. Rechnerisch wirkt die Zinsbereinigung ebenso überperiodisch neutral wie die Sparbereinigung. Für den Fiskus erweist sie sich jedoch als vorteilhafter, weil nur der Zinsanteil eines reinvestierten Gewinns steuerfrei gestellt ist. Die Kapitalanreizwirkung ist enorm. Daher kann der Steuersatz auf eine zinsbereinigte Bemessungsgrundlage bedeutend höher angesetzt werden.

Allerdings leidet die Methode der Zinsbereinigung unter einem erheblichen Akzeptanzproblem: im geschlossenen Raum einer einzigen Periode steht der Steuerfreiheit von Zinsen die volle Steuerpflicht der Arbeitseinkünfte gegenüber. Somit vermittelt die Zinsbereinigung das Bild einer unvollständigen Besteuerung nach der Leistungsfähigkeit, so dass sie nicht nur von Juristen, sondern auch von prominenten Ökonomen abgelehnt wird[108].

---

[106] Vgl. dazu C. Dorenkamp, Spreizung (Fn. 44), S. 73 ff.

[107] Grundlegend Broadway/Bruce, A General Proposition on the Design of a Neutral Business Tax, Journal of Public Economics 1984, 231; E. Wenger, Gleichmäßigkeit der Besteuerung von Arbeits- und Vermögenseinkünften, Finanzarchiv Bd. 41 (1983), S. 207. Im Weiteren E. Wenger, Traditionelle versus zinsbereinigte Einkommens- und Gewinnbesteuerung, in: M. Rose (Hrsg.), Standpunkte (Fn. 30), S. 115; D. Kiesewetter, Zinsbereinigte Einkommen- und Körperschaftsteuer, Bielefeld 1999; Kronberger Kreis, Steuerreform für Arbeitsplätze und Umwelt, Band 31 der Schriftenreihe des Frankfurter Instituts, 1996, S. 23 ff.; L. Lammersen, Die zinsbereinigte Einkommen- und Gewinnsteuer, Ökonomische Analyse eines aktuellen Reformvorschlages, Nürnberg 1999; J. Lang, Prinzipien und Systeme (Fn. 1), S. 81 f.

[108] So insb. die in Fn. 30 zitierten Autoren.

5 Hybride Besteuerung von Einkommen

Die Analyse der Vorschriften zur Überschussrechnung und zum Betriebsvermögensvergleich ergibt bereits gewichtige Durchbrechungen einer periodenbezogenen Besteuerung von Einkommen. Zu diesem Befund treten die von Franz W. Wagner so bezeichneten "Atemlöcher" hinzu, besonders die Steuerfreiheit privater Veräußerungsgewinne infolge der oben (5.2, a) erwähnten Quellentheorie. Um diese Atemlöcher bilden sich dicke Ringe der juristischen Abgrenzung: Rechtsprechung, Verwaltungsvorschriften und Schrifttum pflegen nicht Recht und Gerechtigkeit, sondern ein rechtlich ungeordnetes Nebeneinander verschiedenster Formen der Investitionsbesteuerung. Das Spektrum reicht von der Substanzbesteuerung des Sparbuchs durch inflationsverstärkten Anstieg der Steuerlast bis hin zu den Bauherrenmodellen, welche die Steuerfreiheit von Wertsteigerungen langfristiger, d. h. auf mehr als zehn Jahre (§ 23 Abs. 1 Satz 1 Nr. 1 EStG) angelegter Immobilieninvestitionen optimieren. Dieses Spektrum enthält folgende weitere Formen nachgelagerter Besteuerung:

5.1 Typen voll nachgelagerter Besteuerung

5.1.1 *Besteuerung von Beamtenpensionen*

Voll nachgelagert besteuert werden die Pensionen der Beamten: Nach der periodenbezogenen "accrual method" müsste das Entstehen und Wachsen des Pensionsanspruchs in jeder Periode angesetzt werden. Da aber bei Beamten das Zuflussprinzip der "cash flow method" gilt, wird die staatliche Zukunftsvorsorge erst beim Zufluss der Pension besteuert. Mithin wird der Beamte systemrein nachgelagert besteuert[109].

5.1.2 *Besteuerung von Einkünften aus Pensionsfonds*

Voll nachgelagert besteuert werden auch die Einkünfte aus Pensionsfonds, die für die Zukunftsvorsorge in den USA und in Großbritannien bereits große Bedeutung gewonnen haben. Ihnen gehört in Europa die Zukunft, nachdem die rechtlichen Standards für die grenzüberschreitend angebotenen Pensionsfonds durch europäische Richtlinien geklärt sein werden. Durch die Zertifizierung der Pensionsfonds kann nicht nur die Vorsorgesicherheit,

---

[109] Der Hinweis von P. Fischer, Missverständnisse zur nachgelagerten Besteuerung von Altersbezügen am Beispiel der sog. Riester-Rente, FR 2001, S. 613, 616, auf das Zuflussprinzip widerlegt nicht die Form nachgelagerter Besteuerung; er bekräftigt vielmehr die nachgelagerte Besteuerung als "cash flow method".

sondern auch die Besteuerung sichergestellt werden[110]. Verlegt der Ruheständler den Wohnsitz in den sonnigen Süden Europas, so steht nach dem europarechtlichen Kohärenzprinzip dem Staat, der die Einzahlungen in den Pensionsfonds steuerfrei gestellt hat, die Besteuerung der Auszahlungen zu[111]. Entsprechend § 49 Abs. 1 Nr. 4 Buchstabe b EStG sind die Auszahlungen den inländischen Einkünften zuzuordnen.

Das Altersvermögensgesetz liegt mit der sog. Riester-Rente im internationalen Trend und hat für die kapitalgedeckte private und betriebliche Zusatzversorgung die nachgelagerte Besteuerung erheblich ausgebaut. Gleichwohl verdient die Neuregelung nicht das Prädikat eines "großen Wurfs"[112]. Mit der bürokratischen Kompliziertheit des Zertifizierungsgesetzes, die verschiedenen Durchführungswege und ein neuer Subventionsabschnitt im Einkommensteuergesetz (§§ 79 bis 99) hat der Gesetzgeber die Akzeptanz der sog. Riester-Rente verspielt und wieder ein enormes Vereinfachungspotential produziert.

5.1.3 Voll nachgelagerte Besteuerung nach dem Karlsruher Entwurf

Der Karlsruher Entwurf empfiehlt im Widerspruch zu seinem periodenbezogenen Konzept die voll nachgelagerte Besteuerung von Einkünften der Zukunftssicherung bei gesetzlichen oder privaten inländischen Versorgungsträgern[113]. Klaus Tipke[114] begründet den Periodencharakter dieser nachgelagerten Besteuerung mit dem Zwang zur Zukunftssicherung, der die Abzugsfähigkeit von Vorsorgeaufwendungen nach dem Nettoprinzip rechtfertige. Diese Argumentation zeigt die Verwobenheit von periodischer und überperiodischer Rechtsdogmatik, die Verwobenheit der Fragen, welche Aufwendungen und Bezüge in einer Periode rechtlich-definitorisch anzusetzen sind, mit den Fragen überperiodischer Belastungswirkungen, hier die nachgelagerte Belastungswirkung von Überschussrechnungen.

Dem rechtlich-definitorischen Ansatz von Klaus Tipke kann entgegengehalten werden, dass es keinen Zwang zur Zukunftssicherung gibt. Dies lehrt die Lafontaine'sche Fabel von der Grille und der Ameise. Das subjek-

---

[110] Vgl. dazu meinen Entwurf eines Steuergesetzbuchs (Fn. 19): § 123 erstreckt die nachgelagerte Besteuerung auf Investitionen bei qualifizierten Sparinstituten (§ 832), welche die Quellenbesteuerung durchzuführen haben.
[111] Dazu EuGH v. 28.1.1992, Slg. 1992, 249 (Bachmann).
[112] So C. Dorenkamp, Riester-Rente (Fn. 3).
[113] P. Kirchhof u. a., Karlsruher Entwurf (Fn. 9), § 9.
[114] Karlsruher Entwurf (Fn. 10), S. 171: "Das Einkommen, das unvermeidbarerweise für die Zukunftssicherung ausgegeben werden muss, ist für die Steuerzahlung nicht disponibel. Anderseits wird durch die 'Einnahmen aus der Zukunftssicherung' die steuerliche Leistungsfähigkeit erhöht. So gesehen liegt keine "nachgelagerte" (aufgeschobene, zeitlich verschobene Besteuerung vor, sondern eine strikt periodische."

tive Nettoprinzip vermag nur die Vorsorge für den existenznotwendigen Zukunftskonsum zu rechtfertigen. Darüber hinaus greift das Postulat überperiodischer Gleichbehandlung nach dem Maßstab einer lebenszeitlich bestimmten steuerlichen Leistungsfähigkeit. Klaus Tipke hat rechtsdogmatische Meilensteine auf dem Weg zu einer "konsumorientierten" Einkommensteuer gesetzt[115]. Gleichwohl möchte er die weltweite Hybridizität des geltenden Einkommensteuerrechts nicht erkennen[116].

5.2 Hybride Formen der Einkommensbesteuerung

5.2.1 Besteuerung von Sozialversicherungsrenten

Neben den Typen einer voll nachgelagerten Besteuerung ist das geltende Einkommensteuerrecht von diversen hybriden Formen mit zum Teil beachtlicher steuerlicher Privilegierung durchsetzt. An erster Stelle stehen hier die Sozialversicherungsrenten, deren Ertragsanteilbesteuerung (§ 22 Nr. 1 Satz 3 Buchstabe a EStG) das Bundesverfassungsgericht als gleichheitswidrig verworfen hat[117]. Im Grundsatz hat das Bundesverfassungsgericht das periodenbezogene Modell der Ertragsanteilbesteuerung als sachgerechte Besteuerungsform bestätigt[118]. Es begründete die Gleichheitswidrigkeit damit, dass die Besteuerung der Sozialversicherungsrenten nicht dem Leitbild einer Ertragsanteilbesteuerung entspräche, weil die Rentenbezüge ganz überwiegend aus unversteuertem Einkommen bezogen werden würden. In der Tat genießt die Finanzierung des Rentenanspruchs den Abzug von Vorsorgeaufwendungen nach § 10 Abs. 1 Nr. 2 Buchstabe a EStG sowie die Steuer-

---

[115] So vor allem mit seiner Lehre vom indisponiblen Einkommen (siehe oben 5.1) und der rechtsdogmatischen Würdigung des Periodizitätsprinzips als technisch-budgetäres Prinzip (siehe oben 5.3, b, aa). Im weiteren empfiehlt K. Tipke, Karlsruher Entwurf (Fn. 97), mit der cash flow method eine systemreine Konsumorientierung der Einkünfteermittlung.

[116] K. Tipke, Karlsruher Entwurf (Fn. 10), S. 150: "Ich halte die konsumorientierte Einkommensteuer durchaus für kompatibel mit dem Leistungsfähigkeitsprinzip, und dass die klassische Einkommensteuer das Sparen benachteiligt, ist auch richtig. Gleichwohl...teile ich die Auffassung, dass eine konsumorientierte Einkommensteuer, die es in keinem Land der Europäischen Union und auch nicht in den USA, ja, die es weltweit nicht gibt, sich gegenwärtig nicht durchsetzen ließe. Das sollte man realistisch sehen. Wer zuviel will, bekommt am Ende gar nichts."

[117] BVerfG vom 6.3.2002, FR 2002, 391 (Text mit Randziffern).

[118] BVerfG (Fn. 117), Rz. 207, mit Hinweis auf P. Fischer, Altersvorsorge und Altersbezüge, DStJG 24 (2001), S. 463, 469: "Die Rentenbesteuerung ist orientiert am Leitbild des Kaufs einer im Zeitablauf konstanten Leibrente durch eine aus versteuertem Einkommen geleistete einmalige Zahlung...Soweit dieses Leitbild tatsächlich trägt, soweit also die Rente tatsächlich während der Erwerbsphase aus versteuerten Beiträgen des Rentenbeziehers finanziert ist (oder mit solchen Beiträgen korreliert), hat die Ertragsanteilbesteuerung ihre Berechtigung als eine systemkonforme Erfassung von Einkünften..."

freiheit der Arbeitgeberanteile (§ 3 Nr. 62 EStG) und des Bundeszuschusses.

Indessen werden durch diese Steuerbelastungsfreiheit in der Aufbauphase der Zukunftsvorsorge die Sozialversicherten den Beamten weitgehend gleichgestellt. Der Schwerpunkt der Ungleichbehandlung liegt in der Auszahlungsphase, im Verzicht auf die nachgelagerte Besteuerung der steuerbelastungsfrei gebildeten Rente. Das Bundesverfassungsgericht hat sich mit der nachgelagerten Besteuerung nicht befasst und damit über den Kernpunkt der Ungleichbehandlung nicht befunden: die Inkompatibilität von periodenbezogener Ertragsanteilbesteuerung der Sozialversicherten und lebenszeitlich konzipierter nachgelagerter Besteuerung der Beamten.

Bei den Alterseinkünften fällt die Hybridizität der Einkommensteuer besonders ins Auge. Würde der Gesetzgeber allgemein dem Leitbild der Ertragsanteilbesteuerung folgen, so müsste bei den Beamten das jährliche Anwachsen des Pensionsanspruchs angesetzt werden. Dies lässt sich rechtlich ebenso wenig umsetzen wie der Kapitalwert einer staatlich alimentierten Sozialversicherungsrente präzise bestimmt werden kann, so dass die Grundvoraussetzungen einer gleichheitskonformen und entscheidungsneutralen Ertragsanteilbesteuerung[119] schlechterdings nicht geschaffen werden können.

Mithin bleibt nur die Alternative einer einheitlich nachgelagerten Besteuerung mit voller Besteuerung der Bezüge nach vorangegangener voller steuerlicher Abziehbarkeit bzw. Freistellung aller Beiträge zur Alterssicherung. In diesem System werden u. a. die Bundeszuschüsse voll erfasst und überperiodische Verluste infolge eines Überschusses der Einzahlungen über die Auszahlungen[120] berücksichtigt.

5.2.2 Besteuerung von Lebensversicherungen

Besonders begünstigt sind auch Lebensversicherungen, bei denen die Beiträge nach § 10 Abs. 1 Nr. 2 Buchstabe b EStG als Sonderausgaben abziehbar und die Zinsen nach § 20 Abs. 1 Nr. 6 Satz 2 EStG steuerbefreit sind. Diese Freistellung von Steuerbelastung müsste an sich mit einer Besteuerung der Auszahlungen korrespondieren. Der Verzicht auf eine solche Besteuerung privilegiert die Lebensversicherung gegenüber anderen Formen der Zukunftsvorsorge. Entgegen der Auffassung von Peter Fischer[121] ist das Versicherungsprinzip nicht allgemein geeignet, das Steuerprivileg zu rechtfertigen. Vielmehr kommt es darauf an, ob die Versicherung der Erwerbs-

---

[119] Vgl. Kiesewetter/Niemann, Zur Entscheidungsneutralität der Ertragsanteilbesteuerung von Renten, StuW 2002, S. 48.
[120] Siehe zu dieser Eigenschaft nachgelagerter Besteuerung bereits oben 4.3, c, aa.
[121] Altervorsorge (Fn. 118), S. 471 ff.

oder Konsumsphäre zuzuordnen sind. Wenn Risiken in der privaten Konsumsphäre versichert werden (Beispiel: Urlaubsversicherungen), dann sind die Prämien nicht abziehbar und die Leistungen nicht steuerbar. Die Lebensversicherung ist indessen eine Kapitalanlage, deren Erträge steuerbar sind. Die Art der lebenszeitlich konzipierten Anlage legt eine nachgelagerte Besteuerung wie bei den oben (5.1., b) erörterten Pensionsfonds nahe, d. h. die Beiträge zur Lebensversicherung sollten ohne die willkürlichen Differenzierungen und Limitierungen in § 10 Abs. 1 Nr. 2 Buchstabe b, Abs. 2, 3, 5 EStG abziehbar sein und die Leistungen voll besteuert werden.

5.2.3 Besteuerung von Unternehmen

Unternehmensgewinne unterliegen nicht nur der Einkommensteuer, sondern zudem der Körperschaftsteuer und meistens auch einer kommunalen Steuer (business oder local tax, in Deutschland die Gewerbesteuer). Diese international übliche Trias[122] belastet die Unternehmenseinkommen mehr oder weniger stark rechtsformabhängig.

aa) Der Dualismus von Einkommensteuer und Körperschaftsteuer belastet Einkommen rechtlich verselbständigter Unternehmen zweigliedrig: Das Unternehmen unterliegt als Steuersubjekt der Körperschaftsteuer[123] und der an die natürliche Person ausgeschüttete Gewinn der Einkommensteuer. Hierzu ergeben sich die Alternativen klassischer Doppelbelastung oder der Integration (Voll-/Teilanrechnung, shareholder relief)[124]. Demgegenüber unterliegen die in Personenunternehmen erwirtschafteten Gewinne unmittelbar der Einkommensteuer. Das Problem der Doppelbelastung stellt sich nicht und Verluste können mit positiven Einkünften des Unternehmers verrechnet werden.

Im Ausland dominiert die Zweigliedrigkeit der Steuerbelastung, weil Unternehmen in den meisten Ländern hauptsächlich als Kapitalgesellschaften betrieben werden oder die Körperschaftsteuerpflicht auch auf Personenhandelsgesellschaften erstreckt wird. Hingegen sind in Deutschland 85 Prozent der Unternehmen Personenunternehmen[125], deren Gewinne nicht der Körperschaftsteuer unterliegen und daher auch nicht von der oben (3.b) erwähn-

---

[122] Dazu O. H. Jakobs, Unternehmensbesteuerung und Rechtsform, 3. Aufl., München 2002, S. 92 ff.; ders., Internationale Unternehmensbesteuerung, 4. Aufl., München 1999 (5. Aufl. 2002 in Vorbereitung), S. 116 ff.
[123] Dazu H.-J. Pezzer, Rechtfertigung und Rechtsnatur der Körperschaftsteuer, DStJG 20 (1997), S. 5.
[124] Siehe bereits oben 3.b mit Nachweisen in Fn. 44 ff.
[125] So Begründung des in Fn. 45 zit. Steuersenkungsgesetzes, BT-Drucks. 14/2683 vom 15.2.2000, S. 97 (von den Personenunternehmen wiederum 86 Prozent Einzelunternehmen und 14 Prozent Personengesellschaften).

ten Absenkung der Körperschaftsteuersätze im inter-nationalen Wettbewerb profitieren.

Dies erzeugt ein zunehmendes Bedürfnis nach Rechtsformneutralität, die allerdings in Deutschland relativ fruchtlos diskutiert wird[126]. Der deutsche Gesetzgeber versuchte mit dem Senkungsgesetz[127] den Belastungsunterschied zwischen niedrigem Körperschaftsteuersatz und progressiver Einkommensteuer durch die pauschale Anrechnung der Gewerbesteuer (§ 35 EStG)[128] auszutarieren, wie die nachfolgende Tabelle zeigt.

Tabelle 2: Ertragsteuerbelastung 2001 gewerblicher Unternehmen		
	Personenunternehmen	Kapitalgesellschaften
Gewinn vor Steuern:	100,00	100,00
Gewerbesteuer	-16,67	-16,67
Gewinn nach GewSt	83,33	83,33
Körperschaftsteuer		-20,85
(25 Prozent)		
Solidaritätszuschlag		- 1,14
(5,5 Prozent)		
Gewinn nach Steuern		61,34
Steuerbelastung des Thesaurierten Gewinns		38,66
Dividende		61,34
Steuerpflichtig		30,67
Einkommensteuer	-40,42	
(48,5 Prozent)		-14,87
SolZ (5,5 Prozent)		- 0,82
Entlastung von	-8,33	
Gewerbesteuer		
Einkommensteuer	-32,09	
SolZ (5,5 Prozent)	-1,79	
Gewinn nach Steuern	**49,48**	**45,65**
Ertragsteuerbelastung	**50,52**	**54,35**

Dieser Rechtszustand dürfte sich allerdings nur sehr vorübergehend halten können und möglicherweise bereits bei der anstehenden Reform der Ge-

---

[126] Dazu J. Hey, Besteuerung von Unternehmensgewinnen und Rechtsformneutralität, DStJG 24 (2001), S. 155 ff.
[127] A. a. O. (Fn. 45).
[128] Dazu J. Hey, Von der Verlegenheitslösung des § 35 EStG zur Reform der Gewerbesteuer?, FR 2001, S. 870, 875 ff. (zur Verfassungswidrigkeit); H.-G. Horlemann, "Dreiecksgeschäfte" mit der Gewerbesteuer, § 35 EStG i. d. F. des StSenkG, in: J. Pelka (Hrsg.), Unternehmenssteuerreform (Fn. 44), S. 39.

meindefinanzen außer Balance geraten, wenn die Gewerbesteuer abgeschafft oder modifiziert wird.

bb) Die bereits oben (3.b) angesprochene Spreizung von Körperschaftsteuersatz und Spitzensatz der Einkommensteuer im Wettbewerb der Steuersysteme bewirkt eine partiell nachgelagerte Besteuerung von Einkommen[129]: Die Staaten locken mit niedrigen Körperschaftsteuersätzen, die in absehbarer Zeit in ganz Europa das irische Niveau von 12,5 Prozent erreichen könnten[130], und refinanzieren sich mit der Rückkehr zum klassischen System. Diesen Weg hat das Steuersenkungsgesetz mit der Abschaffung des körperschaftsteuerlichen Vollanrechnungssystems zugunsten eines niedrigeren Körperschaftsteuersatzes eingeschlagen[131]. Er mag dogmatisch unerwünscht sein, fordert aber die Steuerwissenschaften auch zu kreativen Lösungen auf, wie die Postulate der Gleichheit, Neutralität und Einfachheit der Besteuerung von Einkommen unter den vorgegebenen Bedingungen des Steuerwettbewerbs wenigstens annäherungsweise verwirklicht werden können[132].

Vergleicht man die Entwicklung des dualen Systems von Einkommensteuer und Körperschaftsteuer im Steuerwettbewerb mit den Typen voll nachgelagerter Besteuerung, so gewinnt man das Ergebnis, dass die ortsgebundenen Bezieher von Arbeitseinkünften keinesfalls die Verlierer im Steuerwettbewerb sein müssen. In diesem Vergleich bildet das körperschaftsteuerlich verselbständigte Unternehmen den Fonds der cash flow method[133]. Das bedeutet, dass Beamte, Bezieher von Einkünften aus einem Pensionsfonds der privaten und betrieblichen Altersversorgung einerseits und Anteilseigner körperschaftsteuerpflichtiger Unternehmen andererseits dann intertemporal gleichbelastet wären, wenn die Kosten der Beteiligung an einem körperschaftsteuerpflichtigen Unternehmen einschließlich der Anschaffungskosten als Erwerbsaufwendungen voll abgezogen werden könnten, der Körperschaftsteuersatz null betrüge und die Auszahlungen (Gewinnausschüttungen, Veräußerungs- und Liquidationserlöse) voll zu versteuern wären. Dieses Modell der Cash-Flow-Steuer ist vor allem in den USA entwickelt worden[134].

---

[129] Dazu C. Dorenkamp, Spreizung (Fn. 44), S. 75 ff.; J. Lang, Prinzipien und Systeme (Fn. 1), S. 87 ff.

[130] In Deutschland würde die Halbierung des Körperschaftsteuersatzes seit 1993 (siehe Fn. 45) mit einer weiteren Halbierung von 25 Prozent auf 12,5 Prozent fortgesetzt.

[131] Siehe Fn. 45 und den Beitrag von A. Raupach in diesem Band.

[132] Zu dieser Aufgabe J. Lang, Prinzipien und Systeme (Fn. 1), S. 74 ff.

[133] Zur Struktur der Überschussrechnung als Fond mit Einzahlungen und Auszahlungen siehe oben 4.3, c, aa.

[134] Vgl. dazu M. Kaiser, Konsumorientierte Reform der Unternehmensbesteuerung, Heidelberg 1992, S. 36 ff. Zur deutschen Diskussion in: M. Rose (Hrsg.), Neuordnung (Fn. 52): Richter/Wiegard, Cash-Flow-Steuern: Ersatz für die Gewerbesteuer?, S. 193 und M.

Das Modell einer systemreinen Cash-Flow-Steuer dürfte realpolitisch keine Chancen haben, da kein Staat auf die Besteuerung rechtlich verselbständigter Unternehmen gänzlich verzichten wird. Daher ist zwar im Steuerwettbewerb mit weiteren Absenkungen des Körperschaftsteuersatzes zu rechnen. Bei dem irischen Niveau von 12,5 Prozent wird es jedoch keinerlei Integration der körperschaftsteuerlichen Vorbelastung in die Einkommensteuer mehr geben. Die Steuerstaaten werden wie Irland ganz zum klassischen System der Doppelbelastung zurückkehren. Diese Entwicklung stellt die deutsche steuerpolitische Diskussion vor die Alternative, die Umwandlung der Personenunternehmen in Kapitalgesellschaften und damit die Destruktion der deutschen Personenunternehmenskultur hinzunehmen oder das vom Bundesverfassungsgericht bestätigte Postulat der Rechtsformneutralität ernst zu nehmen[135].

d) Die realpolitische Erkenntnis, dass das Ziel einer synthetischen Einkommensteuer mit gleichen Belastungswirkungen für alle Einkunftsarten nicht in der Vergangenheit erreicht worden ist und erst recht nicht in der Zukunft des Steuerwettbewerbs zu erreichen sein wird, führte schließlich zur konzeptionellen Aufgabe des Prinzips der synthetischen Einkommensteuer und zu den schedulenhaften Endbesteuerungsmodellen, die dadurch gekennzeichnet sind, dass Vermögenseinkünfte abweichend von den nach wie vor progressiv besteuerten Arbeitseinkünften proportional endbesteuert werden. Das bereits oben (3.c) angesprochene Modell der Dual Income Tax (sog. Nordisches Modell) trennt die progressiv besteuerten Arbeitseinkünfte und die proportional besteuerten Vermögenseinkünfte am striktesten[136]. Die österreichische Endbesteuerung von 25 Prozent[137] erfasst nicht alle Vermögenseinkünfte, jedoch neben Zinsen auch Kapitalerträge aus Unternehmensbeteiligungen wie insb. Aktien und GmbH-Anteile. Hier ist auch bereits oben (3.c) angesprochene niederländische Boxensystem einzuordnen.

Diese Endbesteuerungsmodelle, mit denen die Investitionsbesteuerung oder Teile davon aus der Progressivbesteuerung herausgenommen werden, haben den Charme pragmatischer Einfachheit der Besteuerung, lassen sich

---

Rose, Cash-Flow-Gewerbesteuer versus zinsbereinigte Gewerbeertragsteuer, S. 205; O. H. Jacobs, Rechtsform (Fn. 122), S. 111 ff.; ders., Internationale Unternehmensbesteuerung (Fn. 122), S. 255 ff.; D. Schneider, Steuerlast und Steuerwirkung (Fn. 30), S. 103 f., 106, 155, 172 f., 246, 262 f.

[135] BVerfG vom 10.11.1999, BVerfGE 101, 151. Dazu J. Hey, Rechtsformneutralität (Fn. 126), S. 162 ff. Zu Lösungsansätzen rechtsformneutraler Unternehmensbesteuerung unten 4.b, mit Nachweisen in Fn. 197 ff.

[136] Dazu die oben (Fn. 48) zitierte Literatur sowie O. H. Jacobs, Rechtsform (Fn. 122), S. 105 ff.; ders., Internationale Unternehmensbesteuerung (Fn. 122), S. 270 ff.

[137] Dazu Doralt/Ruppe, Steuerrecht, Bd. I, Wien 2000, S. 280 ff. Bis zum 30.6.1996 betrug der Steuersatz 22 Prozent.

jedoch mit den hierzulande herrschenden Vorstellungen von Gleichheit schwerlich vereinbaren. Sie wirken nicht nur privilegierend, sondern bei sehr niedrigen, bis zur Höhe der Sozialhilfe freizustellenden Einkommen[138] steuerverschärfend. Im übrigen veranlasst unser Anliegen, die Fairness gegenüber dem ortsgebundenen Bezieher von Arbeitseinkünften im Steuerwettbewerb zu bewahren[139], zum Nachdenken über Lösungen, die den synthetischen Charakter der Einkommensteuer unter den realpolitischen Rahmenbedingungen nicht völlig preisgeben, sondern im Gegenteil verbessern. Dabei geht es im Kern darum, die historisch entwickelte hybride Vielfalt der Investitionsbesteuerung auf möglichst wenige, klar konturierte Strukturen zurückzuschneiden.

6 Synthetische Einkommensteuer, flat tax und Einfachsteuer-Konzept - unerreichbare Ziele?

6.1 Synthetische versus hybride Einkommensteuer

a) Reflexionen über Wege zum Ziel der synthetischen Einkommensteuer setzen zunächst voraus, dass der gegenwärtige Standort bestimmt und die zurückzulegende Wegstrecke abgemessen wird. Die allermeisten, selbst die allerbesten Juristen meinen, sich in der Welt der klassischen Einkommensteuer zu bewegen[140] und verkennen dabei den hybriden Charakter der Einkommensteuer, den oben (4.3) dargelegten Dualismus von entstehungs- und verwendungs(=konsum)orientierten Elementen der Einkommensteuer, den entstehungsorientierten Typus des Betriebsvermögensvergleichs (accrual

---

[138] Siehe BVerfG vom 25.9.1992 (Fn. 58).
[139] So beklagt W. Schön, Der "Wettbewerb" der europäischen Steuerordnungen als Rechtsproblem, DStJG 23 (2000), S. 191, 202, zu Recht, dass der Staat im Steuerwettbewerb gegenüber der menschlichen Arbeitskraft erheblich höhere Steuerbelastungen durchsetzen könne als gegenüber dem Geld- und Sachkapital und dass deshalb das "feingesponnene System horizontaler Steuergerechtigkeit, welches das Prinzip der Besteuerung nach der wirtschaftlichen Leistungsfähigkeit im Wege einer synthetischen progressiven Einkommensteuer durchzusetzen versucht", unter dem Druck der internationalen Steuerkonkurrenz zerbreche.
[140] So insb. P. Kirchhof (siehe Fn. 85, 89), aber auch K. Tipke (siehe Fn. 116), der sich in seinem grundlegenden, in Fn. 57 zit. Aufsatz zum System des Steuerrechts die finanzwissenschaftliche Sicht (S. 4 f.) einschloss und später (S. 16 f.) die erwähnten (siehe Fn. 115) Meilensteine einer "konsumorientierten" Ausgestaltung der Einkommensteuer formte, diese folgerichtig mit dem Leistungsfähigkeitsprinzip für kompatibel erachtet (siehe Fn. 116) und sogar die systemrein "konsumorientierte" cash flow method empfiehlt (siehe Fn. 97), und W. Schön, Steuervereinfachung (Fn. 37), S. 34 f. (Annahme einer noch nicht bestehenden Konsumorientierung des Steuerrechts).

method), der mit konsumorientierten Elementen durchsetzt ist, und den konsumorientierten Typus der Überschussrechnung (cash flow method). Dabei wird übersehen, dass Beamte u. a. Pensionsempfänger systemrein konsumorientiert besteuert werden und einen gewichtigen Maßstab für die synthetische Gleichbehandlung aller Einkunftsarten vorgeben, wenn die Besteuerung der Beamten nicht auf die accrual method umgestellt wird, was kaum zu erwarten ist.

Selbstverständlich führt der lebenszeitliche Ansatz einer verwendungs- bzw. konsumorientierten Besteuerung von Einkommen nicht zur Besteuerung am Lebensende oder zu einer unsicheren Besteuerung[141]. Vielmehr geht es rechtlich darum, den Periodenerfolg mit geöffnetem Fenster zur Lebenszeit richtig zu bestimmen. Die amerikanische Rechtswissenschaft hat einen deutlichen Erkenntnisvorsprung, da sie sehr viel mehr "Law and Economics" betreibt als die deutsche Rechtswissenschaft. Gleichwohl sind auch dort erhebliche Fehleinschätzungen zu verzeichnen. Bei der reichlich abstrakten Debatte um Verteilungsgerechtigkeit wird zwar das Problem des hybriden Systems gesehen, jedoch die Tatsache schlicht unterschlagen, dass das amerikanische Einkommensteuerrecht in ganz erheblichem Umfange infolge der nachgelagerten Pensionsfondsbesteuerung[142] konsumorientiert ausgestaltet ist und das davon in erster Linie nicht die Reichen, sondern die Angehörigen des amerikanischen Mittelstandes profitieren, die sich deshalb sehr viel früher gutsituiert aus dem Erwerbsleben zurückziehen können[143].

Es ist allgemein bekannt, dass man im traditionellen System der Zinsbesteuerung Millionenbeträge aufwenden muss, um die Pension eines Staatssekretärs zu erhalten. Dafür gibt es eine einfache Erklärung: Der oben (4.3) abgebildete Anstieg der Steuerlast kassiert unter den Bedingungen der Progression und Inflation mehr als neunzig Prozent des Markteinkommens[144]. Da verwundert es nicht, dass viele Bürger die Steuern auf Zinsen hinterziehen und ihre Kriminalisierung in Kauf nehmen. Diesen von Manfred Rose in zahlreichen Schriften herausgestellten Anstieg der Steuerlast pflegen die Gegner der Steuerfreiheit von Zinsen nicht zu erörtern[145].

---

[141] So insb. P. Kirchhof, Einkommensteuergesetz (Fn. 89), und auch W. Schön, Steuervereinfachung (Fn. 140).

[142] Zur amerikanischen Pensionsfondsbesteuerung R. Seer, Tax Cut 2001-2010, RIW 2001, S. 664, 670 f.; H. Zschiegner, Das Einkommensteuerrecht der USA, IWB, Fach 8 Gruppe 2 S. 1141 (2002); D. Wellisch, Steuerliche Förderung der privaten und betrieblichen Altersvorsorge und Rentenbesteuerung, StuW 2001, S. 271, 277 ff.

[143] Vgl. J. K. McNulty, Tax Policy (Fn. 4). J. K. McNulty gehört selbst der durch die nachgelagerte Besteuerung der Pensionsfonds begünstigten Schicht an.

[144] Dazu eindrucksvoll die Aktion "Faires Steuersystem" der Alfred Webergesellschaft von 1998 gegen die Steuerpläne von Oskar Lafontaine.

[145] So z. B. die in Fn. 30 zit. Autoren. Der amerikanischen Steuerrechtswissenschaft scheint das Phänomen des Steuerlastanstiegs unbekannt zu sein. Üblicherweise wird dort John Stuart Mill zitiert, der in seinem Werk "Principles of Political Economy with Some of

Der Streit, ob der Beamte nachgelagert besteuert wird[146], führt nicht weiter. Die Frage der Konsumorientierung von Einkommen befasst sich mit den Belastungswirkungen. Der hybride und damit auch schedulenhafte Charakter der Einkommensteuer wird durch die unterschiedliche Belastung der einzelnen Einkunftsarten begründet. Auf welche Weise dies geschieht, ob durch die Methode der Einkünfteermittlung, durch Steuervergünstigung oder durch ungerechtfertigtes Steuerprivileg, ist für den Befund der Belastungsunterschiede gleichgültig. Aus diesen Belastungsunterschieden, die zunächst einmal erkannt werden müssen, erwachsen sodann der Rechtswissenschaft die Aufgaben, die Periodenerfolge rechtsdogmatisch folgerichtig im Sinne der Periodenleistungsfähigkeit zu bestimmen[147], Belastungsunterschiede entweder zu verwerfen oder sozialpolitisch zu rechtfertigen. Dabei sollte nicht unbeachtet bleiben, dass die juristische oder politische Dialektik und Terminologie Belastungsunterschiede zwar zu verschleiern, jedoch faktisch nicht zu eliminieren vermag[148].

Betrachtet man die realen Belastungsunterschiede, so wird schnell klar, dass das Ziel einer synthetischen Einkommensteuer unerreichbar ist, weil sich die Mixtur von entstehungs- und verwendungsorientierten Besteuerungsformen nicht auflösen lässt. Da helfen alle definitorischen Tricks, die Konsumorientierung der Einkommensteuer zu leugnen, nicht weiter. Alle

---

Their Applications to Social Philosophy" (1. Aufl. 1848) hin. Dort fordert John Stuart Mill (V. Buch, II. Kapitel: Grundsätze der Besteuerung) die Steuerfreistellung der gesparten Einkommen, weil dieses sonst mehrfachbelastet werde; dies gebiete das Prinzip gleichmäßiger Besteuerung. Manfred Rose kommt das Verdienst zu, die Annahme von John Stuart Mill präzise quantifiziert zu haben.

[146] Vgl. dazu P. Fischer, Missverständnisse (Fn. 109), und auch K. Tipke, Karlsruher Entwurf (Fn. 10), S. 171 f.: Beamte würden "nicht 'nachgelagert' besteuert, sondern in der Zeit, in der sie über Einkommen disponieren können. Die Methode des § 9 KE [dazu oben V.1, c] wird so oder ähnlich auch in den meisten EU-Mitgliedstaaten, in der Schweiz und in den USA praktiziert; auch in diesen Ländern wird jedoch nicht ein Stück verwirklichter Konsumeinkommensteueridee gesehen, sondern allenfalls ein Akt der Sozialpolitik. Zur Vermeidung von Missverständnissen würde man daher besser nicht von 'nachgelagerter Besteuerung' sprechen. Sonst bietet man nur eine Handhabe, den Abzug der Beiträge als ersten Abschnitt einer Reise in die Konsumsteuerzukunft anzusehen...".

[147] So auch der Ansatz von K. Tipke, Karlsruher Entwurf (Fn. 114), der aber m. E. über das Existenzminimum nicht hinausreicht (siehe oben 5.1, c). M. E. geht es schlicht darum, dass die Einzahlungen in einen Pensionsfonds für die Periodenleistungsfähigkeit als nicht verfügbar zu qualifizieren. Ebenso begründet der Pensionsanspruch des Beamten entgegen der accrual method keine aktuelle steuerliche Leistungsfähigkeit.

[148] K. Tipke, Karlsruher Entwurf (Fn. 146), weist zutreffend darauf hin, dass die nachgelagerte Besteuerung als sozialpolitische Maßnahme gerechtfertigt wird. Siehe die Titel des Altersvermögensgesetzes (Fn. 3) und des Beitrages von D. Wellisch (Fn. 142). Wäre es dann aber nicht folgerichtig, auch die Besteuerung des Beamten als Sozialzwecknorm zu rechtfertigen?

bisher vorgelegten Gesetzesentwürfe[149] haben hybriden Charakter. Das Recht der Besteuerung von Einkommen ist hybrid und wird hybrid bleiben. Der Wettbewerb der Steuersysteme hat den Anteil konsumorientierter Besteuerungsformen erheblich vergrößert und wird dies auch weiterhin bewirken. Hier stellt sich der Steuerrechtswissenschaft die Aufgabe, die Kombination entstehungs- und verwendungsorientierter Besteuerung so zu strukturieren, dass das Einkommensteuerrecht den Zielen der synthetischen Einkommensteuer und der Belastungsgleichheit ein gutes Stück nähergebracht ist[150].

6.2 Flat tax durch Verbreiterung der Bemessungsgrundlage

Das gemeinsame Ziel aller Entwürfe[151] ist die bereits oben (2.3, b) behandelte strukturelle Vereinfachung des Steuerrechts, die zugleich nach dem Motto "Steuergerechtigkeit durch Vereinfachung" die gleichmäßige Austeilung der Steuerlasten verbessern soll. Dazu gehört zunächst die konsequente Beseitigung aller Steuervergünstigungen und Steuerprivilegien[152]. Dazu bietet die Neuformulierung des Einkommensteuergesetzes eine einzigartige Chance, da in dem neuen Text niemand die Stelle seiner Steuervergünstigung bzw. seines Steuerprivilegs wiederfindet[153]. Die Streichung von Steuervergünstigungen eröffnet den Weg zur flat tax mit ihren Implikationen ra-

---

[149] So der Karlsruher Entwurf (Fn. 9), mit dem Vorschlag der nachgelagerten Besteuerung (siehe V.1, c) und auch mein in Fn. 19 zit. Entwurf eines Steuergesetzbuchs, der "die klassische Einkommensteuer mit einem Element einer Konsumeinkommensteuer kombiniert" (K. Tipke, Karlsruher Entwurf [Fn. 10], S. 150). Schon dieses hatte auf Juristen einen erheblichen Abschreckungseffekt.
[150] So bereits in meinem Heidelberger Vortrag vor der DStJG (Fn. 1), S. 76.
[151] Einfachsteuer-Konzept (Seiten bis ff.); Karlsruher Entwurf (Fn. 9); J. W. Gaddum, Steuerreform - einfach und gerecht, Stuttgart 1986, sowie meine in Fn. 41 zit. Entwürfe. Zum Vergleich des Einfachsteuer-Konzepts mit dem Karlsruher Entwurf A. Raupach, in: Herrmann/Heuer/Raupach, Einf. R. 55: Beide Entwürfe hätten mehr Gemeinsamkeiten (Steuervereinfachung und Steuersenkung, Verzicht auf Lenkungspolitik, Markteinkommenskonzept, nachgelagerte Besteuerung der Altersbezüge) "als man zunächst vermuten sollte".
[152] Das sind nach unserer Terminologie (siehe Tipke/Lang, Steuerrecht [Fn. 2], § 4 Rz. 21) alle nicht am Leistungsfähigkeitsprinzip ausgerichteten Lenkungsnormen, die auf einem bestimmten Sozialzweck beruhen. Ein gleichheitswidriges Steuerprivileg liegt vor, wenn sich die Durchbrechung des Leistungsfähigkeitsprinzips nicht rechtfertigen lässt (siehe auch D. Birk, Leistungsfähigkeitsprinzip [Fn. 17], S. 224 ff.). Begründung des Karlsruher Entwurfs (Fn. 9), S. 19: Eine grundlegende Reform des Einkommensteuergesetzes sei geboten, "die dieses Gesetz von allen Lenkungs-, Interventions- und Verfremdungstatbeständen befreit und das einsichtige herkömmliche Belastungsprinzip wieder uneingeschränkt verbindlich macht..."
[153] J. W. Gaddum, Steuerreform (Fn. 151), präsentiert den Text des geltenden Einkommensteuergesetzes, aus dem alle Steuervergünstigungen herausgestrichen sind, und demonstriert damit eindrucksvoll das Ausmaß der gleichheitsverzerrenden Normenmasse.

dikaler Vereinfachung der Einkommensbesteuerung bis hin zur Steuererklärung per Postkarte[154].

Niedrige Steuersätze sind ein Indikator für eine breite Bemessungsgrundlage und damit die gleichmäßige Austeilung der Steuerlasten. Die "comprehensive tax base" ist das Ziel aller Einkommenstheorien. Die Verfechter einer konsumorientierten Bestimmung von Einkommen legen sogar besonderen Wert auf die "comprehensive tax base", um die fiskalische Effizienz ihrer Modelle nachweisen zu können.

Indessen sind auf dem Weg zur flat tax Hürden vertikaler und horizontaler Steuergerechtigkeit[155] zu überwinden: In Deutschland genießen die Arbeitnehmer fiskalisch bedeutende Steuerbefreiungen, die zur Finanzierung einer flat tax abgeschafft werden müssten. Damit wären die Arbeitnehmer die Verlierer und die Spitzenverdiener die Gewinner. Eine solche Reform ist in Deutschland schwer zu verkaufen[156]. Im weiteren gebieten die Postulate der Gleichheit und Neutralität, dass steuerliche Leistungsfähigkeit richtig gemessen wird. Da eine falsche Bemessungsgrundlage den Tarif verfälscht, sollte die Indikation steuerlicher Leistungsfähigkeit Vorrang vor Tarifsenkungen haben. Die "comprehensive tax base" ist nicht das einzige Kriterium richtiger Leistungsfähigkeitsindikation. Es gibt auch steuermindernde Kriterien, z. B. die des oben (4.1, a) angesprochenen indisponiblen Einkommens.

In den Bereichen der Investitionsbesteuerung geht es um zwei Streitgegenstände entstehungs- und verwendungsorientierter Bestimmung von Einkommen, erstens die nachgelagerte Besteuerung der Zukunftsvorsorge und zweitens die Unternehmensbesteuerung.

6.3 Nachgelagerte Besteuerung der Zukunftsvorsorge

Deutschland ist bekanntlich ein Staat von Arbeitnehmern. Mehr als 90 Prozent der nach dem Einkommensteuergesetz besteuerten Personen beziehen Einkünfte aus nichtselbständiger Arbeit[157]. Daher hängt der politische Erfolg einer Steuerreform wesentlich davon ab, ob Arbeitnehmer von ihr profitieren. Einen Ansatzpunkt hierzu bietet die nachgelagerte Besteuerung der Zukunftsvorsorge. Rückläufige Geburtenzahlen und steigende Lebenserwar-

---

[154] Grundlegend hierzu Hall/Rabushka, The Flat Tax, 2. Auflage, Stanford 1995. In Deutschland wurde insb. der Vorschlag einer flat tax von G. Uldall (wirtschaftspolitischer Sprecher der CDU/CSU-Bundestagsfraktion) diskutiert. Siehe G. Uldall, Modell einer radikalen Reform der Einkommensteuer, in: Baron/Handschuch (Hrsg.), Wege aus dem Steuerchaos, Stuttgart 1996, S. 189.
[155] Zu den Postulaten horizontaler Gerechtigkeit (Gleichheit und Neutralität) siehe oben 2.1 und zu der redistributiven vertikalen Steuergerechtigkeit siehe oben 2.2.
[156] Vgl. dazu den in Fn. 42 zit. Einwand gegen den Karlsruher Entwurf (Fn. 9). Daran scheiterte auch der Entwurf von G. Ulldall (Fn. 154).
[157] Siehe J. Lang, Die Einkünfte des Arbeitnehmers, DStJG 9 (1986), S. 15, 17.

tung zwingt zu dem Umbau von staatlicher Pflichtversorgung in kapitalgedeckte Formen betrieblicher und privater Zukunftsvorsorge[158]. Im Haushaltsentwurf für 2003 soll der Bundeszuschuss in die gesetzliche Rentenversicherung auf 77,2 Milliarden Euro ansteigen. Eine derart massive Subventionierung einer gesellschaftlichen Gruppe mit Steuermitteln, die mittels indirekter Umweltsteuern auch von Nichtversicherten, Sozialhilfeempfängern, kinderreichen Einverdienerfamilien etc. mitgetragen werden, kann auf Dauer nicht hingenommen werden[159].

Mit dem Altersvermögensgesetz[160] hat der Gesetzgeber wohl die Zeichen der Zeit erkannt. Das Altersvermögensgesetz leistet wegweisend den Einstieg in die nachgelagerte Besteuerung der Zukunftsvorsorge. Jedoch ist schon oben (5.1, b) auf die unerträgliche Verkomplizierung des Einkommensteuerrechts und das daraus resultierende Vereinfachungs-potential hingewiesen worden. Nach der Devise "Gerechtigkeit durch Vereinfachung" müsste zuerst die höchst kompliziert normierte Altersvorsorgezulage (§§ 79 ff. EStG) gestrichen werden. Wie dargelegt ist die Subventionierung der Versichertengruppe mit Steuermitteln umverteilungspolitisch verfehlt. Sodann wären die verschiedenen Durchführungswege einheitlich zu regeln, wie es auch der Karlsruher Entwurf empfiehlt[161].

a) Allgemeine Anforderungen an die nachgelagerte Besteuerung: Das chaotische Nebeneinander der verschiedensten Besteuerungsformen und Vorschriften (Steuerbefreiungen nach § 3 Nrn. 61-63 EStG; limitierter Abzug von Vorsorgeaufwendungen nach § 10 Abs. 1 Nr. 2 Buchstabe a, Abs. 2, 3, 7 EStG; Ertragsanteilbesteuerung [§ 22 Nr. 1 Satz 3 Buchstabe a EStG][162]; nachgelagerte Besteuerung der zusätzlichen Altersvorsorge [§§

---

[158] Dazu das Thema "Generationsgerechte Rentenreform" in diesem Band.
[159] Zu diesen umverteilungspolitischen Defiziten der ökologischen Steuerreform m. w. N. J. Lang, Steuerrecht (Fn. 2), § 8 Rz. 122.
[160] Zu diesem in Fn.3. zit. Gesetz von 2001 siehe bereits oben (5.1, b).
[161] § 9 des Karlsruher Entwurfs. Die Beiträge des Steuerpflichtigen sind Erwerbsaufwendungen, da mit ihnen die künftigen Bezüge erwirtschaftet werden (so zutr. K. Tipke, Karlsruher Entwurf [Fn. 10], S. 172, gegen die Fiktion "gelten" des Karlsruher Entwurfs). Außerdem muss die Regelung die Beiträge Dritter (Arbeitgeber, Staat etc.) freistellen (so auch die Non-Fiktions-Norm des Karlsruher Entwurfs § 9 Abs. 2). Diese Steuerbefreiung (vgl. § 3 Nrn. 62, 63 EStG) ist keine Steuervergünstigung. Schließlich sind alle Altersbezüge zu erfassen; sie sind Erwerbsbezüge (ebenso Karlsruher Entwurf § 9 Abs. 3).
[162] Entsprechend dem von P. Fischer, Altersvorsorge und Altersbezüge (Fn. 118) zutreffend erkannten Leitbild werden Veräußerungsleibrenten sachgerecht ertragsanteilbesteuert. Wenn aber die Rente nicht durch die einmalige Hingabe von Kapital "gekauft" wird (vgl. auch BVerfG [Fn. 118]), sondern der Rentenanspruch durch laufende Zahlungen des Steuerpflichtigen und Dritte (Arbeitgeber, Staat) aufgebaut wird, dann ist die typisierende Regelung des § 22 Nr. 1 Satz 3 Buchstabe a EStG gleichheitsrechtlich nicht zu rechtfertigen, wie das BVerfG (Fn. 117) festgestellt hat, zumal die gegenüber der Ertragsanteilbe-

10a; 22 Nr. 5 EStG])[163] sollte durch eine einheitliche Regelung abgelöst werden, die folgende Anforderungen erfüllt:

aa) Die Zertifizierung der Altersvorsorge[164] hat der Gesetzgeber abschreckend kompliziert geregelt. Gleichwohl erscheint diese jedoch wesentlich einfacher normierbare[165] Anforderung als sachgerecht. Es besteht zunächst ein öffentliches Bedürfnis staatlicher Aufsicht und Qualitätskontrolle der Altersvorsorge, um einer sozialhilferechtlich relevanten Altersarmut entgegenzuwirken. Dabei geht es nicht nur um die Bonität des Anbieters und die Qualität von Vermögensanlagen, sondern auch um die Ausgestaltung und praktische Durchführung der Verträge, die z. B. ein prinzipielles Verbot vorzeitiger Auszahlung enthalten sollten[166].

Sodann sollte die Besteuerung gesichert werden. Im Grundsatz sollte die Besteuerungsform an der für Beamte ausgerichtet werden. Der Schuldner der Auszahlungen führt einen Steuerabzug mit Steuerkarte durch, so dass die Veranlagung von Steuerpflichtigen, die allein Rentenbezüge zu versteuern haben, entbehrlich ist; das gilt besonders auch für Rentner, die ihren Lebensabend im Ausland verbringen[167]. Der Einwand der Besteuerungsunsicherheit kann also durch die Besteuerung an zertifizierter Quelle ausgeräumt werden.

bb) Die nachgelagerte Besteuerung leidet unter dem fiskalischen Nachteil, dass das Vermögen in der Rentenaufbauphase steuerlich unbelastet wächst, so dass eine Limitierung der nachgelagerten Besteuerung zumindest in einer längeren Übergangsphase erforderlich ist[168]. In den USA ist die private und betriebliche Zukunftsvorsorge infolge unzureichender Sozialversicherung

---

steuerung einfachere nachgelagerte Besteuerung die steuerliche Leistungsfähigkeit exakt indiziert.

[163] Das Nebeneinander der diversen Altersversorgungspläne in den USA mit höchst komplizierten Voraussetzungen für den Zugang zur nachgelagerten Besteuerung ist nicht minder chaotisch (vgl. die in Fn. 142 zit. Beiträge). Dies ist das Ergebnis jahrzehntelanger Sozialpolitik, die wohl nach der Intention des Gesetzgebers die Besteuerungsform einschließt, wie K. Tipke (Fn. 146) zutreffend bemerkt hat.

[164] Das Zertifizierungsgesetz (Art. 7 AVmG) ist zunächst Voraussetzung für die Subventionierung (§§ 80; 82 EStG). § 10a Abs. 1 EStG verweist sodann auf § 82 EStG.

[165] Vgl. § 832 meines Entwurfs (Fn. 19).

[166] In den USA lösen Entnahmen vor dem Erreichen der Altersgrenze eine zusätzliche "penalty tax" von 10 Prozent aus. M. E. sollte das Entnahmeverbot in den zertifizierten Vertragsbedingungen enthalten sein. Die Nichteinhaltung zertifizierter Vertragsbedingungen sollte keine Strafsteuern, sondern den Entzug der Anbieterlizenz zur Folge haben.

[167] Vgl. hierzu §§ 1020 ff. meines Entwurfs (Fn. 19). Grundlage der beschränkten Steuerpflicht ist die Beamtenvorschrift des § 49 Abs. 1 Nr. 4 Buchstabe b EStG, die in Übereinstimmung mit dem europarechtlichen Kohärenzprinzip zu erweitern ist (siehe bereits oben 5.1, b). Der Karlsruher Entwurf (Fn. 9), S. 36, nimmt es hin, dass die Bezüge bei Wegzug in das Ausland nicht besteuert werden. M. E. würde dadurch das ganze Konzept der nachgelagerten Besteuerung fiskalisch fragwürdig werden.

[168] Zu diesem Ballooning-Effekt siehe W. Schön, Steuervereinfachung (Fn 37), S. 34.

sehr viel weiter fortgeschritten als hierzulande. Dementsprechend weit ist das System der nachgelagerten Besteuerung geöffnet: So können z. B. in den SEP-Plan (simplified employee pension plan) bis zu 15 Prozent des Jahresgehalts, maximal 30.000 US-Dollar eingezahlt werden. Zusätzlich erlaubt der "Savings Incentive Match Plan for Employees" (SIMPLE) eine Entgeltumwandlung bis zu 7.000 US-Dollar, so dass in 2002 allein die Kombination von zwei Altersvorsorgeplänen für Arbeitnehmer die nachgelagerte und damit systemrein konsumorientierte Besteuerung von 37.000 US-Dollar zulässt[169].

Die unlimitiert nachgelagerte Besteuerung von Altersbezügen nach § 9 des Karlsruher Entwurfs dürfte kurzfristig aus fiskalischen Gründen nicht zu realisieren sein[170]. Das Urteil des Bundesverfassungsgerichts zur Rentenbesteuerung[171] mit den dort festgestellten Mängeln der Ertragsanteilsbesteuerung von umlagefinanzierten Sozialversicherungsrenten veranlasst dazu, die Bezüge der gesetzlichen Rentenversicherung vorrangig zu behandeln und zuerst voll nachgelagert zu besteuern.

Demgegenüber hängt der mögliche Umfang der betrieblichen und privaten Zusatzversorgung von verschiedenen steuerpolitischen Faktoren ab, von dem Beitragsvolumen der Sozialversicherung und der Übergangsregelung von der Ertragsanteilbesteuerung zur nachgelagerten Besteuerung, der Ausgestaltung des Einkommensteuertarifs, dem Verhältnis der direkten zu den indirekten Steuern, der allgemeinen Wirtschaftslage etc. Der Prozentsatz des nachgelagert zu versteuernden Einkommen kann also nur steuerpolitisch entschieden werden. Jedoch steht die steuerpolitische Entscheidung unter der Prämisse intertemporaler Gleichbehandlung aller Steuerpflichtigen: Der von der Art der Erwerbstätigkeit abhängige Zugang zu den diversen Vorsorgeinstitutionen bewirkt höchst unterschiedliche Volumina nachgelagerter Besteuerung in Relation zum Betrag des in der Periode entstandenen Einkommens. Hier gebietet der Gleichheitssatz, dass der Anteil nachgelagerter Besteuerung für alle Steuerpflichtigen gleich ist. Somit hat die gleichheitskonforme Regelung alle steuerlich unbelasteten Leistungen der Aufbauphase[172] in einem Gesamtvolumen zusammenzufassen und für das Gesamtvolumen eine Obergrenze zu bestimmen.

---

[169] Zur Rechtslage in 2002 H. Zschiegner, Einkommensteuerrecht der USA (Fn. 142), S. 1154.

[170] Die Begründung des Karlsruher Entwurfs (Fn. 9) enthält keine Berechnung der Auswirkungen des § 9 auf das Steueraufkommen.

[171] BVerfG vom 6.3.2002 (Fn. 117).

[172] Abziehbare Beiträge des Steuerpflichtigen, Entgeltumwandlungen und steuerfreie Leistungen des Arbeitgebers und des Staates. Bei Beamtenpensionen und Sozialversicherungen ist allerdings eine Typisierung erforderlich, da sich die Leistungen des Staates individuell nicht genau bestimmen lassen.

b) Arten nachgelagert besteuerter Altersbezüge: In Deutschland ruht die Alterssicherung auf drei Säulen, auf der staatlichen bzw. staatlich organisierten Altersversorgung (Beamtenversorgung, gesetzliche Rentenversicherung, Zusatzversorgung im öffentlichen Dienst), der betrieblichen und der privaten Zukunftsvorsorge.

aa) Das Bundesverfassungsgericht[173] hat die Gleichbehandlung der staatlichen Altersversorgung angeordnet. Unter der Voraussetzung, dass die nachgelagerte Besteuerung der Beamtenpensionen beibehalten wird, bedeutet das die voll nachgelagerte Besteuerung der Bezüge aus der gesetzlichen Rentenversicherung. Hierzu wirft die Übergangsregelung schwierige verfassungsrechtliche und gesellschaftspolitische Probleme auf. Verfassungsrechtlichen Dispositionsschutz genießen nicht nur die Rentner, sondern auch alle Inhaber von Anwartschaftsrechten[174]. Der Vertrauensschutz wird allerdings insofern beeinträchtigt, als die Gleichheitswidrigkeit der Besteuerung staatlicher Versorgungsbezüge seit dem Beschluss des Bundesverfassungsgerichts von 1980[175] im Raume steht[176]. Gleichwohl hat das Bundesverfassungsgericht im Jahre 2002 geradezu kategorisch festgestellt, dass ein rückwirkender Abbau der Begünstigung "aus Verfassungsgründen von vornherein nicht in Betracht" käme[177].

Diese Auffassung führt zu einem strikten Dispositionsschutz bis zur Verkündung des Urteils am 6.3.2002: Demnach sind die vor dem 6.3.2002 in Ruhestand getretenen Rentner weiterhin nach der geltenden Regelung in § 22 Nr. 1 Satz 3 Buchstabe a EStG zu versteuern. Für die Gruppe der am 6.3.2002 noch aktiven Sozialversicherten wäre der Ertragsanteil in § 22 Nr. 1 Satz 3 Buchstabe a EStG gleitend in die volle Besteuerung der Bezüge zu überführen. Der Gesetzgeber hat spätestens mit Wirkung zum 1.1.2005 eine Neuregelung zu treffen, die eine doppelte Besteuerung vermeidet[178]. Dabei kann allerdings davon ausgegangen werden, dass sich die Rentenbezüge überwiegend aus unversteuertem Einkommen gebildet haben[179].

---

[173] VerfG vom 6.3.2002 (Fn. 117).
[174] Dazu umfassend die Habilitationsschrift von J. Hey, Steuerplanungssicherheit als Rechtsproblem, Köln 2002, S. 543 ff.
[175] BVerfG vom 26.3.1980, BVerfGE 54, 11. Vgl. auch BVerfG vom 24.6.1992, BVerfGE 86, 369.
[176] Vgl. auch BverfG 2 BvR 305/93 v. 5.2.2002 (http://www.bverfg.de) zur Aufhebung der Steuerfreiheit von Zinsen aus Sozialpfandbriefen (§ 3a EStG 1990)
[177] BVerfG vom 6.3.2002 (Fn. 117), Rz. 240.
[178] So die Entscheidungsformel Nr. 2 und Leitsatz Nr. 3 der in Fn. 117 zit. Entscheidung des BVerfG.
[179] In der mündlichen Verhandlung vor dem BVerfG hat der Sachverständige B. Rürup (BVerfG vom 6.3.2002 [Fn. 117], Rz. 169) ausgeführt, dass bei typisierender Betrachtung mindestens 70 Prozent der Beiträge aus unversteuertem Einkommen geleistet werden. Daher könnten zunächst 65 Prozent der Bezüge ohne die Gefahr einer Doppelbesteuerung teilbesteuert werden. B. Rürup empfiehlt sodann eine jährliche Anhebung der Teilbesteuerung

Gesellschaftspolitisch verträglich ist wohl nicht die von Bert Rürup (Fn. 178) empfohlene sofortige Anhebung des Ertragsanteils von 27 Prozent auf 65 Prozent. Der Ertragsanteil könnte auch 2003 nur um zwei Prozentpunkte auf 29 Prozent angehoben werden und die Anhebung sodann progressiv fortgesetzt werden, so dass im Jahre 2011 die voll nachgelagerte Besteuerung erreicht ist. Unter dem Aspekt der doppelten Besteuerung setzt dies eine entsprechend kurze Übergangsphase zur vollen Steuerfreistellung der Erwerbsphase voraus. Dabei ist zu berücksichtigen, dass schon jetzt mehr als 70 Prozent der Leistungen steuerlich nicht belastet sind[180]. Zu erwägen ist auch die von der Deutschen Steuerjuristischen Gesellschaft vorgeschlagene Optionslösung[181].

bb) Die Entwicklung der betrieblichen und privaten Zukunftsvorsorge hängt zum einen von dem Volumen der staatlichen Pflichtversicherung und zum anderen von den steuerlichen Rahmenbedingungen ab. Schon jetzt ist zu erkennen, dass die intertemporal neutrale Form der nachgelagerten Besteuerung den außerstaatlichen Vorsorgeformen enormen Auftrieb verschafft und sich besonders dann dynamisch fortentwickeln würde, wenn sie von den bürokratischen Fesseln des Altersvermögensgesetzes entbunden werden würde. Der Wandel von der umlagefinanzierten zur kapitalgedeckten Zukunftsvorsorge wäre wohl rasch vollzogen, wenn der Bürger die freie Wahl zwischen der Sozialversicherung und den außerstaatlichen Formen der Zukunftsvorsorge hätte.

Im Hinblick auf die absehbar stark zunehmende Bedeutung der außerstaatlichen Zukunftsvorsorge ist strikte Gleichheit und Neutralität der Besteuerung geboten. Fraglich ist hier, wie weit die Form der nachgelagerten Besteuerung reichen soll. Eine umfassende Lösung, wie ich sie für die mittel- und osteuropäischen Staaten vorgeschlagen habe, dürfte in absehbarer Zeit in Deutschland nicht zu verwirklichen sein. Im Vordergrund stehen hier (wie auch in den USA) die langfristig konzipierten Vorsorgeformen wie die betriebliche Alterssicherung, Vorsorgefonds für Unternehmer, Lebensversicherungen etc. Nicht gefolgt wird dem Vorschlag, die nachgelagerte Besteuerung auf höchstpersönliche Ansprüche zu beschränken[182]. Dadurch

---

um ein Prozent. Daraus ergibt sich ein Übergangszeitraum von 35 Jahren bis zur voll nachgelagerten Besteuerung.

[180] Zu der von B. Rürup dargelegten Belastungsfreiheit der Beiträge tritt die Finanzierung der Renten durch den belastungsfreien Bundeszuschuss hinzu.

[181] Die DStJG-Arbeitsgruppe für Steuerreform, StuW 1996, S. 203, 205, hat empfohlen, die Leistungen der Aufbauphase nur noch freizustellen, wenn der Steuerpflichtige für die voll nachgelagerte Besteuerung optiert.

[182] So § 9 Abs. 1 Satz 2 Karlsruher Entwurf (Fn. 9): Die Versorgungsansprüche dürften mit Ausnahme der Versorgung des überlebenden Ehegatten und der Kinder "nicht vererblich, nicht übertragbar und nicht kapitalisierbar sein". Der Karlsruher Entwurf (Fn. 9), S. 36, will damit den Bereich der nachgelagerten Besteuerung von der "Vermögensbildung" ("z. B. Kapitallebensversicherungen, Immobilien und Kapitalanlagen") abgrenzen.

würde nur die Ineffizienz der Vorsorgeformen ohne Vermögensbildung gefördert[183].

In der Tat lässt der Zweck der nachgelagerten Besteuerung die Unterscheidung höchstpersönlicher Altersvorsorge und Vermögensbildung nicht zu. Die nachgelagerte Besteuerung soll das Einkommen lebenszeitlich verteilen und muss daher für alle langfristig angelegten Vorsorgeformen offen sein. Dafür sprechen auch fiskalische Gründe. Je weiter die Form nachgelagerter Besteuerung ausgeweitet wird, desto effizienter wird das Ziel einer "comprehensive tax base" erreicht: Der Steuerabzug von Einzahlungen vermittelt einen natürlichen Anreiz zur Selbstdeklaration und verschafft dadurch dem Fiskus im Einvernehmen mit dem Steuerpflichtigen die volle Kontrolle über das staatlich zertifizierte und beaufsichtigte Vermögen. Danach lassen sich alle Auszahlungen sicher erfassen und besteuern, und zwar besonders auch die Einkünfte aus der Veräußerung von Wertpapieren, die bisher in großem Umfange unversteuert bleiben. Die intertemporale Neutralität der Besteuerung schwächt auch den Anreiz zur Kapitalflucht in das Ausland ganz erheblich ab. Gerade hier bietet die Abkehr von der Periodenbesteuerung die Chance zu einer vollständigen und zugleich international wettbewerbsfähigen Besteuerung der Kapitaleinkommen und verwirklicht die vom Bundesverfassungsgericht angesichts der hinterziehungsanfälligen Zinsbesteuerung angemahnte Rechtsanwendungsgleichheit.

Die effiziente Verwirklichung einer "comprehensive tax base" zeigt auch die Einbeziehung des selbstgenutzten Eigenheims in die nachgelagerte Besteuerung. Das Zwischenentnahmemodell der §§ 92a; 92b EStG stellt eine systemwidrige Eigenheimbegünstigung dar[184]. Systemkonform wäre die Rückkehr zur Nutzungswertbesteuerung des Haig/Simons/Schanz-Konzepts, die allerdings stark vereinfacht werden könnte, indem anstelle des schwierig zu ermittelnden Mietwerts der Zinswert des steuerfrei gebildeten und für das Eigenheim benötigten Kapitals als Auszahlung angesetzt wird. Dies ist der faire Preis für das steuerlich unbelastete Eigenheimsparen, für die volle steuerliche Abzugsfähigkeit von Beiträgen zu Bausparverträgen. Bei der Ausarbeitung meines Gesetzbuch-Entwurfs ist mir klar geworden, dass das Eigenheim als die wichtigste Lebenszeitinvestition des Bürgers in die nachgelagerte Besteuerung einbezogen werden sollte: Das steuerlich unbelastete Bausparen kann jedoch nur akzeptiert werden, wenn Einkünfte aus der Selbstnutzung und Veräußerung des Eigenheims versteuert werden[185].

---

[183] Dazu grundsätzlich F. W. Wagner, Karlsruher Entwurf (Fn. 12), S. 360 f.
[184] Dazu L. Knoll, Zwischenentnahmemodell nach dem Altersvermögensgesetz bei selbstgenutzten Immobilien: ein "Steuerschlupfloch"?, FR 2001, S. 775.
[185] Vgl. §§ 115 III; 124 meines in Fn. 19 zit. Entwurfs; Begr.: S. 164.

6.4 Reform der Besteuerung von Unternehmen

6.4.1 Allgemeine Überlegungen

a) In Deutschland leidet die Besteuerung der Unternehmen unter einem stark rechtsformabhängigen Dualismus der Besteuerung von Personenunternehmen und Kapitalgesellschaften[186]: Einkünfte aus Personenunternehmen sind unmittelbar der progressiven Einkommensteuer unterworfen. Es gilt das Transparenzprinzip, wonach die auf den Ebene des Unternehmens erwirtschafteten Gewinne oder Verlust unmittelbar dem Inhaber oder Teilhaber zuzurechnen sind[187]. Demgegenüber wird das erwirtschaftete Ergebnis der Kapitalgesellschaft nach dem sog. Trennungsprinzip auf der Ebene des Unternehmens durch die Körperschaftsteuer besteuert[188]. Die Kollision dieser grundverschiedenen Besteuerungskonzepte ist besonders ein deutsches Problem, weil hierzulande nicht die Rechtsform der Kapitalgesellschaft, sondern die des Personenunternehmens dominiert[189].

Somit haben beide Besteuerungskonzepte Gewicht: Einerseits lebt die deutsche Volkswirtschaft wesentlich von den Erfolgen der großen Kapitalgesellschaften, die zudem als börsennotierte Aktiengesellschaften in Streubesitz für eine breite Schicht von Kapitalanlegern steuerlich relevant sind. Zum anderen werden mittelständische Unternehmen und Kleinunternehmen hauptsächlich in der Rechtsform von Personenunternehmen betrieben. Damit befehden sich auf dem Feld steuerpolitischer Interessen permanent zwei Lager, die jeweils Steuerentlastung auf der Grundlage des eigenen Besteuerungskonzepts einfordern: Die Großunternehmen, ihre Corporate Governance und Lobby verlangen niedrige Körperschaftsteuersätze und die Vertreter des Mittelstandes verlangen Steuervorteile, ohne sich von der einkommensteuerlichen Verlustverrechnung und der erbschaft- und schenkungsteuerlichen Privilegierung verabschieden zu müssen. Das Ergebnis ist ein von wechselhaften Erfolgen oder Misserfolgen der beiden Lager geprägtes Steuerrecht und die geradezu vollkommene Erfolglosigkeit eines 76-jährigen Ringens um Rechtsformneutralität[190]. Trotzdem sollten sich die Steuerwis-

---

[186] Zum aktuellen Stand siehe J. Hennrichs, Dualismus der Unternehmensbesteuerung aus gesellschaftsrechtlicher und steuersystematischer Sicht, StuW Nr. 3/2002.
[187] Dazu m. w. N. J. Lang, Prinzipien und Systeme (Fn. 1), S. 97 f.; J. Hennrichs, Unternehmensbesteuerung (Fn. 186), II.1.
[188] Dazu grundsätzlich H. J. Pezzer, Körperschaftsteuer (Fn. 123), S. 9 ff. Vgl. auch J. Lang und J. Hennrichs (Fn. 187).
[189] Dazu bereits oben 5.2, c, aa (mit Nachweis in Fn. 125).
[190] Er begann mit der Diskussion einer allgemeinen Unternehmensteuer auf dem 33. Deutschen Juristentag in 1924. Siehe E. Becker und M. Lion, Ist es erwünscht, das Einkommen aus Gewerbebetrieb nach gleichmäßigen Grundsätzen zu besteuern, ohne Rücksicht auf die Rechtsform, in der das Gewerbe betrieben wird?, Referate 33. DJT, Ber-

senschaften nicht entmutigen lassen, denn die rechtsformneutrale Unternehmensteuer liefert den Schlüssel zu einer fundamentalen Vereinfachung des deutschen Unternehmenssteuerrechts, dessen Kompliziertheit in dem bereits oben (5.2, c, aa) dargelegten Rechtszustand gipfelt.

b) Wie ich an anderer Stelle ausführlicher erörtert habe[191], lassen sich Gleichheit und Neutralität der Besteuerung von Unternehmensgewinnen nur durch Generalisierung der Zweigliedrigkeit von Unternehmensebene und Unternehmerebene erreichen. Damit wird zunächst eine Grundvoraussetzung für die internationale Wettbewerbsfähigkeit des deutschen Unternehmenssteuerrechts geschaffen, weil Zweigliedrigkeit dem internationalen Standard entspricht, aus dem Deutschland herausfällt[192].

Das Transparenzprinzip ist nicht verallgemeinerungsfähig: Bei der börsennotierten Publikumskapitalgesellschaft konkretisiert das Trennungsprinzip zwingend das Leistungsfähigkeitsprinzip. Die steuerliche Leistungsfähigkeit des Anteilseigners wird allein durch die Gewinnausschüttungen und die Einkünfte aus den Anteilsveräußerungen bestimmt. Die thesaurierten Gewinne und die Verluste wirken nur mittelbar auf den Anteilswert ein, entweder vorwegnehmend, wenn z. B. der Aktienkurs bei Gewinnwarnungen fällt, oder nachholend, wenn z. B. der tatsächliche Gewinn oder Verlust erst nachträglich bekannt wird. Bei häufigem Wechsel der Aktionäre während des Jahres ist es auch unmöglich, dem einzelnen Aktionär seinen Anteil am thesaurierten Gewinn und Verlust zuzuordnen. Aber auch bei der Personengesellschaft ist das Transparenzprinzip schwierig zu haben. Der Widerstreit von partieller Rechtsfähigkeit der Gesellschaft und individueller einkommensteuerrechtlicher Zurechnung der Einkünfte aus der Gesellschaft hat ein dogmatisch und praktisch höchst kompliziertes Sonderunternehmens- und Bilanzsteuerrecht hervorgebracht[193].

Demgegenüber bereitet es keine dogmatischen Schwierigkeiten, das Trennungsprinzip auf alle Unternehmen auszuweiten und das Unternehmen als eine Einheit wirtschaftlicher Leistungsfähigkeit zu begreifen[194]. Der entscheidende Ansatz für die Rechtsformneutralität der Unternehmensbesteuerung ist die Gleichbehandlung der Unternehmen, die auf dem Markt miteinander konkurrieren. Bei diesem Wettbewerb tritt die Rechtsform in der Hintergrund. Die Gleichheit der steuerlichen Wettbewerbsbedingungen

---

lin/Leipzig 1925, S. 433, 465. Ausführlich zur Historie J. Hey, Einf. KSt (Fn. 44), Anm. 184.
[191] Siehe J. Lang, Prinzipien und Systeme (Fn. 1), S. 90 ff.
[192] Siehe bereits oben 5.2, c, aa.
[193] Dazu grundsätzlich R. Pinkernell, Einkünftezurechnung bei Personengesellschaften, Berlin 2001. Vgl. auch J. Lang, Steuerrecht (Fn. 2), § 9 Rz. 500 ff.
[194] Dazu grundsätzlich K. Tipke, Steuerrechtsordnung (Fn. 55), S. 1032 ff. (Ausgestaltung einer einheitlichen, rechtsformneutralen Unternehmensteuer).

resultiert aus der Steuerbelastung des Unternehmens. Insofern liegt es nahe, auch bei den Personenunternehmen die in der Person des Gesellschafters liegenden Belastungsgründe abzuschichten, um den Dualismus der Besteuerung von Kapitalgesellschaften und Personenunternehmen zu überwinden.

c) Jedoch entfaltet sich die Problematik der Rechtsformneutralität nicht auf Unternehmensebene, sondern im Verhältnis des Unternehmens zum Unternehmer (Anteilseigner, Teilhaber, Inhaber). Die unterschiedliche rechtliche und wirtschaftliche Ausgestaltung der Unternehmsform begründet ganz verschiedene Qualitäten der Trennung von Unternehmens- und Unternehmersphäre. Dabei zeigt sich sogar eine Überschneidung der Rechtsformkreise von Kapitalgesellschaften und Personenunternehmen: Die Beschränkung der Kommanditistenhaftung begründet eine kapitalgesellschaftsähnliche Trennung von Gesellschafts- und Gesellschaftervermögen. Die Missachtung dieser Rechtslage im System des Transparenzprinzips führte zur Maßnahme des § 15a EStG gegen Verlustzuweisungsgesellschaften[195]. Umgekehrt resultiert die steuerliche Leistungsfähigkeit des Inhabers einer Einmann-GmbH aus dem Ergebnis der Kapitalgesellschaft. Die alleinige Herrschaft des einzigen Gesellschafters erschwert die Anwendung des Trennungsprinzips, z. B. die steuerliche Beurteilung der Angemessenheit von Verträgen, die der Gesellschafter mit der Gesellschaft schließt.

Nach alledem besteht das Problem der Rechtsformneutralität darin, dass es für alle Rechtsformen keine "richtige" Einheitslösung gibt. Vielmehr ergibt sich aus dem Leistungsfähigkeitsprinzip ein Verständnis der Rechtsformneutralität, das die einzelne Zivilrechtsform steuerlich nach ihrer wirtschaftlichen Wirkung beurteilt: Eine Besteuerung ist rechtsformneutral, wenn wirtschaftlich gleichförmige Sachverhalte mit gleicher Belastungswirkung besteuert werden[196]. Dabei geht es im wesentlichen darum, die Unterschiede der Beziehungen zwischen Unternehmen und Unternehmer zu berücksichtigen, während die Unternehmen im Wettbewerb untereinander steuerbelastungsgleich zu stellen sind.

---

[195] Dazu B. Knobbe-Keuk, Die gesetzliche Regelung des negativen Kapitalkontos des Kommanditisten - eine Missgeburt, NJW 1980, S. 2557, und grundsätzlich A. Uelner, Steuerliche Probleme bei kapitalistisch verfassten Kommanditgesellschaften, DStZ/A 1980, S. 363.

[196] Dazu J. Lang, Reform der Unternehmensbesteuerung auf dem Weg zum europäischen Binnenmarkt und zur deutschen Einheit, StuW 1990, S. 116; ders., Perspektiven der Unternehmensteuerreform (Fn. 37), S. 13/14; ders., Notwendigkeit und Verwirklichung der Unternehmensteuerreform in der 14. Legislaturperiode, Harzburger Steuerprotokoll 1999, Köln 2000, S. 33, 47 f.; A. Graß, Unternehmensformneutrale Besteuerung, Berlin 1992, S. 145 ff.; J. Hey, Rechtsformneutralität (Fn. 126), S. 167 f.

6.4.2 Modelle der Unternehmensbesteuerung: Teilhabersteuer, Vereinheitlichte Ertragsteuer, Betriebsteuer, Inhabersteuer, Einfachsteuer

Bei den aktuellen Bemühungen um eine Fundamentalreform der Unternehmensbesteuerung werden verschiedene Unternehmenssteuermodelle diskutiert:

a) Für das Konzept der vollen Integration der Unternehmensbesteuerung in die Besteuerung der Unternehmer steht die Teilhabersteuer[197]. Die an dem Transparenzprinzip ausgerichtete Teilhabersteuer scheitert besonders an der Rechtsform der Publikumskapitalgesellschaft. Aber auch die Kompliziertheit des bei der Personengesellschaft praktizierten Steuer- und Steuerbilanzrechts zeigt die Schwierigkeiten bei der Umsetzung des Teilhabersteuerkonzepts.

b) Das Karlsruher Modell einer Vereinheitlichten Ertragsteuer[198] ist ebenfalls am Transparenzprinzip ausgerichtet. Es transportiert die "personenbezogenen Abzüge"[199] auf die Unternehmensebene, wo die Einkünfte endgültig besteuert werden sollen. Wie dieses Modell bei Gesellschaften mit sehr vielen und häufig wechselnden Gesellschaftern, besonders bei Publikumskapitalgesellschaften funktionieren soll, ist bisher noch nicht dargelegt worden.

c) Den ersten Schritt zur Zweigliedrigkeit von Unternehmensebene und Unternehmerebene leisteten die Vorschläge zur Betriebsteuer[200]. Gegenstand der traditionellen Betriebsteuer ist das gewerbliche Unternehmen, des-

---

[197] Grundlegend in Deutschland Engels/Stützel, Teilhabersteuer, Ein Beitrag zur Vermögenspolitik, zur Verbesserung der Kapitalstruktur und zur Vereinfachung des Steuerrechts, 2. Aufl., Frankfurt 1968. Krit. zur Teilhabersteuer aus ökonomischer Sicht insb. R. Elschen, Institutionale oder personale Besteuerung von Unternehmensgewinnen?, Hamburg 1989, S. 112 ff., und aus juristischer Sicht insb. B. Knobbe-Keuk, Bilanz- und Unternehmenssteuerrecht, 9. Aufl., Köln 1993, S. 562 ff. Siehe im Weiteren Gutachten der Steuerreformkommission 1971, Heft 17 der BMF-Schriftenreihe, Bonn 1971, Tz. IV/104 ff., IV/135 ff.; J. Lang, Unternehmensbesteuerung (Fn. 196), S. 116; J. Englisch, Rechtsformneutralität der Unternehmensbesteuerung bei Ertragsteuern, DStZ 1997, S. 778, 781 ff.; J. Hey, Einf. KSt (Fn. 44), Anm. 184; O. H. Jakobs, Rechtsform (Fn. 122), S. 99 f.; J. Hennrichs, Unternehmensbesteuerung (Fn. 186), V.1.
[198] Dazu P. Kirchhof, Karlsruher Entwurf (Fn. 10), S. 18 ff., sowie krit. J. Hennrichs, Unternehmensbesteuerung (Fn. 186), V.3.
[199] Hierzu nennt P. Kirchhof, Karlsruher Entwurf (Fn. 10), S. 21, "Grundfreibeträge, Sozialausgleich, pauschalierter allgemeiner Erwerbsaufwand, eventuell aus Verlustübernahmen...".
[200] Dazu A. Graß, Unternehmensformneutrale Besteuerung (Fn. 196), S. 130 ff.; J. Hey, Einf. KSt (Fn. 44), Anm. 184; O. H. Jakobs, Rechtsform (Fn. 122), S. 101 f.

sen thesaurierter Gewinn niedrig proportional mit Spreizung zu einem wesentlich höheren Spitzensatz der Einkommensteuer besteuert wird.

Dieses Ausgangsmodell ist sodann zu einer Unternehmensteuer weiterentwickelt worden, die in Anlehnung an den umsatzsteuerlichen Unternehmensbegriff[201] alle selbständigen nachhaltigen Erwerbstätigkeiten einschließlich vermögensverwaltende Tätigkeiten erfasst[202]. Dadurch soll die Gleichbehandlung aller Investitionen erreicht werden. Diese Idee einer allgemeinen Investitionssteuer bildet sodann die Grundlage für die Inhabersteuer, die ich als Mitglied der Brühler Kommission ausgearbeitet habe. Ausgehend von der politischen Entscheidung eines niedrigen Körperschaftsteuersatzes erachtete ich die Thesaurierungsneutralität für gleichheitsrechtlich geboten und empfahl die Inhabersteuer als zur Körperschaftsteuer komplementäre Unternehmensteuer für Personenunternehmen[203]. Die Inhabersteuer als Erhebungsform der Einkommensteuer sollte den finanzverfassungsrechtlich und doppelbesteuerungsrechtlich vorgegebenen Dualismus von Körperschaftsteuer und Einkommensteuer beibehalten und die Besonderheiten personenbezogener Unternehmen berücksichtigen. Dadurch unterscheidet sich die Inhabersteuer grundlegend von der Option zur Körperschaftsteuer, die wegen ihrer Unverträglichkeit mit dem Zivilrecht zu Recht gescheitert ist[204].

d) Die Spreizung zwischen Unternehmensteuersatz und Spitzensatz der Einkommensteuer vermeidet das Einfachsteuer-Konzept[205], das lebenszeitlich konsequent die nachgelagerte Besteuerung von Alterseinkünften mit ei-

---

[201] Vgl. J. Lang, Entwurf eines Steuergesetzbuchs (Fn. 19), §§ 22; 152 Abs. 1 Satz 1; ders., Perspektiven (Fn. 204), S. 28 f. (Umsatzsteuerlicher Unternehmensbegriff mit dem Unterschied der Gewinnerzielungsabsicht).

[202] J. Lang, Reform der Unternehmensbesteuerung, StuW 1989, S. 3, 13 ff.; ders., Unternehmensbesteuerung (Fn. 196), S. 119 f.; A. Graß, Unternehmensformneutrale Besteuerung (Fn. 196), S. 136 ff., 160 ff.; K. Tipke, Steuerrechtsordnung (Fn 194); H.-J. Pezzer, Rechtfertigung der Körperschaftsteuer und ihre Entwicklung zu einer allgemeinen Unternehmensteuer, Köln 1995, S. 419; J. Englisch, Rechtsformneutralität (Fn. 197), S. 784 f.

[203] J. Lang, Perspektiven der Unternehmensteuerreform, Anhang Nr. 1, S. 19 ff., in: Brühler Empfehlungen zur Reform der Unternehmensbesteuerung, BMF-Schriftenreihe, Heft 66, Berlin 1999. Im übrigen war es Aufgabe der Kommission, eine "rechtsformneutrale Unternehmensteuer" (S. 11) zu entwickeln.

[204] § 4a KStG im Entwurf eines Steuersenkungsgesetzes, BT-Drucks. 14/2683, S. 77 f., ist im Vermittlungsverfahren (BT-Drucks. 14/370 vom 4.7.2000) gescheitert. Gegen die Optionslösung m. w. N. J. Lang, Die Unternehmenssteuerreform - eine Reform pro GmbH, GmbHR 2000, S. 453, 459 ff., 461: Einzel- und Mitunternehmer treten in eine virtuelle Welt der Kapitalgesellschaft ein.

[205] Dazu www.einfachsteuer.de; M. Rose, Die Einfachsteuer: "Das Konzept", in: M. Rose (Hrsg.), Reform der Einkommensbesteuerung in Deutschland, Konzept, Auswirkungen und Rechtsgrundlagen der Einfachsteuer des Heidelberger Steuerkreises, Heidelberg 2002.

ner zinsbereinigten Unternehmensgewinnsteuer kombiniert. Die fiskalische Effizienz der Zinsbereinigung erlaubt einerseits einen niedrigeren Steuersatz als die Methode des Cash-flow[206], weil sie die Investitionen nicht voll zum Steuerabzug zulässt. Andererseits gewinnt sie die internationale Wettbewerbsfähigkeit bei einem bedeutend höheren Steuersatz als die traditionelle Körperschaftsteuer.

Dieser Grundansatz macht es möglich, entsprechend der traditionellen ökonomischen Regel den Unternehmensteuersatz in Höhe des Spitzensatzes der Einkommensteuer anzusetzen. Davon ausgehend kann ein Dualismus eingliedriger Besteuerung von Personenunternehmen und Kapitalgesellschaften entworfen werden: Die Einkünfte aus Personenunternehmen bleiben nach Transparenzprinzip der Einkommensteuer unterworfen. Dabei können nach dem Vorbild des US-amerikanischen Steuerrechts für die S-Corporation die Einkünfte aus personenbezogenen der Einkommensteuer zugeführt werden. Sodann können die dem Transparenzprinzip nicht zugänglichen Publikumskapitalgesellschaften durch die Körperschaftsteuer[207] abschließend besteuert werden, sofern der Körperschaftsteuersatz in international wettbewerbsfähiger Höhe angesiedelt ist[208]. Die Unanwendbarkeit des Transparenzprinzips rechtfertigt es, die unter dem Spitzensatz liegende Grenzbelastung von Anteilseigners zu vernachlässigen, zumal die Erträge aus Aktienfonds wesentlich durch die Börsenkurse bestimmt werden, so dass die steuerliche Vorbelastung von Dividenden kaum ins Gewicht fällt.

Im übrigen entschärft die Zinsbereinigung das schwierige Verhältnis von handels- und steuerrechtlicher Rechnungslegung, weil die Steuerwirkungen der Bilanzpolitik neutralisiert werden: Der Zinsfreibetrag ist abhängig von der Höhe des Eigenkapitals. Dadurch wird die steuerliche Auswirkung von Rückstellungen u. a. gewinnmindernden Bilanzposten kompensiert[209].

Nach alledem habe ich die Überzeugung gewonnen, dass die Kombination nachgelagerter Besteuerung von Altersbezügen und zinsbereinigter Bemessungsgrundlage für Unternehmenseinkünfte die First-Best-Lösung wä-

---

[206] Die Alternative zur Cash-Flow-Steuer wurde schon 1989 auf dem Heidelberger Kongress diskutiert (siehe Fn. 134). Die Alternative der Cash-Flow-Bemessungsgrundlage bildet den Schwerpunkt der steuerpolitischen Debatte in den USA (dazu der in Fn. 97 zit. Beitrag von G. Vorworld). Siehe S. Bach, Cash-flow als Bemessungsgrundlage der Unternehmensbesteuerung, in: Smekal/Sendlhofer/Winner (Hrsg.), Einkommen versus Konsum (Fn. 52), S. 85.

[207] Das ist die in diesem Band von M. Rose vorgestellte "Gewinnsteuer" des Heidelberger Einfachsteuer-Systems.

[208] Ein Körperschaftsteuersatz von 25 Prozent und zinsbereinigter Bemessungsgrundlage könnte wohl mit dem oben (3.b) erwähnten irischen Niveau von 12,5 Prozent Steuersatz der traditionellen Körperschaftsteuer konkurrieren.

[209] Dazu F. W. Wagner, Eine Einkommensteuer muss eine konsumorientierte Steuer sein, in: Smekal/Sendlhofer/Winner (Hrsg.), Einkommen versus Konsum (Fn. 52), S. 15, 20 ff.

re[210], weil sie die lebenszeitliche Gleichbehandlung von Einkommen optimiert.

e) Sollte sich die Methode der Zinsbereinigung realpolitisch nicht durchsetzen lassen, so bedeutet das eine zunehmende Spreizung von Körperschaftsteuersatz und Spitzensatz der Einkommensteuer mit der Wirkung einer partiell nachgelagerten Besteuerung von Einkommen[211]. Zum einen wird Deutschland dem internationalen Wettbewerbsdruck folgen und die Körperschaftsteuersätze möglicherweise auf 15 Prozent und weniger absenken müssen[212], und zum anderen erscheint es fraglich, ob der Spitzensatz der Einkommensteuer in absehbarer Zeit auf 35 Prozent und darunter abgesenkt werden kann. Diese Spreizung zwingt gleichheits-rechtlich zur rechtsformneutralen Unternehmensbesteuerung in einem zweigliedrigen System.

Gleichheitsrechtlich geboten ist die von mir sog. Thesaurierungsneutralität mit dem Ziel der steuerlichen Gleichbelastung aller Investitionen: Danach sollen die Vorgänge der Unternehmenssphäre (=Investitionssphäre) grundsätzlich nach den Regeln des klassischen Körperschaftsteuersystems (proportional-definitive Steuerbelastung auf jeder Unternehmensebene nach dem Grundsatz der Einmalbesteuerung) besteuert werden[213]. Das klassische Körperschaftsteuersystem ist international besonders anpassungsfähig. Internationale Schachtelprivilegien führen das nationale Schachtelprivileg nahtlos fort. Systematische Grundlage ist das Quellenprinzip, das die Ausschöpfung der Steuerquelle dem Quellenstaat überlässt. Rechtstechnisch gibt es drei Wege zur Thesaurierungsneutralität: erstens die Bestimmung der Personenunternehmen als Körperschaftsteuersubjekte, entweder optional oder zwingend[214], zweitens die Einführung einer globalen Unternehmenssteuer und drittens die zur Körperschaftsteuer komplementäre Inhabersteuer[215]. Die rechtsformneutrale Ausgestaltung eines zweigliedrigen Systems hat folgenden Anforderungen zu genügen:

---

[210] So bereits das meinem Entwurf eines Steuergesetzbuchs (Fn. 19) zugrundeliegende Konzept. Vgl. auch J. Lang, Die Einkommensteuer aus juristischer Sicht, in: Kirchhof/Neumann (Hrsg.), Freiheit, Gleichheit, Effizienz, Bad Homburg 2001, S. 37.
[211] Dazu grundsätzlich C. Dorenkamp, Spreizung (Fn. 44).
[212] M. E. erlauben es die deutschen Standortvorteile nicht, das oben (3.b) erwähnte irische Niveau allzu deutlich zu überschreiten.
[213] Dazu näher J. Lang, Prinzipien und Systeme (Fn. 1), S. 90 ff.
[214] In diese Richtung scheinen die Überlegungen im BMF zu einer integrierten Unternehmenssteuer zu gehen. C. Dorenkamp, Spreizung (Fn. 44), S. 81 f., plädiert für eine Option zur Körperschaftsteuer, die sich auch auf die private Vermögensverwaltung erstrecken soll. Dabei soll die gescheiterter Regelung des § 4a KStG-E (Fn. 200) verbessert werden.
[215] Dazu J. Lang, Perspektiven der Unternehmensteuerreform (Fn. 204); ders., Prinzipien und Systeme (Fn. 1), S. 107 ff.; O. H. Jakobs, Rechtsform (Fn. 122), S. 99 f.; J. Hennrichs, Unternehmensbesteuerung (Fn. 186), V.4.

aa) Die regelgleiche Ausgestaltung der proportional-definitiv besteuerten Unternehmenssphäre setzt voraus, dass die Unternehmensgewinne nach den gleichen Vorschriften ermittelt werden, also das gleiche Steuerbilanzrecht sowie die gleichen Normen für Schachtelprivileg und Organschaft etc. gelten. Zur Vermeidung von Lock-in-Effekten haben Beteiligungsunternehmen dafür zu sorgen, dass die Steuerbelastung proportional bleibt, soweit Gewinne reinvestiert werden, z. B. ausgeschüttete Unternehmensgewinne am Kapitalmarkt angelegt werden[216].

Die ausschließliche Anwendung von Steuerbilanzrecht bestimmt den Kreis der zweigliedrig besteuerten Unternehmen. Unternehmen, für die keine Buchführungspflicht besteht und für die auch nicht freiwillig Bücher geführt werden, sind in aller Regel Unternehmen mit geringem Investitionsbedarf. Ihre Gewinne können daher per Überschussrechnung ermittelt und unmittelbar der Einkommensteuer unterworfen werden. Die rechtsformneutrale Zweigliedrigkeit der Unternehmensbesteuerung hat also zur Folge, dass einkommensteuerpflichtige Einkünfte ausschließlich per Überschussrechnung ermittelt werden, während in der Unternehmenssphäre ausschließlich zu bilanzieren ist.

bb) Im Verhältnis der proportional besteuerten Unternehmenssphäre zur progressiv besteuerten Unternehmersphäre wirken sich nun wesentlich die Rechtsformunterschiede im Sinne einer "Trennung" oder "Transparenz" aus. Im übrigen wird hier das Streben nach Rechtsformneutralität durch fiskalische Erwägungen und vor allem durch die Vorgaben des internationalen und europäischen Steuerrechts behindert.

Die Rechtsformen der Personenunternehmen (Einzelunternehmen, Personengesellschaft, personenbezogene Kapitalgesellschaft), für die das Transparenzprinzip das "richtige" Prinzip ist, gebieten grundsätzlich eine integrierte Lösung, die unternehmensteuerliche Vorbelastungen voll durch Anrechnung der Unternehmensteuer berücksichtigt oder a priori durch Betriebsausgabenabzug der Auszahlungen[217] vermeidet, während bei den börsennotierten Publikumskapitalgesellschaften die steuerliche Vorbelastung

---

[216] Zum Begriff des Beteiligungsunternehmens siehe J. Lang, Entwurf eines Steuergesetzbuchs (Fn. 19), § 152 Abs. 1 Satz 2. Der Einwand des Lock-in-Effekts von J. Hennrichs, Unternehmensbesteuerung (Fn. 186), V.4, a), läßt sich also ausräumen.

[217] In Anlehnung an die skandinavische Lösung, einen sog. Unternehmerlohn als Betriebsausgabe zu behandeln, und das in den USA diskutierte Dividendenabzugsverfahren (dividend paid deduction method) habe ich (a. a. O. [Fn. 203], S. 40 ff.) das Auszahlungsabzugsverfahren entwickelt, bei dem Entnahmen, Ausschüttungen und Gesellschaftervergütungen von der unternehmensteuerlichen Bemessungsgrundlage abgezogen und direkt auf der Einkommensteuerebene versteuert werden. Damit werden u.a. gewinnmindernde Leistungsvergütungen an Gesellschafter einer Personengesellschaft und Kapitalgesellschaft gleichbehandelt. Dieser Ansatz bietet den Einstieg in eine durchgreifende Vereinfachung des Steuerrechts der verdeckten Gewinnausschüttung, indem bei überhöhten Entgelten eine Angemessenheitsprüfung entfallen kann (siehe J. Lang [Fn. 203], S. 72 f.).

von Dividenden weniger Gewicht hat, da die einkommensteuerliche Leistungsfähigkeit wesentlich durch die Wertentwicklung der Aktie (in nachgelagert besteuerten Aktienfonds) bestimmt wird.

Dieser grundsätzliche Unterschied der Rechtsformen verbietet eine Einheitslösung für alle Rechtsformen. Daher ist sowohl die optionale oder gar zwangsweise Bestimmung von Personenunternehmen als Körperschaftsteuersubjekt als auch die globale Unternehmensteuer abzulehnen. Beide Alternativen sind insofern nicht rechtsformneutral, als sie einem Teil von Unternehmen eine Besteuerungsform aufzwingen, die der Rechtsform inadäquat ist. Vielmehr ist die Zweigliedrigkeit der Besteuerung für Personenunternehmen auf der Grundlage des Transparenzprinzips integriert zu vollziehen, während bei anderen Unternehmensformen eine Trennungslösung besonders im Hinblick auf internationale und europarechtliche Aspekte gerechtfertigt werden kann. Diese für die Rechtsformneutralität der Besteuerung grundsätzlich (Transparenz- versus Trennungsprinzip!) erforderliche Differenzierung vermag nur ein Dualismus von Körperschaftsteuer und Inhabersteuer als integrales Element der Einkommensteuer zu leisten.

cc) Danach sollten der Körperschaftsteuer nurmehr Unternehmen unterworfen sein, für die das Trennungsprinzip das "richtige" Prinzip ist[218], d. s. nicht nur Publikumskapitalgesellschaften, sondern auch Publikumspersonengesellschaften[219], Kommanditgesellschaften auf Aktien, Erwerbs- und Wirtschaftsgenossenschaften, Versicherungsvereine auf Gegenseitigkeit, Betriebe gewerblicher Art von juristischen Personen des öffentlichen Rechts. Auszuscheiden sind grundsätzlich die personen-bezogenen Unternehmen, d. s. hauptsächlich die GmbH's, an der eine relativ kleine Zahl natürlicher Personen (z. B. Familienangehörige) oder gar nur eine natürliche Person beteiligt ist[220].

Das Ziel der Rechtsformneutralität verlangt also, den Katalog der Körperschaftsteuersubjekte nach der Relevanz einer Vorsteuerfunktion für die Einkommensteuer neu zu ordnen. Die "klassische" Körperschaftsteuer ist die angemessene Besteuerungsform, soweit die Vorsteuerfunktion wie bei börsennotierten Aktiengesellschaften vernachlässigt werden kann oder a priori

---

[218] Vgl. dazu meinen Gesetzesvorschlag in: Perspektiven (Fn. 204), S. 36 f. Davon abweichend möchte ich eine optionale Lösung nicht mehr empfehlen. Der Kreis der Körperschaftsteuersubjekte sollte ohne Wahlmöglichkeiten des Steuerpflichtigen festgelegt sein. Der Rest der Unternehmen fällt entweder in den Anwendungsbereich der Inhabersteuer oder als nicht buchführende Unternehmen ausschließlich in den Anwendungsbereich der progressiven Einkommensteuer. Das Kriterium der freiwilligen Buchführung begründet praktisch eine Option für die nicht buchführenden Unternehmen.

[219] Vgl. A. Uelner, kapitalistisch verfasste Kommanditgesellschaft (Fn. 195).

[220] Diese Art personenbezogener Kapitalgesellschaften entspricht der US-amerikanischen S-corporation, die aus dem Kreis der Körperschaftsteuersubjekte herausgenommen ist. Die S-corporation darf nicht mehr als 75 Anteilseigner haben. Gesellschafter dürfen nur unbeschränkt steuerpflichtige natürliche Personen, estates oder trusts sein.

entfällt wie bei Vereinen oder Betrieben gewerblicher Art. Ausgehend von dieser Neubestimmung der Körperschaftsteuersubjekte kann die körperschaftsteuerliche Vorbelastung einkommensteuerlich weitgehend unberücksichtigt bleiben. Zu empfehlen ist anstelle des geltenden Halbeinkünfteverfahrens eine Teilanrechnung der Körperschaftsteuer[221], die mit der Senkung des Körperschaftsteuersatzes entsprechend abgebaut werden kann. Bei dem irischen Körperschaftsteuersatz von 12,5 Prozent kann der shareholder relief ganz entfallen.

dd) Der Inhabersteuer unterliegen die Einzelunternehmen sowie die aus dem Kreis der Körperschaftsteuersubjekte ausgeschiedenen personenbezogenen Personen- und Kapitalgesellschaften. Diese Unternehmen bilden die Alternativen der mittelständischen Rechtsformwahl, für deren Steuerneutralität die einheitliche Anwendung des Transparenzprinzips erforderlich ist. Das Bedürfnis nach einer einheitlichen Besteuerungsform zeigt besonders die Alternative der Ein-Mann-GmbH zum Einzelunternehmen. Hingegen ist bei den körperschaftsteuerpflichtigen Publikumsunternehmen ist die Rechtsform z. B. der Aktiengesellschaft in aller Regel aus zivilrechtlichen Gründen zwingend vorgegeben. Somit kann die Steuerneutralität der Rechtsformwahl erreicht werden, wenn die Körperschaftsteuersubjekte so abgegrenzt werden, dass die Wahlalternativen in dem Anwendungsbereich einer Besteuerungsform verbleiben.

Die Inhabersteuer sollte zunächst in einem Abschnitt des Einkommensteuergesetzes geregelt werden, um die Inhabersteuer als Erhebungsform der Einkommensteuer mit entsprechender finanz-verfassungs- und doppelbesteuerungsrechtlicher Qualifikation auszuweisen. Auf dieser Grundlage ist auch die Europatauglichkeit der Inhabersteuer zu gewährleisten[222]. Die volle Integration der Inhabersteuer in den Einkommensteuertatbestand ermöglicht zunächst das bereits oben (Fn. 217) skizzierte Auszahlungsabzugsverfahren, nach dem Entnahmen, Ausschüttungen und Gesellschaftervergütungen direkt auf der Einkommensteuerebene versteuert werden. Auf dieser Ebene werden auch Beträge der Steueranrechnung z. B. bei ausländischen Einkünften oder bei Beteiligungen an Körperschaftsteuersubjekten verrechnet. Schließlich bleiben im Ausland besteuerte Betriebstättengewinne auch auf der Ebene der Einkommensteuer von der deutschen Einkommensteuer steuerbefreit. Bei der Veräußerung bzw. Liquidation des Unternehmens wird das Eigenkapital der Schlussbilanz als Totalauszahlung behandelt und davon ein typisierter Prozentsatz als verrechenbare inhabersteuerliche Vor-

---

[221] J. Hey, Reform des Körperschaftsteuersystems, in: J. Pelka (Hrsg.), Unternehmenssteuerreform (Fn. 44), S. 5, 11 ff., hat überzeugend m. w. N. die Neutralitätsdefizite des Halbeinkünfteverfahrens nachgewiesen und empfiehlt das in Spanien und Portugal praktizierte Teilanrechnungsverfahren.
[222] Vgl. dazu O. H. Jakobs, Rechtsform (Fn. 122), S. 104 f.

belastung angenommen[223]. Der einkommensteuerpflichtige Veräußerungsgewinn ist der Veräußerungspreis abzüglich der Totalauszahlung und der Veräußerungskosten. Bei negativem Eigenkapital ist eine Totaleinzahlung mit entsprechender Folge von Veräußerungsverlusten anzusetzen.

Die zweigliedrige Besteuerung von Gewinnen aus Personenunternehmen ist bei einer erheblichen Steuersatzspreizung nicht nur gleichheitsrechtlich geboten; sie bietet auch bedeutendes Vereinfachungspotential. Das zweistufig entwickelte Steuerrecht der Personengesellschaft ist im Prinzip schon zweigliedrig angelegt, leidet jedoch unter einer Komplexität, die im bereits (s. S. 127) erwähnten Widerstreit zwischen partieller Rechtsfähigkeit der Gesellschaft und einkommensteuerlicher Zurechnung der Gesellschaftereinkünfte begründet ist[224]. Dieser Wiederstreit wird durch die steuergesetzliche Abschichtung der Unternehmenssphäre aufgehoben, so dass das Steuerrecht der Personengesellschaft stark vereinfacht werden kann. Es ist nurmehr der Gesellschaftsgewinn zu bilanzieren, wie es das Handelsrecht (§ 6 HGB) vorschreibt. Die von der Steuerrechtsprechung entwickelte Bilanzenvielfalt (Gesellschaftsbilanz, Ergänzungs- und Sonderbilanzen) entfällt. Die Steuerbilanzpolitik der Personengesellschaft wirkt sich ebenso wenig wie die der Kapitalgesellschaften progressiv aus.

6.5 Einkommensteuerliche Lebensendbesteuerung

Schließlich gebietet der lebenszeitlich konzipierte Indikator steuerlicher Leistungsfähigkeit, am Lebensende die stillen Reserven abzurechnen und diese zum Todeszeitpunkt dem Verstorbenen zuzurechnen, der den Wert geschöpft hat. Grundsätzlich ist die intersubjektive Übertragung stiller Reserven mit dem Leistungsfähigkeitsprinzip unvereinbar[225]. Eine lebenszeitlich orientierte Besteuerung von Einkommen lässt sich schwerlich vertreten, wenn die Besteuerung über Generationen hinausgeschoben werden kann.

Das geltende Steuerrecht bedarf auch hier der Reform: Das Einkommensteuerrecht folgt nicht dem entstehungsorientierten Ansatz des Haig-Simons-Schanz-Konzepts und erfasst deshalb den Wertzuwachs zum Lebensende

---

[223] In den oben (Fn. 204) zitierten Beitrag empfehle ich zur exakten Ermittlung der inhabersteuerlichen Vorbelastung eine Eigenkapitalgliederung (siehe Anlage 2). Nunmehr erscheint bei Unternehmensteuersätzen von 25 Prozent und weniger eine typisierte Lösung als ausreichend und somit eine permanente Eigenkapitalgliederung als zu aufwendig.

[224] Dazu grundsätzlich R. Pinkernell, Einkünftezurechnung (Fn. 193) und J. Lang, Steuerrecht (Fn. 193). Auch das US-amerikanische Steuerrecht der S Corporation ist zu kompliziert, um als Vorbild dienen zu können.

[225] Grundsätzlich hierzu C. Trzaskalik, Gewinnrealisierung bei unentgeltlichen Übertragungen, DStJG 4 (1981), S. 145; J. Lang, Steuerrecht (Fn. 2), § 9 Rz. 424 ff. m. w. N. Vgl. auch H. G. Ruppe, Einkommensteuerrechtliche Positionen bei Rechtsnachfolge, DStJG 10 (1987), S. 45.

grundsätzlich nicht. Selbst im Anwendungsbereich des Betriebsvermögensvergleichs (accrual method) wird die intersubjektive Übertragung stiller Reserven zugelassen[226]. Zudem besteuert das Erbschaftsteuerrecht die Werte von Erbschaften gleichheitswidrig[227]. Dieser mit einer gleichmäßigen Besteuerung nach der Leistungsfähigkeit unvereinbare Zustand veranlasst zu einer Integration der Erbschaft- und Schenkungsteuer in die Einkommensteuer:

Auf den Todestag sollten für die Wirtschaftsgüter des Erwerbsvermögen (betriebliches und privates Erwerbsvermögen, nachgelagert besteuerte Vorsorgefonds)[228] Marktwerte (gemeiner Wert, Verkehrswert, Teilwert) ermittelt und die stillen Reserven u. a. unversteuerte Wertanteile der Einkommensteuer anstelle der Erbschaftsteuer unterworfen werden[229]. Gleiches gilt für Schenkungen, die bereits nach geltendem Einkommensteuerrecht vom Schenker durch den Teilwertansatz der Entnahme (§ 6 Abs. 1 Nr. 4 Satz 1 EStG) versteuert werden. Dieser Besteuerungsvorgang würde bei einer Erweiterung der Bemessungsgrundlage auf das gesamte Markteinkommen für alle Wirtschaftsgüter des Erwerbsvermögens Platz greifen.

Die einkommensteuerliche Lebensendbesteuerung wendet sich also an den Erblasser bzw. Schenker. Dadurch wird ein Kardinalfehler des Haig-Simons-Schanz-Konzepts, die oben (s. S. 99) erwähnte doppelte Strafbesteuerung des investierten Einkommens beseitigt. Außerdem führt der Erwerber die aufgestockten Werte fort, so dass sich seine lebenszeitliche Besteuerung nahtlos an die des Zuwendenden anschließt.

7 Resümee

a) Nach alledem ergibt sich, dass das Ziel der synthetischen Einkommensteuer in der Vergangenheit noch nie erreicht worden ist und in Zukunft unerreichbar bleiben wird. Dem synthetischen Ideal von Gleichheit und Neut-

---

[226] Siehe § 6 Abs. 3 EStG; J. Lang, Steuerrecht (Fn. 2), § 9 Rz. 424 ff.

[227] Dazu BFH vom 24.10.2001, BStBl. II 2001, 834; D. Birk, Die Begünstigungstatbestände des Erbschaftsteuergesetzes auf dem verfassungsrechtlichen Prüfstand, ZEV 2002, 165.

[228] Zur Terminologie des Erwerbsvermögens J. Lang, Entwurf eines Steuergesetzbuchs (Fn. 19), § 115 (Wirtschaftsgüter einer Erwerbstätigkeit); P. Kirchhof u. a., Karlsruher Entwurf (Fn. 9), § 3 Abs. 4 (Güter, die erwerbswirtschaftlichem Handeln dienen). Die einkommensteuerliche Lebensendbesteuerung basiert also auf einer umfassenden Erweiterung der Bemessungsgrundlage auf das gesamte Markteinkommen einschließlich der privaten Veräußerungseinkünfte.

[229] Bei einem Spitzensatz der Einkommensteuer von 35 Prozent und mehr ist eine Steuerermäßigung auf 25 Prozent zu erwägen. § 34; 34b EStG sind insofern keine Steuervergünstigungen, als sie einer erhöhten Progressivbelastung bei der Zusammenballung von Einkünften entgegenwirken sollen. Siehe m. w. N. J. Lang, Steuerrecht (Fn. 2), § 9 Rz. 747.

ralität wirkt allzu vieles entgegen: Fiskalismus, redistributive Ziele und Gruppeninteressen, realpolitische und praktische Zwänge; die Besteuerung hat international wettbewerbsfähig und kompatibel mit dem Doppelbesteuerungsrecht und Europarecht zu sein.

Im Kern beruht jedoch das Scheitern des synthetischen Ideals auf der hybriden Entwicklung des Einkommensteuerrechts: Die einzelnen Einkunftsarten werden schedulenhaft besteuert, weil sie nach verschiedenen theoretischen Ansätzen qualifiziert und quantifiziert werden. Der Gesetzgeber mag die synthetische Gesamteinkommensteuer und einen an dem Haig/Simons/Schanz-Konzept ausgerichteten "klassischen" Einkommensbegriff beabsichtigt haben. Er hat jedoch diese Absicht nicht umgesetzt: Der schedulenhafte Charakter der realen Einkommensteuer infolge des im Widerstreit von Reinvermögenszugangs- und Quellentheorie entstandenen Einkünftedualismus und infolge zahlloser einkunfts-artspezifischer Normen ist hinlänglich bekannt[230]. Noch nicht geklärt sind die tieferen Ursachen der einkommensteuerlichen Hybridizität. Sie bedürfen einer weiteren intensiven, interdisziplinären "Law and Economics"-Diskussion.

Dieter Birk[231] hat grundlegend herausgearbeitet, dass das verfassungsrechtliche Verständnis von gleichmäßigen Besteuerung nach der Leistungsfähigkeit nicht allein davon abhängt, was der Steuergesetzgeber bezweckt, gewollt oder juristisch-definitorisch konstruiert hat. Es kommt vielmehr auf die Belastungswirkungen an. Damit ist die Brücke von der Rechtswissenschaft zu den ökonomischen Wissenschaften geschlagen. Der Jurist hat, wenn er die Postulate der Gleichheit und Neutralität reflektiert, die Wirkungen von Besteuerungsformen zu analysieren. Dazu stellt sich die Kernfrage entstehungs- oder verwendungsorientierter Formen der Besteuerung von Einkommen.

b) Diese Kernfrage wird unter dem missverständlichen Titel "Einkommen versus Konsum" diskutiert. Ursprünglich ging es wohl um die Alternative einer Konsumausgabensteuer zur Einkommensteuer. Diese Alternative ist aber bereits auf dem Heidelberger Kongress von 1989 verworfen worden. Schon damals befassten sich die Beiträge[232] ganz überwiegend mit der "konsumorientierten" Bestimmung des Einkommens. Seitdem ist der Erkenntnisstand erheblich weiter fortgeschritten. Bahnbrechend war der Nachweis von Manfred Rose, dass die "klassische" Periodenbesteuerung

---

[230] Dazu näher H.-W. Kanzler, Steuerreform: Von der synthetischen Einkommensteuer zur Schedulenbesteuerung?, FR 1999, S. 363; J. Thiel, Die Zukunft der Einkommensteuer - Einheit oder Pluralismus der Einkünfte, in: Der Fachanwalt im Steuerrecht (Fn. 77), S. 75; J. Lang, Steuerrecht (Fn. 2), § 9 Rz. 180 ff. (unterschiedliche Ermittlung der Einkünfte), Rz. 477 ff. (Einkunftsartenrecht).
[231] Leistungsfähigkeitsprinzip (Fn. 17).
[232] In: M. Rose (Hrsg.), Neuordnung (Fn. 52).

einen Anstieg der Steuerlast bewirkt (vgl. Tabelle S. 107). Dieses Phänomen ist bisher in der ansonsten fortgeschrittenen US-amerikanischen steuerrechtswissenschaftlichen Debatte (Beiträge in Fn. 7) noch nicht aufgegriffen worden. Es wird auch von Ökonomen verschwiegen, die gegen die Zinsbereinigung argumentieren. Der faire Austausch von Argumenten auf der Suche nach wissenschaftlicher Wahrheit ist offensichtlich gestört.

Der interdisziplinäre Diskurs "Law and Economics" argumentiert aus zwei verschiedenen Richtungen, die Juristen von der Norm her, ihrer Intention, ihrem Zweck, ihrer Terminologie, und die Ökonomen von der Normwirkung ausgehend. Die unterschiedlichen Ausgangspunkte zeigen exemplarisch die Grundauffassung von Klaus Tipke[233], die einzige Steuerquelle sei das Einkommen, und die Ansicht von Manfred Rose, dass jede Steuerbelastung eine Konsumopfer sei[234]. Beides ist richtig: Die Besteuerung von Einkommen hat den verfassungsrechtlichen Gerechtigkeitsauftrag zu erfüllen. Für den Ökonomen steht die Wirkung, das Konsumopfer im Vordergrund, wenn die Steuer von dem Einkommen Konsumpotential abschöpft.

c) Die interdisziplinäre Begegnung deckt weitere Erkenntnisse auf, die manchen Diskutanten überraschen mögen: Die "klassische" ökonomische Einkommenstheorie ist nicht kapital-, sondern konsumorientiert, weil Ökonomen nicht in den juristischen, gar sachenrechtlichen Kategorien des Vermögens denken, sondern "Vermögen" als Bedürfnisbefriedigungspotential verstehen. Das ist das Verständnis von "economic power", die Basis des Haig/Simons/Schanz-Konzepts (s. S. 97). Damit rekurriert die ökonomische "Reinvermögenszugangstheorie" aus juristischer Sicht eigentlich nicht auf eine Vermögensleistungsfähigkeit, sondern auf eine Konsumleistungsfähigkeit. Betrachtet man die These von Klaus Tipke, das Einkommen sei "das als Vermögen gespeicherte Einkommen" (Fn. 235), so repräsentiert das Vermögen aus ökonomischer Sicht Konsumpotential. Der Unterschied dieser Sichtweisen muss geklärt sein, wenn der interdisziplinäre Diskurs Früchte hervorbringen soll.

d) Aus juristischer Sicht ist der Einkommensbegriff des Haig/Simons/Schanz-Konzepts konsumbasiert (s. S. 97 ff.). Er geht bei der Erfassung von Konsumpotential weit über das hinaus, was juristisch erfassbar ist. Juristisch gesehen besteht er aus drei Elementen, aus dem Markteinkommen (s. S. 98 f.), dem imputed income (s. S. 99 ff.) und den Transferleistungen (s. S. 100 f.). Das Markteinkommen erfassen die Einkommensteuergesetze aller Länder, während das imputed income nur in wenigen

---

[233] Steuerrechtsordnung (Fn. 13), S. 326: "Es gibt nur eine Steuerquelle: das Einkommen, genau: das als Vermögen gespeicherte Einkommen."
[234] M. Rose, Plädoyer (Fn. 53).

Ländern und dort sehr unvollständig besteuert wird. Ein wesentliches Ergebnis des interdisziplinären Diskurses ist die Markteinkommensteuer, die nicht nur dem Karlsruher Entwurf, sondern auch dem ökonomisch fundierten Einfachsteuer-Konzept zugrunde liegt[235].

Die steuergesetzlich fundierte Rechtsdogmatik erstreckt sich jedoch nicht allein auf das Markteinkommen. Die Bemessungsgrundlage der Einkommensteuer ist dualistisch aufgebaut: Das Markteinkommen ("Summe der Einkünfte") wird um den indisponiblen, steuerlich nicht belastbaren Teil verkürzt (s. S. 95 f.). Auch dieser Ansatz wie schließlich die opfertheoretisch gerechtfertigte Steuerprogression ist konsumbasiert.

Die Transferleistungen im Einkommensbegriff des Haig/Simons/Schanz-Konzepts werden rechtlich verschieden zugeordnet: In den Unterhaltsleistungen erblickt die Rechtswissenschaft einen Transfer steuerlicher Leistungsfähigkeit, der durch ein Realsplitting nach den Vorgaben des Unterhaltsrechts berücksichtigt werden sollte (s. S. 100 f.). Erbschaften und Schenkungen werden durch eine von der Einkommensteuer abgesonderte Steuer belastet. Es gibt wohl keine Steuer, die so viel Widerstand erzeugt wie die Erbschaft- und Schenkungsteuer. Das hat seinen Grund: Das investierte Einkommen wird doppelt strafbesteuert (s. S. 100). Die wirklich Reichen weichen international aus und der Rest profitiert von einer verfassungswidrigen Wertungsgleichheit, die wiederum das Ergebnis eines lobbyistischen Steuerwiderstands ist. Der Dummensteuereffekt ist enorm und eine Reform seit langem überfällig. Dazu wird hier die einmal belastende einkommensteuerliche Lebensendbesteuerung empfohlen (s. S. 138 f.).

e) Die aktuelle interdisziplinäre Debatte konzentriert sich auf ein Element des Haig/ Simons/Schanz-Konzepts: die Periodizität des Einkommensbegriffs ("economic power between two points of time"[236]). Manfred Rose hat mit seinem Theorem des Belastungsanstiegs das Fenster zu einer überperiodischen Sicht von Belastungswirkungen geöffnet und damit die Auffassung (Fn. 84) bekräftigt, dass das Periodizitätsprinzip ein technisch-budgetäres Prinzip ist, das den "richtigen" Indikator des Lebenseinkommens willkürlich zerschneidet, wie bereits das Beispiel des Verlustabzugs (s. S. 103) verdeutlicht.

Jedoch leidet die Debatte um die Periodizität der Besteuerung unter Verständnisbarrieren, die unbedingt weggeräumt werden müssen, um die Gemeinsamkeit oder Gegensätzlichkeit von Standpunkten sowie die systemkonsequente Verwirklichung des periodischen oder lebenszeitlichen Konzepts erkennen zu können:

---

[235] Siehe A. Raupach, in: Herrmann/Heuer/Raupach (Fn. 151).
[236] R. M. Haig, Concept of Income (Fn. 62).

aa) Den Konsens verhindert zunächst das erste Missverständnis, das lebenszeitliche Konzept plädiere für die Besteuerung am Lebensende[237]. Selbstverständlich wollen auch die Vertreter eines lebenszeitlichen Konzepts dem Staat eine permanente Steuerquelle verschaffen; dies bezweckt besonders die Methode der Zinsbereinigung (s. S. 108 f.) als Alternative zur nachgelagerten Besteuerung, die in der Investitionsphase keinen Beitrag zum Steueraufkommen leistet. Es geht darum, den Periodenerfolg mit geöffnetem Fenster zur Lebenszeit richtig zu bestimmen (s. S. 98 f.).

bb) Die Wirkungsqualität von Arten der Einkünfteermittlung ist Juristen offenbar kaum zugänglich; sie erkennen in der verwendungsorientierten Überschussrechnung (cash flow method) keine Konsumorientierung (s. S. 105 ff.), ebenso wenig in der nachgelagerten Besteuerung (s. S. 118 f.) von Beamten (s. S. 119). Von den Wirkungen her betrachtet wird das Einkommensteuerrecht wird sehr viel tiefgreifender durch den Gegensatz von entstehungsorientiertem Betriebsvermögensvergleich (s. S. 105) zerklüftet als durch den juristisch wohlbekannten Einkünftedualismus, der im Widerstreit von Reinvermögenszugangs- und Quellentheorie entstanden ist. Dieser Einkünftedualismus kann relativ leicht durch die vollständige Erfassung von Veräußerungseinkünften geheilt werden.

Im geltenden Einkommensteuerrecht sind jedoch die Arten der Einkünfteermittlung nicht systemkonsequent normiert: Das Realisationsprinzip durchbricht die "accrual method" des Haig/Simons/Schanz-Konzepts (s. S. 35) und die Überschussrechnung greift mit den Abschreibungsvorschriften auf die "accrual method" zu (s. S. 102). Nimmt man noch die Steuerfreiheit von Veräußerungseinkünften u. a. "Atemlöcher" (s. S. 84) hinzu, so ergibt sich eine systematisch vielfach gebrochene Mixtur von entstehungs- und verwendungs-(=konsum)orientierten Elementen des Rechts der Besteuerung von Einkommen.

Der Systemgegensatz zeigt sich am deutlichsten bei der systemrein entstehungsorientierten Besteuerung von Zinsen und der systemrein verwendungsorientierten (nachgelagerten) Besteuerung von Beamtenpensionen (s. S. 109). Wie diese Besteuerungsform juristisch strukturiert und bezeichnet ist, mag dahinstehen. Jedenfalls erleidet die Zukunftsvorsorge des Beamten keinen Anstieg der Steuerlast und wird dadurch steuerlich gegenüber der entstehungsorientiert besteuerten Zukunftsvorsorge stark begünstigt. Der Sparer merkt dies und nimmt sogar Steuerhinterziehung in Kauf, um dem Anstieg der Steuerlast zu entgehen.

f) An diesem Befund hat die Strukturreform der Besteuerung von Einkommen anzusetzen. Dabei ist zunächst die Frage zu klären, ob das Einkommensteuerrecht im Prinzip entstehungsorientiert oder verwendungs-

---

[237] So insb. P. Kirchhof, zit. in Fn. 89.

(=konsum)orientiert auszugestalten ist. Wir plädieren für die zweite Alternative, da allein deren Neutralitätseigenschaften nach unserer Überzeugung die Einfachheit und Gerechtigkeit der Besteuerung von investierten Einkommen gewährleisten können[238]. Demgegenüber ist die streng periodenperiodenbezogene Besteuerung von Einkommen auf breiter Front gescheitert. Selbst das Steuerbilanzrecht enthält und ermöglicht verwendungs- (=konsum)orientierte Besteuerungsformen (s. S. 108).

In der Erkenntnis, dass sich die systematische Gebrochenheit der Besteuerung von Einkommen wohl nie ganz beseitigen lässt, sollte wenigstens die Vielfalt der Besteuerungsformen bereinigt und auf möglichst wenige Grundstrukturen zurückgeführt werden. Die beiden wesentlichen Reformansätze liefern die nachgelagerte Besteuerung der Zukunftsvorsorge und die stark rechtsformabhängigen Unternehmensbesteuerung:

aa) Die nachgelagerte Besteuerung der Zukunftsvorsorge basiert auf der Überschussrechnung und vermittelt daher auf einfache Weise als systemreine Besteuerungsform ein Optimum an Neutralität und Gleichheit der Besteuerung. Ihr Umfang bestimmt den Umfang einfacher und gerechter Besteuerung von investierten Einkommen.

Das Bundesverfassungsgericht hat die Gleichbehandlung der staatlichen Altersversorgung (Beamtenversorgung, gesetzliche Rentenversicherung, Zusatzversorgung im öffentlichen Dienst) angeordnet (s. S. 125); diese führt notwendig zur nachgelagerten Besteuerung, da eine entstehungsorientierte Besteuerung der Beamtenpensionen (vgl. S. 109) ausscheidet. Das Altersvermögensgesetz hat den Weg zu einer allgemein nachgelagerten Besteuerung zertifizierter Vorsorgefonds eröffnet (s. S. 109); diese sollte nicht nur den Arbeitnehmern im Rahmen ihrer privaten und betrieblichen Altersvorsorge, sondern auch allen selbständig Erwerbstätigen zugebilligt werden, die für das Alter außerhalb eines eigenen Unternehmens vorsorgen wollen.

Gewiss ist eine Limitierung erforderlich (s. S. 102). Jedoch wird sich nach einer mehr oder weniger langen Übergangsphase die volle Besteuerung der Altersbezüge auswirken und der von der Optimal-Taxation-Theorie vorausgesagte "comprehensive-tax-base"-Effekt (vgl. S. 127 f.) eintreten. Die systemreine und zugleich gegenüber dem Staat offene Zukunftsvorsorgebesteuerung wird alle für sie erreichbaren Besteuerungslücken (z. B. bei der Besteuerung von Veräußerungseinkünften, Sozialversicherungsrenten und Lebensversicherungen) beseitigen. Allerdings wirkt die nachgelagerte Besteuerung intertemporal wie ein Verzicht auf die Besteuerung von Zinsen,

---

[238] Siehe S. 83 (der Unterschied von entstehungs- und verwendungsorientierter Besteuerung wird erst bei der Investition von Einkommen relevant), S. 95 f. (Periodizitätsprinzip, Nominalwertprinzip), S. 106 f. (Liste der Neutralitätseffekte).

obgleich natürlich das im Fonds angesammelte Zinskapital bei Auszahlung zu versteuern ist. Im Hinblick auf die globale Misere der Zinsbesteuerung (s. 93) verbessert jedoch die nachgelagerte Besteuerung die Steuergleichheit ganz erheblich[239].

Auf längere Sicht sollte die nachgelagerte Besteuerung zertifizierter Vorsorgefonds die gewöhnliche Zukunftsvorsorge aller Steuerzahler erfassen. Der Wohlstand des amerikanischen Mittelstandes beruht wesentlich auf dem Umfang der nachgelagerten Besteuerung (s. S. 123). Dieser Umfang sowie die Wohlfahrtseffekte für breite Bevölkerungsschichten pflegen die Gegner einer "konsumorientierten" Besteuerung zu unterschlagen. Für Arbeitnehmer rückt die Vision einer Steuererklärung per Postkarte in greifbare Nähe: Lohnsteuerabzug und das von der Finanzverwaltung elektronisch überwachte Fondssparen bilden die Voraussetzungen für einen automatisierten Steuerbescheid, der per Internet zugestellt und von Steuerzahler per Postkarte oder Internet bestätigt, gegebenenfalls auch ergänzt werden kann[240].

bb) Besondere Schwierigkeiten bereitet die Reform der Unternehmensbesteuerung: Der stark rechtsformabhängige Dualismus der Besteuerung von Personenunternehmen und Kapitalgesellschaften lässt sich interessenpolitisch kaum überwinden (s. S. 130) Zudem regieren hier die Rahmenbedingungen des internationalen Steuerwettbewerbs des Europarechts und des Doppelbesteuerungsrechts.

(1) First-best-Lösung wäre die Zinsbereinigung der Unternehmensgewinne[241]. Sie ermöglicht einen international wettbewerbsfähigen Unternehmensteuersatzes in Höhe des Spitzensatzes der Einkommensteuer (s. S. 132) und schafft somit die Voraussetzung für die abschließend eingliedrige Besteuerung der Gewinne von Publikumskapitalgesellschaften (s. S. 134). Damit braucht das schwierige Verhältnis zum Anteilseigner (s. S. 93) steuerlich nicht mehr geregelt zu werden.

---

[239] Damit wird sozusagen der Forderung von J. Isensee, Referat auf dem 57. Deutschen Juristentag, Sitzungsbericht N, München 1988, S. 32, 54, entsprochen: Wenn der Gesetzgeber die "Kraft zur ganzen Lösung" nicht aufbringe, wäre es "aus der Sicht der Rechtsidee besser und redlicher als die halbe Lösung: die Steuer ausdrücklich fallen zu lassen."
[240] Vgl dazu schon meine Empfehlung eines automatisierten Einkommensteuerbescheids (Entwurf eines Steuergesetzbuchs [Fn. 19], § 1006), in dem Daten des Lohnsteuerabzuges und der nachgelagerten Fondsbesteuerung verarbeitet werden. Siehe auch J. Lang, Vom Steuerchaos zu einem Steuersystem rechtlicher und wirtschaftlicher Vernunft, in: Baron/Handschuch (Hrsg.), Steuerchaos (Fn. 154), S. 117, 158, 161 ff.
[241] So das Einfachsteuer-Konzept (s. Fn. 205), sowie der Beitrag von M. Rose in diesem Band, Eine einfache, faire und marktorientierte Besteuerung von Unternehmensgewinnen, S. 341 ff. Vgl. auch J. Lang, zit. in Fn. 210.

(2) Die realpolitische Alternative ist die Spreizung von Körperschaftsteuersatz und Spitzensatz der Einkommensteuer, wie sie international üblich geworden ist (s. S. 93). Gegenwärtiger Orientierungspunkt des europäischen Steuerwettbewerbs ist der irische Körperschaftsteuersatz von 12,5 Prozent (s. S. 93). In Deutschland dürfte einerseits ein deutlich unter 40 Prozent liegender Spitzensatz der Einkommensteuer realpolitisch kaum zu verwirklichen und andererseits der Körperschaftsteuersatz von 25 Prozent nicht wieder zu erhöhen sein. Diese realpolitische Situation zwingt gleichheitsrechtlich zur rechtsformneutralen Unternehmensbesteuerung in einem zweigliedrigen System. Dazu habe ich den oben (s. S. 134) dargelegten Dualismus von Körperschaftsteuer und komplementärer Inhabersteuer für Personenunternehmen entwickelt. Das Ergebnis ist die partiell nachgelagerte Besteuerung von Unternehmensgewinnen[242]. Die ortsgebundenen Bezieher von Arbeitseinkünften sind allerdings nicht mehr die Verlierer des Steuerwettbewerbs, denn deren Investitionen sollen künftig voll nachgelagert besteuert werden.

---

[242] Dazu grundsätzlich C. Dorenkamp (Fn. 44).

Vermeidbare und unvermeidbare Hindernisse der Steuervereinfachung

Wolfgang Schön

1 Einführung

Der Ruf nach Steuervereinfachung gehört zu den Stetigkeiten der Steuerpolitik, aber auch der Steuerwissenschaft im In- und Ausland.[1] Steuerzahler, Steuerberater und Finanzverwaltung, aber auch Unternehmen und Arbeitnehmer, Verbände oder politische Parteien und schließlich auch die Fachvertreter der Ökonomie und der Rechtswissenschaft sind sich einig in der prinzipiellen Analyse, dass die Komplexität des Steuerwesens eine wesentliche Belastung von Wirtschaft und Gesellschaft bildet, aber auch gesellschaftliche Ressourcen bindet und die staatliche Handlungsfähigkeit beschränkt. Aus den Kreisen der Finanzgerichtsbarkeit haben sich mehrere Präsidenten des Bundesfinanzhofs engagiert zum Thema „Steuervereinfachung" geäußert.[2]

Der Ursprung der heutigen Diskussion zur Steuervereinfachung liegt in den Vereinigten Staaten. Die Grundaussage der Reagan'schen Steuerreformen der 80er Jahre[3], nämlich das Postulat einer deutlichen Reduktion der Steuersätze bei gleichzeitiger Verbreiterung der Bemessungsgrundlage, ist zum cantus firmus der Steuervereinfachung geworden.[4] Aufgegriffen wurde diese Konzeption in Deutschland bereits 1986 durch den Gaddum-Plan[5] einer „einfachen und gerechten" Steuerreform, der in den Stoltenbergschen

---

[1] Vgl. aus dem reichhaltigen Schrifttum: Empfiehlt es sich, das Einkommensteuerrecht zur Beseitigung von Ungleichbehandlungen und zur Vereinfachung neu zu ordnen?, Steuerrechtliche Abteilung, 57. Deutscher Juristentag, Mainz, 1988; Karl-Bräuer-Institut des Bundes der Steuerzahler, Steuervereinfachung, Heft 60, 1986; Bühler/Kirchhof/Klein, Steuervereinfachung, FS Meyding, 1994; Fischer (Hrsg.), Steuervereinfachung, DStJG 21 (1999); Raupach/Tipke/Uelner, Niedergang oder Neuordnung des deutschen Einkommensteuerrechts, Münsteraner Symposium, Bd.I, 1985; Rose (Hrsg.), Steuern einfacher machen!, 1999; Seer, Bericht über das Symposium „Steuergerechtigkeit durch Steuervereinfachung" der DStJG, StuW 1995, S. 184 ff.

[2] Klein, FS Meyding a.a.O., S. 73 ff; Offerhaus, FS Beisse, 1997, S. 377 ff.

[3] Dazu: Tipke, StuW 1986, S. 150 ff; Ault, DStJG 21 (1999), S. 107 ff., 108 ff.

[4] Messere, Tax Policy in OECD Countries - Choices and Conflicts, 1993, S. 222 f; zuletzt: Kirchhof (Hrsg.), Karlsruher Entwurf zur Reform des Einkommensteuergesetzes, 2001; kritisch gegenüber diesem Konzept: Rose, in: Rose (Hrsg.), Steuern einfacher machen!, 1999, S. 49; Wenger in: Rose (Hrsg.), Standpunkte zur aktuellen Steuerreform, 1998, S. 115 ff, 116 f.

[5] Gaddum, Steuerreform: Einfach und Gerecht, 1986.

Gesetzen der späten 80er Jahre einen begrenzten Niederschlag fand[6] und insbesondere den linear-progressiven Einkommensteuertarif einführte.[7] In der ersten Hälfte der 90er Jahre zeigte sich die Politik - nicht zuletzt unter dem Eindruck der Wiedervereinigung und ihrer Folgen - wenig reformgeneigt; es kam dem Bundesverfassungsgericht zu, Schneisen in das Steuerdickicht zu schlagen - Stichworte sind: Zinsbesteuerung[8], Existenzminimum[9], Einheitswerte[10] und zuletzt die folgenreichen Beschlüsse zur Familienbesteuerung aus dem Jahre 1998.[11] Erst gegen Ende der christlich/liberalen Koalition nahm die Bundesregierung im Anschluss an Vorschläge von Gunnar Uldall mit den Petersberger Beschlüssen[12] einen neuen Anlauf zur Steuervereinfachung; der umfangreiche „Jumbo"-Entwurf[13] eines Reformgesetzes aus dem Jahre 1997 fand jedoch im Bundesrat nicht mehr die erforderliche Mehrheit. Demgegenüber vermochte die rot-grüne Bundesregierung im Jahre 2000 ihr Reformpaket einer Unternehmenssteuerreform durchzusetzen, deren wesentliches Ziel allerdings nicht in erster Linie in einer Vereinfachung des Steuerrechts, sondern in einer gezielten Entlastung unternehmerischer Erträge bei Kapitalgesellschaften und Personenunternehmen besteht.[14]

Der Elan der Politik auf dem Gebiet großer steuerlicher Reformen scheint damit vorläufig - jedenfalls für diese Legislaturperiode - erlahmt zu sein. Umsomehr richtet sich das Interesse auf Entwürfe aus der Wissenschaft, die darauf angelegt sind, dem Postulat der Steuervereinfachung Rechnung zu tragen. Aus der Universität Heidelberg stammen die beiden z.Zt. am häufigsten diskutierten Alternativkonzepte zum geltenden Recht: Der von einer Arbeitsgruppe um Paul Kirchhof erarbeitete „Karlsruher Entwurf" eines Einkommensteuerrechts[15] ist darauf gerichtet, die klassische synthetische Einkommensteuer auf ihren systematischen Kern zu reduzieren, dafür von - vielfach politisch motivierten oder schlicht historisch angelagerten - Sonderregeln zu befreien und zu einer niedrigeren, aber progressiven Besteuerung des Erwerbseinkommens zu gelangen. Demgegenüber will der Heidelberger

---

[6] Juchum in: Rose (Hrsg.), Steuern einfacher machen!, 1999, S.27 ff, 32 f.
[7] Vgl. auch Faltlhauser (Hrsg.), Steuer-Strategie, 1988.
[8] BVerfG v. 27.6.1991 2 BvR 1493/89 BVerfGE 84, S. 239 ff.
[9] BVerfG v. 25.9.1992 2 BvL 5,8,14/91 BVerfGE 87, S. 153 ff.
[10] BVerfG v. 22.6.1995 2 BvL 37/91 BVerfGE 93, S. 121 ff.; BVerfG v. 22.6.1995 2 BvR 552/91 BVerfGE 93, S. 165 ff.
[11] BVerfG v. 10.11.1998 2 BvR 1057, 1226, 980/91 BVerfGE 99, S. 216 ff.
[12] Petersberger Steuervorschläge v. 22.1.1997 NJW 1997, Beil. Nr. 13.
[13] BT-Drs. 13/7480
[14] Vgl. dazu die Beiträge in StuW Heft 2/2000.
[15] A.a.O. (Fn.4); dazu erläuternd: Kirchhof, DStR 2001, S. 913 ff.

Finanzwissenschaftler Manfred Rose[16] die klassische Konzeption der Einkommensteuer als einer Vermögenszuwachsbesteuerung aufgeben und den Weg in eine konsumorientierte - spar- oder zinsbereinigte - Einkommensbesteuerung weisen. Aus juristischer Sicht wird diese Reformrichtung in den Arbeiten von Joachim Lang aufgegriffen, insbesondere in seinem Entwurf eines Steuergesetzbuchs aus dem Jahre 1993.

Auch im Ausland ist die Diskussion zur Steuervereinfachung in den letzten Jahren nicht stehen geblieben. Beispielhaft sind die Commonwealth-Länder Großbritannien[17], Australien[18] und Neuseeland[19], deren Regierungen seit Mitte der 90er Jahre umfangreiche Arbeiten zu einer vollständigen textlichen Überarbeitung des nationalen Steuerrechts durchführen lassen. Diese „tax law rewrite projects" sind z.T. schon weit fortgeschritten. In den Vereinigten Staaten hat der Kongress im Jahre 1998 beschlossen, dass der gemeinsame Ausschuss von Senat und Repräsentantenhaus für Steuerfragen („joint committee on taxation") einmal in jeder Legislaturperiode des Hauses einen Bericht über den Stand der Steuergesetzgebung und die Möglichkeiten einer Steuervereinfachung erstattet; dieser mehrhundertseitige Bericht wurde im April 2001 der Öffentlichkeit vorgestellt.[20]

Trotz der besonderen Aufmerksamkeit, die das Thema der Steuervereinfachung im politischen und wissenschaftlichen Raum genießt, ist der Ruf nach Steuervereinfachung in den vergangenen Jahrzehnten mit Regelmäßigkeit ungehört verhallt oder hat - schlimmer noch - zu gesetzgeberischen Maßnahmen geführt, die sich bei näherer Betrachtung als zusätzliche Verkomplizierung erwiesen haben. Auch das Ausland meldet bei der Steuervereinfachung keine durchgreifenden Erfolge; Reformen scheitern entweder im Vorfeld oder werden - wie in den USA[21] - mit den Jahren ausgehöhlt. Daher muss sich die Fachöffentlichkeit darüber klar werden, welche Hindernisse einer durchgreifenden Steuervereinfachung im Wege stehen. Sie muss prüfen, ob diese Hindernisse sich bei angemessener Vorarbeit als überwindlich erweisen können oder ob sie - sei es aus politikimmanenten Gründen, sei es

---

[16] Siehe Rose, Die Einfachsteuer - „Das Konzept", in: Rose (Hrsg.), Reform der Einkommensbesteuerung in Deutschland, Konzept, Auswirkungen und Rechtsgrundlagen der Einfachsteuer des Heidelberger Steuerkreises, Heidelberg 2002.
[17] Internal Revenue Service, The Path to Tax Simplification, 1995; dies., The Way Forward, 1996; Tax Law Review Committee, Interim Report on Tax Legislation, 1995; dies., Final Report on Tax Legislation, 1996; dazu: Avery Jones, British Tax Review 1996, S.580 ff.; Beighton, British Tax Review 1996, S. 601 ff; Broke, British Tax Review 2000, S. 18 ff.; Howe, British Tax Review 2001, S. 113 ff.
[18] Tax Law Improvement Project, Building the New Tax Law, 1995.
[19] Tax Compliance, Report to the Treasurer and Minister of Revenue by a Committee of Experts on Tax Compliance, 1998.
[20] Study of the overall State of the Federal Tax System and Recommendations for Simplification, Pursuant to Section 8022(3)(B) of the Internal Revenue Code of 1986, 2001.
[21] Ault a.a.O. (Fn.3), S. 110 f.

aus systematischen Gründen - einer wirklichen Bewältigung nicht oder kaum zugänglich sind.

2 Vorbemerkungen

2.1 Begriff der Steuervereinfachung

Ein erstes Hindernis auf dem Weg zu einem einfachen Steuerrecht liegt schon in der Frage, was in der öffentlichen Diskussion überhaupt unter Steuervereinfachung verstanden wird.[22] Bereits bei dem Versuch dieser terminologischen Klärung gehen die Vorstellungen weit auseinander. Einfachheit kann zunächst ein Problem der äußeren Form sein: eine unverständliche Sprache, ein ungeschickter Aufbau, eine historisch zufällige Zusammenfügung von steuerlichen Normen können einer äußeren Neuordnung bedürfen, ohne den Inhalt des Steuerrechts wesentlich zu verändern. Einen Schritt weiter reicht die Forderung nach einer materiellen Vereinfachung des Steuerrechts, d.h. einer Reduktion oder Konzentration der finanziellen und verfahrensrechtlichen Belastung des Steuerpflichtigen. Hierzu gehört prominent die Abschaffung von Einzelsteuern, wie sie bei der Vermögenssteuer gelungen und namentlich bei der Gewerbesteuer seit Jahrzehnten gefordert wird; es geht aber darüber hinaus um eine innere Neuordnung der verbleibenden Einzelsteuern, ihrer Bemessungsgrundlagen und Tarife.[23] Steuervereinfachung besteht insoweit darin, das Regelungswerk einer Einzelsteuer auf wenige zentrale Belastungstatbestände zurückzuführen, Ausnahmen weitgehend zu eliminieren und das Verfahrensrecht zu entlasten. Doch kann auch ein einfach formuliertes und gedanklich geordnetes Steuerrecht Steuerpflichtigen und Steuerverwaltung außerordentliche Mühe bereiten: Schlichte und ursprünglich ganz einsichtige Besteuerungsregeln, wie z.B. die periodische Neubewertung von Grundstücken im Substanzsteuerrecht oder die Abgrenzung der Erwerbs- von der Privatsphäre im Einkommensteuerrecht erweisen sich in der Anwendung - einerseits auf den Einzelfall bezogen, andererseits im Massenverfahren zu bewältigen - als außerordentlich kompliziert.[24] Daher liegt eine dritte Stufe der Vereinfachung in der Typisierung und Pauschalierung von steuerlichen Tatbeständen, d.h. in dem Versuch einer gesetzlichen Abstraktion vom jeweiligen Lebenssach-

---

[22] Ruppe, DStJG 21 (1999), S. 29 ff., 32 f; Broke a.a.O. (Fn.17), S. 20.
[23] Dazu grundlegend: Tipke, StuW 1971, S. 1 ff; ders., Steuergerechtigkeit in Theorie und Praxis, 1981, S. 52 ff; Raupach in: Raupach/Tipke/Uelner a.a.O. (Fn.1), 1986, S. 15 ff; zur Einkommensteuer: Lang, DStJG 24 (2001), S. 49 ff.
[24] Lang, FS Meyding a.a.O. (Fn.1), S. 33; Isensee, StuW 1994, S. 3 ff, 8.

verhalt. Weitergehend versucht eine vierte Kategorie der Steuervereinfachung, die Grundentscheidungen eines Steuersystems von vornherein so anzulegen, dass eine einfache Anwendung gewährleistet ist. Dies ist das Ziel der Konsumbesteuerung, die z.b. komplizierte Bewertungsprobleme im Investitionsbereich durch einen prinzipiellen Vollabzug von Investitionskosten zu lösen versucht. Und schließlich lässt sich Steuervereinfachung auch zu einem guten Teil als Steuerminderung vorstellen.[25] In der Tat wird man auf der politischen Ebene eine Steuervereinfachung nicht durchsetzen können, wenn diese nicht zumindest auch erhebliche steuerentlastende Effekte mit sich führt.

2.2 Ziele der Steuervereinfachung

2.2.1 Verständlichkeit

Besteht schon über den Begriff der Steuervereinfachung wenig Einigkeit, so sind die Zielsetzungen, die in der politischen und wissenschaftlichen Diskussion mit dem Postulat der Steuervereinfachung verbunden werden, noch weniger auf eine Linie zu bringen. Betrachten wir die äußere Form des Steuergesetzes, so soll das Gesetz - darin ist man sich einig - verständlich sein - aber meinen wir damit eine Verständlichkeit für den privaten Steuerpflichtigen, für seinen sachkundigen Berater (eine Verständlichkeit, die heute durchaus nicht mehr sichergestellt ist), für die Verwaltung oder die Gerichte?[26] Das Bundesverfassungsgericht hat mehrfach darauf hingewiesen, dass bereits für den einfachen Steuerpflichtigen der Zugang zum Rechtsstoff gewährleistet werden soll.[27] Aber welche Zielrichtung soll diese Verständlichkeit des Gesetzes aus der Sicht des Steuerpflichtigen haben? Geht es um die Garantie rechtskonformen Verhaltens für den Privatmann, der sich bei der Abgabe seiner strafbewehrten steuerlichen Erklärungen ex post Klarheit über die Qualifikation und Relevanz der von ihm verwirklichten Sachverhalte verschaffen muss?[28] Oder geht es um Rechtssicherheit als Gestaltungssicherheit für den Unternehmer, der die steuerlichen Konsequenzen

---

[25] Däke, in: Rose (Hrsg.), Steuern einfacher machen!, 1999, S.9 ff., 13; Karl-Bräuer-Institut a.a.O. (Fn.1), S. 60 ff.
[26] Überblick bei: Karl-Bräuer-Institut a.a.O. (Fn.1), S. 16 f., 40 ff; Internal Revenue Service a.a.O. (Fn.17), The Way Forward, Kapitel 1, Tz. 17 ff.
[27] BVerfG v. 10.11.1998 a.a.O. (Fn.11), S. 242 f.
[28] BVerfG v. 10.11.1998 a.a.O. (Fn.11), S. 242 f; Kirchhof, FS Meyding a.a.O. (Fn.1), S.3; ders. in: Rose (Hrsg.), Standpunkte zur aktuellen Steuerreform, 1998, S. 85 ff, 87; ders., DStJG 21 (1999), S. 9 ff, 12 f; ders., a.a.O. (Fn.15), S. 913; skeptisch im Hinblick auf die Möglichkeit eines „bürgernahen" Steuerrechts: Lang, Entwurf eines Steuergesetzbuchs, Schriftenreihe des Bundesministeriums der Finanzen, Heft 49, 1993, Rz. 388.

seiner betriebswirtschaftlichen Entscheidungen ex ante anhand des Wortlauts der Steuergesetze präzise vorauskalkulieren muss?[29] Oder geht es sogar um die materielle Verstehbarkeit des Steuerrechts als Voraussetzung einer psychologischen - man könnte sagen: sittlichen - Akzeptanz der Steuerpflicht durch den einzelnen Bürger, der in der individuellen Steuerlast seinen gerechten Anteil an den Ausgaben der öffentlichen Hand für das gemeine Wohl vorfinden soll.[30] Jede dieser Zielsetzungen legt andere Maßstäbe an die Verständlichkeit der Steuerrechtsordnung für den Steuerpflichtigen.

2.2.2 Ökonomische Kosten

Einfaches Steuerrecht - das soll aber nicht nur begreifbares Steuerrecht sein. Vielmehr stellen Ökonomie und Rechtswissenschaft zusätzliche Anforderungen. Die Vereinfachung des Steuerrecht soll aus der Sicht der Ökonomie zunächst die „compliance costs"[31], d.h. den finanziellen Aufwand reduzieren, der mit der Erfüllung verfahrensrechtlicher Steuerpflichten - insbesondere Buchführungs-, Nachweis- und Erklärungspflichten verbunden ist. Ein klassisches Beispiel bildet das bilanzrechtliche Maßgeblichkeitsprinzip, das seiner Idee nach den Bürger von überflüssigen Doppelrechnungen entlasten soll und auch im Karlsruher Entwurf wieder aufgegriffen wird.[32] Hinzu treten die Kosten des staatlichen Administrationsapparates zur Seite, die sich wesentlich im Personalaufwand für Veranlagung, Betriebsprüfung oder Rechtsbehelfe niederschlagen.[33] Im Vordergrund der ökonomischen Kritik steht jedoch eine andere Kategorie volkswirtschaftlicher Einbußen, nämlich solche Verluste, die durch die fehlende Neutralität eines komplizierten Steuerrechts entstehen: die Kompliziertheit einer Steuerrechtsordnung beruht häufig auf dysfunktionalen Ausnahmeregeln, systematisch unabgestimmten Normenschichten oder gar auf politisch motivierten Lenkungsnormen, die zielgerichtet der ökonomischen Entscheidungsneutralität des Steuerrechts entgegenwirken.[34] Indem sie die ökonomischen Entscheidungen der Steuerpflichtigen verzerren, mindern sie die Allokationseffizienz der verfügbaren Ressourcen und fügen dem Gesamtprodukt der Volkswirtschaft nachteilige Steuerwirkungen, sog. „deadweight losses", zu.[35] Dazu

---

[29] In diese Richtung: BVerfG v. 3.12.1997 2 BvR 882/97 BVerfGE 97, S. 67 ff, 78 ff. (zum Rückwirkungsverbot); Kirchhof, DStJG 24 (2001), S. 9 ff, 20; Tipke, Steuerrechtsordnung, Bd. 1, 2. Aufl., 2000, § 6 Abs. 2.
[30] Karlsruher Entwurf a.a.O. (Fn.4), S. 18 f.
[31] Ausführlich Tax Compliance a.a.O. (Fn.19), S. 4 ff; Walpole/Evans/Ritchie/Tran-Nam, British Tax Review 1999, S. 244 ff.
[32] Karlsruher Entwurf a.a.O. (Fn.4), § 3 Abs. 3; zweifelnd jetzt wieder Müller, DStR 2001, S. 1858 ff, 1862 f.
[33] Ruppe a.a.O. (Fn.22), S. 34; Karl-Bräuer-Institut a.a.O. (Fn.1), S. 53.
[34] Rose a.a.O. (Fn.4), S. 41 f.
[35] Pohmer in: FS Meyding a.a.O. (Fn.1), S. 23 f; Tax Compliance a.a.O. (Fn.19), S. 4 ff.

kann man auch solche Wohlfahrtsverluste rechnen, die durch faktische Unsicherheit des Steuerpflichtigen über die steuerlichen Rechtsfolgen bestimmter wirtschaftlicher Entscheidungen erzeugt werden.[36] Nicht als eigentlichen volkswirtschaftlichen Schaden muss man übrigens die schlichte Steuerzahlung, d.h. den Vermögenstransfer vom Steuerpflichtigen auf den Staat, betrachten, eher schon das fiskalische Minderaufkommen, welches durch intellektuelle Überforderung oder offenen Widerstand des Steuerpflichtigen gegen komplizierte Rechtsvorschriften hervorgerufen wird.[37]

2.2.3 Gleichheit

In der Forderung nach Neutralität trifft sich die Ökonomie auch mit dem juristischen Postulat der Besteuerungsgleichheit.[38] Steuervereinfachung - so das Credo der überwiegenden Rechtswissenschaft - soll auch eine Gleichheit in der steuerlichen Lastenverteilung bewirken, indem regelwidrigen Sonderlasten oder Steuervergünstigungen ein Ende bereitet wird. Doch beginnen an dieser Stelle bereits erhebliche Differenzen in der rechtspolitischen - und auch verfassungsrechtlichen - Einschätzung der Steuervereinfachung. Während einige Stimmen das Ziel der Steuervereinfachung als Ausdruck von Gleichheit und Freiheit im Steuerrecht auch oberhalb der Einzelfallgerechtigkeit ansiedeln[39], schätzen andere die Einfachheit des Steuerrechts lediglich als Sekundärtugend einer Rechtsordnung ein, die im Regelfall hinter den materiellen Ansprüchen einer billigen Behandlung des einzelnen Steuerbürgers zurücktreten muss.[40] Die letztgenannte Ansicht hat in Deutschland die größere Tradition[41] und ist auch im Ausland[42] weitgehend anerkannt. Übersetzt man nämlich die Forderung nach Besteuerungsgleichheit in das Postulat einer Besteuerung nach der individuellen Leistungsfähigkeit, so muss man die persönlichen Einkommens- und Vermögensverhältnisse des Steuerpflichtigen in den Blick nehmen und wird jede Vergröberung und Vereinheitlichung als Abweichung von der individuellen Billigkeit wahrnehmen. Im Ergebnis müssen wir daher einen dauerhaften und unauflöslichen Widerspruch zwischen den Postulaten der Einfachheit und der Gleichheit im Steuerrecht konstatieren. Darauf wird am Beispiel der Typi-

---

[36] Lang, Steuergesetzbuch a.a.O. (Fn.28), Rz. 386 f.; Karl-Bräuer-Institut a.a.O. (Fn.1), S. 44 ff.
[37] Ruppe a.a.O. (Fn.22), S. 35.
[38] Kirchhof a.a.O. (Fn.15), S. 913; Jachmann, FS Offerhaus, 1999, S. 1071 ff., 1078 f; Lang, Steuergesetzbuch a.a.O. (Fn.28), Rz.390 ff.; allgemein zum Verhältnis Ökonomie und Recht vgl.: Schön in: Kirchhof/Neumann (Hrsg.), Gleichheit, Freiheit, Effizienz, 2001, S. 121 ff.
[39] Grundlegend: Kirchhof a.a.O. (Fn.28), S. 21 ff.
[40] Grundlegend: Ruppe a.a.O. (Fn.22), S. 30 f.
[41] Tipke, Steuerrechtsordnung I a.a.O. (Fn.29), § 7 Abschn. 5.92.
[42] Tax Compliance a.a.O. (Fn.19), S. 3 ff.

sierung noch zurückzukommen sein. An dieser Stelle lässt sich nur festhalten, dass ein erstes wichtiges, aber bei offener Diskussion vielleicht doch vermeidbares Hindernis der Steuervereinfachung bereits in dem fehlenden Konsens über Inhalt und Zielsetzung der Steuervereinfachung begründet ist.

3 Gestalt und Anwendung von Steuernormen

3.1 Aufbau, Sprache und Kodifikation des Steuerrechts

Wer sich für Steuervereinfachung einsetzt, der beschwört oft und gern den verunglückten Aufbau, die missratene Sprache und die fehlende Kodifikation der steuerlichen Normen. Ein einfaches und gerechtes Steuersystem müsse demgegenüber durch eine klare Gliederung, eine verständliche Sprache und durch eine inhaltliche Abstimmung der einzelnen Gesetzeswerke, möglichst durch eine ordnende Zusammenfassung in einem Steuergesetzbuch gekennzeichnet sein. Was ist von dieser Kritik zu halten?

Der äußere Aufbau unserer Steuergesetze ist - daran würde ich entgegen einer Vielzahl von Kritikern festhalten - im Kern noch gesund.[43] Die meisten Einzelsteuergesetze lassen unschwer den Steuerpflichtigen, das Steuerobjekt, die Bemessungsgrundlage und den Tarif erkennen. Dabei schrecken auch wenig die berühmten a- und b-Normen (von § 15a EStG bis § 8b KStG), die oft als Beispiel einer fehlenden Gesetzgebungskultur beklagt werden. Der Jumbo-Entwurf der christlich-liberalen Koalition aus dem Jahre 1998 meinte demgegenüber, eine Steuervereinfachung u.a. durch eine erneute Durchzählung der Vorschriften des EStG zu erreichen und kam auf über 100 Paragraphen.[44] Eine solche Vorgehensweise wäre jedoch nicht nur fruchtlos, sondern auch schädlich. Sie würde die letzten Reste der originalen Struktur beseitigen und das wichtige Regel-Ausnahme-Schema, das in der Verwendung von a- und b-Normen beiläufig zum Ausdruck gelangt, verwischen. Es ist - nicht zuletzt in der Vorlesung - wichtig, dass man in § 15 EStG die klassische Grundnorm der Besteuerung von Personenunternehmen und in § 15a EStG die nachträgliche Sondernorm für den Kommanditisten deutlich erkennt. Den unglücklichsten Aufbau weist m.E. eines der traditionsreichsten Regelwerke unseres Steuerrechts auf, nämlich die Abgabenordnung, die Grundlehren des allgemeinen Steuerrechts mit materiellrechtlichen Vorschriften und reinem Verfahrensrecht in einer schwer unterscheidbaren Weise vermischt.

---

[43] Ebenso Crezelius, FS Meyding a.a.O. (Fn.1), S. 61 ff, 61 f.
[44] BT-Drs. 13/7480.

Wichtiger als die numerische Reihenfolge ist die Sprache eines Gesetzes.[45] Hier finden die Kritiker schlampiger, ans Unverständliche grenzender Sprache immer wieder - auch humoristisch wertvolle - Beispiele unfreiwilliger Komik. In England ist daher seit einigen Jahren ein „tax law rewrite project"[46] auf dem Wege, das zum Ziel hat, das geltende englische Steuerrecht ohne inhaltliche Veränderung in ein einfache, auch dem Laien verständliche Sprache zu überführen. Ein solches - der eigentlichen Gesetzgebung gewissermaßen nachlaufendes - Projekt leuchtet schon deshalb ein, weil wir an der Hektik der aktuellen Gesetzgebung als Ursache unpräziser Gesetzesformulierungen bis hin in die pragmatischen Notizen eines Vermittlungsausschusses nichts werden ändern können. Da scheint eine ruhige Nachformulierung nicht unvernünftig zu sein. Doch muss man sich im Klaren darüber sein, dass auch eine solche Neuformulierung Schwierigkeiten mit sich führt. Einerseits kann jede sprachliche Änderung Zweifel an der sachlichen Fortgeltung der alten Regelung (und der darauf beruhenden Rechtsprechung und Verwaltungspraxis) hervorrufen[47], zumal sich hinter sprachlichen Verzerrungen oft auch inhaltliche Unsicherheiten des Gesetzgebers verbergen. Andererseits kann auch eine schlichte Reformulierung nur mit einem Gang durch die parlamentarischen Instanzen Verbindlichkeit erlangen - und eben dieser parlamentarische Prozess stellt dann ohne weiteres den gesamten Bereich reformulierten Rechts wieder zur Disposition.

Die ersten Ergebnisse, welche das Tax Law Rewrite Project aus Großbritannien in den letzten Jahren geliefert hat[48], können aus deutscher Sicht nicht ermutigend stimmen. Verabschiedet ist bisher lediglich das Gesetz über „capital allowances", d.h. Abschreibungen auf Anlagevermögen. Das neue Gesetz benötigt für einen Sachbereich, der in Deutschland in den §§ 6 ff., 7 ff. EStG i.V.m. wenigen Normen des allgemeinen Handelsbilanzrechts geregelt ist, nicht weniger als 500 Einzelvorschriften. Ein weiterer frischer Entwurf über „Income Taxed As Trading Income" umfasst 116 Druckseiten und versucht, Verständlichkeit für den individuellen Steuerzahler mit eindrucksvollen Sätzen wie: „Ein einzelnes Tier kann eine Herde bilden", zu leisten. Der Abzugsfähigkeit von Aufwendungen für die persönliche Sicherheit des Steuerpflichtigen und seiner Familie wird eine volle Vorschrift mit 8 Unterabsätzen gewidmet. Wertpapierhändler, Waldbesitzer, Barrister und Priester erhalten eigene gesetzliche Sonderregeln zur Einkünfteermittlung. Dabei wird eine strenge Sprachkontrolle ausgeübt: altmodisches Juristen-

---

[45] Karl-Bräuer-Institut a.a.O. (Fn.1), S. 251 ff.
[46] A.a.O. (Fn.17).
[47] Internal Revenue Service a.a.O. (Fn.17), The Way Forward, Kapitel 3; skeptisch auch Avery Jones a.a.O. (Fn.17), S. 581 ff.
[48] Das bisher erarbeitete Material ist aufzufinden unter http://www.internalrevenue.gov.uk/rewrite.

englisch soll entfernt, die Rede in der dritten Person durch ein freundliches „You" ersetzt werden. Der Fortschritt, der darin für England liegt, kann nur aus dem überdifferenzierten Steuerchaos der jährlichen Finance Acts[49] erklärt werden; ein Modell für Deutschland liegt darin nicht.

Schließlich muss man die Frage nach dem Sinn einer äußeren Gesamtkodifikation des Steuerrechts stellen.[50] Eine solche Zusammenfügung ergibt einen Sinn, wenn sie sich nicht in einer Kompilation erschöpft, d.h. wenn sie zur einheitlichen und abgestimmten Anwendung und Auslegung der Einzelsteuergesetze einlädt und durch ihr schieres Gesamtgewicht auch den einzelnen Normen Stabilität und Bestandsschutz im politischen Prozess sichert. Daher lässt sich gegen das Ziel eine Kodifikation a priori nichts einwenden; doch muss festgehalten werden, dass die primäre gedankliche Ordnung und Vereinfachung der Einzelsteuergesetze deutlich bedeutsamer ist als ihre äußere Zusammenfassung in einer Kodifikation.

3.2 Abstraktionshöhe und Auslegung steuerlicher Normen

Auch wenn die geschilderten technischen Ansprüche an die äußere Ordnung und saubere Sprache des Steuerrechts erfüllt werden, bleibt doch der Gesetzgeber vor der Frage, auf welcher Abstraktionshöhe er die gesetzlichen Vorschriften des Steuerrechts ansiedeln soll. Hier geraten zwei Teilaspekte der Steuervereinfachung in einen unlösbaren Widerspruch, der Anspruch der Kürze und Stringenz einerseits und der Anspruch der Präzision und Rechtssicherheit andererseits. Der Gesetzgeber hat die Wahl: Er kann ein kurzgefasstes, auf wenige Grundnormen reduziertes Steuerrecht erlassen. Er lässt damit den fachkundigen Rechtsanwender und schon gar den steuerlichen Laien mit einer Fülle von Subsumtionsproblemen alleine. Diese Auslegungsprobleme können erst im Laufe der Zeit mit Hilfe eines massiven Corpus von ministeriellen Ausführungsverordnungen, staatlichen Verwaltungsvorschriften und der Spruchpraxis der Gerichte Schritt für Schritt gelöst werden (man denke nur an die US-amerikanischen regulations[51]). Der Gesetzgeber kann sich auch auf eine sachverhaltsnahe Normebene begeben, die eine Vielzahl von Einzelfällen einer eindeutigen Lösung zuführt, aber den Gesetzestext mit breit angelegten Detailregelungen überfrachtet. Es empfiehlt sich m.E. eine mittlere Abstraktionshöhe zwischen Generalklausel und Einzelnorm, wie sie der deutschen Gesetzgebungstradition zugrunde

---

[49] Broke a.a.O. (Fn.17), S. 19.
[50] Befürwortend: Kirchhof a.a.O. (Fn.28), S. 94 ff; Lang, Steuergesetzbuch a.a.O. (Fn.28), Rz. 278.
[51] Nach Angaben des „joint committee on taxation" a.a.O. (Fn.20, S.4) umfassen die US-amerikanischen Verwaltungsregelungen auf Bundesebene zum Steuerrecht insgesamt 20.000 Seiten mit 8 Millionen Wörtern.

liegt. Um ein Beispiel zu nennen: Eine knappe Aufzählung und Definition subsumtionsfähiger Einkunftsarten ist verständlicher als ein allgemeiner Tatbestand der „Einkünfte aus erwerbswirtschaftlichem Handeln"[52], Dies gilt vor allem dann, wenn das Gesetz ohnehin bei den Rechtsfolgen nach Einkunftsarten unterscheidet[53], z.B. Einkünfte aus selbständiger und nichtselbständiger Arbeit im Hinblick auf die Lohnsteuerpflicht abgrenzen muss, Vermögenszuwächse bei bestimmten Steuerarten steuerlich nur eingeschränkt erfasst werden oder eine Quellensteuer auf Kapitaleinkünfte erhoben werden soll.

Eng verbunden mit der Problematik der Abstraktionshöhe von Steuernormen ist Frage nach der Methode ihrer Auslegung. In den Reformbewegungen des englischen Steuerrechts erhofft man sich erhebliche Fortschritte von der Kombination eines verkürzten, prinzipienorientierten Gesetzestextes mit der Methode teleologischer Auslegung.[54] Weitergehend im deutschen Schrifttum eine vergleichbare normentlastende Wirkung der wortsinnüberschreitenden teleologischen Extension und Analogiebildung unterstellt.[55] Teleologische Auslegung und steuerliche Analogie können - so die These - gemeinsam dafür sorgen, dass im Wege funktioneller Arbeitsteilung mit dem Gesetzgeber aus knapp gefassten Steuernormen heraus eine zweck- und gleichheitsgerechte Besteuerung vollzogen werden kann.

Es ist bezeichnend, dass diese Argumentation mit Nachdruck aus der richterlichen Perspektive vertreten worden ist. Denn man muss bedenken, dass die teleologische Auslegung und Analogiebildung von Steuernormen nur in der kontrollierten ex-post-Situation des richterlichen Urteils ihre rechtsgewährende und befriedende Kraft entfalten können. In der ex-ante-Situation des planenden Steuerpflichtigen, aber auch im Massengeschäft der überforderten Finanzverwaltung, sind präzise Detail-Formulierungen auslegungsfähigen Generalklauseln jedoch deutlich überlegen. Beispielhaft sind die safe-haven-Regelungen, wie wir sie z.B. bei der Fremdfinanzierung von Kapitalgesellschaften durch nichtanrechnungsberechtigte Anteilseigner kennen.[56] Jeder Steuerpflichtige bevorzugt den detailreichen, nach Kapitaltypen mit Rechnungsfaktoren gestalteten § 8a KStG gegenüber einer allgemeinen Angemessenheitsformel, deren Auslegung und Anwendung ihm erst viele Jahre

---

[52] §§ 2 Abs. 1, 3 Abs. 1 Karlsruher Entwurf a.a.O. (Fn.4),. S. 1; Kirchhof a.a.O. (Fn.15), S. 914 f.
[53] Wassermeyer, DStR 2001, S .920 ff, 921.
[54] Internal Revenue Service a.a.O. (Fn.17), The Way Forward, Kapitel 2; Avery Jones a.a.O. (Fn.17), S. 599 f.
[55] Fischer, StVJ 1992, S. 3 ff, 24 ff; Weber-Grellet, DStR 1991, S. 438 ff, 441 ff, 445; Birk in: Hübschmann/Hepp/Spitaler, AO und FGO, 10. Aufl., 1999, § 4 AO Rz. 690 ff, 700; Tipke, Steuerrechtsordnung I a.a.O. (Fn.29), § 6 Abschn. 4 m.w.N.
[56] Ruppe a.a.O. (Fn.22), S. 44 f; Raupach in: Raupach/Tipke/Uelner a.a.O. (Fn.1), S. 35 f.

später präsentiert wird. Und nichts fürchtet der planende Steuerpflichtige mehr als die steuerverschärfende Analogie, die seine Dispositionen ohne vorhersehbare gesetzliche Grundlage nachträglich auf dem Altar der Besteuerungsgleichheit opfert.

3.3 Das Missbrauchsproblem

Eng mit der Auslegung und Analogiebildung von Steuernormen zusammen hängt die Problematik der Bekämpfung von Gestaltungsmissbräuchen. Die Furcht vor der Steuerumgehung hat zu einem erheblichen Umfang zur Einzelfallgesetzgebung inländischer und ausländischer Legislativen beigetragen.[57] Hier liegt die Lösung natürlich in erster Linie in einer systematischen und gleichheitskonformen Konturierung des Steuerrechts, die finanziell nutzbare Belastungsdifferenzen zwischen wirtschaftlich ähnlichen Sachverhalten von vornherein nicht aufkommen lässt. Fehlt es jedoch an einer solchen kohärenten Gesetzgebung, so muss im Einzelfall festgestellt werden, ob Umgehungsgestaltungen im Wege der Analogie, durch Anwendung einer Generalklausel nach Art des § 42 AO[58] oder durch eine legislatorische Einzelfallregelung erfasst werden sollen. Wiederum ist es die äußerlich schlanke Form der Analogie oder der Generalklausel, die den Steuerpflichtigen erheblichen Planungsrisiken aussetzt, während die detaillierte Sonderregelung bei allem ästhetischen Missfallen doch die größere Planungssicherheit gewährt.

4 Systemfremde Hindernisse der Steuervereinfachung

Betrachtet man die Gestalt und die Mängel des materiellen Steuerrechts, so ist - wie ich meine - zwischen systemimmanenten und systemfremden Hindernissen der Steuervereinfachung zu unterscheiden. Dabei bezeichne ich als systemimmanent solche Hindernisse, die bereits in dem Umstand begründet liegen, dass die steuerrechtliche Erfassung komplexer wirtschaftlicher Vorgänge, d.h. die subjektive Zuordnung und objektive Bemessung steuerlicher Leistungsfähigkeit per se gewisse Komplizierungen mit sich bringt. Ich werde in meinem abschließenden Teil darauf eingehen. Zunächst sind jedoch diejenigen Hindernisse zu erörtern, die systemfremden Charakter haben, d.h. die nicht in der Natur der Sache begründet sind, sondern erst

---

[57] Gammie, Intertax 2000, S. 267 ff.
[58] Zur Bedeutung des § 42 AO im Rahmen der steuerrechtlichen Normanwendung ausführlich: Fischer in: Hübschmann/Hepp/Spitaler, AO und FGO, 10. Aufl., 1991, § 42 AO Rz. 53 ff.

im Rahmen der steuerlichen Gesetzgebung von Außen in die Steuerrechtsordnung hineingetragen werden.

4.1 Technische Mängel

Ein erstes Beispiel für derartige systemfremde Hindernisse bilden diejenigen technischen Mängel, die über das schlichte Redaktionsversehen hinausgehen und deutlich machen, dass der Gesetzgeber sich über seine Konzeption eines steuerlichen Subsystems im Grunde keine Klarheit verschafft oder diese Konzeption nicht hinreichend konsequent durchgesetzt hat. Beispielhaft aus der jüngeren Gesetzgebungsgeschichte ist die Behandlung von Vermögensverlagerungen zwischen einer Personengesellschaft und ihren Gesellschaftern. Nachdem Rechtsprechung und Verwaltung zu Einbringung und Realteilung über viele Jahrzehnte hin ein konsensorientiertes und handhabbares System entwickelt hatten[59], entschloss sich der Gesetzgeber des SteuerentlG 1999/2000/2002 dazu, die Verlagerungen von Einzelwirtschaftsgütern zwischen einer Personengesellschaft und ihren Gesellschaftern sowie zwischen den Gesellschaftern von der Steuerneutralität auszunehmen und die Aufdeckung der stillen Reserven anzuordnen.[60] Das war nicht wirtschaftsfreundlich gemeint, aber konsequent durchdacht und formuliert. Auf Druck des Mittelstandes wurde diese Neukonzeption aber schon nach einem Jahr revoziert und der sogenannte „Mitunternehmererlass" revitalisiert, der die Verlagerung stiller Reserven auch bei Einzelwirtschaftsgütern erlaubte.[61] Dabei vergaß man jedoch einerseits, unentgeltliche verdeckte Einlagen und entgeltliche offene Einlagen korrekt miteinander abzustimmen[62], und man vergaß auch, die Regelung des Parallelvorgangs der Realteilung systematisch anzupassen. Die technische Mangelhaftigkeit besteht nun darin, dass das geltende Recht zwei - jeweils in sich vertretbare - Konzeptionen zur Verlagerung von Wirtschaftsgütern in Kollision bringt. Dies ist ein schlichter Qualitätsmangel, der bei sorgfältiger Entwurfsarbeit und einer guten Abstimmung zwischen den beteiligten Fachreferaten vermieden werden muss und - wie ich meine - trotz der bekannten Hektik der Gesetzgebungsverfahren auch vermieden werden kann. In diesen Tagen wird das Gesetz zur Fortentwicklung der Unternehmenssteuerreform die dritte gesetzliche Regelung innerhalb von zwei Jahren bringen; der Gesetzgeber hat sich nun einem steuersystematischen „laissez faire" hingegeben

---

[59] „Mitunternehmererlass" v. 20.12.1977 BStBl I 1978, S. 8 ff; ausführlich: Knobbe-Keuk, Bilanz- und Unternehmenssteuerrecht, 9. Aufl., 1993, § 11 III 2.
[60] § 6 Abs. 5 EStG i.d.F. des StEntlG 1999/2000/2002, BStBl I 1999, S. 304 ff.
[61] § 6 Abs. 5 EStG i.d.F. des SteuerSenkG v. 23.10.2000 BStBl I 2000, S. 1428 ff.
[62] Kritik bei: Reiß, StuW 2000, S. 399 ff, 402 ff; Schön, FS S.Widmann, 2000, S. 531 ff.

und gestattet nahezu unbeschränkt die Buchwertfortführung bei Verlagerungen zwischen Personengesellschaften und ihren Gesellschaftern (mit oder ohne Ergänzungsbilanz).[63] Ein Gesetzgeber, der diese technisch komplizierten Fragen nur noch mit allgemeinen Kategorien der Mittelstandsfreundlichkeit oder -feindlichkeit behandelt, wird keine stimmigen Normen hervorbringen.

4.2 Politische Mängel der Steuergesetzgebung

Sehr viel schwieriger ist es, denjenigen systemfremden Hindernissen der Steuervereinfachung entgegenzutreten, die ihren Ursprung in bewussten politischen Dezisionen finden. Nicht nur in Deutschland[64], sondern auch im Ausland wird in der Verfremdung des Steuersystems durch Lenkungsnormen eine wesentliche Ursache der Kompliziertheit des Steuersystems ausgemacht. Der aktuelle Bericht des US-amerikanischen „joint committee on taxation"[65] benennt dies als einen wesentlichen Grund steuerlicher Komplexität. Es ist bekannt, dass die Politik das Postulat einer einfachen und systematisch klaren Gesetzgebung nicht hinreichend aufnimmt; vielleicht gelingt es auch der Steuerwissenschaft nicht immer, deutlich zu machen, dass sich hinter dem Bedürfnis nach Systematik aus juristischer Sicht die Forderung nach Besteuerungsgleichheit, aus ökonomischer Sicht die Forderung nach Neutralität und aus der Sicht der Verwaltung die Forderung nach reibungsfreier Vollziehbarkeit des Steuerrechts verbergen. Doch würde die Neigung der Politik - wie uns die public choice-Schule[66] lehrt - , mit dem Mittel des Steuerrechts politische Handlungsfähigkeit zu demonstrieren oder gar offene Klientelpolitik zu betreiben, durch solche wissenschaftlichen Vorhaltungen nur wenig eingedämmt. So nimmt es nicht wunder, dass die Nutzung des steuerlichen Normengefüges zur politischen Einflussnahme, zur finanziell gesteuerten Verhaltenslenkung trotz jahrzehntelanger Vorhaltungen bis heute keine wirkliche Begrenzung erfahren hat.

---

[63] § 6 Abs.5 EStG i.d.F. des Entwurfs eines Gesetzes zur Fortentwicklung der Unternehmenssteuerreform, BR-Drs.638/01.

[64] Karl-Bräuer-Institut a.a.O. (Fn.1), S. 63 ff; Friauf, DStJG 21 (1999), S. 85 ff; Ault a.a.O. (Fn.3), S. 111 f; Kirchhof, FS Meyding a.a.O. (Fn.1), S. 13 f; Lang, FS Meyding a.a.O. (Fn.1), S. 36 f; Zeitler, FS Meyding a.a.O. (Fn.1), S. 90 f; Tipke in: Raupach/Tipke/Uelner a.a.O. (Fn.1), S. 146 ff; Offerhaus a.a.O. (Fn.2), S. 379 ff.

[65] A.a.O. (Fn.20), S. 68 ff.

[66] Überblick zum Diskussionsstand: Brennan, Public Choice and Taxation: Leviathan after Twenty Years, in: Krever (Hrsg.), Tax Conversations: A Guide to the Tax Reform Debate, Essays in Honour of John G.Head, 1997, S. 87 ff; eine Anwendung auf die US-Reformen bietet: Mucciaroni, Public Choice and the Politics of Comprehensive Tax Reform, in: Governance: An International Journal of Policy and Administration, 1990, S. 1 ff; abgedruckt in: Steinmo (Hrsg.), Tax Policy, 1993, S. 512 ff.

Insbesondere der Karlsruher Entwurf von Paul Kirchhof und seinem Team nimmt sich vor, das Steuerrecht von politisch motivierten Lenkungsnormen zu befreien.[67] Das verdient im Sinne des Ziels der materiellen Besteuerungsgleichheit und der ökonomischen Neutralität volle Unterstützung. Doch sollte man nicht glauben, dass die Abschaffung politisch motivierter Lenkungsnormen einen überragenden Beitrag zur Steuervereinfachung leisten kann. Einige dieser Normen sind im Prinzip einfach anzuwenden, z.B. die Regeln über steuerfreie Lohnzuschläge oder steuerfreie Nebentätigkeiten, und dennoch steuerpolitisch nicht zu rechtfertigen. Andere sind jedenfalls im Regelfall nicht komplikationsfördernd - z.B. ist eine degressive Abschreibung genauso einfach oder schwer zu berechnen wie eine lineare Abschreibung - und doch können solche scheinbar einfachen Lenkungsnormen Komplikationen verursachen, z.B. wenn sie zur Gründung von Verlustzuweisungsgesellschaften einladen, die ihrerseits dann im Anwendungsbereich des „normalen" Steuerrechts der Unternehmen erhebliche Komplikationen hervorrufen.

Besonders unerfreulich wird die Situation dann, wenn der Gesetzgeber sich über die Wirkungen seiner eigenen Lenkungsnormen keine präzise Klarheit verschafft, sondern überschießende Tendenzen zu bekämpfen sucht und damit erst richtig zur Komplikation beiträgt. Einerseits Steuervorteile durch Verlustzuweisungen versprechen und andererseits eine Mindestbesteuerung mit Verlustausgleichsverbot einführen[68]; einerseits mit der Öko-Steuer das Verbrauchsverhalten bei fossilen Rohstoffen verändern, andererseits bei tatsächlicher Spürbarkeit der Lenkungswirkung sofort branchenspezifische Entlastungen programmieren und Pendlern Entfernungspauschalen gewähren[69] - ein solches Verhalten des Gesetzgebers verhindert nicht nur die textliche Verständlichkeit, sondern im Grunde auch jede konzeptionelle Verstehbarkeit der Normgebung. Vielleicht greift es zu weit, vom Gesetzgeber eine vollständige politische Zurückhaltung bei der Ausgestaltung des Steuerrechts zu verlangen, aber es ist eine Mindestforderung an den Gesetzgeber, im Rahmen von Lenkungsmaßnahmen präzise Ziel-Mittel-Relationen herzustellen und innere Widersprüche der Gesetzgebung zu vermeiden.

Im übrigen: Es ist gar nicht so einfach, die politisch motivierte Lenkungsnorm von der systemkonformen Fiskalnorm zu unterscheiden. Die Steuerfreiheit des Sanierungsgewinns in § 3 Nr.66 EStG, die vor wenigen Jahren

---

[67] Karlsruher Entwurf a.a.O. (Fn.4), S. 18; Kirchhof a.a.O. (Fn.15), S. 913 f; ders., a.a.O. (Fn.28), S. 23 ff.
[68] Zu Entstehung und Kritik des § 2 Abs. 3 EStG: Hallerbach in: Herrmann/Heuer/Raupach, EStG und KStG, Steuerreform-Kommentierung, Stand 2000, § 2 Anm.R 7 ff.
[69] Kritisch Herdegen/Schön, Ökologische Steuerreform, Verfassungsrecht und Verkehrsgewerbe, Schriftenreihe „Rechtsordnung und Steuerwesen", Heft 27, 2000, S. 52 ff.

abgeschafft wurde, wurde im Schrifttum von einigen als systemgerechte Ausprägung eines wirtschaftlichen Einkommensbegriffs angesehen, von anderen als unternehmensorientierte Sanierungshilfe, d.h. als Lenkungsnorm.[70] Verlustvortrag und -rücktrag sind für einige selbstverständlicher Ausdruck des Leistungsfähigkeitsprinzips, für andere eine wirtschaftspolitische Subventionsnorm.[71] Die Begünstigung des nichtentnommenen Gewinns bei Kapitalgesellschaften oder auch die Betonung der nachgelagerten Besteuerung bei Altersvorsorge-Investitionen lässt sich einerseits als politisch motivierte Subvention bestimmter Investitionsformen verstehen, andererseits als systematisch gerechtfertigte Teil-Umstellung auf ein konsumorientiertes Besteuerungssystem.

4.3 Steuervielfalt und Steuerkompetenz

Ebenfalls systemfremd, weil nicht in der materiellen Ausgestaltung der Steuernormen per se angelegt, sind solche Verwerfungen, die ihre Ursache in der Vielfalt von Steuern und Steuerkompetenzen besitzen. Das „Joint Committee on Taxation" hat in seinem genannten Bericht vom Juni 2001 für die Vereinigten Staaten die Interaktion von Bundesrecht und einzelstaatlichem Recht als ein wesentliches Hindernis der Steuervereinfachung identifiziert.[72] Gleiches gilt innerhalb der Bundesrepublik Deutschland: An dem Schicksal der Gewerbesteuer zeigt sich in eindrucksvoller Weise, dass die Aufteilung von Gesetzgebungs-, Ertrags- und Verwaltungshoheit zwischen Bund, Ländern und Gemeinden eine wesentliche Quelle der Komplizierung bildet.[73] Jeder weiß, dass die Gewerbesteuer das Schema der Einkunftsarten im Einkommensteuerrecht massiv verfremdet, weil sie die Abgrenzung zwischen den gewerblichen und den anderen betrieblichen Einkunftsarten oder der Vermögensverwaltung mitbestimmt und daneben eine Fülle von Qualifikationskonflikten im Verhältnis zwischen Gesellschaft und Gesellschafter hervorruft - angefangen bei den Sondervergütungen und dem Sonderbetriebsvermögen in der Personengesellschaft und abgeschlossen mit der Betriebsaufspaltung und den Geprägegesellschaften.[74] Die mehrfachen Versuche des Gesetzgebers, die materiellen Belastungswirkungen der Gewerbesteuer zu reduzieren (§ 32c EStG oder § 35 EStG n.F.) zeigen, dass die

---

[70] Zur Entwicklung des „Sanierungsgewinns" vgl. v.Beckerath in: Kirchhof/Söhn, EStG, Stand 1993, § 3 EStG Rz.B 66/1 ff.
[71] Tipke/Lang, Steuerrecht, 16. Aufl., 1998, § 4 Rz. 26.
[72] A.a.O. (Fn.20), S. 75 ff.
[73] Ausführlich zur Geschichte der Gewerbesteuer: Zitzelsberger, Grundlagen der Gewerbesteuer, 1990; zum Reformproblem zuletzt: Jachmann, BB 2000, S. 1432 ff.
[74] Kirchhof a.a.O. (Fn.15), S. 915; Lang, FS Meyding a.a.O. (Fn.1), S. 36 ff.; ders. a.a.O. (Fn.23), S. 125 f.

Gewerbesteuer dem Grunde nach weder von der Politik noch von der Wirtschaft und auch nicht mehr von der Wissenschaft akzeptiert wird.[75] Doch an die Stelle einer grundsätzlichen Abschaffung treten systemfremde Entlastungsnormen, die um den rocher de bronze der Gewerbesteuer herum errichtet werden. Die Folge ist eine doppelte Verkomplizierung: Der Steuerpflichtige muss nicht nur das Chaos der gewerbesteuerlichen Hinzurechnungen und Kürzungen ertragen, sondern auch mit den Tücken der - aus der Sicht des Einkommensteuerrechts - systemfremden Verrechnungsnorm des § 35 EStG n.F. leben. Der einzige Grund für diese widersprüchliche Rechtslage liegt in der Sicherung einer eigenen wirtschaftskraftbezogenen Finanzquelle der kommunalen Haushalte. Zwar gibt es Alternativen - wie z.B. eine verstärkte Umsatzsteuerbeteiligung der Gemeinden oder das jüngst revitalisierte Konzept einer kommunalen Einkommensteuer[76], die unmittelbar an die Bemessungsgrundlage der großen Gemeinschaftssteuern anknüpfen können. Doch wird, solange es auf kommunaler Ebene eigene Besteuerungszuständigkeiten gibt, zumindest das Zerlegungsproblem als systemimmanente Quelle der Komplexität fortbestehen. Dieses Zerlegungsproblem prägt auch die dauerhaften Schwierigkeiten des Internationalen Steuerrechts - Ansässigkeit, Betriebsstätte, Verrechnungspreise, Konzernfinanzierung - ohne dass eine einfache Lösung in Sicht wäre. Die internationale Diskussion zum „electronic commerce"[77] hat deutlich gemacht, dass die fortschreitende Entkörperlichung wirtschaftlicher Vorgänge diese Zuordnungsfragen nicht einfacher machen wird.

5 Systematische Hindernisse der Steuervereinfachung

5.1 Klassische Einkommensteuer

5.1.1 Allgemeines

Die aus wissenschaftlicher Sicht bedeutsamsten Aspekte der Steuervereinfachung bilden jedoch diejenigen Elemente, die sich unabhängig von technischen oder politischen Mängeln der Gesetzgebung in schlichter Konsequenz aus den materiellen Grundentscheidungen des jeweiligen Steuersystems natürlich zu erheblichen Komplikationen bei der Erfüllung steuerlicher Pflich-

---

[75] Karl-Bräuer-Institut a.a.O. (Fn.1), S. 20 f, 108 ff.
[76] BDI/VCI (Hrsg.), Verfassungskonforme Reform der Gewerbesteuer - Konzept einer kommunalen Einkommen- und Gewinnsteuer; dazu Ritter, FS Kruse, 2001, S. 457 ff.
[77] International Fiscal Association, Taxation of income derived from electronic commerce, CDFI LXXXVIa, 2001.

ten entwickeln.[78] Die klassische Einkommensteuer, die auf der synthetischen Erfassung und progressiven Besteuerung des Welteinkommens einer Person beruht, bietet eine ganze Anzahl solcher Kernelemente, die in systemkonformer Weise Schwierigkeiten bereiten.

5.1.2 Zeitliche Zuordnung und Bewertung von Vermögenspositionen

Dies beginnt mit der Bestimmung des Einkommens einer Person als einer aggregierten wirtschaftlichen Gesamtgröße, die sich aus dem Zufluss und parallelen Abfluss von vermögenswerten Einzelpositionen zusammensetzt.[79] Die Grundentscheidung unseres Einkommensteuerrechts, der auch der Karlsruher Reformentwurf folgt, liegt darin, in der Nachfolge des PrEStG 1891 und der Lehren Georg v.Schanz' das periodische Einkommen, d.h. die laufende Vermögensmehrung zu besteuern.[80] Dies verlangt nach einem Besteuerungssystem, das in der Lage ist, eine zeitliche Zuordnung von Vermögenszuwächsen und -minderungen zu leisten. Dabei muss z.B. entschieden werden, ob man den Vermögenswert einer Forderung oder einer Verbindlichkeit bereits bei ihrer Entstehung oder erst bei dem Zufluss der geschuldeten Leistung erfasst. Entscheidet man sich für den Zeitpunkt der Entstehung des Schuldverhältnisses, muss man folgerichtig eine Buchführungs- und Bilanzierungspflicht anordnen und späteren Wertveränderungen - z.B. im Hinblick auf die Solvenz des Schuldners oder den Inhalt der Leistungspflicht - Rechnung tragen - daraus resultieren unsere bilanzrechtlichen Schwierigkeiten bei der periodischen Bewertung und gegebenenfalls Abschreibung von schuldrechtlichen Positionen bis hin zu Fragen der Abzinsung.[81] Dagegen wird verstoßen, wenn im Karlsruher Entwurf zwar der Vermögensvergleich befürwortet, Teilwertabschreibungen aber ausgeschlossen werden.[82] Erstreckt man diese Ermittlungsmethode auf ganze Vertragsverhältnisse, kommen Frage des Realisationszeitpunktes und der Rückstellungsbildung im Synallagma hinzu. Entscheidet man sich demge-

---

[78] Ruppe a.a.O. (Fn.22) 30 f; Ault a.a.O. (Fn.3), S. 125 f; Jachmann a.a.O. (Fn.38), S. 1083 f.

[79] Kay, British Tax Review 1979, S. 354 ff; Wagner in: Smekal/Sendlhofer/Winner, Einkommen versus Konsum, 1999, S. 15 ff, 16 ff.

[80] So auch der Karlsruher Entwurf a.a.O. (Fn.4), S. 18; Kirchhof a.a.O. (Fn.15), S. 914; dazu näher: Scheffler, StuB 2001, S. 904 ff; ebenso aus der Sicht der Finanzwissenschaft: Homburg in: Rose (Hrsg.), Standpunkte zur aktuellen Steuerreform, 1998, S. 107 ff, 108 ff; Schneider in: Smekal/Sendlhofer/Winner, Einkommen versus Konsum, 1999, S. 1 ff, 6 ff.

[81] kritisch zum Grundkonzept des Betriebsvermögensvergleichs: Wagner, in Rose (Hrsg.), Standpunkte zur aktuellen Steuerreform, 1998, S. 43 ff; ders. a.a.O. (Fn.79), S. 16 ff.; Wenger a.a.O. (Fn.4), S. 120 ff; ders., in: Smekal/Sendlhofer/Winner, Einkommen versus Konsum, 1999, S. 41 ff.

[82] Karlsruher Entwurf a.a.O. (Fn.4), S. 34, 41; kritisch Wassermeyer a.a.O. (Fn.53), S. 923; Scheffler a.a.O. (Fn.80), S. 907 ff.

genüber bei der Besteuerung von Forderungen für den Zeitpunkt des Zuflusses oder Abflusses der geschuldeten Leistung, dann muss man ein Regelwerk entwickeln, um zuflussverlagernde Vorabverfügungen über die Forderung, z.B. eine Abtretung oder einen Erlass steuerlich sinnvoll zu erfassen - davon zeugen unsere Komplizierungen bei den Einkünften aus Kapitalvermögen nach § 20 EStG. Unabhängig davon, ob man die Vermögensmehrung mit Hilfe einer Überschussrechnung oder eines Betriebsvermögensvergleichs durchführt, stellen sich für die laufenden Einnahmen weitere Bewertungsfragen: Geldbezüge sind einfach zu bewerten, müssen aber im Hinblick auf die Inflation möglicherweise korrigiert werden; Sachbezüge - auch solche, die Arbeitnehmern gewährt werden - werfen zusätzlich das Ewigkeitsproblem einer angemessenen Bewertung auf. Es muss geklärt werden, ob nichtrealisierte Wertsteigerungen laufend erfasst werden sollen - dies wäre eine laufende Quelle von Streitigkeiten - oder ob die Realisierung von stillen Reserven am Markt abgewartet werden soll - dann muss man ein kontrollierendes Netz von Entstrickungstatbeständen schaffen.

5.1.3 Capital Gains

Die gesetzgeberische Entscheidung, den Zuwachs von Vermögen bei einer Person steuerlich zu erfassen, führt weiterhin mit Notwendigkeit zu der Frage, ob diese grundsätzlich auch den Wertzuwachs der Vermögenssubstanz einschließen soll. Die nach dem PrEStG 1891 allgemein zugrundeliegende Trennung zwischen „Substanz" und „Ertrag", die heute noch das Recht der Überschusseinkünfte prägt, ist weder systematisch geboten noch - im Zeitalter der Finanzderivate - praktisch durchzuhalten. Man kann sagen, dass die gesamte Rechtsprechung des Bundesfinanzhofs zum gewerblichen Grundstückshandel[83], zu der Figur des Sonderbetriebsvermögens oder dem „Rechtsinstitut" der Betriebsaufspaltung[84] ihren wesentlichen Grund neben der Sonderlast der Gewerbesteuer in dem Dualismus der Einkunftsarten findet, der für die Besteuerung der Substanzmehrung zwischen betrieblichen und sonstigen Einkunftsarten unterscheidet.[85] Gerade im englischsprachigen Ausland, wo wir z.T. über spezifische Regelungen einer Capital Gains Tax verfügen, lebt eine ganze Beratungsindustrie von den verbleibenden Belastungsdifferenzen zwischen Income Tax und Capital Gains Tax.[86] Die Forderung nach einer Gleichschaltung der steuerlichen Erfassung von Wertzuwächsen und laufenden Erträgen - insbesondere bei Immobilien und Kapi-

---

[83] Homburg a.a.O. (Fn.80), S. 109 f.
[84] Vogt in: Rose (Hrsg.), Steuern einfacher machen!, 1999, S. 77 ff, 79 f.
[85] kritisch zum Gerechtigkeitswert der Besteuerung von Veräußerungsgewinnen im gewerblichen Bereich: Knobbe-Keuk, Das Steuerrecht - eine unerwünschte Quelle des Gesellschaftsrechts?, Schriftenreihe „Rechtsordnung und Steuerwesen", Bd. 4, 1986, S. 53 ff.
[86] Ault a.a.O. (Fn.3), S. 120 f.

talvermögen - gehört daher zu den Standardforderungen systemorientierter Steuerpolitik[87] und ist zutreffend auch vom Karlsruher Entwurf aufgenommen worden. Doch muss man sich darüber im Klaren sein, dass eine weitgehende Erfassung von Capital Gains im Privatvermögensbereich zu einer enormen Ausweitung fiskalischer Überwachung führen würde.[88] Die privaten Inhaber von Mietobjekten oder Wertpapieren müssten langfristige Aufzeichnungen über Anschaffungskosten, Herstellungskosten und nachträgliche Aufwendungen führen, um im Veräußerungszeitpunkt eine taugliche Bemessungsgrundlage bereitzuhalten. Aus der Sicht der Finanzverwaltung vermehrt sich auf diese Weise auch die Zahl geringfügiger und schwer erfassbarer Steuerfälle. Schließlich wird man entscheiden müssen, ob man auch die Wertsteigerung von rein privat genutzten Objekten - vom Familienheim bis zur Kunstsammlung - der Einkommensteuer unterwirft - dann muss man komplizierte Bewertungsfragen lösen, wenn ein Objekt alternierend zu privaten oder zu Erwerbszwecken genutzt wird, z.B. ein Eigenheim zeitweise vermietet und zeitweise selbst bewohnt wird oder ein Kraftfahrzeug von einem Arbeitnehmer zunächst privat und später beruflich zum Einsatz gebracht wird.[89]

5.1.4 Subjektive Zuordnung von Einkünften

Nicht nur Fragen der objektiven Bemessung, sondern auch der subjektiven Zurechnung von Einkünften gehören zu den Problemstellungen, die in der Natur der synthetischen Einkommensteuer angelegt sind. Solange man daran festhält, das Einkommen personenbezogen zu berechnen, dabei eine Saldierung der Einkünfte aus unterschiedlichen Quellen (mit Verlustausgleich) vorzunehmen und das Ergebnis anhand eines progressiv ausgestalteten Tarifs zu besteuern, wird die subjektive Zurechnung von Einkünften Verwaltung und Gerichte beschäftigen.[90] Dies gilt vor allem in den Fällen, in denen die Steuerpflichtigen auf der Ebene des Konsums ihre Mittel wieder zusammenführen und daher kein subjektives Interesse an einer klaren Abgrenzung der Einkommenssphären haben, z.B. in familiären Gemeinschaften, aber auch auf der Ebene verbundener Unternehmen.

Zu den zentralen Aufgaben einer subjektiven Einkünftezurechnung gehört weiterhin die materielle und zeitliche Zuordnung von Vermögensmehrun-

---

[87] Tipke, Steuerrechtsordnung, Bd. 2, 1993, § 12 Abschn. 4.54; Lang, Die Bemessungsgrundlage der Einkommensteuer, 1988, S. 219 ff; Kirchhof, Empfiehlt es sich, das Einkommensteuerrecht zur Beseitigung von Ungleichbehandlungen und zur Vereinfachung neu zu ordnen?, Gutachten F für den 57.DJT, Mainz 1988, S.F 31.
[88] Fischer, in: DStJG 21 (1999), S. 267 ff, 280.
[89] Vgl. § 2 Abs.1 S.2 Karlsruher Entwurf. a.a.O. (Fn.4).
[90] Nach wie vor grundlegend die Vorträge auf der Jahrestagung „Übertragung von Einkunftsquellen im Einkommensteuerrecht", DStJG 1 (1977).

gen, die in gesellschaftsrechtlich oder sonst - z.B. treuhänderisch - gebundenen Einheiten erzielt werden.[91] Es geht durchgehend um die Frage, ob und zu welchem Zeitpunkt den hinter diesen juristischen Sondervermögen stehenden natürlichen Personen die erzielten Vermögensmehrungen zugerechnet werden können - nach Maßgabe des Zuflusses beim Gesellschafter, der gesellschaftsrechtlichen Entnahmefähigkeit oder der Erzielung auf der Ebene der Gesellschaft.[92] Bedenkt man, dass diese Problematik von der Ehegatten-GbR und der Ein-Mann GmbH & Co KG bis hin zu großen Kapitalanlagegesellschaften im Bereich der Personengesellschaften und Aktiengesellschaften reicht, so wird deutlich, dass sich jede schematische - scheinbar einfache - Lösung verbietet. Die in unserem Recht praktizierte formale Trennung zwischen Personenunternehmen und Kapitalgesellschaften wird einer wirtschaftlichen Realität nicht gerecht, die im Einkommensteuerrecht vom Einzelgewerbetreibenden bis zur großen Anlage-KG reicht[93] und sich im Körperschaftsteuerrecht von der Einpersonen-GmbH bis zur multinationalen Aktiengesellschaft erstreckt. Die Vorstellung, dass in Personenunternehmen Gewinne und Verluste unmittelbar den Mitunternehmern zugerechnet werden können, passt für den Kleinkommanditisten einer Anlage-KG ebenso wenig wie umgekehrt die strenge Trennung der Einkommenssphären auf den Alleingesellschafter und -geschäftsführer einer GmbH. Und doch würde eine weitergehende Differenzierung, etwa zwischen personalistischen Kapitalgesellschaften oder kapitalistischen Personengesellschaften - wie sie im Ausland z.T. üblich ist[94] - die Kompliziertheit unseres Steuersystems wesentlich erhöhen. Es ist nicht möglich, die unmittelbare Zurechnung von gesellschaftsrechtlich gebundenen Einkünften an den Gesellschafter nach Maßgabe allgemeiner Kategorien wie „Verlusthaftung" oder „Ausschüttungskontrolle" in einfacher Form durchzuführen.

Bedenkt man weiterhin, dass die Rechtsbeziehungen zwischen Gesellschaft und Gesellschafter nicht nur auf gesellschaftsrechtliche, sondern auch auf schuldrechtliche Grundlagen gestellt werden können, so verschärfen sich die Fragen nach der Zuordnung und Qualifikation der jeweiligen Einnahmen und Ausgaben weiter: Sondervergütungen und Sonderbetriebsvermögen in der Personengesellschaft, verdeckte Gewinnausschüttungen in der Kapitalgesellschaft, „thin capitalisation" und „arm's-length"-Regeln im grenzüberschreitenden Verkehr machen dies deutlich. Eines der kompliziertesten Teilsysteme unseres Steuerrechts, die Hinzurechnungsbesteuerung

---

[91] Aus internationaler Sicht: Gammie a.a.O. (Fn.57), S. 270 ff.
[92] Schön, StuW 1988, S. 253 ff (zu § 15 EStG).
[93] Der Bundesfinanzhof hat - nicht zuletzt wegen der problematischen Abgrenzung - die Subsumtion der Anlage-KG unter das Körperschaftsteuergesetz verweigert; vgl. BFH v. 25.6.1984 BStBl II 1984, S. 751 ff.
[94] Zur internationalen Perspektive vgl. International Fiscal Association, International Tax Aspects of Partnerships, CDFI LXXXa, 1995.

nach den §§ 7 ff. AStG, beinhaltet letztlich nur den Versuch, die Einkünfteerzielung durch mehrere Stufen hindurch den dahinterstehenden kontrollierenden Personen zuzuordnen.

5.1.5 Privat- und Erwerbssphäre

Ein wirkliches Ewigkeitsproblem der klassischen Einkommensteuer liegt weiterhin in der Trennung von Privat- und Erwerbsphäre, d.h. der Grenze zwischen Einkommenserzielung und Einkommensverwendung. Diese Problematik wird durch das einsichtige und systemgerechte Veranlassungsprinzip des § 4 Abs.4 EStG begründet, verursacht jedoch einen erheblichen Teil der Streitfälle zwischen Steuerpflichtigem und Finanzverwaltung.[95] Ein Verzicht auf diese Unterscheidung ist jedoch nicht möglich, da der Steuerpflichtige nicht in der Lage sein darf, durch die Ausgestaltung seines Konsums zugleich seine Steuerlast zu vermindern und auf diese Weise den Staatsanteil am Ergebnis des Bruttosozialprodukts zu manipulieren. Daher werden die Aufteilung von Wirtschaftsgütern und ihrer Nutzung zwischen betrieblicher und privater Veranlassung sowie die Kontrolle von Einlage- und Entnahmetatbeständen dauerhaft unser Einkommensteuerrecht prägen.

Diese Abgrenzung wiederholt sich auf der Linie zwischen betrieblich veranlassten und gesellschaftsrechtlich veranlassten Vorgängen bei Personen- und Kapitalgesellschaften: verdeckte Einlagen und verdeckte Gewinnausschüttungen werden ebenso lange Gerichte und Verwaltung beschäftigen, wie es nicht eine objektivierte Einheitsbesteuerung sämtlicher Einkünfte unabhängig von der steuerlichen Situation des erzielenden Subjekts (Gewerbesteuerpflicht, Verlustausgleich, Steuerprogression) gibt.

5.1.6 Typisierung von Aufwendungen

Eine starke Denkrichtung im Schrifttum zielt darauf ab, mit Hilfe von Typisierungen und Pauschalierungen für Erwerbsaufwendungen den mühevollen Nachvollzug des individuellen Erwerbsaufwandes weitgehend überflüssig zu machen.[96] Auch das Bundesverfassungsgericht hat in mehreren jüngeren Urteilen den Gesetzgeber davon entpflichtet, der individuellen Leistungsfähigkeit des Steuerbürgers im Einzelfall nachzugehen. Dies ergibt einen guten Sinn bei Aufwendungen, die sich im Grenzfeld zwischen privater und beruflicher Sphäre befinden, z.B. dem häuslichen Arbeitszimmer, den Fahr-

---

[95] Haegert, BB 1991, S. 36 ff, 36 f; Voß, BB 1991, S. 247; Lang, FS Meyding a.a.O. (FN.1), S. 41; ders., DStJG 21 (1999), S. 1 ff, 5.
[96] Klein a.a.O. (Fn.2), S. 77 ff; Kirchhof, FS Meyding a.a.O. (FN.1), S. 7 f; Meyding in: Rose (Hrsg.), Steuern einfacher machen!, 1999, S. 93 ff, 93; Bareis in: Rose (Hrsg.), Steuern einfacher machen!, S. 178 ff; Jachmann a.a.O. (Fn.38), S. 1083 ff; Offerhaus a.a.O. (Fn.2), S. 386 f; Isensee a.a.O. (Fn.24), S. 9 f.

ten zwischen Wohnung und Arbeitsstätte oder den Kosten der doppelten Haushaltsführung[97]. Eine weitergehende Vergröberung von Abzugspositionen ist jedoch nicht zu empfehlen.[98] Dafür bedarf es eines Blicks auf die volkswirtschaftlichen Vor- und Nachteile einer solchen Maßnahme. Aus der Sicht der staatlichen Administrierbarkeit erscheint eine weitgehende Typisierung des Erwerbsaufwandes als vorteilhaft, weil eine individuelle Abrechnung und Kontrolle der geltend gemachten Aufwendungen entfällt. Auch der Steuerpflichtige wird auf den ersten Blick entlastet, weil er mit Hilfe des typisierten Tatbestandes die „compliance costs" senken kann. Diesen Wohlfahrtsgewinnen stehen jedoch deutlich höhere volkswirtschaftliche Verluste gegenüber, die aus den verzerrenden Wirkungen der Typisierung für betriebswirtschaftliche Entscheidungen resultieren. Die wirtschaftliche Situation des Steuerpflichtigen wird auf ein Prokrustesbett gezwungen, das seine freie Entscheidung für oder gegen eine bestimmte rationale Maßnahme verfälscht.[99] Die Festlegung fester Abzugsgrößen verstößt deshalb gegen das ökonomische Gebot der Neutralität des Steuerrechts, weil dies für den Steuerpflichtigen permanente negative Straflasten oder positive Mitnehmereffekte begründet, und zwar je nach Maßgabe der Differenz zwischen dem gesetzlichen Regeltatbestand und seiner tatsächlichen Situation.[100] Dies würde die betroffenen Wirtschaftssubjekte davon abhalten, ihre Einnahmen-Ausgaben-Relation nach betriebswirtschaftlicher Vernunft - und damit auch im Interesse einer optimalen Ressourcenallokation auszugestalten. Diese Straflasten können gemildert werden, wenn dem Steuerpflichtigen im Rahmen einer Pauschalierung die Möglichkeit des Nachweises der tatsächlichen Verhältnisse belassen wird. Doch müssen für diesen Nachweis dann doch Unterlagen aufbewahrt und Vermögensveränderungen dokumentiert werden, so dass das Ziel einer Reduktion der „compliance costs" oder des Administrationsaufwandes letztlich verfehlt wird. Beispielhaft für diese ökonomischen Nachteile von Pauschalierungen oder Typisierungen war die im Jahre 1995 eingeführte Pauschalierung von Werbungskosten bei der Vermietung von Wohneigentum.[101] Ich hatte im Finanzausschuss bereits

---

[97] Bareis in: Rose (Hrsg.), Standpunkte zur aktuellen Steuerreform, 1998, S. 89 ff, 91; Ruppe a.a.O. (Fn.22), S. 55 f; Jachmann a.a.O. (Fn.38), S. 1087.
[98] Tipke, Steuerrechtsordnung I a.a.O. (Fn.29), § 7 Abschn. 5.9213; Ruppe a.a.O. (Fn.22), S. 50 ff; Lang a.a.O. (Fn.95), S. 5; anders in der Tendenz Kirchhof, FS Meyding a.a.O. (FN.1), S. 7 f; Jachmann a.a.O. (FN.38), S. 1087 f.
[99] Wagner, StuW 2001, S. 354 ff, 355; zum steuerpolitischen Widerstand gegen nachteilige Typisierungen: Juchum a.a.O. (Fn.6), S. 35.
[100] Thiel, FS Tipke, 1995, S. 316; Ruppe a.a.O. (Fn.22), S. 50 ff (allerdings kritisch zum Begriff: „Mitnahmeeffekte").
[101] § 9a S. 1 Nr. 2 EStG i.d.für VZ 1996 - 1998 gültigen Fassung; befürwortend Karl-Bräuer-Institut a.a.O. (Fn.x), S. 186; zusammenfassend zur Kritik: Drenseck in: Schmidt, EStG, 18. Aufl., 1999, § 9a EStG Rz. 6.

darauf hingewiesen, dass die Einführung einer Pauschale die Steuerpflichtigen letztlich nicht davon abhalten wird, doch umfassende Aufzeichnungen zu führen, um einen individuellen Vergleich zwischen der tatsächlichen Kostenbelastung und der Pauschale anzustellen. Außerdem sei mit einer Zunahme der Schwarzgeschäfte zu rechnen. Diese Befürchtungen haben sich bewahrheitet; der Gesetzgeber hat diese Vorschrift bereits nach fünf Jahren wieder abgeschafft. Auch der Karlsruher Entwurf sieht - in Abweichung von früheren Vorschlägen von Paul Kirchhof[102] - derartige Typisierungen nicht mehr vor.

5.1.7 Kapitaleinkünfte

Ein wesentliches Zukunftsproblem des klassischen Einkommensteuerrechts betrifft schließlich die Einkünfte aus Kapitalvermögen. Hier treffen drei Schwierigkeiten aufeinander: der internationale Steuerwettbewerb, der auf die Steuersätze für mobiles Kapital drückt[103]; die politische Unfähigkeit, auch nur innerhalb des Bundesgebiets eine vollziehbare und kontrollierte Erfassung von Kapitalerträgen sicherzustellen; schließlich das Phänomen der grenzüberschreitenden Steuerflucht. Die klassische synthetische Einkommensteuer verlangt nach einer personenbezogenen Erfassung der weltweiten Kapitaleinkünfte unter gleichzeitiger Anwendung eines progressiven Steuersatzes. Dieses Modell funktioniert nur bei einem intensiven grenzüberschreitenden Auskunftsverkehr, wie er in den jüngsten Entwürfen der Europäischen Organe für eine Harmonisierung der Zinsbesteuerung in Europa vorgesehen ist.[104] Doch bedarf dieses Vorgehen einer internationalen Abstimmung weit über die Mitgliedstaaten der Europäischen Union hinaus, von der man bisher weit entfernt ist. Die Alternativlösung einer typisierten Abgeltungssteuer besitzt zwar erhebliche Vereinfachungseffekte, verzichtet aber auf individuelle Aspekte der Leistungsfähigkeit wie z.B. einen Werbungskostenabzug, den Verlustausgleich oder die Anwendung eines progressiven Tarifs.

5.1.8 Welteinkommensprinzip und Progression

Damit erweist sich auch hier die gesetzliche Entscheidung des Einkommensteuerrechts für die Steuerprogression als eine wesentliche Ursache für Verkomplizierungen im geltenden Steuerrecht. Der Zwang zur Welteinkommensbesteuerung, die steuerliche Transparenz der Personengesellschaft, das alte Anrechnungsverfahren, die Übertragung von Einkunftsquellen, all

---

[102] Kirchhof, DJT-Gutachten a.a.O. (Fn.87), S.F 47 ff; ders., FS Meyding a.a.O. (FN.1), S. 8; bei Seer a.a.O. (Fn.1), S. 187; dort auch Bericht über die Diskussion, S. 191.
[103] dazu Schön in: DStJG 23 (2000), S. 191 ff.
[104] In diese Richtung auch Karlsruher Entwurf a.a.O. (Fn.4), S. 54.

dies und noch viel mehr gründet letztlich auf der progressiven Ausgestaltung des Einkommensteuertarifs. Wer eine durchgreifende Steuervereinfachung im klassischen Einkommensteuerrecht befürwortet, wird sich letztlich wohl für einen Proportionaltarif entscheiden müssen; er wird sich aber dann Rechenschaft darüber ablegen müssen, dass Steuervereinfachung nicht alles und ein sozial orientiertes Steuerwesen auch ein Wert ist.

5.2 Konsumorientierte Besteuerung

Es ist daher spannend zu fragen, welche der genannten systematischen Quellen der Komplexität im klassischen Einkommensteuersystem eine Konsumorientierung des Steuerrechts[105], wie sie u.a. von Manfred Rose[106] und Joachim Lang[107] befürwortet wird, vermeiden würde. Dafür müssen diese Modelle in ihren Grundzügen kurz erläutert werden:[108] Die Idee einer Konsumorientierung des Steuerrechts zielt darauf ab, aus der Gesamtheit der erzielten Einkünfte nur die tatsächlich konsumierten Einkünfte steuerlich zu erfassen. Die kann am Modell der sogenannten „Sparbereinigung" verdeutlicht werden: Danach bleiben alle gesparten, d.h. in irgendeiner Weise reinvestierten Einnahmen bei der Bemessung des steuerpflichtigen Einkommens außer acht.[109] Eine Aktivierung von dauerhaft nutzbaren Anlagegütern wird ausgeschlossen, der Erwerb von Kapitalvermögen führt zur sofortigen Absetzbarkeit des gesamten Kapitalaufwandes. Dies versteht die heute überwiegende ökonomische Forschung nicht als politisch motivierte Investitionsförderung, sondern als einen Schritt hin zu mehr Belastungsgleichheit, nämlich zu der „intertemporalen Neutralität" zwischen dem sofortigen Konsum einerseits und dem späteren höhern, durch eine vorläufige Rehinvestition finanzierten späteren Konsum andererseits.[110] Ein solcher Vollabzug der Investitionskosten würde einen Großteil der Bewertungsprobleme im be-

---

[105] Überblick bei: Smekal/Sendlhofer/Winner (Hrsg.), Einkommen versus Konsum, 1999, insbesondere dort Wagner a.a.O., S. 15 ff; aus dem amerikanischen Schrifttum zur Steuervereinfachung insbesondere: Hall/Rabushka, Flat Tax - Das Steuermodell der Zukunft, 1998; Kritik am Karlsruher Entwurf aus der Sicht der Konsumbesteuerung: Wagner a.a.O. (Fn.99), S. 354 ff.

[106] Rose in: FS Meyding a.a.O. (Fn.x), S. 233 ff; ders., in : Oberhauser (Hrsg.), Probleme der Besteuerung I, Schriften des Vereins für Socialpolitik, 1998, S. 99 ff; ders. in: Krause-Junk (Hrsg.), Steuersysteme der Zukunft, Schriften des Vereins für Socialpolitik, 1999, S. 247 ff.

[107] Lang, in: Smekal/Sendlhofer/Winner, Einkommen versus Konsum, 1999, S. 143 ff, 156; ders. a.a.O. (Fn.23), S. 76 ff.

[108] Zu älteren Modellen vgl. Zumstein, Die Ausgabensteuer, 1977.

[109] Rose, FS Meyding a.a.O. (Fn.1), S. 238 ff; Wenger a.a.O. (Fn.4), S. 127 ff; Wagner a.a.O. (Fn.79), S. 24 ff; Wenger a.a.O. (Fn.81), S. 46 ff; Bach in: Smekal/Sendlhofer/Winner (Hrsg.), Einkommen versus Konsum, 1999, S. 85 ff.

[110] Kritisch Siegel, zfbf 52 (2000), S. 724 ff.

trieblichen Bereich lösen: die Abgrenzung zwischen Erhaltungs- und Herstellungskosten, die Bemessung von gewöhnlichen und außergewöhnlichen Absetzungen oder Teilwertabschreibungen würde entfallen. Die Unternehmensbesteuerung könnte weitgehend auf die ausgeschütteten Erträge beschränkt werden. Eine Gleichbehandlung von jetzigem und späterem Konsum soll auch das Modell der „Zinsbereinigung" bieten:[111] die Entscheidung für die vorläufige Rehinvestition wird durch eine steuerliche Freistellung der durchschnittlichen Verzinsung des investierten Kapitals erleichtert. Da der Steuerpflichtige an einem hohen Schutzzins interessiert ist, wird er Unterbewertungen seines Betriebsvermögens nicht mehr befürworten.[112] Eine solche Freistellung der Regelverzinsung könnte weiterhin die Erfassung der Einkünfte aus Kapitalvermögen von vielen Erhebungsproblemen befreien. Allerdings droht ein solcher Schutzzins zum Spielball politischer Manipulationen zu werden.

Indessen gibt es auch im Rahmen der Konsumbesteuerung Anwendungsschwierigkeiten, die auf eine systemimmanente Verkomplizierung hindeuten. So wird man den objektiven Tatbestand des Erwerbs und die subjektive Zuordnung von Vermögenswerten nach wie vor präzise feststellen müssen, mag auch der Zeitpunkt der Realisierung bei rehinvestierten Mitteln nicht ganz bedeutsam sein. Die bereits für das klassische Einkommensteuerrecht so außerordentlich relevante und konfliktanfällige Grenze zwischen Erwerbssphäre und Privatsphäre, zwischen Einkommenserzielung und Einkommensverwendung, zwischen Investition und Konsum, wird im Anwendungsbereich einer Konsumsteuer in ihrer Bedeutung dramatisch zunehmen.[113] Vor allem private Sparvermögen müssen unter diesem Regime präzise auf den Zugang und Abgang von Vermögenswerten zwischen der Investitions- und der Konsumsphäre des Steuerpflichtigen kontrolliert werden. Diese Hauptfront zwischen Fiskus und Steuerpflichtigem wird somit bleiben.

Im Bereich der Erwerbsausgaben kann es eine Vereinfachung dahin geben, dass die Abgrenzung zwischen Investitionsaufwand und laufendem Aufwand irrelevant wird. Doch muss andererseits bedacht werden, dass sich im Bereich der Investitionssphäre über lange Zeiträume latente Steuerlasten ansammeln, die das derzeitige Potential „stiller Reserven" weit übersteigen werden. Dies bedeutet für den Steuerpflichtigen und die Finanzverwaltung, dass sie in großem Umfang eine Erfassung der investiv gebundenen Mittel leisten müssen, der die bisher weitgehend übliche periodenorientierte Erfas-

---

[111] Rose, in: Oberhauser a.a.O. (Fn.106), S. 103 ff; Rose a.a.O. (Fn.4), S. 52 ff; Wenger a.a.O. (Fn.4), S. 131 ff; Fehr/Wiegard in: Smekal/Sendlhofer/Winner (Hrsg.), Einkommen versus Konsum, 1999, S. 64 ff, 82 f.
[112] Rose a.a.O. (Fn.16), Abschnitt 3.
[113] Bach a.a.O. (Fn.109), S. 105 f.

sung deutlich übersteigt. Es ist kein Zufall, dass Joachim Lang in seinen Vorschlägen die Einrichtung besonders überwachter „Bankguthaben"[114] oder „Beteiligungsbetriebe"[115] für private Sparer vorschlägt, um über Jahre (oder Jahrzehnte) hinweg den Spar- und Konsumanteil der privaten Einkünfte verfolgen zu können. Eine Konsumorientierung des Steuerrechts führt - so lässt sich bildhaft sagen - zu erheblichen Ballooning-Effekten. Eine solche Aufblähung der latenten Steuerlasten bringt deshalb besondere Komplikationen mit sich, weil eine sachgerechte Konsumbesteuerung keine Unterscheidung zwischen den unterschiedlichen Investitionsformen machen darf: vom Sparguthaben über die Aktie und das Mietobjekt bis hin zum Kleinbetrieb oder zum Großunternehmen besitzt der Steuerpflichtige idealiter nur noch eine einheitliche Investitionssphäre, deren Entwicklung der Fiskus vollständig und langfristig beobachten muss. Zusätzliche Komplikationen wirft dies auf, wenn sich die Investitions- und Konsumsphäre des Steuerpflichtigen während seiner Lebenszeit grenzüberschreitend entwickelt. Beispielhaft ist die steuerliche Behandlung von Vorsorgeaufwendungen und Altersbezügen: Wenn im Tätigkeitsstaat eine Rente steuerfrei angesammelt wird, der Steuerpflichtige nach dem Eintritt in den Ruhestand auswandert und in einem anderen Staat die Rente bezieht, funktioniert die innere Kohärenz des konsumorientierten Steuersystems nicht mehr. Der Tätigkeitsstaat, der den Sofortabzug aller Altersinvestitionen zugelassen hat, wird bei der späteren Besteuerung des Konsums ausgeschlossen. Man möchte nicht darüber spekulieren, wie diese Probleme sich im unternehmerischen Bereich bei der grenzüberschreitenden Verlagerung von Wirtschaftsgütern zwischen Betriebsstätten entwickeln. Schließlich muss ein konsumorientiertes Steuersystem eine Antwort darauf finden, ob und wie der Tod eines Steuerpflichtigen die steuerfrei angesparten Beträge einer abschließenden Erbschaftsbesteuerung unterwirft oder ob die unbelastete Kapitalakkumulation sich über Generationen fortsetzen kann.

Trotz dieser Bedenken lässt sich unter dem Gesichtspunkt der Steuervereinfachung sagen, dass die Einführung einer konsumorientierte Besteuerung durch eine Veränderung der Bemessungsgrundlagen einerseits und eine proportionale Besteuerung andererseits zu einer Entlastung in der Steuerrechtsanwendung beitragen kann. Die maßgeblichen Einwände liegen an anderer Stelle und können hier nicht ausgeführt werden. Dabei meine ich nicht nur den vielgebrauchten Vorwurf einer unsozialen Struktur, der in der Entlastung der Sparquote und dem Verzicht auf die Progression liegt. Ich meine weitergehend, dass ein Staat, der Steuern als Gegenleistung für das

---

114 Steuergesetzbuch a.a.O. (Fn.28), Rz. 473.
115 Lang, Perspektiven der Unternehmenssteuerreform, in: Brühler Empfehlungen zur Reform der Unternehmensbesteuerung, Schriftenreihe des Bundesministeriums der Finanzen, Heft 66, 1999, Anhang Nr. 1, Abschn.6.2, S. 47 ff.

Angebot staatlicher Leistungen erhebt, mit seinen öffentlichen Leistungen nicht nur den Konsum, sondern auch die Erzielung von Einkommen durch die Steuerpflichtigen fördert und daher nicht nur von dem konsumierenden, sondern auch von dem investierenden Steuerpflichtigen einen Preis verlangen kann.

6 Vereinfachung durch Stabilität

Die Ausführungen haben ergeben, dass es den Königsweg zu einem einfachen Steuerrecht nicht gibt. Eine grundlegende Komplexität ist dem System jedes Steuerrechts immanent; hinzu treten schwer veränderliche politische Rahmenbedingungen. Dennoch könnten einzelne gezielte Maßnahmen erhebliche Entlastungseffekte mit sich bringen, z.B. die Abschaffung der Gewerbesteuer oder die Einebnung der Distinktion zwischen laufenden Erträgen und einmaligen Substanzgewinnen im Bereich des privaten Anlagevermögens. Hinzu tritt die Hoffnung auf eine Selbstdisziplinierung des Gesetzgebers im Sinne einer „folgerichtigen" Gesetzgebung, d.h. einer zielgenauen Ausgestaltung fiskalisch oder lenkend orientierter Normen, z.B. auf dem Gebiet der Konzernbesteuerung (einschließlich der Hinzurechnungsbesteuerung) oder der Personengesellschaften.

Wer die Frage nach der weiteren Entwicklung des Steuerrechts stellt, wird aber auch einen letzten Gedanken aufnehmen müssen: Ein wesentliches Element der Verkomplizierung des Rechts liegt in der Häufigkeit der gesetzlichen Änderungen begründet.[116] Das Anrechnungsverfahren war im Jahre 1977 eine komplizierte Neuregelung - ob es sich im Jahre 2000 aus der Sicht der Anwender immer noch als kompliziert darstellte, ist weniger deutlich. Die Grundregeln und Ausnahmen des Maßgeblichkeitsprinzips sind nicht einfach zu handhaben, aber durch 100 Jahre Finanzrechtsprechung weitgehend geklärt - wie viel Jahrzehnte würden wir benötigen, um ein neues Steuerbilanzrecht in der Praxis zu implementieren. Wer immer eine Vereinfachung des Steuerrechts fordert, muss sich darüber im Klaren sein, dass jede Änderung des Steuergesetzes per se eine Verkomplizierung, ein Neulernen, eine Umstellung mit sich führt. Weiterhin: diese Änderungen sind pfadabhängig, d.h. sie können und müssen auf den bisherigen Zustand Rücksicht nehmen. Eine vollständige Erneuerung auf einen Schlag wird nicht gelingen; aber es muss doch verhindert werden, dass sich auf dem Weg zu einem neuen Rechtssystem kompromissbeladene Zwischenlösungen finden - siehe nur die steuerliche Begünstigung der Riester-Rente - die ihrerseits ein gewaltiges Komplikationspotential besitzen. Und schließlich muss derjenige, dem es gelingt, ein grundlegend neues Steuersystem durch-

---

[116] Ruppe a.a.O. (Fn.22), S. 33.

zusetzen, damit rechnen, dass der Gesetzgeber in seinem Tatendrang nicht stehen bleiben wird. Für mich liegt eine der größten Gefahren gerade der Konsumbesteuerung in der optimistischen Annahme, dass das einmal geschaffene System in seiner Herrlichkeit nicht mehr verändert wird. Aber was nützt die schönste Annahme über intertemporale Neutralität, wenn der Steuergesetzgeber mit den Jahren die Steuersätze erhöht und auf die latenten Einkommensströme vermehrt zugreift.

Der frühere britische Finanzminister Geoffrey Howe hat vor wenigen Monaten im Rahmen einer Festvorlesung[117] betont, dass gleichrangig neben dem Wunsch nach Simplizität auch der Wunsch nach Stabilität eines Steuersystems steht. Stabilität ist für die Arbeitsfähigkeit einer Finanzverwaltung, die Planungssicherheit von Wirtschaftssubjekten, die berufliche Verlässlichkeit der beratenden Berufe, aber auch für die ökonomische Effizienz des Steuerrechts ebenso wichtig wie Klarheit und Verständlichkeit des Systems. Dem schließe ich mich an. Wir haben mehrere Anläufe zu großen Reformen hinter uns und eine gewichtige Unternehmenssteuerreform zu verkraften. Für den Steuerbürger, aber auch für den Berater und die Verwaltung ist daher die Zeit gekommen, das neue System zu verstehen, zu verarbeiten und zu vollziehen. Die Praxis verlangt daher vom Gesetzgeber Stabilität, d.h. eine „folgerichtige" Bereinigung des neuen Systems, die Beseitigung technischer Mängel, die Herstellung von Widerspruchsfreiheit im Detail. Wer demgegenüber eine grundstürzende Reform und Vereinfachung vorhat, der muss darlegen und beweisen, dass seine Pläne diesen Wert einer sich langsam stabilisierenden Rechtsordnung deutlich übersteigen.

---

[117] Howe a.a.O. (Fn.17), S. 123.

Ist eine duale Einkommensteuer einfacher und gerechter als eine umfassende Einkommensteuer?

Bernd Genser

1 Einleitung[1]

Die umfassende Einkommensteuer ist ein Leitbild der Steuerpolitik, das aus ökonomischer Sicht den finanzwissenschaftlichen Grundsätzen eines rationalen und gerechten Steuersystems entspricht und sich im demokratischen Willensbildungsprozess in praktisch allen entwickelten Volkswirtschaften als gesellschaftlich mehrheitsfähig erwiesen hat.

Das Konzept der umfassenden Einkommensteuer, das nach seinen historischen Befürwortern Georg von Schanz, Murray Haig und Henry Simons auch als Schanz/Haig/Simons-Standard (kurz SHS-Konzept) der Einkommensbesteuerung bezeichnet wird, legt zwei Fundamentalprinzipien für die Einkommensteuerbasis fest.

Erstens definiert das Syntheseprinzip als steuerpflichtiges Einkommen die Summe aller (positiven und negativen) Einkünfte, die dem Steuerpflichtigen während eines Steuerjahres zufließen. Dadurch unterscheidet sich die synthetische Einkommensteuer von einer analytischen Einkommensteuer (Schedulensteuer), die je nach Einkunftsart unterschiedliche Steuerbasen festlegt, die dann auch unterschiedlich besteuert werden können.

Zweitens definiert das Reinvermögenszugangsprinzip als steuerpflichtiges Einkommen die Wertänderung aller Sach- und Finanzvermögensanlagen eines Steuerpflichtigen während eines Steuerjahres, einschließlich jener Neuveranlagung von Vermögenswerten, die dann möglich gewesen wäre, wenn der Steuerpflichtige auf alle seine Konsumaktivitäten verzichtet und deren monetären Gegenwert ebenfalls zur Kapitalakkumulation verwendet hätte. Nicht als potentielle Vermögenszuwächse gewertet werden hingegen alle jene Aufwendungen, die dem Steuerpflichtigen im Zusammenhang mit dem Erwerb von Einkünften erwachsen (Nettoprinzip). Die umfassende Einkommensteuer unterscheidet sich damit von einer Besteuerung nach dem Quellenprinzip, bei dem nur die aus Vermögenswerten regelmäßig zufließenden Erträge steuerpflichtig sind, oder von einer persönlichen Ausgaben-

---

[1] Für die Durchsicht des Manuskripts und für kritische Anmerkungen danke ich Bodo Hilgers und Dirk Schindler (Zentrum für Finanzen und Ökonometrie, Universität Konstanz).

steuer, bei der nur jener Teil des umfassenden Einkommens steuerpflichtig ist, der konsumtiv verwendet wird.

Die deutsche Einkommensbesteuerung folgt der Leitidee der umfassenden Einkommensteuer. Dies spiegelt sich im Einkommensteuergesetz in der Festlegung des steuerpflichtigen Gesamteinkommens wider, das sich als Summe der Einkünfte aus den verschiedenen Einkunftsarten ergibt, ebenso in der Anerkennung des Nettoprinzips bei der Einkunftsermittlung sowie in der Berechnung des steuerpflichtigen Gewinns aus unternehmerischen Tätigkeiten durch Betriebsvermögensvergleich. Die Rechtsprechung des Bundesverfassungsgerichts lässt erkennen, dass die Leitidee der umfassenden Einkommensbesteuerung auch im Grundgesetz verankert ist.

Auch wenn sich die Einkommensteuergesetze der Industriestaaten in vielen Regelungen unterscheiden, so ist eine Orientierung an dem SHS-Standard der umfassenden Einkommensteuer auch im internationalen Vergleich erkennbar. Ein Spezifikum der umfassenden Einkommensbesteuerung ist die unbeschränkte Steuerpflicht, welche die inländischen und die ausländischen Einkünfte zu einem umfassenden Welteinkommen addiert und der nationalen Einkommensteuer unterwirft. Bilaterale Doppelbesteuerungsabkommen respektieren das nationale Recht zur Besteuerung des Welteinkommens ausdrücklich, zielen aber darauf ab, durch geeignete Maßnahmen die diskriminierende doppelte Besteuerung von Einkünften im Quellenland (beschränkte Steuerpflicht) und im Wohnsitzland (unbeschränkte Steuerpflicht) zu vermeiden. Damit hat der SHS-Standard auch Eingang in die internationale Steuerordnung gefunden.

Im Kontrast zur allgemeinen Orientierung am SHS-Standard weist das Einkommensteuerrecht in allen Industriestaaten im Detail eine Vielzahl von Regelungen auf, die das Prinzip der umfassenden Einkommensbesteuerung aushöhlen. Die Gründe dafür sind vielfältig und reichen von der Vereinfachung der Verwaltung, dem Mangel an objektiven Kontrollen, dem Setzen von steuerlichen Lenkungsanreizen bis zu verteilungspolitisch motivierten Maßnahmen zur steuerlichen Entlastung.

In einigen europäischen Ländern sind jedoch in den neunziger Jahren Steuerreformschritte gesetzt worden, die eine neue Qualität der Abkehr von dem Prinzip der umfassenden Einkommensbesteuerung darstellen. Die duale Einkommensbesteuerung in den skandinavischen Ländern spaltet die Kapitaleinkünfte von den sonstigen persönlichen Einkünften ab und wendet auf die Kapitaleinkommen einen niedrigeren Steuersatz an (Sørensen 1998, Cnossen 1999, Wagner 2000b). Dies bedeutet eine systematische und nicht bloß punktuelle Abweichung vom Grundprinzip der synthetischen Einkommensbesteuerung. Ähnliche Zielsetzungen liegen auch den Steuerreformen in Österreich (Genser 1996, Wagner 2000a) und in Italien (Bordignon et al. 1999) zu Grunde, wo Kapitaleinkünfte aus Zinsen und Dividenden einer

Abgeltungssteuer mit einem proportionalen Steuersatz unterworfen sind, der deutlich unter dem Spitzensatz der Einkommensteuer liegt. Kritiker der dualen Einkommensbesteuerung und der Abgeltungssteuer sehen in diesen Reformschritten eine Abkehr von der umfassenden Einkommensbesteuerung und beklagen, dass damit die Steuergerechtigkeit verletzt und das Steuersystem weiter verkompliziert werden.

Ziel des vorliegenden Beitrags ist es, aus ökonomischer Sicht zu untersuchen, ob das theoretische Konzept einer umfassenden Einkommensteuer einfacher und gerechter ist als jenes einer dualen Einkommensteuer skandinavischer Prägung. Der weitere Aufbau der Arbeit ist wie folgt. Kapitel 2 kontrastiert die Vorzüge der umfassenden Einkommensteuer mit ihren konzeptionellen und administrativen Schwachstellen. Kapital 3 stellt das Konzept der dualen Einkommensteuer vor. In Kapitel 4 werden administrative und distributive Vorteile aufgeführt, die erzielbar sind, wenn die aktuelle deutsche Einkommensteuer, die sich als praktische Umsetzung einer umfassenden Einkommensteuer versteht, von einer dualen Einkommensteuer abgelöst würde. Kapitel 5 fasst zusammen und räumt aus wohlfahrtsökonomischer Sicht der dualen Einkommensbesteuerung den Vorzug gegenüber der umfassenden Einkommensteuer ein.

2 Vorzüge und Schwachstellen der umfassenden Einkommensteuer

Die traditionelle Finanzwissenschaft betont die Vorzüge des SHS-Konzepts der umfassenden Einkommensteuer gegenüber historischen Alternativkonzepten wie Rohertragsteuern, Personal- und Standessteuern oder Schedulensteuern (vgl. Homburg 1997). Mit der umfassenden Einkommensteuer wird den auf Adam Smith zurückgehenden Grundsätzen (vgl. Homburg 2001, Kap. 2) der Steuergerechtigkeit, das heißt einer Steuerbemessung nach der ökonomischen Leistungsfähigkeit der Bürger, aber auch der Bestimmtheit und Einfachheit besser entsprochen als durch alternative Besteuerungsformen.

Die Besteuerung des umfassenden Einkommens ist besonders einfach, weil die Steuerbemessung für jeden Bürger nach einem einzigen Steuersatz erfolgt, der auf sein Gesamteinkommen angewendet wird. Dies vereinfacht auch die Steuereinhebung und die Steuerkontrolle, weil durch die Festlegung des synthetischen Gesamteinkommens als Steuerbasis Probleme der Abgrenzung von Einkommen aus unterschiedlichen Quellen und der korrekten Zuordnung von Einkünften irrelevant sind. Einkünfte aus der Vermietung einer Wohnung erhöhen das Gesamteinkommen und damit die Einkommensteuerbelastung in gleicher Weise, unabhängig davon, ob die vermietete Wohnung zum Betriebsvermögen oder zum Privatvermögen des Vermieters gerechnet wird.

Die Besteuerung des umfassenden Einkommens ist gerecht, weil Bürger mit gleichem synthetischen Einkommen die gleiche Steuerbasis haben und damit auch die gleiche Steuerbelastung tragen, unabhängig davon, aus welchen Einkunftsquellen ihr Gesamteinkommen gespeist wird. Damit ist die Forderung nach horizontaler Gerechtigkeit erfüllt, die das Leistungsfähigkeitsprinzip impliziert. Bürger mit gleicher ökonomischer Leistungsfähigkeit, das heißt gleichem umfassenden Einkommen, erleiden durch die Einkommensteuer eine gleich hohe Einkommenseinbuße und verfügen nach Steuern über ein gleich großes Nettoeinkommen, aus dem sie ihren Konsum finanzieren können. Demgegenüber werden ökonomisch leistungsfähigere Bürger in der Regel mit einem höheren Einkommensteuersatz belegt (vertikale Gerechtigkeit), dessen Festlegung aus der progressiven Ausgestaltung des Steuertarifs folgt.

2.1 Konzeptionelle Schwachstellen der umfassenden Einkommensbesteuerung

Die in einer Periodenbetrachtung intuitiv plausible Heranziehung des umfassenden Einkommens als Indikator der ökonomischen Leistungsfähigkeit und als Steuerbasis weist jedoch in einer Mehrperiodenbetrachtung eine fundamentale konzeptionelle Schwäche auf: Die Besteuerung des umfassenden Einkommens über mehrere Perioden hinweg diskriminiert systematisch Bürger, die aus ihrem Periodeneinkommen Ersparnisse zurücklegen, um daraus Konsumausgaben in späteren Lebensperioden zu finanzieren. Die umfassende Einkommensteuer verstößt damit gegen das Prinzip einer (periodenübergreifenden) horizontalen Gerechtigkeit, weil von zwei Bürgern mit barwertgleichen Lebenseinkommen jener eine höhere Einkommensteuerbelastung zu tragen hat, dem sein Lebenseinkommen früher zufließt und der in seiner Lebenskonsumplanung mehr Ersparnisse bilden muss.

Tabelle 1 veranschaulicht die steuerliche Belastung durch eine umfassende Einkommensteuer für unterschiedliche Lebenseinkommensprofile in einem Zweiperiodenmodell. Entlang den Spalten 2 und 3 fließt einem repräsentativen Bürger ein barwertgleiches Lebenseinkommen zu, das er als Periodeneinkommen versteuern muss. Der entsprechende Lebenskonsumplan wird durch Sparen und Kreditaufnahme auf einem perfekten Kapitalmarkt finanziert. Die Steuerbelastung steigt, je größer der Anteil des Lebenseinkommens ist, das bereits in der ersten Lebensperiode zufließt. Gegenüber der tariflichen Steuerbelastung von 40% liegt nach Spalte 2 die Einkommensteuerbelastung um 7 Prozentpunkte (rund 18%) höher, wenn das gesamte Lebenseinkommen bereits in der ersten Periode zufließt, bzw. um fast

13 Prozentpunkte (rund 30%) niedriger, wenn das Einkommen erst in der zweiten Lebensperiode zufließt. Diese unterschiedliche Steuerbelastung von barwertgleichen Lebenseinkommen ist zweifelsohne ein Verstoß gegen das Prinzip der horizontalen Gerechtigkeit. Die Spalten 3 und 4 zeigen den gleichen qualitativen Befund bei alternativen Normierungen, wenn z.B. anstelle der proportionalen Kürzung des Periodenkonsums nur der Zweitperiodenkonsum eingeschränkt wird (Spalte 3) bzw. der Barwert des Lebenseinkommens vor Steuern so ausgeweitet wird, dass in beiden Perioden ein fixer, vorgegebener Periodenkonsum finanziert werden kann (Spalte 4).

Das Belastungsmuster durch die umfassende Einkommensteuer ändert sich, wenn die Schuldzinsen nicht die Steuerbemessungsgrundlage verringern. In einem Einkommensteuersystem ohne Schuldzinsenabzug kommt der steuerliche Entlastungseffekt durch eine Kreditfinanzierung des Lebenskonsums nicht zum Tragen und die Belastung des Lebenseinkommens stimmt mit der tariflichen Steuerbelastung überein. Die diskriminierende Mehrbelastung des Lebenseinkommens durch die Verzinsung der Ersparnisse bleibt jedoch in dem in Tabelle 1 angegebenen Ausmaß wirksam.

Anteil des Erstperiodeneinkommens am Barwert des Lebenseinkommens	Lebenseinkommen fix, gleicher realer Periodenkonsum	Lebenseinkommen fix, Erstperiodenkonsum fix	Realer Periodenkonsum fix, Lebenseinkommen angepasst
0%	28,4%	32,8%	29,7%
10%	30,3%	34,2%	31,4%
20%	32,1%	35,7%	33,6%
30%	34,0%	37,1%	34,7%
40%	35,8%	38,6%	36,3%
50%	37,7%	40,0%	37,9%
60%	39,5%	41,4%	39,5%
70%	41,4%	42,9%	41,4%
80%	43,2%	44,3%	43,2%
90%	45,1%	45,8%	45,1%
100%	47,0%	47,2%	47,0%

Tabelle 1: Belastung des Barwertes des Lebenseinkommens durch eine umfassende Einkommensteuer bei unterschiedlichem Einkommenszufluss
Quelle: eigene Berechnung (Einkommensteuersatz 40%, Zinssatz 100%, Inflation 50%, Nominalwertprinzip, Schuldzinsenabzug)

Ursache des Verstoßes gegen die horizontale Gerechtigkeit ist die Besteuerung des Zinsertrages, welcher auf einem perfekten Kapitalmarkt erzielt wird und der Barwertberechnung zu Grunde liegt. Diese diskriminierende

Wirkung ist eine konzeptionelle Schwäche des Prinzips der umfassenden Einkommensteuer, die auf einem periodenbezogenen, statischen Gerechtigkeitskonzept basiert, welches nicht konsistent auf ein Mehrperiodensystem übertragen werden kann (vgl. Boadway/Bruce 1984).

Eine zweite konzeptionelle Schwäche der umfassenden Einkommensbesteuerung ist die systematische Diskriminierung von Sachkapitalakkumulation gegenüber Humankapitalakkumulation. Nach dem SHS Standard wird im umfassenden Einkommen nur der Zuwachs an Real- und Finanzkapital in einer Steuerperiode berücksichtigt, der Zuwachs an Humankapital hingegen nicht.

Für den steuerpflichtigen Bürger bedeutet dies einerseits, dass nicht nur die laufenden Erträge aus seinem Sachkapitalvermögen (Zinsen, Dividenden, Gewinnausschüttungen) sondern auch Wertsteigerungen seines Sachkapitals (Wertpapiere, Grundstücke, Firmenwerte) steuerpflichtiges Einkommen darstellen. Damit wird dem Prinzip der horizontalen Gerechtigkeit entsprochen, weil grundsätzlich jeder Kapitalgewinn durch Veräußerung des Kapitalgutes realisiert werden kann und aus Sicht der steuerlichen Leistungsfähigkeit eine Gleichbehandlung von laufenden Kapitalerträgen und Kapitalgewinnen geboten ist. Demgegenüber werden Einkünfte aus Humankapital nach dem SHS-Standard nur im Ausmaß der laufenden Erträge als steuerpflichtiges Einkommen erfasst (Arbeitslohn, Unternehmerlohn), während Wertsteigerungen im Humankapital das umfassende Einkommen nicht erhöhen. Aus steuertechnischer Sicht ist dies verständlich, denn für das Gut Humankapital gibt es im Gegensatz zu Sachkapitalgütern keinen Markt, zumindest nicht mehr seit der Abschaffung der Sklaverei. Nach dem SHS-Standard sind Kapitaleinkommen grundsätzlich durch Vermögensvergleich zu ermitteln, während Arbeitseinkommen als Nettoüberschuss der Arbeitslöhne über die Werbungskosten zu berechnen sind. In der praktischen Umsetzung der umfassenden Einkommensbesteuerung wird dieser asymmetrischen Behandlung von Sach- und Humankapital explizit Rechnung getragen durch den vielfach kritisierten Dualismus in der Ermittlung der Einkünfte, der sich auch im deutschen Einkommensteuergesetz niedergeschlagen hat (vgl. Wenger 1983, Wagner 2000b). Für die Berechnung des steuerpflichtigen Gewinns aus unternehmerischer Tätigkeit ist der Betriebsvermögensvergleich vorgeschrieben, für die Ermittlung der Einkünfte aus unselbständiger Arbeit die Überschussrechnung. Dass nach dem deutschen Einkommensteuergesetz auch Kapitaleinkünfte im privaten Bereich (Vermietung, Kapitalanlagen) durch Überschussrechnung und nicht durch Vermögensvergleich zu ermitteln sind, ist eine bewusste Abweichung vom SHS-Prinzip.

Tabelle 2 veranschaulicht die diskriminierende Steuerbelastung der umfassenden Einkommensteuer bei ertragsgleichen Investitionen in Sach- bzw.

Humankapital in einem Zweiperiodenmodell. Gegenüber einer ausschließlichen Humankapitalinvestition, bei der die Gesamtsteuerbelastung mit dem tariflichen Einkommensteuersatz übereinstimmt, steigt die Gesamtsteuerbelastung, je größer der Anteil der Ersparnis ist, die in Sachkapital angelegt wird. Die Steuerbelastung sinkt unter die tarifliche Belastung, wenn ein Teil der Humankapitalinvestition über Kreditaufnahme finanziert wird und die Schuldzinsen abzugsfähig sind (Tabelle 2, letzte Zeile).

Anteil der Humankapital investition an der Gesamtinvestition	Lebenseinkommen fix, gleicher realer Periodenkonsum
0%	48,6%
10%	47,9%
20%	47,3%
30%	46,6%
40%	45,8%
50%	45,0%
60%	44,1%
70%	43,2%
80%	42,2%
90%	41,2%
100%	40,0%
110%	38,8%

Tabelle 2: Belastung des Barwertes des Lebenseinkommens durch eine umfassende Einkommensteuer bei unterschiedlicher Investition in Sachkapital und Humankapital
Quelle: eigene Berechnung (Einkommensteuersatz 40%, Zinssatz = Ertragsrate der Humankapitalinvestition = 100%, Inflation 50%, Nominalwertprinzip, Schuldzinsenabzug)

Ursache des Verstoßes gegen die horizontale Gerechtigkeit ist die ungleiche Behandlung von Humankapital- und Sachkapitalzuwächsen in der Berechnung des umfassenden Einkommens. Horizontale Gerechtigkeit würde im konkreten Beispielsfall erreichbar sein, wenn entweder der Zuwachs an Humankapital ebenfalls das umfassende Einkommen erhöht oder wenn der Zuwachs an Sachkapital aus dem umfassenden Einkommen ausgeschieden wird (vgl. Kaplow 1996). Die Besteuerungsniveaus würden in den beiden Varianten allerdings unterschiedlich sein (im gewählten Beispiel 48,2% bei Besteuerung des gesamten Kapitalzuwachses bzw. 40% bei Besteuerung der Cashflows).

2.2 Schwächen in der steuertechnischen Umsetzung der umfassenden Einkommensteuer

Die Ermittlung des umfassenden Einkommens erfordert die Kenntnis der Vermögenswerte zu den Bewertungsstichtagen. Der korrekte Marktpreis eines Kapitalgutes lässt sich allerdings erst im Veräußerungsfall beobachten. Solange Kapitalgüter im Vermögen gehalten und nicht verkauft werden, muss man mit Näherungswerten operieren, die lediglich eine Schätzgröße für den tatsächlichen Vermögenszuwachs liefern. Selbst wenn der Kapitaleigentümer den Marktwert seiner Anlagegüter genau kennt, hat er einen Anreiz gegenüber der Finanzverwaltung den Vermögenszuwachs zu untertreiben und durch eine zeitliche Verschiebung der Einkommensbesteuerung einen Zinsgewinn zu erzielen, der den Barwert der Steuerbelastung verringert. In der Besteuerungspraxis offenbart sich dieses strategische Verhalten durch die Bildung von stillen Reserven, die Dotierung von Rückstellungen und durch Wertberichtigungen, die in Deutschland sogar durch das Niedrigstwertprinzip des Handelsrechts gesetzlich normiert sind. Gegenüber dem SHS-Standard wird damit der Vermögenszuwachs in den Steuerbilanzen systematisch unterschätzt und das Prinzip der umfassenden Einkommensbesteuerung ausgehöhlt.

Eine weitere systematische Aushöhlung des SHS-Standards tritt ein, wenn das Einkommensteuergesetz an Stelle der unmittelbaren Besteuerung des Vermögenszuwachses die Besteuerung auf den Zeitpunkt der Realisation verschiebt (Realisationsprinzip). Dies gilt für alle Vermögenszuwächse im privaten Bereich, wo Kapitalgewinne erst steuerpflichtig werden, wenn beim Verkauf vor Ablauf einer im Einkommensteuergesetz normierten Behaltefrist ein Veräußerungsgewinn erzielt wird. In Deutschland wird die Bedeutung der Kapitalgewinne künftig weiter ansteigen, weil die Unternehmensteuerreform 2000 durch die Senkung des Körperschaftsteuersatzes auf einbehaltene Gewinne auf 25 % einen Anreiz zur Thesaurierung von Gewinnen in Kapitalgesellschaften setzt. Das Realisationsprinzip gilt aber auch für Vermögenszuwächse im Rahmen der Altersvorsorge von unselbständig Beschäftigten, wo der individuelle Vermögensaufbau durch Rentenversicherungsbeiträge, durch Pensionsansprüche im öffentlichen Dienst oder durch zugesagte Firmenpensionen nicht in die Einkommensteuerbemessung eingeht.

Um den Freiraum in der Vermögensbewertung zu verringern und die Steuerprüfung zu vereinfachen, sieht das Einkommensteuergesetz das Nominalwertprinzip vor. Dies bedeutet, dass Abschreibungsbeträge nach den historischen Anschaffungs- oder Herstellungskosten bemessen werden oder dass Verluste aus früheren Veranlagungsperioden vorgetragen werden. Bei Inflation verzerrt die Verwendung von nominellen Geldgrößen früherer

Veranlagungsjahre die Vermögensbewertung und verletzt damit auch die horizontale Gerechtigkeit.

Schließlich normiert das deutsche Einkommensteuergesetz eine Vielzahl spezieller Ausnahmen vom Grundsatz der umfassenden Einkommensbesteuerung, indem bestimmte Einkünfte ausdrücklich von der Einkommensteuer ausgenommen sind. Für die Aushöhlung des SHS-Standards, z.B. durch steuerfreie Veräußerungserlöse im privaten Bereich (nach Ablauf der Behaltefrist), durch einkommensteuerfreie Vermögenszuwächse nach Erbschaften und Schenkungen, durch steuerfreie Kapitalerträge (Lebensversicherungen, Zinsen und Dividenden innerhalb des Sparerfreibetrags), durch steuerfreie Lohneinkommen (Lohnzuschläge, fringe benefits), etc., werden unterschiedliche steuerpolitische Motive genannt. In ihrer Gesamtheit verletzen aber alle diese unsystematischen, unübersichtlichen und verwaltungsaufwendigen Einzelregelungen zur Vereinfachung der Verwaltung, zur Entlastung einkommensschwacher Haushalte oder zur meritorischen Verhaltenssteuerung sowohl die horizontale als auch die vertikale Gerechtigkeit und damit die generelle Gerechtigkeitsnorm des Leistungsfähigkeitsprinzips, auf welche sich die umfassende Einkommensbesteuerung stützt.

3   Das Grundkonzept der dualen Einkommensteuer der nordischen Staaten

Die Einkommensteuerreformen der Industrieländer verfolgen seit Mitte der achtziger Jahre das Ziel, die Steuersätze zu senken, um die Wettbewerbschancen im globalen Standortwettbewerb zu verbessern und gleichzeitig die Steuerbemessungsgrundlagen zu verbreitern, um Steuerschlupflöcher zu schließen und das Steueraufkommen stabil zu halten, damit die Konsolidierung der öffentlichen Haushalte nicht gefährdet wird.

Im Zuge dieser Reformbestrebungen nach dem „tax cut cum base broadening" Vorbild der USA haben insbesondere die skandinavischen Staaten neue Wege in der Einkommensbesteuerung beschritten. Ziel der nordischen Einkommensteuerreformen war einerseits der Abbau der Verzerrungswirkungen der traditionellen Kapitaleinkommensbesteuerung (King/Fullerton 1984) und andererseits eine Anpassung der Steuersysteme an die gestiegene internationale Kapitalmobilität (Sørensen 1998, ix). Der Reformbedarf war in den skandinavischen Staaten besonders hoch, weil die im internationalen Vergleich hohen tariflichen Sätze internationale Investoren abschreckten, gleichzeitig aber für inländische Investoren einen Anreiz boten, Steuerausweichstrategien zu entwickeln, die dazu geführt haben, dass die effektive Steuerbelastung von Kapitaleinkünften weit geringer war als die nominellen Sätze.

Die Steuerreformen der skandinavischen Staaten (Tabelle 3) markieren eine Abkehr von der synthetischen Einkommensteuer hin zu einer analytischen Einkommensteuer, welche die Erträge aus Sachkapital (Finanzkapital und Realkapital) niedriger besteuert als die Erträge aus Humankapital (Löhne und Gehälter, Unternehmerlohn). Die zwei unterschiedlichen Tarife für Kapital- und Arbeitseinkünfte haben den skandinavischen Einkommensteuersystemen den Namen „duale Einkommensteuer" gegeben. Tabelle 3 charakterisiert die Reformschritte von der synthetischen zur dualen Einkommensteuer in vier skandinavischen Ländern. Dabei zeigt sich, dass Dänemark, der Vorreiter in der Einführung einer dualen Einkommensteuer, sich seit 1994 wieder eher einer synthetischen Einkommensbesteuerung zugewendet hat. Finnland, Norwegen und Schweden haben hingegen eine duale Einkommensteuer eingeführt, die Kapitaleinkünfte mit einem Proportionalsatz belegt, während Arbeitseinkünfte nach einem progressiven Tarif besteuert werden. Der proportionale Kapitalsteuersatz ist dabei kleiner oder gleich dem niedrigsten Grenzsteuersatz für Arbeitseinkünfte.

Eine Besonderheit der dualen Einkommensteuer ist die Anwendung des progressiven Steuertarifs nicht nur auf Einkünfte aus unselbständiger Arbeit, sondern auch auf die Arbeitseinkünfte von Unternehmern, den Unternehmerlohn, und auf den reinen Profit. Diese beiden Gewinnformen sind ebenso wie die Verzinsung des Eigenkapitals Bestandteile des Unternehmensgewinns. Unternehmerlohn und Eigenkapitalverzinsung werden als kalkulatorische Faktorerträge in den Einkommensteuerbilanzen nicht separat ausgewiesen, weil der gesamte Unternehmensgewinn mit dem gleichen Steuersatz belegt wird. Die duale Einkommensteuer bietet jedoch einen Anreiz, den Unternehmerlohn gering auszuweisen, um der höheren Arbeitsbesteuerung zu entgehen. Daher sind objektiv nachprüfbare, gesetzliche Regelungen zur Bestimmung des Unternehmerlohns und des reinen Profits notwendig. Diese Aufspaltung des Unternehmensgewinns wird in den drei Ländern in der Form vorgenommen, dass in Einzelunternehmen und Personengesellschaften die marktübliche Eigenkapitalverzinsung als kalkulatorische Kostengröße ermittelt wird. Die Differenz zum unternehmerischen Gesamtgewinn ist die Summe aus Unternehmerlohn und reinem Profit, die mit dem progressiven Steuertarif für Arbeitseinkommen belastet wird.

Gerade in dieser unterschiedlichen Besteuerung der Eigenkapitalrendite und der sonstigen Gewinnkomponenten nach getrennten Tarifen unterscheidet sich die duale Einkommensteuer von Einkommensteuerreformen in anderen Industriestaaten, die gleichfalls eine niedrigere Besteuerung bestimmter Kapitaleinkünfte vorsehen (Wagner 2000). Dazu zählen insbesondere die Abgeltungssteuern auf Zinsen und Dividenden in Belgien, Österreich (Genser 1996, 1999) und Italien (Bordignon et al. 1998) oder das Halbeinkünfteverfahren in Deutschland (Wagner 2000). Denn Dividenden und

Gewinnanteile unterliegen zwar ermäßigten Einkommensteuersätzen, tragen aber auch die Körperschaftsteuer und somit eine Doppelbelastung, durch welche die Gesamtsteuerbelastung der Eigenkapitalverzinsung auf das Niveau des höchsten Grenzsteuersatzes des progressiven Einkommensteuertarifs angehoben wird. Die Ermäßigungswirkung der Abgeltungssteuer bleibt damit auf Zinseinkünfte beschränkt.

	persönliches Einkommen	Kapitaleinkommen	Körperschaftsteuer
Dänemark			
umfassende ESt (bis 1986)	48%-73%	48%-73%	40%
duale ESt (1987-1993)	50%-68%	50%-56%	50%
duale ESt (ab 1994)	38%-58%	38%-44% (unter 20.000 DKr) bzw. 58%	34%
Finnland			
umfassende ESt (bis 1992)	25%-56%	25%-56%	37%
duale ESt (ab 1993)	25%-56%	25%	25%
Norwegen			
umfassende ESt (bis 1991)	26,5%-50%	26,5%-40,5%	50,8%
duale ESt (ab 1992)	28%-41,7%	28%	28%
Schweden			
umfassende ESt (bis 1990)	36%-72%	36%-72%	52%
duale ESt (ab 1991)	31%-51%	30%	30%

Tabelle 3: Marginale Einkommensteuersätze in den Nordischen Staaten (einschließlich kommunaler Einkommensteuer, ohne Sozialversicherungsbeiträge) Quelle: Sørensen 1998, Tab. 1.1.

4 Vorzüge einer dualen Einkommensteuer

Obwohl eine duale Einkommensteuer durch die Anwendung von zwei Steuertarifen auf separiert auszuweisende Bemessungsgrundlagen verwaltungsaufwendiger und durch die steuerliche Entlastung der Kapitaleinkünfte nicht gerecht gestaltet erscheint, lässt sich zeigen, dass diese Einschätzung vordergründig ist und aus ökonomischer Sicht nicht aufrecht erhalten werden kann.

4.1 Vereinfachung der Einkommensbesteuerung

Eine duale Einkommensteuer, die Kapitalerträge mit einer proportionalen Einkommensteuer belegt, kann als Quellensteuer bereits im Ausmaß der endgültigen Steuerbelastung eingehoben werden. Damit ist eine Verwaltungsvereinfachung verbunden, weil eine Veranlagung dieser Kapitaleinkünfte nicht mehr erforderlich ist. Sind für einen Arbeitnehmer die Einkünfte aus unselbständiger Arbeit bereits durch die Lohnsteuerzahlung des Arbeitgebers mit der endgültigen tariflichen Jahressteuer belastet, dann kann dessen Veranlagung unter einer dualen Einkommensteuer sogar gänzlich entfallen. Von den rund 25 Mio. Steuerpflichtigen mit Einkünften aus unselbständiger Arbeit in Deutschland haben nach der Lohn- und Einkommensteuerstatistik 1995 etwa 800.000 auch Einkünfte aus Kapitalvermögen bezogen, die zu veranlagen waren (Statistisches Bundesamt 1999, Tab. 2.2.1). Das aktuelle Verwaltungsentlastungspotenzial beträgt jedoch ein Vielfaches dieser Zahl, weil die Veranlagungsfälle durch die Halbierung des Sparerfreibetrags auf DM 3000 ab 2000 deutlich ansteigen werden.

Vereinfacht wird aber auch die Veranlagung von Steuerpflichtigen mit gewerblichen und selbständigen Einkünften, weil die Dokumentation der Kapitaleinkünfte und der darauf geleisteten Steuervorauszahlungen entfallen kann.

Schließlich kann auf die Einhebung einer separaten Quellensteuer auf Dividenden und Gewinnanteile verzichtet werden, wenn der Körperschaftsteuersatz mit dem Proportionalsatz auf Kapitaleinkünfte zusammenfällt und daher die Gewinnausschüttungen bereits durch die Körperschaftsteuer endbesteuert sind. Diese Form der finalen Besteuerung über die Körperschaftsteuer wird bereits in Finnland, Norwegen und Schweden praktiziert (Tabelle 3).

Eine duale Einkommensteuer mit proportionaler Endbesteuerung würde auch dem deutschen Bankensektor eine erhebliche Verwaltungsentlastung bringen, weil sie den Sparerfreibetrag und die Überwachung der Freistellungsaufträge entbehrlich macht. Durch die einheitliche Quellenbesteuerung aller Kapitalerträge benötigt man keine Bagatellegrenze für Kleinsparer und die steuerliche Entlastung der Kapitalerträge erfolgt direkt durch einen niedrigeren Steuersatz anstelle einer Kürzung der Steuerbemessungsgrundlage durch den Sparerfreibetrag. Der Übergang von der Sparerfreibetragslösung zu einer dualen Einkommensteuer sollte sich im Bankensektor in geringeren Bankgebühren niederschlagen und damit vor allem Kleinanleger relativ stärker entlasten. Bei der Steuerverwaltung fallen ebenfalls Kosteneinsparungen an, die bei der Bemessung des Quellensteuersatzes berücksichtigt werden sollten. Will man Kleinsparer von der Quellensteuer auf Zinseinkommen entlasten, so lässt sich ein entsprechender allgemeiner Steuerkredit für Kleinsparer auch in den Einkommensteuertarif einbauen.

4.2 Gerechtere Einkommensbesteuerung

Die duale Einkommensbesteuerung bietet eine Möglichkeit, die im SHS Standard verankerte diskriminierende Doppelbesteuerung der Ersparnisse zu mildern. Zinseinkommen werden zwar nicht steuerfrei gestellt, aber die Verletzung der horizontalen Gerechtigkeit fällt bei niedrigeren Kapitalsteuersätzen weniger ins Gewicht. Darüber hinaus werden auch die negativen Auswirkungen des Nominalwertprinzips bei der Zinsenbesteuerung gemildert, wo die Inflationsabgeltung durch die Nominalverzinsung bei Einkommensteuersätzen von 50% schon bei niedrigen Inflationsraten zu negativen Realzinsen nach Steuern und damit zu einem realen Wertverlust des eingesetzten Anlagekapitals führt.

Durch die Quellenbesteuerung von Kapitalerträgen können auch bisher unbesteuerte Anlagen ohne hohe Verwaltungs- und Kontrollkosten korrekt endbesteuert werden und bestehende Steuerlücken geschlossen werden. Dies gilt beispielsweise für Erträge aus Lebensversicherungen im Erlebensfall. Die Quellensteuer auf Gewinnbeteiligungen und Bonusse kann direkt vom Versicherungsunternehmen abgeführt werden, ohne dass beim Begünstigten eine nachfolgende Veranlagung erforderlich ist oder Liquiditätsengpässe auftreten.

Die duale Einkommensteuer schafft zwar nicht eine steuerliche Gleichbehandlung von verschiedenen Formen von Kapitalanlagen im persönlichen Bereich, weil die Sonderregelungen für die gesetzliche Rentenversicherung, für die Beamtenpensionen oder für Betriebspensionen weitergelten werden und Kapitalerträge aus diesen Sozialprogrammen nicht in die duale Einkommensteuer eingebunden werden. Die duale Einkommensteuer ebnet aber das Spielfeld für weitere Formen der ergänzenden, kapitalmarktbasierten Altersvorsorge, die ohne steuerliche Diskriminierung größere Akzeptanz finden und die Substitution von sinkenden Einkommensersatzraten in der gesetzlichen Altersicherung erleichtern sollte (vgl. Donges 2000, 34).

Schließlich eröffnet die duale Tarifstruktur die Option, auf geänderte ökonomische Rahmenbedingungen (Sparverhalten, Inflation, Globalisierung) durch eine Anpassung des Proportionalsatzes auf Kapitalerträge reagieren zu können, ohne die Tarifstruktur für Arbeitseinkünfte mit zu verändern. Dieser zusätzliche Freiheitsgrad in der dualen Einkommensbesteuerung erlaubt eine parametrische Variation der Quellenbesteuerung auf Kapitalerträge. Damit lässt sich sowohl eine umfassende Einkommensteuer realisieren, wenn die Quellensteuer in Höhe des maximalen Grenzsteuersatzes auf Arbeitseinkommen festgelegt wird und im Veranlagungsweg auf die persönliche Einkommensteuerschuld angerechnet wird, als auch eine zinsbereinigte Einkommensteuer, wenn die Quellensteuer als finale Einkommensteuer festgelegt wird und der Steuersatz auf null gesenkt wird.

5 Fazit

Die finanzwissenschaftlich fundierte Kritik an einer Einkommensbesteuerung nach dem SHS-Standard setzt sowohl an konzeptionellen Schwachstellen als auch an den Problemen der steuertechnischen Umsetzung der umfassenden Einkommensteuer an. Eine duale Einkommensteuer vermag administrative und distributive Mängel einer umfassenden Einkommensteuer zu mildern, wenn auch nicht zu beseitigen. Die Steuerreformen der neunziger Jahre in den skandinavischen Ländern zeigen, dass eine duale Einkommensbesteuerung nicht nur theoretisch konzipiert werden kann, sondern auch im demokratischen Entscheidungsprozess als steuerpolitische Alternative mehrheitsfähig ist.

Ein weiteres ökonomisches Argument zu Gunsten einer näheren Befassung mit Spielarten einer dualen Einkommensbesteuerung ist ihre Überlegenheit aus wohlfahrtsökonomischer Sicht. Da die Einkommensteuer stets mit Effizienzeinbußen verbunden ist, muss ihre optimale Ausgestaltung in einem „Second-best"-Modellrahmen analysiert und begründet werden. Im Rahmen eines solchen Optimalsteuermodells wird ceteris paribus ein duales Einkommensteuersystem gegenüber einer umfassenden Einkommensteuer stets ein zusätzliches steuerpolitisches Instrument bereitstellen und damit potentielle Wohlfahrtsgewinne gegenüber einer Besteuerung nach dem SHS Standard eröffnen. Im theoretischen Modell wird die umfassende Einkommensteuer daher bestenfalls gleichwertig, im Regelfall jedoch unterlegen sein. Kontrastierend zu dieser Modellsicht ist allerdings empirisch zu prüfen, inwieweit die demokratische Kontrolle ausreicht, um eigennützige Steuerpolitiker daran zu hindern, den zusätzlichen steuerpolitischen Gestaltungsspielraum zu nutzen, um ihrer Wählerklientel Vorteile zuzuschanzen und nicht das Gesamtwohl der Gesellschaft im Auge zu haben. Aber dieses Problem ist in der Steuerpolitik auf Grund der vielfältigen Möglichkeiten Steuerbegünstigungen einzuräumen allgegenwärtig und kann nicht als ein Argument gegen das Konzept einer dualen Einkommensteuer vorgebracht werden.

Literaturverzeichnis

Boadway, R. / Bruce, N. (1984), A general proposition on the design of a neutral business tax. Journal of Public Economics 24, S. 231-239.

Bordignon, M. / Giannini, S. / Panthegini, P. (1999), Corporate taxation in Italy: An analysis of the 1998 reform. Finanzarchiv 56, S. 335-362.

Cnossen, S. (1999), Taxing capital income in the northern countries : A model for the European Union? Finanzarchiv 56, S. 18-50.

Donges, J. et al. (2000), Abgeltungssteuer bei Kapitaleinkommen. Schriftenreihe des Frankfurter Instituts, Bd. 37, Bad Homburg.

Genser, B. (1996), Austria's steps towards a dual income tax. L.Muten et al. (eds): Towards a dual income tax? Kluwer, Rotterdam, S. 69-89.

Genser, B. (1999), Konsumorientierung - Realisierungschancen in Österreich. Ch. Smekal/R. Sendlhofer/H. Winner (Hrsg.): Einkommen versus Konsum. Ansatzpunkte zur Steuerreformdiskussion. Physica-Verlag, Heidelberg, S. 197-215.

Homburg, St. (1997), Soll die klassische Einkommensteuer wiederbelebt werden? M. Rose (Hrsg.): Standpunkte zur aktuellen Steuerreform. Recht und Wirtschaft, Heidelberg, S. 107-114.

Homburg, St. (2001), Allgemeine Steuerlehre. 2.Aufl., Vahlen, München.

Kaplow, L. (1996), On the divergence between ideal and conventional income-tax treatment of human capital. American Economic Review 86, S. 347-352.

King, M. / Fullerton, D. (1984), The taxation of income from capital. Chicago UP.

Sørensen, P. (1994), From the global income tax to the dual income tax: Recent tax reforms in the northern countries. International Tax and Public Finance 1 S. 57-79

Sørensen, P. (ed.) (1998), Tax policy in the nordic countries. Macmillan, London et al.

Wagner, F. Zinsbesteuerung in Form einer definitiven Abgeltungssteuer. H. Mayer (Hrsg.): Unternehmensbesteuerung - Perspektiven der Besteuerung. Boorberg, Stuttgart et al. 2000a, S. 81-96.

Wagner, F. Korrektur des Einkünftedualismus durch Tarifdualismus - Zum Konstruktionsprinzip der Dual Income Taxation. Steuer und Wirtschaft 4/2000b, S. 431-438.

Wagner, F. (2001), Deutschland bei Österreich in der Steuerlehre: Die falsche Lektion gelernt. U.Wagner (Hrsg.): Zum Erkenntnisstand der Betriebswirtschaftslehre am Beginn des 21. Jahrhunderts. Duncker & Humblot, Berlin S. 431-449.

Wenger, E. (1983), Gleichmäßigkeit der Besteuerung von Arbeits- und Vermögenseinkünften. Finanzarchiv 44 S. 207-252.

Einfach und gerecht? Die erste deutsche Einkommensteuer von 1874/78 in Sachsen als Lösung eines Reformstaus in dem frühindustrialisierten Land

Eckart Schremmer

1 Die frühliberale Gesellschaftsordnung und die freien Bürger. Die objektive Ertragsteuer: Der durchschnittlich-mögliche Ertrag steuerbarer Objekte als gerechtes Maß der Steuerleistungsfähigkeit

Nach der französischen Revolution von 1789 und der Erklärung der Menschen- und Bürgerrechte wurden die feudalen Abgaben und Dienste aufgehoben und ersetzt durch neue direkte Staatssteuern, die nach den liberalen Postulaten von Freiheit, Gleichheit und Gerechtigkeit ausgerichtet sein sollten.

Die ausführlichen Steuer-Diskussionen in den deutschen Staaten endeten in der grundsätzlichen Zielvorstellung einvernehmlich. Gerechtigkeit in Steuersachen bedeutet die allgemeine Steuerpflicht mit der Gleichverteilung der Steuerlast gemäß der Leistungsfähigkeit der Bürger. Die Steuer sollte weder die „natürliche" Vermögensverteilung ändern noch den Vermögensstand mindern.[1]

Die Regierungen wussten um die beiden großen europäischen Typen von direkten Steuern: den eher traditionellen französischen Ertragsteuern mit behördlicher Einschätzung der Erträge steuerbarer Objekte und der revolutionär-neuen englischen Einkommensteuer mit der Einschätzung ihrer Einkommen durch die Pflichtigen selbst.[2] Die deutschen Staaten folgten zunächst - mehr oder weniger ausgebildet - dem Typ der französischen Ertragsteuern.[3]

---

[1] Formuliert als Edinburgher Steuerregel von 1833, F.K. Mann, 1937, Steuerpolitische Ideale, S. 246; das ist heute die „verfassungsrechtliche Vermögensbestandsgarantie", denn „Eigentumsgarantie ist Sachbestandsschutz", so P. Kirchhof, 1985, Der verfassungsrechtliche Auftrag, S. 327.

[2] Die englische Einkommensteuer von 1798 war zunächst eine außerordentliche Kriegssteuer. Nach Außerkraftsetzen in den Jahren 1802 und 1815-41 war sie seit 1842 die ordentliche direkte Hauptsteuer; E.R.A. Seligman, 1921, Income Tax, S. 57-220, S. 273-328. Die französischen Ertragsteuern waren ordentliche, regelmäßig erhobene direkte Steuern.

[3] Die Besteuerung deutscher Einzelstaaten bei A. Wagner, 1901, Finanzwissenschaft.

Die Ertragsteuern schienen den liberalen Erfordernissen gut zu entsprechen. Sie belasteten die fundierten, regelmäßig fließenden Erträge aus Besitz, den drei Quellen Grund und Boden, Gebäude und Gewerbebetriebe. Die unfundiert genannten Einkünfte, wie Apanagen, Pensionen, Löhne, Gehälter, Renten und Kapitalzinsen, blieben nicht oder nur unzureichend besteuert.

Worin zeigte sich die Freiheit und die Leistungsfähigkeit?

Die Freiheit des Bürgers in Steuersachen wurde ausgelegt als frei sein von obrigkeitlicher Veranlagungswillkür und Inquisition. Das führte zu dem unabdingbaren Schutz des Bürgers vor staatlichem Eindringen in seine Privatsphäre. Die Leistungsfähigkeit als Maßstab der gerechten Steuerlastverteilung konnte deshalb von der Behörde nur an Hand von äußerlich erkennbaren objektiven Merkmalen für den Ertrag des Besitzes eines Bürgers geschätzt werden. Der Staat hatte zwar das Recht, die Merkmale zu bestimmen, im Verlauf einer Begehung zu sehen, zu zählen und zu gewichten, aber er hatte kein Recht, von dem Bürger eine Erklärung über die Höhe und Art seines Einkommens zu verlangen.

Die Leistungsfähigkeit wurde gemessen an dem auf die Dauer und im Durchschnitt erzielbaren, geschätzten (Rein-) Ertrag[4] aus den drei Quellen Grund und Boden, Gebäude und Gewerbebetriebe[5]. Der jeweilige Eigentümer der Quelle hatte die Steuer zu entrichten. Die äußeren Merkmale zur Bestimmung des durchschnittlich-möglichen Ertrags des steuerbaren Objekts waren unterschiedlich: Bei der Landwirtschaft etwa die Größe einer Parzelle, die ortsübliche Erntemenge und die jeweiligen Fruchtpreise, bei den Gebäuden der angenommene Marktwert und die Größe des Gebäudes, z.B. gemessen an der Anzahl der Fenster, und beim Gewerbebetrieb die ausgeübte Tätigkeit, die Anzahl der Beschäftigten, die sichtbare, branchenübliche Kapitalausstattung und der Standort des Betriebs als Merkmal für Verbrauchernähe und Absatzmöglichkeiten. Den unterschiedlichen Merkmalkombinationen wurden, fast im Sinne einer einfachen Produktionsfunktion, in Klassen- und Einschätzungstafeln Ertragswerte zugeordnet[6]. Sie galten als die objektiv ermittelte Größe für die gesuchte steuerliche Leistungs-

---

[4] Reinertrag ist der Rohertrag abzüglich Produktionskosten.

[5] Die Ertragsteuern hießen deshalb gelegentlich auch Objekt- oder Realsteuern. Weitere Bezeichnungen sind Merkmal- und Katastersteuern; nach der Erhebungsweise auch Umlage- oder Repartitionssteuer; wegen der ex ante bestimmten Höhe der einzuziehenden Steuersumme war die Ertragsteuer eine Soll-Steuer.

[6] Beispiele aus Württemberg zur Berechnung der Reinertragswerte und Katasteranschläge für Äcker, Wiesen, Weinberge und für Gebäude bei E. Schremmer, 1963, Bauernbefreiung in Hohenlohe, S. 155-164; zur Berechnung der Eintragungen im Gewerbe (Handwerker-) Kataster mit den dazugehörenden Klassen- und Einschätzungstafeln, Ders., 1974, Zusammenhänge, S. 679-686, 701-705. Über das badische Gewerbesteuerkapital und die Steuerkataster Ders., 1987, Badische Gewerbesteuer, S. 18-46, S. 55-59. Die badische Gewerbesteuer war als Quotitätssteuer ausgebildet.

fähigkeit eines Objektes. Die nur sehr ungenau mögliche Einschätzung der Gewerbebetriebe blieb die nicht behebbare Schwachstelle, die Achillesferse der Ertragsteuersysteme.

Jedes Gebäude, jede Parzelle, jeder Gewerbebetrieb wurde von der Ortsbehörde in Verzeichnisse (Kataster) mit dem jeweiligen Ertragswert und dem Eigentümer eingetragen und im Verhältnis der Ertragswerte steuerlich belastet. Das erfolgte i.d.R. über die Umlage (Steuerrepartition) der vom Parlament ex ante ausgeschriebenen Steuergesamtsumme[7]. Auch eine Quotenbesteuerung war möglich.

Die Steuer haftete auf dem Objekt, fast wie eine veränderliche Reallast, ohne Berücksichtigung von persönlichen Verhältnissen des steuerpflichtigen Eigentümers oder Nutznießers. Dessen private Gegebenheiten - etwa klug oder etwas einfältig, kinderreich oder kinderlos, fleißig oder faul, verschuldet oder nicht - waren für die Bemessung der Steuerhöhe ohne Bedeutung.

Auf diese Weise glaubte der Gesetzgeber das Problem der Steuergerechtigkeit objektiv und ohne Ansehen der Person gerecht gelöst zu haben, bei voller Wahrung der Privatheit des Bürgers. Der Aufwand an Intelligenz, Geld, Arbeitskraft und an Bürokratie zur Erfassung und Einschätzung der Steuerobjekte und zur Errichtung und laufenden Aufrechterhaltung der Kataster war immens. Gerechtigkeit war teuer und doch ein vorrangiges Ziel gegenüber dem Bemühen um Einfachheit bei der Steuerveranlagung und dem Steuereinzug.

2 Die Entstehung eines Reformstaus. Die Industrialisierung und die objektive Ertragsteuer

Die teils wirkliche, teils nur vermutete Fähigkeit der Ertragsteuer, die gerechte, objektive, neutrale und diskrete Steuer zu sein, war trotz Reformen am Detail erst nach etwa 60 bis 80 Jahren erschöpft. Die schwerfälligen Kataster erwiesen sich als ungeeignet, die raschen Strukturveränderungen in Wirtschaft und Gesellschaft im 19. Jahrhundert aufzunehmen. Die Ermittlung der Gewerbeerträge in den sich industrialisierenden Ländern anhand

---

[7] Die Regierung ermittelte in einem Budgetvoranschlag die in der kommenden Finanzperiode benötigte Gesamt-Katastersteuersumme. Diese wurde in einem ersten Schritt nach dem mutmaßlichen Verhältnis ihres Beitrags zum Sozialprodukt auf den Grund und Boden, die Gebäude und die Gewerbebetriebe umgelegt (Steuerrepartitionsquote, Verteilungsschlüssel, Primärumlage). Die daran anschließende Steuersubrepartition (Sekundarumlage) auf die einzelne Parzelle, das einzelne Gebäude und den einzelnen Gewerbebetrieb erfolgte gemäß der Höhe des in dem jeweiligen Grund-, Gebäude- oder Gewerbekataster eingetragenen Katasteranschlags (Ertragswert) für das einzelne Objekt. Zur auffallenden Kontinuität der Steuerverfassungen im südwestdeutschen Raum E. Schremmer, 1966, Steuerverfassung der schwäbisch-österreichischen Landstände von 1767.

äußerer Merkmale blieb völlig unzureichend. 1868 räumte beispielsweise der württembergische Finanzminister ein, dass die zunehmende Kapitalintensität der Produktion und das damit verbundene Betriebs- und Ertragsgrößenwachstum von der Besteuerung weitgehend unerfasst blieb[8]. Fabriken, entstanden aus Handwerksbetrieben, blieben als Handwerksbetriebe katastriert[9].

Aus Baden war ähnliches zu vernehmen - und mit suchendem Blick über die Grenzen wurde festgestellt „Soviel Gutes wir auch an Preußen und am preußischen Staatswesen sonst zu rühmen berechtigt sind, so wenig empfiehlt sich das preußische Staatssteuerwesen der Nachahmung"[10]. Man wusste nicht, wie der Gewerbeertrag richtig festgestellt werden kann, und: „die Theorie hat uns dabei bis jetzt ziemlich im Stich gelassen"[11].

Die Ertragsteuern - letztlich Steuersysteme vorindustrieller Agrar- und Handwerkerstaaten - wurden im Verlauf der Industrialisierung zu einer ungerechten Steuer. Sich zu hoch belastet fühlende Bürger - vor allem aus der Landwirtschaft - besannen sich ihrer Grundrechte. 1871/72 hieß es im württembergischen Parlament, die gegenwärtige Besteuerung widerspreche der in der württembergischen Verfassung von 1819 verbürgten Gleichheit aller Staatsbürger[12]. Das Stellen der Verfassungsfrage war der schärfste Angriff gegen die bestehende Art und Weise der Besteuerung.

Die Landwirtschaft war offenbar zu hoch, die Gewerbebetriebe zu niedrig besteuert; das kam der Industrialisierung zugute[13]. Wenn heute die Landwirtschaft subventioniert wird, ist das fast wie das Zurückzahlen alter historischer Schulden.

Hinzu kam ein Weiteres, ebenfalls mit der Industrialisierung zusammenhängend. Es gab immer mehr Lohn- oder Gehaltsempfänger und Bezieher von Zinseinkünften aus Kapitalmarktpapieren. Deren Einkünfte wurden steuerlich nur unzureichend, wenn überhaupt erfasst. Wie vertrug sich das mit der Allgemeinheit der Steuerpflicht? Abermals, die Gerechtigkeit litt.

Damit hängt drittens zusammen: Der Staat benötigte höhere Steuereinnahmen. Der Staat wollte an dem industriellen Aufschwung steuerlich teilhaben - und dabei das Steuersystem vereinfachen.

---

[8] GLA 237-14139; E. Schremmer, 1987, Badische Gewerbesteuer, S. 31 f Anm. 54.
[9] KdSt, 1868-70, Beilagen I, S. 149.
[10] GLA 237-14139, E. Schremmer, 1987, Badische Gewerbesteuer, S. 22 Anm. 21.
[11] KdSt, 1870-74 Beilagen II, S. 597; Bericht der Steuerreformkommission.
[12] Beanstandet wurde die ungleiche Belastung der Erträge aus den drei Quellen, den Sektoren Grund und Boden, Gebäude und Gewerbebetriebe. Der Finanzminister gibt zu, dass das Grundeigentum überbürdet erscheine, SAS E 33-34 K 88, II Q 71.
[13] Für Württemberg E. Schremmer, 1974, Zusammenhänge, S. 687 f; auch in Sachsen wurde der Grundbesitz „viel schärfer als das Gewerbe" herangezogen, so H. v. Nostitz, 1903, Staatssteuern in Sachsen, S. 231; St. Wagner, 1980, Grund- und Gebäudesteuer, S. 209 nimmt dies vorsichtig abwägend auch für die preußische Rheinprovinz an.

Zusammenfassung: Aus der deutlichen Verletzung des Gleichheitssatzes[14] und aus der Verletzung der Besteuerung nach der Leistungsfähigkeit[15] ergab sich der Kern des Reformstaus. Die Ertragsteuersysteme mit ihren Merkmaltafeln und die Industrialisierung vertrugen sich nicht. Der Versuch, die verletzten liberalen Postulate wiederherzustellen, ließ sich gut mit dem Wunsch des Staates nach höheren Steuererträgen in Einklang bringen. Indes: Es fehlte ein Konzept zur Erfassung gewerblicher Gewinne.

3 Die Auflösung des Reformstaus. Die subjektive Einkommensteuer: Das Markteinkommen des Bürgers als gerechtes Maß der Steuerleistungsfähigkeit

Die durchgeführten Verbesserungen und Korrekturen bei den Ertragsteuern - die sich bei einzelnen deutschen Staaten bis in das 1. Jahrzehnt des 20. Jahrhunderts hineinzogen (Bayern, Württemberg)[16] - blieben Stückwerk. Die Alternative zur Korrektur war eine grundsätzlich neue direkte Steuer - und hierfür stand ein Vorbild bereit: die Einkommensteuer, eine der großen Erfindungen Englands. Sie wurde 1799 von William Pitt als außerordentliche Kriegssteuer eingeführt[17] - dann verworfen - und ist seit 1842 zur allgemeinen ordentlichen Steuer ausgebildet. Der Bürger gab nach jahrzehntelangem Zögern seine Privatheit auf und war bereit, seine finanziellen Verhältnisse dem Staat gegenüber offenzulegen. Die ganz auf das einzelne Individuum und seine Verhältnisse zugeschnittene subjektive Leistungsfähigkeit, gemessen an seinem Markteinkommen, galt als das Höchstmaß an erreichbarer steuerlicher Gerechtigkeit. Das (Rein- oder Netto-) Einkommen ist die neue Steuerbemessungsgrundlage. Sie passt sich - über die Märkte - den Wachstums- und Strukturänderungen in der Wirtschaft geschmeidig an. Wenn die jeweilige (jährliche) Steuerlast der Bürger ihrer jeweiligen (jährlichen) Leistungsfähigkeit entspricht, ist die Gleichheit in der Besteuerung erreicht. Daneben zeichnete sich die englische Einkommensteuer durch zwei von deutschen Nationalökonomen bewunderte Eigenschaften aus: (1) das effiziente und pragmatische Veranlagungsverfahren und (2) die hohe Elasti-

---

14 Der Gleichheitssatz ist nach Tipke die Magna Charta des Steuerrechts, K. Tipke, 1993, Steuerlegislative, S. 8.
15 Die Besteuerung nach der Leistungsfähigkeit ist nach Lang das Fundamentalprinzip gerechter Besteuerung, J. Lang, 1988, Bemessungsgrundlage, S. 97, 99.
16 Württemberg führte 1903, Bayern 1910 die allgemeine Einkommensteuer ein.
17 Pitts Erhebungsbogen zur Einkommenserklärung von 1798/99, Form of General Statement of Income, mit der Description of Property from which Income Arises und den Deductions, ist abgedruckt bei E. Schremmer, 1994, Steuern und Staatsfinanzen, S. 19-21.

zität der Steuereinkünfte in bezug auf Änderungen des Volkseinkommens und auf Schwankungen des Staatsbedarfs[18].

4 Die sächsische Einkommensteuer von 1874/78

Warum führte gerade Sachsen 1874/78 als erster deutscher Staat die allgemeine Einkommensteuer ein? - Die Antwort ist in ihrem ersten Teil fast lapidar.

— In Sachsen machte sich der Reformstau besonders früh deutlich bemerkbar, weil in diesem Land die Industrielle Revolution früh einsetzte. Sachsen gilt als der erste deutsche Industriestaat - seit etwa den 1860er Jahren[19] - und besaß kein dieser Entwicklung angemessenes Steuersystem. Ferner: Das Aufkommen von Fabriken war begleitet von sozialen Bewegungen und Unruhen; Lassalle gründete 1863 den Allgemeinen Deutschen Arbeiterverein in Leipzig, dessen Vorsitzender zwei Jahre später Bebel wurde. 1873 befand die Leipziger Handelskammer, die Arbeiterverhältnisse seien fast durchgehends schwierig. Aus dem Verein für Socialpolitik war zu hören: „Nicht dass die Armen zu viel, sondern dass die Reichen zu wenig Steuern zahlen, ist das sociale Übel, an dem wir im Gebiete des Steuerwesens laborieren. Der Reichtum der Reichen steht zu wenig im Dienste der Gesamtheit"[20]. Die soziale Frage berührte die steuerliche Gerechtigkeit.

— Hinzu kamen, Teil zwei der Begründung, zwei etwa zeitgleiche Ereignisse, die von außen auf Sachsen einwirkten. Die im sächsischen Landtag 1868 begonnenen Besprechungen über eine Steuerreform fielen zusammen (1) mit der generellen Diskussion in Deutschland über Schmollers 1863 erschienenen Aufsatz „Die Lehre vom Einkommen in ihrem Zusammenhang mit den Grundprinzipien der Besteuerung" und mit den frühen Bemühungen des Vereins für Socialpolitik, sodann (2) mit dem Erscheinen des Allgemeinen Deutschen Handelsgesetzbuches im Jahr 1869.

Die sächsische Regierung reagierte auf den Reformbedarf schnell und konsequent[21], führte 1874/1878 die Einkommensteuer ein und hob 1878 die Ertragsteuern auf.

---

[18] Skeptisch wurde dagegen die Notwendigkeit der Selbstdeklaration des Einkommens durch die Pflichtigen selbst beurteilt - das Staatsverständnis der deutschen Bürger habe noch nicht das bewunderungsfähige Niveau der Vaterlandsliebe und politischen Reife der Engländer erreicht.
[19] R. Forberger, 1982, Industrielle Revolution in Sachsen, S. IX, 37.
[20] A. Held, 1873, Gutachten, S. 26. Zu sozialen Verhältnissen K. Blaschke, 1997/98, Sachsens geschichtlicher Auftrag, S. 40.
[21] Die finanziellen Vereinbarungen zwischen dem 1871 gegründeten Deutschen Reich und den Einzelstaaten: das Reich erhält die indirekten, die Einzelstaaten behalten die direk-

Die Besonderheiten sollen anhand der drei entscheidenden Neuerungen skizziert werden (1) die Selbstangabe des Einkommens durch die Pflichtigen, (2) die Bestimmung des „wirklichen Einkommens" und des „Verbrauchsaufwands" als dem neuen Gegenstand der Besteuerung zur Ermittlung der Steuerleistungsfähigkeit und (3) die Festlegung der Berechnungsweise des Gewinns aus gewerblicher Tätigkeit.

In ihrer Gesamtheit lösten diese drei Neuerungen den Reformstau überraschend schnell auf.

4.1 Die Einkommenserklärung des Bürgers

Die Einkommensteuer setzt die aktive Mitarbeit des Bürgers voraus. Die Selbsteinschätzung, das Kernstück der neuen Steuer, war eine der umstrittensten Inhalte der neuen Besteuerungsidee - und zwar quer durch Europa. Dabei ging die scharf geführte Diskussion um so hohe moralische Wertvorstellungen wie freiheitliche Gesellschaftsordnung, persönliche Freiheit, Privatsphäre des Bürgers, politische Reife, obrigkeitliche Spionage und öffentliche Moral.

Selbst England, das seit 1798 das Prinzip einer Einkommenserklärung kennt, überstand erst in den 1870er Jahren die letzten ernsthaften Versuche, die ordentliche allgemeine Einkommensteuer mit ihrem Zentralstück der Declaration of Income wegen Ungerechtigkeit, Unaufrichtigkeit und Hinterhältigkeit wieder abzuschaffen[22].

In Frankreich, dessen liberales Bürgertum sich bis 1914/17 der Einführung der allgemeinen Einkommensteuer[23] widersetzte, schrieb Paul Dechanel eine heftige Beurteilung der Fassion im preußischen Einkommensteuergesetz von 1891, die er in einen Zusammenhang mit einer obrigkeitshörigen preußisch-deutschen Mentalität brachte[24].

Im Vorfeld des sächsischen Einkommensteuergesetzes standen Aussagen wie „bürgerliche und persönliche Freiheit auf das tiefste verletzend und das Gewissen des Einzelnen auf das härteste beschwerend"; „System der Unterdrückung des gewissenhaften Steuerzahlers durch den Gewissenlosen", oder kurz - ein „widersinniges Verlangen"[25]. Ihren wohl prominentesten und vehementesten Kritiker hatte der Plan der sächsischen Einkommensteuer in

---

ten Steuern - betrafen alle Einzelstaaten in grundsätzlich gleicher Weise. Hieraus lässt sich m.E. keine sächsische Besonderheit herleiten.
22 F.K. Mann, 1937, Steuerpolitische Ideale, S. 234, 236 f.
23 Die Einführung geschah unter dem Druck der Kriegsfinanzierung.
24 An inquisitorial process of this country ... in which, to adopt Bismarck's term, every one is borne in a uniform; nach E.R.A. Seligman, 1921, Income Tax, Originaltext S. 262 Anm. 2.
25 Nach H. v. Nostitz, 1903, Staatssteuern in Sachsen, S. 161 Anm. 17.

Professor Rößler aus Berlin, der 1873 in einem Gutachten für den Verein für Socialpolitik[26] befindet: „Ganz verwerflich als eine Ausgeburt verkehrtester Finanzpolitik ist die sogenannte Fassion". Die Darlegung des Einkommens ist eine „Zumutung" und „der bare Unverstand". ... „Denn das gestellte Verlangen ist eine Thorheit ... . Die Folge wird stets sein, dass man vieles Vermögen aus dem Lande scheucht, anderem (Vermögen) Verbergungskünste aufdrängt, welche einer heilsamen Verwendung nicht zu Gute kommen und die öffentliche Moral schädigen. Es ist sehr schlimm, wenn es ein Gebiet gibt, wo beinahe jedermann lügt, wo jeder vom anderen weiß, dass er lügt, und doch der Schein der Wahrheit immerfort erheuchelt werden muss. Der Staat hat nach dem Einkommen gar nichts zu fragen."

Trotz solcher Gegenstimmen blieb die Mehrheit im sächsischen Landtag bei ihrer staatspolitischen Grundüberzeugung: „ Das Prinzip der Selbsteinschätzung ist der Bürger eines freien Staates allein würdig"[27]. Zu dem politischen kam schon 1871 ein wirtschaftlich-erzieherisches Argument aus der zweiten Kammer des sächsischen Landtags: Die allgemeine Deklarationspflicht sei ein vortreffliches und sehr wirksames Mittel, um die Bevölkerung dazu zu erziehen, dass sie Buch und Rechnung führen und sich dem Stande ihrer wirtschaftlichen Verhältnisse Rechenschaft geben lerne [28]. ..."Die Selbstabschätzung (ist) auf die Dauer unentbehrlich im Interesse gerechter Besteuerung und ein wesentlicher Hebel der politischen Erziehung des Volkes"[29].

Der Landtag wusste um diese Widerstände und war sich bewusst, dass es sich bei der Fassion um „eine der schwersten staatsbürgerlichen Pflichten handelt"[30]. Die strengen Vorstellungen des Regierungsvorschlags, eine Verweigerung oder Unterlassung der Fassion als Steuerhinterziehung ohne Reklamationsrecht zu bestrafen, wurden deshalb gemildert. Es gab nach 1874/78 eine offene Zeit des Übergangs und der Nachsicht von Seiten der Steuereinschätzungskommissionen. Wenn sich die Pflichtigen bei der Erklärung unsicher fühlten, genügte es, statt der genauen ziffermäßigen Angaben des Einkommens der Kommission solche „Nachweisungen" zu geben, die der Kommission eine Einkommenseinschätzung ermöglichten, ohne dass dies als Unterlassung der Fassion mit Rechtsfolgen zum Nachteil des Pflichtigen angesehen wurde.

---

[26] Ch. Rößler, 1873, Personalbesteuerung, S. 91 f.
[27] J. Gensel, 1873, Personalbesteuerung, Gutachten, S. 48; G. Schmoller, 1863, Lehre vom Einkommen, S. 52; A. Hoffmann, Staatssteuern in Sachsen, 1906, S. 127.
[28] Nach R. Hansen, 1996, Praktische Konsequenzen, S. 361, 61.
[29] J. Gensel, 1874, Steuerreform, S. 1471; dort weitere Stimmen zur Fassion aus den Landtagsverhandlungen.
[30] J. Gensel, 1885, Sächsische Einkommensteuer, S. 498.

Angesichts dieser damals durchaus erkannten Schwierigkeiten und Gewöhnungsvorgänge ist es im Nachhinein erstaunlich, dass die Fassion alles in allem ohne wesentliche Hinderungen durchgesetzt werden konnte, so dass schon in der Steuerenquete von 1884 das Ergebnis der Deklarationen und der Einschätzungsverfahren insgesamt als „günstig" beurteilt wurde[31].

4.2 Das „wirkliche Einkommen" und der „Verbrauchsaufwand" als gerechtes Maß der Steuerleistungsfähigkeit

Spätestens seit der Mitte der 1850er Jahre war die als „englische Lehre" - oder als „manchesterliche Schule" bezeichnete Verknüpfung von Markteinkommen, Leistungsfähigkeit und gerechter Steuerlastverteilung bei einem Teil der deutschen Nationalökonomen umstritten. Zu diesen gehörte Gustav Schmoller (1838-1917), ein Hauptvertreter der jüngeren historischen Schule der Nationalökonomie, Mitbegründer des Vereins für Socialpolitik (1872)[32] und Beteiligter an den Vorarbeiten für die Sozialgesetzgebung des Deutschen Reichs. - Schmollers Ausgangsüberlegung war das Verhalten der Menschen: Ziel des menschlichen Wirtschaftens sei nicht die Gütererzeugung, wie die Engländer irrigerweise annehmen, sondern die Befriedigung von Bedürfnissen der Menschen. Daraus schloss er kurz und bündig: Die Leistungsfähigkeit - Schmoller spricht von „totale wirtschaftliche Kraft der Persönlichkeit"[33] - zeigt sich in der Möglichkeit des Bürgers, seine Bedürfnisse ohne Vermögensminderung zu befriedigen. In dem Maße, wie ein Bürger seine Bedürfnisse befriedigen kann, soll er an der Verteilung der Staatslasten teilhaben. Das ist gerecht.

Bedürfnisse werden durch Einkommen befriedigt - und Schmoller weitete den Einkommensbegriff umfassend aus. Zum Einkommen gehört „nicht bloß der im Tauschverkehr erscheinende Reinertrag dieses oder jenen Gutes, dieses oder jenen Geschäftes, sondern auch jeder unmittelbare Verbrauch, der sich in der Benutzung eines eigenen Hauses, eigener Pferde, eines eigenen Gartens oder auch nur in dem Genusse der Möglichkeit einer solchen Benutzung liegt"[34]. All dies erzeuge Befriedigung. Der gesuchte Maßstab für die gerechte Steuerlastverteilung ist somit, wie es Schmoller

---

[31] J. Gensel, 1885, Sächsische Einkommensteuer, S. 502. Nach Hansen waren Gesetz, Gesetzesvollzug und Besteuerungswirklichkeit offenbar aus einem einheitlichen Guss; eine andere Erklärung gibt es für das merkwürdige Phänomen der allgemeinen Zufriedenheit nicht. „Ernsthaft zu nennende systematische Kritik sucht man jedenfalls vergeblich"; R. Hansen, 1996, Praktische Konsequenzen, S. 363, 364; positive Würdigungen S. 366 f, 480.
[32] Über die finanzpolitische Meinungsbildung des Vereins für Socialpolitik s. E. Thier, 1999, Steuergesetzgebung, S. 276-291, 371, 381, 463, 525, 601.
[33] G. Schmoller, 1863, Lehre vom Einkommen, S. 54.
[34] G. Schmoller, 1863, Lehre vom Einkommen, S.52 f.

nennt, die „Totalität des Einkommens", da sie die „totale wirtschaftliche Kraft der Persönlichkeit" widerspiegelt. - Der „Genusswert des Vermögens" - ein Teil des Totaleinkommens - lässt sich in Geldbeträgen ausdrücken[35]. Er dient aber nur zur Feststellung der Totalität des Einkommens, dem Maß der Leistungsfähigkeit[36], das Vermögen selbst bleibt in seinem Bestand unberührt. Wenn das Vermögen dennoch einmal angegriffen würde, liege das am Steuertarif, nicht aber an dem Steuermaßstab „Totalität des Einkommens"[37].

Die sozialpolitischen Folgen dieses Konzepts sind offenkundig: Die Vermögensbesitzer können unter Berücksichtigung ihrer Vermögen einkommensteuerpflichtig werden, auch wenn das Vermögen keine Markterträge abwirft. Schmoller selbst: Eine Gesetzgebung nach meiner Einkommenslehre trägt dazu bei, „Gegensätze, welche diese moderne Klassenordnung in sich trägt, versöhnen zu helfen"[38]. Aus gerecht wurde ex definitione sozial gerecht. Das machte Schmollers Besteuerungsidee so zeitnah und für die anstehende Steuerreform in dem industriell fortgeschrittenen Land Sachsen mit seinen sozialen Schwierigkeiten so interessant.

1868 setzte der sächsische Landtag eine Steuerrevisionskommission ein. 1872 befürwortete der Landtag die Einführung einer allgemeinen Einkommensteuer mit Selbsteinschätzung der Pflichtigen. 1874 folgte das vorläufige, 1878 das endgültige Gesetz[39]. Das Gesetz nahm grundsätzliche - aber nicht alle - Vorstellungen von Schmollers „Totalität des Einkommens" auf.

Das Gesetz von 1874 und 1878 bestimmte das steuerbare Einkommen - auch als das „wirkliche Einkommen" bezeichnet - wie folgt[40] : Einkommen sind - ohne Rücksicht auf die Quelle, alle in Geld oder Geldeswert bestehenden reinen Einnahmen, mit Einschluss des Mietwerts der Wohnung im eigenen Haus oder sonstiger freier Wohnung, sonstiger für die Haushaltung

---

[35] G. Schmoller, 1863, Lehre vom Einkommen, S. 59, 76, der Genusswert ist der errechnete Zinsertrag aus der angenommenen Verkaufssumme des Nutzvermögens.

[36] Zur heutigen Ansicht: „Auch im Vermögen drückt sich Leistungsfähigkeit aus. Die Erhebung einer Vermögensteuer neben der progressiven Einkommensteuer ist aber schwer zu rechtfertigen", K. Tipke und J. Lang, 1991, Steuerrecht, S. 59.

[37] G. Schmoller, 1863, Lehre vom Einkommen, S. 45, 52, 54.

[38] G. Schmoller, 1863, Lehre vom Einkommen, S. 84. Das sozialpolitische Wollen von Schmoller, die „Unzufriedenheit mit unseren bestehenden Verhältnissen", die „Nothwendigkeit der Reform", doch „gegen alle socialistischen Experimente" ist programatisch formuliert in seiner Eröffnungsrede auf der Eisenacher Versammlung, die zur Gründung des Vereins für Socialpolitik führte; teilweiser Abdruck bei E. Schneider, 1962, Einführung in die Wirtschaftstheorie, S. 298 f

[39] J. Gensel dokumentierte als Referent für die Steuerreformfrage der sächsischen zweiten Kammer die Verhandlungen der Revisionskommission und der Landtage von 1869/70, 1871/73 und 1873/74, J. Gensel, 1874, Steuerreform, S. 1374 bis 1486 und 1875, S. 1515 bis 1547.

[40] EStG von 1878 § 1, § 15,1, § 17. Der Begriff Einkommen, synonym das wirkliche Einkommen, nach der Instruktion vom 7. Dezember 1878, §§ 23-26.

benutzter Häuser und zugehöriger Hausgärten sowie der Wert der verbrauchten Erzeugnisse aus eigener Landwirtschaft und eigenem Gewerbebetrieb. Nichtsteuerpflichtiges Einkommen sind außerordentliche[41], das sind nicht regelmäßig fließende Einnahmen durch Erbschaften und ähnliche Erwerbungen. Sie gelten als Vermehrung des Stammvermögens.

Das „wirkliche Einkommen" bestand somit gedanklich aus drei Teilen[42] mit den zugehörenden Einkünftearten:
1. das Markteinkommen aus den vier Hauptquellen nach § 17 EStG
   - Grund und Boden
   - Kapital
   - Lohn- und Gehaltstätigkeit
   - Handel und Gewerbe und jeder anderen selbständigen Erwerbstätigkeit und
2. das kalkulierte Einkommen nach § 15,1 EStG als dem Wert der im Haushalt verbrauchten Erzeugnisse aus
   - eigener Landwirtschaft und
   - eigenem Gewerbebetrieb und
3. das Nutzeinkommen nach § 15,1, § 18 EStG als dem marktüblichen Wert aus
   - Wohnen im eigenen Haus und sonstiger zur Haushaltung benutzter Häuser oder Teile davon
   - zu den Häusern gehörenden Hausgärten
   - zur Verfügung gestellter freier Wohnung.

Das Markt- und kalkulierte Einkommen erfasste die sich ändernden Verhältnisse aus den Märkten. Das Nutzeinkommen traf - man erkennt eine gesellschaftspolitische Zielrichtung - den Mietwert u.a. der Schlösser, Parkanlagen und Nebengebäude, Ausstellungs- und Prunksäle des begüterten Adels[43].

---

[41] Das Gesetz spricht nur von außerordentlichen Einnahmen (§ 15,2), nicht von ordentlichen - sowie nur von regelmäßigen Verbrauchseinkommen (Instruktion vom 7. Dezember 1878 § 25), nicht von unregelmäßigen Einnahmen. Das Begriffspaar fundiert und unfundiert wird nicht mehr benutzt.

[42] Die Einkünfte zu 2. und 3. wurden den jeweiligen Hauptquellen in 1. zugerechnet. Sie werden in den Einkommensteuerstatistiken nicht gesondert ausgewiesen. Vgl. hierzu das Formular der Einkommenserklärung, abgedruckt unten im Anhang.

[43] Wie gewichtig in jenen Jahren die Besteuerung des begüterten Adels in der gesellschaftspolitischen Diskussion war, lässt sich heute schwer abschätzen. Jedenfalls erfasste das Nutzeinkommen auch den Mietwert der Ausstellungsräume für historisch wertvolle Gegenstände, die Schlossparkanlagen, auch wenn Räume und Parkanlagen dem Publikum zugänglich waren. Räume, Park- und Nebenanlagen galten „als Teile der der Lebensstellung des Besitzers entsprechend gestalteten Wohnung"; s. Entscheidung des Finanzministeriums vom 20. November 1893, Mittheilungen aus der Verwaltung der direkten Steuern, Bd. V, 1900, S. 123.

Die ermittelten (reinen) Einkünfte wurden addiert, die Summe ergibt die Steuerbemessungsgrundlage, das steuerpflichtige Gesamteinkommen. Der einheitliche Steuersatz in Prozent der Bemessungsgrundlage nährt seitdem die Vorstellung, als ob alle Einkünftearten gleich hoch belastet seien. Sie können jedoch unterschiedlichen Ermittlungsregeln unterliegen mit der Folge unterschiedlicher Belastungen.

Das Gesetz von 1874 war noch nicht vollständig. Immer wieder tauchten in der Diskussion Beispielgruppen auf wie der Großagrarier, der sein Leben finanziert aus dem gelegentlichen Holzeinschlag oder dem Verkauf eines Hengstes, oder der Bodenbesitzer, der sein Vermögen in Bau(erwartungs-)-land angelegt hat und vom gelegentlichen Verkauf von Bauparzellen aufwendig lebt. Diese unregelmäßigen Einkünfte galt es steuerlich zu erfassen. Im endgültigen Einkommensteuergesetz von 1878 fand sich hierfür eine bemerkenswerte Lösung: Erkennbarer Aufwand wird als Verbrauchseinkommen definiert[44]. Ist die Summe des äußerlich erkennbaren regelmäßigen[45] Aufwands eines Pflichtigen größer als das deklarierte Einkommen, kann die Summe des Aufwands als Einkommen angesehen werden.

Das Finanzministerium erläuterte den Gesetzestext kurz und knapp[46]:
Zur Besteuerung nach dem Verbrauch genügt es, wenn
  1. ein höherer Verbrauchsaufwand erkennbar ist als das zur Besteuerung deklarierte Einkommen zulassen würde, und
  2. der Wohnsitz des Pflichtigen in Sachsen ist.

Der Verbrauchsaufwand[47] wurde nach Augenschein in diskreter Weise durch Einschätzungskommissionen erfragt[48] und geschätzt (Veranlagung).

Damit besaß Sachsen die Möglichkeit einer Besteuerung nach dem Verbrauch - oder, wie es Popitz 1926 anerkennend formulierte: „Die Ein-

---

[44] EStG von 1878 § 15,6. Der Begriff Verbrauchseinkommen, synonym Verbrauchsaufwand, nach der Instruktion vom 7. Dezember 1878 § 23-26.

[45] Instruktion vom 7. Dezember 1878 § 25.

[46] Mittheilungen aus der Verwaltung der direkten Steuern, Bd III, 1888, S. 369 f.

[47] Es ist unerheblich, woher die Mittel zur Bestreitung der Bedürfnisse fließen; Verordnung des Finanzministeriums über die Voraussetzungen der Einschätzung nach dem Verbrauch vom 30. Juni 1880, in Mittheilungen aus der Verwaltung der direkten Steuern, Bd I, 1884, S. 83-86. Zum Verbrauchsaufwand gehörten auch die Ausgaben für den Erwerb von Kunst- und Luxusgegenständen, J. Popitz, 1926, Einkommensteuer, S. 432.

[48] Die Einschätzungskommissionen wurden aus Vertrauensmännern aller Stände gebildet. Sie kamen aus verschiedenen Berufszweigen und Stellungen. Dabei wird von folgendem Vorgang berichtet: Als jüngst ein russischer Gelehrter ... die Einrichtung der sächsischen Statistik studierte, verweilte er mit dem größten Interesse bei dem Studium der Einkommensstatistik und sprach u.a. auch seine Verwunderung darüber aus, dass bürgerliche Commissionsmitglieder adelige Steuerpflichtige abschätzen dürften, was ihm nach russischen Begriffen ungeheuerlich und undurchführbar erschien, so V. Böhmert, 1882, Resultate der Einkommensteuer, S. 185.

kommenspräsumption in der Höhe des Verbrauchs ergibt die direkte Aufwandbesteuerung"[49].

Die Leitidee der sächsischen Einkommensteuer war also nicht die Verbindung einer Einkommensteuer mit einer Vermögen-, Erbschafts- oder sonstigen Ergänzungssteuer, die man losgelöst von der Einkommensteuer einführen und wieder abschaffen kann. Eingeführt wurde vielmehr ein neuer Typ von verwobener Einkommen-Vermögen-Verbrauch-Steuer ohne die Möglichkeit des Abkoppelns einer geliebten oder weniger geliebten Teilsteuer von der Hauptsteuer. Für diese Steuer gibt es so recht eigentlich keinen eigenständigen Namen. Die sächsische Regierung wünschte ausdrücklich keine gesonderte Vermögensteuer neben der Einkommensteuer. Zur Einkommenserklärung sollte nicht noch zusätzlich eine Vermögenserklärung kommen - um die Abneigung gegen die Selbsteinschätzung nicht zu verstärken und das Gelingen der Einkommensteuer zu gefährden. Der Tarif der Einkommensteuer von 1878 war leicht progressiv; er setzte mit 1/6 % bei einem Einkommen von 301 Mark ein (Steuersatz ½ Mark) und endete bei 3 % ab einem Einkommen von über 5400 Mark (Steuersatz 162 Mark)[50]. Zuschläge auf die Einkommensteuer waren möglich und üblich[51]. 1874 hatte es noch kein steuerfreies Existenzminimum gegeben, die Steuer sollte im wörtlichen Sinne allgemein sein. Die Erhebungskosten waren wegen der Vielzahl der Bezieher von kleinen Einkommen hoch[52].

4.3 Die Steuerleistungsfähigkeit und der Gewinn aus Handel und gewerblicher Tätigkeit

Das sächsische Einkommensteuergesetz folgte zunächst dem einfachen Grundgedanken, nach dem die Steuer zu bezahlen ist aus dem Bestand an Bargeld, den der Pflichtige nach dem terminierten Abschluss seiner wirtschaftlichen Tätigkeit in seiner Kasse übrig hat. Der Überschuss, das verfügbare Reineinkommen, wird besteuert. Für die Ermittlung des Reineinkommens galt die klassisch gewordene Abzugsregel: Von den in Geld- oder Geldeswert bestehenden (Roh-)Einnahmen sind abzuziehen die zur „Erlan-

---

[49] J. Popitz, 1926, Einkommensteuer, S. 433.
[50] Die Obergrenze von 3 % sei der sog. althistorische Satz, so H.-W. Bayer, 1991, 100 Jahre, S. 333. Über die Steuertarife und ihre Änderungen bis zur Steuerreform von 1902 s. A. Hoffmann, 1906, Staatssteuern in Sachsen, S. 117-124. 1894 wurde der Höchststeuersatz auf 4 % angehoben und insoweit dem preußischen Tarif von 1891 angeglichen.
[51] Statistiken zur Einkommenbesteuerung und Staatshaushalten bei U. Metzger und J. Weingarten, 1989, Einkommensteuer und Einkommensteuerverwaltung, Anlagen 11 bis 33.
[52] Vgl. Kap. 5.

gung, Sicherung und Erhaltung dieser Einnahmen verwandten Ausgaben"[53] sowie etwaige Schuldzinsen[54].

Mit dieser generellen Regel war aber das bei den Ertragsteuersystemen bestehende Problem einer einigermaßen sachgerechten Feststellung des Reineinkommens aus Handel und Gewerbe noch keineswegs gelöst. Das erkannte Problem war die Verknüpfung der Gewinnermittlung mit Abschreibungen vom investierten Kapital und den Bewertungen zukünftiger Forderungen und Verbindlichkeiten.

Da zeigten, in einer zufälligen Zeitverknüpfung, zu Beginn der Verhandlungen über Steuerreformfragen im sächsischen Landtag 1868, die Handels- und Gewerbeleute selbst einen Weg zur Berechnung ihrer Gewinne - der jedoch nur gedacht war für die Regelung der eigenen internen Belange, nicht für Zwecke der Besteuerung. Doch die sächsische Regierung übernahm sofort diesen ihr von außen zugetragenen Ansatz zur Gewinnermittlung, pragmatisch und geschickt.

Seit jeher hatten Kaufleute Handelsgewohnheiten entwickelt und versucht, diese in grenzüberschreitenden Regelwerken zu festigen, zur Sicherung ihrer Geschäftsbeziehungen und zur Regelung ihrer Gläubiger-Schuldnerverhältnisse und internen Rechtsstreitigkeiten. In Frankreich führten die für die Geschäftsleute geltenden Normen und Rechtssätze 1807 zum ersten selbständigen Handelsgesetzbuch, dem französischen Code de Commerce, gefolgt 1829 vom spanischen Codigo de Commercio. Beide gesetzten Rechte dienten als Vorlage für das Allgemeine Deutsche Handelsgesetzbuch[55]. Es wurde zwischen 1857 und 1861 verfasst und fand ab 1869 als Bundesrecht (Norddeutscher Bund) einheitliche Anwendung.

Die für die Beratungen im Landtag wichtig gewordenen Abschnitte des Handelsgesetzbuches[56] lauteten zusammengezogen: Jeder Kaufmann im Sinne des Handelsgesetzes[57] ist verpflichtet, Bücher zu führen, aus welchen

---

[53] EStG von 1878 § 15,1; nicht abzugsfähige Ausgaben sind in § 15,4 aufgezählt, z.B. die Lebenshaltungskosten der Steuerpflichtigen.

[54] Das ist nahe am Kern der später B. Fuisting zugeordneten Quellentheorie; B. Fuisting, 1902, Grundzüge, S. 110, 147 ff. Die Reinvermögenszugangstheorie von G. Schanz, 1896, Einkommensbegriff, steht der Einkommenslehre von G. Schmoller nahe. Schanz war in Straßburg Schüler von Schmoller.

[55] Nach K. Barth, 1955, Entwicklung des deutschen Bilanzrechts, S. 141 schloss sich das preußisch-deutsche Allgemeine Handelsgesetz dem spanischen Codigo an, das sich zwar eng an den französischen Code anlehnte, aber wegen des fehlenden spanischen Zivilgesetzbuchs „weitaus sorgsamer und vollständiger" war.

[56] Nach der kommentierten Ausgabe von 1872.

[57] Kaufmann ist, wer gewerbsmäßig Handel betreibt oder ein Gewerbe, das über den Umfang des Handwerks hinausgeht. Hierzu zählen u.a. auch Banken, Dienstleister, Verleger, juristische Personen, der Staatsfiskus als Betreiber einer Staatseisenbahn, AHGB Art. 4,6, 271 bis 273.

... die Lage seines Vermögens vollständig zu ersehen ist[58]. Er hat ein Inventar und eine Bilanz seines Vermögens anzufertigen und einen das Verhältnis des Vermögens und der Schulden darstellenden Abschluss zu machen[59]. Am Schlusse eines jeden Geschäftsjahres wird, auf Grund des Inventars und der Bilanz, der Gewinn oder der Verlust dieses Jahres ermittelt[60]. Der aus der Vergleichung sämtlicher Aktiva und Passiva sich ergebende Gewinn oder Verlust muss am Schlusse der Bilanz besonders angegeben werden[61]. Zweifelhafte Forderungen sind nach ihrem wahrscheinlichen Werte anzusetzen, uneinbringliche Forderungen aber abzubuchen[62].

Damit wurden in einem deutschen Gesetzbuch erstmals (?) die Begriffe Abschreibungen und Bewertungen konzeptionell eingeführt und verknüpft mit einer Gewinnermittlung durch die Betroffenen selbst. Das passte sehr gut zu der im Landtag vorgesehenen Selbstangabe der Einkommen (Fassion) durch die Einkommensteuerpflichtigen.

Die Steuerdeputation der zweiten Kammer nahm die wegeleitende Konzeption aus dem AHGB unverzüglich auf und schlug dem Landtag von 1871/73 einstimmig vor, für die Berechnung des steuerbaren Einkommens aus Handels- und Gewerbebetrieben die „Grundsätze der kaufmännischen Buchführung, wie solche bei der Inventur in gemeingültigem Gebrauche sind" anzuwenden[63]. Der Landtag stimmte dem Vorschlag zu - und das Einkommensteuergesetz von 1874/78 übernahm fast wörtlich die Vorgabe aus dem Handelsgesetzbuch[64]. Zur Begründung war zu hören: „Für den Inhaber eines größeren kaufmännisch betriebenen Handels- oder Fabrikgeschäfts (ist es) geradezu unausführbar, sein Einkommen auf andere Weise anzugeben, als unter Zugrundelegung der Inventur und Bilanz"[65]. Zur verstärkten Begründung stand das gewichtige Argument der gegenseitigen Kontrolle durch den Wettbewerb in einer freien Marktwirtschaft bereit: „Bei

---

[58] AHGB Art. 28.
[59] AHGB Art. 29; Anmerkung: In den Verhandlungen und Texten wird einmal auf das Inventar, dann auf die Inventur abgehoben.
[60] AHGB Art. 107.
[61] AHGB Art. 271 Pkt. 1. Das ist im Kern die später Georg Schanz zugeordnete Reinvermögenszugangstheorie, G. Schanz, 1896, Einkommensbegriff, S. 724. Hierzu sehr klar die Auslegung der gedankenleitenden Bestimmungen des AHGB durch die sächsische Steuerdeputation im Jahr 1873: „Der durch das Handelsgesetzbuch sanktionierte kaufmännische Gebrauch beruht auf der Anschauung, dass das im Geschäftsbetrieb angelegte Capital in seiner Gesamtheit so zu sagen eine flüssige Masse, und dass der Betrag, um welchen im Laufe des Geschäftsjahres der Wert dieses gesamten Capitals gewachsen, zuzüglich der für den Privatbedarf entnommenen Beträge, als Jahresgewinn zu betrachten sei", J. Gensel, 1874, Steuerreform, S. 1462.
[62] AHGB Art. 32.
[63] J. Gensel, 1874, Steuerreform, S: 1461 f.
[64] EStG von 1874 § 22,1 und EStG von 1878 § 21,1.
[65] J. Gensel, 1874, Steuerreform, S. 1462.

den Handelsgesellschaften muss jede Unrichtigkeit den einen oder anderen Gesellschafter schädigen. Aber auch beim Einzelhandelskaufmann rächt sich jede wesentliche Unklarheit über seine Vermögensverhältnisse früher oder später"[66]. Schließlich konnte bei Rechtsstreitigkeiten vom Gericht Einsicht in die Geschäftsbücher angeordnet werden - und auch das verlangte nach einer nach bestem Wissen und Gewissen zuverlässigen Selbstangabe des Gewinns durch den ordentlichen Kaufmann.

Der auszuweisende Gewinn nach dem Handelsgesetzbuch und das für dieselbe Zeitspanne anzugebende gewerbliche Reineinkommen für die Steuererklärung erschienen ganz selbstverständlich als rechnerisch identische Summen und bedingten nur einmal eine Rechnungslegung des pflichtigen Gewerbetreibenden.

Damit war in sehr kurzer Zeit das jahrzehntealte Problem der Erfassung der gewerblichen Reineinkünfte für Landtag und Regierung gelöst[67].

Die Feststellung des gewerblichen Reineinkommens galt mit dem Verweis auf das Handelsgesetzbuch als hinreichend geklärt; weder in der Ausführungsverordnung zur Einkommensteuer vom 11. Oktober 1878 noch in der ansonsten ausführlichen Instruktion vom 7. Dezember 1878 sind nähere Erläuterungen angegeben[68]. Eine Interessenten-Forderung von Handel- und Gewerbetreibenden, die auf eine Aufnahme der Gewinnermittlung nach dem AHGB in das Steuergesetz drängte, war in Sachsen nicht erkennbar, im Gegensatz zu der Lobby-Tätigkeit in Preußen etwa fünfzehn Jahre später[69].

Der aus der kaufmännischen Buchführung ermittelte Gewinn war jetzt das Ergebnis einer abstrakten Geldrechnung geworden und stand nur zu Buche. Dem Buchgewinn musste kein entsprechender liquider Geldbetrag in der Kasse gegenüberstehen, der Einkommensbegriff hat sich völlig gewandelt[70].

Der Gesetzgeber wusste, dass er mit der Unterscheidung zwischen Gewinn- und Überschusseinkünften seinem eigenen Besteuerungsprinzip widersprach, bei den Einkünftearten nicht nach deren Herkunft (Quellen) zu unterscheiden. Darin sah er aber keine Verletzung der steuerlichen Gerechtigkeit, sondern im Gegenteil eine gerechte Gleichbehandlung der Pflichti-

---

[66] J. Gensel, 1874, Steuerreform, S. 1462.

[67] Über zwei abweichende Minoritätsanträge und eine zunächst abschwächende Regierungsvorlage s. J. Gensel, 1874, Steuerreform, S. 1461.

[68] Instruktion vom 7. Dezember 1878 § 64 f.

[69] Spätestens ein bis zwei Jahrzehnte nach der Einführung des sächsischen Gesetzes schienen die Steuerpflichtigen die steuermindernde Gewinnermittlung erkannt zu haben. In Preußen drängten um 1890/91 Vertreter der gewerblichen Wirtschaft auf die Übernahme der Ergebnisse der kaufmännischen Buchführung bei der Veranlagung zur Einkommensteuer, nach sächsischem Vorbild; K. Barth, 1955, Entwicklung des deutschen Bilanzrechts, S. 198 f; K. Tipke und J. Lang, 1991, Steuerrecht, S. 234.

[70] K. Barth, 1955, Entwicklung des deutschen Bilanzrechts, S. 96 f, 189.

gen nach ihrer Leistungsfähigkeit, die eben berufsspezifisch unterschiedlich zu berechnen sei[71]. Mit der Gewinnermittlung brachte Sachsen - je nach Sichtweise des Beurteilenden - einen Fremdkörper oder eine geniale betriebswirtschaftliche Berechnungsweise in die heutigen Einkommensteuergesetze ein[72].

Bei der praktischen Durchführung der Steuererhebung übte die Regierung, wie bei der Selbstangabe des Einkommens allgemein, auch bei der Erklärung des zu versteuernden Gewinns zunächst etwas Nachsicht. Nicht jede unrichtige Gewinndeklaration wurde sogleich mit einem Strafverfahren wegen absichtlicher Steuerhinterziehung geahndet - doch eine Steuernachzahlung wurde eingefordert.

5 Die sächsische Einkommensteuer - eine einfache Steuer?

Bleibt noch die Frage, ob die sächsische Einkommensteuer „einfach" war - einfacher gegenüber dem Ertragsteuersystem - und dann: einfacher für wen? für den steuererhebenden Staat? oder für den steuerzahlenden Bürger? Die Antwort bleibt spekulativ-plausibel, denn Kosten-Nutzen-Analysen zu diesen Fragen gibt es für die hier behandelte Zeit nicht.

Die praktische Durchführung der Ertragsbesteuerung war für den Staat überaus teuer. Eine jahrelange trigonometrische Landesvermessung setzte ein und die Agrar-, Gewerbe- und Bevölkerungszählung erhielt starken Auftrieb. Jede Parzelle, jeder Hof, jeder Betrieb, jedes Gebäude wurden statistisch erfasst, jedem einzelnen Objekt ein Ertragswert zugeordnet und in die örtlichen Grund-, Gewerbe- und Gebäudekataster eingetragen. Katasterrenovationen sollten regelmäßig durchgeführt werden, um Ertrags- und Besitzveränderungen aufzunehmen. Man vermag heute den immensen Aufwand an geistiger und handwerklicher Arbeit, an Geld, Zeit und Bürokratie, der für den Aufbau und die Aufrechterhaltung des Steuersystems mit seinen

---

[71] Diese Unterscheidung ist bis heute im Hinblick auf ihre Auswirkungen auf die Belastungsgerechtigkeit umstritten. Eine Einkünfteermittlung nach Gewinn- und nach Überschusseinkünften schafft zwei Einkommensbegriffe. Die Einkünfteermittlung misst mit zweierlei Maß und verstößt deshalb gegen den Gleichheitssatz. Hierzu u.a. K. Tipke, 1973, Dualistische Einkünfteermittlung, S. 391-401; K. Tipke und J.Lang, 1991, Steuerrecht, S. 201, 233-236; Hinweise auf Urteile des Bundesverfassungsgerichts, die an dem Dualismus keinen Anstoß nehmen, ebd. S. 235 Anm. 10 und 11. Die Frage nach der systemtragenden Idee einer Einkommensteuer, soll das steuerbare Einkommen definiert und bemessen werden nach der Quellentheorie (eher zugehörig der Überschussberechnung) oder nach der Reinvermögenszugangstheorie (eher zugehörig der Gewinnberechnung), stellt sich hier erneut.
[72] Zur Diskussion und Folgen H. Schiele, 2000, Unternehmensbesteuerung und Handelsbilanz.

Katastern verwendet wurde, nur dann voll zu würdigen, wenn man sich an den Grundgedanken erinnert, den dieses Steuersystem verwirklichen sollte: steuerliche Allgemeinheit, Gleichheit und steuerliche Gerechtigkeit sowie Gleichberechtigung und Gleichverpflichtung aller Staatsbürger. Gerechtigkeit war teuer, doch ein vorrangiges Gut gegenüber der Einfachheit bei der Steuerveranlagung und der Steuererhebung.

Die Einkommensteuer war einfacher für die Regierung - so schien es - ohne Ertragskataster, ohne behördliche Einschätzungen, und ohne die Mühen der Regierung, für jede Finanzperiode die Summe der zu erhebenden Ertragsteuern zuerst vom Parlament beschließen lassen zu müssen[73]. Und auch: Die Einkommensteuer machte ein ganzes Bündel von direkten Nebensteuern überflüssig. Dem stand jedoch gegenüber ein erheblicher Aufwand bei der Steuererhebung und bei der Veranlagung. Beitragspflichtige mit einem Einkommen von 1600 Mark und mehr vollzogen die Fassion selbständig. Bei Pflichtigen mit einem geringeren Einkommen ermittelte die Einschätzungskommission das zu versteuernde Einkommen[74]. Beitragspflichtige mit einem Einkommen von 3300 Mark und weniger konnten in die nächstniedrige Steuerstufe (Klasse) eingestellt werden, wenn ihre wirtschaftlichen Verhältnisse ihre Steuerfähigkeit wesentlich vermindern[75]. Der steuerfreie Betrag (Existenzminimum) betrug 300 Mark. 1874 hatte es noch kein steuerfreies Existenzminimum gegeben.

Zwischen 1886 und 1892 wurden in den beiden unteren Einkommensteuerklassen zwischen 500 000 und 463 000 Personen eingeschätzt (41 % bis 34 % aller veranlagten Personen), die aber nur zwischen 2,3 % und 1,6 % des Steueraufkommens erbrachten[76]. Der Veranlagungs- und Erhebungsaufwand bei der Einkommensteuer insgesamt schwankte zwischen 1879 und 1893 um etwas über 4 % des Einkommensteuereingangs[77]. Diese Größenangabe ist schwierig zu beurteilen. Für den Steuerbürger brachte der Übergang von der Ertragsteuer mit ihrem Umlageverfahren zur Einkommensteuer mit der Selbsteinschätzung erhebliche Mehrarbeit und Unsicherheiten bei den Rechenarbeiten.

Als Folge davon entstanden in den 1880er und 1890er Jahren zahlreiche Buchführungsstellen und Rechnungskontore, um Bürgern ihre Dienste als

---

[73] Die tarifäre Kopplung der Staatseinnahmen an das Wirtschaftswachstum minderte in gewisser Weise das Steuerbewilligungsrecht des Parlaments. Bei den Repartitionssteuern hatte die Vorstellung gegolten: Steigt das Volkseinkommen, soll der Zuwachs bei der Bevölkerung bleiben und nicht automatisch anteilig durch eine Steuer auch dem Staat zuwachsen. Jedes Mehr an Staatssteuereinnahmen musste zuerst vom Parlament bewilligt werden. Die Kehrseite in Zeiten einer Depression war entsprechend.
[74] EStG von 1878 § 39.
[75] EStG von 1878 § 13.
[76] U. Metzger und J. Weingarten, 1989, Einkommensteuer, S. 49, 315.
[77] Ebd., S. 325.

Helfer in Steuersachen anzubieten[78]. Die Weiterführung der Regeln für die Bilanzierung führte zu einer neuen Lehr- und Forschungsdisziplin, die besonders an der Handelshochschule in Leipzig gepflegt wurde. Leipzig wurde um die Jahrhundertwende zum „Mekka der Betriebswirtschaftslehre"[79]. Mit wissenschaftlicher Begleitung ließ sich die einheitliche Gewinn- und Verlust-Rechnung für Handels- und für Steuerzwecke nicht mehr beibehalten; zur Handelsbilanz für die Unternehmen kam eine gesonderte Steuerbilanz für den Staat. Die steuerlichen Rechenwerke wurden zunehmend komplizierter - dies um so mehr, als spätestens nach dem Ersten Weltkrieg die Einkommensteuer zu einem Instrument der Wirtschafts- und Steuerungspolitik umgeformt wurde.

6 Erwerbsanstrengung und Müßiggang

Gestatten Sie mir zum Abschluss eine kleine Bemerkung zu einem Wandel bei den staatsbürgerlichen Rechten und Pflichten in den angesprochenen Steuergesetzen.

Bis weit in das letzte Viertel des 19. Jahrhunderts hinein bemaß sich bei den Ertragsteuern die gerechte Steuerzahlung des Bürgers nach den durchschnittlich-möglichen Erträgen seiner steuerbaren Objekte. Überdurchschnittlich hohe erwirtschaftete Erträge blieben steuerfrei. Das liberale Schlagwort: „ freie Bahn dem Tüchtigen" war steuerliche Wirklichkeit. Unterdurchschnittliche Erträge wurden dagegen wie durchschnittlich-mögliche belastet. Damit legte das Ertragsteuersystem dem Bürger die staatsbürgerliche Aufgabe nahe, seinen Besitz im Interesse der Gemeinschaft in üblicher, eben durchschnittlicher Weise zu bewirtschaften. Überdurchschnittlicher Müßiggang gehörte zur individuellen Freiheit, war aber für den ertragsteuerpflichtigen Bürger nicht umsonst.

Bei der Einkommensteuer gibt es kein Recht mehr auf steuerfreie Einkünfte, begründet in herausragendem Fleiß oder Können, ebenso wenig wie eine allgemein erwartete Verhaltensweise des Bürgers, seine Leistungsfähigkeit zum Wohle der Allgemeinheit[80] einzusetzen. Das Recht auf individuellen Müßiggang, bis hin zum Nichtstun, wurde steuerfrei. Die Nicht-Nutzung seines Besitzes und seiner Talente liegt im Ermessen des Bürgers selbst; der Schutz des Staates bleibt ihm gleichwohl erhalten. Diese Liberalität des Staates galt beim Übergang zur Einkommensteuer für

---

[78] R. Hansen, 1996, Praktische Konsequenzen, S. 272.
[79] R. Hansen, 1996, Praktische Konsequenzen, S. 365.
[80] P. Kirchhof, 1996, Verfassungsrechtliche Rechtfertigung, S. 34, spricht von einer „Verpflichtung zur Erwerbsanstrengung für das Gemeinwohl". Ders., 1994, Verfassungsrechtlicher Auftrag, S. 5f: Bei der Einkommensteuer erfolge die steuerliche Belastung nach dem Erworbenen, nicht nach der Erwerbsfähigkeit.

lität des Staates galt beim Übergang zur Einkommensteuer für manche Bürger als unverständlich und ungerecht.

Im Einkommensteuerrecht entfiel - seit Sachsen - die Andeutung auf jene staatsbürgerliche Pflicht zur Erwerbsanstrengung für das Gemeinwohl, die Johann Heinrich Gottlob von Justi 1758 folgendermaßen drastisch eingefordert hatte[81]: „Ein jeder muss etwas zur Wohlfahrt des Staates beytragen"; „eine faule Erdenlast, die ihre Tage in einem trägen Müßiggange zubringt ... beleidigt nicht nur die Republik ... sondern versündiget sich auch an seinem allerhöchsten Schöpfer". „Ueberhaupt deucht mich, ist für ein so edles Geschöpfe, als der Mensch ist, nichts so unanständig, als wenn er weiter nichts thut, als leben, und wenn man dereinst von ihm weiter nichts sagen kann, als dass er auch vorhanden gewesen ist."

---

[81] J.H.G. v. Justi, 1758, Staatswirtschaft, in § 384 über die Pflicht der Untertanen.

7 Anhang

Vordruck einer Einkommensteuer-Deklaration von 1878

— 380 —

Probe-Eintrag.

Ort: *Dresden.*
Brand-Versich.-Cat.-Nummer: *F. 170.*
Straße und Hausnummer: *Königstrasse 23, 1 Treppe.*

Einkommens-Declaration.

Zum Zwecke der Einschätzung zur Einkommensteuer gebe ich mein jährliches Einkommen folgendermaßen an:

		Mark
a)	aus **Grundbesitz**, namentlich Betrieb der Land- und Forstwirthschaft auf eigenen Grundstücken, Verpachtung von Grundstücken, Vermiethung von Gebäuden oder Benutzung derselben zur eigenen Wohnung (nach Abzug der Bewirthschaftungs-, Reparatur- und Unterhaltungskosten)	2400
b)	an **Kapitalzinsen, Renten, Apanagen, Dividenden** von Actien oder Kuxen, Auszügen und anderen Gerechtsamen, einschließlich des jährlichen Werths von Naturalgefällen, soweit solche nicht zu den unter c bezeichneten Einkünften gehören	14220
c)	an **Gehalt, Remuneration, Pension, Wartegeld, Tantième, Salair und Lohn** aus amtlicher oder sonstiger Stellung, sowie aus gewerblichen und persönlichen Dienstverhältnissen, einschließlich des jährlichen Werths der freien Kost und Wohnung und aller sonstigen Natural- und Nebenbezüge	—
d)	aus **Handel, Gewerbe**, überhaupt aus jeder selbstständigen Gewerbsthätigkeit, einschließlich des Betriebes der Landwirthschaft auf fremden Grundstücken (nach Abzug der Spesen und der zum Betriebe des Gewerbes gemachten Aufwendungen)	9050
	zusammen	**25670**

Hiervon sind abzuziehen:

	Mark	
Schuldzinsen	250	
Grundsteuer nach 4 Pfennigen auf die Steuereinheit	42	
Beiträge zur Landes-Immobiliarbrandkasse	24	
Landrenten und Landesculturrenten	334	
Auszugsleistungen	100	
zusammen	**750**	**750**
Mithin beträgt mein jährliches steuerpflichtiges Gesammteinkommen		**24920**

In den obigen Angaben ist der Reinertrag derjenigen Grundstücke, Gewerbeetablissements, Geschäftsniederlassungen und Gewerbsanlagen mit begriffen, welche ich in Sachsen außerhalb meines untenbemerkten Wohnorts besitze.

Es sind dies folgende:

	Dieselben sind unter den oben angegebenen Einkommensbeträgen in Rechnung gebracht mit	
	Mark	unter Rubrik
in Döhlen bei Dresden ein Bauergut	2400	a)
in Meissen ein Productengeschäft	2300	
in Kubschütz bei Bautzen ein Granitbruch	1800	d)
in Grüna bei Chemnitz eine Strumpfwaarenfabrik zu einem Dritttheil	3500	

Ich versichere hiermit, daß ich die obigen Angaben nach bestem Wissen und Gewissen gemacht habe.

Dresden, am . . . .

(Volle Unterschrift:) *Friedrich August Schneider.*

Abdruck aus: Gesetz- und Verordnungsblatt für das Königreich Sachsen vom Jahre 1878, Dresden, 13. Stück. - Der Probe-Eintrag gilt als Beispiel für eine ordnungsgemäß abgegebene Einkommens-Declaration. Die Eintragungen sind fiktiv.

Literaturverzeichnis

Barth, K. (1955), Die Entwicklung des deutschen Bilanzrechts und die ihm zugrundeliegenden Bilanzauffassungen handelsrechtlich und steuerrechtlich, Bd II. Steuerrecht, Stuttgart.

Bayer, H.-W. (1991), 100 Jahre modernes preußisch-deutsches Einkommensteuergesetz 24.6.1891-24.6.1999, in: Finanzrundschau für Einkommensteuer mit Körperschaftssteuer und Gewerbesteuer, 73. Jg., Köln, S. 333-341.

Blaschke, K. (1997/98), Sachsens geschichtlicher Auftrag. Zum 100. Jahrestag der Gründung der Sächsischen Kommission für Geschichte, in: Jahrbuch für Regionalgeschichte und Landeskunde, Bd 21, S. 21-47.

Böhmert, V. (1882), Die Resultate der Einkommensteuer in Sachsen von 1875-1882 im Vergleich mit Preußen, in: Zeitschr. d. Kgl. Sächs. Statist. Bureaus, 28. Jg., Dresden S. 184-200.

Forberger, R. (1982), Industrielle Revolution in Sachsen 1800-1861, Bd 1, Erster Halbband: Die Revolution der Produktivkräfte in Sachsen 1800-1830; Zweiter Halbband: Die Revolution der Produktivkräfte in Sachsen 1800-1830. Übersichten zur Fabrikentwicklung; zusammengestellt von Ursula Forberger, Berlin.

Fuisting, B. (1902), Die Grundzüge der Steuerlehre, Berlin.

Gensel, J. (1873), Wie ist unsere bestehende directe Personalbesteuerung im Sinne der Gerechtigkeit und einer richtigen Würdigung der wirtschaftlichen Interessen am zweckmäßigsten zu reformieren?, siehe Personalbesteuerung, S. 39-48.

Gensel, J. (1874/1875), Die Steuerreform im Königreich Sachsen, in: Annalen des Deutschen Reichs, Leipzig 1874, S. 1374-1486, Fortsetzung in ebd., Leipzig, S. 1519-1547.

Gensel, J. (1885), Die sächsische Einkommensteuer in ihrer praktischen Anwendung, in: Jahrbücher für Nationalökonomie und Statistik, Bd 10, Jena, S. 489-502.

Hansen, R. (1996), Die praktischen Konsequenzen des Methodenstreits. Eine Aufarbeitung der Einkommensbesteuerung, Berlin.

Held, A. (1873), Gutachten über die Steuerfrage, siehe Personalbesteuerung, S. 23-38.

Hoffmann, A. (1906), Die direkten Staatssteuern im Königreich Sachsen seit der Einführung der konstitutionellen Verfassung von 1831 mit besonderer Berücksichtigung der allgemeinen Einkommensteuer, Dissertation Univ. Tübingen, Leipzig.

Justi, v. J. H. G. (1758), Staatswirtschaft oder systematische Abhandlung aller ökonomischen und Kameralwissenschaften, die zur Regierung eines Landes erfordert werden, 2. Aufl., (Neudruck Aalen 1963).

Kirchhof, P. (1985), Der verfassungsrechtliche Auftrag zur Besteuerung nach der finanziellen Leistungsfähigkeit, in: Steuern und Wirtschaft, S. 319-329.

Kirchhof, P. (1994), Der verfassungsrechtliche Auftrag zur Steuervereinfachung, in: Steuervereinfachung, Festschrift für Dietrich Meyding zum 65. Geburtstag, hg. von Wilhelm Bühler, Paul Kirchhof und Franz Klein, Heidelberg S.3-20.

Kirchhof, P. (1996), Die verfassungsrechtliche Rechtfertigung der Steuern, in: Steuern im Verfassungsstaat, Symposion zu Ehren von Klaus Vogel aus Anlass seines 65. Geburtstages mit Beiträgen von Paul Kirchhof, Dieter Birk, Moris Lehner, München S. 27-53.

Lang, J. (1988), Die Bemessungsgrundlage der Einkommensteuer. Rechtssystematische Grundlagen steuerlicher Leistungsfähigkeit im deutschen Einkommensteuerrecht, Köln.

Mann, F. K. (1937), Steuerpolitische Ideale, 1600-1935, Jena.

Metzger, U. / Weingarten, J. (1989), Einkommensteuer und Einkommensteuerverwaltung. Ein historischer und verwaltungswissenschaftlicher Überblick, Opladen.

Mitteilungen aus der Verwaltung der direkten Steuern im Königreich Sachsen, hg. vom Königl. Sächs. Finanzministerium, Dresden 1884-1900.

Nasse, E. / Held, A. / Gensel, J. von Wintzingerode, / Rößler, C. (1873), Die Personalbesteuerung, Gutachten auf Veranlassung der Eisenacher Versammlung zur Besprechung der socialen Frage, abgegeben von (Schriften des Vereins für Socialpolitik, Bd 3), Leipzig.

Nostitz, v. H. (1903), Grundzüge der Staatssteuern im Königreich Sachsen, Jena.

Popitz, J. (1926), Einkommensteuer, in: Handwörterbuch der Staatswissenschaften, Bd 3, 4. Aufl., Jena, S. 400-491.

Rößler, C. (1873), Gutachten über die direkte Personalbesteuerung in Deutschland, siehe Personalbesteuerung, S. 67-94.

Schanz, G. (1896), Der Einkommensbegriff und die Einkommensteuergesetze, in: Finanzarchiv, 13. Jg., S. 1-87.

Schiele, N. (2000), Unternehmensbesteuerung und Handelsbilanz. Eine ökonomische Analyse der Verknüpfung von Handelsbilanz und Steuerbemessungsgrundlage, Berlin.

Schmoller, G. (1863), Die Lehre vom Einkommen in ihrem Zusammenhang mit den Grundprinzipien der Steuerlehre, in: Zeitschrift für die gesamte Staatswissenschaft, 19. Bd, S. 1-86.

Schneider, E. (1962), Einführung in die Wirtschaftstheorie, IV. Teil; ausgewählte Kapitel der Geschichte der Wirtschaftstheorie, 1. (und einziger) Band, Tübingen.

Schremmer, E. (1963), Die Bauernbefreiung in Hohenlohe, Stuttgart.

Schremmer, E. (1966), Die Steuerverfassung der vormals schwäbisch-österreichischen Landstände vom Jahr 1767, in: Zeitschrift für württembergische Landesgeschichte, Jg. 25, Stuttgart, S. 377-393.

Schremmer, E. (1974), Zusammenhänge zwischen Katastersteuersystem, Wirtschaftswachstum und Wirtschaftsstruktur im 19. Jahrhundert; das Beispiel Württemberg, 1821-1877/1903, in: Bog, J., Franz, G. u.a. (Hg.), Wirtschaftliche und soziale Strukturen im saekularen Wandel; Festschrift für Wilhelm Abel zum 70. Geburtstag, Bd III, Wirtschaft und Gesellschaft in der Zeit der Industrialisierung, Hannover, S. 679-706.

Schremmer, E. (1987), Die badische Gewerbesteuer und die Kapitalbildung in gewerblichen Anlagen und Vorräten in Baden und in Deutschland, 1815 bis 1913, in: Vierteljahrschrift für Sozial- und Wirtschaftsgeschichte, 74. Bd, Stuttgart, S. 18-61.

Schremmer, E. (1994), Steuern und Staatsfinanzen während der Industrialisierung Europas. England, Frankreich, Preußen und das Deutsche Reich 1800 bis 1914, Berlin, Heidelberg, New York.

Schremmer, E. (1994), Über „gerechte Steuern". Ein Blick zurück ins 19. Jahrhundert, St. Katharinen.

Seligman, E. R. A. (1921), The income tax. A study of the history, theory and practice of income taxation at home and abroad, New York, 2. ed.

Thier, A. (1999), Steuergesetzgebung und Verfassung in der konstitutionellen Monarchie. Staatssteuerreformen in Preußen 1871-1893, Frankfurt/Main.

Tipke, K. (1973), Die dualistische Einkünfteermittlung nach dem Einkommensteuergesetz. Entstehung, Motivation und Berechtigung, in: Heinrich W. Kruse (Hrsg.), Festschrift für Heinz Paulick, Köln-Marienburg 1973, S. 391-401.

Tipke, K. (1993), Steuerlegislative und Verfassungsdruck, in: Steuer und Wirtschaft, 70. Jg., Nr. 1.

Tipke, K. / Lang, J. (1991), Steuerrecht. Ein systematischer Grundriß, 13. Aufl., Köln.

Wagner, A. (1901), Finanzwissenschaft, 4. Teil. Specielle Steuerlehre. Die deutsche Besteuerung des 19. Jahrhunderts. Sämmtliche Einzelstaaten. Deutsches Reich, Leipzig.

Wagner, S. (1980), Die staatliche Grund- und Gebäudesteuer in der preußischen Rheinprovinz von 1815 bis 1895. Entwicklung von Steuerrecht, -Aufkommen und -Belastung, Köln.

Moralische Aspekte der Besteuerung

Gebhard Kirchgässner

1 Einleitung

Obwohl vieles von dem, was Ökonomen über die (wirtschaftliche) Wirklichkeit behaupten und/oder Politikern als Handlungsanweisungen mit auf den Weg geben möchten, erhebliche moralische Implikationen hat, sind moralische Fragen typischerweise nicht das, womit sich Ökonomen beschäftigen. Sie sehen sich eher - und eigentlich nicht zu Unrecht - als Vertreter einer unter dem Postulat der Wertfreiheit stehenden Realwissenschaft, deren Aufgabe es ist, die Welt zu analysieren und (politische) Handlungsmöglichkeiten aufzuzeigen, ohne dass sie in der Lage wären, darüber moralische Urteile abzugeben.[1] Den Wirtschaftssubjekten, deren Handeln sie analysieren, unterstellen sie ‚rationales‘, nicht ‚moralisches‘ Verhalten, wobei zumeist offen bleibt (und auch offen bleiben kann), inwieweit diese beiden Arten des Handelns deckungsgleich sein können bzw. inwieweit sie in einem Spannungsverhältnis zueinander stehen. Dass ihre eigenen Politikvorschläge dennoch in aller Regel auf massiven Werturteilen beruhen, wird von vielen Ökonomen dabei geflissentlich übersehen; schließlich argumentieren sie - nach ihrem eigenen Selbstverständnis - ‚rein ökonomisch‘.

Sobald es sich um Fragen der Besteuerung handelt, stellt sich die Situation zumindest etwas anders dar. Der auch von Ökonomen verwendete Begriff der ‚Steuermoral‘ macht bereits deutlich, dass zwischen Besteuerung einerseits und moralischem Verhalten andererseits eine Beziehung besteht. Freilich wird dieser Begriff von ihnen in aller Regel (fast) ausschließlich der Finanzpsychologie zugerechnet; man versteht darunter „die allgemeine Einstellung der Steuerpflichtigen zur Erfüllung oder Nichterfüllung ihrer steuerlichen Pflichten" (G. Schmölders (1981, S. 128)).[2] Systematisch werden die moralischen Aspekte damit auf die Ebene der Präferenzen verschoben, über welche die Ökonomen - gemäß dem Diktum „de gustibus non est disputandum" - sowieso keine Urteile abgeben können. Es gilt als Aufgabe der (für die Analyse der Präferenzen offensichtlich zuständigen) Psychologen, sich, soweit dies überhaupt wissenschaftlich möglich ist, hierzu zu äußern.

---

[1] Zur Diskussion des Konzepts der Wertfreiheit siehe H. Albert (1956, 1963) sowie G. Kirchgässner (1982).
[2] Siehe hierzu auch G. Schmölders (1951).

Diese traditionelle Betrachtungsweise verkürzt die tatsächlich vorhandene Problematik erheblich, und zwar in zwei Richtungen. Zum einen wird zwar möglicherweise noch nach den Auswirkungen der Steuermoral auf die Bereitschaft, Steuern zu zahlen, gefragt, soweit nicht beides ohnehin gleichgesetzt wird, aber da es sich hier - wie gesagt - um Eigenschaften der individuellen Präferenzen handelt, ist dies in aller Regel das Ende der (ökonomischen) Analyse. Die Frage, von welchen gesellschaftlichen Bedingungen die Steuermoral abhängig sein könnte bzw. - etwas konkreter formuliert - unter welchen institutionellen Voraussetzungen die Bürgerinnen und Bürger eher bereit sind, ihre Steuerpflicht zu erfüllen, wird kaum mehr gestellt.[3] Dabei könnte der (politische) Ökonom gerade auch auf solche Fragen eine Antwort geben, und zwar ohne, dass er damit mit dem - vernünftig verstandenen - Prinzip der Wertfreiheit der Wissenschaften in Konflikt geraten müsste.

Zweitens übersieht diese Haltung, dass sich die normative Steuerlehre für ihre Argumentationen immer moralischer Kriterien bedient hat. Anders sind z.B. die Diskussionen über die Gleichheit des Opfers, welches von allen Steuerpflichtigen zur Aufrechterhaltung der staatlichen Institutionen zu erbringen ist, gar nicht verständlich. Und selbst die moderne Theorie der ‚Public Finance' basiert auf einem ethischen Konzept, jenem des Utilitarismus, wie in der Theorie der optimalen Besteuerung deutlich sichtbar ist.[4] Dabei ergeben sich, wenn man sich auf diese Theorie überhaupt einlassen will, aus diesen Überlegungen moralische Forderungen in zwei Richtungen, sowohl gegen den Steuerpflichtigen als auch, was freilich häufig unterschlagen wird, gegen die Gemeinschaft bzw. den Staat, die bzw. der Steuern erhebt. Sie müssen sich in ihrer Höhe und Struktur rechtfertigen lassen, und genau dies strebt die Theorie optimaler Besteuerung letztlich an.

Die Frage nach moralischen Aspekten der Besteuerung ist damit zunächst die Frage danach, wann bzw. unter welchen Bedingungen die Erhebung von Steuern moralisch gerechtfertigt werden kann. Auf sie soll in dieser Arbeit zunächst eingegangen werden. Erst wenn eine solche Rechtfertigung als geglückt angesehen werden kann, kann man sinnvollerweise von einer moralischen Pflicht der Bürgerinnen und Bürger, ihre Steuern zu bezahlen (bzw. nicht zu hinterziehen), sprechen.[5] In beiden Fällen handelt es sich freilich

---

[3] Es gibt jedoch in jüngerer Zeit eine experimentelle Literatur, die sich mit Bestimmungsgrößen und Auswirkungen der Steuermoral befasst. Siehe z.B. H. Elffers, R.H. Weigel und D.J. Hessing (1987), J. Alm, G.H. McClelland und W.D. Schulze (1992, 1999), J. Alm, B.R. Jackson und M. McKee (1992) oder Feld und Tyran (2001).

[4] Zur Übersicht über die ‚neue Finanztherorie' sowie insbesondere die Theorie optimaler Besteuerung siehe z.B. W. Richter und W. Wiegard (1993), zur Bedeutung des Utilitarismus für die ökonomische Theoriebildung G. Kirchgässner (1998).

[5] Selbstverständlich kann eine rechtlich verbindliche Pflicht, Steuern zu bezahlen, für die einzelnen Staatsbürgerinnen und Staatsbürger auch dann bestehen, wenn die Erhebung

um eine Thematik, die traditionell der Ethik - und damit der praktischen Philosophie - und nicht der Wirtschaftstheorie zugeordnet wird.[6] Da sich andererseits, wie an der Person von Adam Smith am deutlichsten wird, die politische Ökonomie aus der Moralphilosophie heraus entwickelt hat und da zudem die Wirtschaftsethik heute zunehmend wieder als Teil der Wirtschaftswissenschaft begriffen wird, ist die Frage der moralischen Pflichten in Zusammenhang mit der Besteuerung ein Gebiet, in welchem sich praktische Philosophie und Ökonomik treffen können. Selbstverständlich kann die Beantwortung der Frage, ob die Erhebung einer bestimmte Steuer moralisch gerechtfertigt bzw. ihre Zahlung moralisch gefordert ist, nicht mit dem gleichen Wahrheitsanspruch beantwortet werden wie die Aussagen der positiven Ökonomik: Der kategoriale Unterschied zwischen theoretischen und praktischen Aussagen soll hier nicht verwischt oder gar bestritten werden. Es ist jedoch möglich, bestimmte Zustände anhand von Kriterien, die man vorgeschlagen hat und über die (vielleicht) im Diskurs Einigung erzielt werden kann, zu beurteilen. Nicht mehr, aber auch nicht weniger kann (sinnvoll verstandene) normative Ökonomik letztlich leisten.

Die Frage, unter welchen Bedingungen die Erhebung einer Steuer moralisch gerechtfertigt werden kann, ist aber nicht nur eine Frage, die Philosophen oder Ökonomen als Wissenschaftler interessieren mag, sondern sie kann auch erhebliche praktische Bedeutung haben. Die Bereitschaft der Bürgerinnen und Bürger, Steuern zu entrichten, dürfte wesentlich davon abhängen, ob sie deren Erhebung als gerechtfertigt ansehen oder nicht.[7] Damit kommen wir zur zweiten zentralen Fragestellung dieser Arbeit: Unter welchen Bedingungen sind die Bürgerinnen und Bürger eher bereit, ihre Steuern zu entrichten, und wann werden sie eher versuchen, Steuern zu hinterziehen. Wie oben bereits angedeutet wurde, interessieren uns dabei nicht die individuellen Dispositionen der einzelnen Wirtschaftssubjekte: Diese Frage mag, soweit sie für wichtig und interessant gehalten wird, durchaus den Psychologen überantwortet werden. Es geht vielmehr um die Untersuchung der institutionellen Bedingungen.

---

einer Steuer moralisch nicht gerechtfertigt werden kann, und zur Einhaltung dieser Pflichten können Strafandrohungen eingesetzt werden. Damit wird daraus jedoch noch keine moralische Pflicht. Einer rein legalistischen Auffassung, nach welcher eine Steuerzahlung (im demokratischen Staat) schon deshalb eine moralische Pflicht darstellt, weil sie legal beschlossen wurde, soll hier nicht gefolgt werden, obwohl eine solche Auffassung historisch durchaus bedeutsam war.

[6] Tatsächlich gibt es über Fragen der Besteuerung unter Philosophen auch intensive Auseinandersetzungen. So wurde z.B. darüber diskutiert, ob Bürgerinnen und Bürger auf das mit einer negativen Einkommensteuer verbundene Mindesteinkommen auch dann Anspruch haben sollen, wenn sie arbeitsfähig aber nicht arbeitswillig sind. Siehe hierzu die Beiträge von J. Elster (1989, S. 215f.), Ph. v. Parijs (1991, 1992, 1995), J. Rawls (1993), P. Rippe (1995) sowie G. Kirchgässner (1998a, S. 411ff.).

[7] Siehe hierzu auch K. Schmidt (1994).

Alle diese Überlegungen machen freilich nur dann Sinn, wenn die Steuermoral tatsächlich Einfluss auf das tatsächliche Verhalten der Bürgerinnen und Bürger hat. Daher sollen im folgenden zunächst die Auswirkungen der Steuermoral auf die Aktivitäten in der Schattenwirtschaft aufgezeigt werden (Abschnitt 2). Im 3. Abschnitt werden einige Überlegungen dazu vorgestellt, wann eine erhobene Steuer als moralisch gerechtfertigt und die Steuerzahlung dementsprechend als moralisch geboten angesehen werden kann. Danach wird auf einige Arbeiten eingegangen, in denen versucht wird zu ermitteln, wovon die Steuermoral abhängen könnte (Abschnitt 4). Wir schließen mit einigen Ausführungen darüber, wie man versuchen könnte, die Steuermoral zu heben (Abschnitt 5).

2 Die Rolle der Steuermoral in der Schattenwirtschaft

Ist die Steuermoral für das (durchschnittliche) Verhalten der Bürgerinnen und Bürger tatsächlich relevant bzw. ist die Steuerhinterziehung in Ländern mit hoher Steuermoral - ceteris paribus - tatsächlich geringer als in Ländern mit geringer Steuermoral? Diese Frage ist deshalb nicht einfach zu beantworten, weil - entsprechend der oben angegebenen Definition - die Steuermoral zu leicht mit der tatsächlichen Bereitschaft, die Steuern zu bezahlen, gleichgesetzt wird, ohne dass auf die sonstigen Bedingungen eingegangen wird. Dann aber sind entsprechende Aussagen tautologisch bzw. empirisch leer. Daher muss man versuchen, die Steuermoral unabhängig von der aktuellen Bereitschaft, Steuern zu bezahlen, zu erfassen, und sie in ein Modell zu integrieren, in welchem sie - zusammen mit anderen Faktoren - das Ausmaß der Steuerhinterziehung erklären kann.

Eine solche Untersuchung hat H. Weck (1983) durchgeführt, wobei sie freilich nicht das Ausmaß der Steuerhinterziehung, sondern jenes der Schattenwirtschaft als erklärende Variable verwendet hat. Nun gehören zur Schattenwirtschaft, soweit man den üblicherweise angebotenen Definitionen folgt, neben der (einfachen) Steuerhinterziehung auch die Schwarzarbeit sowie illegale Aktivitäten.[8] Da aber diese typischerweise ebenfalls mit Steuerhinterziehung verbunden sind, kann man die Größe der Schattenwirtschaft durchaus als Indikator für das Ausmaß der Steuerhinterziehung verwenden.

Um in einem internationalen Vergleich die Größe der Schattenwirtschaften der einzelnen Länder zu schätzen, verwendet H. Weck (1983) einen Modellansatz zur Erfassung nicht beobachtbarer Variablen. Dabei wird davon ausgegangen, dass es für die nicht beobachtbare Variable ‚Größe der Schattenwirtschaft' einerseits Einflussfaktoren und andererseits Indikatorva-

---

[8] Zur Definition der Schattenwirtschaft und ihrer Bestandteile siehe z.B. G. Kirchgässner (1984, S. 379).

riablen gibt. Die Einflussvariablen sind die ‚Input-Variablen' des Modells, sie bestimmen die Größe der Schattenwirtschaft, während die Indikatorvariablen ‚Output-Variable' sind, mit deren Hilfe die Größe der Schattenwirtschaft ‚gemessen' werden kann. Dieses Modell wird mit dem ‚LISREL-Verfahren' (einem von K.G. Jöreskog und M. v. Thilo (1973) entwickelten Verfahren zur Schätzung von ‚linear interdependent structural relationships') geschätzt, wobei auch Werte für die Größe der Schattenwirtschaft ermittelt werden können.

Als Einflussfaktoren verwendet H. Weck (1983) zunächst die Höhe der Steuerbelastung, wobei sie zwischen den Anteilen der direkten Steuern (ST_{dir}), der indirekten Steuern (ST_{indir}) und der Sozialversicherungsbeiträge (SVB) am Bruttoinlandsprodukt unterscheidet. Dazu kommen die Wahrnehmung der Steuerbelastung, gemessen durch die Veränderung des Anteils der direkten Steuern am Bruttoinlandsprodukt (ΔST_{dir}), die Belastung durch staatliche Regulierung (REG), approximiert durch den Anteil der öffentlich Beschäftigten an den Erwerbspersonen, das reale verfügbare pro-Kopf-Einkommen (YVR), den 10-Jahres-Durchschnitt der Arbeitslosenquote (ALQ) sowie die in Umfragen ermittelte ‚Steuermoral' (STMOR).[9] Diese Variablen konstituieren neben einem stochastischen Restglied (ε) die Größe der Schattenwirtschaft (S). Als Indikatorvariablen werden die altersbereinigte Erwerbsquote der Männer (ERW), die effektive Wochenarbeitszeit (ZEIT) sowie die Wachstumsrate des - offiziell ausgewiesenen - Bruttoinlandsprodukts (WR_{BIPO}) verwendet, zu denen jeweils wieder ein Störglied (δ_i, i = 1, 2, 3) hinzutritt. Mit Daten für siebzehn OECD-Staaten und für die fünf Jahre 1960, 1965, 1970, 1975 und 1978 schätzt sie folgendes Modell:[10]

(i) Das Strukturmodell

$$S = 0.419\, ST_{dir} + 0.090\, ST_{indir} - 0.113\, SVB - 0.042\, \Delta ST_{dir}$$
$$\quad (2.8) \qquad\qquad (1.1) \qquad\qquad (1.2) \qquad\quad (0.6)$$

$$+ 0.294\, REG + 0.136\, YVR - 0.078\, ALQ - 0.480\, STMOR + \varepsilon.$$
$$\quad (2.4) \qquad\qquad (1.4) \qquad\qquad (1.1) \qquad\qquad (4.5)$$

---

[9] Tatsächlich verwendet sie einen ‚Index der Steuerunmoral'. Zur Konstruktion dieser Variablen siehe H. Weck (1983, S. 91, S. 110) sowie H. Weck, W.W. Pommerehne und B.S. Frey (1984, S. 57.) Inhaltlich ändert sich jedoch nichts, wenn man statt dessen mit der Steuermoral argumentiert, soweit man berücksichtigt, dass sich dadurch das Vorzeichen umdreht.

[10] Siehe H. Weck (1983, S. 112) sowie B.S. Frey und H. Weck-Hannemann (1984, S. 40), die das gleiche Modell verwenden. - Die Zahlen in Klammern sind die Absolutbeträge der t-Werte der geschätzten Parameter. FG gibt die Zahl der Freiheitsgrade an. Die verwendeten Variablen wurden vor der Schätzung standardisiert.

(ii) Das Messmodell

$$\text{ERW} = -0.080\,S + \delta_1, \quad R^2 = 0.621,$$

$$\text{ZEIT} = -1.000\,S + \delta_2, \quad R^2 = 0.419,$$

$$\text{WR}_{\text{BIPO}} = -0.198\,S + \delta_3, \quad R^2 = 0.976.$$

$$\chi^2 = 61.5, \quad FG = 52.$$

Im Strukturmodell haben lediglich das Ausmaß der Belastung mit direkten Steuern, das Ausmaß der Regulierung sowie die Steuermoral einen signifikanten Einfluss. Dabei ist zu beachten, dass der geschätzte Koeffizient der Steuermoral auf einem Niveau von weniger als 0.1 Prozent signifikant von Null verschieden ist; die Steuermoral hat somit den am stärksten signifikanten Einfluss auf das Ausmaß der Schattenwirtschaft. Damit dürfte offensichtlich sein, dass dieser Einfluss nicht vernachlässigt werden darf.

Wie bedeutsam dieser Einfluss ist, kann am Vergleich zweier Länder aus dieser Stichprobe, den Niederlanden und Italien, gezeigt werden. Gemäß B.S. Frey und H. Weck-Hannemann (1984, S. 46) hatte im Jahr 1978 Italien eine größere Schattenwirtschaft (im Vergleich zum Bruttoinlandsprodukt) als die Niederlande, obwohl diese mit 16.1 Prozent eine deutlich höhere Belastung mit direkten Steuern und mit 13.9 Prozent auch eine höheren Anteil der öffentlich Beschäftigten an den Erwerbspersonen als Italien aufwies, wo die entsprechenden Anteile 10.2 bzw. 13.2 betrugen. Das Resultat wird entscheidend durch die deutlich höhere Steuermoral in den Niederlanden bestimmt.[11] Ohne deren Berücksichtigung könnte dieses Modell kaum sinnvoll geschätzt werden. Dies aber bedeutet, dass es ohne Berücksichtigung dieser ‚moralischen Komponente' kaum möglich sein dürfte, international vergleichend die Ursachen der Schattenwirtschaft zu erfassen.[12] Auch wenn man den ökonomischen Ansatz verwendet, ist es daher sinnvoll und in vielen Fällen sogar notwendig, zur Erklärung der Schattenwirtschaft (und damit auch der Steuerhinterziehung) auf moralische Einstellungen zurückzugreifen. Damit aber drängt sich eine genauere Untersuchung der Steuermoral bzw. ihrer Bestimmungsgründe nahezu auf.

---

[11] Siehe H. Weck (1983, S. 119, S. 133). Zur Berechnung der Höhe der Schattenwirtschaft der einzelnen Länder wurden nur die signifikanten Variablen des Strukturmodells verwendet.

[12] Formal ergibt sich dies auch daraus, dass die geschätzten Regressionskoeffizienten verzerrt sind, wenn in der Schätzgleichung (entscheidende) Variablen fehlen, soweit diese Variablen nicht mit den anderen erklärenden Variablen unkorreliert sind.

3 Zur moralischen Beurteilung der Besteuerung

Wie oben ausgeführt wurde, wurde die Besteuerung bzw. die Steuerpflicht schon immer auch als ein moralisches Problem betrachtet. Es geht dabei um das Problem der ‚Steuergerechtigkeit'. Denjenigen, die in der christlichen Tradition stehen, dürfte insbesondere jene Begebenheit aus dem Neuen Testament geläufig sein, als JESUS von den Pharisäern gefragt wurde: „Ist es erlaubt, dem Kaiser Steuern zu zahlen, oder nicht?", und er nach Betrachtung einer Steuermünze antwortete: „Gebt also, was des Kaisers ist, dem Kaiser, und was Gottes ist, Gott".[13] Zwar ging es bei dieser Auseinandersetzung weniger um Fragen der Steuergerechtigkeit als vielmehr um andere theologische Probleme.[14] Immerhin aber haben diese und andere Stellen aus dem Neuen Testament dazu geführt, dass - zumindest in einem Teil der christlichen Tradition, dem Protestantismus - auch die staatliche ‚Obrigkeit' grundsätzlich als ‚von Gott eingesetzt' betrachtet wurde,[15] weshalb es als Sünde betrachtet wurde, die von dieser geforderten Steuern nicht zu entrichten. Dieser moralische Druck auf die Untertanen wurde dann noch verstärkt, wenn es sich, wie z.B. im Vereinigten Königreich und in den Skandinavischen Staaten, um eine Staatskirche handelte, bei welcher das Staatsoberhaupt gleichzeitig kirchliches Oberhaupt war (bzw. heute noch ist).[16]

In den theologischen Diskussionen über die moralische Bewertung der Steuerpflicht ging es, soweit dies nicht durch andere, wie die gerade beschriebenen kirchenpolitischen Fragen überlagert wurde, im Kern um nicht mehr als um eine Anwendung der Idee des ‚gerechten Preises' bzw., um es

---

[13] Matthäus 22, 17ff. bzw. Markus 12, 14ff. oder Lucas 20, 22ff.
[14] Auf den Steuermünzen war das Bild des Kaisers, der sich bekanntlich als Gott verehren liess. Den Juden war es nicht nur verboten, sich von ihrem Gott, Jahwe, ein Bild zu machen, sondern erst recht, Abbildungen von anderen Göttern zu erstellen oder zu besitzen. Insofern war bereits der Besitz einer Steuermünze, d.h. eines (fremden) Götterbildnisses, theologisch gesehen hoch problematisch. Siehe hierzu U. Lutz (1997, S. 252ff.).
[15] Zu dieser Interpretation hat Martin Luther mit seiner Stellungnahme „*Wider die räuberischen und mörderischen Rotten der Bauern*" vom Mai 1525 wesentlich beigetragen. (Siehe hierzu T. Quilisch (1999, S. 43ff.).) Er war in Anlehnung an Paulus von der göttlichen Einsetzung auch der ungerechten (staatlichen) Obrigkeit überzeugt, gegen die allenfalls passiver Widerstand erlaubt sei. (Siehe hierzu M. Luther (1523).) In die gleiche Richtung argumentierte auch Johannes Calvin. (Siehe hierzu A. Kaufmann (1991, S. 19ff.).) Dies hat in der lutherischen Kirche in Deutschland noch während des Zweiten Weltkriegs zu intensiven Diskussion darüber geführt, inwiefern es moralisch-religiös zulässig war, sich gegen den Diktator Adolf Hitler zu stellen, da dieser doch die (von Gott eingesetzte Obrigkeit) repräsentierte. (Siehe hierzu H. Thielicke (1958, S. 415ff.).).
[16] Im katholischen Bereich spielten diese Überlegungen spätestens dann eine geringere Rolle, als im Investiturstreit der Kaiser vom Papst mit einem Bann belegt worden war, weshalb es jetzt moralisch (religiös) geboten war, sich gegen die staatliche Obrigkeit zu stellen. Damit war deutlich geworden, dass - zumindest nach Auffassung der obersten kirchlichen Autorität - das Handeln des Staates nicht immer in göttlichem Auftrag erfolgt.

allgemeiner zu formulieren, um ein Problem der Tauschgerechtigkeit. Die Idee des gerechten Preises, die sich bereits in der Nikomachischen Ethik von Aristoteles findet, kennzeichnet die wirtschaftsethischen Ideen der großen Scholastiker Albertus Magnus und insbesondere seines Schülers Thomas von Aquin, der in seiner Summa Theologica zum ersten Mal eine Arbeitswertlehre des Preises entwickelt.[17] Diese objektive Wertlehre dominiert seit damals die theologische Diskussion wirtschaftlicher Fragen, und sie wurde bis ins neunzehnte Jahrhundert auch von den Ökonomen allgemein als gültig angesehen.[18] Dabei rekurriert die Idee des gerechten Preises - getreu dem Sprichwort: „Jeder Arbeiter ist seines Lohnes wert" - immer auf die (durchschnittlichen) Kosten, die bei der Produktion eines Gutes anfallen.[19] Erst die marginalistische Revolution der Neoklassik überwand diese Vorstellung (zumindest innerhalb der ‚bürgerlichen' Ökonomie), indem erkannt wurde, dass sich der Preis (auf einem Wettbewerbsmarkt) aus dem Grenznutzen der Nachfrager und der Knappheit des Angebots bestimmt, wobei letzteres nur unter bestimmten Bedingungen, d.h. nicht generell, die Produktionskosten reflektiert. Damit erscheinen auch Knappheitsrenten legitim, die entsprechend dem klassischen Ansatz (moralisch) verwerflich waren. Dieses neoklassische Denken hat sich allerdings kaum über die ökonomische Profession hinaus verbreitet; Experimente und Umfragen über die Fairness des Marktes zeigen sehr deutlich, dass der Vorschlag, dass die Verteilung von Gütern in Knappheitssituationen sich ausschließlich nach der Zahlungsbereitschaft der Individuen richten sollte, in der breiten Bevölkerung nur auf wenig Verständnis stößt.[20]

Das Problem des gerechten Preises wurde auf die Besteuerung angewendet, indem Steuern als Preis für die vom Staat zur Verfügung gestellten Leistungen begriffen wurden. Dies gilt auch für die aus dem 19. Jahrhundert stammenden, heute noch gelehrten Prinzipien der Steuergerechtigkeit, ins-

---

[17] Zur Konzeption der Wirtschaftsethik bei Thomas von Aquin siehe z.B. E.A. Synan (1991).
[18] Zur Geschichte der Idee des gerechten Preises siehe z.B. J.A. Schumpeter (1965, S. 100ff., S. 138f.) sowie L.J. Zimmermann (1954, S. 15ff.).
[19] Dies wird sehr deutlich bei dem letzten der bedeutenden ‚klassischen' Ökonomen, Karl Marx. Gemäß seiner Arbeitswertlehre ergibt sich der Preis eines Gutes aus der ‚gesellschaftlich notwendigen durchschnittlichen Arbeitszeit', die zur Produktion eines Gutes notwendig sind. (Kapital wird dabei als ‚geronnene Arbeit' betrachtet und bildet keinen eigenständigen Produktionsfaktor.) Die Ausbeutung der Lohnabhängigen geschieht nach seiner Auffassung dadurch, dass diese nicht entsprechend dem Wert der von ihnen produzierten Waren entlohnt werden, sondern nur eine Entschädigung für die zu ihrer Reproduktion erforderlichen Aufwendungen erhalten. Sie bekommen insofern nicht den ‚gerechten Preis' für ihre Arbeit. Siehe hierzu die kurze Darstellung seiner Ideen in K. Marx (1865, S. 185ff.). Zur Darstellung der Arbeitswertlehre der Klassiker siehe auch J.A. Schumpeter (1965, S. 718ff.).
[20] Siehe hierzu B.S. Frey (1986) sowie B.S. Frey und W.W. Pommerehne (1993).

besondere für das Äquivalenzprinzip, aber auch für das Leistungsfähigkeits- bzw. Opferprinzip.[21] Die Tatsache, dass diese Leistungen nicht auf einem Markt gehandelt werden können und dass sich deshalb für sie auch kein Preis bilden kann, ließ eine einfache Übertragung des Marginalprinzips auf diesen Bereich kaum möglich erscheinen. Deshalb orientieren sich die ursprünglichen Formulierungen der Prinzipien der Steuergerechtigkeit eher an den Durchschnittskosten der vom Staat bereitgestellten Leistungen.[22]

Dass man hier - wie häufig bei wirtschaftsethischen Überlegungen - auf die Idee des gerechten Preises und damit auf das Konzept der Tauschgerechtigkeit abstellt, hat zum einen einen praktischen Grund: Es gibt über dieses Prinzip - ähnlich wie über das (freilich sehr viel weniger weit reichende) Paretoprinzip - „keinen ernsthaften Streit ... . Zwar ist es im Einzelfall oft schwierig, festzustellen, welcher Wert den zu tauschenden Waren oder Dienstleistungen zukommt. Dass aber ein Tausch nach dem Prinzip der Gleichwertigkeit des Nehmens und Gebens gerecht ist, ist so gut wie unbestritten."[23]

Bei der Tauschgerechtigkeit sind beide Seiten zu berücksichtigen. Der Anbieter des Gutes muss einen Preis erhalten, der mindestens seine (gerechtfertigten) Kosten deckt. Dies gilt auch für die vom Staat bereitgestellten Leistungen. Damit müssen einerseits die staatlichen Bediensteten einen auch für sie akzeptablen (gerechten) Lohn erhalten, andererseits darf der Preis nicht überhöht sein, weil die staatlichen Leistungserbringer verschwenderisch mit den ihnen überantworteten Ressourcen, d.h. insbesondere mit den Steuermitteln, umgehen. Die Nachfrager haben ihrerseits ein Recht darauf, zum einen nur für jene öffentlichen Leistungen Steuern zahlen zu müssen, an denen sie ein Interesse haben, und zum zweiten keine überhöhten Preise zahlen zu müssen. Dabei kann der Steuerpreis für die einzelnen Individuen (z.B. in Abhängigkeit von ihrem Einkommen) unterschied-

---

[21] Die Grundüberlegungen lassen sich bis auf Aristoteles zurückverfolgen, der in seiner Nikomachischen *Ethik* (1131a, S. 106) im Rahmen der ‚partikularen Gerechtigkeit' eine ‚ausgleichende' von einer ‚austeilenden' Gerechtigkeit unterscheidet, „je nachdem, ob sie es mit dem Austausch von Gütern und Verträgen zu tun hat oder ob ihre das Zuteilen in einer Gemeinschaft aufgegeben ist." (R. Hauser (1974, S. 330.)) Diese Unterscheidung wird von Thomas von Aquin in seiner *Summa Theologica* (III, 58ff., S. 254ff.) aufgenommen, der die ‚justitia commutativa' von der ‚justitia distributiva' (und der ‚justitia legalis') abgrenzt. (R. Hauser (1974, S. 333.))
[22] Zur Geschichte der Opferprinzipien siehe z.B. W. Koch (1981, S. 225ff.). Unabhängig von dieser Diskussion wurde in der Finanzwissenschaft bei der Theorie der Preisbildung öffentlicher Unternehmen jedoch die Idee von Grenzkostenpreisen propagiert. Siehe hierzu z.B. Ch. B. Blankart (1980, S. 21ff.).
[23] O. Höffe (1990, S. 92f.). Siehe hierzu auch O. Höffe (1987, S. 382ff., 1994), der im Prinzip der Tauschgerechtigkeit ein allgemeines Gerechtigkeitsprinzip sieht, welches z.B. auch auf den politischen Bereich übertragen werden kann. Er ergänzt diese freilich durch ein Prinzip der ‚korrektiven' Gerechtigkeit. Siehe hierzu O. Höffe (1994).

lich sein; vermutlich sollte er das auch, um dem Postulat der vertikalen Gerechtigkeit zu genügen.[24] Schließlich ist die Zahlungsbereitschaft der einzelnen Bürgerinnen und Bürger für die ihnen vom Staat in gleicher Menge zur Verfügung gestellten öffentlichen Güter - ceteris paribus - eine positive Funktion ihres Einkommens. Dies ermöglicht dann - im Prinzip - auch eine Zustimmung aller betroffenen Bürgerinnen und Bürger zu dem vom Staat angebotenen Paket aus Leistungen und Steuern.[25] - Damit ergeben sich (im Prinzip) untere und obere Schranken für die Kosten der bereitgestellten Leistungen sowie zumindest auch eine obere Schranke für den Umfang der öffentlichen Leistungen.[26]

Folgt man diesen Überlegungen, dann ist die Erhebung von Steuern moralisch gerechtfertigt und damit die Zahlung von Steuern eine moralische Pflicht, soweit nur diejenigen Leistungen vom Staat bereitgestellt werden, von denen die Bürgerinnen und Bürger dies wünschen, und wenn diese Leistungen darüber hinaus effizient erbracht werden. In allen anderen Fällen mag die Hinterziehung von Steuern zwar mit Strafe bedroht sein, aber aus der Perspektive des gerechten Tauschs kann man nicht von einer moralischen Pflicht sprechen.[27]

Diese Überlegungen stellen im wesentlichen auf das Äquivalenzprinzip ab. Sie schließen nicht nur die Erstellung öffentlicher Güter ein, sondern auch staatlich organisierte Umverteilung, soweit sie als freiwillig betrachtet bzw. als eine Versicherung gegen Risiken angesehen werden kann, gegen die private Versicherungen nicht existieren (bzw. auch gar nicht profitabel

---

[24] Zur Unterscheidung von horizontaler und vertikaler Gerechtigkeit in Zusammenhang mit dem Leistungsfähigkeitsprinzip der Besteuerung siehe z.B. R.A. Musgrave, P.B. Musgrave und L. Kullmer (1973, S. 18ff.).

[25] Darauf hat bereits K. Wicksell (1896) aufmerksam gemacht, und auf dessen Arbeit baut J.M. Buchanan seinen Ansatz einer konstitutionellen Ökonomik auf, indem er davon ausgeht, dass diese allgemeine Zustimmung im Prinzip erreichbar sein müsste. Siehe hierzu J.M. Buchanan (1967, S. 114ff.) sowie J.M. Buchanan (1987).

[26] Man kann sicherlich auch für eine untere Schranke der bereitgestellten Leistungen argumentieren. (Siehe z.B. J. Galbraith (1958) mit seiner Argumentation über „öffentliche Armut und privaten Reichtum".) Angesichts der starken Zunahme der Staatsquoten seit den sechziger Jahren dürfte dies in den entwickelten Industriestaaten der westlichen Welt heute jedoch eher von sekundärer Bedeutung sein.

[27] Insofern wären die Steuergesetze reine ‚Pönalgesetze'. Deren Einhaltung kann der Staat zwar erzwingen, sie binden den Einzelnen aber in seinem Gewissen nicht. Wie G. Schmölders (1951, S. 18f.) ausführt, kennt bereits die Moraltheorie der Scholastik diese Auffassung, und sie wirkt „in gewissem Umfang aber ohne Zweifel" noch nach. So wird z.B. in der Schweiz noch heute einfache Steuerhinterziehung zwar bestraft, im Gegensatz zum Steuerbetrug (bzw. zum Diebstahl) aber nur als Übertretung und nicht als Vergehen oder Verbrechen eingestuft. (Steuerbetrug unterscheidet sich von der einfachen Steuerhinterziehung dadurch, dass gleichzeitig Urkundenfälschung begangen wird. Dabei wird das Formular der Steuererklärung nicht als ‚Urkunde' betrachtet; eine falsch ausgefüllte Steuererklärung ist daher für sich allein betrachtet noch keine Urkundenfälschung.)

angeboten werden können).[28] Dabei kann man mit der Perspektive des Rawls'schen Urzustandes argumentieren, d.h. entsprechend diesem Prinzip können alle jene staatlich angebotenen Leistungen und ihre Finanzierung durch Zwangsabgaben gerechtfertigt werden, von denen rationale Individuen hinter dem Schleier der Ungewissheit wünschen würden, dass sie in dieser Weise erbracht werden. Wie weit dies die heute existierende staatlich organisierte Umverteilung rechtfertigt, ist freilich offen: Zwischen einer Umverteilung nach dem Unterschiedsprinzip von J. Rawls (1971) und nach dem z.B. von J.C. Harsanyi (1975) vertretenen utilitaristischen Prinzip der Maximierung des Erwartungsnutzens besteht ein weiter Spielraum, der, wie die Diskussion im Anschluss an das Erscheinen der „Theorie der Gerechtigkeit" gezeigt hat, durch die Argumentation mit dem Konzept des Urzustands nicht eingeengt wird. Dies gilt insbesondere dann, wenn man beim Prinzip der Maximierung des Erwartungsnutzens von Risikoneutralität ausgeht.[29] Unabhängig davon, welcher dieser beiden Argumentationen man sich anschließen will, gilt, dass die Argumentation mit der Situation des Urzustands auch erlaubt, eine Besteuerung als gerechtfertigt zu akzeptieren, wenn für das einzelne Individuum keine exakte Äquivalenz gegeben ist. Wenn man die Auffassung vertritt, für die es bei J. Rawls (1971) durchaus gute Argumente gibt, dass sich die Individuen in der Situation des Urzustands für das (bzw. eine Variante des) Leistungsfähigkeitsprinzip(s) mit progressiver Besteuerung entscheiden würden, kann auch dieses Prinzip mit der Idee des gerechten Tauschs gerechtfertigt werden. Dem steht nicht entgegen, dass sich J. Rawls (1971, S. 311ff.) bei der Diskussion von Steuerfragen bewusst nicht „auf die herkömmlichen Kriterien für die Besteuerung" bezieht, sondern ‚nur' mit seinem Unterschiedsprinzip argumentiert, mit dem - unter bestimmten Umständen - auch eine proportionale Einkommensteuer vereinbar wäre. Anderseits können nach seiner Auffassung „angesichts der Ungerechtigkeit der bestehenden Institutionen selbst stark progressive Einkommensteuern gerechtfertigt sein, wenn man alle Umstände in betracht zieht." Die Frage, ob der Einkommensteuertarif progressiv ausgestaltet werden soll oder nicht, gehört für ihn zu den „Fragen des politischen Urteils, nicht der Gerechtigkeitstheorie" (S. 313).

---

[28] Gemäß H.-W. Sinn (1997) können die meisten der vom Staat erbrachten Leistungen, d.h. nicht nur seine Umverteilungsaktivität, sondern auch die von ihm bereitgestellten Güter und Dienstleistungen, als Elemente einer derartigen Versicherung aufgefasst werden. Zudem verdrängt diese staatliche Versicherung nur in geringem Ausmass private Versicherungen, denn „der bei weitem größte Teil der Sozialversicherung deckt Risiken ab, für die sonst keine private Versicherung verfügbar wäre" (1996, S. 263). Damit ist freilich nicht gesagt, ob die Individuen solche Versicherungen auch freiwillig abschließen würden. - Zur Diskussion der Argumente für freiwillige Umverteilung siehe G. Kirchgässner und W.W. Pommerehne (1992).

[29] Zur Darstellung der beiden Prinzipien siehe z.B. B.S. Frey und G. Kirchgässner (1994, S. 37f., S. 269f.).

Auch wenn man mit der Konstruktion des Urzustands argumentiert, gelten die beiden oben genannten Bedingungen: die Zahlung von Steuern kann nur insoweit als eine moralische Pflicht betrachtet werden, als ausschließlich diejenigen Leistungen vom Staat bereitgestellt werden, die von den Bürgerinnen und Bürgern (in der Situation des Urzustands) gewünscht werden, und als diese Leistungen darüber hinaus effizient erbracht werden. Soweit diese Bedingungen gegeben sind, ist die Steuerhinterziehung als Vertragsbruch einzustufen und damit, wenn man so will, moralisch wie Diebstahl zu qualifizieren. Sind andererseits diese Bedingungen verletzt, ist die Erhebung von Steuern als illegitimer Eingriff in das Eigentum der betroffenen Bürgerinnen und Bürger zu betrachten und kann damit ebenfalls moralisch wie Diebstahl qualifiziert werden.

Wie die Menschen sich zu diesen Fragen stellen, hängt auch von der (religiösen) Tradition bzw. vom traditionellen Verhältnis zwischen Kirche und Staat ab. Es fällt auf, dass die Steuermoral in den romanischen Ländern deutlich niedriger ist als in den nordischen Staaten.[30] Darin spiegelt sich offensichtlich eine unterschiedliche Haltung gegenüber dem Staat. Ein Grund dafür könnte die unterschiedliche religiöse Tradition sein. In den romanischen, mehrheitlich katholischen Ländern gab es seit dem Mittelalter regelmäßig Auseinandersetzungen zwischen Kirche und Staat, d.h. zwischen politischer und religiöser Autorität, die z.B. in Frankreich und Italien Ende des 18. bzw. im 19. Jahrhundert sehr heftig waren. Teilweise (z.B. im Investiturstreit) wurde von der Kirche sogar geboten, dem Staat die Unterstützung zu entziehen. In den nordischen Staaten, deren Bevölkerung fast ausnahmslos protestantisch ist, waren dagegen seit der Reformation die staatliche und die religiöse Autorität vereint: der König war nicht nur die oberste politische Autorität, sondern er war (und ist es zumindest formal teilweise noch heute) auch Oberhaupt der Staatskirche. Ein Vergehen gegen den Staat war daher immer auch ein religiöses Vergehen: eine Sünde. Dies hat die Haltung der Menschen in diesen Ländern wesentlich geprägt, und diese Haltung hat sich auch durch die zurückgehende Bedeutung der Religion im öffentlichen (und privaten) Leben nicht abrupt geändert. Aus dieser Perspektive wird verständlich, dass die Steuerhinterziehung in Südeuropa - unter sonst gleichen Bedingungen - stärker ausgeprägt ist als in Nordeuropa.[31]

---

[30] Nach den Schätzungen von H. Weck (1983) betrug der Index der Steuerunmoral im Jahr 1978 in Italien 20.6, in Frankreich 17.3 und in Spanien 14.0. In Schweden, Dänemark und Finnland betrug er dagegen jeweils nur 4.4. Die Bundesrepublik Deutschland und die Niederlande nahmen mit 10.9 eine Mittelposition ein. (Die Schweiz wies mit 1.2 die mit Abstand geringste Steuerunmoral (die höchste Steuermoral) auf. Hierfür dürften freilich andere Ursachen ausschlaggebend sein, auf die unten eingegangen wird.)

[31] Dieses „Nord-Süd-Gefälle der Steuermentalität" spiegelt sich, wie G. Schmölders (1981, S. 131) schildert, auch in der Sprache der verschiedenen Völker wider.

Aber auch innerhalb der einzelnen Gesellschaften gehen in aller Regel die Auffassungen darüber, in wieweit die beiden oben genannten Bedingungen erfüllt sind und damit das Bezahlen der Steuern eine moralische Pflicht ist, weit auseinander. Da wir uns konkret niemals in der Situation des Urzustands befinden, sondern immer im laufenden politischen Prozess, dürften sie stark von der jeweiligen gesellschaftlichen Position sowie vom eigenen Einkommen geprägt sein. Insofern kann man auch kaum den einzelnen Bürgerinnen und Bürgern ein individuelles Widerstandsrecht gegen den Staat einräumen, welches sie berechtigt, aus eigenem Entschluss heraus die Steuerzahlung zu verweigern, selbst wenn einzelne Individuen oder auch Gruppen gelegentlich versuchen, für sich ein solches Recht zu reklamieren.[32] Dass andererseits solche Gerechtigkeitsüberlegungen in der politischen Realität eine Rolle spielen, zeigt sich nicht nur in der Existenz von Rechnungshöfen, die gegen Verschwendung von Steuermitteln einschreiten sollen, sondern auch im Urteil des deutschen Bundesverfassungsgerichts aus dem Jahr 1995, wonach bei Vermögenserträgen eine Steuerbelastung von mehr als 50 Prozent des Ertrags mit dem Grundgesetz der Bundesrepublik Deutschland nicht vereinbar ist.[33]

Für die Bereitschaft, Steuern zu bezahlen, dürfte neben diesen Überlegungen auch die Art und Weise, wie die Bürgerinnen und Bürger von den Steuerbehörden behandelt werden, eine Rolle spielen: Je eher sie das Empfinden haben, von diesen schikaniert zu werden, desto eher werden sie glauben, es vor sich selbst verantworten zu können, Steuern zu hinterziehen.[34] Diese Haltung ist sicherlich problematisch, da Steuerhinterziehung, soweit sie als moralisch verwerflich einzustufen ist, nicht ein Problem zwischen dem einzelnen Steuerpflichtigen und den für ihn zuständigen Steuerbeamten ist, sondern ein Problem zwischen ihm und der Gesamtheit der Bürgerinnen

---

[32] So hatten z.B. in den achtziger Jahren in der Bundesrepublik Deutschland Bürger für sich ein Widerstandsrecht in Form eines Steuerboykotts gegen die Verwendung von Haushaltsmitteln für die Streitkräfte in Anspruch nehmen wollen. Dies wurde vom Finanzgericht Köln im Urteil vom 15. November 1984 (V K 223/84) zurückgewiesen. Siehe hierzu P. Selmer (1986).

[33] BVerfG 93, 121; 93, 165. Das Bundesverfassungsgericht vertritt hier ‚das Prinzip eigentumsschonender Besteuerung'. Siehe hierzu K. Tipke und J. Lang (1973, S. 121ff.).- Für die Schweiz hat H. Kleinewefers folgenden Verfassungsartikel vorgeschlagen: „(1) Jeder Mensch hat ein Recht auf den Ertrag seiner Arbeit und seines Vermögens. (2) Niemand darf durch die Summe der direkten und indirekten öffentlichen Zwangsabgaben zu mehr als dem Äquivalente individuelle Gegenleistung zu mehr als der Hälfte seines jeweiligen laufenden Einkommens belastet werden." Dabei unterstellt er, dass diese Grenze heute schon in vielen Fällen überschritten ist. Siehe: H. Kleinewefers, Das vergessene Grundrecht: Für ein Recht auf den Ertrag der eigenen Arbeit und des eigenen Vermögens, Neue Zürcher Zeitung Nr. 12 vom 16. Januar 1999, S. 29.

[34] Siehe hierzu - in allgemeinerem Zusammenhang - auch T.R. Tyler (1997): Je fairer sich die Bürgerinnen und Bürger behandelt fühlen, desto eher sind sie bereit, gesetzliche Bestimmungen zu beachten.

und Bürger eines Gemeinwesens. Andererseits besteht für die Steuerbeamten die (moralische) Pflicht, die Steuerpflichtigen korrekt und fair zu behandeln.

4 Bedingungen für größere Steuerehrlichkeit

Wann aber sehen die Bürgerinnen und Bürger die ihnen auferlegten Steuern eher als gerechtfertigt an, d.h. unter welchen Bedingungen sind sie bereit, das Bezahlen der Steuern für sich selbst als moralische Pflicht und nicht nur als ein (mit Strafe bewehrtes) Verlangen staatlicher Autoritäten zu akzeptieren? Hier dürften im wesentlichen zwei Einflussfaktoren eine Rolle spielen. Zum einen geht es um das Vertrauen, welches zwischen den Bürgerinnen und Bürgern auf der einen Seite und der Verwaltung bzw. den politischen Akteuren auf der anderen Seite besteht. Hier kann die bereits erwähnte Behandlung durch die Steuerbehörden eine wesentliche Rolle spielen.[35] Zweitens geht es darum, inwieweit sie selbst bei der Festlegung der Höhe der Steuern und ihrer Verwendung Einfluss nehmen können: Je mehr Möglichkeiten sie dazu haben, desto sicherer können sie sein, dass einerseits nicht zu viele Steuern von ihnen verlangt werden und dass andererseits die erhobenen Steuergelder sinnvoll verwendet werden. Daher ist zu erwarten, dass die Bereitschaft Steuern zu bezahlen (die Steuerhinterziehung) in direkten Demokratien - ceteris paribus - höher (geringer) ist als in rein repräsentativen Systemen.[36] Nun können die Bürgerinnen und Bürger selbst in Demokratien mit sehr stark ausgebauten direkten Volksrechten nicht alles selbst kontrollieren. Sie können jedoch um so mehr kontrollieren, je kleiner und überschaubarer das Gemeinwesen ist. Daher dürfte neben den direkten Volksrechten (und der Größe) eine föderale Ausgestaltung des Gemeinwesens positive Auswirkungen auf diese Bereitschaft haben. Aber auch in einem föderalen Staatswesen müssen Aufgaben an die mittlere und obere Ebene delegiert werden, und selbst einzelne Gemeinden sind teilweise so groß, dass sie für die Einzelnen kaum mehr überschaubar sind. Dies ist schließlich der wesentliche Grund dafür, dass die Bürgerinnen und Bürger Aufgaben an (gewählte) Repräsentanten delegieren, die diese dann als Spezialisten erledigen. Die Bereitschaft, dies durch Steuermittel zu finanzieren, aber dürfte - wiederum ceteris paribus - um so größer sein, je höher das Vertrauen in diese Repräsentanten, d.h. in die Regierung, das Parlament und die Steuerbehörden, ist.

---

[35] Zu einer Übersicht über Arbeiten, die das Thema ‚Vertrauen' in Bezug setzen zu Problemen der öffentlichen Finanzen, siehe J. Slemrod (2001).
[36] Siehe hierzu W.W. Pommerehne, A. Hart und B.S. Frey (1994) sowie W.W. Pommerehne, A. Hart und L.P. Feld (1997).

Insofern ist es nicht verwunderlich, dass die Schweiz von all den in der Studie von H. Weck (1983) betrachteten Ländern die höchste Steuermoral (und auch die geringste Schattenwirtschaft) aufweist; schließlich ist sie zum einen sehr stark föderal strukturiert, wobei - im Gegensatz zur Bundesrepublik Deutschland - die unteren Ebenen, Kantone und Gemeinden, eine weitgehende Steuerhoheit besitzen, und gleichzeitig ist sie das Land mit den am stärksten ausgebauten direkten Volksrechten.

Inwieweit die Existenz direkter Volksrechte Einfluss auf die Bereitschaft, Steuern zu bezahlen, hat, kann anhand der Schweiz untersucht werden. Die Schweiz insgesamt kann in diesem Zusammenhang als Fallstudie betrachtet werden. Selbstverständlich können aus einem einzelnen Beispiel jedoch nur sehr eingeschränkte Schlüsse gezogen werden. Schon gar nicht können daraus statistisch gesicherte Aussagen abgeleitet werden. Anders sieht dies aus, wenn die einzelnen Kantone betrachtet werden. Zwar bestehen in allen Kantonen (in der einen oder anderen Art) direkte Volksrechte, sie sind jedoch in den verschiedenen Kantonen sehr unterschiedlich ausgeprägt. Insbesondere bestehen nicht überall direkte Mitwirkungsrechte in Budgetfragen. Dies haben H. Weck-Hannemann und W.W. Pommerehne (1989) ausgenutzt. Für die 26 schweizerischen Kantone und die beiden Jahre 1970 und 1978 haben sie untersucht, inwieweit die Höhe der hinterzogenen (kantonalen) Steuern in Relation zum ‚wahren' Einkommen von einer Reihe ökonomischer Variablen abhängen, insbesondere jenen, die von der ökonomischen Analyse der Kriminalität diskutiert werden,[37] aber auch davon, ob es in dem entsprechenden Kanton direkte Volksrechte in Budgetfragen gibt.[38] Um dies zu erfassen, konstruierten sie eine Hilfsvariable, die dann den Wert ‚Eins' annimmt, wenn die Stimmbürger bzw. Steuerzahler zum einen über den Voranschlag des Budgets und damit über den Umfang und die Struktur der kantonalen Leistungen und zweitens entweder über den Steuerfuß oder über die Festlegung der Neuverschuldung abstimmen können. Andernfalls nimmt diese Variable den Wert ‚Null' an.

---

[37] Zur Einführung in bzw. zur Übersicht über die ökonomische Theorie der Kriminalität siehe z.B. E. Eide (1994) sowie H. Entorf (1996).
[38] Bezüglich der Auswirkungen der föderalen Struktur auf die Schattenwirtschaft ist bisher keine entsprechende Studie verfügbar; dies dürfte nicht zuletzt daran liegen, dass es kaum möglich ist, eine entsprechende Stichprobe zu finden. Man könnte freilich daran denken, eine Variable für das Ausmaß des Föderalismus als erklärende Variable in ein Modell zur international vergleichenden Erfassung der Höhe der Schattenwirtschaft aufzunehmen.

Für die 26 Kantone und die beiden Jahre 1970 und 1978, d.h. mit insgesamt 52 Beobachtungen, erhielten sie folgende Schätzung:[39]

$$\begin{aligned}
\text{AHY} = \quad & 0.138 - 0.282\,\text{P} - 0.114\,\text{SST} + 0.823\,\text{MTR} - 0.264\,\text{SFG} \\
& (0.01) \quad (2.42) \quad\; (0.73) \quad\quad\; (2.32) \quad\quad\; (2.32) \\
& - 5.880\,\ln(Y) - 1.215\,\text{A65} + 0.443\,\text{NLY} + 1.413\,\text{IR} \\
& \;(0.82) \quad\quad\;\; (3.19) \quad\quad (2.52) \quad\quad\;\; (2.03) \\
& - 0.013\,\text{DIKP} - 5.819\,\text{DDD} + \varepsilon. \\
& \;(0.80) \quad\quad\quad\; (3.33) \\
& R^2 = 0.780, \quad \text{FG} = 39.
\end{aligned}$$

Dabei sind:
AHY der Anteil des hinterzogenen am ‚wahren' Einkommen,
P die Aufdeckungswahrscheinlichkeit,
SST die Höhe der Strafsteuer,
MTR der Grenzsteuersatz,
SFG die Steuerfreigrenze,
ln(Y) der Logarithmus des Bruttoeinkommens,
A65 der Anteil der über 65-jährigen,
NLY der Anteil des Nicht-Lohneinkommens,
IR die Inflationsrate,
DIKP eine Hilfsvariable für die Indexierung der kalten Progression, sowie
DDD die Hilfsvariable für die direkte Demokratie.

Von den Variablen, welche die ökonomische Theorie der Kriminalität als relevant ansieht, hat nur die Aufdeckungswahrscheinlichkeit einen signifikanten Einfluss. Die übrigen Variablen zeigen zunächst, dass zum einen der Anreiz zur Steuerhinterziehung eine Rolle spielt, denn ein höherer Grenzsteuersatz führt nach dieser Schätzung zu mehr Steuerhinterziehung,[40] dass aber auch Möglichkeiten dazu gegeben sein müssen: Ältere Menschen und Lohneinkommensbezieher haben weniger Möglichkeiten zur Steuerhinterziehung; sie hinterziehen daher - ceteris paribus - auch weniger. Die Ergebnisse zeigen aber auch, dass Fairness-Überlegungen eine Rolle spielen dürf-

---

[39] Siehe H. Weck-Hannemann und W.W. Pommerehne (1989, S. 547). Dort sind noch weitere Schätzgleichungen angegeben, die jedoch, insbesondere was den Einfluss der direkten Demokratie betrifft, qualitativ das gleiche Ergebnis aufweisen. - Die Zahlen in Klammern sind wieder die Absolutbeträge der t-Werte der geschätzten Parameter; FG gibt die Zahl der Freiheitsgrade des t-Tests an.

[40] Dieses empirische Ergebnis, welches sich mit den allgemeinen Vorstellungen über diesen Sachverhalt deckt, ist deshalb nicht selbstverständlich, weil es im grundlegenden Modell der Steuerhinterziehung, welches von M.G. Allingham und A. Sandmo (1972) entwickelt wurde, von der Risikoaversion der Individuen abhängt, ob eine Erhöhung der Steuerbelastung zu mehr oder zu weniger Steuerhinterziehung führt.

ten. Je höher die implizite Besteuerung durch die Inflation ist, desto mehr Steuern werden hinterzogen. Dieser Effekt wird möglicherweise abgeschwächt, wenn der Staat durch eine Indexierung der Steuern zumindest auf jenen Teil des Steueraufkommens verzichtet, den er aufgrund der kalten Progression zusätzlich erhält.[41] Und schließlich hat die direkte Demokratie einen hoch signifikanten Einfluss: Wenn die Bürgerinnen und Bürger direkt darüber mitentscheiden können, wie viel Steuern sie zahlen und was mit ihrem Steuergeld geschieht, sind sie eher bereit, diese zu zahlen, als wenn diese Entscheidungen allein den Parlamenten überlassen bleiben. Dabei ist der Betrag, um den es hier geht, erheblich: er entspricht etwa 30 Prozent jenes Betrags, welcher dem Fiskus infolge Steuerhinterziehung verloren geht: In Kantonen mit direkter Demokratie werden im Durchschnitt etwa 30 Prozent weniger Steuern hinterzogen als in Kantonen, die keine solchen Rechte kennen.[42] Dies belegt sehr klar, dass direkte Volksrechte in Budgetfragen zu einer höheren Steuermoral beitragen.

Wie bedeutend dieser Effekt ist, lässt sich auch daran erkennen, dass man die Aufdeckungswahrscheinlichkeit mindestens verdreifachen müsste, um den gleichen Effekt auf die Steuermoral zu erzielen, der sich durch Einführung dieser Rechte ergibt.[43] Dies ist nicht ohne weiteres möglich. Zudem ist fraglich, ob diese Verdreifachung tatsächlich den gewünschten Effekt hätte. Eine Erhöhung der Aufdeckungswahrscheinlichkeit erfordert mehr Personal und ist deshalb mit Kosten verbunden, die wiederum durch höhere Steuern abgedeckt werden müssten. Dies aber könnte den Anreiz zur Steuerhinterziehung wieder verstärken. Insofern scheint die Stärkung der direkten Volksrechte der vielversprechendere Weg zur Hebung der Steuermoral zu sein.

L.P. Feld und B.S. Frey (2001) haben zudem herausgefunden, dass die Steuerzahler in ‚direkten Demokratien' von den Steuerbehörden anders behandelt werden als in rein repräsentativen Systemen. In einer Umfrage versuchten sie zu erkunden, wie diese handeln, falls sie einen Verstoß feststellen. Dabei zeigte sich, dass die Steuerverwaltungen in direkten Demokratien den einzelnen Steuerpflichtigen zwar mit mehr Rücksichtnahme begegnen, indem sie sie eher auf Fehler in ihrer Steuererklärung hinweisen und auch in stärkerem Masse deren Steuererklärung von sich aus korrigieren, wenn dies zu Gunsten der Steuerpflichtigen möglich ist, dass aber dann, wenn Strafen ausgesprochen werden, diese härter ausfallen als in rein repräsentativen Systemen. Sie erklären dies damit, dass in direkten Demokratien zwischen den Bürgerinnen und Bürgern und ihren Steuerverwaltungen ein stärkeres Ver-

---
[41] Der geschätzte Koeffizient hat zwar das damit vereinbare Vorzeichen, ist jedoch nicht signifikant von Null verschieden.
[42] Siehe H. Weck-Hannemann und W.W. Pommerehne (1989, S. 546).
[43] Ebenda.

trauensverhältnis besteht, weshalb die Steuerbeamten den Steuerpflichtigen zwar weniger misstrauisch begegnen, andererseits aber ein festgestellter Versuch einer Steuerhinterziehung als Bruch dieser Vertrauensbeziehung auch stärker geahndet wird.

Das Problem an dieser Untersuchung ist, dass keine Begründung gegeben wird, weshalb dieses Vertrauensverhältnis in einer direkten Demokratie - ceteris paribus - stärker sein sollte als in einem rein repräsentativen System. Ein möglicher indirekter Effekt könnte sich daraus ergeben, dass die Steuerbeamten den Steuerpflichtigen mit um so mehr Vertrauen entgegenkommen, je geringer die Steuerhinterziehung in einem Kanton ist, und diese ist, wie oben gezeigt wurde, in Kantonen mit direkten Volksrechten im Budgetprozess geringer als in den anderen Kantonen.[44] Dieses größere Vertrauen könnte wiederum dazu führen, dass weniger Steuern hinterzogen werden. Dies aber bedeutet, dass diese Ergebnisse als Stützung der Hypothese betrachtet werden können, dass ein stärkeres Vertrauensverhältnis zwischen Steuerbehörden und Steuerzahlern die Steuerhinterziehung reduziert, auch wenn der Pfad, auf dem dies geschieht, offen bleibt.

Dass andererseits nicht nur das Vertrauen gegenüber den Steuerbehörden, sondern ganz allgemein das Vertrauen in die öffentliche Verwaltung eine Rolle spielt, zeigt eine Untersuchung von M. Kucher und L. Götte (1998), die für die Stadt Zürich zeigen, dass im Zeitraum von 1964 bis 1996 die Steuermoral positiv mit der Zustimmung zu den von der Regierung zur Abstimmung unterbreiteten Vorlagen war: Je mehr sie mit diesen Projekten einverstanden waren, desto eher waren sie auch bereit, dafür Steuern zu bezahlen.

5 Abschließende Bemerkungen

Wie die obigen Ausführungen gezeigt haben, hat die Steuermoral einen Einfluss auf das Verhalten der Individuen, und sie ist darüber hinaus nicht unabhängig von den gesellschaftlichen Bedingungen bzw. Institutionen. Dabei sollte man - und dies steht nicht notwendigerweise im Gegensatz zur oben angegebenen Definition von G. Schmölders (1981) - zwischen der Steuermoral als einer moralischen Haltung der Individuen und ihrer Bereitschaft,

---

[44] Man sollte davon ausgehen, dass dieses Vertrauensverhältnis um so stärker ist, je geringer der Abstand zwischen den Steuerpflichtigen und ihrer Gemeinde ist. Dies wird in der Arbeit von L.P. Feld und B.S. Frey (2001) leider nicht untersucht. Sie verwenden zwar die Größe des Kantons als zusätzliche Variable, aber da die zuständigen Steuerbeamten in den meisten Kantonen bei den Gemeinden angesiedelt sind, sagt die Größe des Kantons kaum etwas über den Abstand zwischen den Steuerpflichtigen und den Steuerbeamten aus. Insofern ist es auch nicht überraschend, dass die Koeffizienten dieser Variablen in keiner der in dieser Arbeit vorgestellten Schätzgleichungen signifikant von Null verschieden sind.

Steuern zu entrichten, unterscheiden. Sicherlich ist es schwierig, bei empirischen Analysen diese Unterscheidung durchzuhalten; zumeist wird beides - entsprechend der angegebenen Definition - gleichgesetzt. Die Unterscheidung drängt sich aus der ökonomischen Perspektive jedoch auf, da die Steuermoral im engeren Sinn eine Angelegenheit der individuellen Präferenzen ist, während sich das beobachtbare Verhalten aus der Interaktion zwischen Präferenzen und Restriktionen ergibt. Deshalb kann man auch dann darauf Einfluss nehmen, wenn man die Aussichten, die Präferenzen direkt beeinflussen zu können, gering einschätzt.

Wenn dennoch im 3. Abschnitt Überlegungen vorgestellt wurden, die sich nicht auf die Restriktionen der Steuerpflichtigen, sondern auf ihre moralischen Einstellungen (Präferenzen) bezogen, dann sollten damit zunächst Argumente zusammengetragen werden, von denen man annehmen darf, dass sie zum einen von Individuen erwogen werden, wenn diese sich selbst die Frage stellen, inwieweit das Zahlen der Steuern ihre moralische Pflicht ist, und von denen zum zweiten unterstellt wird, dass sie eine Akzeptanz bei den Betroffenen finden könnten. Inwieweit die Individuen überhaupt einer Argumentation über moralische Pflichten zugänglich sind, mag dabei offen bleiben. Schließlich handelt die Diskussion hier von Pflichten der Individuen und nicht von ihren Rechten. Noch zu Beginn der siebziger Jahre stand man solchen Argumentationen sehr skeptisch gegenüber; schließlich ging es damals vorwiegend um die Emanzipation der einzelnen Individuen, und es wurden vor allem die Rechte betont, die (nach liberaler Auffassung) dem einzelnen Individuum unveräußerlich zustehen. Zwar hatte John F. Kennedy bereits am 20. Januar 1961 bei seiner Amtseinführung an seine amerikanischen Mitbürger die berühmte Aufforderung gerichtet: "Fragt nicht, was Euer Land für Euch tun kann - fragt, was Ihr für Euer Land tun könnt."[45] Aber auch die politische Philosophie jener Zeit fragte vor allem nach den Rechten und wie weit diese unter welchen Umständen eingeschränkt werden dürften und weit weniger nach den Pflichten der Individuen gegenüber der Gemeinschaft.[46]

Heute ist die Diskussionssituation wesentlich anders. Zum einen wurde vor einiger Zeit neben einem Katalog der Menschenrechte auch ein Katalog der Menschenpflichten in den internationalen Diskurs eingebracht, auch wenn die Meinungen über dieses Unternehmen durchaus geteilt sind.[47] Zum

---

[45] Siehe J.F. Kennedy (1962, S. 28).
[46] Dies gilt z.B. für die grundlegenden Werke der ‚neuen' Vertragstheoretiker R. Nozick (1974) und J.M. Buchanan (1975). J. Rawls (1971) hat dagegen in seinem Werk auch ein Kapitel über „Pflicht und Verpflichtung" (S. 368ff.). - Zur Einführung in diese Arbeiten siehe z.B. S. Gordon (1976).
[47] Siehe hierzu: Allgemeine Erklärung der Menschenpflichten, DIE ZEIT Nr. 41 vom 3. Oktober 1997; H. Schmidt, Zeit von den Pflichten zu sprechen, ebenda, S. 17f.; sowie die sich in dieser Zeitung anschließende Diskussion.

anderen ist dies eine wesentliche Frage, die heute im Rahmen des politischen Kommunitarismus diskutiert wird, wie er hauptsächlich von Amitai Etzioni geprägt wurde.[48] So steht z.B. in dem (in seiner ersten Version) von ihm selbst entworfenen ‚Kommunitaristischen Programm': "Steuern zahlen und andere ermutigen, dasselbe zu tun, ..., das ist wirklich obligatorisch."[49] Die dort angestrebte Lösung, mit Hilfe moralischer Appelle die Bürgerinnen und Bürger zu mehr Bürgersinn aufzurufen bzw. zu ermuntern, dürfte freilich wenig erfolgreich sein. Gleiches gilt für die Hoffnung von W. Gaertner, „der Sinn für Fairness, das Gefühl für Gerechtigkeit und die Achtung und Einhaltung von bestehenden Gesetzen" könne „mit Hilfe von Investitionen in die moralische Erziehung aller Mitglieder der Gesellschaft gefördert werden." (1988, S. 127.) Derartige Versuche, auf die Präferenzen der Bürgerinnen und Bürger Einfluss zu nehmen, haben sich in der Vergangenheit in aller Regel als wenig wirksam erwiesen.

Andererseits aber sind, worauf Adam Smith (1759, S. 1) zu Beginn seiner „Theorie der ethischen Gefühle" verweist, Menschen auch moralische Wesen, d.h. sie sind moralischen Argumentationen nicht grundsätzlich verschlossen. Wie weit sie ihnen gegenüber offen sind, hängt wesentlich von den institutionellen Bedingungen ab, unter denen sie agieren. Nur so werden auch die oben dargestellten empirischen Ergebnisse verständlich. Es kann daher nicht darum gehen, im Sinne einer kognitivistischen Ethik die Individuen davon überzeugen zu wollen, dass bestimmte Normen ‚wahr' sind. Dies können Religionsgemeinschaften tun, wobei der Wahrheitsbegriff, der dabei verwendet wird, (in aller Regel) jener einer ‚Offenbarungswahrheit' ist, der sich vom wissenschaftlichen Wahrheitsbegriff strikt unterscheidet. In einer liberalen, pluralistischen Gesellschaft steht eine solche Argumentation für den allgemeinen (und insbesondere für den wissenschaftlichen) Diskurs nicht zur Verfügung.[50] Was uns bleibt, ist, die gesellschaftlichen Anreize so zu setzen, dass die (mündigen) Individuen möglichst stark motiviert werden, sich an die Regeln zu halten, über die (z.B. im demokratischen Prozess) Übereinkunft erzielt wurde. Die Ordnungsethik schlägt (in Übereinstimmung mit dem traditionellen ökonomischen Ansatz) hierzu vor, Anreize so zu setzen, dass die Einhaltung der Regeln im (eng verstandenen) Selbstinteresse der Individuen ist.[51] Wie bereits M.G. Allingham und A. Sandmo (1972) gezeigt haben, könnte bezüglich der Bereitschaft, Steuern zu

---

[48] Siehe z.B. A. Etzioni (1993, 1995).

[49] Zitiert nach: A. Etzioni (1993, S. 292).

[50] Dies gilt ganz allgemein für den Versuch, Aussagen kognitivistischer Ethiken als allgemeinverbindlich erklären zu wollen. Es schließt selbstverständlich nicht aus, dass Religionsgemeinschaften solche Aussagen für ihre Gemeinschaft als verbindlich erklären (und unter bestimmten Umständen dann auch das Recht haben, diejenigen, welche dies nicht akzeptieren, auszuschließen).

[51] Zur Konzeption der Ordnungsethik siehe z.B. K. Homann und Ch. Kirchner (1995).

bezahlen, eine Strategie, die allein darauf aufbaut, allenfalls dann erfolgreich sein, wenn die Individuen extrem risikoavers wären. Tatsächlich bezahlen die Bürgerinnen und Bürger sehr viel mehr Steuern, als mit einem eng verstandenen Selbstinteresse vereinbar ist; sie verhalten sich in dieser Beziehung damit moralischer, als es das (einfache) ökonomische Verhaltensmodell unterstellt.[52] Da dies, wie gezeigt wurde, von den gesellschaftlichen Bedingungen abhängt, unter denen sie agieren, hat hier die Politik auch dann eine Chance, wenn man (korrekterweise) davon ausgeht, dass die Präferenzen der Individuen kaum direkt beeinflusst werden können. Wenn man die Bereitschaft, Steuern zu bezahlen, stärken will, dann ist zunächst ein verantwortungsvoller Umgang der staatlichen Institutionen mit den Steuergeldern sowie ein partnerschaftliches (und nicht obrigkeitsstaatliches) Verhältnis zwischen den Behörden und den auf sie angewiesenen Bürgerinnen und Bürgern notwendig. Darüber hinaus liegt es nahe, den Föderalismus zu stärken, indem den unteren Einheiten eine echte Steuerhoheit eingeräumt wird, sowie direkte Mitspracherechte über die öffentlichen Finanzen einzuräumen. In all diesen Bereichen, insbesondere aber bezüglich des fiskalischen Föderalismus und der direkten Mitwirkungsrechte der Bürgerinnen und Bürger, besteht in der Bundesrepublik Deutschland noch ein erheblicher Handlungsbedarf. Man könnte daher die Situation verbessern, d.h. die Steuerhinterziehung (und damit auch die Schattenwirtschaft) zurückdrängen, wenn man es denn wirklich wollte.[53]

6 Zusammenfassung

Unter welchen Bedingungen die Erhebung einer Steuer moralisch gerechtfertigt werden kann, interessiert nicht nur Philosophen (und auch Ökonomen) als Wissenschaftler, sondern kann auch erhebliche praktische Bedeutung haben: Die Bereitschaft der Bürgerinnen und Bürger, Steuern zu entrichten, dürfte wesentlich davon abhängen, ob sie die Erhebung der Steuern als gerechtfertigt ansehen oder nicht. Aber unter welchen Bedingungen gilt dies? Die vorliegende Arbeit versucht, hierauf einige Antworten zu geben. Hierzu wird zunächst aufgezeigt, welche Auswirkungen die Steuermoral auf die Steuerhinterziehung hat. Dann werden einige Überlegungen dazu vorgestellt, wann die erhobene Steuer als moralisch gerechtfertigt und die Steuerzahlung dementsprechend als moralisch geboten angesehen werden kann.

---

[52] Zur Darstellung des ökonomischen Verhaltensmodells siehe G. Kirchgässner (1991). Speziell zur Frage, wann eine Steuerhinterziehung als gerechtfertigt angesehen wird, siehe auch das theoretische Modell von J. Schnellenbach (2001).
[53] Speziell zur Frage der moralischen Aspekte der Schattenwirtschaft siehe G. Kirchgässner (1999).

Danach wird auf einige Arbeiten eingegangen, in denen versucht wird zu ermitteln, wovon die Steuermoral abhängen könnte. Wir schließen mit einigen Ausführungen darüber, wie man versuchen könnte, die Steuermoral zu heben.

Literaturverzeichnis

Albert, H. (1956), Werturteil und Wertbasis: Das Werturteilsproblem im Lichte der logischen Analyse, Zeitschrift für Nationalökonomie 14 (1953/54), S. 90-130; abgedruckt in: H. Albert Marktsoziologie und Entscheidungslogik, Luchterhand, Neuwied/ Berlin 1967, S. 92-130. (Neuauflage: Mohr (Siebeck), Tübingen 1998).

Albert, H. (1963), Wertfreiheit als methodisches Prinzip, in: E. v. Beckerath, H. Giersch und H. Lampert (eds.), Probleme der normativen Ökonomik und der wirtschaftspolitischen Beratung, Duncker und Humblot, Berlin, S. 32-63; abgedruckt in: E. Topitsch (ed.), Logik der Sozialwissenschaften, Kiepenheuer und Witsch, Köln/Berlin 1965, 6. Auflage 1970, S. 126-143.

Allingham, M.G. / Sandmo, A. (1972), Income Tax Evasion: A Theoretical Analysis, Journal of Public Economics 1, S. 323-338.

Alm, J. / McClelland, G. H. / Schulze, D. (1992), Why do People Pay Taxes?, Journal of Public Economics 48, S. 21-38.

Alm, J. / Jackson B. R. / M. McKee (1992), Estimating the Determinants of Taxpayer Compliance with Experimental Data, National Tax Journal 45 S. 107-114.

Alm, J. / McClelland, G. H. / Schulze, W. D. (1999), Changing the Social Norm of Tax Compliance by Voting, Kyklos 52, S. 141-171.

Aquin, v., T. (1985), Summa Theologica, zitiert nach der deutschen Übersetzung: Summe der Theologie, Band 3, Alfred Kröner, Stuttgart.

Aristoteles, (1995), Nikomachische Ethik, in: ders., Philosophische Schriften, Band 3, Felix Meiner, Hamburg.

Blankart, Ch. B. (1980), Ökonomie der öffentlichen Unternehmen, Vahlen, München.

Buchanan, J. M. (1967), Public Finance in Democratic Process: Fiscal Institutions and Individual Choice, University of North Carolina Press, Chapel Hill.

Buchanan, J. M. (1975), The Limits of Liberty, University of Chicago Press, Chicago, deutsche Übersetzung: Die Grenzen der Freiheit, Mohr (Siebeck), Tübingen 1984.

Buchanan, J. M. (1987), The Constitution of Economic Policy, American Economic Review 77, S. 243-250.

Eide, E. (1994), Economics of Crime: Deterrence and the Rational Offender, North-Holland, Amsterdam.

Elffers, H. / Weigel, R. H. / Hessing, D. J (1987), The Consequences of Different Strategies for Measuring Tax Evasion Behavior, Journal of Economic Psychology 8, S. 311-337.

Elster, J. (1989), Solomonic Judgments, Cambridge University Press, Cambridge.

Entorf, H (1996), Kriminalität und Ökonomie: Übersicht und neue Evidenz, Zeitschrift für Wirtschafts- und Sozialwissenschaften 116, S. 417-50.

Etzioni, A. (1993), The Spirit of Community: Rights, Responsibilities, and the Communitarian Agenda, Crown Publishers, New York, deutsche Übersetzung: Die Entdeckung des Gemeinwesens: Ansprüche, Verantwortlichkeiten und das Programm des Kommunitarismus, Schäffer Poeschel, Stuttgart 1995.

Etzioni, A. (1995), On Restoring the Moral Voice, in: A. Etzioni (ed.), Rights and the Common Good: The Communitarian Perspective, St. Martin's Press, New York, S. 271-276.

Feld, L. P / Frey, B. S. (2001), Trust Breeds Trust: How Taxpayers are Treated, erscheint in: Economics of Governance 2.

Feld, L. P. / Tyran, J.-R. (2001), Voting and Tax Evasion: An Experimental Analysis, mimeo, Universität St. Gallen, Januar.

Frey, B. S. (1986), Economists Favour the Price System - Who Else Does?, Kyklos 39 S. 537-563.

Frey, B. S. / Kirchgässner, G. (1994), Demokratische Wirtschaftspolitik: Theorie und Anwendung, Vahlen, München.

Frey, B. S. / Pommerehne, W. W. (1993), On the Fairness of Pricing: An Empirical Survey Among the General Population, Journal of Economic Behavior and Organization 20 S. 295-307.

Frey, B. S. / Weck-Hannemann, H (1984), The Hidden Economy as an Unobserved Variable, European Economic Review 26, S. 33-53.

Gaertner, W. (1988), Untergrundwirtschaft, Steuerhinterziehung und Moral, in: H. Hesse (ed.), Wirtschaftswissenschaft und Ethik, Duncker und Humblot, Berlin, S. 109-130.

Galbraith, J. K. (1958), The Affluent Society, Houghton Mifflin, Boston, deutsche Übersetzung: Gesellschaft im Überfluss, Droemer Knauer, München 1959.

Gordon, S. (1976), The New Contractarians, Journal of Political Economy 84, S. 573-590.

Harsanyi, J. C. (1975), Can the Maximim Principle Serve as a Basis of Morality?, A Critique of John Rawls's Theory, American Political Science Review 69, S. 594-606.

Hauser, R. (1974), Gerechtigkeit, in: J. Ritter (ed.), Historisches Wörterbuch der Philosophie, Band 3, Schwabe und Co, Basel/Stuttgart, S. 329-335.

Höffe, O. (1987), Politische Gerechtigkeit: Grundlegung einer kritischen Philosophie von Recht und Staat, Suhrkamp, Frankfurt.

Höffe, O. (1990), Gerechtigkeit als Tausch: Ein ökonomisches Prinzip für die Ethik, in: P. Ulrich (ed.), Auf der Suche nach einer modernen Wirtschaftsethik: Lernschritte zu einer reflexiven Ökonomie, Haupt, Bern, S. 91-102.

Höffe, O. (1994), Tauschgerechtigkeit und kollektive Gerechtigkeit: Legitimationsmuster für Staatsaufgaben, in: D. Grimm (ed.), Staatsaufgaben, Nomos, Baden-Baden, S. 713-737.

Homann, K. / Kirchner, Ch. (1995), Ordnungsethik, Jahrbuch für Neue Politische Ökonomie 14, S. 189-211.

Jöreskog, K. G. / van Thillo, M. (1973), LISREL: A General Computer Program for Estimating a Linear Structural Equation System Involving Multiple Indicators of Unobserved Variables, University of Uppsala, Department of Statistics, Research Report 73-5.

Kaufmann, A. (1991), Vom Ungehorsam gegen die Obrigkeit: Aspekte des Widerstandsrechts von der antiken Tyrannis bis zum Unrechtsstaat unserer Zeit, vom leidenden Gehorsam bis zum zivilen Ungehorsam im modernen Rechtsstaat, Decker und Müller, Heidelberg.

Kennedy, J. F. (1962), To Turn the Tide: The Major Addresses and Statements of President John F. Kennedy, Harper and Brothers, New York, deutsche Übersetzung: Dämme gegen die Flut, Econ, Düsseldorf/Wien.

Kirchgässner, G. (1982), Zwischen Dogma und Dogmatismusvorwurf, Bemerkungen zur Diskussion zwischen Kritischem Rationalismus und konstruktivistischer Wissenschaftstheorie, Jahrbuch für Sozialwissenschaft 33, S. 64-91.

Kirchgässner, G. (1984), Verfahren zur Erfassung des in der Schattenwirtschaft erarbeiteten Sozialprodukts, Allgemeines Statistisches Archiv 68, S. 378-405.

Kirchgässner, G. (1991), Homo oeconomicus: Das ökonomische Modell individuellen Verhaltens und seine Anwendung in den Wirtschafts- und Sozialwissenschaften, Mohr (Siebeck), Tübingen, 2. Auflage 2000.

Kirchgässner, G. (1998), Utilitarismus und ökonomische Theoriebildung: Einige Bemerkungen, in: B. Sitter-Liver und P. Caroni (eds.), Der Mensch - ein Egoist: Für und wider die Ausbreitung des methodischen Utilitarismus in den Kulturwissenschaften, Universitätsverlag Freiburg, Freiburg (Schweiz), S. 105-131.

Kirchgässner, G. (1998), Zur Ethik des Arbeitsmarkts: Einige Bemerkungen aus nichtkognitivistischer Perspektive, in: Th. Geiser, H. Schmid und E. Walter-Busch (eds.), Arbeit in der Schweiz des 20. Jahrhunderts: Wirtschaftliche, rechtliche und soziale Perspektiven, Haupt, Bern, S. 383-430.

Kirchgässner, G. / Pommerehne, W. W. (1992), Approaches to Explain Fiscal Redistribution in Democracy, mimeo, Hochschule St. Gallen.

Kirchgässner, G. (1999), Schattenwirtschaft und Moral: Anmerkungen aus ökonomischer Perspektive, in: S. Lamnek (ed.), Der Sozialstaat zwischen Markt und Hedonismus, Leske und Budrich, Opladen, S. 425-445.

Koch, W. (1981), Finanzwissenschaft I: Geschichte, in: W. Albers et al. (eds.), Handwörterbuch der Wirtschaftswissenschaft, Band 3, Gustav Fischer et al., Stuttgart et al., S. 211-234.

Kucher, M. / Götte, L. (1998), Trust Me: An Empirical Analysis of Taxpayer Honesty, Finanzarchiv 54, S. 429-444.

Luther, M. (1523), Von weltlicher Obrigkeit, wie weit man ihr Gehorsam schuldig sei, abgedruckt in: O. Clemen (ed.), Luthers Werke in Auswahl, Band 2, Walter de Gruyter, Berlin, 6. Auflage 1967, S. 360-394.

Luther, M. (1525), Wider die räuberischen und mörderischen Rotten der Bauern, abgedruckt in: O. Clemen (ed.), Luthers Werke in Auswahl, Band 3, Walter de Gruyter, Berlin, 6. Auflage 1966, S. 69-93.

Lutz, U. (1997), Das Evangelium nach Matthäus, 3. Teilband, Evangelisch-Katholischer Kommentar zum neuen Testament, Benziger/Neukirchener, Zürich/Düsseldorf.

Marx, K. (1865), Lohn, Preis, Profit, in: I. Fetscher (ed.), Marx-Engels Studienausgabe, Band II: Politische Ökonomie, Fischer, Frankfurt 1966, S. 167-215.

Musgrave, R. A. / Musgrave, P. B. / Kullmer, L. (1973), Die öffentlichen Finanzen in Theorie und Praxis, Band 2, Mohr (Siebeck), Tübingen, 4. Auflage 1988.

Nozick, R. (1974), Anarchy, State, and Utopia, Basil Blackwell, Oxford 1974; deutsche Übersetzung: Anarchie, Staat, Utopia, Moderne Verlagsgesellschaft, München 1976.

Parijs, v. Ph. (1991), Why Surfers Should be Fed: The Liberal Case for an Unconditional Basic Income, Philosophy and Public Affairs 20, S. 101-131.

Parijs, v. Ph. (1992), Basic Income Capitalism, Ethics 102, S. 465-484.

Parijs, v. Ph. (1995), Real Freedom for All: What (If Anything) Can Justify Capitalism, Clarendon Press, Oxford.

Pommerehne, W. W. / Hart, A. / Frey, B. S. (1994), Tax Morale, Tax Evasion and the Choice of Instruments in Different Political Systems, Public Finance 49 (Supplement), S. 52-69.

Pommerehne, W. W. / Hart, A. / Feld. L. B. (1997), Steuerhinterziehung und ihre Kontrolle in unterschiedlichen politischen Systemen, Homo Oeconomicus 14, S. 469-478.

Quilisch, T. (1999), Das Widerstandsrecht und die Idee des religiösen Bundes bei Thomas Münzer: Ein Beitrag zur Politischen Theologie, Duncker und Humblot, Berlin.

Rawls, J. (1971), A Theory of Justice, Harvard University Press, Cambridge (Mass.) deutsche Übersetzung: Eine Theorie der Gerechtigkeit, Suhrkamp, Frankfurt 1975.

Rawls, J (1993), Political Liberalism, Columbia University Press, New York, deutsche Übersetzung: Politischer Liberalismus, Suhrkamp, Frankfurt 1998.

Richter, W. F. / Wiegard, W. (1993), Zwanzig Jahre ‚Neue Finanzwissenschaft', Zeitschrift für Wirtschafts- und Sozialwissenschaften 113, S. 169-224, S. 337-400.

Rippe, P. (1995), Gibt es ein Recht auf Arbeit?, Gesellschaft zur Förderung der ethischen Forschung, Arbeitsblätter Nr. 34, S. 55-72.

Schmidt, K. (1994), Wertewandel, Politikverdrossenheit und Schattenwirtschaft, Wirtschaftsdienst 74, S. 303-306.

Schmölders, G. (1951), Finanzpsychologie, Finanzarchiv 13, S. 1-36.

Schmölders, G. (1981), Finanz- und Steuerpsychologie, in: W. Albers et al. (eds.), Handwörterbuch der Wirtschaftswissenschaft, Band 3, Gustav Fischer et al., Stuttgart et al. S. 121-133.

Schnellenbach, J. (2001), Tax Morale, Leviathan and the Political Process: A Theoretical Approach, mimeo, Universität St. Gallen, Schweizerisches Institut für Aussenwirtschaft und Angewandte Wirtschaftsforschung.

Schumpeter, J. A. (1965), Geschichte der ökonomischen Analyse, Vandenhoeck und Ruprecht, Göttingen.

Selmer, P. (1986), Kein Recht zum Steuerboykott wegen Rüstungsausgaben, Juristische Schulung (JUS) 20, S. 226.

Sinn, H.-W. (1996), Social Insurance, Incentives and Risk Taking, International Tax and Public Finance 3, S. 259-280.

Sinn, H.-W. (1997), Das Selektionsprinzip und der Steuerwettbewerb, in: A. OBERHAUSER (ed.), Fiskalföderalismus in Europa, Duncker und Humblot, Berlin, S. 9-60.

Slemrod, J. (2001), Trust in Public Finance, mimeo, University of Michigan.

Smith, A. (1759), Theory of Moral Sentiments, Millar, London, deutsche Übersetzung: Theorie der ethischen Gefühle, Felix Meiner Verlag, Hamburg 1985.

Synan, E. A. (1991), Thomas von Aquin über ökonomische Praxis und Theorie, in: P. Koslowski et al., Ökonomie, Politik und Ethik in Thomas von Aquins ‚Summa theologica', Verlag Wirtschaft und Finanzen, Düsseldorf, S. 35-41.

Tipke, K. / Lang, J. (1973), Steuerrecht, Otto Schmid, Köln, 15. Auflage 1996.

Thielicke, H. (1958), Theologische Ethik, Band II/2, Mohr (Siebeck), Tübingen, 3. Auflage 1974.

Tyler, T. R. (1997), Procedural Fairness and Compliance with the Law, Schweizerische Zeitschrift für Volkswirtschaft und Statistik 133, S. 219-240.

Weck, H. (1983), Schattenwirtschaft: Eine Möglichkeit zur Einschränkung der öffentlichen Verwaltung?, Lang, Frankfurt.

Weck, H. / Pommerehne, W. W. / Frey, B. S. (1984), Schattenwirtschaft, Vahlen, München.

Weck-Hannemann, H. / Pommerehne, W. W. (1989), Einkommensteuerhinterziehung in der Schweiz: Eine empirische Analyse, Schweizerische Zeitschrift für Volkswirtschaft und Statistik 125, S. 515-556.

Wicksell, K. (1896), Finanztheoretische Untersuchungen, Gustav Fischer, Jena.

Zimmermann, L. J. (1954), Geschichte der theoretischen Volkswirtschaftslehre, Bund-Verlag, Köln, 3. Auflage 1967.

Ökosteuern - Idee und Wirklichkeit

Michael Ahlheim

1 Einleitung

Angesichts rapide gestiegener Tankstellenpreise für Benzin und Dieselkraftstoff setzte insbesondere im Spätherbst des Jahres 2000 eine erbitterte öffentliche Diskussion über die Sinnhaftigkeit der von der Bundesregierung 1999 eingeleiteten sogenannten Ökologischen Steuerreform ein, die bis heute nicht verstummt ist. Die Vorwürfe richteten sich vor allem gegen die erhebliche Belastung der privaten Haushalte durch die gestiegenen Energiepreise. Inzwischen wird sowohl von Teilen der Öffentlichkeit als auch von politischer Seite immer lauter eine Abschaffung der neuen Ökosteuer oder doch zumindest die Aussetzung der weiteren Stufen der 1999 begonnenen Ökologischen Steuerreform gefordert.

Im folgenden Kapitel 2 soll zunächst die grundlegende Idee der ökologischen Besteuerung aus theoretischer Sicht dargelegt werden, damit klar ist, welche Erwartungen realistischerweise überhaupt an eine ökologische Steuerreform geknüpft werden können. Dabei geht es vor allem um drei wesentliche Aspekte: die ökologische Lenkungsfunktion einer solchen Steuer, ihre ökonomische Effizienz und die Betrachtung der von ihr verursachten Verteilungseffekte unter Gerechtigkeitsgesichtspunkten. In Kapitel 3 soll die umstrittene Ökologische Steuerreform der Bundesregierung in ihren wichtigsten Zügen dargestellt und unter dem Aspekt der in Kapitel 2 erläuterten theoretischen Ansprüche an eine solche Reform kritisch analysiert werden. Kapitel 4 enthält eine vorläufige Bewertung der Ökologischen Steuerreform der Bundesregierung unter theoretischen und praktisch-politischen Aspekten, an die sich in Kapitel 5 einige abschließende Bemerkungen anschließen.

2 Theoretische Aspekte einer Ökosteuer

In diesem Kapitel wird zunächst die ökologische Lenkungsfunktion einer Ökosteuer, die ja den eigentlichen Zweck einer solchen Steuer repräsentiert, kurz beschrieben. Danach soll auf den Beitrag von Ökosteuern zur allokativen Effizienz einer Volkswirtschaft eingegangen werden. Dabei geht es zum einen um die effiziente Gestaltung der Ökosteuer selbst und zum andern um den Beitrag, den das Aufkommen einer Ökosteuer zur Verbesserung der Gesamteffizienz einer Volkswirtschaft leisten kann. Der letztgenannte Punkt ist in der umweltökonomischen Literatur unter dem Begriff der Doppelten bzw. Dreifachen Dividende ökologischer Steuern diskutiert worden. Abschließend wird auf Verteilungs- und Gerechtigkeitsfragen eingegangen, die sich im Zusammenhang mit ökologischen Steuern ergeben.

2.1 Ökologische Lenkungsfunktion

Der eigentliche Zweck ökologischer Steuern ist die Zurückdrängung umweltschädigenden Verhaltens. Als "Mutter aller Ökosteuern" gilt die nach Arthur Pigou (1920) benannte Pigou-Steuer. Sie verspricht in einer ansonsten störungsfreien Ökonomie die Realisierung eines Pareto-Optimums durch Internalisierung der bei dem von Eigennutz getriebenen wirtschaftlichen Handeln von Haushalten und Unternehmen entstehenden externen Effekte. Der Steuersatz einer solchen individuell ausgestalteten Pigou-Steuer belastet jedes Wirtschaftssubjekt mit sämtlichen von ihm verursachten gesellschaftlichen Kosten, d. h. mit den internen und externen Kosten, so dass die entsprechenden Aktivitäten angesichts einer solchen Steuer von den Wirtschaftssubjekten auf das gesellschaftlich jeweils optimale Niveau geführt werden. Es ist offensichtlich, dass die Festlegung der Pigou-Steuersätze Informationen über die Präferenzen sämtlicher Individuen und über die Technologie sämtlicher Unternehmen erfordert, die in der politischen Praxis nicht verfügbar sind. Daher stellt die Pigou-Steuer eine rein theoretische Ideal-Lösung des Umweltproblems ohne praktischen Anwendbarkeitsanspruch dar. Gekennzeichnet ist die Pigou-Lösung zum einen durch den Anspruch, ein pareto-optimales Ausmaß an Umweltverschmutzung herbeizuführen, und zum andern durch die Festlegung des dazu (unter idealen Bedingungen) geeigneten (Öko-)Steuersatzes.

Eine pragmatische Variante der ökologischen Besteuerung, die zu überragender Prominenz gefunden hat, ist der sogenannte Preis-Standard-Ansatz von Baumol und Oates (1971). Ausgehend von der Einsicht, dass ein paretooptimales Ausmaß von Umweltverschmutzung im Sinne Pigous wegen der Komplexität der Ermittlung des "richtigen" Steuersatzes im praktischen Leben ohnehin nicht realisierbar ist, entwickelten Baumol und Oates eine "Lösung" des umweltbezogenen Allokationsproblems, die in ihrer brachialgewaltigen Kunstlosigkeit durchaus beeindruckend ist. Da das pareto-optimale Ausmaß der Umweltverschmutzung ja ohnehin nicht ermittelbar sei, so argumentieren Baumol und Oates, solle der Staat doch einfach ein Verschmutzungsziel ad hoc festsetzen und dieses dann durch die Erhebung einer einheitlichen Mengensteuer auf die umweltschädigende Substanz kostenminimierend realisieren. Bei dieser Lösung wird die Natur als Aufnahmemedium für Emissionen vom Staat zu einem einheitlichen Preis "vermarktet", so dass sich (unter den Bedingungen vollkommener Konkurrenz) gesamtwirtschaftliche Kosteneffizienz bei der Emissionsvermeidung einstellt. Das heißt, die von der Gesamtgesellschaft zu tragende Vermeidungslast wird so auf die verschiedenen Emittenten verteilt, dass die Grenzvermeidungskosten bei allen Emittenten gleich sind und eine Umverteilung der Vermeidungsaktivitäten nicht zu Kosteneinsparungen führen würde.

Dieses Konzept verzichtet gleich auf beide Schönheiten der Pigou-Lösung: es erzwingt nicht nur keine pareto-optimale Umweltverschmutzung, sondern kann letztlich überhaupt keine im voraus festlegbare Emissionsmenge herbeiführen. Um ex ante zu wissen, mit welcher Emissionsreduktion die Unternehmen auf einen bestimmten Ökosteuersatz reagieren werden, müssten dem Staat ihre Grenzvermeidungskostenfunktionen und damit ihre Technologie bekannt sein. Am Nichtvorhandensein dieser Informationen scheiterte aber schon die praktische Anwendung der Pigou-Steuer. Baumol und Oates empfehlen mehr oder weniger verschämt einen "trial-and-error"-Prozess, mit dem man irgendwann einmal das politisch gesteckte Emissionsziel erreichen werde.

Nüchtern betrachtet reduziert sich ihr Verdienst auf die Kühnheit, mit der sie die kunstvolle Welt der Pigou-Besteuerung zerschlagen haben: es ist ein Abschied von der Vorstellung einer pareto-optimalen Umweltverschmutzung, aber auch ein Abschied von der Ex-ante-Planbarkeit der Umweltregulierung durch Steuern. Was bleibt, ist letztlich nur eine Tendenzaussage: Die Erhebung einer einheitlichen Mengensteuer auf Emissionen oder auf Inputs, die in einer streng monotonen technischen Beziehung zu Emissionen stehen, führt unter "normalen" Umständen zu einer gesamtwirtschaftlichen Emissionsverminderung, und sie stellt sicher, dass diese Emissionsverminderung mit minimalen gesellschaftlichen Kosten realisiert wird.

Aus diesen Überlegungen folgt unmittelbar, dass Ökosteuern zur Erreichung eines bestimmten Reduktionsziels - wie z. B. der infolge des Kyoto-Protokolls vereinbarten Reduktion der deutschen CO_2-Emissionen um 21 % gegenüber 1990 im Zeitraum 2008 bis 2012 - im Grunde ungeeignet sind. Zur Realisierung solcher "Punktlandungen" ist ein System von Emissionszertifikaten sicherlich das überlegene umweltpolitische Instrument. Trotz dieses Mangels an Zielgenauigkeit sind Ökosteuern ein durchaus beliebtes Instrument der Umweltpolitik. So erklärt auch die Bundesregierung auf der Homepage des Bundesfinanzministeriums zur Ökologischen Steuerreform[1] die CO_2-Reduktion zu einem der wesentlichen Ziele dieser Reform.

Will man trotz der genannten Bedenken CO_2 mit Ökosteuern regulieren, so muss man sich zunächst Gedanken über das geeignete Steuerobjekt machen. Am naheliegendsten wäre natürlich eine unmittelbare Besteuerung der Emissionen selbst. Die Mess- und Überwachungskosten für eine exakte und im Zweifelsfall gerichtsfeste Feststellung der individuellen Kohlendioxid-

---

[1] Vgl. www.bundesfinanzministerium.de/oeko/oekostpap.htm, S. 1.

emissionen wären jedoch prohibitiv hoch, so dass man statt dessen nach einem alternativen Steuergegenstand suchen muss, der einerseits einfach und kostengünstig zu erfassen ist und andererseits in einem streng monotonen technischen Zusammenhang mit der Emission von CO_2 steht. Dafür kommen im Wesentlichen zwei Bezugsgrößen in Frage: der spezifische Kohlenstoffgehalt von Brennstoffen oder die mit ihnen erzeugte Energie. Macht man den Kohlenstoff zum Steuergegenstand, so erhält man eine Karbon- bzw. Brennstoffsteuer, andernfalls eine Energiesteuer. Im Folgenden soll kurz gezeigt werden, dass beide Steuern, separat oder auch in Kombination, eine einheitliche CO_2-Besteuerung im Sinne von Baumol und Oates erlauben, die zudem auch in der Praxis relativ einfach realisierbar ist.

2.1.1 *Brennstoffsteuern*

Kohlendioxid entsteht vor allem bei der Verbrennung von Holz und von fossilen Energieträgern wie Kohle, Mineralöl oder Erdgas. Jeder dieser Stoffe hat einen bestimmten spezifischen Gehalt an Kohlenstoff C, der sich infolge der Erhitzung bei der Verbrennung mit dem Sauerstoff O_2 der Luft zu Kohlendioxid CO_2 verbindet. Dieser Zusammenhang impliziert, dass ein festes Mengenverhältnis zwischen dem in einem Brennstoff gebundenen reinen Kohlenstoff einerseits und dem bei seiner (vollständigen) Verbrennung entstehenden Kohlendioxid andererseits besteht. Dieses Verhältnis ist durch das spezifische Kohlendioxidpotential des Kohlenstoffs

$$KDP_C = \frac{ME\ CO_2}{ME\ C} = 3{,}67 \qquad (1)$$

gegeben, wobei C und CO_2 natürlich jeweils in den gleichen Mengeneinheiten ME (z. B. kg) gemessen werden müssen. Kennt man den spezifischen Kohlenstoffgehalt eines bestimmten Brennstoffs, so kann man eine gezielte CO_2-Besteuerung mit Hilfe einer Brennstoffsteuer durchführen. Eine einheitliche CO_2-Besteuerung im Sinne von Baumol und Oates impliziert dann eine nach dem jeweiligen Kohlenstoffgehalt differenzierte Besteuerung der verschiedenen Brennstoffe. Dies soll an einem Beispiel verdeutlicht werden.

Der spezifische Kohlenstoffgehalt eines Brennstoffs j ist durch den Koeffizienten

$$f_j = \frac{ME\ C}{ME\ Brennstoff\ j} \qquad (j = 1, 2, ..., J) \qquad (2)$$

gegeben, der für die wichtigsten Energieträger als Durchschnittswert bekannt ist. Mit Hilfe des Kohlendioxidpotentials des Kohlenstoffs gemäß (1) erhält man dann das spezifische Kohlendioxidpotential eines Brennstoffs j als

$$KDP_j = \frac{ME\ CO_2}{ME\ Brennstoff\ j} = KDP_C \cdot f_j = 3{,}67 \cdot f_j \quad (3)$$

$(j = 1, 2, ..., J)$.

Die Größe KDP_j gibt somit die bei der Verbrennung eines Kilogramms des Brennstoffs j freigesetzte Menge CO_2 in Kilogramm an.
Im Rahmen des Umweltforschungsprojekts IKARUS[2] wurde ein Mengensteuersatz von 200 DM pro Tonne CO_2 berechnet, der notwendig wäre, um das von der Regierung Kohl gesetzte Reduzierungsziel von 25% gegenüber dem Emissionsstand von 1990 zu erreichen (vgl. Ströbele 1999, S. 190). Der Mengensteuersatz einer entsprechenden CO_2-Emissionssteuer auf kg-Basis wäre demnach durch

$$t^{CO_2} = \frac{0{,}20\ DM}{kg\ CO_2} \quad (4)$$

gegeben. Will man diese einheitliche CO_2-Belastung mit Hilfe einer Brennstoffsteuer realisieren, so müssen die verschiedenen Brennstoffe (Kraftstoffe, Heizöl, Erdgas, Braunkohle, Steinkohle etc.) mit nach ihrem spezifischen Kohlendioxidpotential KDP_j differenzierten Brennstoff-Mengensteuersätzen t_j^{br} gemäß

$$t_j^{br} = KDP_j \cdot t^{CO_2} = f_j \cdot \frac{0{,}734\ DM}{kg\ Brennstoff\ j} \quad (5)$$

$(j = 1, 2, ..., J)$

belegt werden.
Mit einer differenzierten Brennstoffsteuer auf die verschiedenen Energieträger, deren einzelne Steuersätze gemäß (5) berechnet werden, lässt sich somit eine einheitliche CO_2-Steuer im Sinne von Baumol und Oates (z. B. mit dem IKARUS-Steuersatz von 0,20 DM pro kg CO_2) realisieren. Der Vorteil einer so gestalteten Brennstoffsteuer im Vergleich zu einer CO_2-Emissionssteuer liegt bei gleicher ökologischer Wirksamkeit in den wesentlich geringeren Erhebungskosten. Eine Emissionssteuer erfordert die Ein-

---

[2] Das Umweltforschungsprojekt "Instrumente für Klimagas-Reduktionsstrategien" (I-KARUS) wurde federführend vom Forschungszentrum Jülich durchgeführt. Für Details vgl. die Web Site des Projekts: http://www.fz-juelich.de/tff/tff_ikarus_erlaeuterungen_e.html.

richtung, Wartung, Ablesung und Überwachung von Emissionsmessgeräten bei allen potentiellen Emittenten inklusive aller privaten Haushalte. Eine Brennstoffsteuer dagegen kann auf der Ebene der Brennstoffgroßhändler bzw. -importeure erhoben werden, wobei deren Mengenumsätze, die für die Steuer- bzw. Handelsbilanzierung ohnehin ermittelt werden müssen, als Bemessungsgrundlage dienen. Dies vereinfacht und verbilligt die Steuererhebung im Vergleich zu einer Emissionssteuer natürlich bedeutend.

2.1.2 Energiesteuern

Eine Alternative zur Brennstoffsteuer ist die Energiesteuer. Bemessungsgrundlage dieser Steuer ist die aus einem bestimmten Brennstoff erzeugte Energie. Will man auch hier wieder zu einer einheitlichen Besteuerung von CO_2-Emissionen im Sinne von Baumol und Oates gelangen, so muss man wissen, welche CO_2-Emissionen bei der Erzeugung von beispielsweise einer Kilowattstunde Energie durch Verbrennung der verschiedenen Energieträger entstehen. In Tabelle 1 sind die Kohlendioxidkoeffizienten g_j für die wichtigsten Energieträger j zusammengestellt.[3] Aus ihnen ergibt sich mit

$$KDE_j = g_j \cdot \frac{kg\ CO_2}{kWh} \quad (j = 1, 2, ..., J) \quad (6)$$

das Kohlendioxid-Potential pro Kilowattstunde Energie für die verschiedenen Energieträger.

Zur Realisierung eines einheitlichen Mengensteuersatzes auf CO_2-Emissionen t^{CO_2} müssen nun je nach dem zur Energieerzeugung verwendeten Brennstoff j differenzierte Energiesteuersätze t_j^{en} erhoben werden. Unterstellt man wieder den aus dem IKARUS-Projekt ermittelten CO_2-Steuersatz von 0,20 DM pro Kilogramm CO_2 gemäß (4), so berechnen sich die nach Energieträgern differenzierten Energiesteuersätze nach der Formel

$$t_j^{en} = KDE_j \cdot t^{CO_2} = g_j \cdot \frac{0{,}20\ DM}{kWh} \quad (j = 1, 2, ..., J). \quad (7)$$

---

[3] Berechnungen auf der Grundlage der Daten von Ströbele (1997, S. 488) bzw. Birnbaum, Pauls, Wagner, Walbeck (1991, S. 11).

Brennstoff (Energieträger)	Kohlendioxidkoeffizient g_j
Braunkohle	0,40
Steinkohle	0,34
Mineralöl	0,27
Heizöl	0,26
Erdgas	0,20

Tabelle 1: Kohlendioxidkoeffizienten nach Energieträger

Daraus ergeben sich die in Tabelle 2 aufgeführten Energiesteuersätze, die eine einheitliche Belastung von CO_2-Emissionen im Sinne von Baumol und Oates über eine nach Energieträgern differenzierte Energiesteuer implizieren.

Brennstoff (Energieträger)	t_j^{en} (in DM / kWh)
Braunkohle	0,08
Steinkohle	0,068
Mineralöl	0,054
Heizöl	0,052
Erdgas	0,04

Tabelle 2: Energiesteuersätze nach Energieträger

Ähnlich wie für die Brennstoffsteuer gilt auch für die Energiesteuer, dass die mit ihr verbundenen Erhebungs- und Verwaltungskosten wesentlich geringer sind als dies bei einer CO_2-Emissionssteuer der Fall wäre. Alle Energieverbrauchsstellen sind üblicherweise bereits mit einem geeichten und gegen Manipulation geschützten Energiezähler verbunden, der zudem regelmäßig zu Abrechnungszwecken abgelesen wird. Daher kann die Energiesteuer unter Verwendung der bereits vorhandenen Messeinrichtungen ohne nennenswerte zusätzliche Kosten für die amtliche Feststellung der Bemessungsgrundlage und ohne wesentliche zusätzliche Überwachungskosten erhoben werden.

Zusammenfassend kann man festhalten, dass eine verursachergerechte, einheitliche CO_2-Besteuerung im Sinne von Baumol und Oates auch in der Praxis ohne prohibitiv hohe Feststellungs- und Verwaltungskosten möglich ist. Hierzu bieten sich entsprechend ausgestaltete Brennstoff- oder Energiesteuern an. Zur Wahrung der aus Effizienzgründen erforderlichen Einheitlichkeit der CO_2-Besteuerung ist es allerdings notwendig, zum einen sämtliche CO_2-Emissionsquellen zu besteuern und zum andern die Mengensteuersätze auf die verschiedenen Energieträger so zu differenzieren, dass die bei ihrer Verbrennung entstehenden CO_2-Emissionen unabhängig von dem jeweils verwendeten Brennstoff stets mit dem gleichen Steuerbetrag pro Mengeneinheit belastet werden.[4] Aus Praktikabilitätsgründen kann es unter erhebungstechnischen Gesichtspunkten opportun sein, eine umfassende CO_2-Besteuerung durch eine geeignete Kombination von Brennstoff- und Energiesteuern sicherzustellen. Dies ist, wie mit dem obigen Beispiel gezeigt wurde, problemlos möglich.

2.2 Effizienzüberlegungen

Im Zusammenhang mit ökologischen Steuerreformen werden im Wesentlichen zwei Effizienzaspekte diskutiert, die im Folgenden kurz betrachtet werden sollen: Kosteneffizienz und Pareto-Effizienz.

2.2.1 Kosteneffizienz

Das Konzept der Kosteneffizienz bedeutet im Hinblick auf Ökosteuern, dass eine gegebene Emissionsvermeidung mit minimalen gesamtwirtschaftlichen Kosten realisiert wird. Wie schon Baumol und Oates (1971) zeigten, führt eine einheitliche Mengensteuer auf die umweltverschmutzende Substanz zu einer kosteneffizienten Emissionsvermeidung. Bei Vorliegen einer streng konvexen Vermeidungskostenfunktion ist die Grenzvermeidungskostenfunktion streng monoton zunehmend, so dass rational handelnde Unternehmen ihre Vermeidungsaktivitäten bis zu dem Punkt ausweiten, an dem die Vermeidung einer zusätzlichen Tonne der verschmutzenden Substanz, z. B. CO_2, genauso viel kosten würde wie die Steuer im Falle der Nichtvermeidung dieser Tonne. In diesem Punkt, in dem ein Unternehmen indifferent zwischen der Vermeidung und der Versteuerung einer zusätzlichen Tonne

---

[4] Bei einer exakten Umsetzung der Energiesteuervariante der CO_2-Besteuerung müssten die Steuersätze im Grunde nicht nur nach den verwendeten Brennstoffen, sondern auch nach der jeweils zur Anwendung kommenden Verbrennungstechnik differenziert werden. Dieser Aspekt wird aus Vereinfachungsgründen jedoch im Allgemeinen vernachlässigt.

CO$_2$ ist, stimmen seine individuellen Grenzvermeidungskosten mit dem Mengensteuersatz t^{CO_2} überein. Da dieser Mengensteuersatz für alle Unternehmen gleich ist, betreiben im Gleichgewicht sämtliche Unternehmen Schadstoffvermeidung mit den gleichen Grenzvermeidungskosten. Somit hätte eine Umverteilung der gesamtwirtschaftlich erbrachten Vermeidungsleistung unter den Emittenten keine Verminderung, sondern - bei streng monotonen Grenzvermeidungskostenfunktionen - sogar eine Erhöhung der gesamtwirtschaftlichen Vermeidungskosten zur Folge. Daher führt eine einheitliche CO$_2$-Steuer, unabhängig von ihrer Ausgestaltung als Brennstoffsteuer oder als Energiesteuer, stets zu einer gesamtwirtschaftlich kosteneffizienten Allokation der Vermeidungslast auf sämtliche Emittenten.

2.2.2 Pareto-Effizienz

Ein wesentliches Problem ökologischer Steuerreformen besteht darin, dass die Kosten einer solchen Reform für die Bevölkerung in Form gestiegener Preise unmittelbar spürbar sind, während sich die Nutzen, d. h. die erwarteten Verbesserungen der Umweltqualität, bestenfalls mittel- bzw. langfristig, möglicherweise aber auch nie einstellen. Dies trifft insbesondere auf CO$_2$-Steuern bzw. Brennstoff- oder Energiesteuern zu, die zur CO$_2$-Regulierung erhoben werden. Die Gefahren, die von unverminderten CO$_2$-Emissionen für das Weltklima ausgehen, sind für den größten Teil der Bevölkerung eher abstrakt und werden oft auch als wissenschaftlich nicht eindeutig belegt betrachtet, während die infolge einer Ökosteuer steigenden Kraftstoffpreise täglich als ganz reale Gefahr für den Geldbeutel bzw. den materiellen Lebensstandard erlebt werden. Dieses Missverhältnis zwischen den von den Bürgern wahrgenommenen Kosten und Nutzen einer Ökosteuer führt dazu, dass solche Steuern auf erhebliche Akzeptanzprobleme in der Bevölkerung treffen. Die vehemente öffentliche Kritik an der aktuellen Öko-Steuerreform der Bundesregierung, die ja gerade zu dem Zeitpunkt besonders heftig aufflammte, als die - ökologisch erwünschten - drastischen Kraftstoffpreiserhöhungen eintraten, belegt die Existenz solcher Akzeptanzprobleme eindrucksvoll.

Da in einer Demokratie auch das aus theoretischer Sicht beste umweltpolitische Instrument nichts bewirken kann, wenn es von der Bevölkerung abgelehnt und somit möglicherweise nach einer Legislaturperiode schon wieder abgeschafft wird, machte man sich auf die Suche nach der berühmten "guten Nachricht", die man in der Öffentlichkeit der "schlechten Nachricht" gestiegener Energiepreise gegenüberstellen könnte. Dies führte zur Entdeckung des durch eine Ökosteuer erzielten Steueraufkommens, durch dessen nutzenstiftende Verwendung man der Bevölkerung nun neben der Umweltverbesserung eine "Zweite Dividende" in Aussicht stellen konnte. In der allgemeinen Euphorie war dann schon bald sogar von einer Dritten Dividende ökologischer Steuern die Rede. Bevor allerdings noch weitere Dividenden entdeckt werden konnten, bereiteten erste tiefergehende Analysen dem ersten Überschwang der Gefühle ein jähes Ende, indem sie nachwiesen, dass die erhofften mehrfachen Dividenden unter realistischen Bedingungen kaum zu erzielen sein würden.

Die Verwendung des Steueraufkommens als Argument für die Einführung einer bestimmten Steuer ist gerade in Deutschland insofern erstaunlich, als hier traditionell das sogenannte Nonaffektationsprinzip gilt, nach dem die Einnahmen aus einer bestimmten Steuer "nicht im Wege einer Zweckbindung für bestimmte Ausgaben reserviert werden sollen" (Zimmermann / Henke 2001, S. 479). Kein Mensch wäre bis vor kurzem auf die Idee gekommen, der Bevölkerung beispielsweise eine Branntwein- oder Tabaksteuer durch den Hinweis auf die Verwendungsmöglichkeiten des aus diesen Steuern resultierenden Steueraufkommens schmackhaft zu machen. Bei Ökosteuern wurde dies hingegen schon recht früh anders gesehen, obwohl eine Ökosteuer, wie jede andere Lenkungssteuer, unter dem Problem leidet, dass ihre Bemessungsgrundlage und damit ihr Aufkommen dahinschmilzt, wenn sie ihre Lenkungsfunktion tatsächlich erfüllt. Daher eignet sich gerade das Ökosteueraufkommen (anders als beispielsweise das Aufkommen einer allgemeinen Umsatzsteuer) am allerwenigsten zur Finanzierung dauerhafter staatlicher Aufgaben.

Dessen ungeachtet gab es schon recht bald, nachdem die Ökosteuerdiskussion das Stadium konkreter politischer Handlungsempfehlungen erreicht hatte, einen relativ breiten Konsens, dass die Einführung ökologischer Steuern budgetneutral zu erfolgen habe. Das bedeutet, dass das Ökosteueraufkommen vollständig an die Bevölkerung zurückgegeben werden sollte und zwar entweder in Form direkter Transferzahlungen an die Haushalte oder durch die Senkung anderer, bereits bestehender Steuern und Abgaben. Eine andere Möglichkeit der Aufkommensrückgabe bestünde in der Finanzierung neuer ökologischer Projekte, die dann wiederum der gesamten Bevölkerung zugute kämen. So gab es beispielsweise einen sehr konkret ausgearbeiteten Vorschlag von Greenpeace, das Aufkommen einer drastisch erhöhten ökologisch motivierten Mineralölsteuer als sogenannten Ökobonus an die Haushalte zurückzuverteilen.[5]

Es wurde jedoch relativ schnell klar, dass wesentlich höhere Wohlfahrtsgewinne zu erzielen sind, wenn man das Ökosteueraufkommen nicht in Form von Pauschtransfers an die Haushalte zurückgibt, sondern es zur Senkung bereits bestehender verzerrender Steuern verwendet und so die in der betrachteten Volkswirtschaft bereits existierenden Zusatzlasten vermindert.

---

[5] Nach Berechnungen des DIW hätte sich bei der Umsetzung des Greenpeace-Vorschlags in Deutschland ein Pauschtransfer in Höhe von etwa 400 DM pro Haushalt ergeben (vgl. Deutsches Institut für Wirtschaftsforschung, 1994).

Dies war der Beginn der Diskussion um die sogenannte Doppelte Dividende einer ökologischen Steuerreform. Als Erste Dividende wird die von einer Ökosteuer bewirkte Verbesserung der Umweltqualität betrachtet, ihre Zweite Dividende wäre dann die Erhöhung der gesamtwirtschaftlichen Effizienz durch Rückführung der von anderen verzerrenden Steuern verursachten Zusatzlasten. Führt dieser Effizienzgewinn zu einer Erhöhung der Beschäftigung, so bezeichnet man dies häufig als Dritte Dividende einer Ökosteuer, obwohl es sich natürlich im Wesentlichen um eine direkte Folge der Zweiten Dividende handelt. Larry Goulder (1995) unterscheidet drei Formen der sogenannten "Double Dividend Hypothesis" (DD-Hypothese):

Schwache DD-Hypothese:
Die Verwendung des Ökosteueraufkommens zur Rückführung bestehender verzerrender Steuern führt zu geringeren gesamtwirtschaftlichen Zusatzlasten als eine Rückerstattung an die Haushalte in Form von Lump-sum Transfers.

Mittlere DD-Hypothese:
Es lässt sich mindestens eine verzerrende Steuer finden, deren Rückführung mit Hilfe des Ökosteueraufkommens zu einer insgesamt verminderten (oder zumindest konstanten) gesamtwirtschaftlichen Zusatzlast führt.

Strenge DD-Hypothese:
Die Verwendung des Ökosteueraufkommens zur Rückführung einer typischen oder repräsentativen verzerrenden Steuer führt zu einer insgesamt verminderten (oder zumindest konstanten) gesamtwirtschaftlichen Zusatzlast.

Da diese Effizienzgewinne potentiell dazu verwendet werden können, mindestens ein Individuum besser zu stellen, ohne ein anderes Individuum schlechter zu stellen, spricht man hier auch von einer potentiellen Erhöhung der Pareto-Effizienz infolge ökologischer Besteuerung.

Die Idee der Doppelten Dividende lässt sich anhand von Abbildung 1 verdeutlichen. Hier wird eine Ökosteuer mit dem Mengensteuersatz t_1^1 auf das umweltschädigende Gut 1 eingeführt, wodurch sich die Angebotsfunktion nach oben verschiebt. Das durch diese Steuer erzielte Aufkommen T_1^1 entspricht der Fläche ABCD, die von ihr verursachte Zusatzlast ZL_1^1 ist gleich dem Dreieck DCE. Das Ökosteueraufkommen T_1^1 wird nun zu einer aufkommensneutralen Senkung der bereits bestehenden Steuer auf Gut 2 verwendet, wodurch sich deren Aufkommen von T_2^0 (Fläche LMNK) auf T_2^1 (Fläche FGHJ) vermindert und die von ihr verursachte Zusatzlast von ZL_2^0 (Fläche KNQ) auf ZL_2^1 (Fläche JHQ) sinkt. Die strenge DD-Hypothese ist erfüllt, wenn trotz Aufkommensneutralität dieser Steuerreform (d. h. $T_1^1 + T_2^1 = T_2^0$) die gesamtwirtschaftliche Zusatzlast sinkt, d. h. $ZL_1^1 + ZL_2^1 < ZL_2^0$.

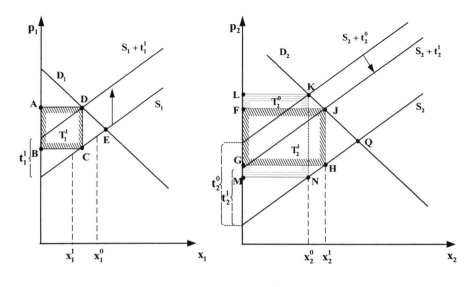

$$T_1^1 + T_2^1 = T_2^0$$

Abbildung 1: Die Doppelte Dividende

Die schwache DD-Hypothese, d. h. die Überlegenheit einer Verwendung des Ökosteueraufkommens zur Reduktion anderer Abgaben im Vergleich zur Rückverteilung in Form von Pauschtransfers, ist heute weitgehend unumstritten. Weit weniger klar ist die Einschätzung der mittleren und der strengen DD-Hypothese durch die Wissenschaft. Aus Abbildung 1 wird deutlich, dass nicht nur die bereits bestehenden verzerrenden Steuern eine Zusatzlast bedingen, sondern dass dies natürlich auch für die neu einzuführende Ökosteuer gilt. Eine Nettoverbesserung der gesamtwirtschaftlichen Effizienz wird es nur geben, wenn die Reduktion der bestehenden Zusatzlasten größer ist als die neu entstandene Zusatzlast der Ökosteuer. Da das neu besteuerte umweltschädigende Gut im Allgemeinen in Substitutions- oder Komplementaritätsbeziehungen zu anderen, zuvor schon besteuerten Gütern steht, werden sich deren Nachfragefunktionen infolge der neuen Ökosteuer verschieben. Dadurch verändern sich die bereits bestehenden Zusatzlasten auch auf solchen Gütermärkten, auf denen die Steuersätze unverändert bleiben. Goulder (1995) bezeichnet diesen potentiell effizienzmindernden Effekt einer aufkommensneutralen Ökosteuerreform als "tax interaction effect" im Gegensatz zu dem potentiell effizienzsteigernden "tax recycling effect", der sich aus der Senkung einzelner Steuersätze zur Wahrung der verlangten Aufkommensneutralität ergibt.

Das relative Potential einer Ökosteuer zur Erzeugung einer Ersten und einer Zweiten Dividende hängt unter anderem von der Preiselastizität der Nachfrage nach dem umweltschädigenden Gut ab, wie aus Abbildung 2 deutlich wird. Je höher ceteris paribus diese Preiselastizität ist, desto größer ist das Potential der Steuer zur Erzeugung einer Ersten (ökologischen) Dividende, d. h. zur Verminderung des Konsums des umweltschädigenden Gutes. Mit dieser heftigen Mengenreaktion der Nachfrager schmilzt, wie in Abb. 2a zu erkennen ist, die Steuerbemessungsgrundlage und damit das Aufkommen der Steuer dahin. Daher ist mit der Besteuerung eines preiselastisch nachgefragten Gutes eine weitaus geringere Rückführung anderer verzerrender Steuern verbunden, als dies bei einer preisunelastischen Nachfrage nach dem umweltschädigenden Gut möglich wäre (Abb. 2b). Mit anderen Worten: Je wirksamer eine Ökosteuer ihren eigentlichen, d. h. ökologischen Zweck erfüllt, desto geringer ist ceteris paribus ihre Eignung zur Erwirtschaftung einer Doppelten Dividende, und vice versa.

Diese Zusammenhänge werden in Abbildung 2 illustriert, wo ausgehend von demselben Ausgangsgleichgewicht x^0 und derselben Angebotsfunktion S eine Ökosteuer mit demselben Steuerbetrag t einmal bei preiselastischer Nachfrage (Abb. 2a) und einmal bei preisunelastischer Nachfrage (Abb. 2b) eingeführt wird. Man erkennt deutlich, dass die ökologisch erstrebenswerte Mengenreaktion (1. Dividende) bei preiselastischer Nachfrage wesentlich höher ist als bei preisunelastischer Nachfrage, während für das Steueraufkommen und damit das Potential für eine Zweite Dividende genau das Umgekehrte gilt.

Aus diesen Überlegungen wird deutlich, dass die Existenz einer positiven Zweiten Dividende keineswegs selbstverständlich ist. Daher rückten die Ökonomen diesem Problem mit theoretischen und empirischen Allgemeinen Gleichgewichtsmodellen zu Leibe. Die Ergebnisse waren recht unterschiedlich und natürlich abhängig von den zugrundeliegenden Annahmen. Als Pioniere dieser Diskussion kamen Bovenberg und de Mooij (1994) mit einem Vollbeschäftigungsmodell zu dem Ergebnis, dass eine positive Zweite Dividende nicht zu erwarten sei. Fullerton (1997) und Schöb (1997) zeigten, dass dieses Ergebnis von der speziellen Preisnormierung bei Bovenberg / de Mooij abhängt und dass die Zweite Dividende positiv sein kann, aber durchaus nicht positiv sein muss. Zu ähnlichen Ergebnissen kamen auch die Untersuchungen von Bovenberg / van der Ploeg (1996) und Ruocco / Wiegard (1997). In dem Modell von Parry / Williams / Goulder (1999) war der positive "revenue recycling effect" größer als der negative "tax interaction effect", so dass sich hier eine positive Doppelte Dividende ergab. Parry und Bento (2000) zeigten, dass bei Existenz steuerbegünstigter Güter (d. h. Güter, deren Erwerb von der Lohnsteuer absetzbar sind) auch die strenge DD-Hypothese erfüllt ist.

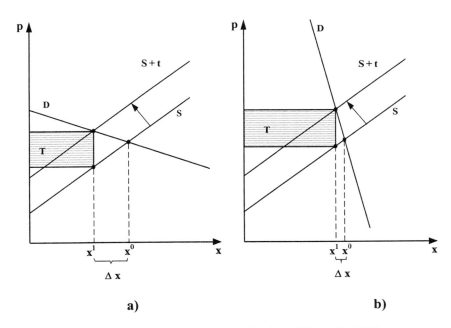

Abbildung 2: Doppelte Dividende und Preiselastizität

Die Existenz einer positiven Dritten Dividende, d. h. einer Verringerung der Arbeitslosigkeit infolge einer aufkommensneutralen ökologischen Steuerreform, ist ebenfalls umstritten, wie ein Blick in die einschlägige Literatur zeigt. Eher skeptisch sind z. B. Carraro / Galeotti / Gallo (1996), Bovenberg / van der Ploeg (1996) und Schneider (1997). Zaghaft optimistische Einschätzungen kommen u. a. von Welsch (1999), Koskela / Schöb (1999) und Koskela / Schöb / Sinn (2001).

Zusammenfassend lässt sich festhalten, dass bei aufkommensneutralen ökologischen Steuerreformen weder eine Zweite noch eine Dritte positive Dividende zwingend zu erwarten ist. Ihre Existenz ist sogar eher unwahrscheinlich. Die Zweckbindung des Ökosteueraufkommens bedeutet einen Verstoß gegen das im deutschen Steuerrecht ansonsten geltende Nonaffektationsprinzip und räumt Umweltsteuern im Vergleich zu anderen Lenkungssteuern eine Sonderstellung ein, deren Berechtigung schwer nachzuvollziehen ist. Der einzige plausible Grund für eine solche Zweckbindung muss darin gesehen werden, dass versucht wird, einer Lenkungssteuer, deren wohlfahrtssteigernde Wirkungen für die betroffene Bevölkerung kaum oder gar nicht wahrnehmbar sind, ein positives Image zu verleihen, um so ihre Akzeptanz zu erhöhen.

2.3 Belastungsgerechtigkeit

Für die Beurteilung einer Steuer sind neben ihren Effizienzeigenschaften stets auch Aspekte der Verteilungsgerechtigkeit zu beachten. Diese werden vor allem durch das Äquivalenzprinzip einerseits und das Leistungsfähigkeitsprinzip andererseits verkörpert. Das Äquivalenzprinzip verlangt, dass die Bürger in dem Maße zu Zahlungen für ein öffentliches Gut herangezogen werden, in dem sie Nutzen aus diesem Gut ziehen. Im Fall einer Ökosteuer ist nach Ansicht einiger Autoren die Erfüllung des Äquivalenzprinzips dadurch gegeben, dass die Erhebung der Steuer durch die von ihr verursachten Mengenreaktionen zu einer nutzensteigernden Verbesserung der Umweltqualität führt. Die Steuer wird somit als ein Entgelt für den Konsum verbesserter Umweltqualität betrachtet oder, wie Gawel (2000, S. 183) es formuliert, als "Entgelt für den Verzehr knapper Umweltgüter, die daraufhin anderen Individuen nicht mehr zur Verfügung stehen: die Abgabe schöpft daher Sondervorteile bei der unentgeltlichen Umweltinanspruchnahme ab". Dies mag man so sehen, wenn es sich bei den Ökosteuerzahlern zugleich auch um die Nutznießer der durch die Ökosteuer bewirkten Umweltverbesserung handelt.

Eine solche Übereinstimmung fehlt jedoch etwa ei der einseitigen nationalen Besteuerung global wirksamer Schadstoffe (z. B. CO_2) ebenso wie bei der landesweiten Besteuerung regionaler Schadstoffe. Werden beispielsweise SO_2-Emissionen indirekt durch eine Ökosteuer auf Braunkohleenergie belastet, so profitieren davon im Wesentlichen die Anrainer der betreffenden Braunkohlekraftwerke, während die steuerinduzierte Erhöhung des Energiepreises alle Stromabnehmer der Braunkohlekraftwerke und alle Käufer energieintensiv produzierter Güter trifft. Insofern ist bei der auf den ersten Blick recht plausiblen Rechtfertigung von Ökosteuern durch das Äquivalenzprinzip durchaus eine gewisse Skepsis angebracht. Eine solche Rechtfertigung ist immer dann nicht haltbar, wenn die Menge der Steuerzahler nicht mit der Menge derjenigen Bürger übereinstimmt, die von der steuerinduzierten Umweltverbesserung auch tatsächlich profitieren.

Das zweite bedeutende Prinzip gerechter Besteuerung ist das Leistungsfähigkeitsprinzip, nach dem jeder Bürger nach seiner wirtschaftlichen Leistungsfähigkeit besteuert werden soll. Hier unterscheidet man zwischen dem horizontalen und dem vertikalen Leistungsfähigkeitsprinzip. Nach ersterem sollen Bürger mit gleicher wirtschaftlicher Leistungsfähigkeit steuerlich gleich behandelt werden, während nach letzterem Bürger mit unterschiedlicher wirtschaftlicher Leistungsfähigkeit steuerlich unterschiedlich behandelt werden sollen. Gawel (2000, S. 186) sieht zumindest das horizontale Leistungsfähigkeitsprinzip durch Ökosteuern erfüllt. Er betrachtet Umweltverbesserungen als Erhöhung der wirtschaftlichen Leistungsfähigkeit ("Umweltleistungsfähigkeit") eines Haushalts, die eine entsprechende Besteuerung dieses Vorteils nach dem Leistungsfähigkeitsprinzip gestattet: "Umweltnutznießer erscheinen aufgrund ihres realen Einkommenszuwachses durch Naturverzehr leistungsfähiger und können auch verstärkt steuerlich herangezogen werden." (Gawel 2000, S. 186). Auch hier wird offenbar wieder vorausgesetzt, dass Nutznießer einer Ökosteuer und Steuerzahler übereinstimmen. Wie oben erläutert wurde, ist dies jedoch im Allgemeinen nicht der Fall. Daher fehlt dieser Argumentation die reale Basis: Ökosteuern werden zum großen Teil auch von solchen Haushalten getragen, die nicht von der resultierenden Umweltverbesserung profitieren und deren Umweltleistungsfähigkeit somit auch durch die Steuer und ihre ökologischen Folgen nicht gestärkt wird.

Hinsichtlich des vertikalen Leistungsfähigkeitsprinzips kommen sogar Gawel Zweifel, da auch bei gestiegener "Umweltleistungsfähigkeit" die Zahlungsfähigkeit der betreffenden Haushalte nicht gestärkt wurde. Damit kann die Erhebung einer Ökosteuer auf bestimmte Konsumgüter für einkommensschwache Haushalte wegen der fehlenden Liquidität wie ein Konsumverbot wirken (s. Gawel 2000, S. 190 ff.). Unabhängig davon gilt natürlich auch hier wieder, dass Steuerzahler und Umweltnutznießer nicht zwangsläufig übereinstimmen, so dass den Steuerzahlungen häufig keine gestiegene "Umweltleistungsfähigkeit" der betreffenden Haushalte gegenübersteht.

Zusammenfassend kann man sagen, dass die Rechtfertigung von Ökosteuern über die beiden großen Gerechtigkeitsprinzipien der Besteuerung, das Äquivalenzprinzip und das Leistungsfähigkeitsprinzip, auf eher schwachen Beinen steht. Sowohl das Äquivalenz- als auch das horizontale Leistungsfähigkeitsprinzip lassen sich auf Ökosteuern nur dann (halbwegs) anwenden, wenn der Kreis der Steuerzahler mit dem Kreis der Nutznießer der infolge der Steuer verbesserten Umweltqualität übereinstimmt. Dies ist jedoch häufig noch nicht einmal annähernd der Fall. Das vertikale Leistungsfähigkeitsprinzip wird im Fall von Ökosteuern auch in der übrigen Literatur überwiegend als verletzt betrachtet. Dies alles bietet jedoch keinen ernsthaften Ansatzpunkt für Kritik an der ökologischen Besteuerung. Nachdem es sich bei Ökosteuern um typische Lenkungssteuern handelt, erscheint ihre Beurteilung mit Hilfe von Gerechtigkeitsprinzipien ohnehin verfehlt, da Lenkungssteuern im Allgemeinen der Erhöhung der gesamtwirtschaftlichen Effizienz und nicht der Verteilungsgerechtigkeit dienen. Daher ist ihre Beurteilung mit Hilfe der Prinzipien gerechter Besteuerung aus theoretischer Sicht eher unangemessen, obwohl die Frage der Gerechtigkeit einer Ökosteuer in der öffentlichen Diskussion einen breiten Raum einnimmt.

Insgesamt konnte in diesem zweiten Kapitel gezeigt werden, dass es in einem marktwirtschaftlichen System möglich ist, Schadstoffemissionen mit Hilfe von Ökosteuern so zu vermindern, dass die Schadstoffreduktion bei minimalen gesamtwirtschaftlichen Kosten erfolgt. Am Beispiel Kohlendioxid wurde demonstriert, dass eine kostenminimale Verminderung dieser Emissionen durch eine einheitliche Mengensteuer auf CO_2 in der Praxis durch eine Kombination entsprechend ausgestalteter Brennstoff- und Energiesteuern realisiert werden kann. Eine pareto-optimale Besteuerung im Sinne Pigous scheitert allerdings an der mangelnden Verfügbarkeit der erforderlichen Informationen. Umstritten ist auch die Frage, ob durch eine geeignete Verwendung des Ökosteueraufkommens ("revenue recycling") neben der ökologischen auch eine Zweite oder gar eine Dritte Dividende in Form von gesamtwirtschaftlichen Effizienzgewinnen und einer Verminderung der Arbeitslosigkeit erzielt werden kann. Problematisch ist die Beurteilung des Ökosteuerkonzepts auf der Grundlage der klassischen Gerechtigkeitsprinzipien der Besteuerung. Hier muss festgehalten werden, dass Lenkungssteuern im Allgemeinen nicht der Verbesserung der Steuergerechtigkeit, sondern der Korrektur von Fehlallokationen, d. h. der Verbesserung der gesamtwirtschaftlichen Effizienz, dienen.

Im Folgenden soll nun die derzeit in Deutschland vollzogene ökologische Steuerreform kurz dargestellt und im Lichte der theoretischen Überlegungen dieses Abschnitts betrachtet werden.

3 Die Ökologische Steuerreform in Deutschland

Im Rahmen der 1999 in Deutschland begonnenen Ökologischen Steuerreform wird in fünf aufeinanderfolgenden Stufen eine Steuer auf Kohlendioxidemissionen eingeführt. Diese CO_2-Steuer ist teils als Brennstoffsteuer und teils als Energiesteuer ausgestaltet. Auf der ersten Stufe der Ökologischen Steuerreform wurde zum 1. April 1999 die Mineralölsteuer auf Kraftstoffe um 6 Pfennige pro Liter und auf Heizöl um 4 Pfennige pro Liter erhöht. Weiterhin wurde eine Stromsteuer in Höhe von 2 Pfennigen pro Kilowattstunde neu eingeführt, und die bereits bestehende Energiesteuer auf Erdgas wurde um 0,32 Pfennige pro Kilowattstunde erhöht. In den Jahren 2000 bis 2003 wird jeweils zum 1. Januar die Mineralölsteuer um 6 Pfennige pro Liter und die Stromsteuer um 0,5 Pfennige pro Kilowattstunde erhöht, so dass auf der Endstufe der Steuerreform die Mineralölsteuer um insgesamt 30 Pfennige gestiegen sein wird, und die neu geschaffene Stromsteuer wird 4 Pfennige pro Kilowattstunde betragen.

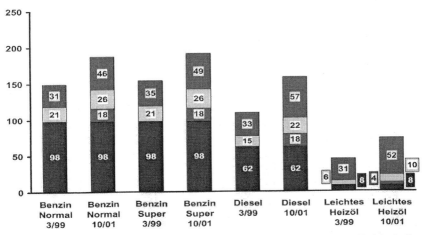

Abbildung 3: Die Zusammensetzung der Preise für Kraftstoffe und leichtes Heizöl
Quelle: www.bundesfinanzministerium.de/oeko/oekostpap.htm

Das mit der Ökosteuer erzielte Aufkommen soll vor allem zur Senkung der Lohnnebenkosten verwendet werden. So soll der Beitragssatz zur Rentenversicherung mit Hilfe des Ökosteueraufkommens von ursprünglich 20,3 % schrittweise auf 18,8 % im Jahr 2003 gesenkt werden. Ferner will die Bundesregierung bis zum Jahr 2003 rund eine Milliarde DM aus dem Ökosteueraufkommen für Maßnahmen zur Förderung der Nutzung erneuerbarer Energien zur Verfügung stellen.

Mit der Ökologischen Steuerreform werden laut Homepage des Bundesfinanzministeriums vor allem drei Ziele verfolgt: Schonung der Weltvorräte an fossilen Energieträgern, Minderung der CO_2 - Emissionen und Verminderung der Arbeitslosigkeit. In der Terminologie des vorangegangenen Kapitels entspricht dies der erhofften Erzielung einer Doppelten Dividende der Ökosteuer. Die Erste, ökologische Dividende soll dabei aus dem Lenkungseffekt der steuerinduzierten Brennstoff- und Energieverteuerung resultieren, während die Zweite, ökonomische Dividende, die Verringerung der Arbeitslosigkeit, als Konsequenz der Aufkommensverwendung zur Senkung der Rentenversicherungsbeiträge erhofft wird.

Die Erreichung dieser Ziele wird allerdings durch die Schaffung einer Reihe von Ausnahmetatbeständen gefährdet. Um unerwünschte Auswirkungen der Ökosteuer auf die Wettbewerbsfähigkeit der Industrie zu verhindern, wurde der von Unternehmen des Produzierenden Gewerbes sowie der Land- und Forstwirtschaft zu zahlende Steuersatz auf 20 % des Regelsteuersatzes reduziert. Begünstigt sind somit Unternehmen des Bergbaus, des Verarbeitenden Gewerbes, des Baugewerbes und der Elektrizitäts-, Gas-, Fernwärme- und Wasserversorgungswirtschaft. Die Zuordnung der einzelnen Unternehmen zu diesen Kategorien erfolgt jeweils in Anlehnung an die vom Statistischen Bundesamt verwendete Systematik.

Unternehmen des Produzierenden Gewerbes, die trotz dieser Begünstigungen besonders belastet sind, haben Anspruch auf einen sogenannten Spitzenausgleich: Sie erhalten eine Steuerrückerstattung in Höhe des Teils der von ihnen gezahlten Ökosteuer, der das 1,2-fache der Senkung ihrer Lohnnebenkosten übersteigt. Damit sollen Wettbewerbsnachteile für besonders energieintensiv produzierende Unternehmen vermieden werden. Andererseits ist natürlich das Potential für Emissionsrückführungen (1. Dividende) und für die Steueraufkommenserzielung (2. Dividende) gerade bei diesen Unternehmen besonders groß, so dass diese Ausnahmetatbestände einem ökologischen und ökonomischen Erfolg der Ökosteuerreform tendenziell entgegenwirken.

Aus ökologischen Gründen werden Kraft-Wärme-Kopplungsanlagen und Strom aus erneuerbaren Energieträgern (allerdings nur wenn er "rein", d. h. nicht Teil eines "Strom-Mixes" ist) steuerlich begünstigt. Soziale Motive stehen hinter der Halbierung des Steuersatzes auf Strom zum Betrieb von Nachtspeicherheizungen, die vor dem 1. April 1999 installiert wurden. Aus ökologischen und sozialen Gründen findet bei der Besteuerung des Schienenverkehrs und des Öffentlichen Personennahverkehrs (ÖPNV) ebenfalls nur der halbierte Steuersatz auf Strom Anwendung. Dem ÖPNV wird zusätzlich die Hälfte der durch die Fortführung der Ökologischen Steuerreform bedingten Erhöhung der Mineralölsteuer vergütet. Aber auch der einfache Autofahrer, der zwischen Wohn- und Arbeitsplatz mit seinem Pkw pendelt, wird bei der Verteilung der Steuerwohltaten nicht vergessen. Er kommt seit Januar 2001 in den Genuss einer Entfernungspauschale, die - unabhängig von der Wahl des Verkehrsmittels - jedem Pendler zugestanden wird. Dabei werden ihm 0,70 DM / km bei einer einfachen Pendelentfernung bis zu 10 km und 0,80 DM / km ab dem 11. Kilometer als Werbungskosten bei der Einkommensteuerbemessung anerkannt.

4 Bewertung

Die Grundidee der von der Bundesregierung initiierten Ökologischen Steuerreform ist, wie aus den im zweiten Kapitel dargestellten theoretischen Zusammenhängen deutlich wird, offensichtlich theoriekonform, d. h. aus theoretischer Sicht "richtig": Man besteuert gesellschaftlich unerwünschtes Verhalten (das Verursachen von CO_2-Emissionen), um so eine Erste Dividende in Form einer Verbesserung der Umweltqualität zu erzeugen, und verwendet das erzielte Steueraufkommen zur Rückführung verzerrender Belastungen an anderer Stelle der betrachteten Volkswirtschaft (Lohnnebenkosten), wovon man sich eine Verminderung bestehender Zusatzlasten und damit eine Effizienz- und Beschäftigungserhöhung erhofft. Genau das empfiehlt die umweltökonomische Theorie für die Konzipierung ökologischer Steuerreformen.

Wie ebenfalls weiter oben erläutert wurde, sollte der auf eine bestimmte Emissionsart erhobene Mengensteuerbetrag pro Emissionseinheit einheitlich sein, um gesamtwirtschaftliche Kosteneffizienz sicherzustellen. Dies wurde bei der deutschen Ökosteuerreform offensichtlich nicht realisiert. Dass die deutsche Ökosteuer teils als Brennstoffsteuer und teils als Energiesteuer erhoben wird, ist dabei unerheblich, wie gezeigt wurde. Entscheidend ist nur, dass durch eine entsprechende Ausgestaltung der Tarife sichergestellt wird, dass die aus der Verbrennung der unterschiedlichen Energieträger resultierenden Emissionen gleichermaßen belastet werden. Dazu wäre eine nach ihrem jeweiligen Kohlendioxidpotential differenzierte Besteuerung der verschiedenen Brennstoffe (Tabelle 1) und der verschiedenen Energiearten (Tabelle 2) notwendig. Braunkohlestrom müsste demnach beispielsweise höher besteuert werden als Strom, der durch die Verbrennung von Steinkohle oder von Öl bzw. Erdgas gewonnen wird. Dies ist im Rahmen der deutschen Ökosteuerreform nicht vorgesehen, so dass das Ziel der Kosteneffizienz ökologischer Besteuerung im Sinne von Baumol und Oates zumindest nicht exakt erreicht wird.

Problematisch sind vor allem die vielen Ausnahmetatbestände, die zum einen der genannten Nebenbedingung kosteneffizienter und damit ressourcenschonender Besteuerung widersprechen, zum andern aber auch der optimalen Realisierung einer Ersten und Zweiten Dividende entgegenstehen. Die ökonomische und ökologische Durchschlagkraft der Steuerreform wird vor allem durch die "Schonung" des besonders energieintensiv arbeitenden Teils des Produzierenden Gewerbes erheblich vermindert. Zum einen wäre hier das größte durch Lenkungssteuern erschließbare Einsparpotential für CO_2-Emissionen vorhanden, und zum andern könnte hier - zumindest vor Einsetzen der Anpassungsreaktionen - natürlich auch das höchste Steueraufkommen zur Senkung der Lohnnebenkosten eingesammelt werden. Mit ihren großzügigen Ausnahmeregelungen für das Produzierende Gewerbe stellt die Regierung somit den ökonomischen und ökologischen Erfolg ihrer Reform selbst in Frage.

Unter pragmatischen Gesichtspunkten muss man sich andererseits fragen, ob von der Erhebung einer Heizöl- und Erdgassteuer bei den privaten Haushalten unter Alltagsbedingungen tatsächlich ein ökologischer Lenkungseffekt erwartet werden darf. Die "natürlichen" Erneuerungszyklen für Hausfeuerungsanlagen betragen etwa 25 Jahre, und dass ein Hausbesitzer wegen der Ökosteuer seine Heizanlage vorzeitig austauscht, ist kaum zu erwarten. Dieses Argument gilt in verstärktem Maße für die Eigentümer von Mietshäusern, da sie die Ökosteuer nicht selbst tragen. Der Mieter hingegen trägt zwar die Ökosteuer, hat im Allgemeinen aber keinen Einfluss auf die Installation neuer Heizanlagen (Lehr 1999). Insofern ist die Erhebung dieser beiden Steuern aus theoretischer Sicht zwar gerechtfertigt, in der Praxis kommt sie allerdings einer Pauschalsteuer gleich und dürfte somit letztlich primär fiskalischen Zwecken dienen.

Auch von der Belastung der Haushalte durch die Kraftstoffsteuer dürfen keine überwältigenden ökologischen Fortschritte erwartet werden. Als Faustregel geht man bei einer zehnprozentigen Steigerung des Benzinpreises von einer etwa dreiprozentigen Verminderung der Fahrleistung aus. Allerdings wird diese Verminderung vor allem durch die Einschränkung von Urlaubs- und Freizeitfahrten erreicht, da hier der ökonomische Anreiz am größten ist. Für Fahrten zwischen Wohnung und Arbeitsplatz hingegen wird der Anreiz zum Umsteigen auf den ÖPNV durch die Gewährung der Entfernungspauschale erheblich vermindert. Technisch gesprochen wird durch die Entfernungspauschale der Einkommenseffekt der Benzinpreiserhöhung weitgehend kompensiert, so dass nur der Substitutionseffekt als Anreiz bleibt. Angesichts der statistisch erwiesenen Status-quo-Affinität der meisten Haushalte gerade im Verkehrbereich ist der Substitutionseffekt alleine jedoch zu schwach, um die eingefahrenen Verhaltensmuster der meisten Pendler entscheidend zu ändern.

Diese Überlegungen zeigen, dass die Belastung der privaten Haushalte durch die Ökosteuer entweder, wie im Fall der Heizöl- und Erdgassteuer, zu fast gar keinen oder, wie im Fall der Kraftstoffsteuer, zu eher schwachen Reaktionen und somit insgesamt zu sehr geringen ökologischen Entlastungen führt. Das zumindest kurz- und mittelfristig größte durch eine Steuer mobilisierbare ökologische Einsparpotential liegt beim Produzierenden Gewerbe, da hier kürzere Innovationszyklen vorherrschen als bei den privaten Haushalten. Dies liegt unter anderem am besseren Zugang zu den Kapitalmärkten und natürlich auch an den geringeren psychologischen Immobilitäten, die bei privaten Haushalten oft zu stark verzögerten Anpassungsreaktionen führen. Die privaten Haushalte sind somit zumindest nicht die erste Adresse, wenn es um das Anstoßen emissionsvermindernder Maßnahmen geht. Der eigentliche Hauptadressat einer auf CO_2-Verminderung zielenden Ökosteuerreform ist vielmehr das Produzierende Gewerbe. Da dieses aber von der Ökologischen Steuerreform so geschont wird, dass ernsthafte Lenkungseffekte nicht zu erwarten sind, muss die ökologische Wirksamkeit dieser Reform insgesamt als eher gering eingeschätzt werden. In der genannten DIW-Studie gehen Bach et al. (2001, S. 21) von einer Verminderung der CO_2-Emissionen bis 2005 um gerade einmal 2 bis 2,2 % im Vergleich zu der Entwicklung dieser Emissionen ohne Steuerreform aus. Zu ähnlich pessimistischen Ergebnissen kommt auch Klemmer (1999, S. 144 ff.).

Somit bleibt vor allem der fiskalische Effekt dieser Steuerreform, d. h. die Aufkommenserzielung und die Verwendung des Ökosteueraufkommens zur Realisierung einer Zweiten Dividende im Sinne einer Belebung des Arbeitsmarkts. Allerdings muss auch hier von eher geringen Effekten ausgegangen werden. Tendenziell führt die Senkung der Lohnnebenkosten zu einer Verbilligung des Faktors Arbeit und damit zu einem Anreiz, neue Mitarbeiter einzustellen. Andererseits wird ein (wenn auch bescheidener) Teil dieser Kostenerleichterung für die Industrie wieder von den steigenden Kraftstoff- und Energiepreisen aufgefressen, so dass die Gesamtentlastung eher gering ist. Hinzu kommt, dass durch die Verteuerung der Energie (ökologisch durchaus erwünschte) Anreize zu energiesparenden Neuinvestitionen geschaffen werden, die häufig auch mit einem Wegrationalisieren bestehender Arbeitsplätze verbunden sind. Da die Last der Ökosteuererhöhung zu etwa 60 % von den privaten Haushalten getragen wird, während diese nur zur Hälfte von der Senkung der Lohnnebenkosten profitieren (vgl. Bach et al. 2001, S. 25), muss mit einer rückläufigen Konsumnachfrage gerechnet werden, was einer Ausweitung der Produktion und der Beschäftigung ebenfalls tendenziell entgegenwirkt. Außerdem gehen von den zusätzlichen Belastungen der privaten Haushalte durch die Ökosteuer in Verbindung mit der scheinbaren Kostenentlastung der Unternehmen natürlich erhebliche Anreize für eine härtere Haltung der Gewerkschaften in Tarifverhandlungen aus. Sollte es infolge der Ökologischen Steuerreform aber zu überhöhten Tarifabschlüssen kommen, so ginge der beschäftigungsstimulierende Effekt dieser Reform völlig verloren. Die genannte DIW-Studie rechnet mit einer Erhöhung der Beschäftigung in Höhe von etwa 250.000 zusätzlichen Arbeitsplätzen bei weitgehend unverändertem Wachstum (Bach et al. 2001, S. 24), allerdings nur unter der Voraussetzung einer moderaten Tarifpolitik der Gewerkschaften. Auch Klemmer (1999, S. 145 ff.) schätzt die Wachstums- und Beschäftigungseffekte der Ökologischen Steuerreform eher bescheiden ein.

In der Öffentlichkeit wurden immer wieder die zu erwartenden Verteilungseffekte der Steuerreform diskutiert, wobei eine stark regressiv wirkende Verteilungswirkung befürchtet wurde. Aus den theoretischen Überlegungen des zweiten Kapitels wurde deutlich, dass eine Lenkungssteuer aus theoretischer Sicht prinzipiell keine Gerechtigkeitsziele verfolgt, so dass ihre Verteilungswirkungen kein taugliches Beurteilungskriterium abgeben. Eine Lenkungssteuer dient ausschließlich der Erhöhung der gesamtwirtschaftlichen Effizienz durch die zumindest teilweise Beseitigung von Marktstörungen wie externen Effekten, die zu einer Fehlallokation knapper volkswirtschaftlicher Ressourcen führen. In der politischen Praxis hingegen kann es einer Regierung natürlich nicht gleichgültig sein, welche Auswirkungen ihre Maßnahmen auf die Verteilung des Wohlstands haben. Die Ökologische Steuerreform der Bundesregierung enthält mit der Ökosteuer einerseits zahlreiche Elemente, die zu einer zusätzlichen Belastung der privaten Haushalte führen, mit der Senkung der Lohnnebenkosten aber andererseits auch Elemente zu ihrer Entlastung. Es wurde bereits erwähnt, dass die Last der Ökologischen Steuerreform zu etwa 60 % von den privaten Haushalten getragen wird, so dass der Belastungseffekt der Reform für die Haushalte offensichtlich überwiegt. Aus der genannten DIW-Studie geht hervor, dass der negative Effekt der Reform in Prozent des verfügbaren Einkommens erwartungsgemäß bei Beamtenhaushalten mit geringem Einkommen am größten ist, da diese zumindest nicht direkt von der Entlastung bei den Rentenbeiträgen profitieren, aber die volle Last der Ökosteuer tragen. Tendenziell sind die durch die Ökologische Steuerreform bedingten Belastungen um so größer, je mehr Personen ein Haushalt umfasst und je weniger davon der Beitragspflicht zur Sozialversicherung unterliegen. Geographisch gesehen sind Haushalte in ländlichen Gebieten, die schlecht an das öffentliche Verkehrsnetz angeschlossen sind, von der Reform stärker benachteiligt als Haushalte, die in Ballungsgebieten wohnen. Insgesamt jedoch werden die aus der Reform resultierenden Verteilungseffekte als eher gering eingeschätzt (vgl. Bach et al. 2001, S. 25).

Zusammenfassend kann man somit festhalten, dass die Ökologische Steuerreform der Bundesregierung von ihrer Grundkonzeption her aus theoretischer bzw. umweltökonomischer Sicht in hohem Maße zu befürworten ist. Sie wählt die richtigen Ansatzpunkte sowohl bei der Steuererhebung als auch bei der Verwendung des Steueraufkommens. Leider wurden jedoch bei der konkreten Ausgestaltung des Gesetzes bei weitem zu viele Ausnahmetatbestände geschaffen, so dass sich die einzelnen Elemente der Steuerreform nun in weiten Teilen in ihrer Wirkung gegenseitig blockieren und daher letztlich nur geringe ökologische und ökonomische Effekte erwartet werden können. Insofern wurde hier die Chance zum Erzielen einer nennenswerten Ersten und Zweiten Dividende durch ein Zuviel an politischer Rücksichtnahme weitgehend vertan. Somit bestätigt sich einmal mehr, dass es im Rahmen der an kurzatmigen Wahlzyklen orientierten politischen Prozesse nur sehr schwer möglich ist, so langfristig angelegte Aufgaben wie die ökologische Erneuerung unserer Gesellschaft voranzutreiben.

5 Schlussfolgerungen

Im ersten Teil der Untersuchung wurde erläutert, welche ökologischen und ökonomischen Chancen eine ökologische Steuerreform aus theoretischer Sicht bietet. Dabei zeigte sich, dass eine Kombination aus Brennstoff- und

Energiebesteuerung, wie sie im Rahmen der Ökologischen Steuerreform der Bundesregierung vorgesehen ist, bei entsprechender Strukturierung der Steuersätze sehr gut zur gemeinsamen Realisierung ökologischer und ökonomischer Ziele geeignet ist. Die Besteuerung der einzelnen Brennstoff- und Energiearten muss dabei so gestaltet sein, dass sie letztlich zu einer einheitlichen Besteuerung der CO_2-Emissionen führt, obwohl diese Emissionen nur indirekt belastet werden können.

Bei der praktischen Umsetzung ihrer Steuerreformidee hat die Bundesregierung allerdings soviel politische Rücksichtnahme walten lassen, dass ihr aus theoretischer Sicht durchaus lobenswertes Grundkonzept durch zu viele Ausnahmetatbestände erheblich verwässert wurde. Die vielfältigen Ausnahmen von der Ökosteuer führen dazu, dass sich viele Einzelmaßnahmen dieser Reform in ihrer ökologischen und ökonomischen Wirksamkeit zu einem nicht unbeträchtlichen Teil gegenseitig neutralisieren. Wegen dieser Halbherzigkeit sind von der aktuellen Ökosteuerreform letztlich keine dramatischen Effekte zu erwarten. Das schlechte Gewissen, das die Regierung offensichtlich plagt, wird deutlich, wenn man auf der Homepage des Bundesfinanzministeriums[6] die Diagramme betrachtet, mit denen belegt werden soll, welchen politischen Anteil frühere Regierungen an der Höhe der Benzinpreise haben. Dass man bei der Suche nach den Schuldigen am Benzinpreis des Jahres 2003 nicht nur bis zur Regierung Kohl, sondern sogar bis zu den Zeiten der Großen Koalition zurückgeht, spricht für sich. Mit so wenig politischem Selbstbewusstsein ist die ökologische Zukunft wohl nicht zu gewinnen.

Literaturverzeichnis

Bach, S. / Kohlhaas, M. / Meyer, B. / Praetorius, B. / Welsch, H. (2001), Modellgestützte Analyse der ökologischen Steuerreform mit LEAN, PANTA RHEI und dem Potsdamer Mikrosimulationsmodell, DIW Discussion Paper No. 248.

Baumol, W. / Oates, W. (1971), The Use of Standards and Prices for Protection of the Environment, Swedish Journal of Economics 73, S. 160-173.

Birnbaum, K. U. / Pauls, R. / Wagner, H.-J. / Walbeck, M. (1991), Berechnung sektoraler Kohlendioxidemissionen für die Bundesrepublik Deutschland, in: Jülich (2530), Reihe Angewandte Systemanalyse, Beitrag Nr. 62.

Bovenberg, A. L. / de Mooij, R. A. (1994), Environmental Levies and Distortionary Taxation, American Economic Review 84(4), S. 1085-1089.

---

[6] Vgl. http://www.bundesfinanzministerium.de/Anlage5099/Verantwortung-fuer-die-Steuersatzanteile.pdf.

Bovenberg, A. L. / van der Ploeg, F. (1996), Optimal Taxation, Public Goods and Environmental Policy with Involuntary Unemployment, Journal of Public Economics 62, S. 59-83.

Carraro, C. / Galeotti, M. / Gallo, M. (1996), Environmental Taxation and Unemployment: Some Evidence on the 'Double Dividend Hypothesis' in Europe, Journal of Public Economics 62, S. 141-181.

Deutsches Institut für Wirtschaftsforschung (1994), Wirtschaftliche Auswirkungen einer ökologischen Steuerreform, Gutachten im Auftrag von GREENPEACE, Berlin.

Fullerton, D. (1997), Environmental Levies and Distortionary Taxation: Comment, American Economic Review 87(1), S. 245-251.

Gawel, E. (2000), Zur Gerechtigkeit von Umweltabgaben - Steuergleichheit und Leistungsfähigkeitsorientierung als Probleme von Ökosteuern?, Zeitschrift für Wirtschaftspolitik 49(2), S. 182-211.

Goulder, L. H. (1995), Environmental Taxation and the Double Dividend: A Reader's Guide, International Tax and Public Finance 2, S. 157-183.

Klemmer, K. (1999), Zur ökologischen Steuerreform - eine kritische Zwischenbilanz, in: Henke, K. D. (Hrsg.), Öffentliche Finanzen zwischen Wachstum und Verteilung, Fachkonferenz anlässlich des 65. Geburtstags von Horst Zimmermann, Nomos Verlagsgesellschaft, Baden-Baden, S. 131-147.

Koskela, E. / Schöb R. (1999), Alleviating unemployment: The case for green tax reforms, European Economic Review 43(9), S. 1723-1746.

Koskela, E. / Schöb, R. / Sinn H.-W. (2001), Green Tax Reform and Competitiveness, German Economic Review 2(1), S. 19-30.

Lehr, U. (1999), Innovative Wirkungen umweltpolitischer Instrumente. Das Beispiel des Energieverbrauchs der Haushalte, RWI-Untersuchungen 29, Berlin, Duncker & Humblot.

Parry, I. W. H. / Williams III, R. C. / Goulder, L. H. (1999), When Can Carbon Abatement Policies Increase Welfare? The Fundamental Role of Distorted Factor Markets, Journal of Environmental Economics and Management 37, S. 52-84.

Parry, I. W. H. / Bento, A. M. (2000), Tax Deductions, Environmental Policy, and the "Double Dividend" Hypothesis, Journal of Environmental Economics and Management 39(1), S. 67-96.

Pigou, A. C. (1920), The Economics of Welfare, London.

Ruocco, A. / Wiegard, W. (1997), Green Tax Reforms: Understanding the Double Dividend Hypothesis, Zeitschrift für Umweltpolitik und Umweltrecht 2/97, S. 171-198.

Schöb, R. (1997), Environmental Taxes and Pre-existing Distortions: The Normalization Trap, International Tax and Public Finance 4, S. 167-176.

Schneider, K. (1997), Involuntary Unemployment and Environmental Policy: The Double Dividend Hypothesis, Scandinavian Journal of Economics 99, S. 45-59.

Ströbele, W. (1997), Klimaschutzpolitik als umwelt- und ressourcenpolitisches Problem am Beispiel des Kohlendioxids, in: Behrends, S. (Hrsg.), Ordnungskonforme Wirtschaftspolitik in der Marktwirtschaft, Festschrift für Prof. Dr. H.-R. Peters zum 65. Geburtstag, Volkswirtschaftliche Schriften, Bd. 474, Berlin, S. 485-502.

Ströbele, W. (1999), Ökosteuern - Eine Bestandsaufnahme der Diskussion Ende der neunziger Jahre, in: Lübke, E. / Grossekettler, N. (Hrsg.), Beiträge zur Finanz- und Wirtschaftspolitik, Festschrift für Ingolf Metze zum 65. Geburtstag, Studien zu Finanzen, Geld und Kapital, Bd. 10, Berlin, S. 185-199.

Welsch, H. (1999), CO_2-Steuern, Beschäftigung und funktionale Einkommensverteilung, Zeitschrift für angewandte Umweltforschung 12(1), S. 30-41.

Zimmermann, H. / Henke, K.-D. (2001), Finanzwissenschaft, 8. Aufl., München.

IV Praktische Probleme des neuen Steuerrechts in Deutschland

Systematische Aspekte und praktische Probleme des ab 2001 geltenden Einkommensteuerrechts*

Peter Bareis

1 Einführung

Die Verantwortlichen für das im vergangenen Jahr verabschiedete Steuerreformpaket versprechen unter anderem:
- Nachhaltige Förderung von Wachstum und Beschäftigung.
- Mehr Steuergerechtigkeit, Transparenz und Planungssicherheit im Steuerrecht.
- Deutliche und solide finanzierte Steuerentlastungen ...."[1]
- Auch die Einfachheit steht auf der Liste[2] und die Brühler Beschlüsse behaupteten: „Eine rechtsformneutrale Unternehmensbesteuerung ist im Rahmen des Halbeinkünfteverfahrens möglich."

Hier und heute habe ich das sog. Halbeinkünfteverfahren nicht zu diskutieren. Ich soll mich nach dem Willen der Veranstalter auf das EStG in seiner heutigen Gestalt konzentrieren. Allerdings gehören dazu auch die Reflexwirkungen aus dem Systemwechsel hin zum sog. Halbeinkünfteverfahren, das ja die Einkommensteuer erheblich verändert hat. Aber ich will das Thema nicht von den Änderungen her angehen, sondern zunächst die Systemfrage stellen - befinde ich mich doch hier in der Hochburg des konsumorientierten Steuersystems, ohne selbst zu dessen Befürwortern zu gehören. Aber wir sollten nicht so sehr das Trennende herausstellen. Sie werden sehen, dass beide Systeme viele Probleme des geltenden Rechts beseitigen würden.

---

* Erweiterte Fassung eines Kurzvortrags auf der Steuertagung Heidelberg am 22.06.2001. Der Vortragsstil ist beibehalten

[1] BT-Drs. 14/2683: Gesetzentwurf der Fraktionen SPD und BÜNDNIS/GRÜNE: Entwurf eines Gesetzes zur Senkung der Steuersätze und zur Reform der Unternehmensbesteuerung (Steuersenkungsgesetz - StSenkG).

[2] Ebenda, S. 93 rechts 3. Abs. von unten.

2 Maßstäbe für den Vergleich zwischen geltendem EStG und dem „Karlsruher Entwurf"

Die beim Thema „Systematische Aspekte" anzulegenden Maßstäbe sind selbstverständlich Wertungen, die jedoch gut begründet werden können, mehr noch: die als Ergebnis einer unparteilichen Wertediskussion mit großer Wahrscheinlichkeit allgemein akzeptiert werden. Ich beschränke mich auf wenige Andeutungen.

Die ordnungspolitischen Maßstäbe ergeben sich m. E. zwingend aus einer Wertediskussion im Sinne von John Rawls, die wie in folgender Übersicht zusammengefasst werden kann:[3]

Deren Ergebnis lautet, soweit es hier bedeutsam ist, dass an erster Stelle ein Verdienstprinzip steht, wonach die Güterverteilung nach den Marktergebnissen erfolgen soll. Erst subsidiär gilt ein Bedürftigkeitsprinzip. Als Steuersubjekt muss - entsprechend dem in der ökonomischen Theorie herrschenden methodologischen Individualismus - das Individuum gewählt werden. Hier besteht völlige Harmonie mit dem Gerechtigkeitsansatz von *Rawls*, der ja einander neutral gegenüberstehende Individuen hinter den Schleier des Nichtwissens versetzt und sie dort aus vorkonstitutioneller Sicht beraten lässt und einstimmige Beschlüsse verlangt. Diese Verfassungskonferenz wird sich m. E. zwangsläufig für das „Verdienstprinzip" aussprechen; dieses erfüllt zugleich das Postulat der Handlungsfreiheit (Art. 2 GG)

Aus ökonomischer Sicht ist ein wesentliches Ziel, das vom Steuerrecht angestrebt werden sollte, die **Entscheidungsneutralität**. Steuern sollten so wenig wie möglich die Entscheidungen der Wirtschaftssubjekte beeinflussen. Das Angebot in einer Marktwirtschaft soll sich nach den Präferenzen der (kaufkräftigen) Nachfrager richten, nicht nach den Vorstellungen von Staatsbediensteten, die 'für' die einzelnen Wirtschaftssubjekte handeln. Die "Meßlatte" hierfür ist somit die Frage, ob die Entscheidungen der Wirtschaftssubjekte in einer gedachten Welt mit **Pauschalsteuern** - sie sind aus dieser Sicht am geeignetsten, jedoch politisch indiskutabel - genauso ausfallen würden wie sie in der Welt mit Steuern.[4] Wenn Pauschalsteuern nicht in Frage kommen, wäre es am besten, Steuern direkt von den Größen zu erheben, nach welchen die Wirtschaftssubjekte streben, also von deren "Zielgrö-

---

[3] John Rawls, Sterba, Eine Theorie der Gerechtigkeit, Frankfurt am Main 1979; deutsche Übersetzung des Originaltextes: A Theory of Justice, Harvard 1971 durch Hermann Vetter. Vgl. auch John Rawls, Die Idee des politischen Liberalismus, Frankfurt am Main 1992; ders., Politischer Liberalismus, Frankfurt am Main 1993.

[4] Zwar ist richtig, dass dabei mit Fiktionen gearbeitet werden muss, die angreifbar erscheinen. Die Frage, ob ein konkretes Steuerrecht "mehr" oder "weniger" entscheidungsneutral ist, ist in den meisten Fällen beantwortbar. Vgl. dazu Dieter Schneider, Betriebswirtschaftslehre, Band 3, München 1997, S. 594 ff.

ßen". Denn wenn die Besteuerung nicht die gesamte Zielgröße wegnimmt - Enteignungsverbot -, bleibt für den Bürger immer noch eine positive Zielgröße übrig und er hat keinen Anlass, aus Steuergründen seine Entscheidung zu ändern. Zur "Effizienz" gehört gleichzeitig, dass sich der Staat auf die nur von ihm zu lösenden Aufgaben beschränkt, also die Steuer- bzw. Staatsquote minimiert wird. Erst subsidiär kommen Umverteilungsgesichtspunkte ins Spiel - wobei Zielkonflikte zum Verdienstprinzip weitgehend vermieden werden müssen.

Maßstäbe: Gerechtigkeit als Fairness		Ökonomische Wertungen und Vorgehensweisen
Sicherung der Unparteilichkeit	Individuen in der Verfassungskonferenz	Methodologischer Individualismus
	a) Schleier des Nichtwissens über eigener sozialer Situation	Vorkonstitutionelle Analyse
	b) Risikoscheu	Übliche, empirisch bestätigte Prämisse
Stand des Gegenwartswissens	c) Wissen über theoretische und empirische Zusammenhänge	
Ergebnisse der Beratungen in der Verfassungskonferenz		
Sicherung der Unparteilichkeit	1. Verdienstprinzip: Güterverteilung nach den Marktergebnissen der Wettbewerbswirtschaft	Effizienzforderung (freier Markt)
Sozialstaatsprinzip Art. 20	2. Bedürftigkeitsprinzip (subsidiär): Garantie eines staatlich gezahlten Existenzminimums für denjenigen, der nicht aus eigener Kraft in der Lage ist, dieses zu erwirtschaften oder dafür vorzusorgen	Analyse der Verteilungsfolgen
Intergenerationelle Gerechtigkeit	3. Gerechte Sparrate: Jede Generation muss den nachfolgenden Generationen einen „fairen" Vermögensbestand hinterlassen. Damit sollen diese ihrerseits eine gerechte, freiheitlich-demokratische Gesellschaft aufrecht-erhalten können	Gesetzliche Rentenversicherung: kein Umlagesystem, sondern Kapitaldeckung

Für die kritische Auseinandersetzung mit verschiedenen Steuerkonzeptionen ist zu fragen, welche Ziele Menschen verfolgen und ob und wie das Steuerrecht hieran anknüpfen kann bzw. sollte. Hierzu ist zu trennen zwischen:
erwerbswirtschaftlicher und
nicht erwerbswirtschaftlicher (konsumtiver) **Tätigkeit.**

Bezogen auf einen alleinstehenden Menschen bedeutet dies, dass alle seine Aktivitäten, die der (persönlichen) Einkommenserzielung - gleichgültig in welcher Form - dienen, streng von allen übrigen Aktivitäten zu trennen sind. Dabei darf die Bezeichnung „konsumtiv" nicht missverstanden werden. Sie steht als Sammelbegriff für Mußestunden genauso wie für alle sonstigen menschlichen Handlungen, die ohne Erwerbsabsicht unternommen werden. Anders ausgedrückt: Es muss strengstens zwischen Einkommens**erzielung** und Einkommens**verwendung** unterschieden werden.

Verschiedentlich wird der Konsum als das „eigentliche Ziel" des Wirtschaftens eines Individuums angesehen. Das ist insofern zutreffend, als das Weiterleben - zumindest im Regelfall - von den Individuen als erstrebenswert angesehen wird. In einer unsicheren Welt ist dafür jedoch Voraussetzung, dass das Individuum nicht „von der Hand in den Mund" lebt, sondern sich „gesicherten Konsum" erwirtschaftet, indem es in jeder Periode zugleich ein Konsumpotential (Vermögen) bereithält, also Ersparnisse akkumuliert. Es ist deshalb m. E. richtig, als grundlegendes Ziel des Individuums „gesicherten Konsum" anzunehmen, so dass die Individuen nach **Einkommen streben.** Gelingt es dem Steuerrecht, hieran weitestgehend anzuknüpfen, so werden mit der Besteuerung nur geringe Verzerrungen verbunden sein (**„Zielsteuer"**).

Alle Versuche, die Überlegenheit der Konsumausgabensteuer über eine Einkommensteuer aufgrund ihrer Neutralitätseigenschaften zu beweisen, sind m. E. bisher nicht geglückt.[5] Daraus wiederum folgt: Das „objektive" Markteinkommen - der realisierte Reinvermögenszugang eines Individuums in einer Periode - ist der am besten geeignete grundlegende Maßstab der Besteuerung. Darin steckt bereits eine gewisse Resignation, denn es bedeutet den Verzicht auf die Besteuerung des (realen) Reinvermögenszuwachses; dazu müssten jeweils die (unrealisierten) Zeitwerte des Vermögens ermittelt werden, was aus Objektivierungsgründen ausscheidet.

---

[5] Dazu im einzelnen: Theodor Siegel, Konsum- oder einkommensorientierte Besteuerung? Aspekte quantitativer und qualitativer Beweisführung, in: zfbf 2000, S. 274 ff.; Dieter Schneider, Einkommensteuer, Konsumsteuer und Steuerreformen der letzten Jahre, in: FA 1991/92, S. 534-557; Stefan Homburg, Zinsbereinigte oder traditionelle Einkommensteuer? Handelsblatt vom 30.11.1998, S. 43; Rolf König, Wirtschaftliche Effizienz als Norm rationaler Steuerpolitik?, in: Neck, Reiner (Hrsg.), Wirtschaftswissenschaftliche Forschung für die neunziger Jahre, Heidelberg 1996, S. 49-158.

Die erwerbswirtschaftliche Tätigkeit von Individuen kann sich in vielen Bereichen abspielen; es darf keine Rolle spielen, ob dies die Land- und Forstwirtschaft, der Gewerbebetrieb, die nichtselbständige Tätigkeit oder anderes ist. Diese erwerbswirtschaftliche Tätigkeit kann auch in den verschiedensten rechtlichen Formen organisiert sein. Diese Rechtsformen sind nur Instrumente, denen keine eigenständige Leistungsfähigkeit zukommt. Wer es ernst meint mit der Gleichmäßigkeit der Besteuerung, kommt an der Erkenntnis von Ronald Coase[6] nicht vorbei, dass die Unternehmung lediglich ein komplexes Vertragsgeflecht ist. Als Begründung für eine Personensteuer sind solche Vertragsgeflechte untauglich. Wer Kapitalgesellschaften im Unterschied zu Personengesellschaften definitiv belastet, schafft Verzerrungen und Ungerechtigkeiten. Entscheidend ist der Blick auf die Tätigkeit der Individuen, der natürlichen Personen. Dies ist der richtige Grundgedanke des abgeschafften körperschaftsteuerlichen Anrechnungssystems. Die endgültige Besteuerung hat beim Anteilseigner zu erfolgen; die Körperschaftsteuer war nur „Interims-" oder „Reserve-" Steuer. Daraus resultiert auch die Forderung nach einem Körperschaftsteuersatz, der dem Einkommensteuer-Spitzensatz entspricht.[7]

Nachdem jetzt der „Karlsruher Entwurf" als Alternative zum geltenden EStG der Öffentlichkeit vorgestellt worden ist, werde ich mich im folgenden vor allem auf ihn beziehen, weil er viele meiner Kritikpunkte am geltenden Recht beseitigen würde.[8] Der Entwurf ist aus Gründen der Gerechtigkeit wie der Effizienz wesentlich besser als das gegenwärtige System. Dieser Vergleich zwischen dem „real existierenden" EStG und dem „Karlsruher" EStG ist in der folgenden Übersicht vorgenommen.

3 Vergleich zwischen geltendem EStG und „Karlsruher Entwurf"

Anhand der genannten Beurteilungskriterien erfolgt nach der Gliederungssystematik der nachfolgenden Übersicht eine Gegenüberstellung des geltenden Rechts mit dem Karlsruher Entwurf mit einer Bewertung auf der Basis der obigen Maßstäbe.

---

[6] Ronald H. Coase, The Nature of the Firm, 1937; wieder abgedruckt in: Ronald H. Coase, The Firm, the market and the law, Chicago: University of Chicago Press, 1992, paperback ed., 5. [print.].
[7] Hilfsweise - sofern die Gewerbesteuer nur noch eine Steuer der Kapitalgesellschaften bleibt - muss die Gesamtbelastung mit Gewerbesteuer und Körperschaftsteuer dem ESt-Spitzensatz entsprechen (und könnten Ausschüttungen einkommensteuerfrei bleiben).
[8] Paul Kirchhof u. a., Karlsruher Entwurf zur Reform des Einkommensteuergesetzes, Heidelberg 2001; dazu ergänzend Paul Kirchhof, Erläuterungen zum Karlsruher Entwurf zur Reform des Einkommensteuergesetzes, in: DStR 2001, S. 913 ff.

Das EStG kann inhaltlich nach folgendem Schema gegliedert werden:[9]
1. Dem **Steuersubjekt** sind zunächst **raumzeitliche** Merkmale (Ansässigkeit und Zeitraum) zuzuordnen sowie ferner:
2. ein **Steuerobjekt** (Tätigkeiten) und
3. eine Bemessungsgrundlage und
4. diese Bemessungsgrundlage wird einem **Tarif** unterworfen; hieraus folgt eine genau bestimmte **Steuerschuld** des Subjektes

Die nachfolgende Übersicht folgt diesem Gliederungsgedanken. Grundsätzlich besteht bei jedem Punkt nicht nur die Möglichkeit, dass eine Steuerbarkeit geregelt ist, sondern es können auch jeweils Steuerbefreiungen oder -vergünstigungen erfolgen. Die anschließenden Erläuterungen beginnen jedoch mit den **Tariffragen**, da die Antworten hierauf die Grundlage für die Beantwortung der Fragen nach Steuersubjekt, -objekt und Bemessungsgrundlage bilden.

4 Ausgewählte Problembereiche

4.1 Tarif

4.1.1 Existenzminimum und Progression

Die Überlegungen in der Verfassungskonferenz dürften wie folgt ablaufen:[10]

Zuerst wird über die Kopfsteuer diskutiert:
1. $T(Y) = K$

Sie wird abgelehnt, weil viele Personen Steuer bezahlen müssten, ohne ihren eigenen Lebensunterhalt zu verdienen. Außerdem kann derjenige, der ein Vielfaches seines Existenzminimums verdient, auch mehr für den Staat tun. Daher wird anschließend eine Proportionalsteuer erwogen:
2. $T(Y) = a_1$

Diese stellt aber das Existenzminimum nicht frei. Hierfür würde sich aber die Verfassungskonferenz etwa mit den Argumenten aussprechen, die auch

---

[9] Hermann-Wilfried Bayer, Grundbegriffe des Steuerrechts, in: Juristische Arbeitsblätter, Sonderheft 15, 1977.
[10] Ausführlicher hierzu Peter Bareis, Leistungsfähigkeit, Existenzminimum, Progression und Staatshaushalt, Diskussion des Beitrags von M. Wosnitza und C. Treisch (DBW 1999, S. 351-368), in: DBW 1999, S. 555-558.

das Bundesverfassungsgericht angeführt hat[11]. Deshalb wird eine allgemeine lineare Funktion gewählt, die wegen der Steuerfreistellung des Existenzminimums (Y_0) eine höhere Steigung haben muss:
3. $T(Y) = b_1 (Y - Y_0)$; dies ist äquivalent mit der Formulierung eines negativen Absolutgliedes:
4. $T(Y) = b_1 Y - b_1 Y_0$

Damit könnte es sein Bewenden haben[12]. Ich nehme dagegen im folgenden die wohl von einer Mehrheit der Bevölkerung geforderte direkte Progression hin. Beide Maßnahmen lassen sich widerspruchsfrei nur mit dem Bedürftigkeitsprinzip begründen: Jedes Subjekt hat Anspruch, seinen Lebensunterhalt selbst zu erwirtschaften, ohne dass der Staat ihm Teile davon wegnimmt.

Die direkte Progression führt zwangsläufig zu einer Minderbesteuerung gegenüber dem Spitzensteuersatz für untere Einkommensgruppen. Biblisch ausgedrückt heißt das: Wer da hat, soll überproportional an den Staat abgeben, wer wenig hat, muss auch prozentual weniger an den Staat abgeben. Das ist auch eine Folge der Gerechtigkeitsforderungen nach Rawls.

Als Optimist stelle ich im folgenden den gesetzlichen Tarif 2005 dem Tarif des Karlsruher Entwurfes gegenüber. Die obere indirekte Progressionszone beginnt bei 52.152 EURO, also bei rund 102.000 DM.

Diese Steuersatzsenkungen durch das StSenkG sind richtig, haben aber mindestens einen Schönheitsfehler. Die Steigung des Grenzsteuersatzes im unteren Tarifbereich bleibt wesentlich stärker als im oberen Bereich. Der Verlauf erinnert an den alten „Mittelstandsbauch", der aber jetzt eher ein „Geringverdienerbauch" ist. Das ist politische Kosmetik: Es ist zu verlockend, mit einem niedrigen Eingangssteuersatz werben zu können.[13] Die niedrigeren Steuersätze des Karlsruher Entwurfs sind selbstverständliche Folgerungen aus dem Verdienstprinzip: Der Staat soll so schonend wie möglich in die private Verfügungsmacht eingreifen.

---

[11] Beschluss des Erstens Senats vom 29.05.1990 - BvL 20, 26, 184 und 4/86, BVerfG°E 82, 60-105.
[12] Die sowohl vom Grundgesetz wie von der Verfassungskonferenz geforderte Freistellung des Existenzminimums des Steuersubjekts führt bereits zu einer - indirekten - Progression.
[13] Die Steigung des Grenzsteuersatzes im unteren Bereich beträgt 7,7578E-6, danach 2,8498E-6, also unten das 2,7 bzw. fast das Dreifache wie oben. Nicht zuletzt wegen dieser Steuersatzsenkungen hat die Regierung von der größten Steuerreform in der Geschichte der Bundesrepublik gesprochen. Ich halte das für eine Übertreibung. Ein Hinweis auf vergangene Steuerschätzungen mag dies verdeutlichen. So wurde die durchschnittliche Steigerung der Steuereinnahmen für die Jahre 1996-2000 um 1,3 % höher geschätzt als die Steigerung des Bruttoinlandsproduktes. Diese Wachstumsdifferenz entspricht pro Jahr rd. 12 Mrd. DM.

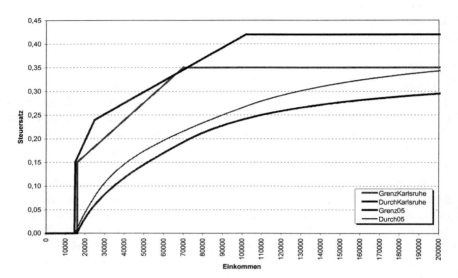

Abbildung 1: Grenz- und Durchschnittssteuerfunktion

4.1.2 Existenzminimum im Karlsruher Entwurf

Als technische Besonderheit des Karlsruher Entwurfs ist auf den Abzug des Existenzminimums von der Bemessungsgrundlage hinzuweisen.[14]

4.1.3 Halber durchschnittlicher Steuersatz

Zur Senkung der Einkommensteuersätze gesellt sich nach dem Steuersenkungs**ergänzungs**gesetz[15] die Wiedereinführung des halben durchschnittlichen Steuersatzes für Betriebsveräußerungen bzw. -aufgaben einmal im Leben ab dem 55. Lebensjahr. Das sieht auf den ersten Blick gut aus und fraglos werden die Betroffenen dies begrüßen. Aber auch hier sollte man genauer hinsehen: Von dieser Maßnahme profitiert nur der, der in der Vergangenheit stille Reserven legen konnte oder dessen Unternehmen gute Zukunftsaussichten hat - wer keine stillen Reserven konnte und deshalb brav seine Steuern voll bezahlte, geht leer aus.

---

[14] Das ist äquivalent dem Abzug eines Absolutgliedes, erleichtert aber die Anpassung an erhöhte Existenzminima.

[15] Gesetz zur Ergänzung des Steuersenkungsgesetzes (Steuersenkungsergänzungsgesetz - StSenkErgG), BGBl. I 2000, 1812.

4.1.4 Gewerbesteueranrechnung[16]

Die Gewerbesteuer wird generell von Kapitalgesellschaften sowie von Personenunternehmen erhoben, die als gewerblich eingestuft werden. Die Gewerbesteuer ist in beiden Fällen als Betriebsausgabe bei der Ermittlung des Gewerbeertrags selbst wie bei der Ermittlung des körperschaftsteuerlichen bzw. einkommensteuerlichen Einkommens abzuziehen.

Bei der Kapitalgesellschaft ist sie eine Definitivbelastung. In Abhängigkeit vom Hebesatz der Gemeinde und von den diversen Hinzurechnungen und Kürzungen variiert damit die Gesamtbelastung der Kapitalgesellschaft mit Definitiv-KSt, Solidaritätszuschlag und Gewerbeertragsteuer erheblich. Unterstellt man einen hohen Hebesatz von 500 %, vernachlässigt Hinzurechnungen und Kürzungen und schlägt den Solidaritätszuschlag hinzu, so ergibt sich auf der Ebene der Kapitalgesellschaft eine Belastung von **41,1 %**.

Bei gewerblichen Personenunternehmen wird die Gewerbesteuer nach überaus kunstvollen Umwegen pauschal bei der Einkommensteuer angerechnet. Da die Gewerbesteuer wegen des Abzugs als Betriebsausgabe stets eine Entlastung bei der Einkommensteuer bewirkt, ist die Gesamtbelastung mit Einkommen- und Gewerbesteuer eine Funktion sowohl des Hebesatzes wie des jeweiligen Einkommensteuersatzes. Bei der Anrechnung der Gewerbesteuer auf die Einkommensteuer werden indessen beide Variablen ignoriert; angerechnet werden konstant 9 % der gewerbesteuerlichen Bemessungsgrundlage - allerdings nur, wenn sich auch eine einkommensteuerliche Belastung einstellt. Daraus ergibt sich zwangsläufig, dass alle Kombinationen denkbar sind: die Entlastung ist zufällig gleich der Belastung, sie kann aber auch darüber oder darunter liegen. Einen sachlichen Grund hierfür gibt es nicht. Da der durchschnittliche Hebesatz über 400 % liegt, dürfte in vielen Fällen eine Restbelastung übrig bleiben.[17]

Es ist - worauf Homburg[18] richtig hinweist - schon erstaunlich, dass bei der KSt die Anrechnung als zu komplex gebrandmarkt wurde, weshalb angeblich das System nicht mehr haltbar sei. Stattdessen werden jetzt plötzlich zwei Steuerarten - eine Objekt- und eine Subjektsteuer -, die bisher als voneinander unabhängig galten, nur bei Personenunternehmen verrechenbar.

---

[16] Der folgende Text lehnt sich an meinen Vortrag auf der Sächsischen Steuertagung 2001 in Leipzig an; die dortige Fassung ist im Druck.

[17] Vgl. Peter Bareis, Steuerreform 2000 - Ein Jahrtausendwerk?, in WiSt 11/2000, S. 602-609. Die WiSt-Beitrag enthaltene Grafik (S. 606) verdeutlicht darüber hinaus, dass selbst beim ESt-Satz von 0 % Indifferenz nur bei einem Hebesatz kleiner 2 erreicht wird. Über die Auswirkungen des Freibetrags und des Staffelsatzes ist damit nichts gesagt. Indifferenz liegt vor, wenn gilt: $h = 1,8/(1-s^{ek})$: die Kurve steigt mit steigendem Einkommensteuersatz!

[18] Stefan Homburg, Die Unternehmensteuerreform 2001 aus Sicht der Wissenschaft, in: Stgb 1/2001, S. 8-16.

Bei alledem muss man berücksichtigen, dass die GewSt durch Hinzurechnungen und Kürzungen - Modifikationen -, die Einkommensteuer durch andere Einkünfte, Freibeträge u.v.a.m. beeinflusst werden und außerdem die Steuersätze bei der Gewerbesteuer teilweise vermindert werden, bei der Einkommensteuer ein progressiver Tarif gilt. Versucht man Teile davon zu erfassen, so ergibt sich eine sehr bemerkenswerte Indifferenzfunktion, die z. B. zeigt, dass die nichtgewerblichen Einkünfte einen nicht mehr erklärbaren Einfluss auf die Indifferenzbedingung ausüben. Das alles ist zwar für die Betroffenen besser als das frühere Recht, aber weder systematisch noch sonst zu rechtfertigen und wohl auch verfassungswidrig.

4.2 Steuersubjekt

Wenden wir uns nun der Frage nach dem Steuersubjekt zu. Hier unterscheiden sich das geltende Recht und der „Karlsruher Entwurf" nicht; beide sprechen sich neben der Individualbesteuerung für das Ehegattensplitting aus. Insoweit ist aus meiner Sicht der Karlsruher Entwurf kein Fortschritt, aber auch kein Rückschritt gegenüber dem geltenden Recht. Wegen des gewählten Tarifverlaufs führt das Splitting dazu, dass Ehegatten, die beide dasselbe Einkommen erwirtschaften, von dieser Regelung nicht profitieren, während Ehegatten, bei denen einer nichts verdient und bei dem - notgedrungen - die Ergebnisse seiner häuslichen Arbeit unversteuert bleiben, im Vergleich zur Individualbesteuerung geringer belastet werden.

An diesem Thema hat sich eine heftige Diskussion entzündet.[19] Ich möchte hier nur auf ein Argument eingehen, zu dem ich bisher öffentlich keine Stellung genommen habe. Stefan Homburg leitet aus einem nicht weiter begründeten Postulat der „Globaleinkommensbesteuerung" ab, dass dieses Postulat nur durch das Splitting erfüllt werde. Über die mathematische Ableitung kann man in der Tat „nicht streiten". „Splitting" und „Globaleinkommensbesteuerung" sind zwei Worte für denselben Sachverhalt. Auf diesem Wege kann kein Beweis dafür angetreten werden, dass das Splitting den Grundwertungen der Verfassung entspreche. Gerade weil Splitting und Globaleinkommensbesteuerung äquivalent sind, folgt aus der mathematischen Ableitung nichts. Die Frage, ob das Splitting gerechtfertigt werden kann, wird nicht dadurch beantwortet, dass man sagt, das Splitting ist der Globaleinkommensbesteuerung äquivalent. Daraus folgt dann nur, dass statt

---

[19] Stellvertretend hierzu Klaus Vogel, Besteuerung von Eheleuten und Verfassungsrecht, in: StuW 1999, S. 201 ff., Peter Bareis, Gebietet das Grundgesetz bei der Ehegattenbesteuerung die Mißachtung ökonmischer Wirkungen? - Analyse eines Rechtsgutachtens Klaus Vogels, in: StuW 2000, S. 81 ff.; Stefan Homburg, Das einkommensteuerliche Ehegattensplitting, in: StuW 2000, S. 261 ff.; Theodor Siegel, Splitting: Notwendiger Effekt oder fragwürdiger Vorteil?, in: BfuP 2001, S. 271 ff.

des Splitting nunmehr nach einer Rechtfertigung für die Globaleinkommensbesteuerung gesucht werden muss. Diese Suche ist vergebliche Mühe. Daher ist in der vierten Spalte der Übersicht vermerkt, dass ich nach wie vor für die Individualbesteuerung eintrete. Die Forderung des Art. 6 GG, sollte sie eine finanzielle Förderung „der" Ehe verlangen, ist dadurch Rechnung zu tragen, dass jedes Ehepaar denselben Betrag bekommt oder - wenn diese Forderung mit dem Sozialstaatsprinzip zusammenhängt -, dass mit steigendem Gesamteinkommen der Eheleute diese „Eheprämie" sinken muss.

4.3 Steuerobjekt

Wer es ernst meint mit der Gleichmäßigkeit der Besteuerung, muss die unerschöpflichen Abgrenzungsprobleme zwischen den verschiedenen Einkunftsarten beseitigen. Dies ist zugleich ein kaum zu überschätzender Beitrag zur Vereinfachung. Faktisch hat das geltende EStG, nimmt man die unterschiedliche Behandlung von Verlusten mit hinzu, rund zwanzig voneinander abzugrenzenden „Einkunftsarten", wie die Übersicht ausweist. Der größte Teil dieser Bestimmungen kann sachlich nicht begründet werden - wobei dies nicht heißt, dass deshalb die Bestimmungen auch als verfassungswidrig betrachtet werden müssten. Nicht nur die Frage der Zuordnung zur „richtigen" Einkunftsart, auch die Frage nach Einlagen oder Entnahmen in verschiedenen Betrieben desselben Steuerpflichtigen erübrigen sich.[20]

Nicht in dieser Liste enthalten ist die grundlegende - bei jedem Steuersystem - nötige Trennung zwischen „Liebhaberei" bzw. „ohne Einkunftserzielungsabsicht betriebene Tätigkeit" und „erwerbswirtschaftlicher Tätigkeit". Hierzu finden sich nur rudimentäre Anhaltspunkte im Gesetz (Einkunfts- bzw. Gewinnerzielungsabsicht); dies ist nach wohl h. M. aus § 2 Abs. 1 bzw. aus § 15 Abs. 2 Satz 2 EStG herauszulesen.

Dies ist ein generelles Problem, das auch eine Konsumausgabensteuer lösen muss: die „private" muss von der „erwerbswirtschaftlichen" Veranlassung getrennt werden.[21] Hier verbleibt in jedem System eine Grauzone, die letztlich nicht der Gesetzgeber, sondern die Gerichte abgrenzen sollten. Der Gesetzgeber sollte hier m. E. vorgeben, dass
1. ausschließlich erwerbswirtschaftlich veranlasste Aufwendungen auf jeden Fall - ggf. zeitlich verteilt - abziehbar sind;

---

[20] Auf diesem Grundgedanken sollten auch die Überlegungen zu Umstrukturierungen basieren; das kann hier nicht vertieft werden.
[21] Daher ist das Argument Franz W. Wagners, in: Handelsblatt Nr. 98 vom 22.5.2001, S. 10, das Abzugsverbot für Fahrten zwischen Wohnung und Arbeitsstätte sei problematisch, denn es würde zu Änderungen des Firmensitzes führen, zweischneidig: Wenn die von ihm präferierte zinsbereinigte Einkommensteuer diese Posten nicht als Konsum wertet, führt dies zwangsläufig zu noch höheren Steuersätzen.

2. sowohl erwerbswirtschaftlich wie privat veranlasste Aufwendungen stets nur begrenzt abziehbar sind, wobei weitere Abstufungen denkbar sind; überwiegt der private Anlass, so sollte nichts abgezogen werden können;
3. private Aufwendungen, die für den Steuerpflichtigen eine gegenüber anderen Steuerpflichtigen zu große Last darstellen, sollten keinesfalls von der Bemessungsgrundlage der Steuer abziehbar sein; hierfür sollten - ggf. degressive - Transfers oder Abzüge von der Steuerschuld vorgesehen werden.

4.4 Bemessungsgrundlage

4.4.1 Vielfalt der Ermittlungsmethoden

Die Vielfalt der Ermittlungsmethoden im geltenden Recht kann nicht gerechtfertigt werden. Auch hier genügt der Vergleich mit dem Karlsruher Entwurf, wonach nur noch zwei Ermittlungsmethoden vorgesehen sind. Gegen die krasse Vereinfachung bei der Bilanzierung und Bewertung können viele Einwände erhoben werden - das ist den Verfassern des Karlsruher Entwurfes wohl bekannt. Jedoch wird es nie gelingen, sowohl einfache wie allseits akzeptierte Lösungen zu finden. Entscheidend ist aus meiner Sicht, dass der Versuch nicht aufgegeben wird, soweit dies mit Objektivierungsgesichtspunkten überhaupt möglich ist, auch die Vermögenszugänge und nicht nur die Kassenzugänge der Besteuerung zu unterwerfen. Dies folgt aus den obigen Überlegungen zu einer Zielsteuer, zu der auch die Erfassung der Sicherheit gehört, die mit vorhandenem Vermögen verbunden ist. Die Entscheidung für ein grobe und pauschalierende Vermögensermittlung bietet natürlich der Praxis Gestaltungsmöglichkeiten, doch sind diese angesichts des erheblich gesenkten ESt-Spitzentarifs weit weniger attraktiv als früher.

Doch sei auf ein Sonderproblem hingewiesen, das sich aus dem unglückseligen Halbeinkünfteverfahren ergibt: Besondere Probleme bereitet künftig die richtige Zuordnung von Betriebsausgaben resp. Werbungskosten auf der Ebene der Kapitalgesellschaft oder auf Ebene des Anteilseigners. Denn es ist keineswegs belanglos, auf welcher Ebene Betriebsausgaben resp. Werbungskosten anfallen. Als Faustregel dürfte ausreichen, dass sich der Abzug auf der Körperschaftsebene immer lohnt.[22]

---

[22] Bestimmungsgründe dafür sind die Gewerbeertragsteuer und die Definitiv-Körperschaftsteuer auf der Unternehmensebene sowie - bei Ausschüttung - auch das Halbeinkünfteverfahren. Auf Seiten des Gesellschafters ergibt sich praktisch nur eine Minderung in Höhe der Hälfte seines Einkommensteuersatzes.

Da die Zuordnungen zum Gesellschafts- bzw. Gesellschafterbereich willkürfrei nicht möglich sind, erweist sich u.a. hieran die Fragwürdigkeit des Halbeinkünfteverfahrens.

4.4.2 Abzüge von der Bemessungsgrundlage

Das geltende EStG enthält derzeit eine solche Fülle von Abzügen von der Bemessungsgrundlage, die m.E. nicht zu rechtfertigen sind, dass diese nur pauschal aufgeführt werden können. Die fehlende Rechtfertigung ergibt sich aus einem ganz einfachen Grund:

Das Bedürftigkeitsprinzip bzw. das Sozialstaatsprinzip verlangen, dass nur derjenige Staatsleistungen erhält, der sich nicht selbst helfen kann. Wer ausreichend eigenes Einkommen hat, benötigt keine Staatsleistungen. Es ist deshalb ein krasser Wertungswiderspruch, wenn solche Sozialmaßnahmen im EStG als Abzug von der Bemessungsgrundlage gewährt werden, denn dadurch hat derjenige den höchsten Vorteil, der am wenigsten bedürftig ist. Es ist ein Wertungswiderspruch, den ESt-Tarif als Transfertarif für Sozialleistungen zu verwenden. Aus der Grundwertung für den **progressiven** ESt-Tarif folgt als Grundwertung für einen Transfertarif dessen **Degression**. Als Grenzfall kommt - höchstens! - ein konstanter Transferbetrag in Betracht.

Aus diesem Grundgedanken folgt die Forderung nach Abschaffung folgender **Abzüge von der Bemessungsgrundlage:**
1. grundsätzliche aller in § 3 und § 3b normierten Steuervergünstigungen,
2. aller Sonderausgaben - mit der untenstehenden Ausnahme der Beiträge zur Gesetzlichen Rentenversicherung,
3. aller Freibeträge, wie Kinderfreibeträge, außergewöhnliche Belastungen.

Sollte sich in - m. E. sehr wenigen - Einzelfällen erweisen, dass entsprechende Sozialmaßnahmen geboten sind, so sind diese durch Transferleistungen zu erbringen.

Auf diesem Grundgedanken baut auch der Karlsruher Entwurf bezüglich der Kinderfreibeträge auf. Es wird dort - zur Abstimmung mit den Vorgaben des BVerfG - ein konstantes Kindergeld in Höhe von 35 % des Existenzminimums gewährt.

4.4.3 Der Sonderfall der Beiträge zur Gesetzlichen Rentenversicherung und vergleichbarer Leibrentenbeiträge

Zwei wesentliche Gründe sprechen für eine Ausnahme bei Beträgen zur Gesetzlichen Rentenversicherung und bei vergleichbaren Beiträgen zu privaten Leibrenten ohne Kapitalwahlrecht:
1. Diese Beiträge fließen heute - jedenfalls in Höhe des Arbeitgeberanteils - dem Steuerpflichtigen überhaupt nicht zu, er hat auch keinen konkreten Anspruch auf eine Leistung, sondern lediglich eine Anwartschaft.

2. Das heutige Umverteilungssystem nimmt den Zahlungen der Aktiven den Beitragscharakter; es handelt sich in Wahrheit um Abgaben, nicht um besteuerbares, erzieltes Einkommen.

Deshalb hat sich der Karlsruher Entwurf - in Übereinstimmung u.a. auch mit dem Wissenschaftlichen Beirat beim *BMF*[23] und der ehemaligen „Einkommensteuer-Kommission"[24] - dafür ausgesprochen, die vollen heutigen Beiträge von der Bemessungsgrundlage abziehen zu lassen - mit der notwendigen Folge, dass die gesamten Rentenzahlungen später voll zu versteuern sind (nachgelagertes Korrespondenzprinzip). Was für Beiträge zur Gesetzlichen Rentenversicherung gilt, muss aus Gründen der Gleichbehandlung auch für freiwillige Beiträge zu vergleichbaren Leibrentenleistungen gelten.

Die Verfasser des Karlsruher Entwurfes waren - m. E. zurecht - der Ansicht, dass eine Beschränkung der Höhe nach nicht notwendig ist, da derartige Leibrentenverträge ohne Kapitalwahlrecht von den Individuen schon aus Eigeninteresse nicht in zu großer Höhe abgeschlossen werden dürften.

Ohne diese Begrenzung auf Leibrentenverträge ist eine Abgrenzung gegenüber „normalem" Sparen bzw. Investieren nicht mehr möglich; dann ist der Dammbruch zur Konsumbesteuerung erfolgt.

5 Ausblick

Wie die vom *BMF* ausgeführten Einzelberechnungen zu den Folgen der vom Karlsruher Entwurf vorgeschlagenen Streichung von Vergünstigungen und Lenkungsmaßnahmen zeigt[25], kann dadurch der Tarif gegenüber dem geltenden Recht erheblich gesenkt werden. Dann kann der Spitzensteuersatz der ESt mit der Gesamtbelastung auf der Ebene der Kapitalgesellschaft angeglichen werden. Dann wäre - trotz des unglücklichen HEV - ein Schritt zu größerer Neutralität des Steuersystems erfolgt. Dies kann allerdings kein akzeptabler Ersatz für das Anrechnungssystem sein, ist vielmehr nur eine Notlösung unter der Randbedingung des geltenden HEV.

---

[23] BMF (Hrsg.), Gutachten zur einkommensteuerlichen Behandlung von Alterseinkünften des Wissenschaftlichen Beirats beim BMF, Schriftenreihe Heft 38.

[24] BMF (Hrsg.), Thesen der Einkommensteuer-Kommission zur Steuerfreistellung des Existenzminimums ab 1996 und zur Reform der Einkommensteuer, Schriftenreihe Heft 55, v. a. S. 47.

[25] Die „Schätzung der Mehr- und Mindereinnahmen" auf S. 59 ff. des Karlsruher Entwurfes stammt aus dem Hause des BMF, Abt. I A 5. Erste Ergebnisse mikroökonometrischer Untersuchungen zum „Selbstfinanzierungseffekt" des Karlsruher Entwurfs durch Gerhard Wagenhals, Incentive and Redistribution Effects of the „Karlsruher Entwurf des Einkommensteuergesetzes", Diskussionsbeiträge aus dem Institut für Volkswirtschaftslehre der Universität Hohenheim, Nr. 194/2001.

Die Anrechnung der **Gewerbesteuer** ist zwar begrüßenswert, die Umsetzung aber katastrophal. Es werden zwei Steuern so verkettet, dass sie sich nicht mehr einwandfrei trennen lassen. Faktisch ist die Gewerbesteuer ab 2001 eine Steuer auf die Rechtsform „Kapitalgesellschaft".

Klaus Tipke hat zu Recht immer wieder betont, dass nur ein prinzipientreues auch ein gerechtes Steuerrecht ist. Hiervon sind wir weiter entfernt als zuvor. Das Steuerrecht folgt immer mehr dem Spruch: Alles ist möglich. Diese zunehmende Beliebigkeit bereitet größte Sorgen. Die notwendigen und begrüßenswerten Steuersatzsenkungen und die Senkung der Gewerbesteuerbelastung für Personenunternehmen sind möglicherweise zu teuer erkauft.

Wer sich all die genannten Probleme des Steuersenkungsgesetzes und die merkwürdigen Begründungen hierfür noch einmal vergegenwärtigt, muss fürchten, dass die Steuerpolitik unbeirrt so weiter macht. Ich hoffe sehr, dass der Karlsruher Entwurf das notwendige Umdenken bewirkt. In diesem Sinne gilt: Nach der Reform ist vor der Reform.

Literaturverzeichnis

Bayer, H.-W. (1977), Grundbegriffe des Steuerrechts, in: Juristische Arbeitsblätter, Sonderheft 15.

Bareis, P.(1999), Leistungsfähigkeit, Existenzminimum, Progression und Staatshaushalt, Diskussion des Beitrags von M. Wosnitza und C. Treisch (DBW, S. 351-368), in: DBW, S. 555-558.

Bareis, P. (2000), Steuerreform 2000 - Ein Jahrtausendwerk?, in WiSt, S.602-609.

Bareis, P. (2000), Gebietet das Grundgesetz bei der Ehegattenbesteuerung die Mißachtung ökonmischer Wirkungen? - Analyse eines Rechtsgutachtens, Klaus Vogels, in: StuW, S. 81 ff.;

BMF (Hrsg.), Gutachten zur einkommensteuerlichen Behandlung von Alterseinkünften des Wissenschaftlichen Beirats beim BMF, Schriftenreihe Heft 38

BMF (1996), (Hrsg.), Thesen der Einkommensteuer-Kommission zur Steuerfreistellung des Existenzminimums ab 1996 und zur Reform der Einkommensteuer, Schriftenreihe Heft 55, v. a. S. 47.

Coase, R. H. (1937), The Nature of the Firm, wieder abgedruckt in: Ronald H. Coase, The Firm, the market and the law, Chicago: University of Chicago Press, 1992, paperback ed., 5. [print.].

Homburg, St., Zinsbereinigte oder traditionelle Einkommensteuer? Handelsblatt vom 30.11.1998, S. 43.

Homburg, St. (2001), Die Unternehmensteuerreform 2001 aus Sicht der Wissenschaft, in: Stgb, S. 8-16.

Homburg, St. (2000), Das einkommensteuerliche Ehegattensplitting, in: StuW, S. 261 ff.

Kirchhof, P. u. a. (2001), Karlsruher Entwurf zur Reform des Einkommensteuergesetzes, Heidelberg 2001; dazu ergänzend Paul Kirchhof, Erläuterungen zum Karlsruher Entwurf zur Reform des Einkommensteuergesetzes, in: DStR, S. 913 ff.

König, R.(1996), Wirtschaftliche Effizienz als Norm rationaler Steuerpolitik?, in: Neck, Reiner (Hrsg.), Wirtschaftswissenschaftliche Forschung für die neunziger Jahre, Heidelberg, S. 49-158.

Rawls, J. (1979), Sterba Eine Theorie der Gerechtigkeit, Frankfurt am Main, deutsche Übersetzung des Originaltextes: A Theory of Justice, Harvard 1971 durch Hermann Vetter

Rawls, J. (1992), Die Idee des politischen Liberalismus, Frankfurt am Main; ders., Politischer Liberalismus, Frankfurt am Main.

Schneider, D. (1997), Betriebswirtschaftslehre, Band 3, München, S. 594 ff.

Schneider, D. (1991/92), Einkommensteuer, Konsumsteuer und Steuerreformen der letzten Jahre, in: FA, S. 534-557.

Siegel, Th., (2000), Konsum- oder einkommensorientierte Besteuerung? Aspekte quantitativer und qualitativer Beweisführung, in: zfbf, S. 274 ff.

Siegel, Th. (2001), Splitting: Notwendiger Effekt oder fragwürdiger Vorteil?, in: BfuP, S. 271 ff

Vogel, K. (1999), Besteuerung von Eheleuten und Verfassungsrecht, in: StuW, S. 201 ff.

Wagenhals, G. (2001), Incentive and Redistribution Effects of the „Karlsruher Entwurf des Einkommensteuergesetzes", Diskussionsbeiträge aus dem Institut für Volkswirtschaftslehre der Universität Hohenheim, Nr. 194.

Neues Unternehmenssteuerrecht*

Arndt Raupach

1 Steuersatzsenkung zur Verbesserung des Steuerstandortes Deutschland

Die Unternehmenssteuerreform sollte nach den Plänen des damaligen Finanzministers Lafontaine dem Ziel einer rechtsformneutralen Unternehmenssteuer dienen, die alle bilanzierenden Unternehmen und möglicherweise sogar Einkünfte aus Vermietung und Verpachtung erfassen sollte[1]. Die zu diesem Zweck eingesetzte Kommission kam hingegen in den „Brühler Empfehlungen zur Reform der Unternehmensbesteuerung"[2] zu der Auffassung, dass sich kurzfristig eine grundlegende Umgestaltung des deutschen Unternehmenssteuerrechts nicht verwirklichen lasse und räumte der Verbesserung der „Wettbewerbsfähigkeit des Standorts Deutschland gegenüber dem Ausland" den Vorzug vor der Rechtsformneutralität ein.

Kernpunkt der Steuerreformgesetze in der 14. Legislaturperiode - vom Steuerentlastungsgesetz 1999[3] über das Steuerentlastungsgesetz 1999/2000/2002[4] bis zum Steuersenkungsgesetz 2000[5] - und dem Gesetz zur Fortentwicklung des Unternehmenssteuerrechts[6] bildet die Abkehr von

---

* Wortlaut des zur Kongresseröffnung gehaltenen Vortrags.
[1] Vgl. „Gedankenskizze: Unternehmenssteuer" aus dem BMF v. 1.12.1998, Handelsblatt und FAZ v. 7.1.1999.
[2] Brühler Empfehlungen, BMF-Schriftenreihe Heft 66, 1999, abgedr. in FR 1999, S. 580.
[3] Steuerentlastungsgesetz 1999 (StEntlG 1999) v. 19.12.1998, BGBl. 1998 I, S. 3779, ber. BGBl. 1999 I, S. 847.
[4] Steuerentlastungsgesetz 1999/2000/2002 (StEntlG 1999/2000/2002) v. 24.3.1999, BGBl. 1999 I, S. 402.
[5] Steuersenkungsgesetz 2000 (StSenkG 2000) v. 23.10.2000, BGBl. 2000 I, S. 1433; Dötsch/Pung, Steuersenkungsgesetz: Die Änderungen bei der Körperschaftsteuer und bei der Anteilseignerbesteuerung, DB, Beilage Nr. 10/2000; Rödder/Schumacher, Der Regierungsentwurf eines Gesetzes zur Fortentwicklung des Unternehmenssteuerrechts, DStR 2001, S. 1634 und S. 1685; dies., Unternehmenssteuerreform 2001: Wesentliche Änderungen des Steuersenkungsgesetzes gegenüber dem Regierungsentwurf und Regeln zu seiner erstmaligen Anwendung, DStR 2000, S. 1453.
[6] Gesetz zur Fortentwicklung des Unternehmenssteuerrechts (UntStFG) v. 20.12.2001, BGBl. 2001 I, S. 3858; allgemein zum Regierungsentwurf Seifert, Zum Gesetz zur Fortentwicklung des Unternehmenssteuerrechts, StuB 2001, S. 1120.

der vorausgegangenen, fast fünfzig Jahre währenden Hochsteuer- und Steuerlenkungspolitik[7].

Diese Hochsteuer- und Steuerlenkungspolitik lässt sich bis in die Zeit nach dem 2. Weltkrieg zurückverfolgen, als die Besatzungsmächte sich der Senkung hoher Steuersätze (Spitzensteuersatz von 95 v.H.) widersetzten. Dies führte zur Einführung von Steuervergünstigungen, die steuerlich den Wiederaufbau der Bundesrepublik Deutschland nach dem 2. Weltkrieg und damit das „Wirtschaftswunder" der Nachkriegszeit mit ermöglichten[8].

Zwar wurden die überhöhten Steuersätze gesenkt; da aber Steuervergünstigungen kombiniert mit hohen Steuersätzen besonders wirkungsvoll sind, blieb Deutschland jedenfalls bis zum Jahr 2000 Hochsteuerland[9].

Die steuerliche Lenkungspolitik[10] durch Steuervergünstigungen, die von Abschreibungs- und Verlustzuweisungsgesellschaften ausgenutzt wurden, verlor im Laufe der Zeit zunehmend die politische Akzeptanz, so dass es zu zahlreichen Vorschriften über die Verlustbegrenzung kam, allerdings mit zweifelhaftem Erfolg:

- Verlustklauseln im Zonenrandförderungsgesetz und im Steueränderungsgesetz 1971 für Schiff- und Luftfahrt und im Bereich des Entwicklungshilfesteuergesetzes,
- § 15 a EStG für Kommanditisten mit negativem Kapitalkonto, Verlustabzugsbeschränkungen für negative Einkünfte mit Auslandsbezug gem. § 2a EStG,
- Verlustklauseln für gewerbliche Tierzucht und -haltung sowie ab 1999 auch für Verluste aus Termingeschäften gem. § 15 Abs. 4 EStG, Verlustklauseln bei Einkünften aus sonstigen Leistungen gem. § 22 Nr. 3 Satz 3 f. EStG,
- Regelungen für negative Einkünfte aus Beteiligungen an Verlustzuweisungsgesellschaften gem. § 2b EStG durch das StEntlG 1999/2000/2002,
- für private Veräußerungsgeschäfte gem. § 23 Abs. 3 Satz 8 f. EStG durch das StEntlG 1999/2000/2002
- und schließlich die Mindestbesteuerung in § 2 Abs. 3 EStG im Rahmen des StEntlG 1999/2000/2002.

---

[7] Vgl. Raupach, Perspektiven für den Steuerstandort Deutschland, StuW 2000, S. 341 (350).

[8] Die Verweigerung der Zustimmung der Besatzungsmächte zur Steuersatzänderung führte zur „Tarifsenkung durch die Hintertür", so Dziadkowski, 50 Jahre „demokratische" Einkommensteuerlast in Deutschland, BB 1996, S. 1193.

[9] Vgl. Raupach, a.a.O. (s. Fn. 7).

[10] Näher hierzu Raupach, a.a.O. (s. Fn. 7).

Tabelle 1: Entwicklung des Spitzensteuersatzes der Einkommensteuer		
Jahre	Spitzensteuersatz	ab
1946[a] - 1947	95 %	100.000 RM
1948[b] - 1950	95 %	250.000 DM
1951[c] - 1952	95 % (80 %)	250.000 DM (129.581 DM)
1953[d] - 1954	70 %	423.501 DM
1955[e] - 1957	63,45 %	605.000 DM
1958[f] - 1974	53 %	110.040 DM
1975[g] - 1989	56 %	130.020 DM
1990[h] - 1999	53 %	130.032 DM
2000[i]	51 %	114.696 DM
2001[j] - 2002	48,5 %	107.568 DM
2003[j] - 2004	47 %	52.293 EUR (102.276 DM)
2005[k] -	42 %	52.152 EUR (102.000 DM)

a) gl. Kontrollratsgesetz Nr. 12 v. 11.2.1946, StuZBl. 1946, S. 2 und Dziadkowski, 50 Jahre "demokratischer" Einkommensteuertarif in Deutschland, BB 1996, S. 1196.
b) Vgl. Kontrollratsgesetz Nr. 64 v. 20.6.1948, StuZBl. 1948, S. 123.
c) Durch eine sogenannte Plafond-Regelung in § 32 Abs. 1 EStG in der Fassung des ESt- und KSt-Änderungsgesetzes vom 27.6.1951, BGBl. 1951 I, S. 223, wurde der Durchschnittssteuersatz auf 80 % begrenzt. Nach dem Steuertarif des Kontrollratsgesetzes Nr. 64 war diese Durchschnittsbelastung bei einem Einkommen von 129.581 DM erreicht. Die höchste Belastung der letzten hinzuverdienten Mark betrug dabei 91 %. Einkommensteile über diesem Betrag wurden nur noch mit 80 % besteuert. Der Spitzensteuersatz von 95 % ab 250.000 DM kam daher praktisch nicht mehr zur Anwendung.
d) Vgl. StÄndG v. 24.6.1953, BGBl. 1953 I, S. 413.
e) Vgl. StNOG v. 16.12.1954, BGBl. 1954 I, S. 373.
f) Vgl. StÄndG 1958 v. 18.7.1958, BGBl. 1958 I, S. 492.
g) Vgl. EStRG 1974 v. 5.8.1974, BGBl. 1974 I, S. 2165.
h) Vgl. EStG 1990 v. 7.9.1990, BGBl. 1990 I, S. 1898.
i) Vgl. StEntlG 1999/2000/2002 v. 24.3.1999, BGBl. 1999 I, S. 402 und StBerG v. 22.12.1999, BGBl. 1999 I, S. 2601.
j) Vgl. StSenkG v. 23.10.2000, BGBl. 2000 I, S. 1433.
k) Vgl. StSenkErgG v. 19.12.2000, BGBl. 2000 I, S. 1790.

Die Politik hoher Steuersätze kombiniert mit einer Vielzahl von Steuervergünstigungen führte dazu, dass trotz hoher Spitzensteuersätze die Steuerlastquote in der Bundesrepublik bis 1998 eher moderat war. Durch das StSenkG vom 23. Oktober 2000[11] mit Wirkung ab dem Veranlagungszeitraum 2001 ist die Steuerlastquote gesunken.

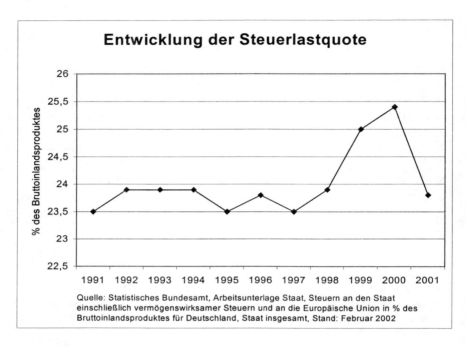

Abbildung 1: Entwicklung der Steuerlastquote

Im internationalen Vergleich war die Steuerlastquote in Deutschland eher niedrig.

---

[11] StSenkG v. 23.10.2000, BGBl. 2000 I, S. 1433.

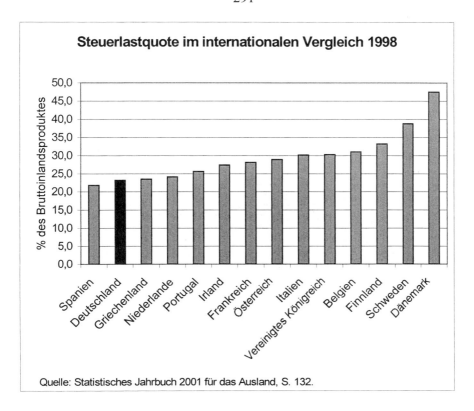

Abbildung 2: Steuerlastquote im internationalen Vergleich 1998

Mit dem Übergang
- vom Anrechnungsverfahren mit Steuersätzen von zuletzt (1999 und 2000) 40 % für thesaurierte und 30 % für ausgeschüttete Gewinne bei voller Anrechnung der Körperschaftsteuer auf die Einkommensteuer (bzw. Körperschaftsteuer) der Gesellschafter
- zur klassischen Körperschaftsteuer mit einheitlich niedrigem Satz von 25 % kombiniert mit einem Halbeinkünfteverfahren auf der Ebene der Gesellschafter

wurde mit dem StSenkG vom 23. Oktober 2000[12] ab dem Jahr 2001 die Hochsteuerpolitik aufgegeben und damit international gesehen ein Signal für den Steuerstandort Deutschland gegeben[13].

---

[12] StSenkG vom 23.10.2000, a.a.O. (s. Fn. 11).
[13] Vgl. Raupach, a.a.O. (s. Fn. 7); Karrenbrock, Die Unternehmenssteuerreform aus der Sicht ausländischer Investoren, SteuerStud 2001, S. 408.

Tabelle 2: Entwicklung der Körperschaftsteuersätze

Jahre		Thesaurierungssatz	Ausschüttungssatz	
1946[a] - 1947		35 - 65 %	35 - 65 %	
1948[b] - 1950		50 %	30 %	
1951[c] - 1952		60 %	60 %	
1953[d] - 1954		60 %	30 %	
1955[e] - 1957		45 %	30 %	
1958[f] - 1976		51 %	15 %	
1977[g] - 1989	Anrechnungsverfahren	56 %	36 %	Anrechnungsverfahren
1990[h] - 1993		50 %	36 %	
1994[i] - 1998		45 %	30 %	
1999[j] - 2000		40 %	30 %	
2001[k] -		25 %	25 %	

a) Staffeltarif, vgl. Kontrollratsgesetz Nr. 12, StuZBl. 1946, S. 2.
b) Vgl. Kontrollratsgesetz Nr. 64, StuZBl. 1948, S. 123.
c) Vgl. StÄndG v. 27.6.1951, BGBl. 1951 I, S. 411.
d) Vgl. KStG 1953 v. 24.6.1953, BGBl. 1953 I, S. 413.
e) Vgl. KStG 1955 v. 16.12.1954, BGBl. 1954 I, S. 373.
f) Vgl. KStG 1958 v. 18.7.1958, BGBl. 1958 I, S. 473. Für personenbezogene Kapitalgesellschaften wurde ein ermäßigter Tarif zur Begünstigung der Selbstfinanzierung eingeführt. Ab 1961 bestand für diese Gesellschaften ein Tarifwahlrecht (vgl. BGBl. 1961 I, S. 981).
g) Vgl. KStRG 1977 v. 31.8.1976, BGBl. 1976 I, S. 2597.
h) Vgl. StRefG 1990 v. 25.7.1988, BGBl. 1988 I, S. 1093.
i) Vgl. StandOG v. 13.9.1993, BGBl. 1993 I, S. 1569.
j) Vgl. StEntlG 1999/2000/2002 v. 24.3.1999, BGBl. 1999 I, S. 402.
k) Vgl. StSenkG v. 23.10.2000, BGBl. 2000 I, S. 1433.

Eine entsprechend starke Senkung der Einkommensteuer wurde fiskalisch nicht für möglich gehalten. Dadurch kam es zu einer erheblichen Spreizung zwischen Einkommen- und Körperschaftsteuer[14], der in § 35 EStG-StSenkG durch pauschale Anrechnung der Gewerbesteuer auf die Einkommensteuer von gewerblichen Einzel- bzw. Mitunternehmern begegnet werden soll (s.u. III 2).

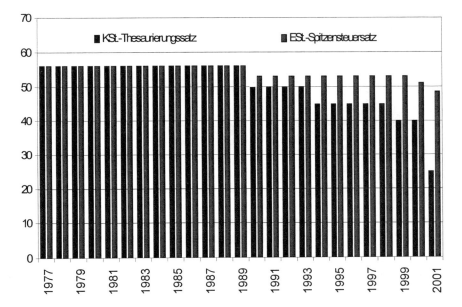

Abbildung 3: Entwicklung der ESt- und KSt-Sätze im Vergleich

---

[14] Daraus entstand für die Bundesrepublik Deutschland wegen der hier weitaus stärkeren verfassungsrechtlichen Kontrolle der Steuergesetze eine in den meisten anderen Staaten nicht bekannte verfassungsrechtliche Problematik. Dies zeigt z.B. der Vorlagebeschluss des BFH (v. 24.2.1999, X R 171/96, BStBl. 1999 II, S. 450), der die Verfassungsmäßigkeit der Spreizung zwischen normalem und gewerblichem Spitzensteuersatz in § 32c EStG-StandOG problematisiert.

Die Spreizung zwischen Einkommensteuer und Körperschaftsteuer stellt international aber keine Besonderheit dar:

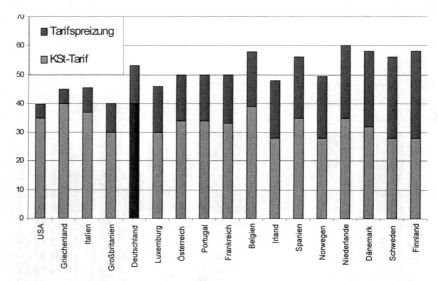

Abbildung 4: Tarifspreizung zwischen Einkommen- und Körperschaftsteuer im internationalen Vergleich für 1999

Die Grafik stellt dar, wieweit der Einkommensteuerspitzensatz die Körperschaftsteuer übersteigt. Beim Vergleich blieben besondere Steuersätze für einzelne Einkunftsarten unberücksichtigt.
Daten aus Hey, in: Herrmann/Heuer/Raupach, Einf. KStG, Anm. 448, Tabelle 4.

Weniger erfolgreich war die mit der Steuersenkung Hand in Hand gehende Verbreiterung der Bemessungsgrundlage und Objektivierung der Gewinnermittlung[15]. Die ergriffenen Maßnahmen erscheinen z.T. willkürlich und mussten wie die Abschaffung der Vorteile des sog. Mitunternehmererlasses[16] später z.T. wieder rückgängig gemacht werden (vgl. § 6 Abs. 3 und 5 EStG-UntStFG).

---

[15] Vgl. Raupach, Die Neuordnung des Körperschaftsteuersystems, DStJG, Bd. 25, Köln 2002 (in Vorbereitung); ausführlich ders., Erfahrungen aus der Steuergesetzgebung für die Steuerreform, StbJb 1998/1999, S. 11.
[16] BMF v. 20.12.1977, BStBl. 1978 I, S. 8.

2 Beibehaltung des Dualismus der Unternehmensbesteuerung

Die nachfolgende tabellarische Übersicht zeigt, dass zwar mit Aufgabe des Anrechnungsverfahrens und der Rückkehr zur klassischen Körperschaftsteuer kombiniert mit einem Halbeinkünfteverfahren ein erheblicher Eingriff in die Unternehmensbesteuerung erfolgt ist[17], dass aber die Unterschiedlichkeit der Besteuerung von Personen- und Kapitalgesellschaften (der Dualismus der Unternehmensbesteuerung) mit seinen erheblichen Komplizierungen im übrigen unverändert erhalten geblieben ist.[18]

Personengesellschaften	Kapitalgesellschaften
Kein Steuersubjekt (*nicht* § 1 Abs. 1 Nr. 5 KStG)(Steuersubjekt sind die Gesellschafter der Personengesellschaft) Aber Einkünfteerzielungs- und Einkunftsermittlungssubjekt (Rspr.)	**Steuersubjekt** (§ 1 Abs. 1 Nr. 1 KStG)
Unterschiedliche Einkunftsarten (§§ 13, 15, 18, 20, 21 EStG); Abgrenzung: § 15 Abs. 2 EStG: *Betriebliche Einkünfte*: Land- u. Forstwirtschaft (§ 13 EStG) § 4 Abs. 1 u. 3, § 13a EStG Gewerbebetrieb (§ 15 EStG) § 5 Abs. 1, § 4 Abs. 3 EStG selbständige Arbeit (§ 18 EStG) § 4 Abs. 1 u. 3 EStG ⎫ Gewinneinkünfte *Einkünfte aus Vermögensverwaltung* (vgl. § 14 S. 3 AO): Kapitalvermögen (§ 20 EStG) §§ 8, 9, 11 EStG Vermietung u. Verpachtung (§ 21 EStG) §§ 8, 9, 11 EStG ⎫ Überschußeinkünfte § 15 Abs. 3 Nr. 1 und 2 EStG: *Gewerbliche Einkünfte*: bei „auch" gewerblicher Tätigkeit (Fall gewerblicher Infektion, Nr. 1) bei typischer GmbH & Co KG (Geprägefall, Nr. 2) bei Betriebsaufspaltung (persönliche und sachliche Verflechtung) führt die Vermietung von Wirtschaftsgütern eines Besitzunternehmens an eine Betriebskapitalgesellschaft zur Gewerblichkeit des Besitzunternehmens (Rspr.)	**Ausschließlich Einkünfte aus Gewerbebetrieb** bei inländischen Kapitalgesellschaften (§ 8 Abs. 2 KStG)

---

[17] Vgl. Raupach, a.a.O. (s. Fn. 7).
[18] Vgl. Raupach, in: Herrmann/Heuer/Raupach, Einführung in die Steuerreform, R. 10.

Personengesellschaften	Kapitalgesellschaften
Horizontaler und vertikaler Verlustausgleich auf Gesellschafterebene im Verlustentstehungsjahr (aber Mindestbesteuerung § 2 Abs. 3 EStG) Ausnahmen: § 15a EStG bei begrenzter Haftung § 2b EStG bei Verlustzuweisungsgesellschaften	**Nur horizontaler Verlustausgleich** auf Gesellschaftsebene, Kein Ausgleich mit positiven Einkünften auf Gesellschafterebene
Transparenzprinzip	**Trennungsprinzip**
Einfachbelastung im Jahr der Entstehung der Einkünfte anteilige Besteuerung bei den Gesellschaftern: - Bei Mitunternehmern (§ 15 Abs. 1 Nr. 2; § 13 Abs. 7, § 18 Abs. 4 EStG); - Bei Gesellschaftern von Vermögensverwaltungsgesellschaften (Rspr., besondere gesetzliche Regelung fehlt). *Nach StSenkG*: Ermäßigung um 1,8-fachen GewSt-Meßbetrag für gewerbesteuerpflichtige Personenunternehmen (§ 35 EStG).	**Belastung thesaurierter Gewinne bei der Gesellschaft** (40 %; ab 2001: 25 %) **Doppelbelastung ausgeschütteter Gewinne bei den Gesellschaftern** (§ 20 Abs. 1 Nr. 1 u. Nr. 3 EStG): *Bis StSenkG:* Beseitigung der Doppelbelastung durch zweistufiges Anrechnungsverfahren: Herstellung der Ausschüttungsbelastung von 30 % bei Gesellschaft (§ 27 KStG), KSt-Anrechnung bei Gesellschaftern (§ 36 Abs. 2 Nr. 3 EStG). *Nach StSenkG*: Abschaffung des Anrechnungsverfahrens; Rückkehr zur klassischen Körperschaftsteuer mit gegenüber der Einkommensteuer stark ermäßigtem einheitlichen Steuersatz von 25 %. Milderung der Doppelbelastung durch Halbeinkünfteverfahren.

Bei Personengesellschaften mit Gewinneinkünften:	Angemessene Tätigkeitsvergütungen, Mieten und Zinsen an Gesellschafter bei der Kapitalgesellschaft als Betriebsausgaben abziehbar
Hinzurechnung von Tätigkeitsvergütungen, Mieten und Zinsen zum Gewinnanteil der Mitunternehmer (§ 15 Abs. 1 Nr. 2, § 13 Abs. 7, § 18 Abs. 4 EStG) *Erfassung von Sonderbetriebsvermögen I* (Wirtschaftsgüter eines Mitunternehmers, die dem Betrieb der Mitunternehmerschaft dienen, Rspr.) *Erfassung von Sonderbetriebsvermögen II* (Wirtschaftsgüter eines Mitunternehmers, die der Beteiligung des Mitunternehmers dienen), z.B. GmbH-Anteile eines Kommanditisten einer GmbH & Co. KG (Rspr.).	Bei den Gesellschaftern als Einkünfte aus nichtselbständiger Arbeit (§ 19 EStG), aus Vermietung und Verpachtung (§ 21 EStG) und aus Kapitalvermögen (§ 20 EStG) steuerpflichtig Unangemessene Vergütungen werden korrigiert: - bei Vorteilsgewährungen an die Gesellschafter als *verdeckte Gewinnausschüttungen* (§ 8 Abs. 3 Satz 2 KStG, § 20 Abs. 1 Nr. 1 Satz 2 EStG) und, - bei Vorteilsgewährungen an die Gesellschaft, soweit einlagefähige Wirtschaftsgüter vorliegen, als (steuerfreie) *verdeckte Einlagen;* Gewinnverwirklichung beim Gesellschafter, wenn im BV (Aktivierung auf Beteiligungskonto); - bei unentgeltlichen oder teilentgeltlichen *Nutzungen und Leistungen* keine Korrektur mangels Einlagefähigkeit; Ausnahme bei Auslandsbeziehungen: Korrekturen nach § 1 AStG

3 Die Neuerungen der Unternehmensbesteuerung

3.1 Neuerungen bei der Besteuerung der Kapitalgesellschaften

Das KStG bleibt im „klassischen" Teil (§§ 1 - 26 KStG) vollständig unverändert, lediglich die Vorschriften über das Anrechnungsverfahren (§§ 27 - 47 KStG a.F.) werden durch folgende Regelungen ersetzt:

Vierter Teil	Nicht in das Nennkapital geleistete Einlagen und Entstehung und Veranlagung	§§ 27 bis 32 KStG n.F.
Fünfter Teil	Ermächtigungs- und Schlussvorschriften	§§ 33 bis 35 KStG n.F.
Sechster Teil	Sondervorschriften für den Übergang vom Anrechnungsverfahren zum Halbeinkünfteverfahren	§§ 36 bis 40 KStG n.F.

Die wesentlichsten materiellen Änderungen durch die Unternehmenssteuerreform sind[19]:
- Absenkung der Körperschaftsteuersätze für einbehaltene Gewinne von 40 % bzw. für ausgeschüttete Gewinne von 30 % auf einheitlich 25 %;
- Ersetzung des Vollanrechnungsverfahrens (Besteuerung der Dividenden in voller Höhe bei gleichzeitiger Anrechnung der Körperschaftsteuer in Höhe der Ausschüttungsbelastung von 30 %) durch das sog. Halbeinkünfteverfahren (§ 3 Nr. 40 EStG-StSenkG): Besteuerung von Ausschüttungen auf In- und Auslandsbeteiligungen nur zur Hälfte (ohne Anrechnung der Körperschaftsteuer und ohne Progressionsvorbehalt);
- Erstreckung des Halbeinkünfteverfahrens auch auf laufende Gewinne aus der Veräußerung von in- und ausländischen Kapitalgesellschaftsbeteiligungen im Betriebsvermögen und in den Fällen der §§ 16, 17, 23 EStG;
- Betriebsvermögensminderungen, Betriebsausgaben, Veräußerungskosten oder Werbungskosten, die mit Einnahmen i.S.d. § 3 Nr. 40 EStG-StSenkG in wirtschaftlichem Zusammenhang stehen, dürfen gem. § 3c Abs. 2 EStG-StSenkG unabhängig vom VZ, in dem sie anfallen, nur zur Hälfte abgezogen werden; dabei reicht im Gegensatz zur Grundregel des § 3c Abs. 1 EStG ein wirtschaftlicher Zusammenhang aus;
- die Kapitalertragsteuer darf dagegen voll angerechnet werden; bezweifelt wird dies (entgegen der Entstehungsgeschichte[20]) allerdings für Auslandsbeteiligungen.

Tabelle 3: Belastungsvergleich zwischen Anrechnungs- und Halbeinkünfteverfahren

Halbeinkünfteverfahren	in %		
angenommener durchschnittlicher Einkommensteuersatz	**10,0**	**30,0**	**48,5**
Körperschaftsteuersatz	25,0	25,0	25,0
Einkommensteuer	3,75	11,25	18,19
Gesamtbelastung	28,75	36,25	43,19
Anrechnungsverfahren	10,0	30,0	48,5
Minder-/Mehrbelastung gegenüber Anwendungsverfahren	+18,75	+6,25	-5,31

---

[19] Allgemein vgl. Crezelius, Dogmatische Grundstrukturen der Unternehmenssteuerreform, DB 2001, S. 221.
[20] Vgl. Begründung des Finanzausschusses zu § 34c EStG, BT-Drs. 14/3366.

Bei niedrigem Einkommen bewirkt das Halbeinkünfteverfahren gegenüber dem Anrechnungsverfahren eine höhere Gesamtbelastung; mit steigendem Einkommen (steigendem Durchschnittseinkommensteuersatz) ergibt sich eine zunehmend niedrigere Gesamtbelastung als nach dem Anrechnungsverfahren.

3.2 Neuerungen bei der Besteuerung von Personenunternehmen

Zur Vermeidung von Nachteilen für Personenunternehmen gegenüber Kapitalgesellschaften durch die Unternehmenssteuerreform hatte die Brühler Kommission[21] vier Modelle vorgeschlagen:

- *Modell 1*: Option von Personenunternehmen zur Körperschaftsteuer

- *Modell 2*: Einführung einer Sondertarifierung für nichtentnommene Gewinne in Höhe des Körperschaftsteuersatzes

- *Modell 3*: Einkommensteuerminderung durch Berücksichtigung der Gewerbesteuerbelastung

- *Modell 4*: Weitere Absenkung des Sondersteuersatzes nach § 32c EStG a.F.

In das Gesetzgebungsverfahren wurden nur Modell 1 und Modell 3 übernommen. Die Option zur Besteuerung nach dem KStG für Personenunternehmen[22] (Modell 1) wurde während des Gesetzgebungsverfahrens insbesondere im Hinblick auf zivilrechtliche Folgeprobleme im Gesetzgebungsverfahren nicht mehr weiterverfolgt. Die Sondertarifierung für nichtentnommene Gewinne von Personengesellschaften (Modell 2) erschien angesichts der bei der Steuerbegünstigung nichtentnommener Gewinne nach § 10a EStG a.F. aufgetretenen Probleme[23] als nicht empfehlenswert. Die weitere Absenkung des Sondersteuersatzes nach § 32c EStG a.F. erschien angesichts des Vorlagebeschlusses des BFH an das BVerfG vom 24. Februar 1999[24] nicht als empfehlenswert.

---

[21] Vgl. Fn. 2.
[22] Vgl. § 4a KStG idF. des RegE, BT-Drs. 14/2683; vgl. auch *Krabbe*, Das Optionsmodell für Personenunternehmen im internationalen Steuerrecht, FR 2000, S. 545.
[23] Probleme wären insbesondere bei der Nachversteuerung von Entnahmen zu erwarten gewesen; vgl. dazu Clausen, in: Herrmann/Heuer/Raupach, § 10a EStG Anm. 2, 6 ff., 26-30.
[24] BFH v. 24.2.1999, X R 171/96, BStBl. 1999 II, S. 450.

Übrig blieb also nur Modell 3, d.h. die Einkommensteuerminderung durch pauschale Anrechnung der Gewerbesteuer für Personenunternehmen[25]: Die Ermäßigung der Einkommensteuer nach § 35 EStG-StSenkG erfolgt um das 1,8-fache des Gewerbesteuermessbetrages. Sie ist auf die Einkommensteuer, die anteilig auf gewerbliche Einkünfte entfällt, beschränkt; liegt der Gewerbesteuerhebesatz einer Gemeinde unter 350 %, bewirkt die Pauschalierung eine stärkere Einkommensteuerermäßigung als die Gewerbesteuerbelastung ausmacht.

3.3 Neuerungen bei der Besteuerung verbundener Unternehmen

Die Aufgabe des Anrechnungsverfahrens und die Anwendung des Halbeinkünfteverfahrens im Verhältnis zwischen verbundenen Unternehmen hätte zu einer Kumulierung der Steuerbelastung bei mehrstufigen Kapitalgesellschaften geführt. Das StSenkG vermeidet diese Wirkung dadurch, dass es zwischen verbundenen Unternehmen für In- und Auslandsdividenden Steuerfreiheit vorsieht, desgleichen für die Veräußerung von Kapitalgesellschaftsbeteiligungen, und zwar ebenfalls für In- und Auslandsbeteiligungen. Dieses System der Steuerbefreiung führt nach dem StSenkG allerdings auch dazu, dass der Schuldzinsenabzug nach § 3c Abs. 1 EStG-StSenkG bzw. § 8b Abs. 5 KStG-UntStFG beschränkt wurde.

Im einzelnen greifen folgende Sonderregelungen für verbundene Unternehmen ein:
– Steuerfreiheit für empfangene Gewinnausschüttungen, und zwar für In- und Auslandsdividenden (§ 8b Abs. 1 KStG-StSenkG)[26].
– Steuerfreiheit der Gewinne aus der Veräußerung von Beteiligungen an Kapitalgesellschaften, und zwar sowohl für In- als auch für Auslandsbeteiligungen (§ 8b Abs. 2 KStG-StSenkG)[27].
– Vollständiges Ausgleichs- und Abzugsverbot für Verwaltungskosten und Schuldzinsen in unmittelbarem wirtschaftlichen Zusammenhang mit Einnahmen aus Beteiligungen an Kapitalgesellschaften (§ 3c Abs. 1 EStG); Ausgleichs- und Abzugsverbot pauschaliert auf 5 % der steuerfreien Aus-

---

[25] Vgl. hierzu Wendt, StSenkG: Pauschale Gewerbesteueranrechnung bei Einzelunternehmen, Mitunternehmerschaft und Organschaft, FR 2000, S. 79.
[26] Vgl. hierzu Köster, StSenkG: Befreiung innerkonzernlicher Beteiligungserträge, FR 2000, S. 1263.
[27] Vgl. hierzu Töben, Steuersenkungsgesetz: Steuerbefreiung von Anteilsveräußerungsgewinnen nach § 8b Abs. 2 KStG n.F., FR 2000, S. 905; Eilers/Wienands, Steuersenkungsgesetz: Anteilsveräußerungen durch Körperschaften nach der Neufassung von § 8b Abs. 2 KStG, GmbHR 2000, S. 1229.

schüttungen auf Auslandsbeteiligungen (§ 8b Abs. 5 KStG-UntStFG)[28]. Der Bericht der Bundesregierung an den Bundestag[29] hatte zwar vorgeschlagen, auf die Anwendung des § 3c Abs. 1 EStG-StSenkG bei verbundenen Unternehmen zu verzichten, wodurch es allerdings zu einer Schlechterstellung für Auslandsbeteiligungen durch § 8b Abs. 5 KStG-StSenkG gekommen wäre; das UntStFG ist dem nicht gefolgt; allerdings lassen sich die Folgen des § 3c Abs. 1 EStG in Fällen körperschaftsteuerlicher Organschaft vermeiden, da dem Organträger keine steuerfreien Dividenden zufließen, sondern das Organeinkommen „zugewendet" wird (§ 14 Satz 1 KStG).
– Verschärfung der Gesellschafterfremdfinanzierung (§ 8a KStG)[30]. Reduzierung des „safe haven":

* Wegfall bei hybriden Finanzierungen;
* bei Kapitalgesellschaften allg. von 1 : 3 auf 1 : 1,5;
* für Holdinggesellschaften von 1 : 9 auf 1 : 3

Fremdvergleich bei Überschreiten des „safe haven" möglich.
– Verzicht auf die wirtschaftliche und organisatorische Eingliederung von Organgesellschaften in den Organträger im Rahmen der körperschaftsteuerlichen Organschaft gem. § 14 Nr. 1 KStG-StSenkG; bei der umsatzsteuerlichen Organschaft bleibt die Rechtslage unverändert, ebenso zunächst bei der gewerbesteuerlichen Organschaft[31]. Der Bericht der Bundesregierung an den Bundestag[32] hatte vorgeschlagen, die gewerbesteuerliche Organschaft an das Körperschaftsteuerrecht anzugleichen oder sie ganz abzuschaffen; das UntStFG vollzog die Angleichung zwischen Körperschaftsteuer- und Gewerbesteuerrecht.
– Änderung der Zugriffsbesteuerung nach dem AStG[33]:

---

[28] Zur Kritik hierzu vgl. Haep, in: Herrmann/Heuer/Raupach, § 8b KStG, Anm. R 93.
[29] Bericht der Bundesregierung zur Fortentwicklung des Unternehmenssteuerrechts, Beilage zu FR 11/2001, S. 22.
[30] Vgl. Prinz, in: Herrmann/Heuer/Raupach, § 8a KStG, Anm. R 4; ders., Neues zur Gesellschafter-Fremdfinanzierung (§ 8a KStG) nach der Unternehmenssteuerreform 2001 - Bestandsaufnahme und Gestaltungsmöglichkeiten, FR 2000, S. 1061.
[31] Eine Bestandsaufnahme aus steuerlicher Sicht bietet *Prinz*, Unternehmenssteuerreform 2001: Organschaftsbesteuerung im Wandel, FR 2000, S. 41; außerdem Krebs, Die ertragsteuerliche Organschaft, BB 2001, S. 2029; Blumers/Beinert/Witt, Das Organschaftsmodell nach dem Entwurf eines Gesetzes zur Fortentwicklung des Unternehmenssteuerrechts, DStR 2001, S. 1741; zur Rechtslage nach dem Inkrafttreten des UntStFG (sowie des StVBG) Prinz, „Fortentwicklung" des Organschaftsrechts: Neue Irrungen und Wirrungen, FR 2002, S. 66.
[32] A.a.O. (s. Fn. 29), S. 21.
[33] Vgl. *Lieber*, Neuregelung der Hinzurechnungsbesteuerung durch das Unternehmenssteuerfortentwicklungsgesetz, FR 2002, S. 139.

- Niedrige Besteuerung (§ 8 Abs. 3 AStG): weniger als 25 %;
- Hinzurechnungsbetrag (§ 10 Abs. 2 AStG): gem. StSenkG keine Zugehörigkeit zu den Einkünften aus Kapitalvermögen iSd. § 20 Abs. 1 Nr. 1 EStG, vielmehr „Sondersteuer" von 38 % (entsprechend einer Belastung von 25 % KSt und 13 % GewSt); die Sondersteuer wurde mit UntStFG rückwirkend wieder aufgegeben;
- Verschärfung für Einkünfte mit Kapitalanlagecharakter (§ 10 Abs. 6 AStG);
- Keine Kürzung bei Gewinnausschüttungen (§ 11 Abs. 1 AStG), da Steuerfreiheit nach § 8 b Abs. 1 KStG (aber § 8 b Abs. 5 KStG!).

4 Zusammenfassung

Die Senkung und Vereinheitlichung des Körperschaftsteuersatzes von 25 % wirkt international als positives Signal für den Steuerstandort Deutschland. Im übrigen ist aber das Unternehmenssteuerrecht durch die Reform nicht einfacher geworden, da Rechtsform- und Finanzierungsneutralität gar nicht angestrebt, sondern der Dualismus der Unternehmensbesteuerung beibehalten wurde und die langjährige Übergangsregelung vom Anrechnungs- zum Halbeinkünfteverfahren die technischen Schwierigkeiten des Anrechnungsverfahrens zunächst nicht beseitigt. Hinzu kommen Probleme, die sich daraus ergeben, dass das Außensteuergesetz, das Umwandlungssteuergesetz und das Konzernsteuerrecht nicht ausreichend an das Halbeinkünfteverfahren angepasst wurden. Einige wenige Schritte in diese Richtung erfolgten mit dem Gesetz zur Fortentwicklung des Unternehmenssteuerrechts (UntStFG); grundlegende Strukturverbesserungen sind (wenn überhaupt) aber frühestens in der nächsten Legislaturperiode zu erwarten.

Literaturverzeichnis

Blumers/Beinert/Witt, (2001), Das Organschaftsmodell nach dem Entwurf eines Gesetzes zur Fortentwicklung des Unternehmenssteuerrechts, DStR, S. 1741.

BMF (1998), Handelsblatt / FAZ (1999), „Gedankenskizze: Unternehmenssteuer" aus dem BMF v. 1.12.1998, Handelsblatt und FAZ v. 7.1.1999.

BMF-Schriftenreihe (1999),Brühler Empfehlungen, Heft 66, abgedr. in FR, S. 580.

Crezelius, (2001), Dogmatische Grundstrukturen der Unternehmenssteuerreform, DB, S. 221.

Dziadkowski, (1996), 50 Jahre „demokratische" Einkommensteuerlast in Deutschland, BB, S. 1193.

Dziadkowski, (1996), 50 Jahre „demokratische" Einkommensteuerlast in Deutschland, BB, S. 1196.

Karrenbrock, (2001), Die Unternehmenssteuerreform aus der Sicht ausländischer Investoren, SteuerStud, S. 408.

Köster, (2000) StSenkG: Befreiung innerkonzernlicher Beteiligungserträge, FR, S. 1263.

Krabbe, (2000), Das Optionsmodell für Personenunternehmen im internationalen Steuerrecht, FR, S. 545.

Krebs, (2001) Die ertragsteuerliche Organschaft, BB, S. 2029.

Lieber (2002), Neuregelung der Hinzurechnungsbesteuerung durch das Unternehmenssteuerfortentwicklungsgesetz, FR, S. 139.

Prinz, (2000) Unternehmenssteuerreform 2001: Organschaftsbesteuerung im Wandel, FR, S. 41.

Prinz, (2002), Fortentwicklung des Organschaftsrechts: Neue Irrungen und Wirrungen, FR, S. 66.

Raupach, (2002), Die Neuordnung des Körperschaftsteuersystems, DStJG, Bd. 25, Köln (in Vorbereitung)

Raupach, (1998/1999), Erfahrungen aus der Steuergesetzgebung für die Steuerreform, StbJb, S. 11.

Raupach, (2000), Perspektiven für den Steuerstandort Deutschland, StuW, S. 341 (350).

Raupach (2000), Neues zur Gesellschafter-Fremdfinanzierung (§ 8a KStG) nach der Unternehmenssteuerreform 2001 - Bestandsaufnahme und Gestaltungsmöglichkeiten, FR, S. 1061.

Raupach in: Herrmann/Heuer/Raupach, Einführung in die Steuerreform, R. 10

Töben, (2000) Steuersenkungsgesetz: Steuerbefreiung von Anteilsveräußerungsgewinnen nach § 8b Abs. 2 KStG n.F., FR 2000, S. 905.

Wendt, (2000) StSenkG: Pauschale Gewerbesteueranrechnung bei Einzelunternehmen, Mitunternehmerschaft und Organschaft, FR, S. 79.

Neue Aufgaben für die Finanzverwaltung

Die Unternehmenssteuerreform - ein Beitrag zur Modernisierung der Steuerverwaltung

Ernst Georg Schutter

Durch das neue System der Unternehmensbesteuerung wird die Arbeitsweise der Finanzämter nachhaltig beeinflusst. Das Ziel der vorliegenden Arbeit liegt zum einen in einer Darstellung der verwaltungsmäßigen Konsequenzen des neuen Steuerrechts und zum zweiten im Aufzeigen notwendiger Reformen zur Modernisierung der Finanzverwaltung.

Mit dem Beitrag wird keine kritische inhaltliche Analyse der Grundentscheidungen des Gesetzgebers beabsichtigt. Er beschränkt sich ausschließlich auf Überlegungen zur Administrierbarkeit der Unternehmenssteuerreform und dringt auf weitere Schritte zur effizienteren Gestaltung der Steuererhebung.

1 Der Blick zurück

Die Steuerverwaltung hatte in den letzten Jahren eine Vielzahl von Problemen zu bewältigen, die die Effizienz der Steuererhebung maßgeblich beeinträchtigen. Dazu gehören vor allem die Explosion der Fallzahlen, der nicht durch eine vernünftige Personalpolitik begegnet wird, und die Tatsache, dass die Einkommensteuer wie auch die Mehrwertsteuer ständig komplexer wurden. Vereinfachungen des Steuerrechts wurden in der Regel auf relativ unbedeutenden Gebieten vorgenommen.

1.1 Die Explosion der Fallzahlen

Die deutschen Finanzämter mussten in den letzten Jahren einen enormen Anstieg der Fallzahlen bewältigen, der durch die nachstehend aufgeführte Tabelle aufgezeigt wird: Die kritische Durchsicht der Übersicht ordnet der Besteuerung der Kapitalgesellschaften nur eine untergeordnete Bedeutung zu. Hinzu kommt, dass ein Großteil der Körperschaftsteuerfälle (rd. 55 v.H.) zu einer Steuerfestsetzung von 0 DM führt oder eine Veranlagung (z.B. wegen laufender Liquidation und Insolvenzverfahren) nicht durchgeführt wird. Die überwiegende Zahl der Körperschaftsteuerpflichtigen ist damit von der Unternehmenssteuerreform im Ergebnis nicht betroffen.

Tabelle 1

Zahl der Fälle				in der Veranlagung	Deutschland gesamt
Veranlagungszeitraum	Steuerart	Fälle	Stichtag	Bearbeitet	Erledigungsstand
1990	ESt	23.203.853	01.01.1992	17.436.286	75,10 %
	KöSt	525.002	01.01.1992	150.090	26,80 %
	Feststellung	826.769	01.01.1992	327.460	39,60 %
	USt	3.440.210	01.01.1992	1.126.740	32,80 %
	GewSt	1.252.360	01.01.1992	314.449	25,10 %
Gesamt		29.248.194	01.01.1992	19.335.025	66,17 %
1988	ESt	28.608.338	01.01.2000	21.115.295	73,80 %
	KöSt	909.534	01.01.2000	421.448	46,30 %
	Feststellung	1.115.325	01.01.2000	544.098	49,10 %
	USt	4.956.061	01.01.2000	2.492.209	50,30 %
	GewSt	2.126.576	01.01.2000	824.485	38,80 %
Gesamt		37.715.834		25.400.535	67,35 %
Mehrfälle		8.467.640		6.045.510	

Auf die Binnenkultur eines Finanzamts hat die Unternehmenssteuerreform somit keine großen Auswirkungen. Das Management des Finanzamts konzentriert sich im Wesentlichen auf den termingerechten jährlichen Umschlag der Einkommensteuererklärungen unserer Steuerbürger. Ein guter oder schlechter Tabellenstand in der monatlichen Statistik bei der Einkommensteuerveranlagung entscheidet über das Prestige des Finanzamts sowohl in der Verwaltung als auch bei seinen Kunden - dem Steuerbürger.

Die Ursachen des Anstiegs der Fälle in den zurückliegenden Jahren sind vielfältig: Eintritt starker Geburtsjahrgänge in das Berufsleben, wachsendes Lohnniveau und damit vermehrte Kontakte mit dem Finanzamt, Einsatz des Steuerrechts z.B. für die Wohnbauförderungen und andere Lenkungsmaßnahmen. Allerdings ist festzustellen, die Zunahme der Fallzahlen hat entscheidend an Fahrt verloren. Sie stagniert mit noch geringfügigem Wachstumspotential.

1.2 Die tragenden Säulen des Steueraufkommens

Das Aufkommen der wichtigsten Steuerarten im Jahr 2000 stellt sich wie folgt dar:

Tabelle 2: Aufkommen 2000	
Steuereinnahmen	913.900 Mrd. DM
Umsatzsteuer	275.520 Mrd. DM
Lohnsteuer	265.471 Mrd. DM
Gewerbesteuer	52.857 Mrd. DM
Körperschaftsteuer	42.108 Mrd. DM
Einkommensteuer	23.909 Mrd. DM.

Die vorangegangene Zahlen verdeutlichen, das die tragenden Säulen des Steueraufkommens die Umsatz und die Lohnsteuer sind. Die Körperschaftsteuer führte dagegen eher ein Schattendasein, denn unter der Herrschaft des Anrechnungsverfahrens bis Ende 2000 stellte das Körperschaftsteueraufkommen zum Teil nur eine vorläufige Steuerfestsetzung dar. Im Falle der Gewinnausschüttung wird die Körperschaftsteuer von 30 v.H. auf die Einkommensteuer der Gesellschafter angerechnet. Die Körperschaftsteuer ist somit in diesem Bereich nur eine vorausgezahlte Einkommensteuer.

Die Zahlen weisen auf eine Achillesferse der deutschen Steuerverwaltung hin. In der verwaltungsinternen Diskussion wird heftig darum gestritten, ob das Personal der Finanzämter (in der Bundesrepublik rd. 120.000) effektiv eingesetzt wird. Insider befürchten schon längst, dass der ehrliche Steuerbürger sehr intensiv betreut wird, dagegen Sektoren unseres Wirtschaftssystems als „steuerfreie Zonen" erklärt werden. Die Finanzverwaltung ist auf weiten Bereichen des wirtschaftlichen Lebens (z.B. die Schwarzarbeit) nicht präsent. Überlegungen, in diesem Bereiche mehr Flagge zu zeigen, werden durch die Umstellung des Anrechnungsverfahrens auf das Halbeinkünfteverfahren im neuen System der Unternehmensbesteuerung nicht beeinflusst.

Die Änderung des Körperschaftsteuersystems berührt im Wesentlichen nur die Mannschaft der Konzernbetriebsprüfer und ihrer Gegenspieler - die qualifizierten Berater international operierender Steuerberatungsgesellschaften. Die ausgewählte Truppe der Oberamtsräte (in der Bundesrepublik gibt es 12.000 Betriebsprüfer) mit Fachhochschulreife kämpft gegen die Equipe akademisch ausgebildeter Steuerberaterinnen und Steuerberater. Die Mehrergebnisse dokumentieren, dass auch die Oberamtsräte manche Fälle erfolgreich in das gegnerische Netz versenken können.

1.3 Der inkongruente Personalanstieg

Dem starken Anstieg der Fallzahlen stand in den letzten 25 Jahren ein inkongruenter Personalanstieg entgegen. Das Personal in den Finanzämtern ist in dem Zeitraum 1975 - 2000 um 11 v.H. angestiegen, während bei den wichtigsten Steuerarten sich die Zuwachsraten sehr viel stärker entwickelt haben. Die Einkommensteuerfälle sind um 66 v.H., die Umsatzsteuerfälle um 72 v.H., die Körperschaftsteuerfälle um 258 v.H. und - was besonders stark ins Gewicht fällt - die Einsprüche um 244 v.H. angestiegen. Diese Differenz zwischen Anstieg der Fallzahlen und Entwicklung des Personalbestandes versuchte die Finanzverwaltung durch große Investitionen in dem EDV-Bereich aufzufangen. Das Land Baden-Württemberg investiert z.B. jährlich durchschnittlich 50 Mio. DM in den Aufbau der EDV-Systeme in seinen Finanzämtern. Eine gedankliche Hochrechnung auf alle Bundesländer lässt ahnen, welche Kosten der Vollzug unseres hochkomplizierten Steuerrechts mit sich bringt und welches Einsparpotential in einer radikalen Vereinfachung liegen würde.

1.4 Die verhaltenen Ansätze zur Steuervereinfachung

Nicht vergessen darf man allerdings, dass es auch in den letzten Jahren Ansätze zur Steuervereinfachung gegeben hat. Der Wegfall der Vermögensteuer und der Gewerbekapitalsteuer bedeuten für die Finanzämter sicherlich eine wertvolle Entlastung. Diese Vereinfachungstendenzen im Unternehmensbereich sind allerdings durch eine immer weitere Komplizierung des

Einkommensteuergesetzes bestimmt - eine merkwürdige Disharmonie unserer Steuerpolitik. Während das Steuerrecht für den Unternehmer, der überwiegend sehr qualifiziert vertreten ist, vereinfacht wird, verwirrt die Einkommensteuer zunehmend unsere Steuerbürger, die ihre Steuererklärung in vielen Fällen allein erstellen.

Die Folgen dieser Entwicklung liegen auf der Hand. Die Fehlerquote des Produkts der Finanzverwaltung - der Steuerbescheid - ist besorgniserregend. Bei einer gezielten Nachprüfung der Steuerbescheide nach der Behandlung schwieriger Rechtsprobleme zeigt eine Fehlerquote vom 50 v.H. Der gezielte Einstieg in die Fälle (z.B. der Verlustverrechnung) lässt die Fehlerquote dynamisch ansteigen. Bei einer flächenmäßigen Überprüfung aller Steuerbescheide stellt sich das Ergebnis erfreulicher dar. Die Fehlerquote liegt bei dieser Prüfungsmethode zwischen 15 - 20 v.H.

2   Der Blick in die Gegenwart

Der Blick in die Gegenwart ist gekennzeichnet durch Personaleinsparungen, die Umstellung der Finanzverwaltung zur Serviceverwaltung und die zunehmende Internationalisierung der Steuererhebung.

2.1   Der Schock der Personaleinsparungen

Die Steuerverwaltung gehört nicht mehr zu den unantastbaren staatlichen Organisationen, sondern wird in allen Bundesländern in die Personaleinsparungen des öffentlichen Dienstes einbezogen. In dem Blickfeld der politischen Entscheidungsträger rückt die Steuerverwaltung in der Bedeutung für die Personalpolitik ganz eindeutig hinter die personelle Ausstattung der Lehrer und der Polizei.

Die Steuerverwaltung in Baden-Württemberg muss in den Jahren 2000 - 2001 rd. 3 % ihrer Stellen einsparen. Ähnliche Einsparungsquoten findet man in allen anderen Bundesländern.

2.2   Der Weg des Finanzamtes in eine Serviceverwaltung

Gewandeltes Verständnis des Verhältnisses Bürger zu seinen staatlichen Einrichtungen beeinflusst auch die Arbeitsweise der Finanzämter. Ihnen kommt bei der Umsetzung eines „unverdaulichen" Steuerrechts die Rolle eines Dienstleisters für unsere Bürger zu. Der Finanzbeamte rückt in die Stellung eines Sozialtherapeuten, der unsere nicht beratenen Bürger - aber auch in vielen Fällen den beratenen Bürger - den Sinn unseres Steuerrechts erklären muss.

2.3 Die Schlagkraft der deutschen Steuerverwaltung im internationalen Vergleich

Untersuchungen der französischen Steuerverwaltung über die Effizienz der europäischen Finanzverwaltungen zeigen ein alarmierendes Ergebnis. Sowohl die französische als auch die deutsche Steuerverwaltung nehmen in dieser Untersuchung im Ranking konkurrierender Industrienationen einen Abstiegsplatz ein. In beiden Nationen zeigt eine Kostennutzungsanalyse im Vergleich zu den benachbarten Staaten eine ungünstige Relation. Eines ist jedoch klarzustellen: Diese negative Aussage enthält keine Wertung der Qualität unserer Finanzbeamten. Die ungünstige Ertrags- und Aufwandsrelation ist durch verschiedene, spezifische nationale Kosten besonders beeinflusst. Die Bundesrepublik hat im Rahmen ihres föderalen Staatsaufbaus erhebliche Kosten für die unterschiedlichen Strukturen der Finanzverwaltung in den einzelnen Bundesländern. Auch ist die Bundesrepublik - wie Frankreich auch - bemüht, durch eine schlagkräftige Verwaltung den Vollzug der Gesetze sicher zu stellen.

3 Der Aufbruch zu neuen Ufern - die überfällige Modernisierungsdebatte

In den letzten Jahren führte sowohl der Blick zurück als auch der Blick in die Gegenwart zu einer intensiven Diskussion und zu Überlegungen über die überfällige Modernisierung unserer Steuerverwaltung. Was sind nun die hauptsächlichen Ziele am entfernten Ufer, die mit dieser Debatte angestrebt werden?

3.1 Die Analyse der Schwachstellen des Föderalismus

Die Frage drängt sich sowohl den Finanzbeamten als auch den Steuerberatern, die täglich mit den Finanzämtern zu arbeiten haben, auf: Wie viel Föderalismus verträgt eine gleichmäßige, effektive Steuererhebung in der Bundesrepublik. Auf diesem Weg sind viele gefährliche Stromwirbel zu überwinden:

- Die unterschiedliche Personalausstattung der Steuerverwaltung in den einzelnen Bundesländern.
- Die unterschiedlichen EDV-Systeme und der schwerfällige Programmierverbund, die Programme den neuesten Gegebenheiten anzupassen.
- Der langwierige Entscheidungsprozeß bei der Abstimmung zwischen dem Bund und der Länder.

Hinzuweisen ist als exemplarisches Beispiel, dass der Umwandlungssteuererlass zu dem Umwandlungssteuergesetz 1995, das erhebliche Änderungen mit sich brachte, erst drei Jahre später veröffentlicht wurde. Bis zu diesem Zeitraum waren die Finanzämter gehalten, keine Auskünfte zur Interpretation des Gesetzes zu geben. Im internationalen Wettbewerb der Steuerverwaltungen wird sich dieser schwerfällige Entscheidungsprozess als Nachteil erweisen.

Der Aufbau des Bundesamtes für Finanzen als dem Bundesfinanzministerium unmittelbar nachgeordnete Behörde, zu einer „Taskforce" bei der Bekämpfung des Umsatzsteuermissbrauches ist ein erster Versuch, die kritischen Schnittstellen des Föderalismus zu kitten. Ein Finanzbeamter, der aus der Nähe eine Analyse virtueller Unternehmensgruppen erlebt hat, deren alleiniges Ziel die Erstattung der Vorsteuer ist, begrüßt diese Entwicklung. Er steht mit einem gewissen Erfahrungspessimismus einem ausgeprägten Föderalismus der Steuerverwaltung entgegen. Der Versuch, das Bundesamt für Finanzen vermehrt in die Bekämpfung des Umsatzsteuermissbrauches einzuschalten, wird möglicherweise die Schranken zwischen den einzelnen Bundesländern verringern und eine gleichmäßige Behandlung dieser Fälle sicherstellen. Die Versuche, die in diesem Bereich seit kurzem angelaufen sind, sollten im Interesse einer einheitlichen Steuererhebung vorbehaltlos, jedoch auch kritisch analysiert werden.

3.2 Das Leitbild einer modernen Steuerverwaltung und praktische Umsetzung

Die Strukturen des Leitbildes einer Steuerverwaltung besteht aus 4 Komponenten, die zu realisieren sind:
- Die Auftragserfüllung,
- die Kundenzufriedenheit,
- die Motivation der Mitarbeiter und
- der wirtschaftliche Ressourceneinsatz.

Die erste Konsequenz - die Auftragserfüllung - erfordert eine vollständige, richtige und zeitnahe Erhebung der Steuern. Diese Konsequenz ist auf dem Weg zu neuen Ufern im Morgennebel nur schemenhaft zu erkennen. Die pessimistische Prognose ist erlaubt: Bei dem deutschen Steuerrecht, das intensiv in die private Sphäre des Bürgers leuchtet, werden wir auf dem Weg zu neuen Ufern noch manche „Fata Morganas" erleben müssen. Die Modernisierungsdebatte wird dort ihre Grenzen finden, wo das Steuerrecht nicht mehr vollziehbar ist.

Die deutsche Steuerverwaltung wird sich den Erfahrungen ausländischer Steuerverwaltungen (z.B. den Überlegungen in Holland) nicht verschließen können. Es müssen ernsthaft alle Versuche genutzt werden, den Steuerbürger wieder zu überzeugen, dass die pünktliche und ordnungsgemäße Bezahlung seiner Steuern einen unverzichtbaren Beitrag für unser Staatswesen darstellt. Die Finanzverwaltung muss den Kampf um seine Bürger energisch, aber auch mit viel Feingefühl aufnehmen. Ohne die Unterstützung der Kunden mit ihren Beratern wird diese Komponente des Leitbildes nicht zu erfüllen sein.

Bei der zweiten Komponente, die höfliche, kompetente und faire Behandlung ihrer Kunden, hat die Steuerverwaltung dagegen das neue Ufer schon fest im Visier. Die Einrichtung von Info-Centern in den Finanzämtern stellt sich als Erfolgsstory dar. Alle Finanzämter des Landes Baden-Württemberg sind bis zum Ende dieses Jahres mit diesen Info-Centern ausgestattet. Die Bürger zeigen sich ganz überwiegend hoch zufrieden mit dem Empfang in den Eingangshallen der Finanzämter. Die meisten ihrer Probleme lassen sich ohne einen lästigen Weg durch die verschiedenen Stellen des Finanzamts sofort lösen.

Ein weiterer Erfolg der Finanzverwaltung beeinflusst sehr positiv das Steuerklima. Die Umschlagsgeschwindigkeit der eingegangenen Steuererklärungen wurde aufgrund des massiven EDV-Einsatzes in den letzten Jahren erheblich gesteigert. Die Bearbeitung dauerte über 1 ½ Jahre, die noch vor einigen Jahren die Regel war, gehört der Vergangenheit an. Als Leitlinie kann man heute davon ausgehen, dass der Bürger innerhalb eines Zeitraumes von 4 - 6 Wochen eine Reaktion auf seine eingereichte Steuererklärung erhält. In vielen Fällen wird diese Dauer noch erheblich unterschritten. Die verkürzten Bearbeitungszeiten lassen auch den Bürger manch negative Entscheidung zähneknirschend, aber ohne Rechtsmittel entgegennehmen. Die Fortschritte der Finanzverwaltung in diesem Bereich stellen einen nicht zu unterschätzenden Beitrag zur Verbesserung des Steuerklimas dar.

Auf Dauer kann diese Verbesserung nur stabilisiert werden, wenn der Staat weiter in die Ausgestaltung der Arbeitsbedingungen zur Förderung der Zufriedenheit der Beschäftigten investiert. Gehaltsniveau, EDV-Ausstattung und eine intensive Fortbildung sind notwendig, um die Motivation der Finanzbeamten und damit ihr Auftreten nach außen zu erhalten und zu steigern.

Die beschränkte personelle und sachliche Ressourcenverwaltung zwingt zur kritischen Überlegung, ob die deutsche Finanzverwaltung ihre Kräfte optimal einsetzt. Sie muss sich - wie die niederländische Steuerverwaltung mit ihrer Compliance-Überlegung vorbildhaft praktiziert - vom steuerehrlichen Bürger hin zu den Risikofeldern bewegen. Um die Mannschaft in den Finanzämtern in diese Richtung bewegen zu können, bedarf es noch vieler Überzeugungsarbeit bei den Inspektorinnen und Inspektoren. Die Führung der Finanzämter - der Leiter und seine Sachgebietsleiter - haben die anspruchsvolle Aufgabe, die jungen Leute bei ihrem Gang in die Praxis - nach einer sehr theoretisch ausgerichteten Ausbildung - zielorientiert zu begleiten. Die Grundprinzipien des vorgeschlagenen Leitbildes der Finanzverwaltung werden scheitern, wenn der Kampf um die Köpfe der Steuerbeamten scheitert.

4 Blick in die Zukunft - Notwendige Reformen

Die Finanzverwaltung hat für die nächsten Jahre eine Vielzahl von strategischen Überlegungen und Reformen zu vollbringen, um das Ziel einer effizienten Finanzverwaltung zu verwirklichen. Dazu gehören vor allem die nun folgenden Prozesse des zielgruppenorientierten Arbeitens, der Modernisierung der Besteuerungsverfahren, der Schaffung moderner Besteuerungsinstrumente sowie der Mitarbeitermotivation.

4.1 Die Modernisierung der Steuerverwaltung in Richtung einer zielgruppenorientierten Arbeitsweise

Die Finanzverwaltung muss sich endgültig davon verabschieden, die Vielzahl der rechtlichen Probleme und der Feinheiten des deutschen Steuerrechts in der Praxis vollziehen zu können. Sie hat ihren Finanzämtern Kriterien vorgeben, um eine einheitliche Gesamtfallbearbeitung mit einer gewichtigen Qualitätssicherung zu erreichen. Die gegliederten Arbeitseinheiten mit dem ehrwürdigen „Zwei-Mann-Bezirk" ist durch größere Arbeitseinheiten abzulösen. Einkommensteuer- und Arbeitnehmerbezirke sind zusammenzulegen und der Außendienst wieder näher an den Innendienst heranzuführen. Die Maschine hat die routinemäßigen Arbeiten zu übernehmen und den Blick freizumachen für die Analyse schwieriger Prüffelder.

4.2 Die Modernisierung des Besteuerungsverfahrens

Die neue Definition der Arbeitsweise in den Finanzämtern ist durch eine große Anzahl von Änderungen beim Besteuerungsverfahren zu begleiten. Dabei sind besonders folgende anzuführen:
- Überprüfung der „ehrwürdigen" EDV-Systeme in der Steuerverwaltung
- Intensivierung elektronischer Übermittlungsverfahren und Datenaustauschs zwischen Steuerzahler, dritter Personen, anderer Verwaltungen mit der Steuerverwaltung
- Entwicklung der elektronischen Lohnsteuerkarte, vor allem zur Vermeidung von Betrugstatbeständen
- Elektronische Mitteilungen von Kapitalerträgen und anzurechnender Steuern
- Einstieg in die Selbstveranlagung entsprechend dem Vorbild der Lohnsteueranmeldungen und der Umsatzsteuervoranmeldungen

- Entwicklung einzelfallorientierter Risikoanalyse, Ausdehnung der programmbesteuerten Bearbeitung der Steuerfälle.
- Die Stärkung der Prüfungsdienste
Der internationale Standard über das Verhältnis Innen- zu Außendienst beträgt 1/3 im Innendienst, 2/3 im Außendienst. Der nationale Standard in der Bundesrepublik liegt dagegen mit 2/3 des Personals im Innendienst und nur 1/3 in den Prüfungsdiensten. Die Bundesrepublik wird auf Dauer sich nicht gegen die Realisierung des internationalen Standorts auch im Inland wehren können.

4.3 Die Schaffung moderner Besteuerungsinstrumente zur Führung der Finanzämter

Bei der Einführung dieser Besteuerungsinstrumente steht die Finanzverwaltung - wie der öffentliche Dienst im Allgemeinen - noch vor einem weiten Weg. Die Ursache für diesen verzögerten Start liegen nicht nur in den Widerständen der „Eingeborenen", sondern auch in dem fehlenden Angebot von privaten Beratungsunternehmen, die sich in der Arbeitsweise des öffentlichen Dienstes einfühlen können. Verfahrenscontrolling, dezentrale Ressourcenverwaltung und Entwicklung einer Kosten- und Leistungsrechnung stecken noch in den Kinderschuhen. Zwar sind diese Schlagwörter auch in der Finanzverwaltung seit einigen Jahren Allgemeingut, ihre Realisierung lässt jedoch auf lange Zeit noch zu wünschen übrig.

4.4 Die Stärkung der Motivation der Mitarbeiter

Die Rahmenbedingungen des öffentlichen Dienstes mit seinen „harten Faktoren" setzt der Phantasie zur Motivation der Mitarbeiter enge Schranken. Durch Intensivierung der weichen Faktoren können jedoch die Grenzen des öffentlichen Dienstrechtes weitgehend abgefedert werden. Durch regelmäßige Mitarbeitergespräche (in Baden-Württemberg im Jahr einmal institutionalisiert), der Stärkung der Führungskompetenz der Sachgebietsleiterebene durch Assessment-Centers und nachfolgende ständige Begleitung und durch eine intensive fachliche Fortbildung ist die Verwaltung in diesem Punkt auf einem richtigen Weg.

5 Die Internationalisierung der Steuerverwaltung

Das Zusammenwachsen des EU-Binnenmarktes setzt auch voraus, dass die Steuerverwaltung dieser Entwicklung nachfolgt. Das Signal aus dem Süden „Die Freiburger Erklärung und das Schwetzinger Abkommen" aus den Jahren 1998 und 2000 ist die Geburtsstunde für ein Zusammenwachsen der europäischen Steuerverwaltungen von unten nach oben. Die Vertragssysteme ermöglichen den Finanzämtern in Baden-Württemberg zur Bekämpfung des Umsatzsteuermissbrauches den direkten Kontakt mit einem Großteil der Finanzämter in Frankreich. Regelmäßige Kontakte mit Partnerschaftsfinanzämtern, gegenseitige Einladungen zu Dienstbesprechungen und gemeinsame Besprechungen über Themen der Umsatzsteuererhebung setzen den Geist der beiden Vertragssysteme in die Wirklichkeit um.

Das Signal aus dem Süden blieb nicht ohne Antwort. Die Länder Rheinland-Pfalz und Saarland haben sich den Verträgen des Landes Baden-Württemberg mit der französischen Steuerverwaltung angeschlossen. Nordrhein-Westfalen plant entsprechende Vereinbarungen mit ihren Nachbarländern im Westen. Die nächste Etappe auf diesem weiten Weg beginnt in wenigen Tagen. Fast unbemerkt von der allgemeinen Diskussion wird der Gesetzgeber in den nächsten Tagen die Ermächtigung dafür schaffen, dass auch die Ertragsteuern in die Verträge einzelner Bundesländer mit der französischen Steuerverwaltung einbezogen werden. Der Beginn eines historischen Prozesses, der die bisherigen Fiskalgrenzen langsam, aber stetig durchlöchert.

6 Die Unternehmensteuer-Reform in der Organisierungsdebatte - die möglichen Auswirkungen auf die Arbeitsbereiche der Finanzämter

Im folgenden Kapitel werden die Konsequenzen aus der Unternehmensteuerreform für die Finanzverwaltung ausführlich dargestellt. Darüber hinaus wird auf den Reformierungsbedarf der Einkommensteuer eingegangen.

6.1 Das Risiko einer Prognose oder der Irrtum des Orakels von Delphi

Die Finanzverwaltung wird aus dem Anrechnungsverfahren erst bei der Körperschaftsteuerveranlagung 2001 aussteigen. Die möglichen Auswirkungen sind daher nur spekulativ zu erahnen.

6.2 Die Auswirkungen auf einzelne Arbeitsbereiche der Finanzämter

	Grundentscheidungen	Arbeitsbereiche
1.	Grundsätzliche Beibehaltung des bisherigen Systems der Einkünfte und Einkommensermittlung mit verbreiteter Bemessungsgrundlage	ESt- und KSt-Teilbezirke, Bp, belastungsneutral
2.	Körperschaftsteuersatz 25 v.H. unabhängig von der Ausschüttung der erzielten Gewinne	KSt-Teilbezirke, Bp, belastungsneutral, sinkendes KS-Aufkommen und geringere Mehrergebnisse der Bp (Entschärfung der verdeckten Gewinnausschüttung!)
3.	Wegfall des Anrechnungsverfahrens, allerdings: Führung eines Einlagekontos	KSt-Teilbezirke, Bp, belastungsmindernd
4.	Komplizierte Übergangsregelung für den Ausstieg aus dem Anrechnungsverfahren (15 Jahre) vorübergehender Vorbehalt zweier unterschiedlicher Besteuerungssysteme	KSt-Teilbezirke, Bp, EDV, belastungssteigernd
5.	Unterschiedliche Steuersätze für KSt- und ESt-Bereich • Lock-in-Modelle, Missbrauchsgefahr • Verfassungsbeschwerde	KSt- und ESt-Teilbezirke, Rechtsbehelfsstellen, Bp, geringfügige Mehrbelastung
6.	Steuerfreiheit von Dividenden und Veräußerungsgewinnen im Bereich von Kapitalgesellschaften • Gestaltungsmodelle, Missbrauch Zuordnung von Ausgaben zu den verschiedenen Bereichen, Gestaltungsmodelle	KSt-Teilbezirke, Bp, geringfügige Mehrbelastung
7.	Dividendenbesteuerung im Halbeinkünfteverfahren • Zuordnung von Ausgaben Keine Anrechnung von Körperschaftsteuer, nur noch Anrechnung von Kapitalertragsteuer	ESt-Teilbezirke, belastungsneutral
8.	Veräußerung von Anteilen an Kapitalgesellschaften im Halbeinkünfteverfahren • Mindestens 1 v.H., Erfassungsproblem Anstieg von Fällen mit Veräußerungs- und Liquidationsverlusten	ESt-Teilbezirke, Bp, größere Mehrbelastung
9.	Steuerermäßigung wegen Gewerbesteuer Pauschalierte Anrechnung der Gewerbesteuer in Höhe des 1,8-fachen des Gewerbesteuermessbetrags	ESt-Teilbezirke, u.U. Bp, EDV geringfügige Mehrbelastung
10.	Renaissance des Mitunternehmererlasses	ESt-Teilbezirke, Bp, belastungsneutral, bekannte Materie
11.	Halber Durchschnittssteuersatz für Betriebsveräußerungen und -aufgaben	ESt-Teilbezirke, Bp, geringfügige Mehrbelastung

6.3 Die Mehrbelastung in der Übergangszeit

Die Umsetzung der neuen Konzeption für die Unternehmensbesteuerung wird mit großer Wahrscheinlichkeit in einem Überganszeitraum (15 Jahre?) zu einer Mehrbelastung - vor allem in den Körperschaftsteuerbezirken - führen. Das neue Recht enthält eine Vielzahl revolutionärer Änderungen, die zu verarbeiten sind. Der Aufbruch in die neue Welt wird Zeit und Kraft binden.

Der optimistische Blick in die Zukunft - die zwiespältig flimmernde Morgenröte am Horizont: Der Vereinfachung der Besteuerung der Gesellschaften mit qualifizierter Beratung steht die fortschreitende Komplizierung der Besteuerung des Steuerbürgers mit seinen Alltagsproblemen, der sonntägliche Ärger mit dem sensiblen Vordruck KSO bei der Erstellung der Einkommensteuererklärung, diametral entgegen.

Die beschwerlichen Zwischenetappen auf dem Weg zum Paradies für Kapitalgesellschaften:
- Der „normale" Steuerberater im Griff einer wohlwollenden, aber esoterischen Übergangsregelung, die Gretchenfrage nach der zeitlich richtig getimten Gewinnausschüttung im Griff mathematischer Formeln
- Die Großveranstaltungen der Steuerberaterkammern kein Markenzeichen für die Kundenorientierung der Steuerverwaltung

   Das neue „Feeling" für die Kooperation zwischen den Teilbezirken „Kapitalgesellschaften" und „Einkommensteuer": Die zutreffende Erfassung von Gewinnausschüttungen erfordert eine weitere behördeninterne Vernetzung
- Die zeitraubende Aufarbeitung der „150 Zweifelsfragen"
- Die rechtzeitige Vorlage der neuen KSt-Vordrucke und die Bereitstellung laufender EDV-Programme

6.4 Die Folgen für die GmbH

Der erwartete Run auf die GmbH ist bisher ausgeblieben. Der explosionsartige Anstieg der GmbH-Fälle beim Einstieg in das Anrechnungsverfahren im Jahr 1977 scheint sich beim Ausstieg aus diesem System nicht zu wiederholen. Die GmbH ist noch weit von der „Pole-Position" der Rechtsformen entfernt.

6.5 Ermittlungsprobleme und internationale Gesichtspunkte

- Die extensive Besteuerung der Veräußerungsgewinne aus Beteiligungen an Kapitalgesellschaften (die 1 v.H.-Grenze) und die Spekulationsbesteuerung (1-bzw. 10-Jahres-Zeitraum) wird die Finanzverwaltung vor diffizile Ermittlungsprobleme stellen. Die Überlegung sei gestattet, ob bei die-

sen Bereichen das Damokles-Schwert einer neuen Runde von „Bankenfällen" droht.
- Die Reduzierung des Körperschaftsteuersatzes von 40 v.H. auf 25 v.H. und die Entschärfung vieler Probleme der verdeckten Gewinnausschüttung im Halbeinkünfteverfahren wird die Betriebsprüfer auf Suche nach neuen Prüfungsfeldern lenken. Absehbar ist, dass nunmehr der Siegeszug der Umsatzsteuer, der Grunderwerbsteuer und der Erbschaftsteuer in den Köpfen der Betriebsprüfer beginnt. Der weitere Rückgang des Körperschaftsteuer-Aufkommens wird den Weg der Bundesrepublik in das System der indirekten Steuern beschleunigen.
- Die sinkenden Steuersätze verschieben die Gewichte in dem internationalen Steuerwettbewerb. War in der Vergangenheit vor allem die unterschiedliche Steuerbelastung das entscheidende Merkmal für Investitionsentscheidungen, so rückt bei einer Nivellierung der Steuerbelastungen in den europäischen Staaten die Arbeitsweise der Finanzverwaltung in den Vordergrund. Durch den Körperschaftsteuersatz von 25 v.H. - ein revolutionäres Signal nach außen - wird die Bundesrepublik für viele ausländische Gesellschaften steuerlich wieder hoch attraktiv. Sie kann den Wettlauf gegen präferierte Investitionsstandorte allerdings nur gewinnen, wenn sie das Instrument der verbindlichen Zusage flexibler gestaltet. Die Erfahrungen aus der Praxis mit Diskussionen ausländischer Investoren belegen eindrucksvoll, dass für die Investitionsentscheidungen in vielen Fällen die äußerst flexible Arbeitsweise der holländischen Steuerverwaltung im Vorfeld entscheidend ist. Die Finanzämter in der Bundesrepublik machen es sich mit verbindlichen Zusagen außerordentlich schwer, ganz im Gegensatz zu der holländischen Steuerverwaltung, die sich vor Beginn von Investitionen sehr gesprächsbereit zeigt. Der Blick in die Steuerakten dokumentiert in diesen Fällen augenfällig, dass ein „Einzeiler" des holländischen Finanzamtes steuerliche Zweifel im Voraus klärt. Anders dagegen die verbindlichen Zusagen in der Bundesrepublik: Eine in der Regel länger hinziehende Diskussionsphase mit einer Entscheidung unter mehreren Vorbehalten.

6.6 Die Auswirkungen der Gewerbesteueranrechnung und des Körperschaftsteuersatzes von 25%

Durch die Neugestaltung der Unternehmensbesteuerung auf der Ebene der Kapitalgesellschaft und der Gesellschafter (Halbeinkünfteverfahren, Anrechnung der Gewerbesteuer bei Einzelunternehmen und Personengesellschaften) stellt sich die berechtigte Frage: Quo vadis innovative Steuerberatung? Die neuen Komponenten der Unternehmensbesteuerung bedeuten sowohl einen Abschied als auch einen Aufbruch zu neuen Arbeitsbereichen.

Das Mirakel der Gewerbesteueranrechnung bei natürlichen Personen bedeutet einen 3-fachen Ausstieg aus liebgewonnenen, feinsinnig kultivierten Problemfeldern. Steuerberatung und Finanzämter haben sich aus der hohen Kunst der delikaten Differenzierung zwischen Freiberufler- oder gewerblicher Tätigkeit zu verabschieden. Der findige Softwareentwickler - ein Problemfall in der Abgrenzung zwischen Freiberufler- oder gewerblicher Tätigkeit - wird vom Albtraum der Gewerbesteuer befreit und kann somit seine Gehirnzellen in die richtige Richtung aktivieren. Die Betriebsaufspaltung - die Organisationsform vieler mittelständischer Unternehmen - erleidet durch die Umwandlung der Gewerbesteuer in eine „Finanzausgleichssteuer" eine schleichende Deflation. Der gewerbliche Grundstückshandel - die berüchtigte 3-Objekt-Grenze - stürzt in einen rapiden steuerlichen Niedergang. Die Ausweitung der Spekulationsfrist für Grundstücke auf 10 Jahre und die Gewerbesteueranrechnung werden die meisten Probleme dieses schwierigen Problemfeldes beseitigen.

Diesem Verlust an Marktanteilen steht für die steuerberatenden Berufe der vielfache Einstieg in neuen Marktchancen entgegen. Der unwiderstehliche Steuersatz von 25 v.H. zwingt zur laufenden Feinabstimmung der passenden Mode für die Rechtsform. Im Gegensatz zu dem Körperschaftsteuersatz von 40 v.H. stellt der Einsatz der 25 v.H. für die private Sphäre eine attraktive Überlegung dar. Das Geschenk der steuerfreien Beteiligungserträge von Kapitalgesellschaften wird für die private Vermögensanlage eine erwägenswerte Alternative darstellen. Der Rückzug aus der Einkommensteuer und der Gang in die Körperschaftsteuer wird sich bei großem Vermögen mit Beteiligungsbesitz an Kapitalgesellschaften aufzwingen.

6.7 Die neuen Problemfelder des Einkommensteuergesetzes

Bei aller Euphorie über neue Marktchancen dürfen die steuerberatenden Berufe und die Finanzverwaltung nicht die Tradition vergessen. Nach wie vor werden die traditionellen Rechtsfragen den Alltag des Steuerrechts bestimmen. Hinzu kommen neue Problemfelder des Einkommensteuergesetzes, die das Verhältnis zu den Steuerzahlern dominieren werden. Dazu gehören:

- Die Umsetzung der Rentenreform in das steuerliche Koordinatensystem.
- Die steuerliche Würdigung der Verluste im Rahmen der Unternehmen am neuen Markt und der nationalen und internationalen Fusionen - die vielen ungelösten Rätsel des § 8 Abs. 4 KStG und § 12 Abs. 3 UmStG.
- Die steuerliche Erfassung des e-commerce und
- Die Abzugsteuer zur Bekämpfung der illegalen Betätigung im Baugewerbe.

7 Fazit

Die Finanzverwaltung führt eine intensive technische, verfahrensmäßige und personelle Modernisierungsdebatte. Der Stellenwert der Unternehmenssteuerreform in den verschiedenen Denkmodellen ist abschließend noch nicht absehbar. Allerdings eine vorsichtige Prognose ist erlaubt: Nach Überwinden der turbulenten Übergangsregelungen beim Ausstieg aus dem Anrechnungsverfahren wird das neue Körperschaftsteuersystem einen weiteren Beitrag zur Vereinfachung der Unternehmensbesteuerung und damit auch für die Modernisierungsdebatte der Finanzverwaltung leisten.

Den politischen Entscheidungsträgern muss allerdings mit Nachdruck in das Stammbuch geschrieben werden: Die zunehmende Disharmonie des immer komplizierter werdenden Einkommensteuergesetz für den nicht beratenen Steuerbürger und die hoffnungsvolle Vereinfachungstendenzen bei der Besteuerung des beratenen Unternehmens kann auf Dauer nicht hingenommen werden. Die Vereinfachung des Einkommensteuergesetzes muss in der Agenda der Steuergesetzgebung an die erste Stelle rücken. Dabei müssen allerdings Politiker mit Herkules-Kräften an das Werk gehen.

V Neue praktische Lösungen einer Besteuerung von Unternehmensgewinnen

The Croatian Profit Tax: An ACE in Practice*

Michael Keen and John King[1]

1 Introduction

In a series of reforms between 1994 and 1998, Croatia assembled a uniquely interesting tax structure.[2] It is a rare example-perhaps the only one-of a system built systematically on the principle that tax be levied on consumption rather than income. The system had - and the reason for the past tense will become clear shortly - three main components: a broad based value-added tax; a personal income tax from which dividends, interest and capital gains were explicitly exempt; and a profit tax charged only on equity income in excess of some imputed 'normal' return (called the rate of 'protective interest' (PI)). The profit tax was thus essentially an 'Allowance for Corporate Equity' (ACE) system of the kind advocated by the IFS Capital Taxes Group (1991) and Devereux and Freeman (1991),[3] so that the Croatian experience provides a unique opportunity to evaluate an ACE in practice.[4]

Now, moreover, is an appropriate time to review that experience: it came to an abrupt end at the start of 2001, when, in a thoroughgoing restructuring of business taxation in Croatia, the PI deduction was eliminated.

---

* Der Herausgeber dankt Michael Keen und John King dafür, dass sie ihren - für die Gesamtthematik der Unternehmenssteuerreform in Deutschland außerordentlich aktuellen - Beitrag über die kroatische Gewinnsteuer für diesen Band zur Verfügung stellten. Der Beitrag erschien zuerst in der Zeitschrift Fiscal Studies des Instituts for Fiscal Studies, dem der Herausgeber ebenfalls für die Erlaubnis zum Wiederabdruck danken möchte.

[1] Fiscal Affairs Department, International Monetary Fund, Washington DC 20431. We are grateful to Leo Bonato, Isaias Coelho, Jesus Seade, Janet Stotsky, Howell Zee and two referees for many thoughtful comments and suggestions. Views expressed here arre ours alone, and not necessarily those of the IMF.

[2] For an account of the reform by its principal architects, see Rose and Wiswesser (1998) and Schmidt et al (1996).

[3] Isaac (1997) provides a conceptual critique of the ACE in the UK context.

[4] Austria, Brazil and Italy have operated 'partial ACE' profit taxes, in the sense that imputed equity income (defined somewhat differently in the three cases) is taxed at a reduced rate, but not (as in Croatia) wholly exempt. Under the Italian system, for instance, additions to the stock of equity since the introduction of the tax in 1998 were taxed at 19 percent rather than the regular rate (latterly) of 34 percent: see Bordignon, Giannini, and Panteghini (2000) for an assessment. The Italian system was frozen by the new government elected in 2001, and is scheduled to be wholly removed.

The purpose of this paper is to evaluate the performance of the Croatian profit tax from its birth in 1994 to its recent restructuring. Section II describes the form of the tax, and some of its advantages over more conventional forms of profit tax. Section III presents some data on how it performed in practice. Section IV then discusses the main criticisms that were leveled against it. Section V considers the reasons for - and wider implications of - its demise.

2 An Outline of the Croatian Profit Tax

The essential idea behind the Croatian profit tax, and the ACE more generally, is straightforward.[5] By allowing firms to deduct the cost of their equity finance along with that of their debt, the profit tax comes to be a tax on rents (that is, on profits in excess of a normal return to capital), and hence to be non-distorting. While it is well known that there are a number of ways in which a profit tax can be designed to be in effect a tax on rents, the Croatian form has the attraction of being more closely related to conventional forms of tax based on accounting profits than are other kinds (such as cash flow taxes).

The main features of the mechanics of the Croatian profit tax-presented analytically in Box 1 for those who prefer equations to words (and applied numerically in Table 1 below) - were as follows:[6]

- It was levied on the profits of enterprises, which are either "legal persons" (companies), or "physical persons" (individuals) who have exercised their option (within limits) to be taxed under the profit tax rather than the personal income tax.

- The starting point for the tax computation was the change in the value of equity, as shown in the balance sheet of the enterprise, rather than the profit and loss account (or income statement). This change in balance sheet equity was then adjusted by subtracting new equity contributions,

---

[5] The intellectual origins of the ACE are to be found in Boadway and Bruce (1984), with explicit development by IFS Capital Taxes Group (1991) and Devereux and Freeman (1991). Jacobs and Schmidt (1997) assess the ACE (positively) as a method of corporate tax harmonization in the EU.

[6] The description that follows is of the tax as it was in mid-2000.

and adding back dividends paid and other profit distributions, to arrive at profit (or loss) for the accounting period.[7]

- In this process, as in almost all profit tax systems, certain adjustments were made-for example, the adding back to profit of any depreciation charged in the accounts in excess of the maximum rates allowed, of interest paid that was deemed excessive, and of items of expenditure deemed not to have been made for business purposes. In addition, all revenues and expenditures relating to shares in other enterprises were removed from the profit statement.

- An additional deduction - the ACE feature unique to Croatia - was then made for the imputed cost of the equity of the enterprise. This protective interest (PI) deduction was calculated by applying a notional rate of return (computed as 5 percent plus the rate of increase of industrial product prices; the rate in mid-2000 was 11.2 percent) to the book value of equity.

- If the net result of these computations was a negative tax base, that tax loss could be carried forward for up to five years-with interest added to it, at the PI rate. The amount of taxable profits, arrived at after all these adjustments, was then subject to tax at the uniform rate of 35 percent.

The distinctive feature of this system was the PI deduction for the imputed cost of equity. It is intuitively obvious that this provision results in a system that is neutral with respect to enterprises' choice between debt and equity financing (since the costs of both methods of financing are allowed as deductions for tax purposes), so long as the actual interest rate used in computing the PI deduction appropriately reflects the cost of equity funds used in the enterprise. (Here, it should be stressed, we speak imprecisely: the question of the appropriate rate of protective interest proves a subtle one, and is taken up in Section 4.5). It is also clear that this system does not distort investment choices, since a marginal investment (with a pre-tax return that is just equal to its pre-tax cost) does not affect the overall tax

---

[7] The same approach- starting from the balance sheet-is taken by many profit tax systems in Europe (such as Germany's), though others (such as that of the UK) start directly from the profit and loss account. Given the ways in which the various accounts are linked to one another in a double entry bookkeeping system, the difference is one of form rather than substance.

liability of the enterprise: the tax charge on the return on this marginal investment would be offset by the PI deduction on its imputed cost.[8]

Another way of understanding the neutrality properties of the PI scheme may be helpful. In effect, it taxes net distributions to shareholders arising from their future and past equity investments in the company. It is thus equivalent to an S-based cash flow tax (in the terminology of the Meade Committee (IFS, 1978)) relating to future net distributions-well-known to be non-distorting-combined with a current allowance for initial equity (non-distorting because initial equity reflects past decisions).

The PI deduction has another (related) and considerable practical advantage that is a little less obvious than neutrality with respect to the debt-equity choice and marginal incentives to invest: in principle, it makes some problematical aspects of enterprise accounting practice irrelevant for tax purposes.

Perhaps the most important of these is the computation of depreciation. Suppose, for example, that an enterprise decides to bring forward one unit of depreciation from the future ("period 1") to the present ("period 0"). This acceleration results in a reduction in taxable profits by 1 unit, and hence of tax by 0.35, in period 0 - with a corresponding increase by the same amount in period 1. Under a conventional profit tax, this postponement of tax would be advantageous to the enterprise. However, the increase in period 0 depreciation reduces reported profit in that period, and hence-other things being equal-the value of shareholder equity. In the Croatian system, therefore, the enterprise loses a PI deduction for period 1 on that amount of equity. If the protective interest rate is the same as the firm's discount rate, the forgone value of that tax relief exactly offsets the tax benefit to the enterprise of accelerating its depreciation deduction.[9]

---

[8] That is, the "marginal effective tax rate" (METR)-defined as the difference between the pre-tax and post-tax rates of return on a marginal project undertaken by the enterprise (expressed as a percentage of the pre-tax return)-is zero for all types of investment. Once again, it is of course crucial here that the assumed discount rate for the enterprise is the same as the rate of protective interest.

[9] In terms of the algebra of Box 1, this acceleration of depreciation allowances reduces Π_0 (and hence B1) by 1. But (from (2)) it also reduces E1 by 1-and so reduces the protective interest allowance by ρ-and increases Π_1 by 1 (through recovery of the depreciation brought forward). In present value, and so long as the tax rate remains unchanged, the tax base reduction of 1 in period 1 is exactly offset by a tax base inrease in period 1 of $(1+\rho)$.

Thus, any depreciation schedule which permits the firm eventually to write off the entire cost of an investment gives rise to the same reduction in the present value of its tax payments. This implies - consistent with the equivalence to cash-flow taxation noted earlier - that any such scheme

---

Box 1. A simplified representation of the Croatian profit tax

The Croatian profit tax was effectively an ACE: its base, B, was accounting profit (net of depreciation and interest payments), Π, less an allowance for corporate equity calculated as the product of the rate of protective interest, ρ, and shareholders' equity, E. Thus the base in period 1, for instance (adding time subscripts) is:

(1) $\qquad B_1 = \Pi_0 - \rho E_0$.

In practical terms, however, the base was not calculated in this way. To understand how it was calculated, and why the effect was equivalent to the ACE-form in (1), recall first that shareholder's equity in a company at the start of year 1 (the difference on the balance sheet between assets and liabilities), denoted by E_1, is simply equity at the start of the previous year 0, E_0, *plus* retained earnings over the year—equal to accounting profits Π less dividends D—*plus* sales of new equity invested in the company, N. That is,

(2) $\qquad E_1 = E_0 + \Pi_0 - D_0 + N_0$.

The tax base B was then calculated as the increase in shareholder equity, $E_1 - E_0$, with adjustments to: *subtract* new equity subscribed over the period (the reason being that this source of increased equity does not represent earnings generated in the company); *add* dividends paid (since that does reflect earnings generated); and *subtract* protective interest, which is equal to the implicit return, at the specified rate of protective interest ρ, on initial equity E_0:

(3) $\qquad B_1 = E_1 - E_0 - N_0 + D_0 - \rho E_0$.

Substituting (2) into (3) gives exactly (1).

---

provides the same present value tax reduction as does free depreciation. The only differences between different depreciation schedules - and these may be important to some firms - are in the pattern of cash flows: in the presence of the PI deduction, accelerating depreciation still brings forward a tax deduction, even though this is offset in present value by a higher tax charge in a later period.

Hence, while most profit tax systems must specify rather strictly the maximum amounts of depreciation that may be charged in each period on different kinds of asset, rules of this kind were not really necessary in the

Croatian system, because the pattern of depreciation chosen by the enterprise did not affect the present value of its profit tax payments (so long, of course, as the rate of the PI deduction was set appropriately), mitigating or even removing the incentive to over-state depreciation.[10]

In a similar way-though a little less obviously-the PI deduction removes the need for any further adjustments to the accounts in inflationary conditions such as those experienced in Croatia in the early 1990s. It is well known that conventional historical cost accounting systems can result in serious distortions in such conditions. In the balance sheet, the value of fixed assets and inventories becomes understated, so that the measure of shareholder equity is distorted; in the income statement, depreciation and the cost of sales are understated, while the gain from the decline in the real value of the firm's debt is not taken into account. Tax systems based on historical cost accounts can, therefore, result in large distortions in inflationary conditions. In Croatia, however, any distortion to the value of equity in the firm's balance sheet in inflationary conditions would be offset by a corresponding change in the value of its PI deduction.[11]

A third issue that often causes difficulty in profit tax systems is whether (and if so, to what extent) financial institutions such as banks should be allowed a deduction from their taxable profits for allocations to reserves held in respect of bad debts - or whether, on the contrary, they should only be allowed to deduct losses arising from bad debts as and when those debts are actually written off in the accounts. "Equity," for the purposes of the PI computation, was defined broadly - so that it included most reserves; hence, the Croatian system provided a PI deduction for the imputed cost to an enterprise of holding reserves (whether obligatory or not). However, the bad debt reserves of commercial banks (unlike their other reserves) were not included in the measure of equity for the purposes of computing the PI

---

[10] In practice, maximum depreciation rates (defined on a straight line basis) were applied in Croatia, and depreciation shown in the accounts in excess of these rates was carried forward—as shown in the computations presented in Table 1. However, since accelerated depreciation (of up to twice the prescribed rate for each class of asset) was permitted, the maximum allowable rates—although irrelevant in present value terms—were very high by international standards. For example, before acceleration road transport vehicles were depreciated according to the prescribed rate over 4 years, machinery and equipment over 8 years, office equipment over 5 years, and buildings over 25 years.

[11] In Croatia enterprises may revalue their fixed assets (and they may opt for LIFO methods of inventory valuation). These features of accounting practice remove some of the potential distortions to measured profit in times of inflation. In the presence of the PI deduction they did not, however, result in a double allowance for inflation, because the revaluations are reflected in reserves that were included in the measure of "equity" on which the profit tax computation was based.

deduction. To preserve neutrality, therefore, an explicit profit tax deduction for net allocations to bad debt reserves was appropriate.

A rather different issue arises concerning interest payments. Because most other countries' profit tax systems favour debt financing, they usually require strict rules to prevent companies (particularly foreign companies) from artificially arranging their financial structures so as to minimize their tax liabilities. These "thin capitalization" rules are, inevitably, somewhat complex (and somewhat arbitrary). Croatia's profit tax had no such rules. In principle, at least, the symmetric treatment of the cost of debt and equity finance meant that they were not needed.

It may also seem that the Croatian system created opportunities for arbitrage by allowing firms to deduct interest payments while at the same time exempting interest receipts from tax at the personal level. Again, however, the structure of the PI deduction removes the problem. Holding constant the level of assets held by the company - the appropriate assumption in seeking to identify pure arbitrage opportunities in transactions between shareholder and firm - increasing borrowing means reducing new share issues or increasing dividends by exactly the same amount, so that shareholder equity carried forward falls by exactly the amount of the debt issued. But then the value of the interest deduction on the loan is exactly offset by a reduction in the PI allowance. This presumes, of course, that the PI rate is exactly equal to the interest rate on debt: there remains scope for tax arbitrage by paying interest at above the PI rate. But scope for such games also arises under "normal" profit taxes, with no deduction for equity costs: indeed, to the extent that the tax rate of the marginal shareholder differs from the rate of corporate tax, games can be played even without manipulating the interest rate, and it is games of this sort that the Croatian tax system closes down.[12]

In short, the Croatian profit tax system as it stood in the late 1990s had many very attractive analytical features. It was based largely on commercial accounts
requiring relatively few adjustments to be made (with the exception of the PI deduction itself). At the same time, it did not distort the enterprise's choices between different methods of finance, or types of investment; and, because it levied no tax on marginal investments, it should not have affected the level of investment undertaken by the enterprise. For these properties to have held exactly requires, of course, that the rate of PI be set at exactly the right level-an issue that we discuss later. But the scheme does not become unattractive simply because the rate was almost certain to be set incorrectly: the extent of the distortion induced would depend on how incorrect it was.

---

[12] For this reason the IFS Capital Taxes Group also anticipated that the ACE would operate in conjunction with the exemption of investment income at personal level.

Even the wrong rate may perform better, in particular, than the standard practice of allowing no deduction for PI, which implicitly simply sets the rate to zero.

3   The Profit Tax in Practice

From its introduction in 1994, profit tax revenues in Croatia rose to 2.5 percent of GDP in 1998. They fell somewhat thereafter; mainly, it seems, as a result of the general recession in the Croatian economy in 1998-2000. This level is only a little lower than the averages both for the EU and for the countries of Central and Eastern Europe. In revenue terms, therefore, it seems that Croatia's profit tax during these years was neither particularly lenient on enterprises, nor particularly severe, in comparison with the systems of other European countries.

Table 1 shows how the aggregate profit tax liabilities of Croatian enterprises were computed for 1998. The effect of the PI deduction, as shown in this table, was to reduce taxable profits by 16 percent below what they would otherwise have been, from HrK 10.2 billion to HrK 8.5 billion (before deducting losses brought forward of HrK 0.2 billion). This simple computation understates the significance of the PI deduction in the late 1990s, however, for two reasons. First, the figures shown in Table 1 relate only to those enterprises that had a positive profit tax liability in 1998. In the case of many enterprises, however, the effect of the deduction was to eliminate what would otherwise have been a positive profit tax liability. Second, (and reflecting an increase in the inflation rate from close to zero) the rate of protective interest was subsequently more than doubled from the 1998 level of 5 percent, to 11.2 percent.

A rather more comprehensive picture of the impact in 1998 of the profit tax, and of the PI deduction, may be obtained from Table 2. This table summarizes the computations made, not only for enterprises with a positive tax liability, but for all enterprises in Croatia. It shows that a further HrK 2.8 billion of profits would have been liable to tax, in the absence of deductions in the form of losses brought forward (of HrK 1.3 billion) and protective interest (of HrK 1.5 billion). Table 2 also shows the extent to which enterprises in Croatia were making losses (and hence would be largely unaffected by any special incentives that might have been offered through the profit tax system).[13] In aggregate, losses exceeded profits by HrK 3.4 billion; loss-making enterprises accounted for 41 percent of total

---

[13] Except perhaps to the extent that these schemes create tax losses that can be carried forward, and that will in practice be deducted from taxable profits in future periods.

employment, and 67 percent of equity book value in the enterprise sector in 1998. Losses on this scale - which are likely to reflect in some degree an over-valuation of equity when the tax was introduced - are not unusual in the early stages of economic transition. Though they of course undermine the revenue from the profit tax, the associated behavioral problems - such as artificial incentives to merge or otherwise trade in tax losses - are mitigated by the feature of the Croatian profit tax, noted earlier, of paying interest on losses carried forward.

4 Criticism of the Protective Interest System

In the course of its short life, a variety of criticisms were made of the PI deduction that was the central feature of the Croatian profit tax. This section reviews these criticisms.

4.1 Bias in Favor of Capital Intensive Enterprises Relative to Labor Intensive Enterprises

It was sometimes said that the system of protective interest favored capital intensive activities. On the contrary, however: in principle, as noted above, the PI deduction should have ensured that the profit tax did not distort investment choices in respect of capital-intensity; an investment would be profitable after tax if, and only if, it was profitable before tax. Removing the deduction would favor debt-financed investments over those financed by equity - as occurs with most other profit tax systems. In general, it is easier to finance investments that use a large amount of physical capital by means of debt finance, because the physical capital can be used as collateral. For this reason, it is commonly argued that conventional profit tax systems are biased in favor of capital intensity. By removing this bias of conventional profits tax systems in favor of debt, the effect of the PI deduction should have been to remove the associated bias in favor of capital intensity.

While the principle is thus clear - the PI deduction does not create a bias in favor of capital-intensive activities but rather, if anything, removes one there is nevertheless an empirical question as to whether the enterprises that benefited most from the PI deduction in Croatia were relatively capital intensive or relatively labor intensive. Table 3 shows by sector, for those enterprises with positive increases in equity in 1998, the number of employees, book value of equity, adjusted profits, and PI deduction; it then calculates:

- Equity per employee (EPE), as a rough measure of capital-intensity;[14] and

- The ratio of the PI deduction to profits (as a measure of the benefit from the deduction).

A simple regression of the PI/profit ratio on equity per employee (EPE) for the 15 sectors distinguished in the table suggests quite a strong positive relationship.[15] The positive correlation is, however, due almost entirely to a single observation, for the public utilities sector (consisting of Electricity, Gas, and Water Supply). In Croatia, as in most countries, this sector is highly capital intensive; in the Croatian case, the exceptionally low rate of return on equity achieved in this sector (as shown in Table 3) resulted in the elimination of almost all of its taxable profit by the PI deduction. Removing this observation from the regression, there is no significant relationship between the PI deduction and capital intensity.

4.2 Benefits to Some Large SOEs and Former SOEs with Overvalued Assets

It was also a common view in Croatia in the late 1990s that the assets of some large state owned enterprises (SOEs), and of some enterprises that have already been privatized, were overvalued, and that these enterprises consequently benefited from excessive PI deductions. It is true that if the equity capital of a business was incorrectly measured at the time of the introduction of the new profit tax then its tax liabilities in subsequent periods would also be mis-measured. However, any mis-measurement of taxable profit due to overvaluation of assets at the time of introduction of the tax would be a windfall cash flow benefit to the enterprises concerned: it would not result in any distortion of their *subsequent* financing and investment decisions.

---

[14] The sum of equity and debt would be a better indicator, but data on debt (or enabling its estimation) are not available.

[15] The equation is: PI ratio = 0.15 + 0.010 EPE $R^2 = 0.74$
          (0.04)   (0.002) where the figures in brackets are standard errors.

Some other important qualifications should also be noted:

- If such enterprises were privatized in a competitive auction process, one would expect this windfall benefit to have been taken into account in the price paid by the new owners. In this case, any remaining overvaluation of the assets would be irrelevant, because the benefit of the excessive PI deductions would already have been "paid for" in the price paid at auction.

- In other cases, the excessive PI deductions would gradually decline over time, as the old, overvalued assets were written off and replaced by new investments. Any problem arising in this area would, therefore, become steadily less serious each year.

- Finally, to the extent that overvaluation of assets in the balance sheets of a small number of enterprises represented a real problem, the appropriate solution would have been to revalue the assets on a more realistic basis, not to redesign the profit tax system.

It is not easy to find direct evidence of overvaluation in the case of current and former SOEs. As indicated in Table 3, enterprises in the utility sector, and also (to a lesser degree) the transportation and communications sector, do appear to have had a low rate of return to (measured) equity capital. These sectors included many large SOEs. However, this low return could well have been due simply to lack of profitability rather than to overvalued assets.

4.3 International Complications

When the profit tax was introduced, fears were expressed that certain countries might not consider it a true "income tax" for the purposes of giving double taxation relief, either under a treaty for the avoidance of double taxation or unilaterally.[16] In that case, investments from countries that tax the worldwide income of their residents would have been severely discouraged, since the investors would have had to pay their home country tax *in addition to* the Croatian tax on the profits of their branches and subsidiaries in Croatia.[17]

---

[16] See McLure and Zodrow (1998) for a dissenting opinion on the usual view that rent taxes are not in principle creditable in the US.

[17] See the discussion of the implications of a PI system in Isaac (1997).

In practice these fears do not appear to have been realized. In particular, even though Croatia does not have a double tax treaty with the USA, US investors do not seem to have experienced difficulties in obtaining unilateral credit relief for their payments of Croatian profit tax. As other countries such as Italy and Austria adopted profit taxes with similar characteristics, it became less likely that any such difficulties would arise in the future.

However, it should be noted that the PI deduction was of limited benefit to investors from countries such as the US, which applies its own tax code to the profits of US companies in Croatia and allows the Croatian tax payment as a credit.[18] To the extent that the Croatian tax charge (at 35 percent on a base that excluded the PI deduction) was less than the US tax charge, the difference would have accrued to the US Treasury. Moreover, the neutrality properties of the Croatian profit tax would then have been lost, since it would be the US rules which mattered to the enterprise, at the margin. In practice, however, US multinationals appear adept at preventing the unwinding of foreign tax advantages in this way, effectively deferring their liability to US tax.[19] But other countries, such as Germany, exempt the foreign source income of their enterprises from tax, rather than allowing a credit for foreign tax paid; investors from such countries would, of course, have benefited in the same way as Croatian investors.

There is, in any event, no glaring evidence that the PI system proved a significant discouragement to foreign investment in Croatia. As Figure 1 shows, Croatia attracted more foreign direct investment in the latter 1990s than did any of its neighbors bar the Czech Republic. At about 4 percent of GDP, foreign direct investment accounted for almost one quarter of gross fixed capital formation (excluding capital formation by the central government) during this period.

---

[18] A tax sparing agreement would be needed to preserve the benefit of PI to investors from a resident country operating the credit system and charging tax at a higher than the Croatian. Residence countries might well be unwilling to offer such sparing; the US never does.

[19] For example, a referee points out that the low Irish tax rate of 10 percent for manufacturing and Dublin-based financial activities seems to have been attractive to US companies.

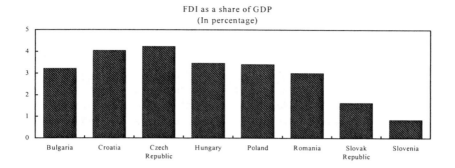

Figure 1: **Foreign Direct Investment in Croatia and Selected Neighboring Countries, 1996-99**

4.4 Complexity

As described in the previous section, the computation of tax would appear very straightforward, requiring little effort on the part of enterprises beyond what they would make in a world with no profit tax, in the course of preparing their annual accounts. In practice, however, the computation was more complex and could require substantial extra effort.

The main reason for this complexity was not the PI deduction itself: that was computed very simply, by applying a single interest rate to the relevant magnitudes in the balance sheet of the enterprise. Rather, the complexity was

due mainly to the fact that that interest rate was applied to relevant balance sheet changes (arising from dividend payments, new equity issues, etc) month by month. These frequent computations largely eliminated any incentive for an enterprise to time its transactions around balance sheet dates in such a way as to minimize its tax liabilities; and the more frequently the computations are made,

the closer the tax approximates the underlying theoretical model. It is a matter of judgment, how far it was worth adding to the complexity of the practical application of the system in order to secure these benefits.

4.5 Calculating the Rate of Protective Interest

In the discussion up to this point, it has been assumed that the PI rate was set at the "right" level, equal, under perfect certainty, to the risk-free interest rate. If the PI rate was set at the "wrong" level, of course, the statements above concerning the neutrality properties of the system need to be qualified: differences between the opportunity cost of equity capital used in the enterprise, and the actual PI rate used in the computation of its profit tax liability, would then give rise to non-neutralities in the comparative treatment of debt and equity finance, and in the treatment of investment. This would reduce the appeal of the PI system, but, as stressed earlier, would not be fatal: the degree of non-neutrality will simply depend on the degree of discrepancy between the actual and appropriate PI rates.

The key question is what that appropriate rate is. It might at first seem that the proper notional return is a risk-adjusted rate that reflects the risk premium which investors require to receive if they are to undertake the investment. However,[20] the essence of the PI scheme is that it seeks to avoid distorting investors' decisions by ensuring that, on the one hand, all cash returns to shareholders are taxed and, on the other, all payments they make to the firm are, in present value terms, deductible.[21] Tax then bears only on net flows to shareholders and so-since it is that net flow that wealth-maximizing investors will seek to maximize-has no effect on their decision-making. Thus, the key is to ensure that the deduction of equity investments will be received for sure; once this is done, the deduction is perfectly certain and so will be valued by the shareholder at the risk-free rate. That is then also the proper rate at which to annuitize the deduction of shareholders' equity so as to ensure that the full financial cost of an investment is written off over its lifetime.[22] A strong case can thus be made that the appropriate level at which to set the PI rate was that of a risk-free return. [23]

Did the actual computation of the PI rate in Croatia come close to the model? Clearly the notion of a risk-free rate of return is something of an abstraction. In many countries with well-developed markets in government

---

[20] The argument here draws heavily on Bond and Devereux (1995 and 1999); the latter explicitly develops the case for the use of the risk-free rate of return in the context of an ACE.

[21] The "S-base" cash flow tax does this directly by taxing in each period net distributions to shareholders (that is, dividends less new equity). The PI system, in contrast, gives a deduction only on the imputed returns on new equity, at rate ρ (using the notation of the Box 1); discounted at the rate ρ, however, this is equivalent in present value to an immediate deduction of new equity.

[22] Neutrality also requires that losses be treated symmetrically with gains, which was broadly achieved in Croatia by the provision for carry forward of losses at interest. It is also necessary, in principle, that investors receive a payment in the event of the firm's ceasing operations equal in present value to the unrelieved part of their initial equity investment. It is not clear that this last provision was met in Croatia.

[23] One might wonder why it could not equally well be argued that interest on debt should be deducted only at the risk-free rate rather than the rate actually paid. The difference is that so long as debt is competitively supplied, all rents from the underlying investment accrue to the shareholders; and it is these we are trying to tax.

securities, the rate of interest on those securities is commonly taken as a reasonable approximation to a risk-free rate of return available to investors (though even there issues of inflation and exchange rate risk may remain). In Croatia, however, financial markets are still very fragmented. The primary market for government securities (in the form of Treasury Bills) consists almost exclusively of banks; there is practically no secondary market. Hence, in practice, there was no obvious risk-free rate to use in Croatia for the purposes of measuring the PI deduction. Given this, setting protective interest at 5 percent plus the observed rate of increase of prices of industrial goods-in effect, assuming a risk-free real return of 5 percent-appears to have been a reasonable approach. The result-a PI rate of 11.2 percent for 2000-was neither obviously too high nor obviously too low. Since early 1999, for example, most interest rates in Croatian financial markets-such as the Lombard Credit rate, the rate on National Bank of Croatia 35 day bills, and the Money Market rate-have been between 10 and 15 percent, corresponding to real rates in the order of 5-10 percent.

4.6 Revenue Loss

Finally, and most important, the PI deduction had a substantial revenue cost (at a given tax rate). From the figures in Table 1 it appears that in 1998 the deduction reduced the tax base by HrK 1.7 billion, or 16 percent. As has been noted, however, the actual effect of the deduction was rather larger than this because, in its absence, more enterprises would have been taxable. In addition, the deduction will have become proportionally larger since 1998 as a result of the increase of the protective interest rate from 5 percent to 11.2 percent (though the increase in the inflation rate that generated this increase will presumably also be associated with an increase in nominal taxable income). It is possible, therefore, that by 2000 the deduction was reducing the profit tax base by around one third; that is, its removal would have resulted (other things being equal) in a revenue increase of around one half. This is likely to be an upper bound on the revenue loss arising from the PI deduction, however, since it may be presumed that not all of the investment actually observed would have taken place if the marginal effective tax rate had been higher.

These very rough estimates of revenue cost assume a given tax rate of 35 percent. One argument in favor of a tax on economic rent, however, is that its rate can be set at a much higher level than the rate of a tax that distorts economic decisions. Hence, to the extent that the Croatian profit tax approximated to one on economic rent, the profit tax rate could be set higher (without causing serious damage) than would be possible if the PI deduction were to be abolished. Indeed it is always possible, in principle, to raise more revenue under a non-distorting tax than under a distorting one. An important practical limit to this possibility is set, of course, by the ability of capital to move between countries in search of lower tax rates; thus it is only rents specific to Croatia that could be taxed at an arbitrarily high rate without risk of driving investment abroad, and these may have been quite limited.

5 Conclusion

The Croatian PI deduction was a central pillar of a carefully designed profit tax that fitted consistently into a broader tax system based on the principle of consumption taxation. Looked at on its own and in comparison with the different systems employed in other European countries, the Croatian profit tax had many attractive properties. In particular, it was relatively generous to investors insofar as it did not tax marginal investments, yet it managed to raise a quite similar amount of revenue (as a percentage of GDP) to most of those other systems. After six years of operation it appears to have been generally accepted by the business community, and to have been functioning smoothly, despite the sharp recession that Croatia experienced in the last two years of the period.

The Croatian experiment, however, is now over: from January 2001, the PI deduction has been eliminated. This was just one of a wider set of changes to the taxation of businesses introduced by a new government, anxious to revive the economy by providing a new stimulus to employment and investment. Associated measures included a cut in the rate of profit tax from 35 to 20 percent, and the introduction of explicit investment incentives, of an exemption for retained earnings (coupled with a tax on dividends), and of an additional deduction for salaries of new employees.

No very clear explanation seems to have been given for the decision to abolish the PI system. The principal concerns in the air prior to the decision appear to have been those discussed above, most of which we have found to be less than compelling. The politics of the time, it is important to recall, were marked by a strong desire for change following the death of Franjo Tudjman in 1999. It seems likely that the very novelty of the PI system, coupled with a simple desire to set a lower headline profit tax rate-whether as a signal in itself, a means to reduce the average effective profit tax rate or a defense against tax arbitrage devices-played an important part in the decision. But it also seems clear that the abolition of the PI system did not reflect any irremovable technical flaw in the system; as we have seen, in many ways it worked rather well. In that sense, at least, the ACE passed its first practical test.

TABLE 1

Croatia: Profits Tax Computations for 1998 1/

		Amounts in HrK millions		In percent of adjusted profit	
	Change in balance sheet value of equity		6,908.1		67.9%
Plus					
	Loss on sale or write-off of shares	387.9		3.8%	
	Distributions of profit	2,729.5		26.8%	
	Other "hidden" profit payments	21.3		0.2%	
	Payment of profit tax	256.6		2.5%	
	Excess depreciation	48.1		0.5%	
	Excess debt interest paid	7.1		0.1%	
	Too low interest charged on credit	36.8		0.4%	
	Disallowed expenditures	1,492.4		14.7%	
	Net profit from change of legal status, etc	9.0		0.1%	
			4,988.7		49.0%
Less					
	Dividends and profits from sale of shares	(343.7)		-3.4%	
	New equity contributions	(1,310.4)		-12.9%	
	Refund of profit tax	(10.0)		-0.1%	
	Recouped excess depreciation from earlier yea	(74.0)		-0.7%	
			(1,738.1)		-17.1%
Equals	Adjusted profit (net of losses)		10,158.8		99.8%
Plus	Losses created by the adjustments		21.9		0.2%
Equals	Adjusted profits (before protective interest)		10,180.7		100.0%
Less	Protective interest on equity		(1,650.5) 2/		-16.2%
Equals	Taxable profit		8,508.3		83.6%
Less	Losses brought forward		(191.4)		-1.9%
Equals	Profits tax base		8,316.9		81.7%
	Profits tax liability at 35%		2,910.9		28.6%

Source: Croatian authorities.
Notes: 1/ Figures relate only to those enterprises which had a positive profit tax liability.
     2/ Computed as 5 percent of the opening value of equity.

TABLE 2

Croatia: Profits and Taxable Profits of Enterprises, 1998

	Profitable enterprises		Loss-making enterprises	Total
	Paying PT	Not paying PT		
Number of enterprises	42,060	6,652	25,940	74,652
Number of employees	487,477		335,142	822,619
	(Amounts in HrK billions)			
Book value of equity	32.6	29.7	126.5	188.8
Change in equity	6.9	4.4	(19.7)	(8.4)
Adjustments	3.3	(1.6)	3.3	5.0
Profit after adjustments	10.2	2.8	(16.4)	(3.4)
Protective interest	(1.7)	(1.5)	(6.5)	(9.7)
Taxable profit	8.5	1.3	(22.9)	(13.1)
Losses brought forward	(0.2)	(1.3)		
Profits tax base	8.3	0.0		
Profits tax at 35 %	2.9	0.0		

TABLE 3

Croatia: Sectoral Distribution of Profits, Equity Capital, and Employment, 1998.

	Number of Employees 1/	Book value of Equity 1/	Profit (adjusted) 2/	Protective interest	Ratios: Profit / Equity	Equity*100/ Employees	Prot. Int./ Profits
Agriculture, forestry etc	11,139	997.6	140.5	(50.5)	14.1%	9.0	35.9%
Fishing	935	93.8	19.1	(4.6)	20.4%	10.0	24.2%
Mining	5,221	415.0	49.2	(20.3)	11.8%	7.9	41.3%
Manufacturing	168,403	26226.2	4,506.2	(1,310.0)	17.2%	15.6	29.1%
Electricity, gas, water	6,830	5203.0	271.5	(263.1)	5.2%	76.2	96.9%
Construction	52,200	3523.8	938.1	(167.4)	26.6%	6.8	17.8%
Distribution and repairs	98,243	6704.5	2,944.3	(309.6)	43.9%	6.8	10.5%
Hotels and restaurants	11,927	1409.4	202.1	(76.8)	14.3%	11.8	38.0%
Transport and communications	48,187	11551.4	1,222.0	(585.7)	10.6%	24.0	47.9%
Financial intermediation	23,347	5306.4	1,518.6	(240.9)	28.6%	22.7	15.9%
Rent and hire	37,609	2610.5	929.9	(108.6)	35.6%	6.9	11.7%
Public administration	158	9.8	5.9	(0.4)	60.2%	6.2	6.2%
Education services	2,398	65.9	20.0	(3.0)	30.4%	2.7	14.9%
Health services	8,873	218.9	45.6	(10.8)	20.9%	2.5	23.7%
Other services	12,007	432.3	166.5	(49.2)	38.5%	3.6	29.6%

Notes

1/ Figures relate to enterprises with an increase in balance sheet equity.

2/ Figures relate to enterprises with positive (adjusted) profits

References

Boadway, R. / Bruce, N. (1984), 'A general proposition on the design of a neutral business tax', Journal of Public Economics, vol. 24, pp. 231-239.

Bond, S.R. / Devereux, M.P. (1995), 'On the Design of a Neutral Business Tax under Uncertainty,' Journal of Public Economics, Vol. 58, pp. 57-71.

Bond, S.R. / Devereux, M.P. (1999), 'Generalised R-based and S-based taxes under uncertainty', Working Paper 99/9, Institute for Fiscal Studies, London.

Bordignon, M. / Giannini, S. / Panteghini, P. (2000), 'Reforming business taxation: lessons from Italy?', International Tax and Public Finance, Vol. 8, pp. 191-210.

Devereux, M. P. / Freeman, H. (1991), 'A general neutral profits tax', Fiscal Studies, vol. 12, pp. pp 1-15.

IFS Capital Taxes Group (1991), Equity for Companies, Commentary no. 26, London: Institute for Fiscal Studies.

IFS (1978), The Structure and Reform of Direct Taxation: Report of a Committee chaired by Professor James Meade (London, Allen & Unwin).

Isaac, J. (1997), 'A comment on the viability of the allowance for corporate equity', Fiscal Studies, vol. 18, pp. 303-318.

Jacobs, O. H. / F. Schmidt (1997), 'The Allowance for Corporate Equity as a method of harmonizing corporate taxation in Europe?' Intertax, vol. 25, pp 232-246.

McLure, C. E. Jr. / Zodrow, G. E. (1998), 'The economic case for foreign tax credits for cash flow taxes', National Tax Journal, vol. LI, 1-22.

Rose, M. / Wiswesser, R. (1998), 'Tax reform in transition economies: experiences from the Croatian tax reform process of the 1990s', in P.B. Sorensen (ed), Public Finance in a Changing World (Macmillan, Basingstoke), pp. 257-278.

Schmidt, P. / Wissel, H. / Stockler, M. (1996), 'The new Croatian tax system', Bulletin of International Fiscal Documentation, vol. 50, pp. 155-163.

Eine einfache, faire und marktorientierte Besteuerung von Unternehmensgewinnen

Manfred Rose

1 Einleitung und Übersicht

Die Besteuerung der Unternehmensgewinne durch Einkommen-, Körperschaft- und Gewerbesteuer wird ein Zentralthema der Steuerreformdiskussion bleiben, denn auch mit den Steuerreformmaßnahmen der rot-grünen Regierung ist das Gewinnsteuerrecht nicht zu einem integrierten Bestandteil einer modernen Einkommensbesteuerung geworden. Insgesamt hat das Steuerrecht einen Komplexitätsgrad erreicht, der für die Steuerpflichtigen und die Finanzverwaltung gleichermaßen untragbar geworden und deshalb mit hohen Erhebungskosten verbunden ist. Dies führt zu der Forderung nach Steuervereinfachung, wobei insbesondere über eine verstärkte Systemorientierung der steuerlichen Regelungen ihre gewünschte Transparenz erreicht werden soll. Es gibt viele Ursachen für das gegenwärtige Chaos bei der Besteuerung des persönlichen Einkommens und der Besteuerung von Unternehmensgewinnen. Neben eindeutig lenkungspolitisch begründeten Steuerermäßigungen sind auch sich widersprechende Leitbilder für den Regelungswirrwarr verantwortlich. Für eine grundlegende Steuerreform ist somit die Orientierung des Steuerrechts an einem einheitlichen Leitbild unabdingbar. Daran gemessen darf es weiterhin keine Entscheidungslenkungen durch Ausnahmeregelungen geben.

Bei der Frage, welches Leitbild den gegenwärtigen wie auch zukünftigen Herausforderungen aus der wirtschaftlichen und gesellschaftlichen Entwicklung zu entsprechen vermag und deshalb bei einer Neugestaltung des umfassend interpretierten Einkommensteuerrechts[1] als Orientierung dienen soll, gehen die Meinungen allerdings erheblich auseinander. Unter ökonomischen Aspekten kann die Systemwahl eigentlich nur nach den Wirkungen des jeweiligen Leitbildes erfolgen. In diesem Sinne wird in Kapitel 2 dieses Beitrags untersucht, ob das traditionelle Leitbild der Einkommensbesteuerung als Orientierung für eine Neugestaltung des betreffenden Steuerrechts empfohlen werden kann. Den in Abschnitt 1 dargestellten traditionellen Besteuerungsprinzipien entsprechend wird in Abschnitt 2 des Kapitels 2 eine

---

[1] Da Unternehmensgewinne als Einkommen der Anteilseigner des Unternehmens zu sehen sind, muss das Gewinnsteuerrecht auch als integriertes Teilgebiet des gesamten Einkommensteuerrechts konzipiert werden.

Steuerlastanalyse auf der Grundlage eines einfachen Investitionsmodells für einen mittelständischen Unternehmer durchgeführt. Als aktuelles Beispiel eines traditionell orientierten Steuerrechts dient das nach den Reformplänen der rot-grünen Regierung bis 2005 vollständig umgesetzte Gewinnsteuerrecht.

Reformbedürftig ist die gegenwärtige Besteuerung von Unternehmensgewinnen insbesondere auch wegen der bestehenden Diskrepanzen zwischen der Belastung der Gewinne von Personenunternehmen nach der Einkommensteuer und der Gewinne von Kapitalgesellschaften nach der Körperschaftsteuer. Gefordert wird hier die Rechtsformneutralität, d.h. die effizienzorientierte Neutralität der Steuer bezüglich der Entscheidung des Unternehmers für eine Rechtsform seines Unternehmens[2] sowie auch die Gleichheit der Steuerlasten für alle Rechtsformen nach dem Kriterium der Fairness. Hauptsächlich wird die von der rot-grünen Regierung durchgeführte Neuordnung der Körperschaftsteuer kritisiert. Hier ist man - außerhalb des Regierungslagers - der Auffassung, dass die körperschaftsteuerpflichtigen Gewinne der Kapitalgesellschaften niedriger als die einkommensteuerpflichtigen Gewinne von Personengesellschaften belastet werden, womit das Kriterium der Rechtsformneutralität in umfassendem Sinne verletzt sei. Das angesprochene Investitionsmodell für ein mittelständisches Unternehmen bietet eine neue Informationsgrundlage auch zur Klärung dieser Frage.[3]

Eine weitere Reformbedürftigkeit der Besteuerung von Unternehmensgewinnen wird in der Abhängigkeit der Steuerlast von der anzuwendenden Ermittlungsmethode gesehen. Im Mittelpunkt der Kritik steht hierbei die Entwicklung eines spezifischen steuerlichen Bewertungsrechts. Wodurch dabei eigentlich die Kriterien der Entscheidungsneutralität, Einfachheit und Fairness derzeit verletzt werden, wird bei der kritischen Würdigung des deutschen Gewinnsteuerrechts in Abschnitt 3 von Kapitel 2 dargelegt.

In Kapitel 3 dieses Beitrags wird das Alternativleitbild einer lebenszeitlich orientierten Einkommensbesteuerung dargestellt und bezüglich seiner aus der Gewinnbesteuerung folgenden Lasten untersucht. Hierbei wird als Realisationsform einer lebenszeitlich orientierten Gewinnbesteuerung die Methode der Zinsbereinigung gewählt. Die Besonderheit dieser Ermittlungsmethode liegt ausschließlich darin, dass im Vergleich zur traditionellen Gewinnbesteuerung nicht nur Fremdzinsen, sondern auch Eigenkapitalzinsen abzugsfähig sind. Aus Vergleichsgründen wird für die Ermittlung der

---

[2] Neutral und damit marktorientiert ist eine Steuer vor allem dann, wenn sie die Rangordnung wirtschaftlicher Entscheidungsalternativen unverändert läßt. Zusätzlich darf die Besteuerung nicht dazu führen, dass eine gerade noch vorteilhafte Alternative als unvorteilhaft ausscheidet oder eine bislang unvorteilhafte Alternative nur wegen der Besteuerung vorteilhaft wird.

[3] Siehe hierzu insbesondere den in Tabelle 1 dokumentierten Steuerlastvergleich.

Steuerlasten das in Kapitel 2 verwendete Investitionsmodell eines mittelständischen Unternehmens zugrunde gelegt. Es ergibt sich, dass die lebenszeitlich garantierte Einmalbelastung von Unternehmensgewinnen zugleich in hohem Maße Entscheidungsneutralität und damit die erforderliche Schonung der marktwirtschaftlichen Effizienz gewährleistet. Die Ermittlung der Unternehmensgewinne nach den Prinzipien der Kassenrechnung führt zu einer maßgeblichen Vereinfachung des Besteuerungsverfahrens. Da mit der Einmalbelastung dem Kriterium einer fairen Steuerbelastung entsprochen wird, ergibt sich, dass eine unter Effizienzaspekten optimale Besteuerung von Unternehmensgewinnen zugleich auch fair sein kann.

Das von 1994 bis 2000 geltende kroatische Gewinnsteuerrecht ist nach dem lebenszeitlich orientierten Leitbild der Einkommensbesteuerung ausgerichtet und bietet deshalb erfolgversprechende Lösungsansätze zur Überwindung der Mängel des derzeitigen deutschen Gewinnsteuerrechts. In Kapitel 4 wird geprüft, welche Regelungselemente des kroatischen Gewinnsteuerrechts für die Neugestaltung des deutschen Gewinnsteuerrechts als Vorbild dienen können.

Ein auf dem Hintergrund des kroatischen Modells in vielen Bereichen vollständig neu konzipiertes Zukunftsmodell der Gewinnbesteuerung wird in Kapitel 5 dieses Beitrags vorgestellt. Es ist ein wesentlicher Bestandteil des nach den Prinzipien eines lebenszeitlich orientierten Leitbildes konzipierten Heidelberger Einfachsteuer-Systems. Die sich mit diesem System bietenden Vorteile können natürlich in diesem Beitrag nicht erschöpfend behandelt werden.[4] Erläutert werden hier die einheitliche Rechtsgrundlage (Abschnitt 1), die Anwendung des Kassenprinzips (Abschnitt 2), die Technik der Zinsbereinigung (Abschnitt 3), die einheitliche Besteuerung des Gewinns persönlich geführter Gesellschaften (Abschnitt 4) sowie die Standortattraktivität (Abschnitt 5).

Die Gewerbesteuer ist inzwischen nicht nur in der Steuerwissenschaft, sondern auch in der Steuerpolitik als systemwidrig identifiziert worden. Ihre Abschaffung und damit auch die Systematisierung der Gewinnbesteuerung hängen allein davon ab, dass den Gemeinden ein verlässlicher Ersatz dieser Steuerquelle geschaffen wird. In Kapitel 6 dieses Beitrags werden die wesentlichen Elemente eines neuen Finanzsystems erläutert, mit dem die Gemeinden für den Wegfall der Gewerbesteuer kompensiert werden können.

Der Beitrag schließt in Kapitel 7 mit einer Skizze von Reformschritten auf dem Weg zur Etablierung des Einfachsteuer-Systems. Hieraus wird deutlich, dass es sich um einen langfristigen Reformprozess mit vielen Zwischenschritten handelt, deren Finanzierbarkeit letztlich auch auf Grund der durch die Reform ausgelösten Wachstumsimpulse gesichert sein dürfte.

---

[4] Siehe deshalb hierzu die in M. Rose (2002) veröffentlichten Beiträge zum Einfachsteuer-System sowie die unter www.einfachsteuer.de verfügbaren Materialien.

2 Mängel der traditionellen Besteuerung von Unternehmensgewinnen

Die heutige Besteuerung der Unternehmensgewinne weist vielfältige Mängel auf. In den folgenden Ausführungen werden hauptsächlich jene Mängel verdeutlicht, die auf die Orientierung am traditionellen, jahreszeitlich orientierten Leitbild der Einkommensbesteuerung zurückzuführen sind.

2.1 Prinzipien der traditionellen Einkommens- und Gewinnbesteuerung

Traditionell sind in der Hauptsache die folgenden Kernprinzipien maßgeblich:

(1) *Prinzip des jährlichen Mittelzugangs*: Einkommen einer Person ist der Gesamtbetrag ihrer während des Kalenderjahrs (Steuerabschnitts) - unabhängig von der Quelle - zugegangenen Einkünfte (Mittel), die sie konsumieren, sparen, verschenken oder vererben kann.

(2) *Objektives Nettoprinzip*: Einkünfte sind die jeweiligen Unterschiedsbeträge zwischen Einnahmen und Ausgaben aus dem jeweiligen Mittelzugang.

(3) *Vermögensprinzip*: Einnahmen und Ausgaben sind im Sinne einer Vermögensrechnung anzusetzen.

(4) *Syntheseprinzip*: Alle Einkünfte des Jahres werden unterschiedslos zu einem Gesamtbetrag zusammengefasst.

Nach diesem Leitbild sind alle Arten von Vermögenszugängen während des Jahres steuerbare Einkünfte: Löhne der Arbeitnehmer, Gewinne der Freiberufler, Landwirte, Gewerbetreibenden und Vermieter, die Zinsen der Sparer, Dividenden aus Aktienbesitz, die Gewinne aus der Veräußerung jeglicher Wirtschaftsgüter (Häuser und Wohnungen, Anteile an Unternehmen sowie ganze Unternehmen), Lotteriegewinne, Arbeitslosengelder, Streikgelder, Erbschaften und Schenkungen u.ä.. Die Gleichbehandlung unabhängig von der Quelle der Einkünfte wird in der Regel als eine besondere Qualität von Gleichmäßigkeit bzw. gerechter Steuerbelastung betrachtet. Es spielt also keine Rolle, dass Löhne aus heutigen Arbeitsleistungen resultieren, Zinsen aber mit einer Kapitalanlage erzielt wurden, die aus einem gestern versteuerten und gesparten Einkommen gebildet wurde.

Unternehmen mit eigener Rechtspersönlichkeit (Aktiengesellschaften, GmbHs) waren und sind für das traditionelle Modell der Einkommensbesteuerung immer wieder eine störende Realität. Wie störend die Erzielung von Gewinnen durch juristische Personen für die Besteuerung ist, zeigen - weltweit - die ständigen Gesetzesänderungen bei der Körperschaftsteuer und ihrer Anbindung an die (persönliche) Einkommensteuer. Oftmals werden körperschaftlich organisierte Unternehmen als Organisationen mit eigener steuerlicher Leistungsfähigkeit betrachtet. Die Besteuerung der Gewinne von Kapitalgesellschaften durch eine Körperschaftsteuer ist aus einer solchen Sicht kein Hinderungsgrund dafür, die Dividenden nochmals bei der (persönlichen) Einkommensteuer als Einkünfte aus Kapitalvermögen zu besteuern. So werden nach der Steuerreform der rot-grünen Bundesregierung die Gewinne der Aktiengesellschaften und GmbHs zunächst durch Körperschaft- und Gewerbesteuer belastet. Ausgeschüttete Gewinne werden dann noch zur Hälfte der Einkommensbesteuerung unterworfen. Insgesamt übersteigt damit die Steuerbelastung in jährlicher Sicht vielmals die Grenze von 50 Prozent, obwohl der Spitzensatz der Einkommensteuer zukünftig (nur) bei 42 Prozent liegen soll. Welche Steuerlasten sich in mehrperiodischer Betrachtung ergeben, wird anschließend darzustellen sein.

2.2 Diskriminierung des Sparens in Unternehmen unterschiedlicher Rechtsformen

Zur Prüfung der Frage, wie das Sparen des Unternehmers in seinem eigenen Unternehmen derzeit durch Einkommensteuern belastet wird, sei das ab dem Jahre 2005 nach den Plänen der rot-grünen Regierung geltende Steuerrecht zugrunde gelegt. Hierbei lässt sich zugleich eine Antwort auf die Frage finden, inwieweit mit diesem neuen Steuerrecht dem Kriterium der Rechtsformneutralität entsprochen wird. Für den Steuerlastvergleich sei die sich aus Körperschaftsteuer (25 %) und Gewerbesteuer (15 %) ergebende periodische Spitzenbelastung der in Kapitalgesellschaften erwirtschafteten Gewinne mit 40 Prozent angenommen. Weiterhin wird zur Ermittlung der Spitzenbelastung der in Personenunternehmen erwirtschafteten Gewinne der ab 2005 geltende Spitzensteuersatz der Einkommensteuer von 42 Prozent angewendet. Bei Personenunternehmen möge nach Anrechnung der Gewerbesteuer auf die Einkommensteuer eine Gewerbesteuerbelastung von 4 Prozent verbleiben. Unter Vernachlässigung eines Solidaritätszuschlags liegt die steuerliche Höchstbelastung der Gewinne von Personenunternehmen ab 2005 also bei 46 Prozent.

Die Steuerlasten werden am *Beispiel eines 25-jährigen Jungunternehmers* verdeutlicht, der in jedem Jahr einen bestimmten Reingewinn erwirtschaftet und investiert. Ab einem Alter von 66 Jahren möchte er dann aus der Veräußerung des Unternehmens seinen Alterskonsum finanzieren. Die Anspar- und Investitionszeit erstreckt sich also über einen Zeitraum von 41 Jahren. 10 000 € sei der für das Gründungsjahr beispielhaft angenommene Gewinnbetrag nach Abzug von Zinsen für aufgenommene Kredite, der Abschreibungen und eines Unternehmerlohns, mit dem der Unternehmer seinen Lebensunterhalt finanziert.. Ab dem zweiten Jahr erwirtschaftet das Unternehmen mit dem investierten Gewinn des ersten Jahres eine marktübliche Rendite von 4 Prozent, die wiederum investiert wird. Am Ende des zweiten Jahres sind somit insgesamt [1,04×10 000 =] 10 400 € investiert usw. Nach 41 Jahren Investitionstätigkeit hat das Eigenkapital den Endwert von [$1,04^{40}$×10 000 ≈] 48 010 € erreicht. Am Ende seines 65. Lebensjahres veräußert der Unternehmer sein Unternehmen, um hiermit einen Teil seines Alterskonsums zu finanzieren. Da annahmegemäß keine stillen Reserven vorhanden sind, entspricht der Veräußerungserlös von 48 010 € dem Buchwert des Eigenkapitals.[5]

Organisiert der Unternehmer seine wirtschaftlichen Tätigkeiten als *Personenunternehmen*, so unterliegt der Gewinn der Einkommensteuer und eventuell einer restlichen Gewerbesteuer. Bei Anwendung des angenommenen Spitzensteuersatzes von 46 Prozent kann der Unternehmer im ersten Jahr nicht mehr 10 000 €, sondern nur noch [(1-0,46)×10 000 =] 5 400 € investieren. Von der ab dem zweiten Jahr erzielten Rendite von 4 Prozent verbleiben nach Steuern [(1-0,46)×4 =] 2,16 Prozent. Mit dieser Wachstumsrate erreicht das Eigenkapital einen Endbestand von [$1,0216^{40}$×5 400 ≈] 12 695 €. Ein besonderer Gewinn ist im Falle der Veräußerung des Unternehmens nicht zu versteuern, da der Veräußerungserlös den Anschaffungskosten in Höhe des Buchwerts des Eigenkapitals entspricht. Die Gewinnsteuern haben somit den ursprünglichen Konsumfonds von 48 010 € um 35 315 € auf 12 695 € reduziert, was einer steuerlichen Belastungsquote von rund 73,56 Prozent entspricht. Der Unterschied zwischen der gesetzlich fixierten Steuerbelastung in Höhe von 46 Prozent und der effektiven Belastung von nahezu 74 Prozent verdeutlicht die für das traditionelle Leitbild der Einkommensbesteuerung typische Mehrfachbelastung der Rendite des Spar- und Investitionskapitals.

---

[5] Siehe hierzu auch die Zahlen für dieses Investitionsmodell in Tabelle 1.

Tabelle 1: Steuerliche Belastung des Gewinns eines mittelständischen Unternehmens nach dem Modell der rot-grünen Regierung

Beträge in €	Vor Steuer	Nach Steuer	
		Personenunternehmen	Kapitalgesellschaft (z.B. GmbH)
Gewinn im 1. Jahr	**10 000**	**10 000**	**10 000**
Steuer auf den laufenden Gewinn des Unternehmens im 1. Jahr	-	4 600	4 000
Investition aus einbehaltenen Gewinnen im 1. Jahr	10 000	5 400	6 000
Eigenkapitalbestand nach 41 Jahren aufgrund der Investition eines Nettogewinns in Höhe von r % des Eigenkapitals ab dem zweiten Jahr	48 010 (r = 4)	12 695 (r = 2,16)	15 493 (r = 2,4)
Veräußerungsgewinn	48 010	12 695	12 239
Steuer auf den Gewinn aus der Veräußerung des Unternehmens	-	-	2 570
Konsumfonds im Alter	**48 010**	**12 695**	**9 669**
Steuerlast	-	**73,56 %**	**79,86 %**

Mit einer weiteren Form der Mehrfachbelastung ist zu rechnen, wenn der Gewinn im Rahmen einer *Kapitalgesellschaft* erwirtschaftet wird. In diesem Fall kommt es nach dem geltenden Steuerrecht - der Unternehmer besitzt mehr als 1 Prozent des Stamm- bzw. Grundkapitals - zu einer Besteuerung des Veräußerungsgewinns[6], der in unserem Beispiel dem insgesamt für Investitionszwecke im Unternehmen verbliebenen Gewinnen entspricht.

Nach dem Modell der rot-grünen Regierung wird der Unternehmensgewinn durch Körperschaftsteuer (25 %) und Gewerbesteuer an der Spitze insgesamt mit 40 Prozent belastet. Damit sind im ersten Jahr nur noch Eigenmittel in Höhe von 6 000 € verfügbar. Ab dem zweiten Jahr verbleibt dem Unternehmen von dem Gewinn in Höhe von 4 Prozent des investierten Eigenkapitals eine Rendite von [(1-0,40)×4 =] 2,4 Prozent. Am Ende des zweiten Jahres sind somit [1,024×6 000 € =] 6 144 € aus eigenen Mitteln investiert usw. Unter Zugrundelegung der neuen Wachstumsrate von 2,4 Prozent hat das Unternehmen nach 41-jähriger Investitionstätigkeit einen Eigenkapitalbestand von rund [$1,024^{40}$×6 000 ≈] 15 493 € aufzuweisen. Möchte sich der Unternehmer diesen Betrag durch Veräußerung der Beteiligung für seinen Alterskonsum verfügbar machen, so hat er darauf Einkommensteuer zu zahlen. Nach der bereits wirksamen Steuerreform unterliegen Dividenden und Gewinne aus der Veräußerung von Anteilen an Kapitalgesellschaften dann zur Hälfte der Einkommensteuer. Dies wird der Erwerber bei seiner Kalkulation des am Eigenkapital des Unternehmens anknüpfenden Erwerbspreises berücksichtigen und wegen des Halbeinkünfteverfahrens[7] die potentielle spätere Einkommensteuer in Höhe von (0,5×0,42×15 493 =) 3 254 € abziehen. Der Veräußerer hat dann seinerseits die Hälfte von (15 493-3 254 =) 12 239 € zu versteuern. Hiernach verbleiben dem gealterten Mittelständler bei einer Belastung im Spitzenbereich des Einkommensteuertarifs - ab 2005 - von 42 Prozent noch [(1 - 0,5×0,42 = 0,79)×12 239 € ≈] 9 669 € für seinen Alterskonsum. Gemessen an den Konsummöglichkeiten von 48 010 € vor Steuern haben alle entrichteten Steuern zu einer Gesamtbelastung von [(48 010-9 669) =] 38 341 € geführt. Dies entspricht einer relativen Belastungsquote von rund 79,86 Prozent, die somit fast das Doppelte des Gewinnsteuersatzes von 40 Prozent beträgt.

Unabhängig von der jeweiligen *Rechtsform des Unternehmens* kommt es nach geltendem Steuerrecht also zunächst zu einer grundgesetzwidrigen steuerlichen Diskriminierung der Kapitaleinkommen im Vergleich zu den Arbeitseinkommen. Während beim Arbeitseinkommen Steuersatz und Steuerlast übereinstimmen, übersteigt die Steuerlast bei den Kapitaleinkommen - hierzu gehören Gewinne, Zinsen und ähnliche Kapitalerträge - den gesetz-

---

[6] Der Veräußerungsgewinn ist nach § 17 EStG als Einkünfte aus Gewerbebetrieb zu versteuern.
[7] Siehe hierzu § 3 Nr. 40 EStG in Verbindung mit § 3c Abs. 2 EStG.

lich fixierten Steuersatz. Darüber hinaus wird die steuerliche Belastung von Gewinnen durch die jeweilige Rechtsform des Unternehmens mitbestimmt. Wie das obige Steuerlastbeispiel zeigt, ist die allgemeine Meinung, die Kapitalgesellschaft sei gegenüber Personenunternehmen steuerlich bevorzugt, keineswegs gerechtfertigt. Wegen der Veräußerungsgewinnbesteuerung kann für einen Mittelständler gegebenenfalls nicht die Kapitalgesellschaft, sondern die Form des rechtlich nicht selbständigen Personenunternehmens steuerlich am günstigsten sein. Erst wenn die Veräußerungsgewinnbesteuerung im Falle breit gestreuter Unternehmensanteile - jeweils weniger als 1 Prozent-Anteil am Grundkapital - unterbleibt, wird die Kapitalgesellschaft günstiger. Hier gibt es jedoch aus Sicht der Unternehmenseigentümer nicht mehr ein Entscheidungsproblem für die Rechtsform, diese ist bereits definitiv. Allerdings können Steuerbelastungsunterschiede aus der Sicht des Anlegers dazu führen, dass große Kapitalgesellschaften auf dem Kapitalmarkt besseren Zugang zu neuem Eigenkapital haben als kleine Kapitalgesellschaften. Die unterschiedliche Regelung der Veräußerungsgewinnbesteuerung führt dann zu einer Diskriminierung der kleinen gegenüber den großen Kapitalgesellschaften, was natürlich sowohl unter Effizienz- als auch unter Fairnessaspekten negativ zu beurteilen ist.

Nach dem traditionellen Leitbild der Gewinnbesteuerung müssen Kapitalgesellschaften die Gewinne aus der Veräußerung von Anteilen an anderen Unternehmen versteuern. Entsprechend sind Veräußerungsverluste vollständig mit laufenden Gewinnen verrechenbar. Dies war auch die Rechtslage vor der Steuerreform der rot-grünen Bundesregierung. Sie hat dann mit der Neugestaltung der Körperschaftsteuer die Veräußerungsgewinnbesteuerung wie auch die Veräußerungsverlustverrechnung mit folgenden Argumenten abgeschafft:

„Wirtschaftlich betrachtet stellt der Veräußerungsgewinn den Wert der Rücklagen der veräußerten Kapitalgesellschaft dar. Diese Rücklagen setzen sich zusammen aus den sogenannten offenen Rücklagen und den stillen Reserven. Offene Rücklagen werden im neuen System als einbehaltene - also thesaurierte - Gewinne bereits mit 25 % Körperschaftsteuer erfasst. Ihre ‚Übertragung' auf eine andere Kapitalgesellschaft darf daher systemgerecht nicht noch einmal besteuert werden. Bei stillen Reserven gibt es keine derartige steuerliche Vorbelastung. Sie werden erst dann mit 25 % Körperschaftsteuer belastet, wenn bei späterer Veräußerung des betreffenden Wirtschaftsgutes (z.B. eines Grundstücks) ein über dem zulässigen Bilanzansatz liegender Verkaufspreis erzielt wird. Eine Besteuerung bereits bei der Anteilsveräußerung würde daher eine systematisch und ökonomisch nicht gerechtfertigte Doppelbelastung der stillen Reserve auslösen."[8]

---

[8] Bundesregierung (2002), S. 18.

Offensichtlich haben die Steuerpolitiker der CDU und CSU Schwierigkeiten, diese eigentlich ganz einfachen Lastzusammenhänge zu verstehen. So bescheinigen Friedrich Merz (CDU) und Kurt Faltlhauser (CSU) der rot-grünen Bundesregierung bezüglich der Abschaffung der geschilderten Doppelbelastung Konzeptionslosigkeit und plädieren für die Wiedereinführung der Veräußerungsgewinnbesteuerung auf der Unternehmensebene - allerdings sollte der Steuersatz nur 16 Prozent betragen.[9] Rational ist eine solche Veräußerungsgewinnbesteuerung allerdings dann, wenn man sich dem traditionellen Leitbild der umfassenden Diskriminierung der in Kapitalgesellschaften thesaurierten und damit aus Sicht der Anteilseigner gesparten Gewinne verpflichtet sieht. Nach dem mit überwältigender Mehrheit auf dem CDU-Parteitag 1996 in Hannover[10] beschlossenen Leitantrag zur Steuerreform soll überhaupt die Veräußerungsgewinnbesteuerung möglichst umfassend herbeigeführt werden. Die Konsequenzen dieses Leitbildes seien an folgendem Beispiel verdeutlicht.

Eine Kapitalgesellschaft T erwirtschaftet einen Bruttogewinn in Höhe von 10 000 €. Nach dem CDU/CSU-Zukunftsmodell soll die Spitzenbelastung aller Einkommen unter 40 Prozent bleiben. Da der Spitzensatz des Einkommensteuertarifs zukünftig 35 Prozent betragen soll, wäre dies zugleich der Körperschaftsteuersatz nach Abschaffung der Gewerbesteuer.[11] Damit würden dem Unternehmen 6 500 € für die Finanzierung von Investitionen verbleiben. Durch diese Investition steigt der Marktwert dieses Unternehmens exakt um den gleichen Betrag. Eine andere Kapitalgesellschaft M ist alleiniger Anteilseigner dieses Unternehmens und veräußert die im Marktwert gestiegene Beteiligung um 6 500 € mehr als sie selbst für deren Anschaffung bezahlt hatte.

Der Veräußerungsgewinn wird nun folgerichtig mit 35 Prozent besteuert, was einen Nettogewinn von 4 225 € ergibt. Wird dieser Nettogewinn investiert, so steigt der Marktwert der Aktien von M um gerade diesen Betrag. Der private Anteilseigner möge seinerseits unmittelbar danach seine Anteile an M veräußern, womit er einen Veräußerungsgewinn von 4 225 € erzielt, den er zu dem CDU/CSU-Spitzeneinkommensteuersatz von 35 Prozent zu versteuern habe. Ihm verbleibt nach Steuerzahlung ein Nettoeinkommenszuwachs von rund 2 746 €. Die effektive Gesamtbelastung des ursprünglichen Bruttogewinns von 10 000 € beträgt somit absolut 7 254 €

---

[9] Siehe hierzu F. Merz und K. Faltlhauser (2000).

[10] Zu dem am 22.10.1996 in Hannover beschlossenen Leitantrag „Tarif 2000: weniger Steuern – mehr Arbeitsplätze" vgl. Der Spiegel vom 21.10.1996, S. 25 f. oder Frankfurter Allgemeine Zeitung vom 23.10.1996, S. 1.

[11] Siehe zur Einschätzung der Gewerbesteuer seitens CDU/CSU in: „Entlastung durch eine umfassende Ertragsteuerreform", unter: www.cdu.de/politik-a-z/finanzen: „Die Gewerbeertragsteuer als ‚Reststeuer', die von nur noch wenigen Unternehmen voll bezahlt wird, ist unbefriedigend."

oder relativ 72,54 Prozent, d.h. mehr als Doppelte des gesetzlichen Gewinnsteuersatzes von 35 Prozent. Man beachte, dass im Unterschied zu der in Abb. 1 dargestellten Endbelastung von rund 80 Prozent bei einem einundvierzigjährigen Sparprozess die Lastquote hier in einem nur einjährigen Sparprozess knapp 73 Prozent erreicht.

Vertreter einer umfassenden Besteuerung von Gewinnen aus der Veräußerung von Unternehmensanteilen verstehen offensichtlich die Wirkung dieser Besteuerung nicht, unterstellen eine höhere Belastbarkeit von Kapitaleinkommen und/oder wollen die Erzielung von Veräußerungsgewinnen vielleicht sogar aus lenkungspolitischen Motiven bewusst diskriminieren.

Der zukünftigen Bundesregierung ist jedoch demgegenüber zu empfehlen, die bei der rot-grünen Bundesregierung bereits vorliegende richtige Einsicht bezüglich der Doppelbelastung zurückbehaltener Gewinne auch bei der Einkommensbesteuerung der Gewinne aus der Veräußerung von Anteilen an Kapitalgesellschaften Geltung zu verschaffen. Die bereits eingeführte Möglichkeit von Personengesellschaften, die betreffenden Veräußerungsgewinne auf neu angeschaffte Anteile an Kapitalgesellschaften über einen Bewertungsabschlag zu übertragen, stellt noch keine langfristige Problemlösung dar. Eine vollständige Beseitigung der immer noch vorliegenden Doppelbelastung der in Kapitalgesellschaften zurückbehaltenen Gewinne erfordert, die Besteuerung der Gewinne aus der Veräußerung diesbezüglicher Unternehmensanteile langfristig vollständig abzuschaffen. Nur über diesen Weg lässt sich überhaupt das Ziel einer rechtsformneutralen Besteuerung von Unternehmensgewinnen erreichen. Mit der von der rot-grünen Bundesregierung eingeführten Besteuerung der halben Veräußerungsgewinne hat man also zunächst nur die erste Hälfte des Weges zur Etablierung eines fairen und zugleich effizienten Steuersystems bewältigt.

2.3 Komplexe, verzerrende und unfaire Ermittlungsmethoden

Im Rahmen der traditionellen Gewinnbesteuerung ist der Unternehmensgewinn nach den Prinzipien der Vermögensrechnung wie folgt zu ermitteln:

Gewinn = Eigenkapital am Jahresende - Eigenkapital am Jahresanfang - Einlagen + Entnahmen

Eigenkapital = Marktwerte aller Wirtschaftsgüter - Marktwert aller Schulden

Mit dem *Prinzip der Maßgeblichkeit* der in der Handelsbilanz ausgewiesenen Vermögenswerte für die steuerliche Gewinnermittlung werden in Deutschland die nach den Konventionen des Handelsrechts bestimmten

Wertansätze zu Grunde gelegt.[12] Der Steuergesetzgeber war mit der hiernach periodisch zu zahlenden Steuer nie so ganz einverstanden und hat über Jahrzehnte hinweg ein eigenständiges steuerliches Bewertungsrecht geschaffen. Ziel hierbei war allein, dass die Unternehmen ihre Steuer früher zahlen sollen als es nach den Wertansätzen der Handelsbilanz der Fall wäre. Für den Fiskus bedeutet dies einen Zinsgewinn und für die Unternehmen einen entsprechenden Zinsverlust.[13] Deshalb haben auch die Steuerverwaltung und die Unternehmen ein Interesse daran, über Bewertungsfragen bis hin zu gerichtlichen Auseinandersetzungen zu streiten. Die von der rotgrünen Bundesregierung durchgesetzten letzten Änderungen des steuerlichen Bewertungsrechts haben dazu geführt, dass es jetzt ‚maßgeblich' vom kaufmännischen Bewertungsrecht abweicht. Die für das traditionelle Vermögensprinzip typische Zinsempfindlichkeit der Steuerlast wird den Steuergesetzgeber - insbesondere in Zeiten finanzieller Engpässe bei den öffentlichen Haushalten - auch weiterhin dazu veranlassen, das Bewertungsrecht zu Gunsten des Fiskus zu ändern.

Weil nun die *Bewertung von Bilanzpositionen* nach dem Vermögensprinzip Einfluss auf das Ausmaß der Steuerlast hat, *beeinflussen* steuerliche Faktoren die *Investitionsentscheidungen der Unternehmen*. Letztlich kann hierdurch auch die Rangordnung der Investitionsalternativen verändert werden, eine bislang gerade vorteilhafte Alternative als unvorteilhaft ausscheiden und/oder sich eine bislang nicht vorteilhafte Alternative allein aus steuerlichen Gründen nun als vorteilhaft erweisen. Damit wird die Effizienz der Marktwirtschaft beeinträchtigt, was wiederum mit Wohlstandsverlusten für die ganze Volkswirtschaft verbunden ist.

Die Kritik an der inzwischen kaum noch praktizierbaren Komplexität des Bilanzsteuerrechts hat zu unterschiedlichen Reformvorschlägen geführt. Gefordert wird u.a. eine Rückkehr zum uneingeschränkten Prinzip der Maßgeblichkeit der Handelsbilanz. Andere sind der Meinung, dass das Ergebnis nach Handelsbilanz derart arbiträr sei, dass es für die ‚Objektivierung der steuerlichen Gewinnermittlung' überhaupt nicht geeignet sei.[14] Schließlich

---

[12] Damit kommt das Imparitätsprinzip, d.h. die unterschiedliche bilanzielle Behandlung von Gewinnen und Verlusten zur Anwendung. Nach dem Niederstwertprinzip als Ausgestaltung des Imparitätsprinzips bei der Bewertung von Aktiva werden auch für steuerliche Zwecke bei den Wirtschaftsgütern nicht die (höheren) Marktwerte, sondern die (niedrigeren) durch Anschaffungs- bzw. Herstellungskosten sowie Abschreibungen bestimmten Buchwerte angesetzt. Bei Verbindlichkeiten gilt das Höchstwertprinzip, womit tendenziell eine marktbestimmte Bewertung vorgenommen wird.

[13] Zur Zinsempfindlichkeit des traditionellen Vermögensprinzips am Beispiel steuerlich zulässiger Rückstellungen siehe D. Nguyen und M. Rose (1999).

[14] Nach W. Rieger (1984), Einführung in die Privatwirtschaftslehre, 3. Aufl., S. 212 ist die Jahresbilanz ein Gemisch aus Wahrheit und Dichtung; eine genaue Bilanzierung sei nicht möglich und werde auch gar nicht angestrebt. Wenn also die Jahresbilanz eher eine Fiktion darstellt, kann hiermit auch nicht im objektiven Sinne der zu versteuernde Gewinn

wird auch die Auffassung vertreten, dass es eine objektive Gewinnermittlung gar nicht geben kann. Vielmehr gäbe es verschiedene Methoden der Gewinnermittlung, die man nur danach bewerten kann, welche Wirkungen sie erzeugten.[15] Es ist weiterhin eigentlich folgerichtig, dass in der deutschen Steuerwissenschaft mehr und mehr die Auffassung vertreten wird, sich von dem traditionellen Vermögensprinzip zu verabschieden und eine mit dem traditionellen Leitbild nicht vereinbare *Gewinnermittlung nach den Grundsätzen der Kassenrechnung* vorzuschreiben.[16] Hierbei soll als generelle Methode der Gewinnermittlung eine *Überschussrechnung* zur Anwendung kommen wie sie bereits jetzt - als Ausnahme vom Vermögensprinzip - für alle nicht bilanzierungspflichtigen Betriebe gemäß § 4 Abs. 3 EStG vorgeschrieben ist. Allerdings handelt es sich hierbei um eine modifizierte Kassenrechnung, denn Ausgaben für die Anschaffung oder Herstellung langlebiger Anlagegüter (Grundstücke, Maschinen, Büroeinrichtungen, Computer etc.) sind im betreffenden Jahr der Anschaffung bzw. Herstellung keine abzugsfähigen Erwerbsausgaben - derzeit Betriebsausgaben genannt. Weiterhin sind Einnahmen und Ausgaben in Verbindung mit der Aufnahme und der Tilgung von Krediten sowie dem Erwerb und der Rückzahlung von Kapitalforderungen nicht anzusetzen. Der Abzug der Ausgaben für abnutzbare Anlagegüter erfolgt über den Ansatz absetzbarer Jahresabschreibungsbeträge in dem gesetzlich fixierten Zeitraum ihrer betriebsgewöhnlichen Nutzung. Mit der betriebsgewöhnlichen Nutzungsdauer und der Methode der zeitlichen Verteilung der Investitionsausgaben verbleibt dem Gesetzgeber ein Rest von Regulierungsmöglichkeiten für die zeitliche Verteilung des vom Unternehmen zu versteuernden Gewinns. Mit der Überschussrechnung als allgemeiner Gewinnermittlungsmethode werden zweifelsohne die folgenden drei Vorteile verbunden sein:

- Die aus der bisherigen Anwendung unterschiedlicher Ermittlungsmethoden folgenden Unterschiede in der Steuerbelastung gleicher Gewinne verschwinden. Da auch andere Einkünfte - z.B. Löhne - nach den Grundsätzen der Überschussrechnung ermittelt werden, ist die ermittlungstechnische Gleichbehandlung aller Einkünfte gewährleistet.

---

ermittelt werden. In diesem Sinne kommt auch E. Wenger (1999-1), S. 42-43, zu dem Schluss: „...im Rahmen der kaufmännischen Buchführung müssen gravierende Unsicherheiten verarbeitet werden, für deren Handhabung oft nichts weiter zur Verfügung steht als mehr oder weniger willkürliche Konventionen. ....Wenn aber in Buchhaltungsregeln unvermeidbar solche Freiheitsgrade angelegt sind, kann eine abschließende Festsetzung der Steuerbelastung nicht von derartigen Zufälligkeiten abhängig gemacht werden. Steuerliche Gleichmäßigkeit wird nicht dadurch verwirklicht, dass man das, was die Buchhalter als gemeinschaftliches Regelwerk oder individuelles Bilanzergebnis auswürfeln, zum Maßstab der wirtschaftlichen Leistungsfähigkeit erklärt."

[15] Siehe in diesem Sinne E. Wenger (1999-1).
[16] Siehe hierzu z. B. H. Weber-Grellet (1998), S. 1348 f.

- Der Unternehmer zahlt nur dann Steuern, wenn er über Liquidität verfügt.
- Die Durchführung der Gewinnermittlung ist für den Steuerpflichtigen einfach; entsprechend wird auch die Überprüfung der Gewinnermittlung durch die Finanzverwaltung vereinfacht, womit sich die bislang unvermeidlichen Streitkosten dramatisch verringern würden.[17]

Die Einführung einer bezüglich der Anlagegüter, Kapitalforderungen und Kapitalverbindlichkeiten modifizierten Kassenrechnung als Grundmethode der Gewinnermittlung beseitigt jedoch nicht den steuerlichen Einfluss auf Investitionsentscheidungen. Es verbleiben nämlich mit den Buchwerten der Anlagegüter, Kapitalforderungen und Kassenbestände einige wenige Aktivposten der ursprünglichen Bilanz, für die der Unternehmer bei einer Finanzierung mit eigenem Kapital nur die Abschreibungen bei den abnutzbaren Anlagegütern, nicht jedoch die Zinskosten des Eigenkapitaleinsatzes abziehen darf. Das Verbot des Abzugs von Eigenkapitalzinsen führt dann letztlich dazu, dass es auch bei einer Gewinnermittlung nach der modifizierten Kassenrechnung zu einer marktwirtschaftlich schädlichen Mehrfachbelastung der Investitionsrenditen kommt.

3 Vorteile einer marktorientierten Besteuerung von Unternehmensgewinnen

Vor allem Steuerökonomen empfehlen ein Leitbild der Besteuerung, das an den grundsätzlichen Wirkungen von Steuern in einer Marktwirtschaft orientiert ist. Hierbei sind folgende Wirkungen von maßgeblicher Bedeutung:

A. Die Last einer jeden Steuer - bei wem und in welcher Form sie auch immer erhoben sein mag - erweist sich stets als staatlich erzwungener Verzicht auf den heutigen und morgigen Konsum privater Güter.

B. Wenn Steuern aufgrund ihrer besonderen Ausgestaltung dazu führen, die Entscheidungen der Marktteilnehmer zu verändern, dann resultieren hieraus nicht nur unmittelbar besondere Nutzenverluste bei den Entscheidungsträgern, sondern auch Wohlstandsverluste für die ganze Volkswirtschaft.

C. Die steuerlichen Grundlasten (A) wie auch die steuerlichen Sonderlasten (B) vollziehen sich in bestimmten Zeiträumen, die nicht auf das Kalenderjahr beschränkt sind.

---

[17] Vergl. in diesem Sinne auch K. Tipke (2002), S. 164: „Die Einnahmen-/Ausgaben-Rechnung ist eine relativ einfache Einkünfteermittlungsmethode. Ganze Steuerbilanzrechtsbibliotheken würden zu Makulatur. ....Es würde mit der Einnahmen-/Ausgaben-Rechnung durchaus an das Leistungsfähigkeitsprinzip angeknüpft, denn steuerliche Leistungsfähigkeit besteht in der Zahlungsfähigkeit. Gerade die Einnahmen-/Ausgaben-Rechnung ist ideal geeignet, Zahlungsfähigkeit zu messen."

Ziel einer ökonomisch orientierten Ausgestaltung der Besteuerung ist es dann, die unter (B) angesprochenen Sonderlasten zu vermeiden bzw. - wenn dies nicht möglich ist - zu minimieren. Man kann nun zeigen, dass ein an ökonomischen Wirkungen orientiertes Steuersystem auf die Besteuerung des Konsums auszurichten ist. Diesem Anspruch wird dann am besten durch die Mehrwertsteuer Rechnung getragen. Sie ist sowohl bezüglich ihrer Bemessungsgrundlage (des Entgelts für einen Umsatz) als auch bezüglich ihrer Steuersätze (meistens ein Normalsatz und daneben noch ein ermäßigter Satz auf Güter des Grundbedarfs) unpersönlich. Will man aus Fairnessgründen Steuerlasten subjektiv ausrichten, dann bietet sich hierfür eigentlich nur eine Einkommensteuer an. Dem subjektiven Nettoprinzip entsprechend ist nur jenes Einkommen zu besteuern, das das Konsumexistenzminimum des Steuerpflichtigen und der von ihm unterhaltenen Personen übersteigt. Eine solche subjektive Ausrichtung der Besteuerung ist bei der Mehrwertsteuer unmittelbar nicht möglich.[18] Berücksichtigt man weiterhin, dass eine Alleinsteuer äußerst hinterziehungsanfällig und wegen des erforderlichen hohen Steuersatzes auch anreizschädlich ist, dann empfiehlt es sich, neben der Mehrwertsteuer eine ökonomisch orientierte Einkommensteuer als zweite Hauptsteuer zu erheben. Ökonomisch orientiert ist die Einkommensteuer dann, wenn sie als heutige Steuer auf den heutigen Konsum sowie als heutige Steuervorauszahlung auf den morgigen Konsum begriffen und ausgestaltet wird. Die angesprochenen steuerlichen Sonderlasten einer praktikablen Einkommensteuer werden dann minimiert, wenn heutiger und morgiger Konsum die gleichen Lasten tragen. Diesen Forderungen wird mit dem Leitbild einer lebenszeitlich orientierten Einkommensbesteuerung entsprochen. Hierbei sind folgende Regeln zu beachten:

- Keine Besteuerung heutiger Einkommen, wenn diese aus einer Einkommensquelle stammen, die früher besteuert wurde.
- Keine Besteuerung heutiger Einkommen, wenn diese zukünftig besteuert werden.

---

[18] Eine mehrwertsteuerliche Belastung der Ausgaben für den existentiellen Lebensbedarf der Familie eines Bürgers könnte mittelbar allerdings auch durch Rückerstattung des entsprechenden Mehrwertsteuerbetrages vermieden werden. Für kleine Länder ist dies sicherlich eine auch verwaltungstechnisch tragbare Möglichkeit, um die Mehrwertsteuer sozial verträglich zu gestalten. Für größere Länder wie Deutschland ist diese interessante Lösung allein wegen der Schwierigkeiten bezüglich der Abgrenzung des Kreises der Anspruchsberechtigten wohl derzeit nicht ernsthaft in Erwägung zu ziehen. Überdies würde die Finanzierung der Rückerstattung und ihrer Durchführungskosten eine beachtliche Erhöhung des Mehrwertsteuersatzes erforderlich machen, der dann außerhalb seiner europarechtlichen Höchstgrenze läge. In das Zukunftsmodell eines vollständig integrierten Steuer- und Transfersystems – siehe hierzu den Beitrag von J. Mitschke in diesem Band – sollte jedoch unbedingt auch die Rückerstattung der die existentiellen Konsumausgaben belastenden Mehrwertsteuer einbezogen werden.

- Heutige Besteuerung heutiger Einkommen, wenn diese aus einer steuerlich nicht belasteten Einkommensquelle stammen und auch nicht zukünftig zu versteuern sind.

Diese Regeln haben zunächst zur Konsequenz, dass jedes Einkommen in lebenszeitlicher Sicht steuerlich einmalig belastet wird (Prinzip der Einmalbelastung). Die Frage, ob zum Modell einer Lebenseinkommensteuer eine Erbschaft- und Schenkungsteuer gehört, kann nur auf dem Hintergrund der gesellschaftlichen Akzeptanz einer generationenübergreifenden Gerechtigkeitskonzeption geklärt werden. Hierbei werden sehr unterschiedliche Positionen vertreten, auf die in diesem Beitrag nicht eingegangen werden kann. Falls jedoch eine Besteuerung der als Transfereinkommen aufzufassenden Erbschaften und Schenkungen gewünscht wird, so sollte dies bei tariflicher Abstimmung mit der Markteinkommensteuer im Rahmen einer besonderen Transfereinkommensteuer geregelt werden.[19]

Um den Unterschied des lebenszeitlichen Leitbilds zum traditionellen, jahreszeitlichen Leitbild deutlich zu machen, seien die zu beachtenden Kernprinzipien wie folgt aufgeführt:

(1) *Prinzip des lebenszeitlich orientierten Mittelzugangs*: Einkommen einer Person ist der Gesamtbetrag ihrer während des Kalenderjahrs (Steuerabschnitts) zugegangenen und weder durch eine frühere Einkunftsquellenbesteuerung vorbelasteten noch durch eine zukünftige Besteuerung nachbelasteten Einkünfte (Mittel), die sie konsumieren, sparen, verschenken oder vererben kann.

(2) *Objektives Nettoprinzip*: Einkünfte sind die jeweiligen Unterschiedsbeträge zwischen Einnahmen und Ausgaben aus dem jeweiligen Mittelzugang.

(3) *Kassenprinzip*: Einnahmen und Ausgaben sind so anzusetzen, dass die hiermit ermittelten Einkünfte einer Ermittlung nach den Grundsätzen der Kassenrechnung entsprechen.

(4) *Syntheseprinzip*: Im Steuerabschnitt werden alle steuerbaren Jahreseinkünfte zu einem Gesamtbetrag unterschiedslos zusammengefasst und hiervon ein aus früheren Steuerabschnitten vorgetragener Verlust abgezogen. Ist der Gesamtbetrag der Einkünfte negativ, kann er in frühere Steuerabschnitte rückgetragen werden.

Im Unterschied zum traditionellen Leitbild ist jetzt zu beachten, dass nicht alle Einkünfte unbeschränkt zu versteuern sind. Zinsen in Höhe einer marktüblichen Verzinsung des Sparkapitals sind z.B. nicht zu versteuern, weil hier die Regelannahme gilt, dass das Sparkapital aus versteuertem Einkommen gebildet wurde. Anschaulich gesagt werden die Zinsen als Netto-

---

[19] Ein Höchstmaß an Abstimmung ist wohl insbesondere dann gewährleistet, wenn Markt- und Transfereinkommensteuer im Rahmen eines einheitlichen Einkommensteuergesetzes geregelt wären.

ernte des Saatgutes ‚gesparter Lohn' durch die Lohnbesteuerung automatisch reduziert und sind somit steuerlich belastet ohne besteuert zu sein. Die Einmalbelastung von Zinsen muss auch beim Sparen in Unternehmen gewährleistet sein. Wenn der Unternehmer aus versteuerten Gewinnen - also mit Eigenkapital - investiert, dann dürfen die Investitionsrenditen nur insoweit besteuert werden als sie eine marktübliche Verzinsung des Eigenkapitals übersteigen. Schließlich folgt aus dem Prinzip der Einmalbelastung, dass Gewinne aus der Veräußerung von Anteilen an Unternehmen dann nicht zu versteuern sind, wenn die Unternehmensgewinne selbst einer Einkommensbesteuerung unterliegen. Auch der Gewinn aus der Veräußerung des ganzen Gewerbebetriebs oder der freiberuflichen Praxis muss nicht versteuert werden, wenn durch Buchwertfortführung beim Erwerber die spätere Versteuerung der stillen Reserven gesichert ist. Gegenüber der gegenwärtigen Komplexität der Veräußerungsgewinnbesteuerung wird hierdurch eine maßgebliche Vereinfachung erzielt.

Zum Vergleich mit dem in Tabelle 1 beispielhaft dokumentierten Konsumopfer aus der gegenwärtigen, tendenziell traditionell ausgestalteten Gewinnbesteuerung verdeutlicht Abbildung 2 das entsprechende Lastergebnis bei Umsetzung eines lebenszeitlich orientierten Leitbildes. Angenommen wurde, dass bei einer Steuer auf den Unternehmensgewinn die technisch einfach zu realisierende Methode der Zinsbereinigung zur Anwendung kommt. Aus Vergleichsgründen wurde mit 40 Prozent der gleiche Gewinnsteuersatz wie im Investitionsbeispiel für das Reformmodell der rotgrünen Regierung angenommen. Dies bedeutet keinesfalls, dass die Einführung eines solchen Steuersatzes empfohlen wird, er sollte langfristig vielmehr nur 25 Prozent betragen. Bei einem für den Belastungsvergleich mit der traditionellen Gewinnsteuer gewählten Steuersatz von 40 Prozent hat der Unternehmer im ersten Jahr 4 000 € abzuführen, womit 6 000 € aus eigenen Mitteln investiert werden können. Ab dem zweiten Jahr wird kein Reingewinn, sondern nur eine die Eigenkapitalkosten deckende und als marktüblich geltende Grundrendite von 4 Prozent erwirtschaftet. Beispielhaft ergibt sich dann im zweiten Jahr:

	Gewinn vor Zinskorrektur	0,04×6 000 =	240
-	Eigenkapitalzinsen	0,04×6 000 =	240
=	Steuerbasis		0
	Steuerzahlung		0

Auch in den Folgejahren entsteht keine Steuerbasis und deshalb auch keine Steuerschuld, so dass das Unternehmen mit einer Rate von 4 Prozent wachsen kann. Nach einer Spar- und Investitionstätigkeit von 41 Jahren hat sich dann im Unternehmen ein Eigenkapitalbestand von 28 806 € angesammelt. Dies ist auch der Erlös, den der Unternehmer bei der Veräußerung seiner Kapitalgesellschaft am Markt erzielt. Da dem Unternehmer keine Ausgaben entstanden sind, entspricht der Veräußerungserlös vollständig dem Veräußerungsgewinn. Zur Sicherung der Einmalbelastung der Unternehmensgewinne muss der Veräußerungsgewinn steuerfrei sein. Insgesamt hat der Unternehmer mit dem erzielten Veräußerungsgewinn 28 806 € für seinen Alterskonsum verfügbar. Ohne eine Besteuerung der Unternehmensgewinne wären Konsummittel in Höhe von 48 010 € verfügbar gewesen.

Damit beträgt die Steuerlast absolut [48 010 - 28 806 =] 19 204 € und relativ 40 Prozent. Steuerlast und Steuersatz stimmen exakt überein, womit der wichtigsten Grundanforderung für eine faire Steuerbelastung entsprochen wird.

Entscheidend für dieses Ergebnis ist die Berücksichtigung einer marktüblichen Verzinsung des Eigenkapitals als Erwerbsausgaben bei der Gewinnermittlung. Da der Gewinn somit vor einer Mehrfachbelastung geschützt ist, wird der dieses Ergebnis sichernde Zins auch *Schutzzins* genannt.

Für denjenigen, der noch in traditionellen Denkmustern verhaftet ist und sich vergewissern möchte, dass der Abzug von Schutzzinsen keine Bevorzugung der Unternehmensgewinne und auch keine Begünstigung anderer Kapitaleinkommen darstellt, dürfte das erläuterte Investitionsmodell eine wohl ausreichende Informationsbasis darstellen.[20]

Man kann nun zeigen, dass bei einer *Besteuerung des zinsbereinigten Gewinns* von Unternehmen die Neutralität bezüglich

- der Wahl zwischen alternativen Formen der Investitionsfinanzierung,
- der Wahl zwischen alternativen Investitionsprojekten,
- der Wahl zwischen Finanz- und Realinvestitionen,
- der Anwendung der Kassenrechnung oder der Vermögensrechnung und hiermit verbunden
- der Anwendung alternativer Abschreibungsmethoden

in hohem Maße gewährleistet ist.[21]

---

[20] Hiermit folge ich dem an die Rechtswissenschaft und Ökonomie gerichteten Aufruf von P. Kirchhof (2002), S. 8.
[21] Siehe hierzu die ausführlichen Analysen zur Neutralität einer zinsbereinigten Gewinnsteuer in R. Wiswesser (1997). Siehe weiterhin auch E. Wenger (1999-2) und den Beitrag von M. Keen und J. King in diesem Band. Wenger (1983) hat nahezu zeitgleich mit R. Boadway und N. Bruce (1984) die Grundidee der zinsbereinigten Gewinnsteuer in die Literatur eingebracht.

Tabelle 2: Steuerliche Belastung des Gewinns eines mittelständischen Unternehmens bei einer Besteuerung des zinsbereinigten Gewinns
- Gewinnsteuersatz: 40 % -

Beträge in €	Vor Steuer	Nach Steuer
		Unternehmen aller Rechtsformen
Gewinn im 1. Jahr	10 000	10 000
Steuer auf den laufenden Gewinn des Unternehmens im 1. Jahr	-	4 000
Investition aus einbehaltenen Gewinnen im 1. Jahr	10 000	6 000
Eigenkapitalbestand nach 41 Jahren aufgrund der Investition eines Nettogewinns in Höhe von r % des Eigenkapitals ab dem zweiten Jahr	48 010 (r = 4)	28 806 (r = 4)
Veräußerungsgewinn	48 010	28 806
Steuer auf den Gewinn aus der Veräußerung des Unternehmens	-	-
Konsumfonds im Alter	48 010	28 806
Steuerlast	-	40 %

Damit entspricht die Besteuerung des zinsbereinigten Gewinns dem Kriterium einer *marktwirtschaftlich effizienten Einkommensbesteuerung*. Da die Einmalbelastung aller auf Märkten erwirtschafteten Gewinne gewährleistet ist, wird auch dem Kriterium einer *fairen Belastung* unterschiedlicher Markteinkünfte entsprochen. Auf die mögliche Anwendung der - den Gesetzgeber immer wieder zu Änderungen des Bewertungsrechts animierenden - Vermögensrechnung kann verzichtet werden. Die generelle Anwendung der Kassenrechnung bei der Gewinnermittlung ermöglicht eine einfache Befolgung und Überprüfung der Steuerpflichten und entspricht zugleich der Liquiditätssituation der Unternehmen.

Abschreibungsmethoden können ohne Zinsvorteile für den Investor und ohne Zinsnachteile für den Fiskus linear oder in vereinfachter Form degressiv vorgeschrieben werden.

4 Das kroatische Gewinnsteuerrecht - Vorbild für ein deutsches Zukunftsmodell?

In der Darstellung und Würdigung der kroatischen Gewinnsteuer[22] durch Keen und King[23] zeigt sich das zunehmende internationale Interesse an dem Konzept einer Besteuerung des zinsbereinigten Gewinns von Unternehmen. Wenn auch die ökonomischen und administrativen Vorzüge dieser Gewinnsteuer inzwischen zunehmende Beachtung finden, so verbleibt die Frage nach ihrer konkreten Regelung im Rahmen eines konsistenten Systems der Einkommensbesteuerung. Die nach italienischem und österreichischem Steuerrecht praktizierte Teilentlastung von Gewinnteilen, die einer Verzinsung des betrieblichen Eigenkapitals entsprechen, sind aufgrund ihrer Unvollständigkeit und unnötigen Komplexität nicht als Anwendungsmodelle empfehlenswert.[24] Praktikabler wirkt da schon das liechtensteinische Modell.[25] Im Rahmen der liechtensteinischen Erwerbssteuer (Einkommensteuer) können Unternehmer bei der Ermittlung ihres Gewinns 3 Prozent des Eigenkapitals als Gewinnungskosten (Betriebsausgaben) absetzen.[26] Nach In-

---

[22] In diesem Beitrag wird jene kroatische Gewinnsteuer diskutiert, die von 1994 bis 2000 in der Republik Kroatien angewendet wurde. Zur Historie der von deutschen Steuerwissenschaftlern entwickelten systematischen Grundlagen des neuen kroatischen Steuerrechts siehe M. Rose (1998).
[23] Siehe hierzu den Beitrag von Keen und King in diesem Band.
[24] Siehe hierzu L. Knoll (2001).
[25] Siehe hierzu Rechtsdienst der Regierung des Fürstentums Liechtenstein (1999).
[26] Merkwürdig ist, dass bei der Ertragssteuer - dies ist die Körperschaftsteuer im Steuersystem von Liechtenstein - kein Abzug von Eigenkapitalzinsen gewährt wird. Der Steuersatz der Ertragssteuer steigt jedoch mit der Eigenkapitalrendite des Unternehmens von mindestens 7,5 % bis maximal 15 Prozent. Beim Abzug von Eigenkapitalzinsen kommt es ebenfalls zu einem Anstieg der effektiven Belastung mit der Eigenkapitalrendite, beginnend

formation aus der Steuerverwaltung des Fürstentums von Liechtenstein wird das Eigenkapital für die Berechnung der Eigenkapitalzinsen als Durchschnitt seines Wertes am Jahresanfang und am Jahresende zugrunde gelegt. Diese sehr einfache Berechnungsmethode eröffnet jedoch nachweislich einen Spielraum für die Gestaltung des berücksichtigungsfähigen Eigenkapitalbestandes und kann deshalb nicht zur Übernahme empfohlen werden. Keen und King bescheinigen dem kroatischen Gesetzgeber, dass er das Konzept der Zinsbereinigung praktikabel, weitgehend gestaltungsfrei und mit Erfolg für die kroatische Wirtschaft umgesetzt habe. Da eine Besteuerung des zinsbereinigten Gewinns grundsätzlich für alle Marktwirtschaften vorteilhaft ist, bietet sich das kroatische Erfolgsmodell auch für eine Implementierung in Deutschland an. Keen und King kritisieren jedoch mit Recht einige Regelungen unter administrativen Aspekten als zu aufwendig. In den folgenden Ausführungen wird dargelegt, wie sich diese Mängel im Rahmen eines Zukunftsmodells für Deutschland vermeiden lassen. Weiterhin werden für diese Gestaltungsaufgabe auch andere Informationen über die Praxis der kroatischen Einkommens- und Gewinnbesteuerung ihre Berücksichtigung finden. Schließlich sind der Umgang der kroatischen Politik mit den Rechtsgrundlagen des neuen Systems der Einkommen- und Gewinnbesteuerung sowie ähnliche Verhaltensweisen der deutschen Politik beim (De)Reformieren des Steuerrechts zu beachten.

4.1 Rechtsgrundlagen und ihre Konsequenzen

Vor der großen Steuerreform 1994 hatte die junge kroatische Republik aus dem alten Jugoslawien eine schedulare Einkommen- und Gewinnbesteuerung geerbt. Praktisch bestand für jede Einkunftsart eine gesonderte Steuer und zusätzlich gab es noch eine Gesamteinkommensteuer sowie eine kriegsbedingte Sonderabgabe. Es ergaben sich dadurch kumulierte Grenzsteuersätzen von über 90 %, die aber letztlich niemand bezahlte. Daneben bestand eine mit der Einkommensteuer natürlicher Personen in keiner Hinsicht abgestimmte Steuer auf den Gewinn von juristischen Personen, Gewerbetreibenden und Freiberuflern, die eine Vielzahl von Vergünstigungen enthielt.

Das neue Steuersystem sollte nach den Vorstellungen der kroatischen Reformer wieder ein Einkommensteuergesetz und ein Gewinnsteuergesetz kennen. Hiernach wurde die Besteuerung des Einkommens natürlicher Personen im Einkommensteuergesetz und die Besteuerung der Gewinne juristischer Personen im Gewinnsteuergesetz geregelt. Allerdings gab es für einkommensteuerpflichtige Unternehmer die Wahlmöglichkeit, ihre Gewinne

---

mit 0 % – solange die Eigenkapitalrendie den Schutzzinssatz nicht überschreitet – steigt sie degressiv und konvergiert gegen den Steuersatz.

der Gewinnsteuer zu unterwerfen. Hierzu musste das Belegsystem der Kassenrechnung durch das System der doppelten Buchführung und vollständigen Bilanzierung ersetzt werden. Bei der Frage eines Wechsels von der Einkommen- zur Gewinnsteuer musste der Unternehmer die Zusatzkosten aus dieser neuen Rechnungslegung mit den folgenden zwei Vorteilen vergleichen. Bei der Gewinnsteuer konnten die Kreditzinsen vollständig abgezogen werden, im Rahmen der Einkommensteuer jedoch nur eine standardisierte Verzinsung der Buchwerte aller betrieblichen Anlagegüter (Grundstücke, Maschinen, Büroeinrichtungen etc.). Der zweite Vorteil war, dass der Gewinnsteuersatz 25 Prozent, der Spitzensatz der Einkommensteuer jedoch 35 Prozent betrug. Führte ein Unternehmer sein Unternehmen auf dem Gebiet der Stadt Zagreb, erhöhte sich der Spitzensatz der Einkommensteuer durch das Hebesatzrecht von Zagreb auf 44,5 Prozent. Für die Gewinnsteuer gab es hingegen kein städtisches bzw. gemeindliches Hebesatzrecht.

Aufgrund der rechtlichen Teilung des Gesamtsystems in ein Einkommen- und ein Gewinnsteuergesetz betrachteten die kroatischen Politiker jedes einzelne Gesetz als ein gesondertes Instrument. Mit dem Gewinnsteuersatz von 25 Prozent wollte man den internationalen Investoren günstige Rahmenbedingungen für Investitionen in Kroatien signalisieren. Hierbei wurde nicht verstanden, dass bereits der Abzug von Schutzzinsen eine aus internationaler Sicht außerordentliche positive Rahmenbedingung für Investitionen darstellt. In den ersten Jahren der Anwendung der neuen Gesetze stellte die kroatische Steuerverwaltung genau das fest, was zu erwarten war: das Optionsrecht wurde zur Reduzierung der Steuerlast missbraucht. Die damalige kroatische Regierung reagierte darauf mit einer vernünftigen Maßnahme, sie erhöhte nämlich ab 1997 den Gewinnsteuersatz von 25 auf 35 Prozent und gewährte gleichzeitig - durchaus marktorientiert - einen höheren Abzug von Zinskosten des Eigenkapitals.[27] Die neue kroatische Regierung machte diese Maßnahme ab 2001 wieder rückgängig, senkte den Gewinnsteuersatz auf 20 Prozent und führt gleichzeitig Sondervergünstigungen für bestimmte Investitionen ein. Zur Finanzierung des hiermit verbundenen Verlustes an Steuereinnahmen wurde - gegen den erbitterten Widerstand der kroatischen Unternehmen[28] und gegen die Empfehlung von Gutachtern des Internationalen Währungsfonds[29] - die Abzugsfähigkeit von Schutzzinsen abgeschafft.

---

[27] Der Schutzzinssatz wurde nach der Fisher-Formel aus einem gesetzlich fixierten Realzins und der Inflationsrate nach dem Preisindex für Industrieprodukte gebildet. Mit der Reform 1997 wurde der Realzins von 3 Prozent auf 5 Prozent erhöht.

[28] Siehe bspw. Prarać (2000) und (2001) sowie Lončarević/Švaljek (2000).

[29] Nach den mir von anderer Seite zugegangenen Informationen gehörten M. Keen und J. King zur Gruppe der IWF-Experten, die das kroatische Steuersystem im Jahre 2000 begutachteten. Aufgrund ihrer positiven Würdigung des kroatischen Modells der Besteuerung des zinsbereinigten Gewinns – siehe hierzu ihren Beitrag in diesem Band – kann ich mir

Auch für die deutsche Steuerreformpolitik ist kennzeichnend, dass sie das Einkommen- und das Körperschaftsteuergesetz als zwei Instrumente begreift. Nicht anders kann man gerade die Steuerreform der rot-grünen Regierung interpretieren, mit der die Besteuerung der Gewinne von Kapitalgesellschaften im Rahmen der Körperschaft höchst einseitig neu geregelt wurde, ohne dass die Besteuerung der Gewinne von Personenunternehmen im Rahmen der Einkommensteuer daran angepasst wurde.

Aus diesen Vorgängen lassen sich folgende Erkenntnisse für die Gestaltung eines neuen, zukunftsweisenden Gewinnsteuerrechts ableiten. Man muss den Politikern so wenig Spielraum wie möglich lassen, die Besteuerung der Gewinne von Unternehmen unterschiedlicher Rechtsformen nach Belieben zu regeln. Eine gewisse Barriere gegen den politischen Missbrauch des Steuerrechts ließe sich dadurch errichten, dass sowohl die Besteuerung des persönlichen Einkommens als auch die Besteuerung der Gewinne von Unternehmen im Rahmen eines systembegründeten einheitlichen Gesetzes geregelt werden. Wichtig ist ferner, dass die Gewinne aller Unternehmen nach einer einheitlichen Methode ermittelt werden und für persönlich geführten Unternehmen unabhängig von der Rechtsform der gleiche Steuertarif angewendet wird. Ein Optionsmodell im Sinne des kroatischen Steuerrechts ist dann völlig überflüssig. Das kroatische Steuerrecht hat sich zwar in der Praxis als relativ einfach erwiesen - dies gilt im übrigen auch für das Optionsmodell - doch kann mit den dargelegten neuen Anforderung noch mehr Einfachheit sowohl für die Steuerpflichtigen als auch für die Finanzverwaltung und zugleich mehr Stabilität des Steuerrechts erreicht werden.

4.2 Die Ermittlung der Schutzzinsen im Rahmen der Gewinnsteuer

Das alte kroatische Gewinnsteuergesetz unterschied zwischen den grundsätzlich abziehbaren Fremdzinsen und den zusätzlich abziehbaren Eigenkapitalzinsen, auch Schutzzinsen genannt. Ausgangspunkt für die Berechnung der Schutzzinsen war das in der Steuerbilanz ausgewiesene Eigenkapital abzüglich des Bestands an Beteiligungen an anderen Unternehmen. Unterschiede zwischen Handels- und Steuerbilanz resultierten nur aus unterschiedlichen Abschreibungsmethoden. Deshalb konnte das Eigenkapital nach Steuerbilanz aus dem Eigenkapital nach Handelsbilanz durch Hinzufügung der kumulierten Bewertungsdifferenzen relativ leicht ermittelt werden.

Der Verwendung des Eigenkapitals am Jahresanfang liegt die Vermutung zu Grunde, dass dieser Bestand dem Unternehmen das ganze Jahr zur Verfügung steht. Eigenkapitalabgänge und Eigenkapitalzugänge während des

---

nicht vorstellen, dass sie in dem Gutachten eine gegenteilige Empfehlung ausgesprochen haben.

Jahres widerlegen diese Vermutung und machen eine Korrektur des anfänglichen Betrages der Schutzzinsen erforderlich. Die kroatischen Reformer entschieden sich für solche Korrekturmaßnahmen auf Monatsbasis. Dies bedeutete, dass für jeden einzelnen Monat des Wirtschaftsjahres alle Arten von Eigenkapitalabgängen (Dividenden, Steuerzahlungen, Rückzahlung von Grundkapital, Entnahmen von Wirtschaftsgütern, Käufe von Anteilen an anderen Unternehmen u.ä.) und Eigenkapitalzugängen (Einlagen, Verkäufe von Anteilen an anderen Unternehmen u.ä.) erfasst werden mussten. Für die Berechnung der Korrekturbeträge sind Eigenkapitalabgänge auf den Monatsanfang und Eigenkapitalzugänge auf das Monatsende datiert worden. Hiernach wurde dann der jeweilige monatliche Gesamtzugang bzw. Gesamtabgang von Eigenkapital mit dem Schutzzinssatz des Zeitraums vom Monatsanfang bzw. Monatsende bis Jahresende multipliziert. Keen und King kritisieren diese Regelung als zu komplex, weil ihnen der Monat als Korrekturzeitraum zu klein erscheint.[30] Indirekt plädieren sie also für die Ermittlung der unterjährigen Änderungen des Eigenkapitals im Rahmen größerer Teilzeiträume, z.B. vierteljährlich oder gar halbjährlich. Damit muss aber dennoch die gleiche Zahl der unterjährigen Eigenkapitaländerungen erfasst werden. Verringert wird lediglich die Zahl der Schutzzinskorrekturen. Es besteht weiterhin kein Zweifel, dass die Methode der Zinsbereinigung zunehmend an Treffsicherheit verliert, wenn die Teilzeiträume der Schutzzinskorrektur vergrößert werden. Unter praktischen Aspekten erscheint hierbei das Kalendervierteljahr als angemessener Teilzeitraum.

Einen weiteren Aspekt der Zinsbereinigung in der kroatischen Gewinnsteuerpraxis stellte die Anwendung unterjähriger Schutzzinssätze dar. Aus Vereinfachungsgründen wurde hierzu der Monatszins als zwölfter Teil des Jahreszinses bestimmt, was natürlich nicht den theoretischen Anforderung der Zinsberechnung für Teilzeiträume des Jahres entsprach. Sicherlich wäre es für die Praxis wesentlich einfacher, wenn man nur einen Schutzzinssatz anzuwenden hätte. Im Sinne des liechtensteinischen Modells müsste dann ein jahresdurchschnittlicher Eigenkapitalbestand ermittelt werden. Hierzu darf auf die Auswirkungen unterjähriger Eigenkapitalzugänge und Eigenkapitalabgänge jedoch nicht verzichtet werden. Andernfalls eröffnet man den Steuerpflichtigen Spielräume zur steuermindernden Gestaltung des Eigenkapitalbestandes.

Aus diesen Erfahrungen ergibt sich zusammenfassend die Empfehlung, den jahresdurchschnittlichen Eigenkapitalbestand als Durchschnitt der vier vierteljährlichen Eigenkapitalbestände zu bestimmen und darauf einen einheitlichen Schutzzinssatz anzuwenden. Unterjährige Eigenkapitaländerungen wirken sich dann auf die Höhe des Eigenkapitalbestands zum Anfang bzw. zum Ende des betreffenden Vierteljahres aus. Maßgeblich erleichtert

---

[30] Siehe hierzu M. Keen und J. King, in diesem Band.

wird die Ermittlung der Eigenkapitalbestände, wenn man Gewinne grundsätzlich nach der modifizierten Kassenrechnung ermittelt.

5 Die Gewinnbesteuerung im Rahmen der Einfachsteuer

5.1 Einheitliche Rechtsgrundlagen für ein lebenszeitlich orientiertes Leitbild

Im Rahmen des Heidelberger Einfachsteuer-Gesetzes wird die Einkommensteuer als persönliche Einkommensteuer und als Gewinnsteuer erhoben. Die persönliche Einkommensteuer ist die Einkommensteuer der natürlichen Personen. Die Gewinnsteuer erfasst die Gewinne jener Unternehmen, die sich aus rein technischen Gründen nicht den Anteilseignern zurechnen lassen. Damit erfasst die Gewinnsteuer einen wesentlich kleineren Kreis von Unternehmen als die derzeitige Körperschaftsteuer. Der Unternehmensgewinn wird für alle Formen unternehmerischer Betätigungen nach den gleichen Methoden ermittelt. Es gibt also keine rechtsformspezifische Methode der Gewinnermittlung.

Als Leitbild liegt dem Gesetz das Ziel der Einmalbelastung aller auf Märkten erzielten Einkünfte in einer lebenszeitlichen Sicht zu Grunde. Dies hat zur Folge, dass die Steuerlast nicht davon abhängt, ob jemand sein Einkommen für heutigen oder für morgigen Konsum verwendet. Aus diesem Grunde regelt die Einfachsteuer auf einheitlicher Rechtsgrundlage eine konsumorientierte Besteuerung des Einkommens. Und dies bedeutet überhaupt nicht, dass das gesparte Einkommen vollständig steuerfrei ist oder dass das Sparkapital einer Lebensendbesteuerung - etwa mittels einer Erbnachlasssteuer - unterworfen werden muss.[31] Im Rahmen der Einfachsteuer werden die Erträge des Sparkapitals einmal steuerlich belastet[32] und sind somit gegen eine Doppelbelastung geschützt, die gesparten Teile originärer Einkünfte (Löhne, Reingewinne) selbst sind auf jeden Fall einmal zu versteuern.

---

[31] Wenn P. Kirchof (2002), S. 8, behauptet, dass bei einer konsumorientierten Besteuerung „am Lebensende die kumulierten Steuerlasten das Vermögen des Steuerpflichtigen treffen", dann bezieht er sich auf eine besondere Form einer konsumorientierten Besteuerung des Lebenseinkommens, für die auch ich mich nicht begeistern kann. Die Einfachsteuer des Heidelberger Kreises führt ebenfalls zu einer konsumorientierten Besteuerung des Lebenseinkommens, sie ist jedoch nicht auf die Erhebung einer besonderen Erbnachlasssteuer angewiesen. Es gibt noch weitere Vorschläge einer konsumorientierten Besteuerung des Einkommens, die nicht die Erhebung einer Erbnachlasssteuer beinhalten. Hierzu gehört z.B. die konsumorientierte ‚Flat Tax' von R. E. Hall und A. Rabushka (1995).

[32] Nur wenn das gesparte Einkommen nachgelagert besteuert wird, erfolgt die Einmalbelastung der Sparerträge durch ihre Besteuerung.

Lebenszeitliche und damit konsumorientierte Einkommensbesteuerung bedeutet weiterhin nicht, dass das Kalenderjahr als Steuerabschnitt abgeschafft wird. Bei der Frage, was man in einem Steuerabschnitt besteuern darf, ist jedoch bei einer Lebenseinkommensbesteuerung zu prüfen, ob die betreffenden Einkünfte schon steuerlich vorbelastet sind oder in späteren Steuerabschnitten besteuert werden. Durch die Besteuerung des steuerbaren Jahreseinkommens wird also die Lebenseinkommensbesteuerung gewissermaßen sukzessive abgearbeitet. Dieses Grundprinzip findet dann im Rahmen der Einfachsteuer auch bei der Besteuerung der Unternehmensgewinne Anwendung, so dass z.B. auf die Besteuerung von Gewinnen aus der Veräußerung von Anteilen an Kapitalgesellschaften verzichtet werden muss.

5.2 Einheitliche Ermittlung der Gewinne nach dem modifizierten Kassenprinzip

Um eine einfache und möglichst gestaltungsfreie Methode der Gewinnermittlung anzuwenden, ist in der Einfachsteuer für alle Gewinne eine Ermittlung nach der modifizierten Kassenrechnung - Einnahmen-Überschuss-Rechnung (§ 4 Abs. 3 EStG) - vorgeschrieben. Damit werden der Lohn des Arbeitnehmers, der Gewinn des Handwerkers, der Gewinn des Arztes aus dem Führen einer Praxis, der Gewinn eines Supermarktes wie der eines kleinen Ladens und der Gewinn eines Großunternehmens nach den gleichen Grundsätzen ermittelt.

Die Kassenrechnung ist auch im Rahmen der traditionellen Gewinnbesteuerung die einfachste Methode der Gewinnermittlung. Wie schon erwähnt, gewährleistet sie aber nicht die Entscheidungsneutralität der Gewinnbesteuerung. Erst zusammen mit dem Abzug der Schutzzinsen sind Einfachheit und Neutralität gleichzeitig gegeben.

Die Besonderheiten der modifizierten Kassenrechnung liegen hauptsächlich in dem Abzug der folgenden nicht kassenmäßig bestimmten Kapitalkosten:

- Abschreibungsbeträge der abnutzbaren Anlagegüter
- Buchwerte von Anlagegütern, die veräußert oder entnommen wurden
- Zinsen für aufgenommene Kredite
- Schutzzinsen für das Eigenkapital.

Bei der auf reale Transaktionen bezogenen reinen Kassenrechnung[33] - wie sie Hall und Rabushka (1995) für ihre ‚Flat Tax' als grundlegende Ermittlungsmethode vorschlagen - wären sämtliche Ausgaben für den Kauf

---

[33] Unter realen Transaktionen versteht man hier Käufe und Verkäufe von Gütern und Dienstleistungen. Finanzielle Transaktionen erstrecken sich auf den Erwerb und die Tilgung von Kapitalforderungen sowie Kapitalverbindlichkeiten.

von Anlagegütern sogleich absetzbar. Man spricht in diesem Fall von der Methode der Sofortabschreibung, die auch beim Kauf von Grundstücken anzuwenden ist. Gezahlte Kreditzinsen sind bei der konsumorientierten ‚Flat Tax' nicht abzugsfähig. Und da es auf Grund der Gewinnermittlung nach der reinen Kassenrechnung keine Buchwerte gibt, ist auch kein Abzug von Eigenkapitalzinsen vorgesehen.

Es ist wohl offensichtlich, dass der Fiskus bei der Einführung der auf reale Transaktionen beschränkten reinen Kassenrechnung für längere Zeit auf Einnahmen aus der Gewinnbesteuerung verzichten müsste. Technisch kaum lösbare Probleme gibt es bei der Abgrenzung der besteuerbaren von den nicht besteuerbaren Einnahmen und Ausgaben, wenn die Gewinne der Banken, Versicherungen und anderen Finanzdienstleister ermittelt werden sollen. Schließlich ist auch die Verträglichkeit der reinen Kassenrechnung mit dem international angewendeten Recht zur Vermeidung von Doppelbesteuerungen zu bezweifeln.

Alle diese Nachteile hat die Einfachsteuer nicht. Die Anwendung der modifizierten Kassenrechnung in Verbindung mit einem Abzug für die Schutzverzinsung des Eigenkapitals bietet eine technisch einfache Möglichkeit der Gewinnermittlung, die mit den Konventionen des internationalen Steuerrechts voll vereinbar ist.

5.3 Vereinfachte Zinsbereinigung

Die Schutzzinsbasis am Anfang des Steuerabschnitts (Kalenderjahres, Wirtschaftsjahres) kann bei Anwendung der modifizierten Kassenrechnung nach dem Schema einer reduzierten Bilanz wie folgt ermittelt werden. Auf der Aktivseite gibt es nur die Buchwerte der nicht abschreibbaren bzw. noch nicht vollständig abgeschriebenen Anlagegüter, der Kapitalforderungen und der Kassenbestände. Vorratsbestände erscheinen nicht, weil Ausgaben zum Kauf von Vorräten sofort absetzbar sind. Ebenfalls sind keine Forderungen aus Produktverkäufen zu berücksichtigen, da steuerbare Einnahmen erst dann anzusetzen sind, wenn der Kunde die Forderung kassenmäßig oder kassenähnlich (bei Tausch) begleicht. Beteiligungen werden ebenfalls nicht als Aktivposten geführt, da diese Bestände nicht zu einem schutzbedürftigen Eigenkapitalbestand gehören. Auf der Passivseite sind Kapitalverbindlichkeiten, nicht jedoch Lieferantenverbindlichkeiten aufzuführen. Die Schutzzinsbasis - das schutzbedürftige Eigenkapital - ergibt sich dann als Differenz zwischen dem Betrag aller Bestände der Kapitalverwendung und dem Bestand der Kapitalverbindlichkeiten.

Schutzzinsbasis bei modifizierter Kassenrechnung

Anlagegüterbestände (Grundstücke, Maschinen etc.) Kapitalforderungen (vergebene Darlehen, erworbene festverzinsliche Wertpapiere) Kassenbestände (Barbestände, Bankguthaben)	Schutzzinsbasis (berücksichtigungsfähiges Eigenkapital) Kapitalverbindlichkeiten (aufgenommene Darlehen, emittierte Obligationen)
Kapitalverwendung	**Kapitalherkunft**

Wenn sich - z.B. während des Jahres ‚01' - Eigenkapitalabgänge und/oder Eigenkapitalzugänge ereignen, ist jeweils eine neue Schutzzinsbasis wie folgt zu ermitteln:

1		Schutzzinsbasis 1.1. ‚01' [gemäß verkürzter Bilanz]
2	-	Eigenkapitalabgänge während des ersten Vierteljahres
3	=	**Korrigierte Schutzzinsbasis 1.1. ‚01'**
4	+	Eigenkapitalzugänge während des ersten Vierteljahres
5	=	Schutzzinsbasis 1.4. ‚01'
6	-	Eigenkapitalabgänge während des zweiten Vierteljahres
7	=	**Korrigierte Schutzzinsbasis 1.4. ‚01'**
8	+	Eigenkapitalzugänge während des zweiten Vierteljahres
9	=	Schutzzinsbasis 1.7. ‚01'
10	-	Eigenkapitalabgänge während des dritten Vierteljahres
11	=	**Korrigierte Schutzzinsbasis 1.7. ‚01'**
12	+	Eigenkapitalzugänge während des dritten Vierteljahres
13	=	Schutzzinsbasis 1.10. ‚01'
14	-	Eigenkapitalabgänge während des vierten Vierteljahres
14	=	**Korrigierte Schutzzinsbasis 1.10. ‚01'**
15		**Jahresdurchschnittliche Schutzzinsbasis:** **0,25×(Summe der Bestände aus Zeilen 3, 7, 11 und 14)**

Die Schutzzinsen ergeben sich dann durch Anwendung des gesetzlich vorgeschriebenen Schutzzinssatzes auf die jahresdurchschnittliche Schutzzinsbasis. Um die Zahl der zu berücksichtigenden unterjährigen Eigenkapitaländerungen zu reduzieren, kann im Rahmen einer Durchführungsverordnung vorgesehen werden, dass Unternehmen, die häufig Käufe und Verkäufe von Beteiligungen durchführen, diese über besondere Bankkonten abwickeln, deren Bestände nicht auf der Aktivseite der obigen verkürzten Bilanz erscheinen. In diesem Falle müssen die Beteiligungstransaktionen nicht mehr als Eigenkapitalabgänge bzw. Eigenkapitalzugängen berücksichtigt werden. Aufzunehmen sind lediglich unterjährigen Änderungen des Eigenkapitals aus gelegentlichen Transaktionen zwischen den besonderen und den anderen Bankkonten des Unternehmens.

Der Schutzzinssatz ist ein typisierend ausgewählter Kapitalmarktzins für eine risikofreie Kapitalmarktanlage. Unter Berücksichtigung unterschiedlicher Laufzeiten und damit auch Zinssätzen muss ein Durchschnittszinssatz gebildet werden. Vereinfacht könnte man auch den effektiven Zinssatz zweijähriger Bundesanleihen als Approximation wählen. Damit ist ersichtlich, dass der Schutzzinssatz keine feste Größe ist, sondern auf Grund der Kapitalmarktsituation in jedem Jahr ein anderes Niveau haben kann.

5.4 Rechtsformneutrale Besteuerung der Gewinne persönlich geführter Gesellschaften

Die Besteuerung der Unternehmensgewinne muss mit der Besteuerung des persönlichen Einkommens abgestimmt sein. Auch für diese Anforderung enthält das Heidelberger Einfachsteuer-System einen zukunftsweisenden Lösungsvorschlag. Ausgangspunkt ist die Einsicht, dass die Gewinne von Unternehmen jeglicher Rechtsformen wirtschaftlich gesehen Einkommen der Unternehmenseigentümer darstellen. In Verbindung mit dem Kriterium einer fairen Besteuerung von Einkommen ergibt sich hieraus die folgende Forderung: Unternehmensgewinne müssen soweit wie möglich bei den Eigentümern der Unternehmen versteuert werden. Dies folgt aus der Grundidee der Einkommensteuer, nach der das Einkommen natürlicher Personen zu besteuern ist. Folgt man also dieser Grundidee bei der Besteuerung von Unternehmensgewinnen[34], kann zugleich ein hohes Maß an Rechtsformneutralität erreicht werden.

Den Gewinn börsennotierter Publikumsunternehmen wird man einheitlich - d.h. unabhängig von seiner Verwendung als Mittel der Selbstfinanzierung von Investitionen oder Ausschüttung - allerdings schon aus technischen Gründen niemals bei den Anteilseignern, sondern nur beim Unternehmen selbst besteuern können. Die abschließende Besteuerung des zinsbereinigten Gewinns der großen, nicht persönlich geführten Kapitalgesellschaften mit einem einheitlichen Satz ist erhebungstechnisch höchst einfach und zugleich

---

[34] Siehe hierzu auch W. Engels und W. Stützel (1968).

europatauglich. Dies wird im Rahmen der Heidelberger Einfachsteuer durch die rechtlich neu konzipierte Gewinnsteuer erreicht. Der von der rot-grünen Bundesregierung vollzogene Übergang vom alten Anrechnungsmodell zum Definitivmodell erleichtert diese Lösung.

Allerdings dürfen die aus versteuerten Gewinnen ausgezahlten Dividenden nicht mehr der Einkommensbesteuerung beim Empfänger unterliegen. Deshalb muss die derzeitige Doppelbesteuerung der halben Dividenden abgeschafft werden. Damit ist im Gegensatz zu der gegenwärtigen Situation gewährleistet, dass der Ertrag aus dem Aktiensparen auch für kleinere Aktiensparer zukünftig vor einer steuerlichen Doppelbelastung geschützt ist. Sie erhalten nämlich mit den steuerfreien Dividenden einen steuerfreien marktüblichen Ertrag ihrer aus versteuerten Einkommen gebildeten Aktienanlagen. Dies ist möglich, weil die gewinnsteuerpflichtige Aktiengesellschaft den Teil des Gewinns, der den abzugsfähigen Schutzzinsen entspricht, auch für Dividendenzahlungen verwenden kann. In lebenszeitlicher Sicht wird also der Ertrag aus festverzinslichen Anlagen und der Ertrag aus dem Aktiensparen steuerlich nur einmal belastet.

Der Grundidee der Einkommensteuer folgend wird der Gewinn von Personengesellschaften für steuerliche Zwecke traditionell den Gesellschaftern zugerechnet. Der Gesellschafter einer OHG versteuert nach deutschem Einkommensteuerrecht z.B. seinen Anteil am Gewinn der OHG als Einkünfte aus Gewerbebetrieb. Das amerikanische Erfolgsmodell der S-Corporation[35] zeigt nun, dass man auch den Gewinn persönlich geführter Kapitalgesellschaften bei den Gesellschaftern versteuern kann. Dies würde in Deutschland die meisten der zum Mittelstand gehörenden GmbHs betreffen. Wenn somit die Steuerbelastung nicht mehr davon abhinge, ob das Unternehmen als Personengesellschaft oder als Kapitalgesellschaft organisiert ist, hätten wir im Bereich der mittelständischen Unternehmen nahezu vollkommene Rechtsformneutralität. Gesellschaften, für die eine solche steuerliche Gleichbehandlung zukünftig gelten soll, werden im Heidelberger Einfachsteuer-System ‚Durchreichgesellschaften' genannt. Um die besonderen Erhebungskosten einer steuerlichen Durchreichung des Gewinns von Gesellschaften auf die Gesellschafter in Grenzen zu halten, müssen für eine Durchreichgesellschaft folgende Voraussetzungen erfüllt sein:

- Sitz und Geschäftsleitung der Gesellschaft liegen im Inland.

- Am Unternehmensgewinn sind nur natürliche Personen oder rechtlich nicht selbständige Gemeinschaften natürlicher Personen beteiligt.

---

[35] Siehe hierzu S. Wittman (2001).

- Es gibt direkt und indirekt nicht mehr als hundert Personen, die am Unternehmensgewinn beteiligt sind.[36]
- Anteile am Unternehmensgewinn werden nicht auf Börsen oder ähnlichen Plätzen gehandelt.

In der Tabelle 1 wird schematisch verdeutlicht, wie die Gewinne von Durchreichgesellschaften letztlich in ein persönlich zu versteuerndes Einkommen Eingang finden. Für die graphische Darstellung der persönlichen Besteuerung von Unternehmensgewinnen wurde bei einer natürlichen Person A angenommen, dass sie nur Einkünfte aus unternehmerischen Erwerbstätigkeiten bezieht. Hält eine natürliche Person A z.B. als Gesellschafter Anteile an einer persönlich geführten GmbH G und einer OHG O, so stellt dies - wie die von A selbst geführte Bäckerei oder die Vermietung einer Immobilie durch den Eigentümer A - einen Betrieb des Unternehmens dar, das von A geführt wird. A ist somit Unternehmer eines Unternehmens, das drei Betriebe umfasst. Die GmbH G und die OHG O mögen beide den Kriterien einer Durchreichgesellschaft entsprechen, womit ihr gesamter Gewinn den Gesellschaftern anteilig zugerechnet wird. Im Rahmen der Heidelberger Einfachsteuer ergibt sich der *Gewinn des* von A geführten *Einzelunternehmens* wie folgt:

      Gewinn der Bäckerei

+   Gewinn aus Immobilienvermietung

+   zugerechnete Anteile am Gewinn anderer Unternehmen (OHG O, GmbH G)

=   Unternehmensgewinn

In Höhe dieses Unternehmensgewinns hat A im Rahmen der persönlichen Einkommensteuer Einkünfte aus selbständiger Erwerbstätigkeit. Sind dies die einzigen Einkünfte von A, würde der Unternehmensgewinn das steuerpflichtige Markteinkommen von A darstellen. Hiervon kann er als persönliche Abzüge alle Beiträge zur gesetzlichen Krankenversicherung[37], seinen familienbezogenen Freibetrag sowie gegebenenfalls Steuerberatungskosten abziehen.

---

[36] Die Obergrenze für die Zahl der Gewinnbeteiligten ist nicht theoretisch begründet, sondern als Diskussionsvorschlag zur Begrenzung des Erhebungsaufwandes aus einer zu großen Zahl von Durchreichgesellschaften zu interpretieren.

[37] Besteht keine gesetzliche Beitragspflicht, so können Beiträge zu einer privaten Krankenversicherung bis zur Höhe der gesetzlichen Beiträge als persönliche Abzüge geltend gemacht werden.

Abbildung 1: Zukunftsmodell einer rechtsformneutralen Besteuerung der Unternehmensgewinne

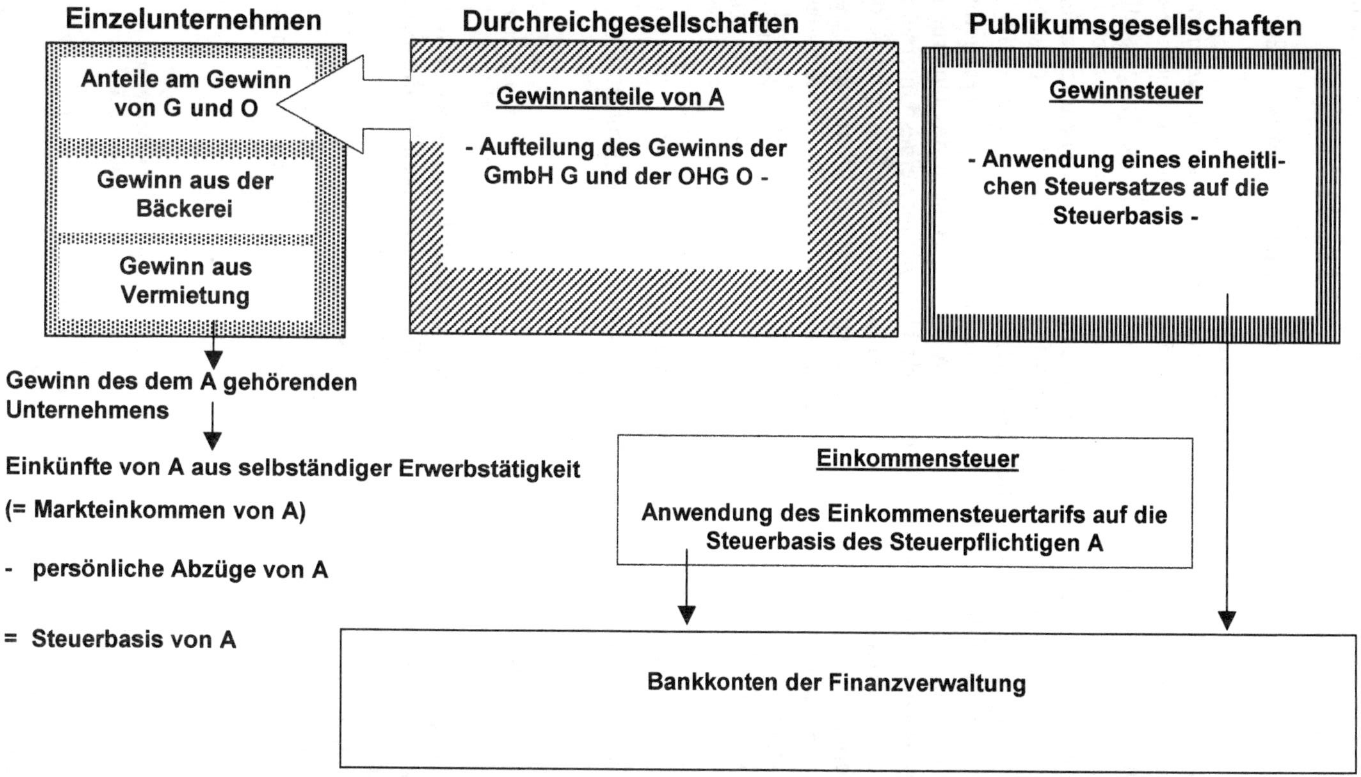

Einzelunternehmen | **Durchreichgesellschaften** | **Publikumsgesellschaften**

Durchreichgesellschaften:
__Gewinnanteile von A__
- Aufteilung des Gewinns der GmbH G und der OHG O -

Publikumsgesellschaften:
__Gewinnsteuer__
- Anwendung eines einheitlichen Steuersatzes auf die Steuerbasis -

Einzelunternehmen:
- Anteile am Gewinn von G und O
- Gewinn aus der Bäckerei
- Gewinn aus Vermietung

Gewinn des dem A gehörenden Unternehmens

Einkünfte von A aus selbständiger Erwerbstätigkeit

(= Markteinkommen von A)

− persönliche Abzüge von A

= Steuerbasis von A

__Einkommensteuer__
Anwendung des Einkommensteuertarifs auf die Steuerbasis des Steuerpflichtigen A

Bankkonten der Finanzverwaltung

Auf das hiernach zu versteuernde Einkommen (Steuerbasis) wird der Steuertarif zur Ermittlung der Steuerschuld angewendet. In der Endstufe des Einfachsteuer-Systems würde A dann 25 Prozent der Steuerbasis auf das Bankkonto der Finanzverwaltung zu überweisen haben.

5.5 Die zinsbereinigte Gewinnsteuer als Zukunftsmodell einer standortattraktiven und wettbewerbsneutralen Besteuerung von Unternehmensgewinnen in Europa

Es besteht kein Zweifel, dass sich die EU-Länder auch auf steuerlichem Gebiet etwas neues einfallen lassen müssen, um die Investitionstätigkeit und damit die Beschäftigung im Gemeinschaftsgebiet auszudehnen. Für solche Zielsetzungen wurde bislang und damit traditionell das Instrument der Steuererleichterung oder sogar der vollständigen Steuerfreiheit eingesetzt. Weiterhin wurde die Idee verfolgt, die Steuerbelastung der in Kapitalgesellschaften zurückbehaltenen Gewinne zu senken. Die mit einer solchen Politik verbundenen Nachteile haben in der Regel den Vorteil aus einer meistens nur geringfügig vermehrten Investitionstätigkeit weit übertroffen. So kam es zu ungewollten Mitnahmeeffekten, Diskriminierungen der Personengesellschaften und anderen ungerechten Steuerlastverteilungen, staatlichen Einnahmenverlusten und vor allem zu einer maßgeblichen Schädigung der Funktionsfähigkeit der Marktwirtschaft im Investitionsbereich.

Auch aus internationaler Sicht wird ein Land als Investitionsstandort weniger durch unsystematische Steuererleichterung attraktiver, sondern vielmehr dadurch, dass das Steuersystem bezüglich unternehmerischer Investitionen neutral ist und die maßgeblichen Grundlagen des Steuerrechts transparent sowie auf lange Sicht verlässlich sind. Diesen Vorzug gewährleistet die Besteuerung der zinsbereinigten Unternehmensgewinne wie sie im Rahmen des Heidelberger Einfachsteuer-Systems vorgesehen ist. Hätten wir ein solches System zunächst nur in Deutschland, würden inländische wie auch ausländische Investoren, in deren Ländern noch das traditionelle System praktiziert wird, es positiv würdigen, dass die kapitalmarktorientierte Grundrendite des Eigenkapitals vor einer Steuerbelastung geschützt ist. Wenn also das Unternehmen noch nicht so viel verdient, dass auch die Kosten des Einsatzes von Eigenkapital gedeckt sind, hält sich der Staat mit seinem Steueranspruch zurück. In Abbildung 2 wird die erforderliche Entlastung der Investitionsrendite unter Annahme einer für gegenwärtige Kapitalmarktverhältnisse als typisch anzunehmenden Grundrendite von 4 Prozent veranschaulicht. Der mittelfristig zu realisierende zukünftige Steuersatz auf Unternehmensgewinne wurde mit 35 Prozent angenommen.

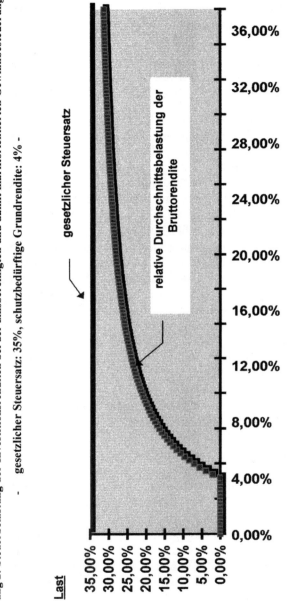

Abbildung 2: Steuerbelastung der Investitionsrenditen bei der zinsbereinigten und damit marktorientierten Gewinnbesteuerung
- gesetzlicher Steuersatz: 35%, schutzbedürftige Grundrendite: 4% -

Ein Steuersystem mit zinsbereinigter Steuerbasis ist vor allem auch in dem Sinne inflationsresistent, dass die reale Steuerlast nur bei einer Erhöhung des realen Einkommens bzw. Unternehmensgewinns steigt. Auf der Unternehmensebene wird dies dadurch erreicht, dass mit der Zinsbereinigung automatisch eine Inflationsbereinigung der Steuerbasis erfolgt. Der abziehbare Eigenkapitalzins setzt sich nämlich - grob gerechnet - aus der Inflationsrate und einem marktbestimmten Realzins zusammen. Der zu versteuernde Gewinn ist somit um alle inflationsbedingten Bestandteile (Scheingewinne) bereinigt. Die mit der gegenwärtigen Besteuerung von Unternehmensgewinnen verbundene Besteuerung von Scheingewinnen wäre damit beseitigt.

Mit der Einführung einer Besteuerung der zinsbereinigten Unternehmensgewinne würden sich also Investitionen, die bislang aus steuerlichen Gründen unrentabel waren, plötzlich lohnen. Der Investitionsstandort Deutschland wäre international schlagartig höchst attraktiv: Die steuerlich bedingte Kapitalflucht hörte auf, und viele Ausländer würden wieder verstärkt bei uns investieren. Es käme also zu einem beachtlichen Investitionsschub und hierüber zur Schaffung neuer Arbeitsplätze, die wir so dringend brauchen.

Wegen seiner Bewertungsneutralität und seiner hohen Effizienzqualität ist die Methode der Zinsbereinigung von Unternehmensgewinnen gleichzeitig ein Modell für die Harmonisierung des Gewinnsteuerrechts in der EU. Hierbei geht es nämlich nicht allein um eine Angleichung der Steuersätze, sondern vor allem auch um eine Angleichung der steuerlichen Vorschriften zur Bewertung langlebiger Wirtschaftsgüter. Man würde an eine Utopie glauben, wenn man meinte, das jeweils ganz individuell historisch gewachsene steuerliche Bewertungsrecht der EU-Länder harmonisieren zu können. Die Besteuerung der zinsbereinigten Unternehmensgewinne - wäre sie in einem späteren Stadium in allen EU-Ländern eingeführt - würde es demgegenüber nicht mehr erforderlich machen, das steuerliche Bewertungsrecht europaweit zu egalisieren. Einfacher lässt sich die Harmonisierung der Besteuerung von Unternehmensgewinnen im Gemeinschaftsgebiet nicht erreichen.[38]

Mit der späteren Einführung einer Besteuerung des zinsbereinigten Gewinns auch in anderen Ländern der EU wird der hierdurch ausgelöste Investitionsimpuls dazu beitragen, die wirtschaftliche Entwicklung im gesamten Gemeinschaftsgebiet maßgeblich zu forcieren. Die Politik könnte eine solche Reform dann als Fördermaßnahme propagieren. Der Abbau steuerlicher Investitionshemmnisse durch Einführung eines investitionsneutralen Steuer-

---

[38] Zu dem Vorschlag einer nach dem Modell der Zinsbereinigung ausgestalteten europäischen Körperschaftsteuer siehe M. Gammie (1991) und Institute for Fiscal Studies (Hrsg.) (1991).

systems wirkt in der Tat in der Übergangszeit wie eine Investitionssubvention.

6 Neue Finanzierungsgrundlagen für die Gemeinden

Die *Gewerbesteuer* hat in dem vorgeschlagenen neuen System der Unternehmensgewinnbesteuerung keine Existenzberechtigung. Faktisch ist sie derzeit bereits bei den Personenunternehmen durch die weitgehende Anrechnung der Gewerbesteuerschuld auf die Einkommensteuerschuld in großem Umfang abgeschafft worden. Ihre rechtliche ‚Tilgung' würde es allerdings erforderlich machen, die Gemeinden auch offiziell und nicht mehr wie jetzt auf indirektem Wege am Aufkommen der Einkommensteuer stärker zu beteiligen. Hierzu müsste - dem Artikel 28 Absatz 2 des Grundgesetzes entsprechend - ein Hebesatzrecht auf den gemeindlichen Anteil an der Einkommensteuer eingeführt werden.

Aus einem Finanzierungsfonds, der durch einen Teil der Einnahmen aus der neuen Gewinnsteuer, einen Teil der Einnahmen aus der persönlichen Besteuerung unternehmerischer Einkünfte und einen Anteil am Aufkommen der Mehrwertsteuer gespeist wird, würden die Gemeinden weitere (zugewiesene) Finanzmittel erhalten. Als Zuweisungsschlüssel müsste ein geeigneter Indikator dienen, der den Umfang unternehmerischer Tätigkeiten auf dem jeweiligen Gemeindegebiet abbildet. Mit dem Gewerbeertrag ist derzeit im wesentlichen der nach der Einkommen- bzw. Körperschaftsteuer zu versteuernde Gewinn als Indikator zu interpretieren.

Soll dieser Anknüpfungspunkt fortgeführt werden, könnte man die angesprochene Zuweisung für eine Gemeinde durch Anwendung eines bestimmten Prozentsatzes (Y) auf den Gesamtbetrag aller auf ihrem Gebiet erwirtschafteten Gewinne ermitteln. Der Indikator ‚Unternehmensgewinn' gewährleistet jedoch den Gemeinden aufgrund seiner bis zu Verlusten führenden Schwankungen keine Nachhaltigkeit bei dieser Einnahmenquelle. Unter diesen Aspekten wäre die von den Unternehmen in einer Gemeinde geschaffene Wertschöpfung sicherlich ein Indikator, der beständigere Einnahmen garantieren würde. Der Zuweisungsprozentsatz Y wäre bei dem Gewinnindikator, dem Wertschöpfungsindikator oder einem anderen als zweckmäßig betrachteten Indikator für alle Gemeinden einheitlich fixiert, d.h. es gäbe hier kein gemeindliches Hebesatzrecht. Für die Gemeinden würde die Zuweisung von Mitteln nach diesem Schema bedeuten, dass sie für die Ansiedlung und Entwicklung von Unternehmen auf ihrem Gebiet belohnt würden. Dies kann man auch als eine Art von Entgelt für die Inanspruchnahme der von Gemeinden für Unternehmen erstellten öffentlichen Güter betrachten. Das Belohnungssystem lässt sich auch als ein mittelbares Hebesatzrecht der Gemeinden interpretieren.

7 Reformschritte auf dem Weg zu einer einfachen, marktorientierten und fairen Besteuerung von Unternehmensgewinnen

Der Übergang zu dem neuen System der Gewinnbesteuerung ist in den auf 10 Jahre gedachten Prozess der Einführung des Einfachsteuer-Systems eingebunden. Möglichst bald sollte jedoch die Ermittlung aller Gewinne nach der Kassenrechnung und der Abzug marktüblicher Eigenkapitalzinsen eingeführt werden. Beginnen könnte man in dem ersten Reformjahr mit einem Schutzzinsatz von 2 Prozent, der dann in den Folgejahren schrittweise erhöht wird, bis ein marktübliches Zinsniveau erreicht ist. Schrittweise sollte auch möglichst bald die Einkommensbesteuerung marktüblicher Zinsen und Dividenden reduziert werden. Hierzu schlage ich die Einführung einer zeitlich begrenzten Abgeltungssteuer auf marktübliche Zinsen und Dividenden vor, soweit der Sparerfreibetrag überschritten wird. Der erste Abgeltungssteuersatz sollte 20 Prozent nicht überschreiten. Dies ist schon allein deswegen gerechtfertigt, weil in den Zinsen und Dividenden eine inflationäre Komponente enthalten ist, für deren Besteuerung es überhaupt keine Begründung gibt. Spätestens nach fünf Jahren müsste der Abgeltungssteuersatz auf 10 Prozent gesenkt und dann mit Abschluss aller Reformmaßnahmen nach weiteren fünf Jahren abgeschafft werden.

Mit der Einführung des Modells der Durchreichgesellschaft und der Abschaffung der Besteuerung von Gewinnen aus der Veräußerung von Anteilen an Kapitalgesellschaften sollte im Interesse einer möglichst schnellen Entlastung des Mittelstandes zügig begonnen werden.

Solange die Gewerbesteuer noch besteht, müsste sie auch bei Durchreichgesellschaften mit eigener Rechtspersönlichkeit auf die Einkommensteuerschuld der Anteilseigner angerechnet werden. Sicherlich wird die Abschaffung der Gewerbesteuer und die Einführung eines neuen Systems gemeindlicher Finanzierungsquellen nicht in kurzer Zeit möglich sein. Es besteht jedoch kein Zweifel, dass ein abgestimmtes System der Besteuerung des persönlichen Einkommens und der Gewinne von Unternehmen bei Fortbestand der Gewerbesteuer nicht geschaffen werden kann.

Ein solches System setzt auch eine Abstimmung der Steuertarife voraus. Wichtig ist hierbei, dass der Satz der zur Gewinnsteuer umgewandelten Körperschaftsteuer dem Höchstsatz des Tarifs der persönlichen Einkommensteuer entspricht. Hier gibt es auch nach Einführung einer die Einkommensbesteuerung maßgeblich vereinfachenden ‚flat rate' einen Abstimmungsbedarf, wenn es zu dem System gemeindlicher Einkommensteuersätze kommen sollte, wonach faktisch jede Gemeinde mittels des (begrenzten) Hebesatzrechts letztlich über ihren eigenen Einkommensteuersatz bestimmt. Der einheitliche Gewinnsteuersatz könnte dann z.B. mit dem Durchschnittssatz aller gemeindlichen Einkommensteuersätze festgesetzt werden. Zur Sicherstellung der Transparenz steuerlicher Rahmenbedingungen aus der Sicht ausländischer Investoren wäre es allerdings zu empfehlen, den Gewinnsteuersatz nicht permanent zu ändern, sondern nur in größeren Zeitabständen, wenn der Durchschnitt der gemeindlichen Einkommensteuersätze dies erforderlich machen sollte.

Ob deutsche Steuerpolitiker den Mut aufbringen werden, sich für die Einführung einheitlicher Steuersätze einzusetzen, ist derzeit stark zu bezweifeln. Dies wird sich erst dann ändern, wenn der politische Wille zur Steuervereinfachung hoffentlich in der Zukunft maßgeblich wächst. Dann wird vielleicht das sich mit einem ‚flat rate'-System bietende Vereinfachungspotential größere Beachtung finden als das nur scheinbar als gesellschaftlich akzeptiert geltende Werturteil, eine gerechte Besteuerung verlange einen mit dem Einkommen steigenden Grenzsteuersatz.[39] Wenig wird dabei beachtet, dass auch bei einem Einheitssteuersatz die Durchschnittsbelastung des Markteinkommens steigt. Die Steuerbasis, auf den der Steuersatz anzuwenden ist, ergibt sich nämlich unter Abzug des Grundfreibetrags und anderer persönlicher Belastungen vom Markteinkommen. Wenn allerdings ein bezüglich des Grenzsteuersatzes progressiver Einkommensteuertarif unumgänglich sein sollte, dann sollte er möglichst transparent, d.h. als Stufentarif ausgestaltet sein. Als Tarif einer Übergangszeit ist dann z.B. ein Drei-Stufentarif mit 15, 25 und 35 Prozent zu empfehlen. Der Körperschaftsteuersatz - nach Abschaffung der Gewerbesteuer - bzw. der Gewinnsteuersatz müsste hiernach 35 Prozent betragen.[40]

Bei jedem einzelnen Reformschritt stellt sich natürlich die Frage seiner Finanzierbarkeit. Dies gilt wahrscheinlich nicht für die ersten Reformmaßnahmen, da das geltende Steuerrecht noch eine Reihe unsystematischer Sonderregelungen enthält, deren Abschaffung genügend Spielraum für die Gegenfinanzierung bietet. Die weitere Absenkung der Mehrfachbelastung bei Unternehmensgewinnen, Zinsen und ähnlichen Kapitalerträgen wird allerdings davon abhängen, ob der mit der Einführung des neuen Modells der Gewinnbesteuerung zu erwartende Wachstumsimpuls ausreichend und nachhaltig zugleich ist. Alle bisherigen ökonomischen Wirkungsanalysen haben ergeben, dass die Einführung des Abzugs von Eigenkapitalzinsen nicht nur die auch unter Risikoaspekten gewünschte Gleichbehandlung von Eigen- und Fremdfinanzierung gewährleistet, sondern über die Beseitigung der Mehrfachbelastung des Sparens in Unternehmen die Effizienz der

---

[39] Siehe hierzu u.a. M. Elicker (2000).
[40] Auf die Probleme eines hierbei wirkenden gemeindlichen Hebesatzrechts kann an dieser Stelle nicht eingegangen werden. Siehe zu solchen Problemen z.B. Bund der Steuerzahler (Hrsg.) (2002).

Marktwirtschaft derart verbessert, dass eine maßgebliche Erhöhung des Wohlstandes möglich wird.[41]

Literaturverzeichnis

Boadway, R. / Bruce; N. (1984), A General Proposition on the Design of a Neutral Business Tax, Journal of Public Economics 24, S. 231-239.

Bundesregierung (2002), Die Steuerpolitik der Bundesregierung, Berlin im März 2002.

Elicker, M. (2000), Kritik der direkt progressiven Einkommensbesteuerung, Plädoyer für die „flache Steuer" aus rechtswissenschaftlicher Sicht, Steuer und Wirtschaft, Heft 1/2000, Köln, S. 3-17.

Engels, W. / Stützel; W. (1968), Teilhabersteuer - Ein Beitrag zur Vermögenspolitik, zur Verbesserung der Kapitalstruktur und zur Vereinfachung des Steuerrechts, 2. Auflage, Frankfurt.

Gammie, M. (1991), Corporate Tax Harmonisation: An „ACE" Proposal - Harmonizing European Corporate Taxation Through an Allowance For Corporate Equity, European Taxation, International Bureau of Fiscal Documentation, S. 238-242.

Hall, R. E. / Rabushka, A. (1995), The Flat Tax, 2. Aufl., Standford.

Fehr, H. / Wiegard, W. (2001), The Incidence of an Extended ACE Corporation Tax, CESifo Working Paper No. 484, München.

Institute for Fiscal Studies (Hrsg.) (1991), Equity for Companies: A Corporation Tax for the 1990s, London.

Kirchhof, P. (2002), Der Karlsruher Entwurf und seine Fortentwicklung zu einer Vereinheitlichten Ertragsteuer, in: Steuer und Wirtschaft, Heft 1/2002, Köln, S. 3 - 22.

Knoll, L. (2001), Unternehmensgewinnbesteuerung in Kroatien, Italien und Österreich, in: Die Betriebswirtschaft 61, S. 335-348.

Lončarević, B. / Švaljek, S. (2000), Presiromašni za eksperimente, in: Banka 11, S. 12-15.

Merz, F. / Faltlhauser, K. (2000), Flexibilität statt willkürliche Begünstigung - Die bessere Alternative zur Förderung von Unternehmensumstrukturierungen, 10. Februar 2000.

Nguyen, D. / Rose, M. (1999), Rückstellungen, Eigenkapitalsicherung und steuerliche Bewertungsneutralität, Betriebsberater 54, Heft 49, S. 2552-2555.

Parać, B. (2000), Olakšicom po poduzetniku, in: Banka 10, S. 54-57.

Parać, B. (2001), Imamo problem, gospodo, in: Banka 1, S. 44-47.

Rechtsdienst des Fürstentums Liechtenstein (1999), Steuerrecht, Vaduz.

---

[41] Siehe hierzu beispielhaft die Analysen von H. Fehr / W. Wiegard (2001).

Rose, M. (1999), Konsumorientierung des Steuersystems - theoretische Konzepte im Lichte empirischer Erfahrungen, in: G. Krause-Junk (Hrsg.), Steuersystem der Zukunft, Berlin, S. 247-278.

Rose, M. (Hrsg.) (2002), Reform der Einkommensbesteuerung in Deutschland, Konzept, Auswirkungen und Rechtsgrundlagen der Einfachsteuer des Heidelberger Steuerkreises, Verlag Recht und Wirtschaft: Heidelberg. Siehe auch www.einfachersteuer.de.

Weber-Grellet, H. (1998), Bestand und Reform des Bilanzsteuerrechts, in: Deutsches Steuerrecht 35, S. 1343-1349.

Wenger; E. (1983), Gleichmässigkeit der Besteuerung von Arbeits- und Vermögenseinkünften, in: Finanzarchiv, N.F., Bd. 41, S. 207-252.

Wenger, E. (1999-1), Warum die Finanzwissenschaft bei der Suche nach einer theoretischen Basis für die Einkommensteuer erfolglos bleiben mußte, in: Ch. Smekal / R. Sendlhofer / H. Winner (Hrsg) (1999): Einkommen versus Konsum - Ansatzpunkte zur Steuerreformdiskussion, Heidelberg.

Wenger, E. (1999-2), Taxes on Business Profits, in: M. Rose (Hrsg.) (1999), Tax Reform in Countries in Transition to Market Economies, Stuttgart, S. 63-72.

Wiswesser, R. (1997), Einkommens- und Gewinnbesteuerung bei Inflation, Frankfurt am Main.

Wittman, S. (2001), S-Corporation Returns, 1998, in: IRS, Statistics of Income Bulletin, Publication 1136.

Tipke, K. (2002), Der Karlsruher Entwurf zur Reform der Einkommensteuer - Versuch einer steuerjuristischen Würdigung, in: Steuer und Wirtschaft, Heft 2/2002, Köln, S. 148-175.

VI Generationengerechte Rentenreform

Zur politischen Ökonomik von Rentenentscheiden

Charles B. Blankart

1 Der politische Instrumentalcharakter der gesetzlichen Rentenversicherung

Wer in einer reinen Privatrechtsgesellschaft für das Alter vorsorgen will, muss ansparen und Kapital bilden. Ein anderes Arrangement lässt sich vertraglich nicht vereinbaren. Beispielsweise wäre es Eltern nicht erlaubt, mit ihren Kindern Verträge zu schließen, in denen sie ihnen Nahrung und Bildung nur unter der Bedingung gewähren, dass die Kinder sie später im Alter unterstützen. Ein solcher Vertrag würde wegen Nötigung und Unsittlichkeit als von Anfang an nichtig erklärt.

Diese Schwierigkeit wird in der deutschen gesetzlichen Rentenversicherung dadurch umgangen, dass das individualistische do out des auf eine kollektive Ebene gehoben wird. Statt Individuen werden organische Generationen unterstellt, die für einander „sorgen", wodurch erreicht wird, dass niemand mehr wegen Nötigung und Unsittlichkeit klagen kann. Die Rentenversicherung wird zum politischen Instrument. Sie erlaubt es den Politikern, Wohltaten zu verteilen, ohne dass sich die Belasteten, die noch kein Stimmrecht besitzen, dagegen wehren könnten. Weil aber kollektive Lösungen darauf beruhen, dass alle Beteiligten kooperieren, gerät die gesetzliche Rentenversicherung in Gefahr, wenn die impliziten Regeln des Kollektivs missachtet werden. Dies kann beispielsweise geschehen, wenn sich die Beitragzahler aus dem Rentensystem ausklinken oder wenn sie auf Nachkommenschaft verzichten. Dies stellt in einem Satz das wesentliche Problem der heutigen gesetzlichen Rentenversicherung dar.

Im folgenden Teil 2 dieses Aufsatzes möchte ich kurz darstellen, wie es zur politischen Instrumentalisierung der gesetzlichen Rentenversicherung in Deutschland kam. Diese führte, wie in Teil 3 zu zeigen ist, zum Umlageverfahren mit seiner inhärenten Tendenz zu abnehmenden Geburtenraten und wachsenden Finanzierungsproblemen. Teil 4 befasst sich mit Politikvorschlägen, die heute zur Überwindung der sich abzeichnenden Rentenkrise vorgelegt werden und eigentlich möglichst umgehend umgesetzt werden sollten. Indessen lässt sich die Politik Zeit. Einschneidende, aber notwendige Maßnahmen werden verzögert. In Teil 5 wird dargelegt, warum es zu dieser Verzögerung kommt, bzw. warum sie so lange andauert. Die Ergebnisse dieser Untersuchung werden sodann in Teil 6 mit den Maßnahmen der Rentenreform 2001 verglichen und daraus die Schlussfolgerungen gezogen.

2 Die Gründung und Politisierung der Rentenversicherung

Die deutsche Rentenversicherung ist als Teil eines großen Sozialversicherungsprogramms zu verstehen, das Otto von Bismarck als Kanzler in den achtziger Jahren des 19. Jahrhunderts in den Reichstag einbrachte. Seine Initiative sollte dazu dienen, das politische System in Deutschland zu stabilisieren und damit auch das Überleben seiner Regierung zu sichern. In der Thronrede, die Bismarck für Kaiser, Wilhelm I, aus Anlass dieses Programms schrieb, sollte dieses Ziel zum Ausdruck gebracht werden:

„... Wir [haben] Unsere Überzeugung aussprechen lassen, dass die Heilung der sozialen Schäden nicht ausschließlich im Wege der Repression sozialdemokratischer Ausschreitungen, sondern gleichmäßig auf dem der positiven Förderung des Wohles der Arbeiter zu suchen sein werde."

Der Hinweis auf die Überwindung „sozialdemokratischer Ausschreitungen" verdeutlicht den instrumentellen Charakter des Gesetzesvorhabens. Er lässt sich auch daran erkennen, dass die Rentenversicherungsvorlage in der Schlussabstimmung am 24. Mai 1889 von der politischen Rechten und von Teilen des Zentrums, nicht aber von den Sozialdemokraten unterstützt worden ist. Diese wollten sich offenbar nicht zum Instrument bismarckscher Politik verwenden lassen.

3 Die Rentenversicherung nach dem Umlageverfahren

Unter der Zielsetzung der Systemstabilisierung ist es auch verständlich, dass die Rentenversicherung nach dem Umlageverfahren und nicht nach dem Kapitaldeckungsverfahren aufgebaut wurde. Denn nur unter dem Umlageverfahren konnte der damaligen Generation der Rentner und der älteren Erwerbstätigen ein unmittelbares Rentengeschenk gewährt werden. Die Eintrittsgeneration brauchte keine Beiträge zu bezahlen. Demgegenüber hätte das Kapitaldeckungsverfahren eine viel zu lange Ansparphase erfordert und daher keinen unmittelbaren politischen Nutzen gebracht.

Das Geschenk an die Eintrittsgeneration war eine der größten politischökonomischen Innovationen des 19. und 20. Jahrhunderts. Viele nachfolgende Politikergenerationen profitierten noch davon. Dabei nahm sich Bismarcks Geschenk von 1889 noch relativ bescheiden aus. Die durchschnittliche Jahresaltersrente belief sich damals auf nur 120 Mark. Bei der Invalidenrente betrug der Höchstbetrag 150 Mark. Auch waren anfänglich nur die gelernten Arbeiter Mitglieder bei der gesetzlichen Rentenversicherung.[1]

Erst danach kam Bismarcks Idee zur vollen Entfaltung. Nachfolgende Politiker erkannten, dass sie dieses Geschenk wiederholen konnten, indem sie die Rentenversicherung auf weitere Gruppen von Erwerbstätigen ausdehnten. Nur einige markante Öffnungen seien genannt: Im Jahr 1911 wurden die unteren Angestellten in die gesetzliche Rentenversicherung aufgenommen, 1939 die Handwerker, 1957 kamen die Landwirte dazu, 1981 die Künstler und 1990/1991 die Beschäftigten der neuen Bundesländer. Die jeweiligen Eintrittsgenerationen erhielten eine Rente oder ein Rentenversprechen, auf Kosten der jeweils nachfolgenden Generation. Jedes dieser Versprechen generierte eine implizite Staatsschuld zu Lasten der zukünftigen Generationen. Denselben Effekt hatten die Senkungen der Altersgrenzen von anfänglich 70 Jahren auf 65 Jahre und dann auf die flexible Altersgrenze mit ihren selektiven Frühverrentungen.[2]

Dabei ist zu beachten: Für die implizite Verschuldung kommt es nicht darauf an, dass die neu Aufgenommenen Beiträge in die Rentenversicherung bezahlen - diese werden ja im Umlageverfahren sofort ausgegeben - sondern dass der Staat ihnen ein Rentenversprechen gibt, das sich von Generation zu Generation fortwälzt.

Die stete Ausdehnung der gesetzlichen Rentenversicherung hatte bedeutende Anpassungen im privaten Bereich zur Folge. Es wurde der von J.B. Nugent (1985) und von A. Cigno und Rosati (1996) schon für verschiedene Staaten nachgewiesene Bevölkerungseffekt wirksam. Bei den Versicherten nahm die Motivation, eine eigene Familie mit Kindern zu gründen allmählich ab. Sie reduzierten ihre Kinderzahlen, „externalisierten" die Kinderlast und beraubten damit das Umlageverfahren der Basis der Beitragszahler. Dadurch entfiel eine immer größere Zahl von Rentnern auf immer weniger Beitragszahler.

Dieser Effekt lässt sich an der Entwicklung des Rentnerquotienten erkennen. Er ist definiert als:

(18.4) Rentnerquotient = $\dfrac{\text{Anzahl Rentner mit Ansprüchen aus der gesetzlichen Rentenversicherung}}{\text{sozialversicherungspflichtige Beschäftigte}}$

Der Rentnerquotient lag, wie aus Abbildung 1 hervorgeht, im Jahr 1995 noch bei etwa 54 %; bis zum Jahr 2035 wird er auf 88 % steigen. Während

---
[1] E. Engelberg (1990, Kap. X).
[2] Die Rentenreformgesetze 1992 und 1999 sehen allerdings wieder Abschläge bei Rentenbezug vor dem Alter von 65 Jahren (bzw. 63 Jahren bei Schwerbehinderten) vor.

derzeit noch etwa zwei abhängig Beschäftigte einen Rentner ernähren müssen, wird in 30 bis 35 Jahren nur noch gut ein abhängig Beschäftigter auf einen Rentner entfallen. Aus der gleichen Abbildung lässt sich auch erkennen, dass sich der Rentnerquotient nicht wesentlich verbessert, wenn in z.B. 10 bis 15 Jahren die Geburtenhäufigkeit wieder zunimmt. Es liegt also nicht - worauf H. Birg und A. Börsch-Supan (1999) aufmerksam gemacht haben - der Fall eines Rentnerbergs vor, der durch vorübergehende Staatsverschuldung untertunnelt werden könnte. Vielmehr scheint der hohe Rentnerquotient eine Dauererscheinung darzustellen. Die damit verbundene Rentenlast lässt sich durch das Umlageverfahren allein schwerlich bewältigen.

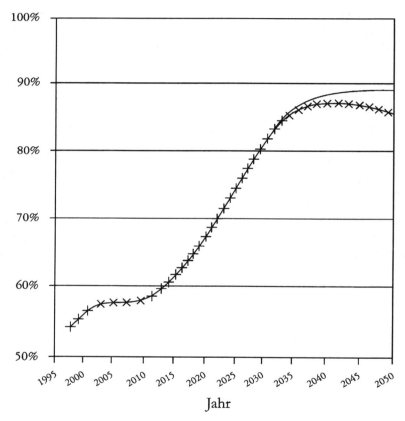

—— Bevölkerungsprojektion (mittlere Alterung, konstante Fertilität)

—✕— Bevölkerungsprojektion (mittlere Alterung, zunehmende Fertilität)

Abbildung 1: Der Verlauf des Rentnerquotienten bei verschiedenen Annahmen über die Bevölkerungsentwicklung
Quelle: H. Birg und A. Börsch-Supan (1999)

4 Politikvorschläge

Diese wenigen Daten zeigen, dass eine grundlegende Rentenreform in Deutschland unausweichlich ist. Bei einer Verdoppelung des Rentnerquotienten müsste sich auch der Beitragssatz verdoppeln, also z.B. von 20 auf 40 % ansteigen. Werden die weiteren Steuerlasten dazugezählt, so gelangt man zu einer individuellen Durchschnittsbelastung mit Beiträgen, Steuern und anderen Abgaben von etwa 70 % des Einkommens. Im Progressionsbereich kann dieser Prozentsatz noch höher liegen. Wer diese Last nicht auf sich nehmen will, ist faktisch gezwungen, in die Illegalität der Schattenwirtschaft abzuwandern. Was kann also getan werden? In der Literatur und in der Politik werden im wesentlichen drei Alternativen diskutiert.

1. Ausbalancierung des Umlageverfahrens: Manche Wissenschaftler und Politiker meinen, die Probleme des Umlageverfahrens ließen sich lösen, wenn dieses besser ausbalanciert werde. Eine bessere Adjustierung von Beiträgen und monatlichen Rentenzahlungen (vielleicht mit zusätzlicher Förderung des privaten Sparens) und Bundeszuschüssen könne das deutsche Rentensystem wieder ins Gleichgewicht bringen (W. Schmähl, 2000). Dabei ist allerdings zu bedenken, dass das Umlageverfahren ein Nullsummenspiel darstellt. Eine Gruppe kann nur entlastet werden, wenn einer anderen etwas weggenommen wird. Auch Bundeszuschüsse müssen letztlich im wesentlichen von den Erwerbstätigen aufgebracht werden. Deswegen bringt das Drehen an den Stellschrauben des Umlageverfahrens nicht mehr als Symptomtherapien. Die Ursachen des Ungleichgewichts der Rentenversicherung bleiben bestehen.

2. Kinderzahlabhängige Renten: H.W. Sinn und M. Werding (2000) nehmen die Neigung der Versicherten, die „Kinderlast" zu externalisieren zum Ausgangspunkt für eine Reform des Umlageverfahrens. Sie schlagen u.a. vor, die Externalität zu eliminieren, indem die Rentenzahlungen an die Kinderzahl geknüpft werden. Rentner, die weniger als drei Kinder groß gezogen haben, sollten einen Abschlag auf ihre Rente hinnehmen müssen. Dieses Minus sollen die betroffenen Menschen u.a. durch vermehrte eigene Kapitalbildung kompensieren.

Die Idee kinderzahlbezogener Renten - sie geht auf den Jesuiten und Sozialpolitiker O. von Nell-Breuning (1978) zurück - mag die Kosten des Umlageverfahrens für die heute lebende Generation internalisieren. Aber sie generiert und perpetuiert eine andere „Externalität": Die Kinder der Nachwuchsgeneration erhalten mit der Gnade der Geburt die Auflage, während ihres Aktivenlebens Beiträge in die gesetzliche Rentenversicherung zugunsten der Vorgängergeneration einzuzahlen. Dies ist wie eingangs erwähnt ein schwer zu rechtfertigender Vertrag. Vielfach werden auch Maßnahmen zur

Familienförderung mit der Zielsetzung der Sanierung der Rentenversicherung propagiert. Auch dies scheint mir problematisch.

Wir brauchen jedoch bei diesen normativen Überlegungen nicht zu verweilen. Aus politisch-ökonomischer Sicht ist allein entscheidend, ob Familien mit vielen Kindern ein hinreichend großes Wählerpotential darstellen, um diesen Vorschlag gegenüber den Wählern mit wenig oder keinen Kindern durchzusetzen. Dies scheint mir bei den geringen Geburtenraten nicht selbstverständlich. Allerdings könnte das Bundesverfassungsgericht in diese Richtung politisch Recht sprechen.[3] [4]

3. Kapitalbildung: Dieser Vorschlag zielt auf einen teilweisen oder gänzlichen Ersatz des Umlage- durch das Kapitaldeckungsverfahren ab. Auch er wird in Fachkreisen kritisch beurteilt. Zum einen sei der Wohlfahrtsgewinn eines solchen Übergangs fragwürdig. Die „Last der impliziten Staatsschuld" des Umlageverfahrens falle beim Übergang zum Kapitaldeckungsverfahren nicht einfach weg. An ihre Stelle trete eine explizite Staatsschuld, die als solche ebenfalls einen Wohlfahrtsverlust verursache (R. Fenge 1995).

Zum anderen decke die derzeitige gesetzliche Rentenversicherung eine Reihe von Risiken außerhalb der reinen Altersvorsorge ab, z.B. die vorzeitige Erwerbsunfähigkeit, die Hinterbliebenenvorsorge, die Rehabilitation, die Versicherungsausfallzeiten infolge von Krankheit, Kindern usw. Hierfür ließen sich auf dem freien Markt nicht ohne weiteres ebenso preisgünstige Substitute finden.[5]

Schließlich werde der Übergang zur Kapitaldeckung eine so massive Kapitalbildung erfordern, dass die Grenzproduktivität des Kapitals fallen werde. Die Rentner könnten dann ihre angesparten Aktiva nur noch mit Verlust liquidieren. Die Rente sei somit auch im Kapitaldeckungsverfahren nicht gesichert.[6]

---

[3] Fr. Breyer und M. von der Schulenburg (1990) diskutieren die Möglichkeit, daß sich kinderreiche Familien aus der Quersubventionierung des Rentensystems ausklinken und ein eigenes familieninternes Umlageverfahren bilden.

[4] Selten ist bisher die Frage gestellt worden, ob das Umlageverfahren nicht durch eine hinreichend große Zuwanderung gerettet werden könnte. Der Außenwanderungssaldo Deutschlands ist seit Anfang der 1990er Jahre beträchtlich auf etwa +47 000 (1998) zurückgegangen. Berechnungen von H.Birg (1998) zufolge müsste die Nettozuwanderung derzeit etwa + 200 000 pro Jahr betragen, um eine konstante Bevölkerung aufrecht zu erhalten. Bis zum Jahr 2050 müsste sie steil auf etwa +500 000 bis +800 000 pro Jahr ansteigen, damit die Bevölkerungszahl konstant bliebe. Eine Prognose der wirtschaftlichen Entwicklung und des Rentensystems bei so großen Wanderungsbewegungen wäre außerordentlich schwierig.

[5] Faktisch werden diese Risiken zum großen Teil aus Quersubventionen und aus dem Bundeszuschuss finanziert.

[6] Empirische Berechnungen von H. Birg und A. Börsch-Supan (1999) weisen indessen auf eine nur relativ geringe Abnahme der Kapitalrendite infolge der Einführung eines Teilkapitaldeckungsverfahrens hin.

Alle diese Überlegungen mögen ihre Berechtigung haben. Aber angesichts der rückläufigen Geburtenzahlen und der daraus entstehenden Finanzierungsengpässe ist eine Alternative zur Kapitalbildung gar nicht vorhanden. Die Frage ist nur, wie und vor allem wann sie sich durchsetzen lässt.

5 Ein Übergangszenario

Aus normativer Sicht würde man urteilen: Da eine Reform erforderlich ist, sollte sie möglichst bald durchgeführt werden. Denn zum einen wird die Alterslastigkeit der deutschen Bevölkerung immer bedrohlicher. Zum anderen kann die Rentenlast, die ab den 2030er Jahren kommen wird, umso eher bewältigt werden, je rascher mit dem Ansparen begonnen wird und je früher der Zinseszinseffekt der Ersparnisse daher wirken wird.[7].

Aus positiver, politisch-ökonomischer Sicht sieht dies jedoch ganz anders aus. Die meisten Menschen geben sich zwar keinen Illusionen über die wahre Lage des Rentensystems hin. In einer Erhebung, die T. Boeri, A. Börsch-Supan und G. Tabellini (2000) im Jahr 2000 in Deutschland, Frankreich, Italien und Spanien durchgeführt haben, erklärten 80 % der Befragten, dass sie mit einer Krise des staatlichen Rentensystems in den nächsten zehn bis fünfzehn Jahren rechnen. Dennoch scheinen sie kaum bereit zu sein, hieraus die Konsequenzen zu ziehen und einer Rentenreform mit einem Ausstieg aus der umlagefinanzierten und einem Übergang zum kapitalgedeckten Rentensystem zuzustimmen. Selbst einem Teilausstieg mit 50 % weniger Beiträgen und 50 % weniger Rente ohne weitere Bedingungen würden weniger als die Hälfte, in Deutschland z.B. nur 47 % der Befragten, zustimmen, vgl. Tabelle 1. Im realistischeren Fall, in dem der 50 prozentige Ausstieg wegen der zunehmenden Alterslastigkeit der Bevölkerung mit einem Rentenrückgang von mehr als 50 % verbunden ist, treten teilweise noch weniger Befragte, in Deutschland nur noch 25 %, für einen Teilausstieg ein. Diese Umfrageergebnisse lassen zwar noch eine Reihe von Fragen offen[8]. Aber sie belegen das geringe Interesse der Bevölkerung an einer Reform der Rentenversicherung.

Diese Reaktion der Menschen ist verständlich. Viele unter ihnen, insbesondere die Älteren und die Rentner, haben schon Anwartschaften aus dem umlagefinanzierten Rentensystem erworben. Deren realer Wert mag wacklig geworden sein. Aber freiwillig verzichten wollen sie nicht, und auf eine Reformdiskussion, die diese Frage erst aufwerfen würde, wollen sie sich

---

[7] Entsprechende Berechnungen finden sich im Gutachten des Wissenschaftlichen Beirats beim Bundesministerium der Wirtschaft (1998).
[8] Z.B. die unterschiedlichen Antworten in Deutschland und Italien einerseits und Frankreich und Spanien anderseits im Fall 2.

schon gar nicht einlassen. Erwartungsgemäß verhärtet sich diese Einstellung mit dem Alter der Befragten. Somit dürfte insgesamt in der Bevölkerung der Widerstand gegen eine Rentenreform mit der Überalterung in den nächsten Jahren eher noch zunehmen. Dies lässt sich auch am steigenden Medianalter erkennen. In Deutschland liegt es derzeit bei 47 Jahren. Bis zum Jahr 2030 wird es auf 55 Jahre steigen.[9] Die Mehrheit der Bevölkerung vertritt dann Rentnerinteressen.

Tabelle 1: Die Bereitschaft der Bevölkerung in verschiedenen europäischen Staaten, das umlagefinanzierte Rentensystem zu reformieren in % Zustimmung (Jahr 2000)

	Deutschland	Frankreich	Italien	Spanien
50% weniger Beiträge und 50% weniger Rente	47	24	47	19
50% weniger Beiträge und mehr als 50% weniger Rente[a]	25	37	26	52

[a] Die Abschläge wurden in der Frage näher spezifiziert.
Quelle: Nach T. Boeri, A. Börsch-Supan und G. Tabellini (2000).

Unter diesen Bedingungen sehen Politiker, die wiedergewählt werden möchten, keine besondere Eile, die notwendige Reform in Richtung kapitalgedeckter Rente voranzubringen. Sie betreiben eine Politik des Ausbalancierens. Sie warten ab und nehmen hin, dass die Rentenversicherung wegen fehlender Nachhaltigkeit bis an die Zahlungsunfähigkeit getrieben wird. Erst an diesem Punkt dürfte die Politik umschwenken. Denn dort werden einschneidende Rentenkürzungen, welche die Renten der Betroffenen bis hinunter auf das Sozialhilfeniveau drücken, unvermeidlich. Viele Rentner und auch Aktive sehen dann den Vorteil der beitragsfinanzierten gesetzlichen Rentenversicherung nicht mehr ein. Sie erhalten, was ihnen auch umsonst zustehen würde. Die Rechtfertigung des Umlagesystems ist für sie in Frage gestellt. Infolgedessen entziehen sie ihm die bis dahin gewährte politische Unterstützung. Eine Reform wird möglich. Dieser Zusammenhang ist in Abbildung 2 illustriert. Im Quadranten A ist dargestellt, wie die gesamten Staatsausgaben pro Kopf, bestehend aus Realausgaben und Rentenausgaben als Folge des steigenden Rentnerquotienten zunehmen. Sie werden finanziert aus Abgaben zum Satz τ = Steuersatz + Beitragssatz. Die gesamten Staatseinnahmen pro Kopf steigen, wie im Quadranten B dargestellt, mit steigendem Abgabensatz τ entlang der Laffer-Kurve. Das Budget der Ren-

---

[9] Nach J. von Weizsäcker (2000).

tenversicherung wird also sowohl aus Beiträgen wie aus Steuern finanziert. Beim Abgabensatz τ_{max} wird das höchste Einnahmenvolumen M pro Kopf erreicht. Bei weiter steigendem Rentnerquotienten wäre zwar ein noch größeres Budgetvolumen erforderlich. Aber es lässt sich nicht mehr finanzieren, weil die Belasteten in die Freizeit, die Schwarzarbeit und die Steuerhinterziehung ausweichen. Die Renten müssen drastisch gekürzt werden. Die Zahl der Versicherten, die nur noch das Sozialhilfeniveau erreichen oder erreichen werden, nimmt zu. Entsprechend geht im Quadranten C das politische Interesse am Umlageverfahren Z, das anfänglich mit steigendem Rentnerquotienten gestiegen ist und die Ablehnung einer Reform versteift hat, drastisch zurück, und ein politischer Umschwung in Richtung einer freiwilligen oder obligatorischen kapitalgedeckten Rente wird möglich. Doch der Übergang wird - wenn dieses Modell zutrifft - nicht sanft sein wie bei einem frühzeitigen Umstieg und einem allmählichen Aufbau eines Anlagekapitals, sondern in Form einer politisch-ökonomischen Rentenkrise.

6 Schlussfolgerungen: Eine Beurteilung der Rentenreform 2001

Die Rentenreform 2001 passt durchaus in den Rahmen des hier betrachteten Modells. Ursprünglich bestand die Absicht der Bundesregierung darin, das Rentenniveau von bisher 70 % auf 64 % des Nettolohnes eines Standardrentners zu senken. Jede Versicherte bzw. jeder Versicherte konnte und sollte damit einsehen, dass die gesetzliche Altersrente aus dem Umlageverfahren kaum ausreichen dürfte, um den bisherigen Lebensstandard aufrechtzuerhalten, sondern dass hierfür zusätzliches Sparen und zusätzliche Kapitalbildung erforderlich ist. Im Laufe der Debatte wurde aber von den betroffenen Gruppen politischer Druck ausgeübt und erreicht, dass die Standardrente auf 67 % des Nettolohnes festgesetzt wurde. Den Versicherten wurde also eine Rente versprochen, die nur noch geringfügig vom bisherigen Rentenniveau abweichen sollte, ja dieses im Zuge dynamischer Anpassungen sogar noch übertreffen konnte. Ob dieses Rentenniveau mit einem versprochenen Beitragssatz von maximal 22 % des Bruttoarbeitsentgelts beim bisher vorgesehenen Bundeszuschuss in den kritischen Jahren nach 2030 noch finanzierbar sein wird, wird von den Fachleuten bezweifelt. Jedenfalls wurde den Versicherten durch das neue Rentenversprechen ein großer Teil des Anreizes genommen, durch eigene Kapitalbildung vorzusorgen. Umso größer dürfte die Enttäuschung sein, wenn sich das Rentenversprechen von 67 % dereinst einmal als nicht finanzierbar erweisen sollte. Die Rentenentscheidung der Bundesregierung belegt somit die Vermutung, dass ein frühzeitiger Übergang vom Umlage- zu einem (Teil-) Kapitaldeckungsverfahren politisch kaum durchsetzbar ist.

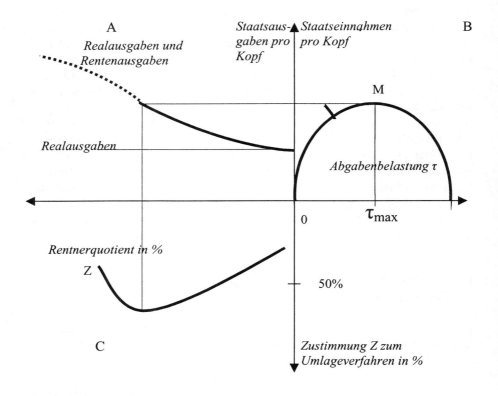

Abbildung 2: Rentenreform an der Grenze der Zahlungsunfähigkeit der gesetzlichen Rentenversicherung
Quelle: Eigene Darstellung

Was ist also zu tun? Bei Umverteilungsfragen wie den hier betrachteten sind politische Blockaden oft unvermeidbar. Dies liegt nicht an den Politikern, sondern an der Demokratie. Politiker sollten daher den Mut haben zuzugeben, dass wirkliche Rentenreformen in solchen Fällen nicht möglich sind. Damit geben sie den Bürgern klare Signale. Diese sehen, dass auf die gesetzliche Rentenversicherung nach dem Umlageverfahren langfristig kein Verlass ist und dass sie selbst vorsorgen müssen. Klarheit über schlechte Aussichten ist besser als falsche Versprechungen.

Literaturverzeichnis

Birg, H. (1998), Demographisches Wissen und politische Verantwortung, Zeitschrift für Bevölkerungswissenschaft, Nr. 3, S. 238 ff.

Birg, H. / Börsch-Supan. A. (1999), Für eine neue Aufgabenteilung zwischen gesetzlicher und privater Altersversorgung. Eine demographische und ökonomische Analyse, Gutachten für den Gesamtverband der deutschen Versicherungswirtschaft, Berlin, November.

Boeri, T. / Börsch-Supan, A. / Tabellini, G. (2000), Der Sozialstaat in Europa. Die Reformbereitschaft der Bürger. Eine Umfrage in vier Ländern, Köln (Deutsches Institut für Altersvorsorge).

Börsch-Supan, A. (2000), Was lehrt uns die Empirie in Sachen Rentenreform? Perspektiven der Wirtschaftspolitik, Bd. 1, H. 4, S. 431-451.

Breyer, Fr. (1990), Ökonomische Theorie der Alterssicherung, München (Vahlen).

Breyer, Fr. (1994), The political economy of intergenerational redistribution, European Journal of Political Economy, Vol. 10, S. 61-84.

Breyer, Fr. (2000) Kapitaldeckungs- versus Umlageverfahren, Perspektiven der Wirtschaftspolitik, Bd. 1, Heft 4, S. 383-405 (2000 a).

Breyer, Fr. / Schulenburg, G.v.d. M. (1987), Voting on Social Security, Kyklos, Vol. 40, Fasc. 4, S. 529-547.

Cigno, A. / Rosati, F.C. (1996), Jointly determined saving and fertility behavior: Theory and Estimates for Germany, Italy, UK and USA, European Economic Review, Vol. 40, S. 1561-1589.

Engelberg, E. (1990), Bismarck. Das Reich in der Mitte Europas, Berlin (Siedler).

Fenge, R.F. (1995), Pareto-efficiency of the Pay-as-you-go Pension System with Intergenerational Fairness, Finanzarchiv, N.F. Bd. 52, S. 357-363.

Homburg, St. (1988), Theorie der Alterssicherung, Berlin u.a. (Springer).

Huber, E.R. (1996), Deutsche Verfassungsgeschichte seit 1789, Bd. 4, Stuttgart (Kohlhammer)

Nugent, J.B. (1985), The Old-Age Security Motive for Fertility, Population and Development Review, Vol 11, S. 75-97.

Nell-Breuning, v., O. (1978), Vom Flickwerk zur Reform, Wirtschaftswoche, 32. Jg., Nr. 30, S. 68-75.

Schmähl, W. (1995), Rentenversicherung, in: Staatslexikon, Bd. 4, Freiburg (Herder), S. 859-875.

Schmähl, W. (2000), Perspektiven der Alterssicherungspolitik in Deutschland - Über Konzeptionen, Vorschläge und einen angestrebten Paradigmenwechsel, Perspektiven der Wirtschaftspolitik, Bd. 1, Nr. 4, S. 407-430.

Sinn, H.W. / Werding, M. (2000), Rentenniveausenkung und Teilkapitaldeckung, ifo-Schnelldienst, 53. Jg., Heft 18, S. 12-25.

Weizsäcker, v. ,J. (2000), Alle Macht den Rentnern? In: W. Homolka u.a., Generationengerechtigkeit, Leitbild für das 21. Jahrhundert, Frankfurt (Alfred Herrhausen Gesellschaft) S. 39-47.

Wissenschaftlicher Beirat beim Bundesministerium für Wirtschaft, (1998), Grundlegende Reform der gesetzlichen Rentenversicherung, Bonn (BMWi Dokumentation).

Nach der Reform ist vor der Reform: Weitere Schritte für eine nachhaltige Reform der Altersvorsorge in Deutschland

Axel Börsch-Supan

1 Einleitung

Die Reform der gesetzlichen Rentenversicherung Deutschlands, die im Jahr 2000 in den Bundestag eingebracht wurde und im Mai 2001 mit ihrem zustimmungspflichtigen Teil auch den Bundesrat passierte - im folgenden kurz Rentenreform 2000 genannt - ist ein wichtiger erster Schritt zur Stabilisierung der deutschen Sozialversicherung, indem sie die umlagefinanzierte gesetzliche Rente durch eine freiwillige private Zusatzrente - die sogenannten „Riester-Rente" - ergänzt. Aber auch nach der Rentenreform 2000 wird das Alterseinkommen im wesentlichen von der gesetzlichen Rentenversicherung im Umlageverfahren getragen werden. Die insbesondere von offizieller Seite unterschätzte Alterung der Bevölkerung und die nach wie vor bestehenden Anreizeffekte auf das Arbeitskräfteangebot werden demnach weiterhin die erste Säule der gesetzlichen Rentenversicherung unter großen Druck setzen.

Dieses Papier vertritt den Standpunkt, dass für eine nachhaltige Rentenreform zwei zentrale Maßnahmen getroffen werden müssen, die sich gegenseitig bedingen: Erstens muss die erste umlagefinanzierte Säule der gesetzlichen Rentenversicherung transparenter und fairer als gemäß der Rentenreform 2000 gestaltet werden. Die staatliche Säule bedarf größerer Transparenz, um politisch tragbar und langfristig reformierbar zu werden, und mehr Fairness, um die derzeitigen Anreize zu neutralisieren, früh in Rente zu gehen. Zweitens ist es unumgänglich, eine ausgewogenere Mischung von Umlagesystem und kapitalgedeckter Altersversorgung in Deutschland einzuführen, als es die Rentenreform 2000 nach all ihren Änderungen im Gesetzgebungsverfahren vorsieht. Erst ein höheres Niveau der Eigenvorsorge kann die demographische Last verteilen und die negativen Anreizeffekte auf das Arbeitskräfteangebot vermindern. Eine höhere Privatrente kann zudem positive Nebenwirkungen auf die Gesamtwirtschaft ausüben, indem sie den deutschen Kapitalmarkt stärker institutionalisiert. Dazu ist jedoch eine konsequentere Ausgestaltung dieser Privatrente nötig. Sie sollte als Mischform aus der zweiten und dritten Säule organisiert sowie einheitlich und in sich konsistent steuerlich behandelt werden. Zudem sollte sie einerseits der Dynamik des Kapitalmarktes nicht im Wege stehen, andererseits aber einem deutlich stärkeren Verbraucherschutz unterliegen.

Viele Argumente dieses Papiers wurden in anderen Länder längst umgesetzt - so seit Mitte der 80er Jahre in unseren beiden Nachbarländern, der Schweiz und den Niederlanden.[1] Dass Deutschland sich mit dem Reformprozess so schwer tut, ist bedauernswert, da die Situation in Deutschland besonders prekär ist, was am Ausmaß des demographischen Wandels und der Dominanz des Umlagesystems für das Renteneinkommen des Medianarbeitnehmers liegt.

Bevor wir im nächsten Abschnitt weitere Reformen der umlagefinanzierten Säule und im darauffolgenden Abschnitt die Ausgestaltung der kapitalgedeckten Säule diskutieren, wollen wir zuvor ein Missverständnis ausräumen: Bloße Parameteränderungen des Umlageverfahrens können das deutsche Rentensystem nicht gegen die Alterung der Bevölkerung immunisieren. Dies liegt an dem schieren Ausmaß der Altersstrukturveränderung. Durch die große Zahl und die Langlebigkeit der 1950-70 Geborenen und die weitaus kleinere Zahl ihrer Kinder wird sich die Belastung pro Kind mehr als verdoppeln.

Eine Erhöhung des Rentenalters ist die wirksamste aller parametrischen Maßnahmen im Umlageverfahren, da gleichzeitig die Anzahl der Beitragszahler erhöht und die Anzahl der Rentenempfänger vermindert wird. Berücksichtigt man die erhöhte Lebenserwartung, erscheint es nur natürlich, den aktiven Teil des Lebens zu verlängern, insbesondere angesichts des in Deutschland so niedrigen Renteneintrittsalters. In der Tat versuchen mehrere Gesetzesänderungen und Durchführungsregeln in der Nachfolge der Reform 1992, das Rentenalter zu ändern. Schätzungen gehen von einer hierdurch eingeleiteten Änderung des Rentenalters von etwa 3 Jahren aus.[2] Dies wird nicht ausreichen: Um die Folgen, die die Alterung der Bevölkerung mit sich bringt, voll aufzufangen, müsste das Durchschnittsrentenalter um etwa 9,5 Jahre auf ein Alter von 69 Jahren erhöht werden.[3]

Eine Zunahme der Frauenerwerbsquote ist ein weiterer oft erwähnter Mechanismus, der dabei helfen könnte, die Rentenlast zu verringern. Allerdings sind die Auswirkungen für die Rentenfinanzen gering und zeitlich begrenzt. Selbst wenn der Anteil der berufstätigen Frauen innerhalb der nächsten 10 Jahre dasselbe Niveau wie das der Männer erreichen sollte, würde der Beitragssatz zur Sozialversicherung dadurch im Jahre 2035 nur um ein Drittel niedriger sein, und die Entlastung wäre zeitlich begrenzt, da die zusätzlichen weiblichen Beschäftigten später selbst Renten beanspruchen werden.

---

[1] Vgl. die internationalen Erfahrungen, die in DIA (1999a) geschildert werden.
[2] Implizit z.B. in Prognos (1998).
[3] Börsch-Supan (1999a).

Ähnliche Argumente gelten für den Zuzug jüngerer Immigranten nach Deutschland: bei der typischen Altersstruktur von Immigranten müsste die Nettoimmigration etwa 800.000 Personen im Jahr umfassen, was offensichtlich völlig unrealistisch ist.

2   Ein faires und transparentes Umlageverfahren

Drei Hauptprobleme plagen auch nach der Rentenreform 2000 die umlagefinanzierte gesetzliche Rentenversicherung. Erstens werden die negativen Lohnnebenkosteneffekte schmerzlich fühlbar werden, wenn sich die Alterung der Bevölkerung beschleunigt und die Beitragssätze trotz Reform weiter steigen. Daher schlagen wir vor, den Beitragssatz des Umlageverfahrens auf dem derzeitigen Niveau einzufrieren. Zweitens hat die Reform weder das normale noch das effektive Rentenalter angetastet, obwohl das Umlageverfahren starke Anreizeffekte ausübt, früh in Rente zu gehen, wodurch das Finanzierungsproblem in Zeiten gestiegener Lebenserwartung noch verstärkt wird. Daher schlagen wir zweitens vor, versicherungsmathematisch korrekte, d.h. deutlich höhere Abschläge bei frühem Renteneintrittsalter einzuführen. Drittens unterliegen die Parameter des Umlageverfahrens dem politischen Prozess, der dazu tendiert, die wahren Rentenzahlungen und Beiträge zu verschleiern, damit auch deren Zusammenhang, was die Beitragsäquivalenz unterhöhlt und daher dazu beiträgt, dass Beitragszahlungen als Besteuerung empfunden werden. Daher schlagen wir ein transparentes Kontensystem vor, in dem die bisher geleisteten Beiträge und die zu erwartenden Rentenzahlungen klar gegenübergestellt werden. Im folgenden kommentieren wir diese drei weiteren Reformschritte.

3   Beiträge zum Umlageverfahren einfrieren

Der demographische Wandel in Deutschland wird erst ab dem nächsten Jahrzehnt voll einsetzen.[4] Das bedeutet, dass bei sofortigem Handeln noch Zeit bleibt, in der Mittel angespart werden können, um die Beitragslast zu mildern, wenn sich die Verschiebung der Bevölkerungsstruktur beschleunigt. Das wichtigste Motiv, den Beitrag einzufrieren, ist es, dadurch einen natürlichen, transparenten und politikfesten Mechanismus für einen Übergang zu mehr Eigenvorsorge zu schaffen.

Das Einfrieren des Beitragssatzes impliziert ein vermindertes staatliches Rentenbudget pro Rentner, wenn sich der Altersquotient erhöht. Die da-

---

[4] Vgl. z.B. die 9. koordinierte Bevölkerungsvorausschätzung des Statistischen Bundesamtes.

durch entstehende „Rentenlücke" zwischen dem angestrebten und dem staatlich abgedeckten Rentenniveau wird durch die neue kapitalgedeckte Säule gefüllt. Diese neue Säule entspricht im Prinzip der so genannten "Riester-Rente". Ihr Umfang ist jedoch kohortenabhängig im Gegensatz zu den konstanten 4%, die für die neue Säule im Rentenreformgesetz 2000 avisiert wird. Die folgende Abbildung zeigt, in welchem Verhältnis die beiden Säulen Umlageverfahren und Kapitaldeckung zum Renteneinkommen beitragen, wenn der Beitragsatz im Jahr 2002 „eingefroren" wird.

Das kohortenabhängige Design erlaubt eine deutlich geringere Übergangsbelastung als die konstanten 4% der „Riester-Rente", vgl. Birg und Börsch-Supan (1999). Zudem verringert dieses Design die Versuchung, den Beitragssatz als Sicherheitsventil zu benutzen.

4 Versicherungsmathematische Abschläge nach Renteneintrittsalter

Der zweite notwendige Schritt für eine nachhaltige Rentenreform ist, die Abschläge, die das Rentenniveau an das Renteneintrittsalter anpassen, versicherungsmathematisch fair zu gestalten, so dass der Gesamtwert aller Rentenzahlungen vom Rentenalter unabhängig ist. Bis 1992 war die Rentenhöhe proportional zur Anzahl der Beitragsjahre, daher implizierte die Verschiebung des Ruhestandes um ein Jahr nach 40 Beitragsjahren eine Steigerung der Rentenhöhe um 2,5%, was erheblich niedriger ist als die versicherungsmathematische Anpassung, die im Alter von 65 Jahren und einer Verzinsung von 3% zwischen 7 und 8 Prozent liegt. Seit der Rentenreform von 1992 gibt es für die meisten Fälle Abschläge von 3,6% pro Jahr, die bis zum Jahr 2004 eingeführt sein werden -- aber dies ist erst die Hälfte des versicherungsmathematisch nötigen Niveaus.[5]

Das Fehlen einer versicherungsmathematisch fairen Anpassung der Rente an das Renteneintrittsalter führt zu sehr teuren negativen Anreizeffekten im deutschen Rentenversicherungssystem. Konkret sinkt der Wert der Rentenzahlungen mit dem Renteneintrittsalter. Zwar bekommen Arbeitnehmer, die später in Rente gehen, eine etwas höhere Rente pro Monat, dies kompensiert aber keineswegs die kürzere Rentenbezugsdauer.

---

[5] Solange die Arbeitnehmer mit dem Marktzins rechnen, die Abschläge jedoch auf der (niedrigeren) internen Verzinsung des Umlageverfahrens basieren, wird es derartige Verzerrungen geben. In sich konsistent kann die Frühverrentung nur über eine kapitalgedeckte Zusatzversicherung finanziert werden, wie es z.B. in den Niederlanden der Fall ist.

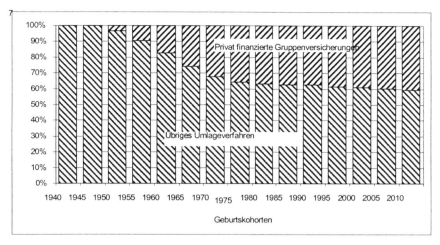

Abbildung 1: Mischung von Umlage- und Kapitaldeckungsverfahren, nach Geburtskohorten

Der Verlust ist groß, wenn man ihn mit dem Einkommen vergleicht, das durch zusätzliche Arbeitsjahre verdient werden könnte, und lag in der vergangenen Dekade bei mehr als 50 Prozent des Einkommens.[6] Er wird auch im Jahre 2004, nach der in Phasen eingeführten Rentenreform von 1992, noch bei zwischen 20 und 30 Prozent liegen. Daher tendieren deutsche Arbeitnehmer dazu, so früh wie möglich in Rente zu gehen (Börsch-Supan und Schnabel, 1998).

Die hieraus entstehenden Folgen für die Frührente wurden in mehreren ökonometrischen Analysen untersucht (Schmidt, 1995; Siddiqui, 1997; Börsch-Supan, 1998). Die Schätzungen für die Verminderung des Durchschnittsrentenalters liegen übereinstimmend zwischen 2,5 und 3,5 Jahren. Da die durchschnittliche Lebenserwartung eines Beschäftigten im Alter von 60 Jahren etwa 18 Jahre ist, bedeutet das niedrigere Rentenalter eine Erhöhung der Rentenausgaben um etwa 20 Prozent. Kombiniert mit den großzügigen Regelungen für Erwerbsunfähige, hat es zu dem niedrigen Rentenalter von 59,5 Jahren geführt.

Obwohl die Anreizeffekte versicherungsmathematisch unfairer Anpassungen unumstritten sind (siehe den Band von Gruber und Wise, 1999), sind sie politisch deswegen kontrovers, da - nach weit verbreiteter Meinung - die Reduzierung des Rentenalters zur Verminderung der Arbeitslosigkeit beiträgt. Dieses Papier ist nicht der Ort für eine Diskussion des zugrunde liegenden Irrtums. Wir beschränken uns hier auf den Hinweis, dass empirische

---

[6] Genauer: Die Änderung im jetzigen verminderten Nettowert der zu erwartenden zukünftigen Rentenzahlungen, wenn der Ruhestand um ein Jahr verschoben wird, geteilt durch das Nettoeinkommen in diesem Jahr.

Studien statt dessen Belege für eine *negative* Korrelation zwischen Rentenalter und Arbeitslosigkeit ergeben.[7]

5 Ein transparentes Kontensystem

Der dritte wichtige Schritt des ersten Reformteils ist, das Umlageverfahren als ein System transparenter Konten („notional accounts") einzurichten, die, wie z.B. in Schweden, in häufigen und regelmäßigen Abständen den Beitragszahlern zugehen, so dass die Auswirkungen von Politikänderungen zeitnah realisiert werden können. Während hierdurch nur die Präsentation des Systems geändert wird und nicht die ihm zugrunde liegenden substanzökonomischen Mechanismen, handelt es sich um einen wichtigen Schritt der politischen Ökonomie, da er die Verbindung zwischen Beiträgen und Rentenzahlungen verdeutlicht und Manipulationen am Rentensystem erschwert.

Solche Manipulationen wurden in den letzten Jahren in Deutschland zur Methode. Beispielsweise wurde das Rentenniveau durch eine Neudefinition von Beitragsjahren mehr oder weniger stillschweigend reduziert. Solche „verwaltungstechnischen Anpassungen" kommen früher oder später ans Licht und haben dazu beigetragen, das Vertrauen der Öffentlichkeit in das Rentensystem noch weiter zu verringern. Wenn Beschäftigte vierteljährliche Abrechnungen erhalten, werden solche stillschweigenden „verwaltungstechnischen" Änderungen des Rentenniveaus sofort offengelegt - dies zwingt die Politik zu offenen Strategien. Nur so lässt sich das Vertrauen in unser Rentensystem wieder stabilisieren.

Zudem ist ein solches Kontensystem ein wichtiges Instrument, den Arbeitnehmern aufzuzeigen, wie viel Eigenvorsorge sie leisten müssen. Sie zeigen eindeutig die Folgen eines Einfrierens des Beitragssatzes auf und definieren so die Summe, die zur kapitalgedeckten Säule beigetragen werden muss. Daher kann dieser Reformvorschlag auf die Einrichtung eines Kontensystems nicht verzichten, insbesondere dann, wenn die Eigenvorsorge freiwillig ist.

6 Eine konsequente kapitalgedeckte Säule

Die Rentenreform 2000 führt eine kapitalgedeckte Zusatzrente als integralen Bestandteil des deutschen Rentensystems ein. Dies ist ein begrüßenswertes Novum. Die Ausgestaltung dieser Zusatzrente (die sogenannte „Riester-Rente") ist jedoch in vielen Punkten widersprüchlich. So widerspricht die Verschleierung der zu erwartenden Absenkung des Rentenniveaus der Frei-

---

[7] Layard, Nickell und Jackman (1991) und Folgearbeiten.

willigkeit der „Riester-Rente". Auch die Komplexität der steuerlichen Förderung widerspricht der Intension, sie flächendeckend einzuführen. Zudem ist die Rentenbesteuerung als Ganzes widersprüchlich geblieben.

7 Wohlfahrtseffekte einer Rentenreform

Bevor wir dies näher erläutern und Alternativvorschläge machen, soll jedoch zunächst auf das falsche, aber offenbar unausrottbare Argument eingegangen werden, der Übergang zu einem (teil-)kapitalgedeckten Rentensystem wäre nicht möglich ohne die Schlechterstellung zumindest einer Generation (Breyer, 1989; Fenge, 1995; Sinn, 2000). Die Argumente der Protagonisten dieser Position gelten jedoch nur unter drei Bedingungen. Erstens muss die Ökonomie friktionslos sein (z. B. perfekte Kapitalmärkte haben). Zweitens darf die Reform keine Nebenwirkungen auf die Produktion haben (z.B. die Arbeits- und /oder Kapitalproduktivität ändern). Drittens müssen die Beiträge zur Rentenversicherung innerhalb jeder Generation streng proportional zu den Rentenzahlungen sein (es darf z.B. keine Umverteilung stattfinden). Ist eine dieser drei Bedingungen verletzt, ist die Einführung einer (Teil-)Kapitaldeckung auch ohne die Schlechterstellung einer Generation möglich.

In Deutschland ist keine dieser drei Bedingungen erfüllt. Die Kapitalmärkte sind keineswegs perfekt, sondern durch Liquiditäts- und Diversifizierungseinschränkungen geprägt (Pestieau und Possen, 1998). Zweitens zeichnen sich Technologieveränderungen ab, weil insbesondere die Kapitalproduktivität durch die Änderungen des Rentensystems erhöht wird (Corsetti, 1994; Holzmann, 1997; Börsch-Supan und Winter, 1999). Schließlich hat auch die deutsche Rentenversicherung eine beträchtliche Umverteilungskomponente (Börsch-Supan und Reil-Held, 2001). Zudem werden nach den gängigen Meinungsumfragen die Rentenbeiträge als reine Steuern verstanden, nicht als Prämien gemäß des Äquivalenzprinzips. Von einem „teilhabeäquivalenten System" (Fenge, 1995) kann keine Rede sein. Die Frage der echten Paretoverbesserungen ist also weitaus subtiler als sie von den oben erwähnen Protagonisten diskutiert wird.[8] Es ist falsch, die Nebenwirkungen einer Rentenreform zu ignorieren. Selbst wenn diese in der Übergangsphase geringfügig („zweiter Ordnung") sind, so erhöhen sie das Niveau des Wirtschaftswachstums und haben daher bedeutende Langzeitwirkungen.

---

[8] Für eine tiefgreifende Diskussion siehe Börsch-Supan (1999).

8 Vermeidung von Mitnahmeeffekten durch Transparenz

Selbstverständlich können sich diese Wirkungen nur entfalten, wenn die „Riester-Rente" auch tatsächlich mindestens in dem von der Rentenreform 2000 avisierten Umfang angespart wird. (Aus dem vorangegangenem Abschnitt folgt, dass zu einer wirklichen Stabilisierung der Beiträge, wie im „Einfriermodell" der Abbildung 1 beschrieben , kurzfristig ein geringerer, langfristig aber ein höherer Anteil der Eigenvorsorge angebracht ist.) Ob die geplanten Ersparnisse aber wirklich zustande kommen, ist ungewiss. Zunächst wird die staatliche Förderung viele Mitnahmeeffekte haben, etwa bei bereits vorhandenen Betriebsrenten oder Wohneigentum. Zweitens ist die Förderung im unteren Einkommensbereich zwar hoch bezogen auf den Einzahlungsbetrag, absolut gesehen aber sehr gering - gering jedenfalls in Relation zu den Liquiditätsbschränkungen z.B. junger Alleinerziehender. Sich nur auf die fiskalische Förderung zu verlassen, um die freiwillige Eigenvorsorge zu induzieren, ist gefährlich. Viel wirksamer ist die Einsicht in die tatsächlichen Rentenzahlungen, wie Boeri, Börsch-Supan und Tabellini (2001) nachweisen: Diejenigen Bürger Deutschlands, Frankreichs, Italiens und Spaniens, die am besten über ihr Rentensystem Bescheid wussten, waren auch die, die in einem Mehrsäulenmodell einen Teil der umlagefinanzierten Rente durch Eigenvorsorge ersetzen wollen.

9 Wahlfreiheit und Verbraucherschutz

Die Einführung einer kapitalgedeckten Zusatzrente geht mit großen Änderungen am Kapitalmarkt einher: Institutionelle Anleger wie Versicherungen und Pensionsfonds bekommen deutlich mehr Gewicht. Umgekehrt kennen nur wenige Bürger den Umgang mit langfristigen Anlagen. In der Rentenreform 2000 ist der Konflikt zwischen Finanzinnovation und Verbraucherschutz vernachlässigt worden. Auf der einen Seite haben die Erfahrungen Großbritanniens in den 80er Jahren gezeigt, dass vielen Bürgern unpassende Sparverträge verkauft wurden, und dass die administrativen Kosten (Vertrieb und Verwaltung der Sparkonten) einen beträchtlichen Teil der Spareinzahlungen verzehren können. Die rigide Zertifizierungslösung der Rentenreform 2000 verhindert jedoch eine dynamische Lösung des Konfliktes zwischen Kapitalmarktwettbewerb (der hohe Renditen erwirtschaftet) und Kostendegression (der Wettbewerbsbegrenzung erfordert, um Vertriebskosten und Fehlallokationen in Grenzen zu halten). Innerhalb Branchen bzw. von großen Arbeitgebern gebündelte Gruppenverträge in der Art der US-amerikanischen 401(k)-Pläne scheinen derzeit den günstigsten Kompromiss in diesem Zielkonflikt darzustellen. Wichtig ist die Wahlfreiheit der Arbeitnehmer, die mit einem weitgehenden Verbraucherschutz (Offenlegungsvorschriften, Widerrufsrecht) einhergehen muss. Die Zertifizierungslösung verhindert jedoch Kapitalmarktinnovationen und damit einen Großteil der positiven Nebenwirkungen, die der Rentenreform auch makroökonomisch zum Erfolg verhelfen.

10 Anreize durch eine einfache nachgelagerte Besteuerung

Schließlich ist die derzeitige Besteuerung von Renten und Pensionen in der Bundesrepublik Deutschland inkonsequent und in sich widersprüchlich. Dies wurde bereits mehrfach vom Bundesverfassungsgericht angemahnt. Das derzeit ausstehende weitere Urteil des Bundesverfassungsgerichtes zur Renten- und Pensionsbesteuerung wird hoffentlich in naher Zukunft weitere Klarheit bringen. Aber auch jetzt schon liegt es am Gesetzgeber, das derzeitige inkonsequente Recht klaren Prinzipien anzupassen. Das Zusammenwachsen in der Europäischen Union und die Globalisierung wird zusätzlichen Druck in Richtung einer transparenten Besteuerung ausüben. Denn zum einen erzwingt die steigende Mobilität innerhalb der europäischen Union eine klare Regelung, wann welche Vorsorgemaßnahmen steuerlich absetzbar und wann welche Renten- und Pensionseinkünfte versteuert werden müssen, damit es nicht zu mobilitätshemmenden Verzerrungen, zu Doppel- und zu Fehlbesteuerungen kommt. Zum anderen wird die Globalisierung der Kapitalmärkte mittelfristig eine Harmonisierung der Kapitalbesteuerung erzwingen, weil das Kapital dorthin wandert, wo die Rendite nach Steuern am höchsten ist. Länder mit einer hohen Kapitalbesteuerung müssten daher höhere Bruttorenditen anbieten, was jedoch den Standort weniger attraktiv macht und langfristig nicht durchgehalten werden kann.

Von einem „level playing field" kann in der Besteuerung von Renten und Pensionen auch innerhalb Deutschlands keine Rede sein. Steuerlich am meisten begünstigt ist mit großem Abstand die gesetzliche Rente, während Pensionsfonds am schlechtesten abschneiden. Der Unterschied im Nettoauszahlungsbetrag zwischen gesetzlicher Rente und AS-Fonds beträgt fast 50% des ausgezahlten Altersvorsorge-Sondervermögens (Börsch-Supan und Lührmann, 2000).

Die uneinheitliche Besteuerung staatlicher und privater Altersvorsorgeformen schlägt sich nicht nur in unterschiedlich hohen Nettoauszahlungen nieder, sondern übt auch Anreizwirkungen aus und bewirkt Substitutionseffekte. Sie lassen sich an der Verbreitung der verschiedenen Formen der privaten Altersvorsorge in Deutschland ablesen. Unter denjenigen, die private Vorsorge betreiben, besitzen beispielsweise 71,2% eine Lebensversicherung, aber nur 15,1% Aktienfonds. Die betriebliche Altersvorsorge ist die schwächste Säule der Altersvorsorge in Deutschland. Ihr Volumen beträgt weniger als die Hälfte der Leistungen der Lebensversicherer und weniger als 10 Prozent der Ausgaben der GRV.[9]

Die prinzipiellen Überlegungen zum Neutralitätspostulat zeigen, dass nur die nachgelagerte Besteuerung aller Ruhestandseinkünfte Verwerfungen in der Sparentscheidung verhindern kann, da sie als einzige neutral zwischen heutigem und morgigem Konsum ist. Zudem bereitet die nachgelagerte Besteuerung die geringsten praktischen Schwierigkeiten bei ihrer Erhebung. Die nachgelagerte Besteuerung nach dem Konsumsteuerprinzip lässt sich schließlich auch elegant mit einer steuerlichen Förderung verbinden, die automatisch durch den Progressionseffekt entsteht, also dadurch, dass in der Auszahlungsphase wegen des niedrigeren Ruhestandseinkommens der Steuersatz im allgemeinen niedriger liegt als in der Einzahlungsphase. Zudem werden die Steuern in die Zukunft verschoben, was die natürliche Versuchung, die Altersvorsorge möglichst weit hinauszuschieben, und die Schwierigkeit, mit Zins- und Zinseszins intuitiv umzugehen, ausgleicht. Angesichts der Erfahrungen in den USA und Kanada meinen wir, dass die nachgelagerte Besteuerung und die indirekte Förderung durch den Progressionseffekt der kriterienorientierten Förderung - und schon gar einer „Zwangsrente" - vorzuziehen ist.

11 Schlussfolgerungen

Umfragen zeigen, dass den meisten Bürgern bewusst ist, dass eine Krise bevorsteht, aber ihr Umfang wird unterschätzt. Dazu trägt die mangelnde Information über das tatsächliche Ausmaß der Finanzierungslücke in der gesetzlichen Rentenversicherung bei. Es besteht daher die Gefahr, dass die Einführung einer kleinen kapitalgedeckten Säule daher nicht sehr wirkungsvoll sein wird, zumal viele Haushalte schon jetzt Berufsrenten und/oder Lebensversicherungen haben, die nun einfach „angerechnet" werden. Wird Wohneigentum anerkannt, werden die Mitnahmeeffekte vollends überwiegen.

Die wichtigste Reformmaßnahme ist daher eine offene Darlegung, wie sich die Renten des Umlageverfahrens zukünftig entwickeln werden. Dies wird erst dann anschaulich - und führt zu der allseits gewünschten stärkeren Eigenvorsorge - wenn es für jeden Einzelnen erfahrbar ist. Deshalb empfiehlt dieses Papier als ersten Schritt die Einführung eines transparenten Kontensystems für das Umlageverfahren.

Die makroökonomischen Nebenwirkungen einer solchen Reform sind weitaus subtiler als oft behauptet wird. Die Übergangskosten verschlingen einen Großteil des scheinbar großen Renditenunterschieds zwischen dem

---

[9] DIA (1999b).

Umlageverfahren und einem *de novo* kapitalgedeckten System - nicht jedoch den ganzen. Positive makroökonomische Wirkungen können durch Änderungen der Arbeits- und Kapitalproduktivität, Änderungen in der Kapitalmarktstruktur und Änderungen im Steuer- bzw. Prämiencharakter der Zahlungen für die Altersvorsorge herbeigeführt werden. Diese Nebenwirkungen einer konsequenten Rentenreform haben als Änderungen der Wachstumsraten große langfristige Folgen.

Literaturverzeichnis

Birg, H., / Börsch-Supan, A. (1999), Für eine neue Aufgabenteilung zwischen gesetzlicher und privater Altersversorgung, GDV: Berlin.

Boeri, T., / Börsch-Supan, A. / Tabellini, G. (2001), Would You Like to Shrink the Welfare State? The Opinions of European Citizens, Economic Policy 32.

Börsch-Supan, A. (1998). 'Incentive Effects of Social Security on Labor Force Participation: Evidence in Germany and Across Europe.' Journal of Public Economics.

Börsch-Supan, A. (1999a). 'A Model under Siege: A Case Study of the German Retirement Insurance System.' The Economic Journal, Vol. 110 No. 461, F24-45.

Börsch-Supan, A. (1999b). 'Zur deutschen Diskussion eines Übergangs vom Umlage- zum Kapitaldeckungsverfahren in der deutschen Rentenversicherung.' Finanzarchiv, Band 55, Heft 3, S. 400-428.

Börsch-Supan, A. / Lührmann, M. (2000). Prinzipien der Renten- und Pensionsbesteuerung, Frankfurter Institut: Bad Homburg.

Börsch-Supan, A. / Reil-Held, A (2001). How much is Transfer and how much Insurance in a Pay-As-You-Go System? The German Case, Scandinavian Journal of Economics.

Börsch-Supan, A., / Schnabel, R. (1998). 'Social Security and Declining Labor Force Participation in Germany.' American Economic Review 88.2, S. 173-178.

Börsch-Supan, A. / Winter, J. K. (1999). 'Pension Reform, Savings Behavior and Corporate Governance'. Discussion Paper, Universität Mannheim.

Breyer, F. (1989). 'On the Intergenerational Pareto-Efficiency of Pay-As-You-Go Financed Pension Systems', Journal of Institutional and Theoretical Economics 145, S. 643-58.

Corsetti, G. (1994), An Endogenous Growth Model of Social Security and the Size of the Informal Sector, Revista Analisis Economico 9.1.

Deutsches Institut für Altersvorsorge (DIA, 1999a). Reformerfahrungen im Ausland: Ein systematischer Vergleich von sechs Ländern. Köln.

Deutsches Institut für Altersvorsorge (DIA, 1999b): Die Deutschen und ihr Geld. Köln.

Fenge, R. (1995), Pareto-Efficiency of the Pay-As-You-Go Pension System with Intergenerational Fairness, Finanzarchiv 52, S. 357-63.

Gruber, J., / Wise, D. (1999). eds., International Comparison of Social Security Systems. Chicago: The University of Chicago Press.

Holzmann, R. (1997), Pension Reform, Financial Market Development and Endogenous Growth: Preliminary Evidence from Chile, IMF Staff Papers.

Pestieau, P., / Possen, U. (1997), Investing Social Security in the Equity Market: Does it Make a Difference? Unpublished Discussion Paper, Universität Liege.

Schmidt, P. (1995), 'Die Wahl des Rentenalters - Theoretische und empirische Analyse des Rentenzugangsverhaltens in West- und Ostdeutschland'. Frankfurt: Lang.

Siddiqui, S. (1997), The Pension Incentive to Retire: Empirical Evidence for West Germany, Journal of Population Economics 10(4), S. 463-86.

Sinn, H.-W. (2000), Why a Funded System is Needed und Why it is not Needed, International Tax and Public Finance.

Eine zukunftsorientierte Alterssicherungspolitik erfordert einen integrierten und ausgewogenen Ansatz

Winfried Schmähl

1 Vorbemerkung: Defizite in der aktuellen Diskussion

Alterssicherungspolitik sollte u.a. darauf hinwirken, dass ein hohes Maß an Stabilität und Vorausberechenbarkeit für die Alterssicherung erreichbar ist, trotz aller immer wieder erforderlich werdenden Anpassungen an sich wandelnde Umfeldbedingungen ökonomischer, demographischer und politisch-normativer Art. Dazu kann beitragen, wenn (a) für die Alterssicherungspolitik ein klares Konzept als Leitschnur besteht, an dem Einzelentscheidungen im Hinblick auf ein möglichst in sich stimmiges Konzept ausgerichtet werden können und wenn (b) Alterssicherung nicht isoliert gesehen wird, sondern die vielfältigen Verflechtungen mit anderen Bereichen berücksichtigt werden (integrierter Ansatz) und (c) zudem die Entscheidungsvorbereitung nicht geprägt ist von einseitigen interessengeleiteten Vorstellungen über Wirkungen und Entwicklungen (also ein ausgewogener Ansatz). Hier bestehen in der aktuellen Diskussion erhebliche Defizite, was jeweils an einigen Beispielen stichwortartig erläutert werden soll.

2 Integrierte Sicht in der Alterssicherungspolitik

Drei Beispiele sollen die *Notwendigkeit einer integrierten Sicht* verdeutlichen:
– Die Definition des für angemessen gehaltenen Sicherungsniveaus im Alter
– Die Verlängerung der Erwerbsphase ("Altersgrenze")
– Beziehungen zwischen Staatshaushalt und Alterssicherung

2.1 Sicherungsniveau

Auch nach der 2001 politisch beschlossenen Reform werden wir leider - entgegen der Ankündigung von Minister Riester - keine Ruhe auf der "Baustelle" Alterssicherung bekommen, da wichtige Fragen ausgeklammert blieben und eine Vielzahl alter und einige neue Herausforderungen weitere

Maßnahmen erforderlich machen können. Bei Entscheidungen sowohl in verschiedenen Bereichen der Alterssicherung (für staatliche und private Einrichtungen) als auch hinsichtlich der Leistungen und deren Finanzierung sollte u.a. eine Klärung des angestrebten Sicherungsniveaus im Alter erfolgen. Was im Alter an Einkünften für erforderlich gehalten wird, die durch (formelle) Alterssicherungssysteme[1] erbracht werden sollen, hängt auch von der Höhe direkter und insbesondere indirekter Steuern ab sowie in erheblichem Maße auch von der Ausgestaltung des Gesundheitswesens. Was wird von Kranken- und Pflegeversicherungen an Leistungen erbracht und was ist dafür auch im Alter an eigenen Finanzierungsbeiträgen notwendig? Gilt z.B. in der gesetzlichen Kranken- und Pflegeversicherung das Primat der Beitragssatzstabilität, so führt dies unter den in Deutschland herrschenden demographischen Bedingungen und (in der Krankenversicherung) angesichts des medizinisch-technischen Fortschritts dazu. dass es zu einer Reduzierung des realen Leistungsumfangs kommt. Auch ist tendenziell mit einem Rückgang des intrafamiliären Pflege- und Versorgungspotentials zu rechnen. Dies alles erfordert dann entweder zusätzliche private Vorsorgeaufwendungen oder es kommt zu einer zunehmenden Verlagerung der Finanzierung von Ausgaben auf diejenigen, die krank und pflegebedürftig sind, indem sie notwendige Ausgaben aus ihrem Einkommen finanzieren müssen. Letzteres trifft dann angesichts steigender altersspezifischer Krankheitshäufigkeit und Multimorbidität insbesondere viele Ältere. Sie haben dann aus ihrem Einkommen mehr an Gesundheitsausgaben zu finanzieren. In der Pflegeversicherung ist das Leistungsniveau sowieso seit Anfang an "gedeckelt" worden. Darüber hinaus sind aber die Leistungen bislang - trotz steigender Kosten im Pflegebereich - konstant geblieben. Setzt sich dies fort, so sinkt die Kaufkraft der Pflegeversicherungsleistungen. Bei weiterhin fehlender Dynamisierung der Leistungen würde deren Kaufkraft in drei Jahrzehnten etwa real nur noch die Hälfte des heutigen Niveaus erreichen, d.h. die Kaufkraft der Pflegeversicherungsleistungen würde sich halbieren. Somit hängt das, was durch Vorsorgeaufwendungen aus privater und öffentlicher Alterssicherung für erforderlich gehalten wird, maßgeblich auch von den Entscheidungen in anderen Bereichen ab. Hier bestehen jedoch erhebliche Unklarheiten über die künftige Entwicklung.

---

[1] Diese Formulierung soll darauf hindeuten, dass für die Einkommenslage im Alter auch andere Maßnahmen und Einrichtungen von Bedeutung sind, angefangen von intrafamiliären Transfers bis hin zu Transferzahlungen aus öffentlichen Haushalten (wie z.B. Wohngeld, Sozialhilfe).

2.2 Altersgrenze

Angesichts der erfreulicherweise steigenden Lebenserwartung wird Alterssicherung teurer, egal ob umlagefinanziert oder kapitalfundiert, öffentlich oder privat organisiert. Steigende Lebenserwartung macht aber auch die Beantwortung der Frage dringend, wie der gesamte Lebenslauf auf verschiedene Lebensphasen aufgeteilt wird, also insbesondere zur Vorbereitung auf Erwerbstätigkeit (Ausbildung), als Erwerbsphase und als Nacherwerbsphase (Rentnerphase). Steigende Lebenserwartung im Zusammenspiel mit niedriger Geburtenhäufigkeit führt zu einer Veränderung der Altersstruktur nicht nur der Gesamtbevölkerung, sondern auch der Erwerbsbevölkerung. Deshalb kann es keine dauerhafte Strategie sein, die Personalstruktur von Unternehmen und damit die Erwerbsbevölkerung durch frühes Ausscheiden aus dem Erwerbsleben möglichst jung zu halten, während demographisch bedingt der Alterungsprozess voranschreitet. Eine Verlängerung der Erwerbsphase, also die längere Integration Älterer in das Erwerbsleben, insbesondere durch spätere Beendigung der Erwerbstätigkeit, wird jetzt zunehmend für erforderlich gehalten, so Erklärungen im Bündnis für Arbeit wie auch auf europäischer Ebene.

Leider ist bei der jetzt beschlossenen Rentenreform diese Frage völlig ausgeklammert worden. Erforderlich ist aber, die Weichen jetzt zu stellen und nicht erst - wie es oft heißt - in vielleicht 10 Jahren. Dazu können verschiedene Maßnahmen beitragen. So habe ich für die Rentenversicherung als einen sinnvollen "demographischen Faktor" vorgeschlagen, das Alter, ab dem man seine volle, d.h. nicht durch Abschläge geminderte Altersrente erhalten kann, im Zuge steigender Lebenserwartung anzuheben (also die Referenzaltersgrenze an die Entwicklung der ferneren Lebenserwartung z.B. 65jähriger zu koppeln), dies aber jetzt anzukündigen, damit Arbeitnehmer wie Betriebe sich darauf einrichten können. Dies könnte auch auf die Beamtenversorgung übertragen werden.

Eine Verlängerung der Erwerbsphase erfordert jedoch flankierende Maßnahmen, die sich auf die Verringerung der Invalidität, auf Änderungen der altersspezifischen Lohnstruktur, vor allem aber auch auf die Weiterqualifizierung älterer Arbeitnehmer beziehen. Wenn es richtig ist, dass unsere Standortbedingungen insbesondere vom Qualifikationsniveau der Erwerbstätigen, also dem Humankapital und der dadurch erreichbaren Produktivität abhängen, so ist der Weiterbildung allgemein, vor allem aber auch für den steigenden Anteil Älterer weitaus mehr an Aufmerksamkeit zu widmen als bisher. Diese Investitionen in Humankapital werden aber dann für Unternehmen wie für Arbeitnehmer lohnender, wenn die Erwerbsphase - und damit die Nutzungsdauer der Investitionen - verlängert wird. Beides bedingt sich also - Weiterbildung als Voraussetzung für eine Verlängerung und veränderte sozial- und arbeitsrechtliche Regelungen als Anreiz für vermehrte Weiterbildung.

Dies erfordert ein Umdenken bei vielen Akteuren. Während gegenwärtig die Bewältigung der demographischen Herausforderungen vor allem durch eine Mehrung von Finanzkapital angestrebt wird, sollte der Blick mehr auf die Bildung von Humankapital gelenkt werden - auch als Grundlage für die Alterssicherung. Zugleich wirft das die Frage nach dem Einsatz knapper öffentlicher Mittel auf. Diese sollten sicherlich nicht für eine weitere Förderung von Frühverrentung eingesetzt werden, aber auch nicht - wie jetzt - primär als Anreiz für die Mehrung des Finanzkapitals, sondern mehr zur Verbesserung der Humankapitalausstattung. Das läuft allerdings manchen Interessen entgegen, denen gerade durch die Förderung der Privatvorsorge entsprochen wurde.

2.3 Alterssicherung und Staatshaushalt

Der zuletzt angesprochene Aspekt berührt schon den Zusammenhang von Alterssicherung und Staatshaushalt. Dem Thema könnten viele Beispiele gewidmet werden, wie allein die Tatsache deutlich macht, dass es inzwischen vier Arten von Bundeszuschüssen gibt, die sich alle unterschiedlich entwickeln, da sie an verschiedene Bemessungsgrundlagen gekoppelt sind (allgemeiner Bundeszuschuss an Durchschnittsentgelt und Beitragssatz zur Rentenversicherung, zusätzlicher Bundeszuschuss an Mehrwertsteuer, Ergänzung des zusätzlichen Bundeszuschusses bis 2003 an Ökosteuer, danach an Bruttolohn- und -gehaltssumme, und zudem Defizithaftung in der Knappschaftlichen Rentenversicherung). Aus dem Rentenreformpaket ausgeklammert wurde eine stimmige steuerliche Behandlung der verschiedenen Formen der Altersvorsorge sowie der Einkünfte im Alter.[2]

Der Gesetzgeber hat sich - sehr zur Freude u.a. von Finanzmarktakteuren - für eine Förderung privater Altersvorsorge durch Einsatz beträchtlicher öffentlicher Mittel entschlossen. Wird Altersvorsorge für notwendig und förderungswürdig gehalten, dann wäre allerdings eine steuerliche Freistellung der umlagefinanzierten Pflichtvorsorge schon lange vordringlich gewesen.

Von der Regierung wie von Finanzmarktakteuren wird die Förderung der Privatvorsorge geradezu als "Geschenk" des Staates dargestellt. Doch die

---

[2] Dies ist im Hinblick auf die Besteuerung auch (weitgehend) unabhängig vom Finanzierungsverfahren (Umlage oder Kapitalfundierung), denn hier geht es um die Behandlung des einzelnen Steuerpflichtigen. Auch in einem Umlagesystem, bei dem eine enge Beziehung zwischen Beitrag und Rente besteht, sind Beitragszahlungen individuelle Vorsorgeaufwendungen, die zum Aufbau eines Vermögensbestandes führen, der bei Rentenbeginn dann für die Finanzierung der Einkünfte im Alter eingesetzt wird. Damit verbunden ist die Frage nach Einkommens- und Vermögensbesteuerung sowie nach den Formen der Förderung von Altersvorsorge.

Förderung muss ja finanziert werden. Daraus können sich u.U. höchst problematische Verteilungseffekte ergeben, wenn im unteren und mittleren Einkommensbereich die Inanspruchnahme der begünstigten zertifizierten Formen der Altersvorsorge nur unterproportional ist, die Finanzierung der Förderung aber zunehmend über indirekte Abgaben erfolgt, die ceteris paribus im unteren Einkommensbereich angesichts einer unterdurchschnittlichen Sparquote relativ stärker belastend wirkt. Dies sind nur wenige Beispiele für die Notwendigkeit eines über die Alterssicherungssysteme hinausgreifenden integrierenden Ansatzes.

3 Notwendigkeit einer „ausgewogenen" Problemanalyse

Was nun eine "*ausgewogene*" Argumentation und darauf aufbauende Beurteilung betrifft, so haben wir in Deutschland reichlich Defizite zu verzeichnen. Dies sei hier mit wenigen Stichworten an den zwei Beispielen illustriert:
- Ökonomische Belastung der Jüngeren durch die Älteren.
- Umlagefinanzierung versus Kapitalfundierung.

Hochkonjunktur hatte in der Rentenreformdiskussion das Schlagwort von der "*Generationengerechtigkeit*". Da Gerechtigkeit im allgemeinen wie auch zwischen Generationen zweifellos etwas Erstrebenswertes ist, wird niemand dagegen sein - doch was darunter verstanden wird, ist vieldeutig. Deshalb eignet sich ein solcher Begriff vorzüglich für die öffentliche und politische Auseinandersetzung, auch zur Begründung grundsätzlicher ordnungspolitischer Weichenstellungen und Veränderungen.

Eine wichtige Rolle spielen in diesem Zusammenhang die ökonomischen Folgen einer alternden Bevölkerung für die verschiedenen Bevölkerungsgruppen. Begriffe wie Alters*last*, Rentner*berg* oder gar *Rentnerschwemme* spiegeln deutlicher wider, dass in der öffentlichen Diskussion der Alterungsprozess der Bevölkerung als etwas Negatives dargestellt wird, obgleich aus Sicht des einzelnen eine steigende Lebenserwartung etwas Positives und Erstrebenswertes ist - sicherlich auch für die jetzt Jungen -, vor allem wenn Altwerden und Altsein mit einem guten Gesundheitszustand einhergeht.

3.1 Zur ökonomischen „Belastung" der Jüngeren durch die Älteren

Bei der Beantwortung dieser Frage gibt es viele Einseitigkeiten. Weit verbreitet ist, die "ökonomisch Aktiven" und die "ökonomisch Inaktiven" (als Synonym für ältere Menschen jenseits der Erwerbsphase) einander gegenüberzustellen. Dabei wird unter "ökonomischer Aktivität" allerdings ausschließlich die Erwerbstätigkeit verstanden, was bereits viel zu eng ist.

Abgesehen von Vererbung entsteht Vermögen erst allmählich im Lebenslauf durch Sparen. Folglich ist Vermögen insbesondere in den höheren Altersgruppen anzutreffen, was ja auch durch die Förderung des "Altersvorsorgevermögens" angestrebt wird. Diesem Vermögen steht hoffentlich Realkapital gegenüber, was ein wichtiger Produktionsfaktor ist. Folglich beteiligen sich auch Ältere - selbst wenn sie nicht mehr erwerbstätig sind - am Prozess der Wertschöpfung, also an ökonomischer Aktivität.

Auch wenn Ältere keine Erwerbsarbeit mehr ausüben, so führen sie vielfach dennoch wichtige andere Arbeiten aus, auch wenn ihre Arbeit nicht monetär vergütet wird und in die Berechnung des Sozialprodukts eingeht, so z.B. bei Kinderbetreuung oder durch die Versorgung von Familienangehörigen im Krankheits- oder Pflegefall. So wird derzeit rund ein Drittel aller Pflegebedürftigen vom (Ehe)Partner gepflegt. Das sind in der Regel ältere Menschen, die solche Pflegeleistungen erbringen. Würden derartige Aktivitäten nicht erfolgen und wären statt dessen professionelle Dienstleistungen erforderlich, so würde das Ausmaß ökonomischer Aktivität unmittelbar deutlich werden.

Ältere sind nicht nur Konsumenten, sondern sie beteiligen sich durch *Steuerzahlungen* auch an der Finanzierung von Staatsaufgaben, also z.B. auch an der Finanzierung von Schulen und sonstigen staatlich finanzierten Ausbildungseinrichtungen. Wenn und soweit sich die Struktur des Steueraufkommens zu indirekten Steuern verlagert - Mehrwertsteuer, Ökosteuer -, so sind die Älteren aufgrund ihrer vergleichsweise hohen Konsumquote, aber vor allem auch wegen ihres steigenden Anteils an der Bevölkerung - bzw. an allen Konsumenten -, immer stärker an der Finanzierung von Staatsaufgaben beteiligt.[3] Dies zeigt, dass Ältere zunehmend zur Finanzierung von Staatsausgaben beitragen, was nicht zuletzt auch den Jüngeren zugute kommt.

Geht man der Frage nach, ob Ältere eine "finanzielle Belastung" für die Erwerbstätigen sind, so kann man den Blick nicht allein auf die umlagefinanzierte Rentenversicherung richten oder auf Teile des gesamten Staatshaushalts - wie dies im Rahmen der "Generationenbilanzen" geschieht.

So ist auf *intrafamiliäre Transfers* hinzuweisen. Dies sind zum einen *laufende Transfers* vor allem als Geldleistungen, aber z.T. auch als Realtransfers, vor allem durch den Einsatz von eigener Zeit bei der Betreuung von z.B. Enkelkindern. In Deutschland - aber nicht nur hier - fließen intrafamiliäre Transfers überwiegend von Älteren zu Jüngeren. Neben diesen laufen-

---

[3] Zudem nehmen sie an manchen Entlastungen bei direkten Abgaben für Erwerbstätige nicht teil, so wenn die Ökosteuer zur Minderung von Sozialbeiträgen in der Rentenversicherung eingesetzt wird oder bei familienbedingten Steuerentlastungen.

den intrafamiliären Transfers handelt es sich um die *Übertragung von Vermögen* schon zu Lebzeiten oder im Todesfall (Vererbung). Hierauf können übrigens auch Sozialausgabenprogramme einen positiven Einfluss haben: Man denke an die soziale Sicherung im Fall von Pflegebedürftigkeit (so durch eine Pflegeversicherung), durch die der Einsatz eigenen Vermögens zur Finanzierung von Pflegekosten in geringerem Maße erforderlich ist, so dass ggf. mehr Vermögen vererbt werden kann als ohne die Existenz dieser Versicherung.[4]

Schließlich ist zu beachten, dass u.a. der gesamtwirtschaftliche (öffentliche und private) Realkapitalbestand, der den Jüngeren für ihre eigenen Aktivitäten, für Ausbildung wie Produktion, aber auch zur Nutzung in der Freizeit zur Verfügung steht, maßgeblich durch Vorgänger-Generationen (und damit auch die heute Älteren) geschaffen wurde. Die allgemeine Steigerung des Wohlstands in den letzten Jahrzehnten ist maßgebend ein Resultat früherer Aktivitäten der heute Älteren, wovon Ältere und Jüngere heute profitieren.

Schließlich sei an einem Beispiel verdeutlicht, dass man beispielsweise in der gesetzlichen Rentenversicherung nicht einfach nur auf Beiträge und Renten blicken sollte, wenn man zu einer ausgewogenen Beurteilung bei Vergleichen zwischen Geburtsjahrgängen kommen will. Wenn beispielsweise heute beklagt wird, dass die Beiträge in der Rentenversicherung höher seien als früher, so ist - neben der Berücksichtigung des durch die Rentenversicherung erbrachten Leistungsniveaus (wozu auch die längere Rentenlaufzeit beiträgt) - u.a. darauf hinzuweisen, dass früher für einen Anspruchspunkt ("Entgeltpunkt") in der Rentenversicherung erheblich länger gearbeitet werden musste - sowohl in der Woche als auf das Jahr bezogen. So betrug in Westdeutschland das durchschnittliche Jahresarbeitsvolumen je Erwerbstätigen (allerdings einschließlich der Selbständigen) im Jahr 1960 nahezu 2200 Stunden, während es 1998 in Westdeutschland nur noch rund 1600 Stunden waren. Das durchschnittliche Jahresarbeitsvolumen war also um mehr als ein Viertel niedriger.

Das durchschnittliche Alter bei Eintritt in das Berufsleben in Westdeutschland hat sich zwischen 1975 und 1995 um fast 4 Jahre erhöht. Und das Alter des faktischen Ausscheidens aus dem Erwerbsleben ist gesunken. Dies alles illustriert, dass sich im Zeitablauf das zur Erlangung eines "Entgeltpunktes" in der gesetzlichen Rentenversicherung erforderliche individuelle Arbeitsvolumen beträchtlich reduziert hat.[5]

---

[4] Unterstellt, dass die Finanzierung der Pflegeversicherungsbeiträge nicht in gleichem Maße die Vermögensbildung reduziert wie im Falle der Pflegebedürftigkeit durch den höheren Einsatz eigenen Einkommens und Vermögens (im Falle ohne Pflegeversicherung) das Vermögen vermindert worden wäre.
[5] Für die Ermittlung der Entgeltpunkte ist das individuelle im Vergleich zum durchschnittlichen Bruttoarbeitsentgelt maßgebend. Bei den auf den jeweiligen Lohn bezogenen

Zugegeben, es war ein überaus geschickter Schachzug derjenigen, die am vermehrten Zufluss von Finanzkapital interessiert sind - hier wirkten Wissenschaftler, Politiker und Finanzdienstleister zusammen -, die Frage des ökonomischen Verhältnisses von Generationen auf die Rendite, die Rentabilität nominaler Beitragszahlungen zu verengen. Selbst wenn jüngere Kohorten eine niedrigere Rendite als ältere haben, ist ihr Einkommensniveau dennoch höher, können sie doch u.a. die Produktionsmöglichkeiten und damit die Einkommenserzielungsmöglichkeiten nutzen, die frühere Kohorten aus ihrem Konsumverzicht und ihrem Humankapitaleinsatz aufgebaut haben. All das wie auch die Voraussetzungen für den Anspruchserwerb (siehe oben) bleibt völlig ausgeklammert und führt zu einer einseitigen Darstellung. Das mit solchen Einseitigkeiten durchaus Interessen verbunden sind, dürfte unschwer zu erkennen sein.

3.2 Zur Überlegenheit von kapitalfundierten Finanzierungsverfahren

Das Einseitige, Unausgewogene wird bei Vergleichen von umlagefinanzierter gesetzlicher Rentenversicherung und kapitalfundierter privater Alterssicherung besonders deutlich. Wiederum müssen ein paar Stichworte zur Illustration genügen.

So schrieb die „Financial Times Deutschland" am 8. Juni 2001: Die für ihr Alter sparenden "Baby-Boomer bescheren den europäischen Börsen in den nächsten 10 bis 15 Jahren einen Super-Liquiditätszyklus". Und danach, also wenn die Veränderung der Altersstruktur quantitativ besonders bedeutend wird? Bemerkenswert ist, dass - nachdem weltweit der Zug in Richtung Kapitalfundierung der Alterssicherung rollt - nun selbst aus Finanzmarktkreisen vor einer Euphorie gewarnt und darauf hingewiesen wird, dass sich die demographische Entwicklung auch auf die Finanzmärkte, insbesondere die Aktienmärkte auswirken wird, und zwar nicht nur in Richtung einer Aufwärtsbewegung. Diese gesamtwirtschaftlichen Rückwirkungen wurde lange mit Blick auf begrenzte Finanz-Volumina oder die Möglichkeit der Auslandsanlage geleugnet und eher als altmodische Außenseitermeinung belächelt. Nun wird auch aus Finanzmarktkreisen darauf hingewiesen, dass Aktienmärkte im Zuge der demographischen Alterung ähnlichen Risiken ausgesetzt seien wie umlagefinanzierte Alterssicherungssysteme und realistischerweise selbst eine breite internationale Streuung des Anlagekapitals nur unzureichend zur Reduzierung der demographischen Risiken für die Alterssicherung beitragen könne.

Betrachtungen bleibt die Mengenkomponente (Arbeitszeit) ausgeblendet. Aber z.B. ein "Durchschnittsverdiener" hatte im Zeitablauf ein durchschnittlich abnehmendes Arbeitsvolumen zu erbringen.

Die zunehmende Verlagerung aus der Umlage- in die Kapitalfundierung bedeutet ja zunächst die Akkumulation von Liquidität, die die Anlage sucht, nicht zuletzt auf den Aktienmärkten. Solange der Zustrom an Liquidität anhält, wirkt dies stimulierend. Je mehr aber frühere Sparer dann die Mittel für die Finanzierung ihres Lebensunterhalts im Alter nutzen wollen - wobei das Volumen des Entsparens immer größer wird, vor allem dann, wenn das Niveau der umlagefinanzierten Alterssicherung reduziert und durch kapitalfundierte Sicherung substituiert wird - und wenn auf der anderen Marktseite weniger neue Sparer nachwachsen, dann könnte die Kapitalfundierung sich unter Umständen als etwas erweisen, was man der Umlagefinanzierung gerne nachsagt: Sie wirke wie ein Kettenbrief - wehe, wenn die Mitspieler ausbleiben. Verlagerung von der staatlichen auf die private Vorsorge vermindert zwar die Belastung der öffentlichen Haushalte, erhöht aber für lange Zeit die Belastung der privaten Haushalte.

Die Bürger sollten möglichst gut und ausgewogen über das informiert werden, was auf sie zukommt, welche Chancen und Risiken mit den verschiedenen Möglichkeiten der Altersvorsorge verbunden sind. Dass die Regierung dies leider nicht getan hat, sondern eher zur Vernebelung von Wirkungen ihres Reformpakets beitrug, ist bedauerlich. Während jeder Medikamentenhersteller dazu verpflichtet ist, über Risiken und Nebenwirkungen aufzuklären, fehlt für Regierungen leider eine solche Verpflichtung.

3.3 Verteilungsfragen nicht nur zwischen, sondern auch innerhalb von Generationen beachten

Die jetzt geradezu modische Diskussion über die Verteilung *zwischen* Generationen sollte aber nicht den Blick verstellen, dass es sozial-, verteilungs- und gesellschaftspolitisch in hohem Maße um die Verteilung *innerhalb* von Generationen geht - so zwischen Männern und Frauen (durch Bedingungen auf dem Arbeitsmarkt und/oder durch sozialrechtliche Regelungen), zwischen Familien und Kinderlosen[6], zwischen Personen bzw. Haushalten mit unterschiedlichem hohem Einkommen und unterschiedlicher Zusammensetzung des Einkommens.[7] Für die Zukunft ist zu erwarten, dass es zu einer stärkeren Differenzierung von Einkommen kommt, und zwar bereits in der Erwerbsphase (durch veränderte Arbeitsmarktbedingungen, veränderte Erwerbsbiographien), was sich dann auch auf die Einkommenslage im Alter auswirkt - über unterschiedliche Möglichkeiten zum Erwerb von Sozialver-

---

[6] Wobei sich auch zunehmend die Frage stellt, was unter Familie zu verstehen ist und welche Folgerungen sich z.B. aus einer rechtlichen "Gleichstellung" von gleichgeschlechtlichen Partnerschaften auch im Hinblick auf sozialrechtliche Regelungen ergeben.
[7] Hier sei nur auf die Bedeutung dynamisierter oder nicht dynamisierter Alterseinkünfte angesichts immer längerer Bezugsdauer in der Nacherwerbsphase hingewiesen.

sicherungsansprüchen, durch unterschiedliche private Vorsorge in Ausmaß und Art, aber auch durch gesetzgeberische Maßnahmen, wie sie nun mit der partiellen Substitution der gesetzlichen Rentenversicherung durch private Vorsorge eingeleitet wurden.[8] Dies dürfte zudem nur der Einstieg, der Beginn eines Prozesses sein, den verschiedene Akteure aus unterschiedlichen Gründen wollen, mit dem Ergebnis eines Ausstiegs aus der einkommensbezogenen gesetzlichen Alterssicherung.

Zugleich lebt eine immer größere Zahl von Angehörigen unterschiedlicher Geburtsjahrgänge gleichzeitig, Personen, die von bestimmten Ereignissen und Bedingungen unterschiedlich lange oder in verschiedenen Phasen ihren Lebenslaufs betroffen waren. Auch leben Angehörige unterschiedlicher „Generationen" zur gleichen Zeit in der *Nach*erwerbsphase. Dies trägt zur Differenzierung der Gruppe von Menschen bei, die sich zusammen in dieser Lebensphase befinden.

All dies sollte Anlass sein, vorschnelle Vergleiche zwischen "Jung" und "Alt" zu meiden, Vergleichen kritisch zu begegnen und eine differenzierte Sicht anzustreben. Allerdings ist dies in der stark mediengeprägten öffentlichen Diskussion, wenn überhaupt, dann weitaus schwerer zu vermitteln als plakative und schlagzeilenträchtige Aussagen.

Literaturverzeichnis

Schmähl, Winfried, (1980): Zielvorstellungen in der Diskussion über die Alterssicherung - Eine Skizze -, Zeitschrift für Gerontologie, Bd. 13, Heft 3, S. 222-246.

Schmähl, W. (1987), Rentenzugangsalter und Finanzlage der Rentenversicherung - Zu den quantitativen Auswirkungen einer Erhöhung des durchschnittlichen Rentenzugangsalters auf den Finanzbedarf der gesetzlichen Rentenversicherung, Deutsche Rentenversicherung, Heft 1, S. 2-9.

Schmähl, W. (1988), Verkürzung oder Verlängerung der Erwerbsphase? Fragen, Ziele, Wirkungen - Ein Überblick, in: ders. (Hg.), Verkürzung oder Verlängerung der Erwerbsphase? Zur Gestaltung des Übergangs vom Erwerbsleben in den Ruhestand in der Bundesrepublik Deutschland. Mohr: Tübingen, S. 1-35.

Schmähl, W. (1992), Zur künftigen Entwicklung des Rentenalters in Deutschland - Von rechtlichen Regelungen zu ökonomischen Wirkungen. Hypothesen und Aufgaben, in: Wolfgang Förster; Norbert Rößler (Hg.), Betriebliche Altersversorgung in der Diskussion zwischen Praxis und Wissenschaft - Festschrift zum 60. Geburtstag von Peter Ahrend. Otto Schmidt: Köln, S. 1-18.

Schmähl, W. (1999), Referat auf dem Deutschen Juristentag zum Thema Wie sollte der Übergang vom Erwerbsleben in den Ruhestand rechtlich gestaltet werden?, in: Ver-

---

[8] Was insgesamt auch Auswirkungen auf Vererbung und damit nachfolgende Generationen hat.

handlungen des 62. Deutschen Juristentages Bremen 1998, Band II/1 Sitzungsberichte, C.H. Beck: München, S. K 51-K 77.

Schmähl, W. (2000), Steigende Lebenserwartung und soziale Sicherung, in: Bernd von Maydell; Takeshi Shimomura; Kazuaki Tezuka (Hg.), Entwicklungen der Systeme sozialer Sicherheit in Japan und Europa. Duncker & Humblot: Berlin, S. 95-125.

Schmähl, W. / Göbel, D. / Scheil, X. / Schreyer, M. (1980), Quantitative Auswirkungen einer veränderten Besteuerung von Renten - Eine Simulationsanalyse für die Bundesrepublik Deutschland, Die Angestelltenversicherung, 27. Jg., Heft 10 und 11, S. 348-357, 413-420.

Schmähl, W. (1986), Teilbesteuerung versus Vollbesteuerung von Renten - konzeptionelle Überlegungen zur Neugestaltung der steuerlichen Behandlung von Vorsorgeaufwendungen und Alterseinkünften -, Deutsche Rentenversicherung, Heft 3-4, S. 101-128; wiederabgedruckt in ders., Beiträge zur Reform der Rentenversicherung, Mohr: Tübingen, 1988.

Schmähl, W. (1989), Finanzpolitik und Rentenversicherung - Beispiele für die Notwendigkeit einer integrierenden Sichtweise, in: Heinz P. Galler; Gert Wagner (Hg.), Empirische Forschung und wirtschaftspolitische Beratung - Festschrift für Hans-Jürgen Krupp zum 65. Geburtstag, Reihe Wirtschaftswissenschaft, Band 38, Campus: Frankfurt/New York, S. 448-468.

Schmähl, W. / Rothgang, H. (2001), Familie - Pflege - Familienpflege. Über den Zusammenhang von Kindern und der Inanspruchnahme von Leistungen der gesetzlichen Pflegeversicherung bei häuslicher Pflege, in: Hans-Christian Mager, Henry Schäfer, Klaus Schrüfer (Hg.), Private Versicherung und Soziale Sicherung, Festschrift zum 60. Geburtstag von Roland Eisen. Metropolis: Marburg, S. 273-291.

Schmähl, W. (2001), Generationenkonflikte und 'Alterslast' - Einige Anmerkungen zu Einseitigkeiten und verengten Perspektiven in der wissenschaftlichen und politischen Diskussion, Festschrift für Richard Hauser zum 65. Geburtstag, in: Irene Becker; Notburga Ott; Gabriele Rolf (Hg.), Soziale Sicherung in einer dynamischen Gesellschaft. Campus: Frankfurt/Main und New York, S. 176-203.

Schmähl, W. (1980), Vermögensansammlung für das Alter im Interesse wirtschafts- und sozialpolitischer Ziele - Begründungen und Realisierungsmöglichkeiten vor dem Hintergrund der künftigen Bevölkerungsentwicklung, in: Klaus Schenke; Winfried Schmähl, Alterssicherung als Aufgabe für Wissenschaft und Politik - Helmut Meinhold zum 65. Geburtstag -. Kohlhammer: Stuttgart/Berlin/Köln/Mainz, S. 379-406.

Schmähl, W. (1981), Über den Satz, Aller Sozialaufwand muss immer aus dem Volkseinkommen der laufenden Periode gedeckt werden' - Methodische und dogmenhistorische Anmerkungen zur ‚Belastung' in einer Volkswirtschaft durch Nichterwerbstätige und durch Sozialausgaben -, Hamburger Jahrbuch für Wirtschafts- und Gesellschaftspolitik, 26. Jg., S. 147-171.

Schmähl, W. (1992), Zum Vergleich von Umlageverfahren und kapitalfundierten Verfahren zur Finanzierung einer Pflegeversicherung in der Bundesrepublik Deutschland, Studie im Auftrag des Bundesministeriums für Familie und Senioren, Schriftenreihe Band 10, Kohlhammer: Stuttgart/Berlin/Köln, S. 1-59.

Schmähl, W. (1995), Kapitaldeckungs- versus Umlageverfahren, in: Bundesvereinigung der Deutschen Arbeitgeberverbände (Hg.), Kapitalbildung und Investitionstätigkeit im Zeichen der Globalisierung, (5. Volkswirtschaftliches Kolloquium, Arbeitgeber, Sonderausgabe) Juni 1995, Köln, S. 8-12.

Schmähl, W. (2000), Pay-As-You-Go Versus Capital Funding: Towards a More Balanced View in Pension Policy - Some Concluding Remarks, in: Gerard Hughes; Jim Stewart (Ed.), Pensions in the European Union: Adapting to Economic and Social Change, Kluwer Academic Publishers: Boston/Dordrecht/London, S. 195-208.

Generationengerechtigkeit und Rentenbesteuerung

Jörg Tremmel

1 Einleitung

Seit den Anfängen der Ökobewegung werden die Rechte und Interessen künftiger Generationen als Argument beschworen. Inzwischen vergeht auch keine Haushaltsdebatte mehr im Bundestag, ohne dass Finanzminister Hans Eichel „Generationengerechtigkeit" als Argument benutzt, um seinen Sparkurs zu begründen. Gerade im Bereich der Rentenversicherung hat das Leitbild in kürzester Zeit Furore gemacht. Noch vor 10 Jahren war „Generationengerechtigkeit" nicht die Hauptanforderung, die ein Rentensystem erfüllen muss. Allerdings ist das Verständnis von „Generationengerechtigkeit" nicht einheitlich. Zunächst wird in diesem Beitrag daher der Begriff definiert.

2 Die Prinzipien von Gleichstellung und Verbesserung

Der erste Definitionsversuch geht von dem Grundsatz aus, dass es ungerecht sei, Gleichartiges bzw. Gleichwertiges als ungleich zu behandeln.[1] Dieser Ansatz ist konsistent mit dem Gebrauch des Gerechtigkeitsbegriffs in anderen Zusammenhängen: Bei "Geschlechtergerechtigkeit" wird die Ungleichbehandlung aufgrund des Geschlechts gebrandmarkt, sofern nicht objektive Gründe sie erfordern. Ebenso empfindet man es weltweit als ungerecht, wenn Menschen aufgrund ihrer Hautfarbe unterschiedlich behandelt werden. Betrachtet man Generationen als gleichwertig und folgt dem Gleichbehandlungsgrundsatz, so könnte die erste Arbeitsdefinition von Generationengerechtigkeit lauten, dass es keine Generation besser oder schlechter gestellt werden sollte als eine andere.

Generationengerechtigkeit kann jedoch auch weitergehend definiert werden: Nicht nur eine Nicht-Schlechterstellung, sondern eine Besserstellung kommender Generationen sei ethisch geboten und deshalb anzustreben. Die bisherigen Generationen haben Wachstum und Wohlstandszunahme erfah-

---

[1] Dieses Prinzip wurde von Rawls in Theory of Justice als das elementarste Gerechtigkeitsprinzip überhaupt bezeichnet, welches nicht weiter begründet werden könne oder müsse.

ren, sie sollten im Sinne der Gerechtigkeit dafür sorgen, dass dies auch für zukünftige Generationen möglich bleibt. Es war das Motiv früherer Eltern, dass es ihren Kindern einmal besser gehen soll, es sollte auch unser Motiv im Umgang mit zukünftigen Generationen sein. Fortschritt in der Lebensqualität ist sicherlich wünschenswerter als ein Stillstand auf dem Status Quo, letzterer wiederum ist einer Verschlechterung vorzuziehen. Generationengerechtigkeit kann also definiert werden als:

> *Eine generationengerechte Gesellschaft ist erreicht,*
> *wenn die Chance nachrückender Generationen auf*
> *Befriedigung ihrer eigenen Bedürfnisse mindestens*
> *so groß sind wie die der vorherigen Generationen.*

Für die isolierte Betrachtung der Rentenversicherung kann daraus das Prinzip abgeleitet werden, dass nachrückende Generationen (Generationen hier verstanden im obigen Sinne oder auch als Kohorten von etwa 30 aufeinanderfolgenden Jahren) den lebenden Generationen mindestens gleichgestellt werden müssen.

2.1 Was heißt Gleichbehandlung der Generationen in der Rentenversicherung und wie lässt sie sich messen?

Das wichtigste Maß für die Generationengerechtigkeit ist die Rendite (das Beitrag-LeistungVerhältnis), die jede Generation aus der gesetzlichen Rentenversicherung erhält. Dazu werden die Einzahlungen, die ein Angehöriger eines bestimmten Jahrgangs im Durchschnitt in die gesetzliche Rentenversicherung leistete, und die Auszahlungen, die er daraus erhält, gegenübergestellt. Der interne Zinsfuß dieser Zahlungsreihen ist die Rendite.

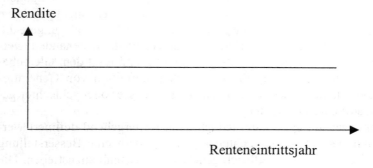

Abbildung 1: Die Rendite als Maß für Generationengerechtigkeit

Auch wenn der Fall völlig gleicher Renditen sicher ein schwer erreichbarer Idealfall ist, so wäre es zumindest ohne weiteres möglich, die Renditen der heutigen Rentnergeneration und der heute jungen Generation einander anzugleichen.

Die verschiedenen heute lebenden Generationen werden aber unterschiedliche Renditen aus der gesetzliche Rentenversicherung zu erwarten haben. Ein heute geborenes Kind, das ungefähr im Jahr 2060 in Rente geht, hätte ohne Reform nur noch eine minimale oder gar negative Rendite, wie die grüne Kurve aus der Grafik zeigt.

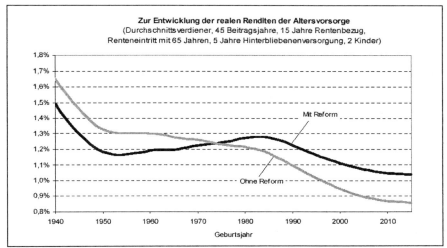

Abbildung 2: Zur Entwicklung der realen Renditen der Altersvorsorge
Quelle: Sondergutachten des Sozialbeirats zur Rentenreform, Februar 2001

Da die Alterung der Gesellschaft in jedem Falle Kosten verursacht, kann es nur darauf ankommen, diese generationengerecht, sozial ausgewogen und ökonomisch sinnvoll zu verteilen. Die Bundesregierung hat dazu am 26.1.2001 das Rentenreformgesetz durch den Bundestag gebracht, welches die Renditen der Generationen einander angleichen sollte (schwarze Kurve).

Im „innovativen Teil" des Reform-Paketes fördert die Riester-Reform die private und betriebliche Altersvorsorge. Dies ist nicht zu kritisieren. Zu kritisieren ist aber der „konventionelle Teil" der Reform, dessen Eckpunkte sind:

Beitragssatz: < 20% bis 2020, < 22% bis 2030
Rentenniveau: mind. 68% im Jahr 2020
erreicht wird dies u.a. durch eine veränderte Anpassungsformel ab 2011

Zu kritisieren sind insbesondere die mangelnde Transparenz und Verständlichkeit der Formel. Diese Reform wird den Konflikt zwischen Jung und Alt nicht beenden. Die Bereitschaft zum Teilen setzt die Fähigkeit zum

Urteilen voraus. Statt einer Reform, die selbst Fachleute kaum noch verstehen, ist ein Modell zu fordern, welches von breiten Schichten der Bevölkerung verstanden und als gerecht empfunden wird, aber im wesentlichen die gleichen Wirkungen zeigt wie die Riester-Reform.

Solch ein Reformmodell, welches die Rentenversicherung nach dem Prinzip der Generationengerechtigkeit und Transparenz reformieren kann, hat die Stiftung für die Rechte zukünftiger Generationen (SRzG) mit ihrem Modell der „Teilungslösung" entwickelt.

3 Die Grundidee: Gleichberechtigung von Jung und Alt

Niemand könnte das Wesen der Teilungslösung treffender beschreiben als Oswald von Nell-Breuning, ehemals führender Vertreter der modernen katholischen Soziallehre, 1985:

> *„Beide Generationen müssen, wenn die Erwerbsstruktur ungünstiger wird, sich die unvermeidlichen Einschränkungen teilen. Der Gesetzgeber, der diese Dinge regelt, hat die Aufgabe, diese zusätzliche Belastung so zu verteilen, dass keine von beiden Generationen im Vergleich zur anderen benachteiligt wird. Beiden muss er Opfer auferlegen, das ist unvermeidlich: den einen, indem sie mehr hergeben müssen, den anderen, indem sie weniger bekommen; daran führt kein Weg vorbei."* [2]

Der Grundgedanke der „Teilungslösung" existiert also schon länger als man angesichts der Entwicklungen im Rentensystem in den vergangenen Jahre glauben mag. Probleme entstehen in der Rentenversicherung häufig, weil sich ihre Rahmenbedingungen ändern. Die Folgen solcher externen Veränderungen - seien sie durch den demographischen Wandel, Schwankungen am Arbeitsmarkt, Änderungen in der Lebenserwartung oder der Selbständigenquote ausgelöst - werden beim SRzG-Modell solidarisch auf die Generationen verteilt.

Wilfried Schreiber[3], einer der Väter unserer heutigen Rentenversicherung, forderte bereits 1957, dass der Beitragssatz konstant bleiben müsse

---

[2] Borchert, Jürgen: Rentenreform '84 - auf dem richtigen Weg. Gespräch mit Professor von Nell-Breuning, in: Rohwer-Kahlmann, Harry / Dobbernack, Wilhelm / Heinke, Horst (Hrsg.): Zeitschrift für Sozialreform, 31. Jahrgang, Juni 1985, Heft 6, Wiesbaden, S. 358.

[3] Wilfried Schreiber war in den fünfziger Jahren wissenschaftlicher Berater und Geschäftsführer des Bundes der katholischen Unternehmer. Einer seiner Vorschläge, eine dynamische Rente einzuführen, führte zur Ausgestaltung der gesetzlichen Rentenversicherung in ihrer heutigen Form. Allerdings wollte Schreiber die Rentenversicherung als einen „Vertrag zwischen drei Generationen" ausgestaltet.

(damals lag er noch bei 14 Prozent). Ein konstanter Beitragssatz bedeutet bei einer sich verschlechternden Finanzierungssituation der Rentenversicherung allerdings, dass stets das Nettorentenniveau nach unten angepasst wird. Alternativ dazu wäre es möglich, das Nettorentenniveau konstant zu halten und einseitig die Beitragssätze nach oben anzupassen. Dies ist die „Rente ist sicher"-Ideologie der 50iger bis 90iger-Jahre, die allein die Beitragszahler die Kosten für Arbeitslosigkeit und Alterung der Gesellschaft tragen lässt. Gerecht ist keines von beiden. Im Sinne der Generationengerechtigkeit sind die Prinzipien des konstanten Beitragssatzes und des konstanten Rentenniveaus als gleichrangig zu betrachten.[4]

Die Teilungslösung der SRzG beinhaltet deshalb einen Kompromiss zwischen diesen beiden Prinzipien und führt dazu, dass die Lasten zwischen den Generationen geteilt werden: Die Älteren bekommen etwas weniger, die Jüngeren zahlen etwas mehr, aber keine Generation wird bevorzugt oder benachteiligt. Das bedeutet, dass die Beiträge nur erhöht werden dürfen, wenn gleichzeitig die Rentenanpassung im selben Maß niedriger ausfällt.

4 Funktionsweise einer generationengerechten Rentenreform

4.1 Die einfache Ausführung

Jeder neue Finanzbedarf in der gesetzlichen Rentenversicherung wird bei der Teilungslösung durch eine Aufteilung der Belastung auf beide Seiten gelöst.[5] Daraus lässt sich die Funktionsweise der Teilungslösung ableiten und folgendermaßen erklären:

1. Wie bisher, wird im Herbst jeden Jahres der Finanzbedarf der gesetzlichen Rentenversicherung und der dafür notwendige Beitragssatzanstieg ermittelt.
2. Der Beitragssatz wird in Höhe der Hälfte des Finanzbedarfes erhöht.
3. Die jährliche Rentensteigerung wird für die ältere Generation um die Hälfte des Finanzbedarfes verringert.[6]

---

[4] vgl. Leisering, Lutz: „Regeneration" des Sozialstaats? Die Legitimationskrise der Gesetzlichen Rentenversicherung als Wechsel „sozialstaatlicher Generationen", in: VDR (Hrsg.): Deutsche Rentenversicherung, Heft 9, September 2000, Frankfurt am Main, S. 614 f.

[5] vgl. Stiftung für die Rechte zukünftiger Generationen: Positionspapier Rente: Intergenerationelle Gerechtigkeit - die Teilungslösung, Oberursel 2000, S. 7, siehe auch http://www.srzg.de/was_wir_tun/positionen/positionspapier_rente.html.

[6] vgl. Tremmel, Jörg: S. 209 ff.

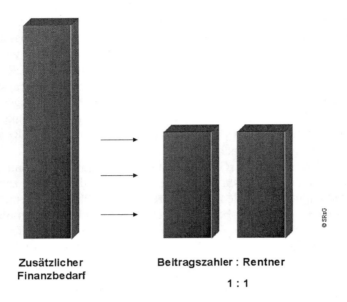

Abbildung 3: Funktionsweise der Teilungslösung in der einfachen Ausführung

Als Ergebnis beträgt die Schwankungsreserve[7], wie gesetzlich vorgeschrieben, wieder eine Monatsausgabe. Die Hälfte des erforderlichen Finanzbedarfes wird von der jüngeren, arbeitenden Bevölkerung über Beitragserhöhungen aufgebracht, die andere Hälfte steuert die ältere Generation bei, indem sie auf einen entsprechenden Teil ihrer Rentenanpassung verzichtet.

4.2 Die ergänzte Ausführung

Um das Teilungsmodell vollständig darzustellen, wird eine Ergänzung vorgenommen. Bei den bisherigen Überlegungen wurde davon ausgegangen, dass die Lasten zu gleichen Teilen auf beide beteiligten Generationen - Beitragszahler und Rentenbezieher - aufgeteilt werden. Das SRzG-Modell berücksichtigt jedoch, dass diese beiden Bevölkerungsgruppen zahlenmäßig nicht gleich stark vertreten sind und dies zukünftig auch nicht sein werden.

---

[7] Die Rentenversicherungsträger haben zum Ausgleich kurzfristiger Einnahme- und Ausgabeschwankungen eine Reserve bereitzuhalten. Diese Schwankungsreserve soll den Wert einer Monatsausgabe nicht unterschreiten (vgl. 6. Sozialgesetzbuch § 158 und § 216).

Da heute noch etwa 2,5[8] Beitragszahler auf einen Rentner kommen, müssten die Lasten im Verhältnis 2,5 zu eins nach der oben beschriebenen Vorgehensweise auf die jüngere Generation über Beitragssatzerhöhungen und die ältere Generation über eine Veränderung der Rentenanpassung verteilt werden (siehe Abb. 4).

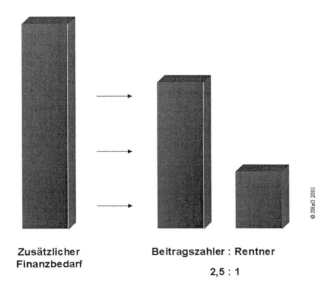

Abbildung 4: Funktionsweise der Teilungslösung unter Berücksichtigung des Verhältnisses von Beitragszahlern zu Rentnern

Steigt der Rentnerquotient[9], ändert sich automatisch auch das Verhältnis der Lastenaufteilung. Für das Jahr 2050 etwa werden 1,2 Beitragszahler auf einen Rentner prognostiziert.[10] Bei der jährlichen Berechnung ist somit immer zuerst das Verhältnis zwischen Beitragszahlern und Rentnern zu ermitteln und den weiteren Berechnungen zu Grunde zu legen.[11]

---

[8] vgl. Bundesministerium für Arbeit und Sozialordnung (BMA) (Hrsg.): Die Rentenreform 2000: Ein mutiger Schritt zu mehr Sicherheit. Die Eckpunkte des Regierungskonzepts, Berlin, August 2000, S. 4 (im folgenden zitiert als ‚Rentenreform 2000').
[9] Der Rentnerquotient berechnet sich aus der Zahl der Rentner geteilt durch die Zahl der Beitragszahler.
[10] vgl. Hoffmann, Michaela: Omas kontra Enkel, in: Wirtschaftswoche Nr. 37, Düsseldorf, 09.09.1999, S. 37.
[11] vgl. Tremmel, Jörg: S. 215 f.

Ein einfaches Beispiel soll die Wirkungsweise der Teilungslösung verdeutlichen:
Angenommen im Herbst nächsten Jahres wird festgestellt, dass sich beim gegebenen Beitragssatz und Rentenniveau ein zusätzlicher Finanzbedarf von 3,5 Milliarden DM abzeichnet. Diese Belastung würde wie folgt auf die Generationen verteilt: Zunächst wird, wie jedes Jahr, das Verhältnis der Beitragszahler zu den Rentnern ermittelt. Derzeit finanzieren zweieinhalb Beitragszahler das Ruhegehalt eines Rentners.[12] Nach der Teilungslösung bedeutet dies, dass die jüngere Generationen 2,5 Anteile, also 2,5 Milliarden DM im Sinne einer Beitragserhöhung[13], und die Rentner einen Anteil des Finanzbedarfes in Höhe von 1 Milliarde DM über eine entsprechende Verminderung der Rentenanpassung aufbringen würden.[14] Das Ergebnis dieser Aufteilung wäre, dass jede Person, unabhängig von ihrem Lebensalter, den gleichen Anteil des zusätzlichen Finanzbedarfes zu tragen hätte.[15]

5 Auswirkungen der Teilungslösung

Die Berechnungen wurden am ifo Institut für Wirtschaftsforschung [16] auf Basis des CESifo-Rentenmodelles durchgeführt. Die aktuelle Version des Berechnungsmodells beruht auf der vor Kurzem veröffentlichten „9. koordinierten Bevölkerungsvorausberechnung" des Statistischen Bundesamtes (Variante 2, Wanderungssaldo rund + 200.000 Personen pro Jahr). Weitere wichtige Annahmen sind die Zunahme der Erwerbsbeteiligung, vor allem von Frauen, gemäß den langfristigen Projektionen des Instituts für Arbeitsmarkt- und Berufsforschung[17], eine auf dem vom ifo Institut für 2001 prognostizierten Niveau konstant bleibende Arbeitslosenquote (als hilfsweiser Schätzwert für die aktuelle strukturelle Sockelarbeitslosigkeit), ein dauerhaftes Produktivitäts- und Lohnwachstum in Höhe von 1,75% pro Jahr (entsprechend einem nach oben gerundeten Durchschnittswert für die Entwicklung der neunziger Jahre) und konstante sonstige Abgabensätze.

---

[12] vgl. BMA: Rentenreform 2000, S. 4.
[13] In Zahlen für das Jahr 2000 würde dies einer Beitragserhöhung um 0,15 Prozent entsprechen.
[14] Für 2000 würde dies eine Verminderung der Rentenanpassung um 0,28 Prozent, ausgehend allerdings von einer unverminderten Nettolohnanpassung, bedeuten.
[15] vgl. Zechmeister, Michael: Die Zukunft der gesetzlichen Rentenversicherung - eine ökonomische Analyse von Reformmodellen nach dem Prinzip der Generationengerechtigkeit, Diplomarbeit vom 07.03.2000, S. 56.
[16] Die Autoren danken dem ifo Institut für Wirtschaftsforschung in München für die Berechnungen.
[17] vgl. Fuchs J. / Thon, M.: Potentialprojektion bis 2040: Nach 2010 sinkt das Angebot an Arbeitskräften, IAB Kurzbericht, Heft 4, April 1999, S. 3 - 6.

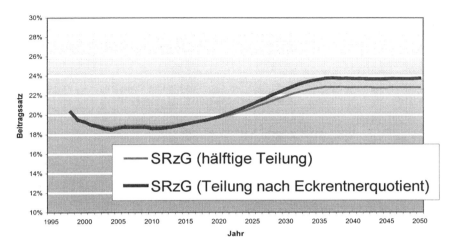

Abbildung 5: Teilungslösung der SRzG: Beitragssatz (1998-2050)

Die darauf beruhenden Berechnungen sind Modellrechnungen, die geeignet sind, bestimmte Entwicklungstendenzen unter bestimmten Voraussetzungen aufzuzeigen. Da die Auswirkungen der Reformmodelle jeweils unter Annahme gleicher sich ändernder Rahmenbedingungen berechnet wurden, ist ein aussagekräftiger Vergleich möglich.

Wenn in Abbildung 5 und 6 im SRzG-Modell von der „hälftigen Teilung" gesprochen wird, ist damit gemeint, dass die Lasten/Überschüsse zur einen Hälfte auf die Beitragszahler und zur anderen Hälfte auf die Rentner umgelegt werden.[18] Die SRzG-Lösung „Teilung nach Eckrentnerquotient" berücksichtigt das jeweilige, sich jährlich ändernde Verhältnis zwischen Beitragszahlern und Rentnern.[19] Da diese Ausprägung des Teilungsmodelles dazu führt, dass jede Person, egal ob Beitragszahler oder Rentner, den gleichen Anteil des zusätzlichen Finanzbedarfes trägt und somit dem Prinzip der Generationengerechtigkeit am nächsten kommt, wird sie in Abbildung 7 und 8 mit weiteren, teilweise umgesetzten Reformmodellen verglichen:

- Rentenreformgesetz 1992 (RRG 1992)
- Rentenreformgesetz 1999 (RRG 1999)
- Altersvermögensaufbaugesetz (AVAG 2000)

Aus Abbildung 5 ist ersichtlich, dass bei Anwendung der Teilungslösung auch längerfristig ein günstiger Beitragssatz erreicht werden kann. So kann

---

[18] vgl. S. 3 und 4 oben.
[19] vgl. S. 4 und 5.

dieser bis zum Jahr 2030 bei 22,6 Prozent gehalten werden, und auch in 2050 beträgt der Beitragssatz bei der Teilungslösung unter Berücksichtigung des Verhältnisses zwischen Beitragszahler und Rentnern (Teilung nach Eckrentnerquotient) weniger als 24 Prozent (genau: 23,7 Prozent).

Wie Abbildung 6 verdeutlicht, ist die Teilungslösung längerfristig damit für die jüngeren Beitragszahler am günstigsten, sie kann im Jahre 2050 einen niedrigeren Beitragssatz als das „Ausgleichsfaktormodell" von Bundesarbeitsminister Riester (AVAG 2000) gewährleisten. Im Vergleich zum Reformvorschlag des früheren Bundesarbeitsministers, Norbert Blüm, dem RRG 1999, ergibt sich sogar ein um mehr als 1 Prozentpunkt niedrigerer Beitragssatz.

Dabei ist herauszustellen, dass auch bei einem Überschuss in der Rentenversicherung dieser gleichmäßig aufgeteilt werden würde. Es würde nicht zu einseitig politisch motivierten Leistungsausweitungen kommen, die später nicht mehr finanzierbar sind, wie etwa im Zuge der Rentenreform 1972.[20] Noch würde dieser Überschuss, wie von der jetzigen Bundesregierung vorgesehen, einseitig an die versicherungspflichtigen Arbeitnehmer durch Senkung der Beitragssätze[21] bei gleichzeitiger Absenkung des Nettorentenniveaus weitergegeben werden.[22] Dies bedeutet: Sollte ein Finanzüberschuss in der Rentenversicherung vorhanden sein, würde man bei Anwendung der Teilungslösung zuerst ermitteln, um wieviel der Beitragssatz gesenkt werden könnte. Dann würde man diesen Wert halbieren und den Beitragssatz um die eine Hälfte senken. Die andere Hälfte würde als Zuschlag an die Rentner weitergegeben werden, was eine entsprechend höhere Rentenanpassung zur Folge hätte.[23]

---

[20] vgl. Kreikebohm, Ralf / Hoyer, Harald / Mette, Rüdiger: Renten-Ratgeber - Praktische Tipps zur gesetzlichen Rentenversicherung, Köln 1997, S. 16 f.
[21] Nach den Plänen der Bundesregierung soll das Nettorentenniveau von derzeit 70,7 Prozent auf bereits 68,3 Prozent im Jahre 2005 gesenkt werden (vgl. BMA (Hrsg.): Die neue Rente: Solidarität mit Gewinn. Der Entwurf des Altersvermögensgesetzes. Beschluss des Bundeskabinetts vom 15. November 2000, Berlin, S. 18.
[22] vgl. Schmähl, Winfried: Rentenreform 2000: Wohin führt der eingeschlagene Weg?, in: ifo Schnelldienst 28-29/2000, 53. Jahrgang, S. 13.
[23] vgl. Stiftung für die Rechte zukünftiger Generationen, S. 8.

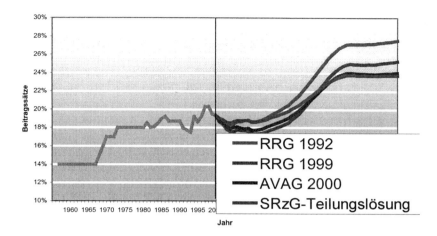

Abbildung 6: Gesetzliche Rentenversicherung: Beitragssatz (1960-2050)

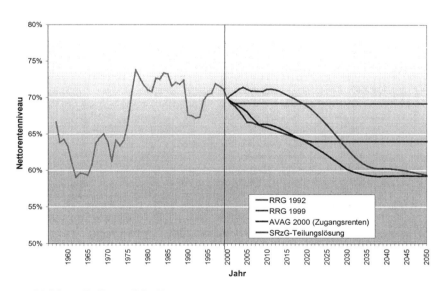

Abbildung 7: Gesetzliche Rentenversicherung. Rentenniveau (1960-2050)

5.1 Rentenniveau

Wie den Abbildungen 7 und 8 entnommen werden kann, ist deshalb bei Anwendung der Teilungslösung ein Anstieg des Nettorentenniveaus bis zum Jahre 2012 auf knapp 72 bzw. 71 Prozent anzunehmen. Der Beitragssatz würde dafür auch nicht so stark wie vorgesehen sinken. Er hätte beim SRzG-Vorschlag seinen Tiefstand mit 18,5 bzw. 18,7 Prozent im Jahre 2004 (vgl. Abbildung 5 und 6 sowie Anhang).

Die aller Voraussicht nach gute finanzielle Ausstattung des staatlichen Rentensystems für etwa die nächsten zehn Jahre sind auf die zahlreichen kleinen Reformschritte, die in den Jahren seit 1992 verabschiedet wurden, vor allem aber auf die Erhöhung des Bundeszuschusses zur Rentenversicherung aus der Erhöhung der Mehrwertsteuer ab 01.04.1998 von 15 auf 16 Prozent und aus dem Aufkommen der Öko-Steuer (ab 1999) zurückzuführen.[24]

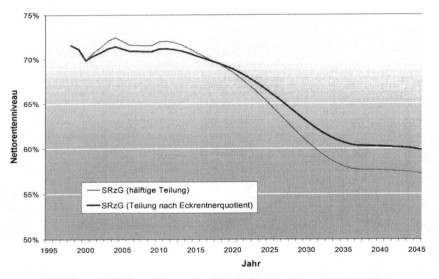

Abbildung 8: Teilungslösung der SRzG: Rentenniveau (1998-2050)

Aufgrund der ungefähr ab dem Jahre 2013 zunehmenden Belastungen wird das Rentenniveau durch die dann bei der Teilungslösung geringer werdenden Rentenanpassungen auf 63 Prozent (Teilungslösung unter Be-

---

[24] vgl. Werding, Martin: Rentenreform: Modellrechnungen zu den langfristigen Effekten, in: ifo Schnelldienst 28-29/2000, 53. Jahrgang, S. 39.

rücksichtigung des Rentnerquotienten) im Jahre 2030 gefallen sein (vgl. Abbildung 7). Dabei ist zu berücksichtigen, dass die Rentnerhaushalte nicht lediglich auf die Einkünfte aus der gesetzlichen Rentenversicherung angewiesen sind. Eine große Mehrheit benutzt bereits heute auch andere Sicherungseinrichtungen bzw. Vorsorgevermögen, um das Alterseinkommen insgesamt auf ein höheres Niveau zu bringen.[25]

Ein Vergleich mit dem bis vor Kurzem noch von der Bundesregierung vertretenen Riester-Vorschlag inklusive Abschlagsfaktor (AVAG 2000) zeigt, dass die Teilungslösung im Jahre 2030 sogar ein höheres Rentenniveau garantieren könnte. Erst danach, wenn die Belastungen durch die Überalterung der Bevölkerung immer größer werden, fällt das Rentenniveau schließlich stärker ab, bis es im Jahre 2050 das Niveau (gut 59 Prozent) des „Abschlagsfaktormodelles" des Bundesministeriums für Arbeit und Sozialordnung erreicht hat. Diese Entwicklung des Rentenniveaus zeigt die nachfolgende Abbildung.

Dabei ist zu beachten, dass sämtliche hier dargestellten Berechnungen zum zukünftigen Beitragssatz und Rentenniveau aus Gründen der Vergleichbarkeit auf der bisher gültigen Nettolohndefinition beruhen. Das Bundesministerium für Arbeit und Sozialordnung zieht dagegen von der Bezugsgröße des Rentenniveaus (d.h. vom Nettolohn) nicht nur Steuern und Sozialversicherungsabgaben ab, sondern auch die „freiwillige" private Altersvorsorge von 4% des Bruttolohnes. Der Nenner des Quotienten aus Renten und Nettolohn wird dadurch kleiner, und der Quotient selbst fällt höher aus. Das Rentenniveau wird somit deutlich höher als nach dem derzeit angewandten Nettolohnbegriff ausgewiesen.

In diesem Zusammenhang erscheint auch der aktuell vorgebrachte Vorschlag des Verbandes Deutscher Rentenversicherungsträger (VDR), das Rentenniveau bis zum Jahre 2030 bei einem Beitragssatz von maximal 22 Prozent auf 67 Prozent zu belassen, unter einem anderen Licht. Nach der bisher üblichen Nettolohndefinition würden die Renten nämlich auch nach diesem Reformvorschlag auf knapp 64 Prozent (genau: 63,6 Prozent) bis zum Jahre 2030 sinken. Was das Rentenniveau anbelangt, entspricht dies fast der SRzG-Teilungslösung (63,0 Prozent). Die Finanzierungskrise der Rentenversicherung verschlimmert sich aber gerade in den Jahren zwischen 2030 und Jahr 2050. In jedem Fall schneidet das SRzG-Modell in diesem Zeitraum besser ab als das vom Bundesarbeitsministerium favorisierte AVAG 2000.

---

[25] vgl. Petersen, Hans-Georg / Raffelhüschen, Bernd: Die gesetzliche und private Altersvorsorge als Element eines konsumorientierten Steuer- und Sozialsystems, Diskussionsbeitrag 89/00, Institut für Finanzwissenschaft der Albert-Ludwigs-Universität Freiburg im Breisgau, Mai 2000.

Fazit: Statt der Teilungslösung hat die Regierung eine komplizierte Änderung der Rentenformel beschlossen, außerdem eine staatliche Förderung von privater und betrieblicher Altersvorsorge. Die Frage lautet nun, ob durch die Reform der Regierung „Generationengerechtigkeit" erreicht wurde.

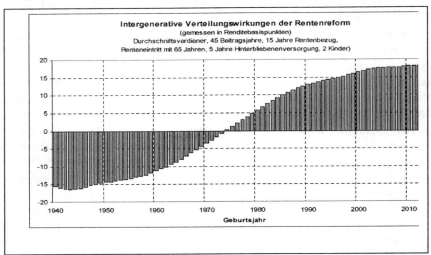

Abbildung 9: Intergenerative Verteilungswirkungen der Rentenreform
Quelle: Sondergutachten des Sozialbeirats zur Rentenreform, Februar 2001

Die intergenerativen Verteilungswirkungen der Rentenreform zeigen sich zunächst in der Veränderung von Renditebasispunkten je Jahrgang. Dies ist noch kein Maßstab für Generationengerechtigkeit, da trotz einer relativen Besserstellung eine Generation weiterhin schlechter gestellt sein könnte als eine andere. Tatsächlich bedient sich die vom Sozialbeirat veröffentlichte Grafik eines Tricks. Sie schneidet, die Jahrgänge älter als 1940 einfach ab und verheimlicht damit, dass diese Generation immer weniger belastet wird, je älter der Einzelne ist. Die Generationenbilanz zeigt, dass die mittlere Generation am stärksten belastet wird.

Die jüngere Generation (ab Jahrgang 1974) wird aber immerhin deutlich entlastet. Wie wirkt sich diese Be- und Entlastung nun auf die Renditen aus? Auch hier ist die Grafik abgeschnitten (schwarze Kurve). Dies kann jedoch nicht darüber hinwegtäuschen, dass die heutige Rentnergeneration systematisch bessergestellt wird als die anderen Generationen. Die Jahrgänge 1950 und älter erzielen die beste Rendite. Dies ist ein Verstoß gegen Generationengerechtigkeit.[26]

---

[26] Generell ist zu kritisieren, dass eine „kumulierte Rendite" mit einer einfachen verglichen wird. Es wird nicht berücksichtigt, dass auch heute schon gesetzlich Rentenversicherte private Verträge haben.

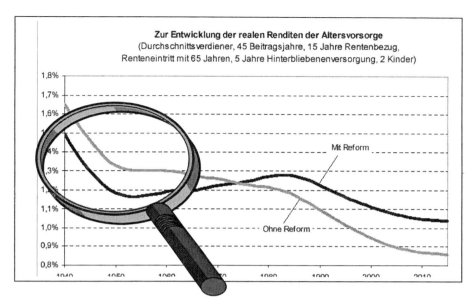

Abbildung 10: Zur Entwicklung der realen Renditen der Altersvorsorge

6 Lösung: Rentenbesteuerung

Die rasche Einführung der vollen Besteuerung der Renten verwirklicht (mehr) Generationengerechtigkeit aus folgenden Gründen:
- Rendite der Jahrgänge 1936 und älter wird geschmälert
- Steuerliche Freistellung von Sparleistungen in der Erwerbsphase geht einher mit nachgelagerter Besteuerung der Renten
- Nur durch eine schnelle Besteuerung können heutige Bestandsrentner noch an den Kosten der Alterung der Gesellschaft beteiligt werden, nachdem die Rentenreform nun verabschiedet ist

Immerhin steht noch das Urteil des Bundesverfassungsgerichtes an, vermutlich wird die Besteuerung der Altersrenten als zusätzliches Element dann noch in die Rentenreform eingefügt. Für den Heidelberger Kreis heißt dies aber heute schon: Steuermodelle sollten das Argument des generationengerechten Rentensystems mitberücksichtigen, da Steuer- und Rentensystem verknüpft sind.

Literaturverzeichnis

BMA (2000), Rentenreform 2000, S. 4.

BMA (2000), (Hrsg.): Die neue Rente: Solidarität mit Gewinn. Der Entwurf des Altersvermögensgesetzes. Beschluss des Bundeskabinetts vom 15. November 2000, Berlin, S. 18.

Borchert, J. (1984), Rentenreform '84 - auf dem richtigen Weg. Gespräch mit Professor von Nell-Breuning, in: Rohwer-Kahlmann, Harry / Dobbernack, Wilhelm / Heinke, Horst (Hrsg.): Zeitschrift für Sozialreform, 31. Jahrgang, Heft 6, Wiesbaden, S. 358.

Bundesministerium für Arbeit und Sozialordnung (BMA), (2000), (Hrsg.): Die Rentenreform 2000: Ein mutiger Schritt zu mehr Sicherheit. Die Eckpunkte des Regierungskonzepts, Berlin, S. 4 (im folgenden zitiert als ‚Rentenreform 2000').

Fuchs J. / Thon, M. (1999), Potentialprojektion bis 2040: Nach 2010 sinkt das Angebot an Arbeitskräften, IAB Kurzbericht, Heft 4, S. 3-6.

Hoffmann, M. (1999), Omas kontra Enkel, in: Wirtschaftwoche Nr. 37, Düsseldorf, S. 37.

Kreikebohm, R. / Hoyer, H. / Mette, R. (1997), Renten-Ratgeber - Praktische Tipps zur gesetzlichen Rentenversicherung, Köln, S. 16 f.

Leisering, L. (2000), „Regeneration" des Sozialstaats? Die Legitimationskrise der Gesetzlichen Rentenversicherung als Wechsel „sozialstaatlicher Generationen", in: VDR (Hrsg.): Deutsche Rentenversicherung, Heft 9, Frankfurt am Main, S. 614 f.

Petersen, H.-G. / Raffelhüschen, B. (2000), Die gesetzliche und private Altersvorsorge als Element eines konsumorientierten Steuer- und Sozialsystems, Diskussionsbeitrag 89/00, Institut für Finanzwissenschaft der Albert-Ludwigs-Universität Freiburg im Breisgau.

Schmähl, W. Rentenreform (2000), Wohin führt der eingeschlagene Weg?, in: ifo Schnelldienst 28-29, 53. Jahrgang, S. 13.

Stiftung für die Rechte zukünftiger Generationen, S. 8.

Stiftung für die Rechte zukünftiger Generationen, (2000), Positionspapier Rente: Intergenerationelle Gerechtigkeit - die Teilungslösung, Oberursel, S. 7.

Werding, M. Rentenreform (2000), Modellrechnungen zu den langfristigen Effekten, in: ifo Schnelldienst 28-29, 53. Jahrgang, S. 39.

Zechmeister, M. (2000) Die Zukunft der gesetzlichen Rentenversicherung - eine ökonomische Analyse von Reformmodellen nach dem Prinzip der Generationengerechtigkeit, Diplomarbeit, S. 56.

Rentenfinanzierung und intergenerationelle Gerechtigkeit: Eine wachstumstheoretische Perspektive

Berthold U. Wigger und Robert K. von Weizsäcker

1 Einleitung

Öffentliche Alterssicherungssysteme mindern den individuellen Anreiz, private Ersparnisse zu bilden, wenn letztere gebildet werden, um den Konsum im Alter zu sichern. Dieser negative Ersparniseffekt reduziert das gesamtwirtschaftliche Investitionsvolumen, wenn die öffentliche Alterssicherung nach dem Umlageprinzip organisiert ist, d.h. wenn die Altersrenten direkt aus den Beiträgen der Erwerbstätigen finanziert werden. Geringere gesamtwirtschaftliche Investitionen wiederum führen im traditionellen neoklassischen Wachstumsmodell von Solow (1956) zu einer Reduktion der Kapitalintensität und des Pro-Kopf-Einkommens (auch des Pro-Kopf-Konsums, wenn sich die Ökonomie auf einem dynamisch effizienten Pfad bewegt). Ein Effekt auf das langfristige Wirtschaftswachstum wird indes nicht ausgelöst, da letzteres ausschließlich von exogenen Kräften angetrieben wird. Die von Romer (1986) und Lucas (1988) begründete sogenannte endogene Wachstumstheorie legt freilich den Schluss nahe, dass der an das Umlageverfahren geknüpfte negative Investitionseffekt auch die langfristige Wachstumsrate des Pro-Kopf-Einkommens reduziert.[1]

Der vorliegende Beitrag untersucht, welche normativen Schlüsse sich vor dem Hintergrund der Ergebnisse der endogenen Wachstumstheorie im Hinblick auf die Finanzierung und Ausgestaltung der öffentlichen Alterssicherung ziehen lassen. Der Gang der Untersuchung erfolgt in zwei Schritten.

---

[1] Siehe dazu Saint-Paul (1992), Jones und Manuelli (1992), und Wiedmer (1996). Das Auftreten eines wachstumsvermindernden Effekts des Umlageverfahrens ist übrigens nicht beschränkt auf spezielle endogene Wachstumsmodelle. Folgt man der von Jones und Manuelli (1992) vorgeschlagenen Klassifizierung, so gilt vielmehr, dass der genannte Effekt in allen relevanten Modellklassen, sprich in Modellen mit Investitionsexternalitäten vom Arrow (1962)-Romer (1986)-Typ, in Humankapitalmodellen vom Lucas (1988)-Typ sowie in konvexen Wachstumsmodellen vom Jones und Manuelli (1990)- und Rebelo (1991)-Typ auftritt. Beachtet werden sollte allerdings, dass der monotone Zusammenhang zwischen umlagefinanzierten Renten und Pro-Kopf-Einkommenswachstum verlorengeht, wenn neben dem Pro-Kopf-Einkommenswachstum auch die Fertilität endogen bestimmt wird, wie Wigger (1999a) gezeigt hat. In diesem Fall lösen moderat definierte Umlagesysteme einen positiven Wachstumseffekt und umfangreich definierte Systeme einen negativen Wachstumseffekt aus.

Im ersten Schritt (Kapitel 2) wird untersucht, welche allokative Rolle die an das Umlageverfahren gekoppelten intergenerationellen Transfers von jungen an alte Generationen in endogenen Wachstumsmodellen einnehmen. Im zweiten Schritt wird gezeigt, wie umlagefinanzierte Alterssicherungssysteme konzipiert werden sollten, um die zuvor definierte allokative Rolle intergenerationeller Transfers tatsächlich auszufüllen.

2 Die allokative Rolle intergenerationeller Transfers in endogenen Wachstumsmodellen

2.1 Konzeptionelle Vorbemerkungen

Saint-Paul (1992) und King und Ferguson (1993) haben gezeigt, dass das Konkurrenzgleichgewicht in Ökonomien, in denen die Wachstumsrate des Pro-Kopf-Einkommens endogen bestimmt wird, dynamisch effizient ist. Das bedeutet, dass in diesen Ökonomien keine alternativen Wachstumspfade existieren, auf denen in jeder Periode mindestens soviel und in mindestens einer Periode strikt mehr konsumiert wird als auf dem Wachstumspfad des Konkurrenzgleichgewichts. Dieses Resultat legt nahe, dass sich Transfers von jungen an alte Generationen in endogenen Wachstumsmodellen kaum mit Hilfe einer am Pareto-Kriterium orientierten Norm rechtfertigen lassen. Indem intergenerationelle Transfers die Wachstumsrate des Pro-Kopf-Einkommens reduzieren, vermindern sie auch den langfristigen Pro-Kopf-Konsum und stellen damit künftige Generationen schlechter.[2] Ein zweites wichtiges Resultat der endogenen Wachstumstheorie besagt, dass die aggregierte Technologie nicht-konvex sein muss, damit bei endlichen individuellen Lebenshorizonten positives, endogen bestimmtes Wachstum des Pro-Kopf-Einkommens überhaupt möglich ist [siehe Boldrin (1992) und Jones und Manuelli (1992)]. Um gleichwohl das Konzept des kompetitiven Gleichgewichts anwenden zu können, hat die endogene Wachstumstheorie technologische Nicht-Konvexitäten in Form von externen Effekten berücksichtigt. Letztere werden typischerweise ausgelöscht durch Investitionen in physisches Kapital in Humankapital oder in technologisches Wissen. Zwingende Folge dieser externen Effekte ist ein Pareto-ineffizientes Konkurrenzgleichgewicht. Die Ineffizienz ist allerdings statischer Natur,

---

[2] Das Konkurrenzgleichgewicht in Wachstumsmodellen neoklassischer Prägung kann dagegen dynamisch ineffizient sein. Bekanntlich liefert das Vorhandensein dynamischer Ineffizienz ein Argument für intergenerationelle Transfers von jung zu alt. Darauf wurde von Samuelson (1958), Diamond (1966) und Aaron (1966) hingewiesen. Heute firmiert dieser Fall unter dem Begriff Aaronsches Sozialversicherungsparadox.

wie sich graphisch verdeutlichen lässt. Abbildung 1 stellt die Pareto-Grenze einer Ökonomie mit endogenem Wachstum dar. Darin misst U die Wohlfahrt der heute lebenden Generationen und V die in geeigneter Weise abdiskontierte Wohlfahrt aller künftigen Generationen. Wegen des nicht durch Preise vermittelten externen Effekts befindet sich das Konkurrenzgleichgewicht, gekennzeichnet durch den Punkt A, strikt innerhalb der Pareto-Grenze. Alle Punkte, die in Abbildung 1 nordöstlich von Punkt A liegen, bezeichnen Allokationen, die Pareto-besser sind als das Konkurrenzgleichgewicht. Keine Generation wird durch einen Übergang vom Konkurrenzgleichgewicht zu einer dieser Allokationen schlechter gestellt, während einige (gegebenenfalls alle) Generationen strikt besser gestellt werden. Die Ineffizienz des Konkurrenzgleichgewichts lässt sich zum Beispiel durch eine Pigou-Subvention auf die den externen Effekt auslösenden Investitionen beheben. Eine solche Subvention muss aber, und darauf wird sich die in diesem Kapitel entwickelte Rolle intergenerationeller Transfers stützen, mit Transfers von jungen an alte Generationen verknüpft werden, um tatsächlich eine Pareto-Verbesserung herbeizuführen. Ohne den Einsatz intergenerationeller Transfers lassen sich nur jene Allokationen realisieren, die in Abbildung 1 durch südöstlich von A gelegene Punkte, z.B. Punkt B, dargestellt sind, sprich Allokationen, in denen sich die gegenwärtigen Generationen strikt schlechter stellen als im Konkurrenzgleichgewicht.

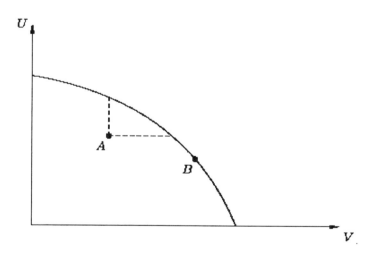

Abbildung 1: Statische Ineffizienz des Konkurrenzgleichgewichts

Welcher ökonomische Mechanismus verbirgt sich hinter diesem Resultat? Nun, die Subvention führt zu mehr Investitionen in produktive Ressourcen und damit -- über den endogenen Wachstumsmechanismus -- zu einer höheren Arbeitsproduktivität. Letztere fällt der künftigen Erwerbsbevölkerung in Form höherer Löhne zu. Wenn die Individuen, die heute mehr investieren als sie es ohne die Subvention tun würden, in Zukunft nicht mehr zur Erwerbsbevölkerung rechnen, werden sie nicht über höhere Löhne an den volkswirtschaftlichen Erträgen der Subvention beteiligt. Ihre Wohlfahrt sinkt dann relativ zur Wohlfahrt im Konkurrenzgleichgewicht, weil ihre Investitionsentscheidung verzerrt wird, ohne dass sie dafür eine ausreichende Kompensation erhalten. Nur wenn heutige erwerbstätige Generationen in der Zukunft von den dann erwerbstätigen Generationen einen Transfer erhalten, können sie in ausreichendem Umfang für heutige Mehrinvestitionen kompensiert werden.

Im nächsten Abschnitt wird die obige Argumentationskette im Rahmen eines endogenen Wachstumsmodells vom Arrow (1962)-Romer (1986)-Typ analytisch entwickelt[3]. Die Hauptergebnisse werden zunächst in einem Zwei-Perioden-Modell mit überlappenden Generationen abgeleitet und dann für den Mehrperiodenfall verallgemeinert. Anschließend wird gezeigt, dass das gleiche Argument für intergenerationelle Transfers auch durch alternative endogene Wachstumsmodelle gestützt wird.

2.2 Intergenerationelle Transfers im Arrow-Romer-Modell

In der betrachteten Volkswirtschaft leben in jeder Periode zwei einander überlappende Generationen vom Samuelson (1956)-Diamond (1965)-Typ. Jedes Mitglied einer Generation durchlebt eine Erwerbs- und eine Ruhestandsperiode. In der Erwerbsperiode bietet es eine Einheit Arbeit auf dem Arbeitsmarkt an[4], führt eine Steuer an den Staat ab, konsumiert einen Teil seines verfügbaren Einkommens und bildet mit dem Rest Ersparnisse. In der Ruhestandsperiode führt es wiederum eine Steuer an den Staat ab und verwendet seine verbleibenden Ersparnisse für den Alterskonsum.

---

[3] Das Arrow-Romer-Modell wurde von verschiedenen Autoren herangezogen, um auf der Grundlage einer Investitionssubvention eine Pareto-verbessernde Reform der Alterssicherung zu entwerfen [siehe z.B. Belan und Pestieau (1997), Stauvermann (1997), Belan, Michel und Pestieau (1998), Corneo und Marquardt (1998) und Gárfás und Marquardt (2001)]. Keiner dieser Autoren berücksichtigt freilich die Notwendigkeit intergenerationeller Transfers.

[4] Der vorliegende Beitrag beschäftigt sich also nicht mit statischen Ineffizienzproblemen, die mit einer möglicherweise verzerrten Arbeits-Freizeit-Entscheidung verknüpft sind. Dieses Problem hat in der theoretischen Rentendiskussion der vergangen Dekade eine große Rolle gespielt. Siehe dazu zum Beispiel Homburg (1990), Homburg und Richter (1990), Breyer und Straub (1993) sowie Kotlikoff (1996). Eine empirische Untersuchung der Effekte der umlagefinanzierten Alterssicherung auf das Arbeitsangebotsverhalten findet sich bei Börsch-Supan (2000).

Der Lebensnutzen eines in Periode *t* erwerbstätigen Individuums, im weiteren ein Mitglied der Generation *t*, laute $u_t = u(c_t^y, c_{t+1}^o)$, worin c_t^y und c_{t+1}^o die Konsummengen in der ersten und zweiten Lebensperiode bezeichnen. Die Nutzenfunktion *u* sei zweimal stetig differenzierbar und genüge den üblichen Monotonie-, Konkavitäts- und Inadabedingungen. In der Wahl seiner Konsummengen werde das Individuum durch die folgenden Periodenbudgets eingeschränkt:

$$c_t^y \leq w_t - s_t - \tau_t, \qquad (1)$$

$$c_{t+1}^o \leq (1 + i_{t+1})s_t - \theta_{t+1}. \qquad (2)$$

Darin bezeichnen w_t und s_t den Lohnsatz und die Ersparnis in Periode t, i_{t+1} den auf Ersparnisse entfallenden Zinssatz in Periode t+1 und τ_t und θ_{t+1} die Pauschalsteuerbeträge, die das Individuum in der ersten und zweiten Lebensperiode an den Staat abführen muss. Individuelle Nutzenmaximierung liefert die folgende Sparfunktion:

$$s_t = s(w_t - \tau_t, -\theta_{t+1}, i_{t+1}). \qquad (3)$$

Unter der Annahme, dass der Konsum in beiden Lebensperioden ein normales Gut darstellt, gilt $s_{1,t} > 0$ und $s_{2,t} < 0$, worin $s_{i,t}$ die erste Ableitung von s_t nach dem *i*-ten Argument darstellt. Eine Zunahme des verfügbaren Einkommens in der ersten Lebensperiode führt demnach zu höherer und eine Zunahme des verfügbaren Einkommens in der zweiten Lebensperiode zu geringerer individueller Ersparnis. Das Vorzeichen der Beziehung zwischen Ersparnis und Zinssatz ist dagegen im allgemeinen nicht eindeutig zu bestimmen, weil eine Änderung des Zinssatzes sowohl Einkommens- als auch Substitutionseffekte auslöst, die unter der oben getroffenen Normalitätsannahme in verschiedene Richtungen weisen.

In jeder Periode *t* beschäftigen die Unternehmen die Anzahl der Erwerbstätigen N_t und den gesamtwirtschaftlichen Kapitalstock K_t und produzieren auf der Grundlage einer Technologie mit konstanten Skalenerträgen ein homogenes Konsum- und Investitionsgut. Die gesamtwirtschaftliche Produktionsmenge dieses Gutes sei in der Periode *t* gegeben durch:

$$Y_t = F(K_t, A_t N_t),$$

worin die Produktionsfunktion *F* dem neoklassischen Ertragsgesetz genüge. Der technologische Index A_t misst die Arbeitsproduktivität in der Periode *t* und sei für jedes einzelne Unternehmen eine konstant Größe. Auf den Faktormärkten herrsche vollständige Konkurrenz, so dass die Produktionsfaktoren Arbeit und Kapital mit ihren Grenzprodukten entlohnt werden. Wird die Größe jeder Generation auf 1 normiert, so impliziert Grenzproduktentlohnung $r_t = f'(k_t)$ und $w_t = A_t [f(k_t) - k_t f'(k_t)]$, mit $k_t \equiv K_t / A_t$, $f(K_t / A_t, 1)$ und r_t als der von den Unternehmen im Zeitpunkt t gezahlten Kapitalrendite.

Zur Endogenisierung des Produktivitätsindexes A_t wird ein von Arrow (1962) erstmalig formuliertes und später von Romer (1986) zu einer endogenen Wachstumstheorie ausgebautes Konzept herangezogen, demzufolge die kumulierten gesamtwirtschaftlichen Investitionen positive externe Effekte auf die Arbeitsproduktivität auslösen. Dieser Ansatz erlaubt nicht nur eine recht einfache Modellierung des Wachstumsprozesses, er wird auch durch empirische Resultate, etwa jene von Caballero und Lyons (1990), unterstützt[5]. In seiner handhabbarsten Form beinhaltet der Arrow-Romer-Ansatz eine lineare Beziehung zwischen der Arbeitsproduktivität und den kumulierten Investitionen. Die Arbeitsproduktivität in Periode t ist dann gegeben durch $A_t = K_t$ und die Faktorpreise lauten:

$$r_t = r \equiv f'(1), \qquad (4)$$

$$w_t = \omega K_t, \text{ mit } \omega = f(1) - f'(1). \qquad (5)$$

Demnach ist die von den Unternehmen gezahlte Kapitalrendite invariant hinsichtlich der Zeit, und der Lohnsatz entwickelt sich proportional zum Kapitalstock. Der Proportionalitätsfaktor ω ist jener Teil des gesamten Kapitalertrags, der nicht dem Faktor Kapital zugerechnet wird, sondern auf den Faktor Arbeit entfällt; er entspricht gerade dem positiven externen Ertrag einer zusätzlichen Kapitaleinheit. Aufgrund des positiven externen Produktivitätseffekts, den die kumulierten Investitionen auslösen, fallen die von den Unternehmen gezahlte und die soziale Rendite des Kapitals auseinander. Letztere ist gegeben durch $dY_t / dK_t = r + \omega$ und gleicht damit in der Tat der Summe aus der Marktrendite und jenem Teil, der als externer Ertrag auf den Faktor Arbeit entfällt.

Die Gütermärkte der Periode t befinden sich im Gleichgewicht, wenn die aggregierten Ersparnisse dem Kapitalstock der Folgeperiode gleichen, sprich, wenn auf dem Kapitalmarkt Gleichgewicht herrscht:

$$K_{t+1} = s_t. \qquad (6)$$

Ohne staatliche Aktivität ist das Konkurrenzgleichgewicht der Ökonomie bestimmt durch die in Gleichung (3) definierte Ersparnis pro Periode, mit $\tau = \theta_{t+1} = 0$, die in den Gleichungen (4) und (5) definierten Faktorpreise, die Kapitalmarktgleichgewichtsbedingung (6) sowie eine Non-Arbitrage-Bedingung, die gewährleistet, dass die von den Unternehmen gezahlte Kapitalrendite dem Marktzinssatz gleicht:

---

[5] Romer (1989) liefert eine ausführliche Diskussion darüber, auf welchem Wege sich die positiven externen Effekte der kumulierten Investitionen entfalten.

$$i_{t+1} = r_{t+1}.$$

Der Staat kann freilich intervenieren, um den externen Effekt der Investitionen auf die Arbeitsproduktivität zu internalisieren. In diesem Fall kündigt der Staat zu Beginn der Periode t an, dass er in der Periode $t+1$ zusätzlich zu der von den Unternehmen gezahlten Kapitalrendite eine Subvention in Höhe von σ auf die in Periode t gebildeten Ersparnisse zahlt. Die Non-Arbitrage-Bedingung lautet dann:

$$i_{t+1} = r_{t+1} + \sigma. \tag{7}$$

Soll die Subvention ohne jegliche intergenerationelle Transfers finanziert werden, so lassen sich grundsätzlich zwei Finanzierungsschemata (oder ein beliebiger Mix dieser zwei) unterscheiden. Entweder zahlt Generation t in ihrer Ruhestandsperiode eine Steuer, aus deren Einnahmen die Subvention finanziert wird, oder aber Generation t zahlt in ihrer Erwerbsperiode eine Steuer, deren Einnahmen zunächst am Kapitalmarkt angelegt und in Periode $t+1$ als Subventionen wieder ausgezahlt werden. Beachte, dass sich Generation t in beiden Fällen die auf ihre Ersparnisse entfallende Subvention selbst finanziert, da keine andere Generation zur Finanzierung der Subventionslast herangezogen wird. Hier sei nur das erste Finanzierungsschema berücksichtigt, da das zweite Schema zu grundsätzlich gleichen Schlussfolgerungen führt [vgl. Wigger (2001)].

Wird die Subvention durch eine den Alten in Periode $t+1$ auferlegte Steuer finanziert, lautet die staatliche Budgetbeschränkung:

$$\theta_{t+1} + r_{t+1} = \sigma s_t. \tag{8}$$

Das Konkurrenzgleichgewicht (mit staatlicher Intervention) ist dann implizit definiert durch die Gleichungen (3) bis (8).

Andererseits kann der Staat auch intergenerationelle Transfers einsetzen, um die Subvention zu finanzieren. In diesem Fall trägt jene Generation, die die Subvention empfängt, nur einen Teil (möglicherweise gar nichts) der Finanzierungslasten, und der verbleibende Teil wird der nachfolgenden Generation aufgebürdet. Die staatliche Budgetbeschränkung lautet dann:

$$\theta_{t+1} + \tau_{t+1} = \sigma s_t, \tag{9}$$

worin τ_{t+1} der von der nachfolgenden Generation geleistete Finanzierungsanteil und damit ein intergenerationeller Transfer von Generation $t+1$ an Generation t, ausgezahlt in Form einer Subvention auf Ersparnisse, darstellt. Das Konkurrenzgleichgewicht mit dieserart geleisteten intergenerationellen Transfers ist dann bestimmt durch die Gleichungen (3) bis (7) und (9).

2.3 Wohlfahrtsanalyse

Direkte Folge des von der Investitionstätigkeit ausgelösten externen Effekts ist ein Pareto-ineffizientes Konkurrenzgleichgewicht. Tatsächlich kann eine Pareto-Verbesserung erreicht werden, wenn die jeweils junge und erwerbstätige Generation mehr spart.[6] Im Konkurrenzgleichgewicht ist die junge Generation bereit, auf eine Einheit Konsum in der laufenden Periode zu verzichten, wenn sie dafür $1+r$ Einheiten in der nächsten Periode erhält. Wird freilich eine weitere Produktionseinheit nicht konsumiert, sondern gespart und investiert, so lassen sich damit $1+r+\omega$ zusätzliche Konsumeinheiten in der nächsten Periode gewinnen. Eine zusätzliche Investitionseinheit erzielt nämlich neben der privaten Kapitalrendite in Höhe von r auch noch eine externe Rendite in Höhe von ω. Der zukünftige Konsum kann daher um einen größeren Betrag erhöht werden als nötig ist, um die in der laufenden Periode junge Generation in der nächsten Periode für ihre Mehrersparnis zu kompensieren.

Die nachfolgende Analyse zeigt, wie die Ineffizienz des Konkurrenzgleichgewichts mit Hilfe einer Subvention auf die Ersparnisse beseitigt werden kann. Natürlich wird die Subventionspolitik überhaupt nur erfolgreich sein, wenn sie eine höhere Arbeitsproduktivität bewirkt. Tatsächlich lässt sich zeigen, dass die Subventionspolitik unabhängig vom gewählten Finanzierungsschema zu höheren zukünftigen Löhnen führt [vgl. Wigger (2001)]. Es gilt also stets $dw_{t+1}/d\sigma > 0$.

Wird die Subvention ohne intergenerationelle Transfers im oben definierten Sinne finanziert, lautet die indirekte Nutzenfunktion von Generation t unter Zuhilfenahme der Gleichungen (5), (6) und (8):[7]

$$v_t(\sigma) = u\left[w_t - s_t, (1+r+\sigma)s_t - \frac{\sigma}{\omega}w_{t+1}\right].$$

Berücksichtigt man, dass der Lohnsatz w_t in der Periode t bereits durch in der Vorperiode getroffene Entscheidungen fixiert ist, so liefert Differentiation von v_t nach σ nach einigen Umformungen:

$$v_t'(\sigma) = -u_{2,t}\frac{\sigma}{\omega}\frac{dw_{t+1}}{d\sigma}.$$

---

[6] Formale Beweise dieser Aussage finden. sich bei King und Ferguson (1993) und Azariadis und Reichlin (1995).

[7] Beachte, dass das einzelne Individuum die Steuer, die es zur Finanzierung der Subventionslasten zu zahlen hat, als gegeben annimmt, wenn es über die Höhe seiner Ersparnis entscheidet. Da die Ersparnis jedes einzelnen Individuum bei einer hinreichend hohen Anzahl von Individuen einen vernachlässigbaren Einfluss auf die gesamtwirtschaftlichen Ersparnisse hat, übt sie auch nur einen vernachlässigbaren Einfluss auf die Höhe der Subventionslasten und damit auf die individuell zu zahlenden Steuern aus.

Wegen $dw_{t+1}/d\sigma > 0$ erhält man $v_t'(\sigma) < 0$. Eine Subventionspolitik, deren Finanzierungslast ausschließlich von der heutigen erwerbstätigen Generation getragen wird, ruft demnach bei dieser Generation eine Wohlfahrtseinbuße hervor. Sie kann folglich nicht Pareto-verbessernd sein. Die Subvention löst zwar einen positiven Produktivitätseffekt aus. Dieser entfällt aber in vollem Umfang auf die nachfolgende Generation $t+1$ in Form höherer Löhne. Bei Generation t hinterlässt die Subvention einen Substitutionseffekt (höherer Preis für Gegenwarts- relativ zu Zukunftskonsum) und einen Einkommenseffekt (absoluter Subventionsbetrag). Der positive Einkommenseffekt der Subvention wird aber vollständig durch die zur Finanzierung der Subvention notwendigen Steuern neutralisiert. Es verbleibt der die Sparentscheidung verzerrende und deshalb wohlfahrtsvermindernde Substitutions-Effekt.

Eine Pareto-Verbesserung kann freilich erreicht werden, wenn die Subventionspolitik mit intergenerationellen Transfers verknüpft wird. Um dies zu zeigen, wird zunächst untersucht, welchen Teil der durch die Subventionspolitik entstehenden Finanzierungslast Generation t aufgebürdet werden kann, ohne dass sie sich schlechter stellt als im Konkurrenzgleichgewicht ohne staatliche Intervention. Die indirekte Nutzenfunktion eines Individuums der Generation t im Fall einer mit intergenerationellen Transfers verknüpften Subventionspolitik lautet:

$$v_t(\sigma) = u[w_t - s_t, (1+r+\sigma)s_t - \theta_{t+1}] .$$

Eine marginale Erhöhung der Subventionsrate σ lässt die Wohlfahrt von Generation t unverändert, falls:

$$s_t = \frac{d\theta_{t+1}}{d\sigma} . \tag{10}$$

Um $d\theta_{t+1}/d\sigma$ zu endogenisieren, werden (5) und (6) in (9) eingesetzt. Dann erhält man:

$$\frac{\sigma}{\omega} w_{t+1} = \theta_{t+1} + r_{t+1} .$$

Differenziert man diesen Ausdruck nach σ und setzt ihn anschließend in (10) ein, so gewinnt man nach einigen Umformungen:

$$\frac{d\tau_{t+1}}{d\sigma} = \frac{\sigma}{\omega} \frac{dw_{t+1}}{d\sigma} . \tag{11}$$

Gewährt der Staat die Subvention nur im Zeitpunkt $t+1$, so erfährt Generation $t+1$ einen Wohlfahrtszuwachs durch einen marginalen Anstieg der Subventionsrate σ, wenn ihr verfügbares Erwerbseinkommen, gegeben durch $w_{t+1} - \tau_{t+1}$, steigt. Differenziert man $w_{t+1} - \tau_{t+1}$ nach σ, ersetzt anschließend $d\tau_{t+1}/d\sigma$ mit Hilfe von (11) und berücksichtigt schließlich, dass $dw_{t+1}/d\sigma > 0$ gilt, so sieht man, dass dies in der Tat für alle $\sigma < \omega$ der Fall ist. Am besten stellt sich Generation $t+1$, wenn die Subventionsrate dem externen Ertrag des Kapitals gleicht, d.h., wenn $\sigma = \omega$ gilt. In diesem Fall hat Generation t einen Anreiz, den vollen sozialen Ertrag des Kapitals zu internalisieren, wenn sie über die Höhe ihrer Ersparnis entscheidet. Sie hebt dann die Arbeitsproduktivität von Generation $t+1$ auf das sozial optimale Niveau.

Was ist freilich mit Generation $t+2$? Wenn die Subvention nur in Periode $t+1$ gezahlt wird, so gleicht das verfügbare Erwerbseinkommen von Generation $t+2$ dem Lohnsatz w_{t+2}. Letzterer ist unter Berücksichtigung von (3), (4), (5) und (6) gegeben durch:

$$w_{t+2} = \omega s(w_{t+1} - \tau_{t+1}, 0, r) .$$

Bereits gezeigt wurde, dass $w_{t+1} - \tau_{t+1}$ für alle $\sigma < \omega$ in σ steigt. Annahmegemäß gilt ferner die Normalität des Konsums in beiden Lebensperioden. Es folgt deshalb $dw_{t+2}/d\sigma > 0$ für alle $\sigma < \omega$. Dies wiederum impliziert, dass auch Generation $t+2$ durch die mit intergenerationellen Transfers verknüpfte Subventionspolitik besser gestellt wird. In der Tat gelangt man auf induktivem Wege zu dem Ergebnis, dass eine Subvention auf die Ersparnis s_t mit der Rate $\sigma < \omega$ Generation t nicht schlechter stellt und alle nachfolgenden Generationen besser stellt, wenn die Subvention mit Transfers von den in Periode $t+1$ Erwerbstätigen an die in Periode $t+1$ nicht mehr Erwerbstätigen verknüpft wird. Die bisherige Analyse erlaubt daher die folgende Schlussfolgerung:

Resultat 1. Eine Pareto-Verbesserung kann mit Hilfe einer Subvention auf die private Ersparnis genau dann erzielt werden, wenn die Subvention mit einem Transfer von den Erwerbstätigen an die nicht mehr Erwerbstätigen verknüpft wird. Ein intuitiver Zugang zu diesem Resultat lässt sich mit Hilfe von Abbildung 2 gewinnen. Die Abbildung zeigt den Konsumplan eines Mitglieds der Generation t. Ohne staatliche Intervention wählt das Individuum den durch Punkt A repräsentierten Konsumplan und erzielt das Nutzenniveau $\bar{u}_t$. Die durch den Punkt A führende durchgezogene Linie ist die Budgetgerade des Individuums, wenn der Staat nicht interveniert. Sie hat demzufolge eine absolute Steigung in Höhe von $1+r$.

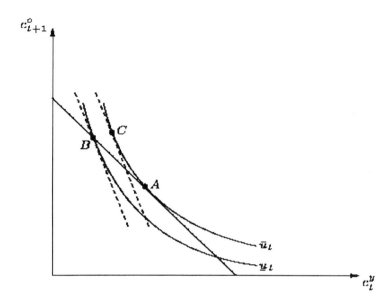

Abbildung 2: Pareto-Verbesserung und intergenerationelle Transfers

Subventioniert der Staat indes die auf private Ersparnisse anfallenden Erträge mit der Rate σ, so nimmt die von dem Individuum wahrgenommene Steigung der Budgetgerade zu, und das Individuum erhöht seine Ersparnis. Finanziert das Individuum die empfangene Subvention selbst, bleibt es aber auf seine bisherige Budgetmenge beschränkt, weil die subventionsbedingte Produktivitätssteigerung allein der nachfolgenden Generation in Form höherer Löhne zugute kommt. Das Individuum konsumiert dann in Punkt B, in dem seine Grenzrate der intertemporalen Substitution der Steigung der durch B führenden gestrichelten Linie gleicht. Letztere ist gegeben durch $1+r+\sigma$, d.h. durch den Preis für heutigen Konsum in Einheiten morgigen Konsums, wenn der Staat Ersparnisse mit der Rate σ subventioniert. In Punkt B erreicht das Individuum das Nutzenniveau $\underline{u}_t$ und stellt sich strikt schlechter als in der Situation ohne Subvention. Wie Abbildung 2 verdeutlicht, entsteht dieser Nutzenverlust relativ zur Ausgangssituation, weil die Subvention ohne Verknüpfung mit intergenerationellen Transfers zwar den intertemporalen Konsumplan von Generation t verzerrt, aber keine Kompensation dafür gewährleistet wird. Um sicherzustellen, dass Generation t sich genausogut stellt wie in der Ausgangssituation, muss ein Transfer von Generation $t+1$, die von dem subventionsbedingten Produktivitätseffekt begünstigt wird, an Generation t fließen. Ein solcher Transfer versetzt Generation t in die Lage, den durch Punkt C repräsentierten Konsumplan zu wählen und damit jenes Nutzenniveau zu erzielen, das sie auch in der Ausgangssituation erzielt hat. Aus Abbildung 2 geht übrigens weiterhin hervor, dass die beschriebene Kompensation in Form eines intergenerationellen Transfers einen Wachstumsverlust erzeugt. Der Gegenwartskonsum von Generation t ist nämlich in Punkt C höher und damit die Ersparnis und das Produktivitätswachstum geringer als in Punkt B. Dieser Wachstumsverlust muss allerdings in Kauf genommen werden, wenn die Subventionspolitik Pareto-verbessernd sein soll.

2.4 Die Länge des Arbeitslebens

Bisher wurde unterstellt, das Arbeitsleben der Individuen sei so kurz, dass jene Generationen, deren Ersparnisse subventioniert werden, nicht von den daraus resultierenden Produktivitätsgewinnen in Form höherer Löhne profitieren. Das in Abschnitt II.3 gewonnene Resultat lässt sich indes für den Fall eines längeren Arbeitslebens verallgemeinern. Betrachtet sei ein Modell mit überlappenden Generationen, in dem die Individuen drei Perioden leben, wobei sich das Arbeitsleben über die ersten beiden Lebensperioden erstreckt. In einem solchen Modellrahmen sparen die Individuen in den ersten beiden Lebensperioden (die Ersparnisse sind möglicherweise negativ in der ersten Periode). Subventioniert der Staat die Ersparnisse, die in der ersten Lebensperiode gebildet werden, so profitieren die betroffenen Individuen davon in der zweiten Lebensperiode in Form höherer Löhne, da sie zu diesem Zeitpunkt noch zur Erwerbsbevölkerung gehören. Freilich sind auch die in der zweiten Lebensperiode gebildeten Ersparnisse im Arrow-Romer-Modell zu gering und sollten daher aus Effizienzgründen erhöht werden. Von einer Subvention auf die Ersparnisse in der zweiten Lebensperiode profitieren die Subventionsempfänger aber nicht in Form höherer Löhne. In der darauffolgenden Periode sind sie nämlich nicht mehr erwerbstätig. In der Tat lassen sich auch in einem Drei-Perioden-Rahmen intergenerationelle Transfers auf die gleiche, am Pareto-Kriterium orientierte Weise begründen wie in dem Zwei-Perioden-Rahmen. Wigger (2001) hat gezeigt, dass zwar unter gewissen Bedingungen eine Pareto-Verbesserung ohne intergenerationelle Transfers möglich ist, wenn sich das Arbeitsleben über mehrere Perioden erstreckt. Eine Pareto-verbessernde Ausschöpfung aller Effizienzgewinne erfordert aber nach wie vor intergenerationelle Transfers in der in Abschnitt 2.3 definierten Form.

2.5 Intergenerationelle Transfers und Humankapitalbildung

Intergenerationelle Transfers lassen sich in Modellen, in denen das Wirtschaftswachstum durch Humankapitalbildung angetrieben wird, ähnlich begründen wie im Arrow-Romer-Modell. Humankapitalmodelle führen zu langfristig endogenem Wachstum des Pro-Kopf-Einkommens, wenn die Humankapitalausstattung pro Kopf im Zeitablauf über alle Schranken wächst. In einem zeitstetigen Modell hat Lucas (1988) diese Voraussetzung durch eine lineare Beziehung zwischen dem Zuwachs und dem bereits vorhanden Humankapital pro Kopf formalisiert. Danach entwickelt sich der Zuwachs des Humankapitals proportional zu seinem Bestand, wobei der Proportionalitätsfaktor vom Zeitumfang abhängt, den die Individuen dem Erwerb von zusätzlichem Humankapital widmen. In einem Modell mit überlappenden Generationen, in dem die einzelnen Individuen nur einen endlichen Lebenshorizont haben, erfordert ein über alle Schranken wachsender Humankapitalbestand indes, dass die Humankapitalausstattungen aufeinanderfolgender Generationen aneinander gekoppelt sind. Andernfalls würde ja mit jeder alten Generation das von dieser Generation erworbene Humankapital verschwinden. Damit sich der Lucas-Wachstumsmechanismus in einem Modell mit überlappenden Generationen entfalten kann, wird deshalb angenommen, der Humankapitalbestand entwickle sich gemäß:[8]

$$h_t = \delta \lambda_t h_{t-1}. \tag{12}$$

Darin bezeichnet λ_t den relativen Zeitanteil, den Generation t der Humankapitalbildung widmet, h_t den Humankapitalbestand pro Erwerbstätigen der Generation t und $\delta > 0$ einen technologischen Parameter. Der Marktmechanismus liefert den Individuen kein Signal über die Auswirkungen ihrer Bildungsentscheidung auf die Humankapitalausstattung der nächsten Generation. Vielmehr begründet die Kopplung des Humankapitals aufeinanderfolgender Generationen einen positiven externen Effekt. Entsprechend ist der Aufwand, der pro Periode für die Bildung von Humankapital betrieben wird, ineffizient gering. Wiederum kann diese Ineffizienz durch eine Pigou-Subvention beseitigt werden. Da aber, wie im Arrow-Romer-Modell, künftige Generationen die Nutznießer dieser Politik sind, bietet es sich erneut an, die Subventionspolitik mit intergenerationellen Transfers zu verbinden, um eine Pareto-Verbesserung zu erzielen.

Im Unterschied zum Arrow-Romer-Modell existiert aber im vorliegenden Modell eine Brücke über die heutige Generationen zumindest einen teilweisen Zugang zu den sozialen Erträgen zusätzlicher Humankapitalbildung ge-

---

[8] Azariadis und Drazen (1990) verwenden eine ähnliche Verknüpfung des Lucas-Modells mit einem Modell überlappender Generationen.

winnen. Ein höherer künftiger Humankapitalstock führt nämlich tendenziell zu einer höheren künftigen Produktivität des physischen Kapitals und damit zu höheren Zinsen, die heutige Generationen in der Zukunft auf ihre Ersparnisse erhalten. Gegebenenfalls wird dadurch das Argument aufgeweicht, eine produktivitätsorientierte Subventionspolitik mit intergenerationellen Transfers zu verbinden. Dieser Zusammenhang lässt sich graphisch verdeutlichen [eine formale Analyse findet sich in Wigger (2001)].

Abbildung 3 enthält den intertemporalen Konsumplan eines Mitglieds der Generation t. Ohne staatliche Intervention wählt das Individuum den durch Punkt A gekennzeichneten Konsumplan und realisiert das Nutzenniveau $\bar{u}$. Die durch Punkt A führende durchgezogene Linie beschreibt das Budget des Individuums, wenn es jenen Anteil seiner Zeit der Bildung von Humankapital widmet, der sein Erwerbseinkommen maximiert. Subventioniert der Staat nun die Bildung von Humankapital, so wählt das Individuum einen höheren als den einkommensmaximierenden Zeitanteil. Wenn Generation t die empfangenen Subventionen selbst finanziert, dann verschiebt sich die Budgetgerade des betrachteten Individuums nach innen, dargestellt durch die tiefer gelegene durchgezogene Linie. Der damit - über den externen Effekt - einhergehende höhere zukünftige Humankapitalbestand mag indes zu einem höheren künftigen Zinssatz führen. Wenn der Effekt auf den Zinssatz eher gering ist, so garantiert das keine ausreichende Kompensation für die Einkommensverluste, die Generation t durch die Subventionspolitik erleidet. Dieser Fall wird durch die flachere der beiden gestrichelten Linien dargestellt. Diese Linie enthält nur Konsumpläne, die ein geringes Nutzenniveau erlauben als der Konsumplan in Punkt A.

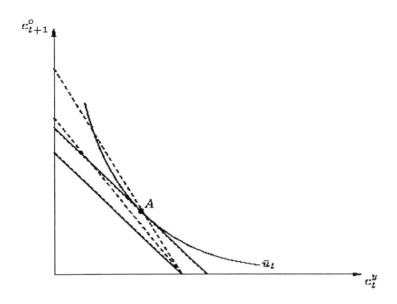

Abbildung 3: Intergenerationelle Transfers und Humankapitalbildung

Dementsprechend stellt sich Generation t durch die Subventionspolitik strikt schlechter. Eine Pareto-verbessernde Subventionspolitik erfordert daher einen Transfer von Generation $t+1$ an Generation t, wenn der Zinseffekt schwach ist. Ist der Zinseffekt dagegen recht stark, so kann sich Generation t durch die Subventionspolitik besser stellen als in der Ausgangssituation, ohne dass sie einen Transfer von Generation $t+1$ erhält. Dieser Fall wird durch die steilere gestrichelte Linie dargestellt, die Konsumpläne enthält, die ein höheres Nutzenniveau garantieren als der Konsumplan in Punkt A.

3 Umlagefinanzierte Alterssicherungssysteme

Die Analyse in Kapitel 2 hat gezeigt, dass in endogenen Wachstumsmodellen intergenerationelle Transfers von jungen Generationen an alte Generationen zu rechtfertigen sind als Element einer Pareto-verbessernden Subventionspolitik. Das Resultat hat direkte Konsequenzen für die Ausgestaltung von umlagefinanzierten Alterssicherungssystemen, die ja in der Tat den vorherrschenden intergenerationellen Transfermechanismus darstellen. Dieses Kapitel zeigt, welche Rolle umlagefinanzierte Alterssicherungssysteme im Rahmen der im vorigen Kapitel entwickelten Internalisierungsstrategien spielen können.

3.1 Umlagefinanzierte Alterssicherung im Arrow-Romer-Modell

Das in Abschnitt 2.2 entwickelte Arrow-Romer-Modell wird nun um eine öffentliche Rentenversicherung erweitert. In der Erwerbsperiode führe ein Mitglied der Generation t den Anteil τ seines Arbeitseinkommens an die öffentliche Rentenversicherung ab und erhalte in der Ruhestandsperiode eine Altersrente in Höhe von π_{t+1}. Die Rentenversicherung sei nach dem Umlageverfahren organisiert und habe in jeder Periode ein ausgeglichenes Budget. Die Budgetgleichung der öffentlichen Rentenversicherung lautet dann in der Periode t :

$$\pi_t = \tau w_t,$$

Mit einer solchen öffentlichen Rentenversicherung (aber ohne jede staatliche Subventionspolitik) sind die Budgetbeschränkungen des Mitglieds der Generation t gegeben durch:

$$c_t^y \leq (1-\tau)w_t - s_t,$$

$$c_{t+1}^0 \leq (1+r_{t+1})s_t + \pi_{t+1},$$

so dass die Ersparnisse der Generation t lauten:

$$s_t = s[(1-\tau)w_t, \tau w_{t+1}, r_{t+1}].$$

Unter Berücksichtigung der Kapitalmarktgleichgewichtsbedingung $s_t = K_{t+1}$ und den Gleichungen (4) und (5) aus Abschnitt 2.2 erhält man die Rekursion

$$\omega s[(1-\tau)w_t, \tau w_{t+1}, r] - w_{t+1} = 0,$$

die die Entwicklung der Arbeitsproduktivität implizit als eine Folge von Lohnsätzen bestimmt. Definiert man die Wachstumsrate der Arbeitsproduktivität zwischen Periode t und $t+1$ durch $g_t \equiv (w_{t+1} - w_t)/w_t$, dann lässt sich mit Hilfe der obigen Rekursion der folgende Zusammenhang zwischen einer umlagefinanzierten Rentenversicherung und dem volkswirtschaftlichen Produktivitätswachstum ableiten [vgl. Wigger (1999b)]:

Resultat 2. i) Eine Erhöhung des Beitragssatzes τ in Periode t reduziert die Wachstumsrate g_t.

ii) Sei $\varepsilon_{c_{t+1}^y, y_{t+1}} \equiv d\ln c_t^y / d\ln y_t \leq 1$ für alle $l \in \mathbf{N}$, wobei $y_t \equiv (1-\tau)w_t + \pi_{t+1}/(1+r_{t+1})$. Dann reduziert eine dauerhafte Erhöhung des

Beitragssatzes τ in Periode t die Wachstumsrate der Arbeitsproduktivität in jeder nachfolgenden Periode.

iii) Eine dauerhafte Erhöhung des Beitragssatzes τ in Periode t reduziert den Lohnsatz in jeder nachfolgenden Periode.

Resultat 2.i beschreibt den kurzfristigen Wachstumseffekt einer Erhöhung des Beitragssatzes. Ein höheres τ reduziert das Nettoarbeitseinkommen in der Erwerbsperiode und erhöht *ceteris paribus* das Renteneinkommen in der Ruhestandsperiode, wenn die Änderung von τ nicht nach einer Periode zurückgenommen wird. Auf beides reagieren die Individuen mit geringeren Ersparnissen. Dies führt auf der Makroebene zu einer Reduktion der Kapitalbildung, die sich via Kopplung an den Produktivitätsindex A_t in einer geringeren Wachstumsrate der Arbeitsproduktivität g_t niederschlägt. Die mittel- und langfristigen Wachstumseffekte eines höheren Beitragssatzes sind indes weniger eindeutig. Wie Resultat 2.ii besagt, führt eine Erhöhung von τ in der Periode t dann zu einer eindeutigen Reduktion der Wachstumsrate in jeder nachfolgenden Periode, wenn der Erwerbstätigenkonsum unelastisch auf eine Erhöhung des Gegenwartswertes des Lebenseinkommens reagiert. Diesem Resultat liegt folgender Mechanismus zugrunde. Ein permanent höheres τ löst in jeder Periode den bereits in Resultat 2.i beschriebenen negativen Effekt auf das Produktivitätswachstum aus. Dadurch verringern sich die Löhne in jeder nachfolgenden Periode. Geringere Löhne wiederum lösen einen weiteren, indirekten Effekt auf das Produktivitätswachstum aus, da sie ihrerseits die Höhe der privaten Ersparnisse beeinflussen. Eine Reduktion des Lohnsatzes führt nämlich zu einem proportionalen Rückgang des Lebenseinkommens. Würden die Individuen darauf mit einer überproportionalen Reduktion des Erwerbstätigenkonsums reagieren, sprich wäre der Erwerbstätigenkonsum elastisch in Bezug auf das Lebenseinkommen, so würde die Ersparnis unterproportional sinken. Fielen freilich auf der individuellen Ebene die Ersparnisse prozentual schwächer als die Löhne, so würden auf der Makroebene die aggregierten Investitionen mit einer geringeren Rate zurückgehen als das Volkseinkommen. Aufgrund der Kopplung von Investitionen und Produktivitätswachstum beinhaltete dies, dass der indirekte Effekt dem direkten entgegenwirkte und gegebenenfalls sogar in manchen nachfolgenden Perioden zu einer höheren Wachstumsrate führte als ohne die Erhöhung des Beitragssatzes erreicht worden wäre. Die Bedingung $\varepsilon_{c^y_{t+1}, y_{t+1}} \leq 1$ für alle $l \in N$ schließt indes aus, dass der direkte und der indirekte Effekt eines höheren τ in unterschiedliche Richtungen weisen. Resultat 2.iii besagt schließlich, dass auch dann, wenn der Gesamteffekt eines höheren τ auf das Produktivitätswachstum nicht eindeutig ist, ein eindeutiger Effekt auf die Lohnentwicklung ausgelöst wird - ein höheres τ führt nämlich zu einer definitiven Reduktion des Lohnsatz in jeder nachfolgenden Periode. Selbst wenn also das Produktivitätswachstum in manchen Perioden das ohne den Politikwechsel erzielte Niveau übertrifft (möglich, wenn die Bedingung in Resultat 2.ii verletzt ist), so reicht es doch nicht aus, den anfänglich entstandenen Produktivitätsverlust wieder auszugleichen.

Angesichts des Resultats, dass ein umlagefinanziertes Rentenversicherungssystem die künftige Arbeitsproduktivität, möglicherweise sogar das künftige Produktivitätswachstum reduziert, ist es vielleicht verlockend auf die Möglichkeit einer Pareto-verbessernden Reduktion oder gar Abschaffung des Systems zu schließen. Immerhin wächst die Ökonomie dann ja dauerhaft mit einer höheren Rate. Diese Schlussfolgerung wäre indes vorschnell, wie das folgende Resultat zeigt [vgl. Wigger (1999b)].

Resultat 3. Eine Senkung des Beitragssatzes τ ist nicht Paretoverbessernd.

Die Senkung des Beitragssatzes ist nicht Pareto-verbessernd, weil die dadurch ausgelöste Mehrersparnis vollständig von einzugehenden Staatsschulden absorbiert wird. Letztere wiederum sind notwendig, um die zum Zeitpunkt der Beitragssenkung bereits bestehenden Ansprüche an die staatliche Rentenversicherung zu begleichen. Damit kann die Senkung des Beitragssatzes keinen positiven Produktivitätseffekt auslösen und kann auch nichts zur Beseitigung des in Kapitel 2.3 beschriebenen Ineffizienzproblems zu geringer Kapitalbildung beitragen.

Das Ineffizienzproblem lässt sich natürlich durch die Einführung einer Subvention auf Ersparnisse beheben. Wie Abschnitt 2.3 gezeigt hat, sollte eine solche Subvention mit Transfers von den Erwerbstätigen an die Ruheständler verknüpft werden, um Pareto-verbessernd zu sein. Tatsächlich bildet ein bereits bestehendes Umlageverfahren eine formidable Basis für die Einführung einer Subvention auf Ersparnisse. Ein Umlageverfahren garantiert nämlich, dass jene Generationen, die subventionsbedingt mehr sparen und damit die Arbeitsproduktivität künftiger Generationen erhöhen, an den Produktivitätsgewinnen in Form höherer Altersrenten partizipieren. In der Tat lässt sich folgendes zeigen [vgl. Wigger (1999b)]:

Resultat 4. Eine Pareto-Verbesserung wird erzielt, wenn die Einnahmen der umlagefinanzierten Rentenversicherung in Form einer Subvention auf Ersparnisse an die Ruheständler ausgezahlt werden.

Heutige Erwerbstätige sollten also im Alter statt einer pauschalen Altersrente einen Aufschlag auf die von ihnen privat gebildeten Ersparnisse erhalten. Damit ließe sich das Rentenversicherungssystem in Paretoverbessernder Weise reformieren.

3.2 Umlagefinanzierte Alterssicherung im Humankapitalmodell

Das Konkurrenzgleichgewicht des in Abschnitt 2.5 dargestellten Humankapitalmodells ist ineffizient, weil die Individuen keinen Anreiz haben, den Effekt ihrer Bildungsinvestition auf die Humankapitalausstattung der nächsten Generation zu berücksichtigen. In diesem Abschnitt wird gezeigt, dass sich die Ineffizienz des Konkurrenzgleichgewichts im Humankapitalmodell durch ein geeignet ausgestaltetes umlagefinanziertes Rentenversicherungssystem beseitigen lässt. Ein solches System koppelt in individualisierter Weise die Altersrenten an die Bildungsinvestitionen, die die Individuen in der Vergangenheit getätigt haben. In der Tat weist das optimale Rentenversicherungssystem Elemente der deutschen gesetzlichen Rentenversicherung auf, die ja Ausbildungszeiten bei der Berechnung der Altersrenten berücksichtigt.

Zunächst muss untersucht werden, in welchem Umfang der Markt die Erträge der Bildung nicht in die Preise aufnimmt, sprich in welchem Umfang die Erträge der Bildung extern sind. Der externe Ertrag der Bildungsinvestition von Generation t äußert sich in höheren Arbeitseinkommen von Generation $t+1$. Unter Berücksichtigung des in Abschnitt 2.5 eingeführten Modells bestimmt sich das Arbeitseinkommen eines Mitglied der Generation $t+1$ als $(1-\lambda_{t+1})h_{t+1}w_{t+1}$. Darin ist λ_{t+1} der Zeitanteil, den ein Mitglied der Generation $t+1$ dem Erwerb von Humankapital widmet. Der Rest, $1-\lambda_{t+1}$, wird im Arbeitsmarkt angeboten und erzielt ein Einkommen in Höhe von $(1-\lambda_{t+1})h_{t+1}w_{t+1}$. Unter Berücksichtigung der in (12) definierten Humankapitalrekursion erhält man folgenden Ausdruck für das Arbeitseinkommen eines Mitglieds der Generation $t+1$: $(1-\lambda_{t+1})\lambda_{t+1}\lambda_t\delta^2 h_{t-1}w_{t+1}$. Der Grenzeffekt, den die Humankapitalinvestition der Generation t auf das Arbeitseinkommen der Generation $t+1$ auslöst, ist dann bestimmt durch:

$$p_{t+1} = (1-\lambda_{t+1})\lambda_{t+1}\delta^2 h_{t-1}w_{t+1}.$$

Nun betrachte man ein umlagefinanziertes Rentenversicherungssystem, das die Altersrenten mit den in der Vergangenheit getätigten Bildungsinvestitionen so verknüpft, dass jeder Ruheständler den marginalen externen Ertrag seiner Bildungsinvestition erhält. Ein solches Umlageverfahren lässt sich durch folgende stilisierte Rentenformel realisieren:

$$\pi_{t+1} = \pi_{t+1}(\lambda_t), \quad \text{mit} \quad \pi'_{t+1}(\lambda_t) = p_{t+1}.$$

Diese Rentenformel impliziert, dass ein Mitglied der Generation t für eine zusätzliche der Bildung gewidmete Zeiteinheit p_{t+1} zusätzliche Konsumeinheiten im Alter erhält. Kemnitz und Wigger (2000) haben gezeigt, dass die Einführung eines solchen Rentenversicherungssystems die Ineffizienz des Konkurrenzgleichgewichts beseitigt. Indem die Bildungssubvention Hand in Hand geht mit intergenerationellen Transfers, ist ferner gewährleistet, dass die Ineffizienz des Konkurrenzgleichgewichts in Paretoverbessernder Weise behoben wird.

Resultat 5. Ein Konkurrenzgleichgewicht mit staatlicher Aktivität in Form einer umlagefinanzierten Rentenversicherung, die Altersrenten gemäß der Rentenformel (13) gewährt, ist Pareto-effizient.

Jede Generation erhält den marginalen externen Ertrag ihrer Bildungsinvestition in Form einer höheren Altersrente. Damit liefert die Rentenversicherung den Individuen ein Signal des Effekts, den ihre Bildungsinvestition auf die Humankapitalausstattung und die Arbeitsproduktivität der nachfolgenden Generation auslöst. Ferner kompensiert die Rentenversicherung die Individuen für ihre Mehrinvestition, indem sie von den Erwerbstätigen zu den Ruheständlern umverteilt und auf diesem Wege jeder Generation einen Zugriff auf die zusätzliche Arbeitsproduktivität gibt, die ihre Humankapitalinvestition bei künftigen Generationen hervorruft.

4 Schlussbemerkungen

In endogenen Wachstumsmodellen haben heutige Generationen keinen vollen Zugriff auf die Produktivitätseffekte ihrer Investitionen. Ein Teil der zusätzlichen Produktivität ist vielmehr extern und fällt künftigen Generationen in Form höherer Löhne zu. Dieser Zusammenhang liefert ein Argument für die Verknüpfung von Investitionssubventionen und intergenerationellen Transfers. Investitionssubventionen internalisieren den bisher externen Teil des Produktivitätseffekts der Investitionstätigkeit. Intergenerationelle Transfers erlauben einen Zugriff auf die durch zusätzliche Investitionen ausgelöste zusätzliche Arbeitsproduktivität nachfolgender Generationen. Dieses Ergebnis weist bereits existierenden intergenerationellen Transferprogrammen, namentlich umlagefinanzierten Rentensystemen, eine bisher nicht beachtete Rolle zu. Umlagefinanzierte Rentensysteme, die verknüpft werden mit staatlichen Investitionsanreizen, führen zu mehr allokativer Effizienz. Sie gewährleisten außerdem, dass heute erwerbstätige Generationen im Alter einen ausreichen Ertrag für ihre dann produktivitätswirksamen Investitionen erhalten.

Literaturverzeichnis

Aaron, H. J. (1966), The Social Insurance Paradox; Canadian Journal of Economics and Political Science, 32, S. 371-376.

Arrow, K. J. (1962), The Economic Implications of Learning by Doing; Review of Economic Studies, 29, S. 155-173.

Azariadis, C. / Drazen, A. (1990), Threshold Externalities in Economic Development; Quarterly Journal of Economics, 105, S. 501-26.

Azariadis, C. / Reichlin, P. (1995), Increasing Returns and Crowding Out; Journal of Economic Dynamics and Control, 20, S. 847-877.

Belan, P. / Michel, P. / Pestieau, P. (1998), Pareto-Improving Social Security Reform; The Geneva Papers on Risk and Insurance Theory, 23, S. 119-25.

Belan, P. / Pestieau, P. (1997), Privatizing Social Security: A Critical Assessment; CORE Discussion Paper No. 9784, Université Catholique de Louvain.

Boldrin, M. (1992), "Dynamic Externalities, Multiple Equilibria, and Growth"; Journal of Economic Theory, 58, S. 198-218.

Börsch-Supan, A. (2000), "Incentive Effects of Social Security on Labor Force Participation: Evidence in Germany and across Europe"; Journal of Public Economics, 78, S 25-49.

Breyer, F. (1989), On the Intergenerational Pareto Efficiency of Pay-as-you-go Financed Pension Systems; Journal of Institutional and Theoretical Economics, 145, S. 643-658.

Breyer, F. / Straub, M. (1993), Welfare Effects of Unfunded Pension Systems when Labor Supply is Endogenous; Journal of Public Economics, 50, S. 77-91.

Caballero, R. / Lyons, R. (1990), Internal versus External Economies in European Industry; European Economic Review, 34, S. 805-826.

Corneo, G. / Marquardt, M. (1998), Employers' Versus Employees' Contributions to the Social Security System; Discussion Paper No. A-570, University of Bonn.

Diamond, P. (1965), National Debt in a Neoclassical Growth Model; American Economic Review, 55, S. 1126-50.

Gárfás, G. / Marquardt, M. (2001), The Pareto-improving Transition from a Pay-as-you-go System to a Fully Funded System in a Model of Endogenous Growth; Journal of Population Economics, erscheint demnächst.

Homburg, S. (1990), The Efficiency of Unfunded Pension Systems; Journal of Institutional and Theoretical Economics, 146, S. 640-647.

Homburg, S. / Richter, W. F. (1990), Eine effizienzorientierte Reform der GRV; in: Felderer, B. (Hrsg.): Bevölkerung und Wirtschaft; Berlin: Duncker und Humblot.

Jones, L. E. / Manuelli, R. E. (1990), A Convex Model of Equilibrium Growth: Theory and Policy Implications; Journal of Political Economy, 98, S. 1008-1038.

Jones, L. E. / Manuelli, R. E. (1992), Finite Lifetimes and Growth; Journal of Economic Theory, 58, S. 171-97.

Kemnitz, A. / Wigger, B.U. (2000), Growth and Social Security: The Role of Human Capital; European Journal of Political Economy, 16, S. 673-683.

King, I. / Ferguson, D. (1993), Dynamic Inefficiency, Endogenous Growth, and Ponzi Games; Journal of Monetary Economics, 32, S. 79-104.

Kotlikoff, L. J. (1996), Privatization of Social Security: How it Works and Why it Matters; in: Poterba, J.B. (Hrsg.): Tax Policy and the Economy; Vol. 10, Cambridge (Mass.): MIT Press.

Lucas, R. E. (1988), On the Mechanics of Economic Development; Journal of Monetary Economics, 22, S. 3-42.

Rebelo, S. (1991), Long-Run Policy Analysis and Long-Run Growth; Journal of Political Economy, 99, S. 500-521.

Romer, P. M. (1986), Increasing Returns and Long-Run Growth'; Journal of Political Economy, 94, S. 1002-37.

Romer, P. M. (1987), Growth based on Increasing Returns due to Specialization; American Economic Review, Papers and Proceedings, 77, S. 56-63.

Romer, P. M. (1989), Capital Accumulation in the Theory of Long-Run Growth; in: Barro, R. (Hrsg.): Business Cycle Theory; Cambridge (Mass.): Harvard University Press.

Saint-Paul, G. (1992), Fiscal Policy in an Endogenous Growth Model; Quarterly Journal of Economics, 107, S. 1243-59.

Samuelson, P. A. (1958), An Exact Consumption-Loan Model of Interest with and without the Social Contrivance of Money; Journal of Political Economy, 66, S. 467-482.

Solow, R. (1956), A Contribution to the Theory of Economic Growth; Quarterly Journal of Economics, 70, S. 65-94.

Stauvermann, P. (1997), Alterssicherung nach dem Umlageverfahren in einem endogenen Wachstumsmodell; ifo Studien, 43, S. 1-13.

Weizsäcker, v., R. K. (1993), Bevölkerungsentwicklung, Rentenfinanzierung und Einkommensverteilung; Berlin: Springer.

Wiedmer, T. (1996), Growth and Social Security; Journal of Institutional and Theoretical Economics, 152, S. 531-539.

Wigger, B. U. (1999a), Pay-as-you-go Public Pensions in a Model of Endogenous Growth and Fertility; Journal of Population Economics, 12, S. 625-640.

Wigger, B. U. (1999b), Public Pensions and Growth; Finanzarchiv, 56, S. 241-263.

Wigger, B. U. (2001), Pareto-Improving Intergenerational Transfers; Oxford Economic Papers, 53, S. 260-280.

VII Integration von Sozialtransfer und Einkommenssteuer

Abstimmung von steuerfinanzierten Sozialleistungen und Einkommensteuer durch Integration

Joachim Mitschke

1 Zur gegenwärtigen Koordination von Einkommensbesteuerung und steuerfinanzierten Sozialleistungen

Es ist zu beobachten, dass das Einkommensteuerrecht unter den Kapiteln Sonderausgaben (§ 10 EStG), Kinder- und Haushaltsfreibeträge (§ 32), außergewöhnliche Belastungen (§§ 33-33b), Pauschbeträge für Behinderte, Hinterbliebene und Pflegepersonen sowie Grundfreibetrag (§ 32a Abs. 1 Nr.1) gleiche oder ähnliche Sozial- und Bedürftigkeitsmerkmale für die Gewährung von Steuerbegünstigungen heranzieht, die auch bevorzugte Objekte einer Vielzahl steuerfinanzierter Sozialleistungen sind: Kinderreichtum, Kinderbetreuung, Schwangerschaft, Ausbildung, Existenz- und Risikovorsorge, Krankheit, Minderung der Erwerbsfähigkeit, Alter und Tod. Es ist weiterhin auffällig, dass zur Repräsentation steuerlicher Leistungsfähigkeit ökonomische Indikatoren herangezogen werden, die auch zur Beurteilung sozialer Bedürftigkeit in den einzelnen Sozialleistungsgesetzen wie etwa dem Wohngeldgesetz oder Bundessozialhilfegesetz benutzt werden, nämlich Einkommen und Vermögen.

Traditionsgemäß wurden allerdings Einkommen-, Vermögen- und Erbschaftsteuerrecht fast völlig unabhängig und losgelöst vom Sozialrecht gestaltet, das Sozialrecht darüber hinaus in eine Vielfalt von Einzelleistungsgesetzen parzelliert. Diese Entwicklung hat zu einer Fülle gesamtwirtschaftlicher Ungereimtheiten und zu einem geradezu erschreckenden Wildwuchs der Sozialbürokratie geführt. Als ich 1985 das erste Mal in den §§ 18-29 des Ersten Sozialgesetzbuches nachzählte, kam ich auf rund 40 Sorten von Behörden und Quasibehörden, die etwa 90 behörden- und anlassspezifische Sozialleistungen verwalteten. Ein Jahrzehnt später waren wir bereits bei 155 steuer- und beitragsfinanzierten Sozialleistungen angelangt[1], wobei fundamentale Gestaltungsprinzipien und Finanzierungszuständigkeiten zunehmend an Konturen verlieren.

Es lag Sozialpolitikern nahe, die Exekutive sozialer Betreuungsaufgaben eigenen Gesetzen und einer eigenen Verwaltung zu übertragen, finanzielle

---

[1] Mitschke/Schildbach (1996).

Betreuung nicht ausgenommen. Dabei mag ursprünglich der Gedanke einer ganzheitlichen Betreuung des bedürftigen Menschen durch eine einzige Institution Pate gestanden haben. Die zunehmende Differenzierung sozialer Vorsorge- und Betreuungsaufgaben, die juristische Maxime, dass das Organisationsrecht dem Leistungsrecht zu folgen hat, aber auch Bindungen in der föderativen Aufgaben- und Finanzverfassung sowie Ressortegoismen begünstigen die ungehemmte Zellspaltung eines allzuständig gedachten Sozialamtes und die Entstehung einer Vielzahl mit Sozialaufgaben betrauter Behörden und Quasibehörden.

Bei dieser Zellspaltung wanderten die spezifischen Transferleistungen jeweils mit und erzeugen heute trotz wiederholter Übereinstimmung der intendierten Transfermerkmale einen ausufernden Antrags-, Koordinierungs-, Berechnungs- und Auszahlungsaufwand. Er stellt überdies nicht einmal sicher, dass jeder wirklich Bedürftige staatliche Unterstützung erhält und andererseits Transferadressaten nicht mehrfach alimentiert werden. Hinter der Vielzahl sozialer Einzelleistungen und sozialer Einrichtungen scheint die Vorstellung zu stehen, dass viele Sozialleistungen auch viel soziale Gerechtigkeit ergeben. Finanzielle Ausbildungsunterstützung gewähren beispielsweise neben den Finanzämtern die Ämter für Ausbildungsförderung, die Arbeitsämter, die Hauptfürsorgestellen, die gewerblichen, landwirtschaftlichen und See-Berufsgenossenschaften, die Landesversicherungsanstalten, die Bundesversicherungsanstalt für Angestellte, die Bundesknappschaft, die Versorgungsämter, die Jugendämter und die Sozialämter.

Wesentliche Elemente der Bemessungsgrundlagen von Transfers werden finanzamtlichen oder finanzamtlich überprüften Bescheinigungen (Abschrift oder Auszug der Steuerveranlagung, Lohnzettel) entnommen. Das Finanzamt seinerseits bedarf aber wiederum Bestätigungen der Sozialbehörden, um Transferleistungen und soziale Merkmale des Transferempfängers in der Besteuerung zu berücksichtigen. Hatte die Dichotomie von Steuer- und Transferverwaltung im Konzept einer ganzheitlichen Betreuung des bedürftigen Bürgers durch eine einzige Sozialbehörde noch einen Sinn, so ist dieser Sinn durch die aufgabenspezifische Differenzierung der Sozialverwaltung vollkommen verlorengegangen.

Es konnte so nicht ausbleiben, dass die Übersicht verloren ging, zu welchem Gesamtbetrag sich denn Steuerbegünstigungen und einzelne Sozialleistungen für einen bestimmten Sozialtatbestand wie etwa Kinderreichtum oder Körperbehinderung summieren. Es erstaunt auch kaum, dass die Regelungsfülle abweichende Definitionen von Anspruchsmerkmalen und Bemessungsgrundlagen für gleiche oder angleichbare Sozialsachverhalte hervorbrachte. So unterscheiden sich etwa Kindbegriffe, Erwerbsminderungsstufen, Altersgruppierungen, Anrechnungsklauseln sowie Einkommens- und Vermögensdefinitionen nicht nur innerhalb verschiedener Sozialleistungen, sondern auch zwischen Sozial- und Steuerrecht.[2] Unterschiede in rechtlichen Instrumenten sind durchaus begründet, wenn die mit den Instrumenten verfolgten Zielsetzungen divergieren. Sieht man aber näher hin, so stellt man überwiegend identische Zielsetzungen der Sozialleistungsgesetze und des Einkommensteuergesetzes bei der Regelung von Unterstützungstatbeständen fest.

Die Folge gesetzlicher Abstimmungsmängel sind legale Leistungskumulation, die Folge behördlicher Kompetenzsplitterung und ungenügender Datenvernetzung illegaler Leistungskumulation. Der Verlauf der aus Steuer- und Anrechnungspflichten zusammengesetzten Grenzabgabenlast weist bizarre Sprünge auf, wie das vor Jahrzehnten schon dokumentiert wurde und wie dies ein für das Bundesfinanzministerium erstelltes Gutachten des Rheinisch-Westfälischen Instituts für Wirtschaftsforschung (RWI) nach wie vor bestätigt.[3] Interpretiert man mit Gründen der Verhaltenswirkung die Anrechnung eigener Erwerbseinkünfte auf die Sozialleistungen als Quasisteuer[4], so kommt man, Steuer- und Transferbereich zusammenhängend betrachtet, auf einen degressiven Tarifverlauf. Die Grenzabgabenlast liegt bei den niedrigsten Einkommen, allen Grenznutzen- und Opfertheorien zuwider, weit über den der Höchsteinkommen. Dies hat natürlich auch beschäftigungspolitische Wirkung, da für Sozialhilfeempfänger bei geringfügigen Anrechnungsfreibeträgen nur unbedeutende finanzielle Arbeitsanreize bestehen.

Dies alles ist dem Gesetzgeber seit Jahrzehnten bekannt. Aber erst die Rechtsprechung des Bundesverfassungsgerichts zum Kinderfreibetrag und Kindergeld sowie der von mir als Kläger mitveranlasste Beschluss des Verfassungsgerichts zur steuerlichen Freistellung des Existenzminimums[5] hat mehr als nur marginale Koordinationsmaßnahmen auf den Weg gebracht. Sie lösen indes bei weitem nicht alle Abstimmungsprobleme. Wird die vom Bundesverfassungsgericht geforderte Mindestabstimmung zwischen Steuer- und Sozialrecht nur als parallele Koordination und nicht als Integration betrieben, so bleibt es beim heutigen Zustand, dass der Fiskus infolge massenhafter Identität von Steuerzahlern und Sozialleistungsempfängern dem Bür-

---

[2] Zu vergleichen exemplarisch die Einkommensdefinitionen in § 2 EStG, in § 76 BSHG in Verbindung mit der Einkommens-VO zur Durchführung des § 76 BSHG i.d.F. vom 23.11.1976 (BGBl. I S. 3234) und in § 21 BAföG oder die Abstufung von Mehrbedarfspauschalen für Behinderte nach § 33 b EStG und § 23 BSHG.
[3] Siehe Sarrazin (1976), insbes. S. 446 f.; Zeppernick (1976), insbes. S. 51; Rheinisch-Westfälisches Institut für Wirtschaftsforschung RWI (1994), S. 29 ff.
Zu den Abstimmungsmängeln und zur legalen Kumulation siehe immer noch aktuell Kausemann (1983), S. 18 ff und die dort herangezogene Literatur.
[4] Dabei wird durchaus nicht übersehen, dass die Anrechnungspflichten von Eigeneinkommen auf Sozialleistungen eine andere Rechtfertigung als Steuerpflichten haben.
[5] Bundesverfassungsgericht (1993).

ger aus der rechten Tasche nimmt, was er demselben Bürger in die linke Tasche steckt. Das RWI kommt im erwähnten Gutachten zu dem Ergebnis, dass „der Anteil der Erwerbstätigenhaushalte, bei denen die empfangenen Transfers die Abgaben übersteigen ... sowohl in den alten wie in den jungen Bundesländern mit 2,5 v.H. bzw. 3 v.H. überraschend gering (ist)".[6] Anders formuliert: Rund 97 % der Erwerbstätigenhaushalte, also ohne reine Transferhaushalte, finanzieren vollständig die eigenen Sozialbezüge. Die fehlende Saldierung von Steuern und Transfers bläht Steuer- und Sozialhaushalte der verschiedenen Körperschaften mit allen administrativen und steuerausweichenden Folgekosten unnötig auf. Der Fiskus bewegt einen gewaltigen Umverteilungsapparat mit geringem Wirkungsgrad.

Die Hypothek, die die personelle Umverteilungspolitik aus historischem Wandel oder wegen unzureichender Koordination der ihrer Verwirklichung eingesetzten Prinzipien, Einrichtungen und Techniken belastet, lässt sich zusammenfassend durch folgende Befunde kennzeichnen:
a) Trennung der Umverteilungspolitik in Steuer- und Transferpolitik;
b) Pluralismus der Transfergestaltung und -verwaltung durch anlass- und behörden-spezifische, subjekt- und objektgebundene Transferleistungen;
c) Einbeziehung der gesetzlichen Sozialversicherungsleistungen in die interpersonelle Umverteilung.

Es liegt auf der Hand, dass die Ergebnisse einer so belasteten Umverteilungspolitik unbezweifelten Gestaltungsnormen wie Gleichbehandlung, Transparenz und administrativer Sparsamkeit nicht genügen können. Es drängen sich einige zunächst noch recht allgemein gehaltene Empfehlungen für eine Neuordnung personenbezogener Umverteilungspolitik auf:
1. ganzheitliche Betrachtung der Personalsteuer- und Sozialtransferpolitik unter Abstimmung von Einkommensbesteuerung und steuerfinanzierten Sozialleistungen;
2. Verzicht auf Redistribution durch Objektförderung. Oder allgemeiner: Trennung des Systems der Umverteilung vom System der Märkte;
3. Zusammenfassung aller personenbezogenen Transferleistungen unter Einbeziehung von Umverteilungsleistungen der gesetzlichen Sozialversicherung;
4. Entlastung der gesetzlichen Sozialversicherung aus redistributiven Aufgaben.

---

[6] Rheinisch-Westfälisches Institut für Wirtschaftsforschung RWI (1994), S. 108.

2 Abstimmungsformen

2.1 Koordination und Integration

Einkommensbesteuerung und steuerfinanzierte Sozialleistungen können erstens durch Koordination zielgleicher oder zielanaloger Regelungen unter Beibehaltung eigenständiger Sozialleistungs- und Steuergesetze und der entsprechenden Administrationen abgestimmt werden (Parallelkoordination). Dies ist mittlerweile für Einkommensbesteuerung, Sozialhilfe und Kindergeld verfassungsgerichtlicher Auftrag.[7] Die Parallelkoordination beseitigt nicht die Mehrfacherhebung gleicher Wirtschafts- und Sozialdaten, erfordert intensiven interbehördlichen Datenaustausch und reduziert nicht die Ämter- und Behördenfülle. Einkommensteuer und Lohnsteuer werden nach wie vor auch insoweit erhoben, als der gleiche Bürger steuerfinanzierte Sozialleistungen erhält.

Solche Nachteile vermeidet der zweite, radikalere Abstimmungsweg, die Integration von Einkommensbesteuerung und steuerfinanzierten Sozialleistungen durch ein Negativsteuerkonzept wie das von mir vorgeschlagene Bürgergeldsystem.[8] Sozialleistungen werden als Abzüge von der Einkommen- und Lohnsteuerschuld gestaltet (Steuerabsetzbeträge, tax credits), der Saldo vom Finanzamt oder Arbeitgeber ausgezahlt, wenn die Sozialleistungen die Steuerschuld übersteigen. Ansätze hierzu finden sich im geltenden Recht nur noch beim Kindergeld für öffentliche Bedienstete, nachdem die generelle Finanzamtslösung für das Kindergeld nach Abschnitt X, §§ 62 - 78 EStG a. F. aus Gründen politischer Optik und konzeptwidriger Verfahrensmängel wieder abgeschafft wurde.[9] Den Weg einer zumindest beschränkten Integration von Sozialleistungen und Einkommensbesteuerung gehen etwa Österreich mit den Steuerabsetzbeträgen für Kinder, Alleinverdiener, Arbeitnehmer und Pensionisten, die Niederlande mit den Steuergutschriften für Erwachsene und Erwerbstätige nach der jüngsten Steuerreform, Großbritannien mit dem „Working Families Tax Credit" und die USA seit

---

[7] Bundesverfassungsgericht (1993), S. 171: „Die Maßgröße für das einkommensteuerliche Existenzminimum ist demnach der vom Sozialhilferecht jeweils anerkannte Mindestbedarf ...".

[8] Mitschke (1985), (1994), (1995a), (1995b), (2000b).

[9] Das Umwegverfahren über die fortbestehenden Kindergeldkassen hatte seine Ursache vorwiegend in dem Versuch des Bundes, die Länder bei einer reinen Finanzamtslösung gegen deren Widerstand an der Kindergeldfinanzierung zu beteiligen. Die Abschaffung des Verfahrens wiederum erklärt sich nicht allein aus Praktikabilitätsaspekten, sondern auch aus der beabsichtigten Optik der Kindergelderhöhung.

langem (1975) mit dem „Earned Income Tax Credit"-Programm für Leichtlohnempfänger.[10]

Zusammen mit dem Anrechnungstarif von eigenen Einkünften bestimmt die Höhe des individuellen Sozialleistungsanspruchs die ebenfalls individuelle Einkommensgrenze, bis zu der Sozialleistungen netto gezahlt werden. Diese Grenze markiert dann auch gleichzeitig jenen Einkommenspunkt, ab dem netto Einkommen- und Lohnsteuer zu entrichten sind (break even, kritisches Einkommen).

Das Recht der steuerfinanzierten Sozialleistungen geht bei Integration insoweit im Steuerrecht auf, als es die Regelung monetärer oder monetär bewertbarer Ansprüche betrifft. Ämter, die allein solche Ansprüche verwalten, wie etwa Wohngeldämter, BAföG-Ämter oder Kindergeldkassen, werden gegenstandslos. Dagegen verbleiben den Sozialämtern etwa die Aufgaben der nichtfinanziellen Betreuung und allgemeinen Lebensberatung („persönliche Hilfen"). Voraussetzung einer wirkungsvollen Integration ist, dass Sozialmerkmale und Indikatoren der wirtschaftlichen Lage weitgehend einheitlich definiert werden.

Die Integration von Einkommensbesteuerung und steuerfinanzierten Sozialleistungen geht über das Abstimmungsgebot des Verfassungsgerichts hinaus, die föderative Finanzverfassung steht ihr eher im Wege. Ohne Umgestaltung von Finanzverfassung und Finanzausgleich könnte eine Integration den Weg der Auftragsverwaltung bei unveränderten Haushalts- und Finanzierungszuständigkeiten einschlagen[11]: Die Finanzämter rechnen als Landesbehörden die mit Einkommen- und Lohnsteuerschulden saldierten und gegebenenfalls ausgezahlten Sozialleistungen mit jenen Gebietskörperschaften ab, die nach Finanzverfassung und gewachsener Aufgabenverteilung bisher zuständig sind. Solche Abrechnung stellt im ohnehin weitgehend automatisierten Steuerfestsetzungs- und -erhebungsverfahren kein größeres Problem dar.

2.2 Inner- und Intersystem-Abstimmung

Will man Steuer- und Sozialrecht koordinieren, also zwischen mindestens zwei tradierten Rechtsgebieten oder Rechtssystemen abstimmen, so setzt dies sowohl bei Parallelkoordination als auch bei Integration voraus, dass in einem ersten gedanklichen Schritt zunächst einmal die verschiedenen Sozialleistungen untereinander kompatibel gemacht werden, also eine Abstimmung innerhalb des Sozialrechts stattfindet. Dies wiederum betrifft nicht nur den Abgleich unter den einzelnen steuerfinanzierten Sozialleistungen,

---

[10] Siehe Mitschke (2000a), S. 94-98, 126 ff. mit den dort angegebenen Quellen.
[11] Zur Auftragsverwaltung siehe Art. 85 GG.

sondern auch die Koordination des Blocks der steuerfinanzierten mit den beitragsfinanzierten Sozialleistungen, insbesondere mit denen der gesetzlichen Renten-, Kranken- und Arbeitslosenversicherung.

Wiewohl auch nach Steuerentlastungsgesetz, Steuersenkungsgesetz und Steuersenkungsergänzungsgesetz die innere Struktur des deutschen Steuersystems eine Überarbeitung bitter nötig hat, ist diese Renovierung für die Koordination mit dem Sozialleistungssystem nicht Vorbedingung. Für die Intersystem-Abstimmung sind auf der Besteuerungsseite im wesentlichen nur die Einkommens- und Lohnbesteuerung und lediglich am Rande nach Abschaffung der Vermögensteuer noch die Erbschaftsbesteuerung in Betracht zu ziehen.

3 Abgrenzung abstimmungsbedürftiger Sozialleistungen

3.1 Idealtypische Merkmale steuer- und beitragsfinanzierter Sozialleistungen

Abstimmungsbedürftig mit der Einkommensbesteuerung sind sämtliche Sozialleistungen, gleichgültig, ob sie steuer-, beitrags- oder mischfinanziert sind. Der Umstand, ob und in welcher Höhe etwa Wohngeld oder gesetzliche Altersrenten einkommensteuerpflichtig sind, beeinflusst bei Parallelkoordination den für die Aufgabenerfüllung notwendigen Transferbetrag und damit auch die zur Transferfinanzierung erforderlichen Steuer- und Beitragssätze. Die steuerfinanzierten Sozialleistungen sind regelmäßig steuerfrei, obwohl die Steuerfreiheit in manchen Fällen durch den Progressionsvorbehalt des § 32 b EStG faktisch eingeschränkt wird, so etwa bei der Arbeitslosenhilfe (§ 32 b Abs. 1 Nr. 1 Buchstabe a). Beitragsfinanzierte Sozialleistungen sind zum Teil nur mit dem Ertragsanteil nach § 22 Nr. 1 EStG begrenzt steuerbar und steuerpflichtig.

Ungeachtet von Elementen der Mischfinanzierung stützen sich beitragsfinanzierte Sozialleistungen idealtypisch auf ein Versicherungs- und Äquivalenzprinzip, also auf die generelle Äquivalenz der diskontierten Erwartungswerte von Beitrags- und Versicherungsleistungen. Zielsetzung ist die freiwillige oder gesetzlich erzwungene intertemporale Umverteilung von Kaufkraft bei ein und derselben Versicherungseinheit (Einzelperson, Haushalt, Familie). Hingegen liegt steuerfinanzierten Sozialleistungen der Leitgedanke einer interpersonellen Kaufkraftumverteilung zugrunde, die sich allein oder überwiegend aus dem Bedürftigkeitsprinzip rechtfertigt.

3.2 Abstimmungsbedürftige und integrationsfähige steuerfinanzierte Sozialleistungen

Begreift man mit gutem Grund Bedürftigkeit als Negation von Leistungsfähigkeit, und bedenkt man weiterhin, dass sich die Steuererhebung, insbesondere die Einkommensbesteuerung, nach der Verfassungsrechtsprechung an der wirtschaftlichen (steuerlichen) Leistungsfähigkeit auszurichten hat, so sind als Negativsteuer solche Sozialleistungen integrationsfähig, die sich ganz oder überwiegend auf Bedürftigkeit stützen oder bei denen zumindest Äquivalenzüberlegungen keine Rolle spielen. Die Integrationsfähigkeit erweist sich besonders daran, dass die Bedürftigkeit an den gleichen wirtschaftlichen Indikatoren (Einkommen, Vermögen, Verbrauch) und Sozialmerkmalen (Familienstand, Erwerbsfähigkeit, Alter usw.) beurteilt wird, die auch zur Repräsentation der subjektiven steuerlichen Leistungsfähigkeit herangezogen werden.

Dementsprechend sind für die Verknüpfung mit der Einkommensbesteuerung folgende Sozialleistungen integrationsfähig:

- a) allein bedürftigkeitsorientiert
    - (1) Sozialhilfe

      (sowohl die laufende und einmalige Hilfe zum Lebensunterhalt als auch die Hilfe in besonderen Lebenslagen)
    - (2) Wohngeld
- b) vorwiegend oder teilweise bedürftigkeitsorientiert
    - (3) Kindergeld

      (hier werden auch familien-, bevölkerungs- sowie wirtschaftspolitische Ziele verfolgt)
    - (4) Erziehungsgeld

      (zusätzliche Ziele wie beim Kindergeld)
    - (5) Ausbildungsförderungsleistungen

      (hier sind auch bildungs-, kultur- sowie wirtschaftspolitische Zielsetzungen bedeutsam)

(6) Arbeitslosenhilfe

Unter den idealtypisch beitragsfinanzierten, tatsächlich steuerfinanzierten Sozialleistungen erfüllt die Arbeitslosenhilfe eine ähnliche Funktion wie die Sozialhilfe, wie dies neuerdings auch in Vorschlägen zur Zusammenlegung gesehen wird. Die Einbindung der lohnbezogenen Arbeitslosenhilfe in ein allein bedürftigkeitsbezogenes Transferkonzept könnte jedoch ohne geeignete Vorkehrungen Arbeitnehmer früher als bisher der Erwerbssphäre entfremden.

Durch eine integrierte Grundsicherung werden außerdem Mindestsicherungselemente in der gesetzlichen Renten-, Kranken- und Arbeitslosenversicherung sowie eine Reihe bedürftigkeitsmotivierter Objektsubventionen insbesondere im sozialen Wohnungsbau, in der Landwirtschaft, im öffentlichen Nahverkehr, in der Jugendhilfe und im Kommunalbereich entbehrlich.

4 Abstimmungsgegenstände

4.1 Personelle Steuer- und Transfereinheit

Zunächst ist die personelle Einheit abzugrenzen, die einerseits Einkommen- und Lohnsteuer schuldet und die andererseits Sozialleistungen beanspruchen kann. Es geht mithin um die Bestimmung der subjektiven Steuerpflicht und subjektiven Anspruchsberechtigung. Während das Sozialrecht regelmäßig die Angehörigen eines gemeinsamen Haushalts oder Familienverbandes zu einer Transfereinheit zusammenfasst, also einem Haushaltsprinzip folgt, stützt sich das Einkommensteuerrecht auf das Individualprinzip. Das Ehegattensplitting bei der Zusammenveranlagung nach § 26 b EStG ist nur als administrative Vereinfachung, als notwendiger Zurechnungspragmatismus, nicht aber als Durchbrechung des Individualprinzips zu interpretieren.[12]

4.2 Sozialmerkmale

Abzugleichen sind weiterhin alle Sozialmerkmale, die die Höhe von Steuerermäßigungen und Sozialleistungen beeinflussen. Das ist zunächst der Familienstand, der Entscheidungen darüber erfordert, wie getrennt lebende

---

[12] Siehe § 1 EStG; Korn/Carlé/Stahl/Strahl (2000), Rz 31 zu § 1 EStG, Rz 1 und 9 zu § 26 b EStG.

Ehegatten oder eheähnliche Partnerschaften behandelt werden und wem Kinder mit welchem familienrechtlichen Status und in welchen Altersgruppen zuzurechnen sind. Die Stufung von Erwerbsbehinderungen ist ebenso abzustimmen wie die Kriterien von chronischen Erkrankungen, deren Kosten durch Pauschalierung abgegolten werden. Für den Wohnbedarf sind einheitliche Kriterien der Differenzierung von Regionen und Haushaltstypen festzulegen.

4.3 Wirtschaftliche Leistungsfähigkeits- bzw. Bedürfnisindikatoren

Zur Beurteilung von persönlicher Leistungsfähigkeit und Bedürftigkeit ziehen Steuer- und Sozialrecht vorrangig Einkommen und Vermögen heran. Beide Indikatoren werden übrigens nebeneinander als kumulative Bedingungen benutzt, als gäbe es da keine kapitaltheoretische Verknüpfung.[13] Wer die Begriffsverwirrung zum Einkommen aufhellen will, muss auf die ökonomischen Grundunterscheidungen zwischen einem Zahlungsüberschuss, einem Geldvermögens- oder Einnahmenüberschuss und einem Vermögensüberschuss zurückgreifen.

Wonach das Sozialrecht für die Bedürftigkeitsprüfung und Einkommensanrechnung suchen muss, ist ein bedarfsdeckungstauglicher Zahlungsüberschuss, gleichgültig, aus welchen Quellen er fließt. Er ist gegebenenfalls um Naturaleinkünfte zu erhöhen. Von nicht zahlungswirksamen Abschreibungen oder nicht steuerbaren Tilgungsanteilen eines Rentenstammrechts lässt sich Lebensunterhalt bestreiten, nicht aber von ausstehenden Forderungen oder gewinnsteigernden Buchzuschreibungen. Dies berücksichtigen die bestehenden Sozialleistungsgesetze, indem sie die steuerlichen Einkünfte in sehr unterschiedlicher und unvollkommener Weise durch Zu- und Abschläge korrigieren. Eine ähnliche Korrektur fand sich auch in der für Grenzsteuerzahler eingefügten, interimistischen Bemessungsbasis der „Erwerbsbezüge" nach § 32 d Abs. 2 EStG, mit der der Finanzminister bis zur definitiven Tarifbereinigung von 1996 die Aufkommenseinbußen aus der Verfassungsgerichtsentscheidung zur Steuerfreistellung des Existenzminimums zu begrenzen suchte (damalige Anlage E zur Einkommensteuererklärung).

Eine um den Naturalverbrauch korrigierte, lückenlose cash-flow-Basis würde sich nun durchaus auch als konsumorientierte „comprehensive tax

---

[13] Bezeichnen i einen konstanten Zinssatz und V das gegenwärtige Reinvermögen, so errechnet sich als langfristiges Einkommen E („ewige" Annuität, ewige Rente des Vermögens): $E = i\,V$ (und $V = E/i$)
Bei gegebener Verzinsung sind danach Einkommen und Vermögen proportional verknüpft, die Einkommensanrechnung ist deshalb nichts anderes als eine versteckte Vermögensanrechnung und umgekehrt.

base" empfehlen.[14] Die Einkommensbesteuerung erfasst indes legal einen beträchtlichen Teil des in der Volkswirtschaftlichen Gesamtrechnung nachgewiesenen Volkseinkommens nicht, weil die entsprechenden Einkünfte als nicht steuerbar qualifiziert oder explizit von der Steuer befreit sind.[15] Dieser Anteil wird sich durch das neue Halbeinkünfteverfahren für die Ausschüttungen von Kapitalgesellschaften noch erhöhen. Das Einkommensteuergesetz ermittelt überdies die erfassten Einkünfte als bilanziellen (Betriebs-) Vermögensüberschuss (nach §§ 4 Abs. 1 und 5 EStG) oder als eine Mixtur aus Zahlungs-, Einnahmen- und Vermögensüberschuss. Diese Mixtur wird bei den Gewinneinkünften als „Überschuss der Betriebseinnahmen über die Betriebsausgaben" (nach § 4 Abs. 3 EStG) und bei den Überschusseinkünften, wiederum etwas anders zusammengesetzt, als „Überschuss der Einnahmen über die Werbungskosten" (nach §§ 8, 9 EStG) bezeichnet.[16]

4.4 Gesamtbetrag der merkmalsgebundenen Sozialleistungen

Selbstverständlich ist auch die Summe von Steuerermäßigungen und steuerfinanzierten Sozialleistungen für jeden Haushaltstyp abzustimmen. Dabei ist einmal der Subventionsbetrag jeder einzelnen merkmalsgebundenen Leistung als auch die Summe über die einzelnen Subventionsbeträge bedeutsam. Aus der Merkmalsgebundenheit der Einzelleistung folgt, dass der Gesamtbetrag aller Leistungen auch dann individuell differenziert ist, wenn man alle steuerfinanzierten Einzelleistungen zu einem in die Einkommens- und Lohnbesteuerung integrierten Universaltransfer zusammenfasst, so wie ich es im Bürgergeldsystem vorgeschlagen habe. Nur die differenzierende Zusammenfassung ist zielgenau und mittelsparend: Es darf kein Gießkannenprinzip zur Anwendung kommen.

Die Bestimmung der Höhe von Einzelleistungen und Gesamtleistung, die bei mittellosen Bürgern auf die Festlegung des auszuzahlenden Existenzminimums hinausläuft, ist das Ergebnis einer Abwägung insbesondere von sozial-, kultur-, beschäftigungs- und finanzpolitischen Gesichtspunkten. Diese Güterabwägung ist ein wertender, normativer Akt des Gesetzgebers, der sich aus der parlamentarischen Vertretung der betroffenen Bürger als Begünstigten und Financiers legitimiert.

---

[14] Zur näheren Begründung siehe u.a. Fisher (1942); Kaldor (1965); Andrews (1974); Mitschke (1985), insbes. S. 102 ff; (1988), insbes. 129 ff.
[15] Letzte Schätzung des steuerlich erfassten Anteils, in dem sich allerdings nicht nur legale Ausnahmen, sondern auch illegale Verkürzungen niederschlagen: 57,4 % für das Jahr 1989 lt. Sachverständigenrat zur Begutachtung der gesamtwirtschaftlichen Entwicklung (1995), S. 203.
[16] Nähere Analyse siehe Mitschke (1988), S. 113 ff.

4.5 Anrechnungsmodalitäten

Die Koordination der Anrechnung von steuer- und beitragsfinanzierten Sozialleistungen, zivilrechtlichen Unterhaltsansprüchen sowie von eigenem Einkommen und Vermögen auf eine bestimmte Sozialleistung umfasst einmal den Anrechnungsmodus und zum anderen die Höhe der Anrechnung. Zur Anwendung kommen heute ohne erkennbare Systematik Günstigkeits-, Spezialitäts-, Subsidiaritäts- und Höchstbetragsklauseln.[17] Die Grenzanrechnungssätze von Einkommen und Vermögen erreichen 100 %.

Die gegenseitige Anrechnung steuerfinanzierter Leistungen wird in einem integrierten System, das alle steuerfinanzierten Sozialleistungen entweder beim Finanzamt oder bei einem neu zu schaffenden Sozialtransferamt[18] zusammenfasst, gegenstandslos. Bei Parallelkoordination erübrigt sich die gegenseitige Anrechnung nur dann, wenn für gleiche soziale Merkmale oder Merkmalskombinationen nicht mehr wie heute mehrere Leistungsgesetze und Ämter gleichzeitig zuständig sind.

(Rein) beitragsfinanzierte Sozialleistungen sind bei der Anrechnung wie sonstiges eigenes Einkommen zu behandeln. Das Leistungsattribut „sozial" weckt falsche Finanzierungsvorstellungen. Die Leistungen etwa der gesetzlichen Renten- oder Arbeitslosenversicherung sind vorwiegend durch eigene, wenn auch erzwungene Beiträge wohl erworben, ähnlich also, wie auch andere Einkünfte durch eigene Aufwendungen begründet werden. Die Beiträge haben entgegen der jetzigen einkommensteuerlichen Behandlung als beschränkt abzugsfähige Sonderausgaben Werbungskostencharakter. Entsprechend dem Korrespondenzprinzip wären freilich, wie dies auch die Einkommensteuer-Kommission gesehen hat, etwa Altersrentenbezüge voll steuerpflichtig.[19]

Zivilrechtliche Unterhaltsleistungen rechnet die Sozialhilfe in Konsequenz ihres Nachrangs (§ 2 Abs. 1 BSHG) voll an. Erfüllt der Unterhaltsverpflichtete nicht, so gehen die Ansprüche auf den Sozialhilfeträger über (§ 91 BSHG). Die sozialhilferechtlichen Anrechnungsmodalitäten sind mit der steuerlichen Behandlung als Sonstige Einkünfte beim Empfänger bzw. als Sonderausgaben beim Verpflichteten ungenügend koordiniert.

---

[17] Zu den Möglichkeiten der Kumulationseinschränkung siehe Kausemann (1983), S. 31 ff.

[18] Empfehlung der Experten-Kommission „Alternative Steuer-Transfer-Systeme" (1996), S. 80 ff.

[19] Einkommensteuer-Kommission (1995), These 7.

5 Zusammenfassende Thesen zu den Vorzügen und Problemen der Integration

1. Die Integration von Einkommensbesteuerung und steuerfinanzierten Sozialleistungen erhöht die Transparenz, die Zielgenauigkeit (Effektivität) und die administrative Sparsamkeit (Effizienz) der staatlichen Umverteilung. Eine alle steuerfinanzierten Sozialleistungen umfassende Integrationslösung (social dividend-Typ der Negativsteuer, Bürgergeldsystem) beseitigt Leistungskumulation und Sicherungslücken. Gleiche oder angleichbare Sozial- und Wirtschaftsdaten werden nicht mehr mehrfach erhoben, Kosten der Koordination entfallen. Die Harmonisierung von Personalsteuer- und Sozialleistungsrecht entlastet bei begrenzter finanzamtlicher Aufgabenmehrung Bürger und Sozialverwaltung entscheidend.
2. Die Saldierung von Steuerpflichten und Leistungsansprüchen senkt die Nettoabgabenlast bei der Mehrheit der Bürger und damit die Steuerausweichung mit allen gesamtwirtschaftlichen Folgekosten. Intrapersonale Umverteilung verschwindet innerhalb der Integrationsgrenzen, dementsprechend schrumpfen Steuer- und Sozialhaushalte der Gebietskörperschaften ohne Einbußen der Zielerfüllung.
3. Die Implementierung eines personenbezogenen Universalinstruments der Existenzsicherung macht beitragsfinanzierte Mindestsicherungsvorkehrungen in der gesetzlichen Sozialversicherung überflüssig und trägt so zur Senkung der beschäftigungsbedeutsamen Lohnnebenkosten bei.
4. Die umfassende Integrationsvariante ist ohne Steuererhöhungen und Absenkung des derzeitigen Sicherungsniveaus haushaltsneutral auch dann finanzierbar, wenn aus Gründen der Beschäftigungsförderung und der Bekämpfung von Arbeitslosigkeit die Anrechnungsquote eigenerworbener Einkünfte auf die Sozialleistungen generell auf linear 50 % abgesenkt wird.[20] Indes ist solche Absenkung keine Voraussetzung der Integration, sondern vielmehr Vorbedingung dafür, dass die Sozialleistungsordnung anders als jetzt finanzielle Beschäftigungsanreize für Arbeitnehmer und Unternehmer im Niedriglohnsektor setzt. Im etatistischen Status quo-Finanzbedarfskalkül, insbesondere also ohne Einbeziehung der Haus-

---

[20] Finanzbedarfsschätzung des umfassenden Bürgergeldmodells: Mitschke (1993). Zu Finanzmehrbedarf des Bürgergeldmodells kommen die Finanzbedarfsschätzungen von Becker (1995), Deutsches Institut für Wirtschaftsforschung DIW (1996), Institut für Weltwirtschaft an der Universität Kiel IfW (1996). Der errechnete Mehrbedarf resultiert im wesentlichen aus mangelhafter Modellspezifikation, fehlerhafter Anwendung des Steuertarifs und/oder lückenhafter Berücksichtigung der Gegenfinanzierungsposten: siehe Mitschke (1995c), (1996); Hüther (1997).
Das Gutachten von Hüther (1997) zu den vorliegenden Finanzbedarfsschätzungen bestätigt tendenziell erreichbare Haushaltsneutralität des Bürgergeldmodells ohne Steuererhöhungen und Absenkung des sozialen Sicherungsniveaus.

haltsentlastungen durch Rückgang der Arbeitslosigkeit (second and higher order effects), sinken natürlich Transfervolumen und Steuerausfälle auch eines integrativen Systems, wenn es die geltenden beschäftigungsfeindlichen Anrechnungsmodalitäten für Eigeneinkommen beibehält. Oder anders herum: Auch die beschäftigungsförderliche Milderung der Sozialhilfeanrechnungsregeln, so etwa in dem vom „Bündnis für Arbeit" zur Erprobung im Niedriglohnsektor beschlossenen Saar-Modell[21], erhöht den Mittelbedarf.

5. Über das Institut der „Auftragsverwaltung" sind Integrationslösungen ohne Verfassungsänderung möglich.
6. Die institutionelle Verknüpfung von Steuer- und Sozialordnung schwächt die Stigmatisierung von Grundsicherungsbedürftigen ab und wirkt der Tendenz zu einer Zwei-Klassen-Gesellschaft entgegen.
7. Administrative Probleme der Integration bereitet die Abgrenzung der personellen Steuer- und Transfereinheit und die Bestimmung des anrechenbaren bzw. steuerpflichtigen Eigeneinkommens. Bei durchgängiger Anwendung des steuerlichen Individualprinzips zur Abgrenzung der personellen Steuer- und Transfereinheit blieben Kostenersparnisse von Mehrpersonenhaushalten unberücksichtigt, bei durchgängiger Anwendung der steuerlichen Einkünftebestimmung käme ein Teil der unterhaltstauglichen Bezüge nicht zur Anrechnung. Beide Konsequenzen wären mit dem Bedürftigkeitsprinzip schwer zu vereinbaren und erhöhten den Finanzbedarf von Integrationskonzepten.

Zur Problemlösung habe ich ein „duales Integrationsverfahren" vorgeschlagen[22], bei dem es für die Besteuerung insbesondere bei der geltenden Bemessungsbasis des „zu versteuernden Einkommens" (§ 2 Abs. 5 EStG) bleibt. Hingegen bestimmt sich das auf Sozialleistungen anzurechnende Eigeneinkommen nach dem Muster des früheren § 32 Abs. 2 EStG („Erwerbsbezüge") über Korrektivposten aus den steuerlichen Einkünften.

8. Sowohl für umfassende als auch für partielle Integrationslösungen sind schließlich jene Hürden nicht zu übersehen, die aus parteipolitischen Koalitionserfordernissen und föderativen Gesetzgebungskompetenzen der Auflassung und dem Umbau von Behörden (Steuertransferamt) sowie der Änderung von Rechtswegzuständigkeiten (Aufgabenverlagerung von der Verwaltungs- und Sozialgerichtsbarkeit zur Finanzgerichtsbarkeit) entgegenstehen.

---

[21] Industrie- und Handelskammer IHK des Saarlandes (1999), S. 2-3.
[22] Mitschke (1993), S. 1f; (1995a), S. 81 ff.

Literaturverzeichnis

Andrews, W. D. (1974), A Consumption-Type or Cash Flow Personal Income Tax, in: Harvard Law Review, Vol. 87, S. 1113 ff.

Becker, I. (1995), Das Bürgergeld als alternatives Grundsicherungssystem: Darstellung und kritische Würdigung einiger empirischer Kostenschätzungen, in: Finanzarchiv, N.F. 52. Jg., S. 306-338.

Bundesverfassungsgericht (1993), vom 25.9.1992 - 2 BvL 5, 8, 14/91, BVerfGE 87, 10, S. 153-181.

Deutsches Institut für Wirtschaftsforschung DIW (1996), Fiskalische Auswirkungen der Einführung eines Bürgergeldes. Gutachten im Auftrag des Bundesministers der Finanzen. Bearbeitet von Meinhardt, V. u.a., Berlin.

Einkommensteuer-Kommission (1995), Thesen der Einkommensteuer-Kommission zur Steuerfreistellung des Existenzminimums ab 1996 und zur Reform der Einkommensteuer. Schriftenreihe des Bundesministeriums der Finanzen, Heft 55, Bonn.

Experten-Kommission „Alternative Steuer-Transfer-Systeme" (1996), Probleme einer Integration von Einkommensbesteuerung und steuerfinanzierten Sozialleistungen, Gutachten, Schriftenreihe des Bundesministeriums der Finanzen, Heft 59., Bonn.

Fisher, I. / Fisher, H. W. (1942), Constructive Income Taxation. A Proposal for Reform, New York-London.

Hüther, M. (1997), Das Bürgergeld - doch finanzierbar! Gutachten über vorliegende Berechnungen zu den fiskalischen Auswirkungen der Einführung eines Bürgergeldes im Auftrag der Friedrich-Ebert-Stiftung, Bonn.

Industrie-und Handelskammer IHK des Saarlandes (1999), Arbeit für Einfachqualifizierte - IHK Saarland: Modellversuch für mehr Beschäftigung, Umdruck, Saarbrücken.

Institut für Weltwirtschaft an der Universität Kiel (1996), Das „Bürgergeld" - ein sinnvolles Konzept?, Abschlußbericht zum Forschungsauftrag der Friedrich-Naumann-Stiftung (Bearbeitung: Boss, A./Gern, K.-J.), Kiel.

Kaldor, N. (1965), An Expenditure Tax. 3rd Impression, London.

Kausemann, E.-P. (1983), Möglichkeiten einer Integration von Steuer- und Transfersystem, Frankfurt a.M. 1983

Korn, K. / Carlé, D. / Stahl, R. / Strahl, M. (2000), Einkommensteuergesetz, Kommentar, Bonn.

Meinhardt, V. / Svindland, D. / Teichmann, D. / Wagner, G. (1996), Auswirkungen der Einführung eines Bürgergeldes - Neue Berechnungen des DIW, in: DIW-Wochenbericht, 63. Jg., S. 533-543.

Mitschke, J. (1985), Steuer- und Transferordnung aus einem Guß. Entwurf einer Neugestaltung der direkten Steuern und Sozialtransfers in der Bundesrepublik Deutschland. Schriften zur Ordnungspolitik, Band 2, Baden-Baden.

Mitschke, J. (1988), Ökonomische Analyse einkommensteuerlicher Einkunftsermittlung und Alternativen steuerlicher Einkommensperiodisierung, in: Steuer und Wirtschaft, N.F. 18. Jg., Heft 2, S. 111-132.

Mitschke, J. (1993),Unmittelbare Haushaltswirkungen des Bürgergeldsystems (Datenbasis 1992), Frankfurt a.M.

Mitschke, J. (1994), Integration von Steuer- und Sozialleistungssystem - Chancen und Hürden, in: Steuer und Wirtschaft, 71. Jg., S. 153-162.

Mitschke, J. (1995a), Steuer- und Sozialpolitik für mehr reguläre Beschäftigung, in: Wirtschaftsdienst, 75. Jg., S. 75-84.

Mitschke, J. (1995b) Bürgergeld, in: Volkswirtschaftliche Korrespondenz der Adolf-Weber-Stiftung, 34. Jg., Nr. 8.

Mitschke, J. (1995c), Stellungnahme zum Manuskript von Irene Becker „Das Bürgergeld als alternatives Grundsicherungssystem: Darstellung und kritische Würdigung einiger empirischer Kostenschätzungen", Frankfurt a.M.

Mitschke, J. (1996), Anmerkungen zum Gutachten des Deutschen Instituts für Wirtschaftsforschung „Fiskalische Auswirkungen der Einführung eines Bürgergeldes" (erste Version), Frankfurt a.M.

Mitschke, J. (2000a), Grundsicherungsmodelle - Ziele, Gestaltung, Wirkungen und Finanzbedarf. Eine Fundamentalanalyse mit besonderem Bezug auf die Steuer- und Sozialordnung sowie den Arbeitsmarkt der Republik Österreich, Baden-Baden.

Mitschke, J. (2000b), Arguing for a Negative Income Tax in Germany (Plenums-Referat auf dem 7th International Congress on Basic Income der Universität van Amsterdam), in: van der Veen, R., Groot, L. (ed.): Basic Income on the Agenda: Policy Objectives and Political Chances, Amsterdam, S. 107-120.

Mitschke, J./Schildbach, St. (1996), Enumeration der wichtigsten in der Bundesrepublik Deutschland existierenden steuer- und beitragsfinanzierten Geldleistungen sowie der sie verwaltenden Behörden und Körperschaften des öffentlichen Rechts, Stand: Ende 1995, Frankfurt a.M.

Rheinisch-Westfälisches Institut für Wirtschaftsforschung RWI (1994), Das Zusammenwirken von Steuern und Sozialtransfers in den jungen Bundesländern - eine empirische Analyse anhand von Fallbeispielen und Problemdarstellung, Gutachten im Auftrag des Bundesministers der Finanzen, Essen.

Rheinisch-Westfälisches Institut für Wirtschaftsforschung RWI (1997), Aktuelle Bestandsaufnahme des Transfersystems in der Bundesrepublik unter Effektivitäts- und Anreizgesichtspunkten, Gutachten im Auftrag des Bundesministers für Arbeit und Sozialordnung. Bundesministerium für Arbeit und Sozialordnung, Forschungsbericht 270, Sozialforschung, Bonn.

Saar-Gemeinschaftsinitiative (1999), Modellversuch zur Schaffung zusätzlicher Arbeitsplätze für Geringqualifizierte, Umdruck, Saarbrücken.

Sachverständigenrat zur Begutachtung der gesamtwirtschaftlichen Entwicklung, (1995), Jahresgutachten 1995/96, Deutscher Bundestag, 13. Wahlperiode, Drucksache 13/3016 vom 15.11.1995, Bonn.

Sarrazin, Th. (1976), Kumulative Effekte der Finanz- und Sozialpolitik auf die Einkommensverteilung, in: Finanzarchiv, N.F. Bd. 34, S. 424-455.

Zeppernick, R. (1974), Die Bedeutung der Finanz- und Sozialpolitik für die Einkommensverteilung, in: Finanzarchiv, N.F. Bd. 33, S. 425-463.

Zeppernick, R. (1976), Staat und Einkommensverteilung, in: Wirtschaft und Gesellschaft, Bd. 11, Tübingen.

Zeppernick, R. (1986), Transfer-Einkommen und Einkommensverteilung, Berlin.

Zur Konvergenz von Arbeitslosen- und Sozialhilfe

Hans-Peter Klös

1 Zum gegenwärtigen Stand der Debatte

Die Konvergenz von Arbeitslosen- und Sozialhilfe scheint auf der Ebene des politischen Wollens bereits weit fortgeschritten zu sein. So jedenfalls muss man die zahlreichen politischen Initiativen in diesem Bereich interpretieren, die es allein innerhalb der letzten neun Monate gegeben hat. Die wichtigsten von ihnen seien kurz genannt[1]:
1. Beschluss der 77. Arbeits- und Sozialministerkonferenz zur "Konzertierten Aktion zur Überwindung der Sozialhilfebedürftigkeit" (Oktober 2000);
2. "Gesetz zur Verbesserung der Zusammenarbeit von Arbeitsämtern und Trägern der Sozialhilfe" des Deutschen Bundestages (November 2000);
3. Gemeinsamer "Leitfaden für Sozialhilfeträger und Arbeitsämter zur beruflichen Eingliederung Arbeitsloser" der Bundesanstalt für Arbeit und der Bundesvereinigung der Kommunalen Spitzenverbände (Januar 2001);
4. "Modellvorhaben zur Erprobung und Entwicklung innovativer Maßnahmen zur Bekämpfung der Arbeitslosigkeit" (MoZArT) des BMA (April 2001).

Die politischen Absichtserklärungen klingen zunächst weitreichend und lassen beim unbefangenen Beobachter den Eindruck entstehen, dass die Zusammenlegung von Arbeitslosen- und Sozialhilfe nur noch eine Frage der Zeit sei. Im ASMK-Papier findet sich etwa der Appell an den BMA, "gemeinsam mit den Ländern die notwendigen grundlegenden Reformen zur Zusammenführung von Arbeitslosen- und Sozialhilfe in Angriff zu nehmen". Die bayerische Sozialministerin fordert: "Arbeitslosen- und Sozialhil-

---

[1] Vgl. Arbeits- und Sozialministerkonferenz, Beschluss zum Antrag der Länder Schleswig-Holstein, Nordrhein-Westfalen auf eine Konzertierte Aktion zur Überwindung von Sozialhilfebedürftigkeit, 77. ASMK am 25./26. Oktober 2000 in Kiel; Gesetz zur Verbesserung der Zusammenarbeit von Arbeitsämtern und Trägern der Sozialhilfe vom 20.11. 2000, in: BGBl I, Nr. 51 vom 29.11.2000; Bundesanstalt für Arbeit/Bundesvereinigung der Kommunalen Spitzenverbände (Hrsg.), Leitfaden für Sozialhilfeträger und Arbeitsämter zur beruflichen Eingliederung Arbeitsloser, in: Informationen für die Beratungs- und Vermittlungsdienste, Nr. 5 vom 31.1.2001; BMA, Modellvorhaben zur Erprobung und Entwicklung innovativer Maßnahmen zur Bekämpfung der Arbeitslosigkeit" (MoZArT), in: www.bma.bund.de/de/arbeit/arbeitsmarkt/mozart/htm.

fe müssen schrittweise zu einer einheitlichen Transferleistung zusammengeführt werden".[2] In der Begründung der MoZArT-Modellvorhaben findet sich die Formulierung: "Die Modellvorhaben sollen Möglichkeiten zur Verbesserung der Wirksamkeit der Hilfen zur Eingliederung durch Verbesserung der Zusammenarbeit und /*oder durch alternative Aufgabenverteilung zwischen Arbeitsämtern und Trägern der Sozialhilfe...* erproben" (Herv. v. Verf.).

So gesehen könnte man das Thema eigentlich zu den Akten nehmen. Doch es gibt - neben einem grundsätzlichen Unbehagen gegenüber den in Modellvorhaben häufig verwässerten konzeptionellen Neuausrichtungen in großen Politikfeldern - mindestens drei gute Gründe, die anstehende neue Justierung der Schnittstelle zwischen Arbeitslosen- und Sozialhilfe noch einmal grundsätzlicher anzugehen. *Zum ersten* drängt sich die Frage auf, inwieweit diese neue Tendenz in der Arbeitsmarktpolitik tatsächlich auf eine systematische Reflexion über die angemessene föderale Arbeitsteilung in der Arbeitsmarktpolitik und nicht nur auf den Druck der faktischen Lebenswirklichkeit in den Städten, Gemeinden und Kreisen zurückgeht (Abschnitt 2). *Zum zweiten* stellt sich - sofern das "Ob?" einer Verzahnung beider Systeme bejaht wird - die Frage nach dem "Wie?" und damit vor allem jene nach dem föderalen "assignment" dieses zusammengefassten Instruments (Abschnitt 3). *Drittens* ist von Interesse, wie die Zusammenfassung beider Instrumente arbeitsmarkt- und beschäftigungspolitisch umgesetzt werden könnte (Abschnitt 4). Zu diesen drei Punkten will der vorliegende Beitrag aus arbeitsmarktökonomischer Sicht in neun Thesen Stellung nehmen.

2 Konvergenz von Arbeitslosen- und Sozialhilfe: eine zwingende Antwort auf strukturelle Arbeitsmarktprobleme

These 1: Das wirtschafts-, arbeitsmarkt- und sozialpolitische Querschnittsproblem des Verlusts von Einfacharbeitsplätzen hat sich immer mehr zu einem kommunalpolitischen Sonderproblem entwickelt.

Die jetzt diskutierte Neuausrichtung der Arbeitsmarktpolitik an der Schnittstelle zwischen SGB (Sozialgesetzbuch) III und BSHG (Bundessozialhilfegesetz) ist nicht primär theoriegetrieben. Dahinter steckt vielmehr eine weitverbreitete Kommunalisierung der Arbeitsmarktpolitik, die gleichsam die logische Folge der Kommunalisierung der Arbeitslosigkeit war.

---

[2] Statement von StMn Stewens auf der Pressekonferenz "Arbeitsmarktpolitik" am 6. Juni 2001.

Dies wiederum hat zu tun mit der gravierenden Verschlechterung der Arbeitsmarktsituation von Geringqualifizierten, die sich in einem kontinuierlichen Anstieg der Arbeitslosenquote für Geringqualifizierte niederschlägt. Diese Entwicklung hat Folgen für die föderale Arbeitsteilung zwischen Bund, Ländern, Gemeinden und Sozialversicherungsträgern in Deutschland. Insbesondere die Kommunen waren von dieser qualifikatorischen Arbeitsmarktentwicklung gleich in doppelter Hinsicht betroffen:

Zum einen geraten sie als Träger des letzten sozialen Sicherungsnetzes durch die Aussteuerung von Langzeitarbeitslosigkeit in die Sozialhilfe unter finanziellen Druck und werden immer mehr zum "financer of last resort". Zum anderen sind unter den Empfängern von Sozialhilfe Gering- und Unqualifizierte überproportional stark vertreten, so dass die Kommunen besonders stark von den negativen Arbeitsmarkttendenzen für bestimmte Qualifikationsgruppen betroffen sind. Beides zusammen führt dazu, dass nach der Arbeitsförderung unter den verschiedenen Ausgabearten des Sozialbudgets mit der Sozialhilfe, der Jugendhilfe und dem Wohngeld drei Transferarten die stärksten Zuwächse aufweisen, die ganz oder zumindest teilweise von den Kommunen aufgebracht werden müssen.

Die dauerhafte Arbeitslosigkeit eines erheblichen Teils der erwerbsfähigen Bevölkerung entwickelt sich damit immer mehr zu einer Hypothek für die föderale Finanzverfassung. Die klassische Finanzausgleichs-Trias aus Aufgaben, Ausgaben und Einnahmen wird durch das Weiterreichen der Beschäftigungsprobleme von einer gebietskörperschaftlichen Ebene zur nächsten immer mehr durchlöchert. Die Kommunen wurden deshalb in ihrem finanziellen Spielraum zunehmend durch die arbeitslosigkeitsbedingte Beanspruchung der Sozialhilfeetats eingeengt. Bereits rund 40 Prozent der Ausgaben für Hilfe zum Lebensunterhalt außerhalb von Einrichtungen dürften - trotz einer gewissen Entspannung am aktuellen Rand - inzwischen auf das Konto der Arbeitslosigkeit gehen.

Es besteht daher die Gefahr, dass die Kommunen darüber ihre investiven Aufgaben zurückstellen, beschneiden oder gar nicht mehr wahrnehmen können. Der Modernitätsgrad des kommunalen Kapitalstocks (Schulen, Krankenhäuser, Entsorgungseinrichtungen, Verkehrsnetze) bietet bereits Anlass zur Besorgnis. Damit gerät auch das vertikale und horizontale föderale Funktionengefüge immer mehr durcheinander. Die Allokation von Aufgaben, Ausgaben und Einnahmen auf die verschiedenen gebietskörperschaftlichen und parafiskalischen Ebenen wird immer stärker von systematischen wie auch von unbeabsichtigten „spillovers" gekennzeichnet. Äußerer Beleg dafür ist die an Schärfe zunehmende Diskussion über den Föderalismus und den Finanzausgleich.

These 2: Der Kommunalisierung der Arbeitslosigkeit ist mit den bisher bekannten Verschiebebahnhöfen nicht ursachengerecht beizukommen.

Ohne eine Neuordnung der föderalen Aufgaben- und Ausgabenbeziehungen wird es jedoch mit großer Wahrscheinlichkeit bei den jetzigen arbeitsmarktpolitischen Verschiebebahnhöfen zwischen den unterschiedlichen föderalen Ebenen bleiben. Was den engen Bereich der Arbeitsmarktpolitik angeht, ist aber derzeit noch nicht einmal das Vorzeichen des finanziellen Saldos aus dem wechselseitigen Weiterreichen der finanziellen Verantwortung für das gleiche materielle Problem zwischen zwei gebietskörperschaftlichen Ebenen - der Bundesanstalt für Arbeit und den Kommunen - bekannt.[3] Die Verlagerung der Kosten der Arbeitslosigkeit auf die kommunale Ebene bei einer Ausgabenkürzung im Bereich von aktiver Arbeitsmarktpolitik, Arbeitslosengeld oder -hilfe ist nicht abzustreiten. Doch ist dies nur eine von zwei Wirkungsrichtungen. Umgekehrt findet durch die kommunale Beschäftigungspolitik auch eine Rückverweisung der Zahllast und Problembearbeitung nach Nürnberg statt, wenn eine kommunale Maßnahme neue SGB III-Leistungen begründet. Dies ist bei mindestens einjährigen Maßnahmen der Fall und erklärt, warum die mittellangen Maßnahmen von einem Jahr fast 40 Prozent der Beschäftigungsmaßnahmen nach dem BSHG ausmachen.

Aus diesen beiden grundsätzlichen Erwägungen heraus ist die Zusammenfassung der beiden großen bedürftigkeitsgeprüften steuerfinanzierten Transferleistungen zu einem einzigen Titel dringend geboten. Dass eine Zusammenfassung aber auch rein quantitativ keine quantité négliegable ist, verdeutlichen die mit der Zahlung von Arbeitslosen- und Sozialhilfe inzwischen verbundenen Größenordnungen: Im Jahr 2000 bzw. 1999 bezogen etwa 1,45 Millionen Personen Arbeitslosenhilfe und 1,7 Millionen Personen im erwerbsfähigen Alter sog. Hilfe zum Lebensunterhalt (HLU). Bereinigt man zur Vermeidung von Doppelzählungen und Übererfassungen des Potenzials an Arbeitsfähigen die Sozialhilfeempfängerzahlen um 280.000 Fälle eines Leistungsbezugs von SGB III-Leistungen und um etwa 640.000 Fälle einer begründeten[4] Nichterwerbstätigkeit, so ergeben sich immerhin etwa 2,2 Millionen erwerbsfähige Empfänger von Arbeitslosen- und Sozialhilfe. Geht man von einem direkt arbeitslosigkeitsbedingten Anteil der Sozialhilfeausgaben von 40 Prozent an den gesamten HLU-Ausgaben aus, so ist das finanzielle Volumen aus Arbeitslosenhilfe und arbeitsmarktbedingter Sozialhilfe auf rund 30 Mrd. DM zu veranschlagen.

---

[3] Völlig unberücksichtigt bleibt bei dieser Betrachtung noch, in welcher Weise diese Parallelpolitik arbeitslosigkeitsverlängernd und humankapitalentwertend und damit volkswirtschaftlich nachteilig wirkt.
[4] Dies ist eine sehr zurückhaltende Schätzung, da u.E. durch eine wirklich aktivierende Sozialhilfepolitik auch ein erheblicher Teil der 680.000 aus scheinbar triftigen Gründen (z.B. Aus- und Weiterbildung, häusliche Bindung) nichterwerbstätigen Sozialhilfeempfänger mobilisierbar ist.

3 Konvergenz von Arbeitslosen- und Sozialhilfe: Argumente für eine kommunale Zuständigkeit

These 3: Um der föderalen Verflechtungsfalle zu entgehen, muss neu definiert werden, wo im föderalen Aufbau die Arbeitsmarkt- und Beschäftigungspolitik richtigerweise anzusiedeln ist.

Damit drängt sich die Frage auf, ob und wie mit diesem Mitteleinsatz ein höherer beschäftigungspolitischer Ertrag als bisher realisiert werden kann. Dies berührt unmittelbar auch die finanzwissenschaftlich bedeutsame Frage nach dem angemessenen gebietskörperschaftlichen „assignment": Welche föderale Ebene soll welche beschäftigungspolitischen Aktivitäten entfalten?[5] Die bisherigen kanonisierten Antworten auf diese Frage waren vom sogenannten „Nachranggrundsatz" geprägt: Das BSHG als "letztes Netz" ergänzt die übrigen Träger von Sozialleistungen. Art und Umfang der Hilfen sind von der Ausgestaltung der anderen Bereiche abhängig. Sozialhilfeträgern ist insoweit der letzte Rang zugewiesen, als Arbeitslose ihre Ansprüche zunächst bei dem zuständigen Arbeitsamt zu verfolgen haben. Erst wenn Hilfesuchende, insbesondere junge Menschen, keine Arbeit finden können, wird gemäß § 19 Abs. 1 Satz 1 BSHG der Sozialhilfeträger als "Arbeitsvermittler" zuständig. Ein genereller Ausbau der Sozialämter zu Ersatz- oder Hilfsarbeitsämtern für erwerbsfähige, dem Arbeitsmarkt zur Verfügung stehende Klienten ist damit in der bisherigen Arbeitsteilung nicht vorgesehen.

Diese Position hat zumindest Tradition. Denn der Gesetzgeber hat sich seit 1927 - vorher war Arbeitsförderung Sache der Städte und Gemeinden[6] - dafür entschieden, eine unitarische Arbeitsmarktpolitik in die Zuständigkeit der Arbeitsverwaltung zu geben, die gleichzeitig auch die Trägerin der Arbeitslosenversicherung ist. Doch neben einem grundsätzlichen Unbehagen gegenüber der Effizienz unserer monolithischen Arbeitsmarktpolitik kann auch ein grundsätzliches Fragezeichen hinter diese klassische Aufgabenzuweisung gesetzt werden: Für die Bewältigung der Folgen der Arbeitslosigkeit sind eigentlich die Arbeitsämter zuständig. Sie sind aber wegen der umlagebasierten Finanzierungsstruktur der Arbeitslosenversicherung selbst gar

---

[5] Die Eckpunkte des Meinungsspektrums markieren einerseits die Empfehlung des Städte- und Gemeidebundes, dass Arbeitsämter und Rathäuser enger zusammenarbeiten und die Arbeitsämter den Vermittlungsauftrag ganz an die Kommunen abtreten sollten. Auf der anderen Seite des Spektrums wird vom Städtetag vehement davor gewarnt, den in der föderalen Arbeitsteilung angelegten Nachranggrundsatz zu verletzen. Dagegen hat der Deutsche Landkreistag seine frühere Position einer Ablehnung arbeitsmarktpolitischer Kompetenzen inzwischen deutlich revidiert und schon erste Bedingungen für eine arbeitsmarktpolitische Funktionsübernahme auch der Kreise skizziert.

[6] Vgl. Eberhard Eichenhofer (2000), Arbeitsförderung als kommunale Aufgabe, in: Ipsen, Jörn (Hrsg.), Arbeitslosigkeit - Herausforderung für Gemeinden und Kreise, 10. Bad Iburger Gespräche, Osnabrück, S. 29 - 42.

nicht unmittelbar von Arbeitslosigkeit betroffen. Die Kommunen sind demgegenüber nach der klassischen Arbeitsteilung nicht zuständig, aber in Form steigender arbeitslosigkeitsbedingter Sozialhilfeausgaben unmittelbar betroffen.

Dieser beschäftigungspolitische Nachrang der kommunalen gegenüber der arbeitsamtlichen Arbeitsmarktpolitik steht daher im Widerspruch dazu, dass Zuständigkeit wie finanzielle Ausgabekompetenz einerseits und die beschäftigungspolitischen Anreize andererseits für die beiden föderalen Ebenen auseinanderfallen. Diese Asymmetrie lässt eigentlich nur den Schluss zu, dass die Aufgabe zur Beseitigung eines Missstandes dort angesiedelt werden sollte, wo sowohl ein Eigeninteresse als auch die Möglichkeiten zur nachhaltigen Beseitigung des Missstandes[7] vorliegt. Dem wird in der klassischen Auslegung dieses Sachverhaltes allerdings regelmäßig entgegengehalten, dass der Missstand gar nicht erst eintreten könne, wenn die eigentlich für die Missstandsbewältigung vorgesehene Instanz ihre Aufgabe angemessen wahrzunehmen in der Lage sei. Doch dieser Einwand greift zu kurz, weil er nur in der einfachen und für sich genommen richtigen buchhalterischen Logik verhaftet bleibt, dass das Geld der Aufgabe folgen müsse, nicht aber die Frage stellt, in wessen Zuständigkeit die Aufgabe eigentlich gehört.

These 4: Der beschäftigungspolitische Nachrang der Kommune missachtet die Sperrklinkeneffekte der Sozialhilfe für den Arbeitsmarkt, insbesondere für Geringqualifizierte.

Für eine mögliche andere föderale Zuständigkeit für Arbeitsmarktpolitik können zudem zwei weitere Argumente ins Feld geführt werden: Das *erste* Argument kann auf die Bedeutung der Sozialhilfe für den Arbeitsmarkt verweisen, insbesondere für jenen der Geringqualifizierten, deren verschlechterte Situation sozusagen am Beginn der Kommunalisierung der Arbeitslosigkeit steht. Die Kommunen haben nämlich mit der Sozialhilfe die instrumentelle Hoheit darüber, dass für Leistungen, die man erhält, eine Gegenleistung zu erbringen ist (Reziprozität). Die Sozialhilfe als unterstes Auffangnetz bestimmt den Umfang der Leistungen, der ohne Gegenleistung zu erhalten ist, und markiert damit auch den impliziten Mindestlohn. Sie erweist sich damit gleichsam als der archimedische Punkt für den Arbeitsmarkt von Niedrigqualifizierten, weil die gesamte Lohnstruktur daran "angedockt" wird.

Für die Kommunen ist dies unmittelbar relevant, da es einen Zusammenhang zwischen der Lohnstruktur und der Nachfrage nach den Arbeitsmarktqualifikationen gibt, die unter den Sozialhilfeempfängern besonders stark

---

[7] Damit ist das Argument gemeint, dass gerade die Kommunen und weniger die Arbeitsämter über die Vorortinstrumente einer sozialen Infrastruktur (Kinderbetreuung, Schuldner- und Suchtberatung etc.) verfügen, die für eine aktivierende Beschäftigungspolitik unverzichtbar ist.

vertreten sind[8]. Es gibt zudem Indizien dafür, dass das sog. Lohnabstandsgebot nach § 22 Abs. 4 BSHG nicht durchgängig gewahrt ist und dass es insbesondere in Haushalten mit Kindern und bei Einbeziehung der Wohnkosten Situationen gibt, in denen das Haushaltseinkommen eines Sozialhilfeempfängers nicht wesentlich unter oder sogar über dem Haushaltseinkommen eines Alleinverdieners in der Metallindustrie liegt.[9]

Da die Sozialhilfe durch ihren Mindestlohncharakter gleichsam eine Sperrklinke für die Arbeitsnachfrage nach einfachen Tätigkeiten darstellt, verfügen mithin auch allein die Kommunen als "financer of last resort" mit dem BSHG über das Instrument, bereits jetzt innerhalb des gesetzlichen Rahmens das Verhältnis zwischen Leistung und Gegenleistung neu zu tarie-

---

[8] So verfügen die Hälfte aller deutschen Sozialhilfeempfänger zwischen 15 und 64 Jahren nur über einen Volks- oder Hauptschulabschluss, weitere zehn Prozent haben keinen Schulabschluss. 45 Prozent der deutschen Sozialhilfeempfänger fehlt ein beruflicher Abschluss (vgl. Statistisches Bundesamt, Sozialhilfe im Ländervergleich 1997, Arbeitsunterlage, Wiesbaden 1999, S. 8).

[9] Vgl. Waltraut Peter (2000), Das deutsche Sozialhilfesystem: Im Spannungsfeld zwischen sozialer Fürsorge und Hilfe zur Arbeit, in: IW-Trends, Nr. 2, S. 57 - 70, wo ein Bruttomonatseinkommen von 3.000 DM zugrundegelegt wurde. Die unteren Lohngruppen in zahlreichen Dienstleistungszweigen liegen z.T. noch deutlich niedriger. Zu dieser Verletzung des horizontalen Abstandsgebotes tragen aber weniger die Eckregelsätze als vielmehr drei Formen einer Ungleichbehandlung zwischen Erwerbstätigen und Sozialhilfeempfängern einerseits wie auch zwischen verschiedenen Haushaltstypen bei HLU-Empfängern andererseits bei:

Die Abstandsberechnung beruht auf einem „Nach-Wohnkosten"-Konzept. Diese Berechnungsmethode ist deshalb geboten, weil ein großer Teil der Annäherung zwischen beiden Einkunftsarten mit der Erstattung der Wohnkosten im Sozialhilfestatus zu tun hat, während sie im Erwerbsstatus aus dem Arbeitseinkommen geleistet werden müssen. Zudem fällt das Wohngeld beim Erwerbsstatus deutlich niedriger aus als die Mietkostenübernahme im Sozialhilfestatus. Zwar würde die Abstandsberechnung für Arbeitnehmer mit Wohnungseigentum merklich anders ausfallen. Sie macht aber deutlich, dass der Staat bei der Abfederung der Wohnkosten Sozialhilfehaushalte deutlich besser stellt als Erwerbstätigenhaushalte.

Der Abstand zwischen Erwerbseinkommen und Sozialhilfepaket verringert sich sprunghaft mit der Zahl der Kinder. Dies hat ganz wesentlich mit der unterschiedlichen Behandlung von Kindern in beiden Einkunftsarten zu tun. Pointiert formuliert, werden beim Unterhalt von Kindern Sozialhilfeempfänger gegenüber Arbeitnehmern finanziell deutlich bessergestellt, wenn man die Regelsätze incl. Mietanteil in der Sozialhilfe mit dem allgemeinen Kindergeld und dem Wohngeld vergleicht und die steuerlichen Freibeträge unberücksichtigt lässt. Allgemeiner gesprochen, konkurriert die Lohnpolitik im Bereich niedriger Einkommen gegen die Transferpolitik, weil sie anders als diese in nur marginalem Umfang Elemente eines Familienlastenausgleichs enthält.

Drittens schließlich begünstigt die Sozialhilferegelung den Status der Alleinerziehenden insofern, als diese statt des Eckregelsatzes für den Haushaltsvorstand von 547 DM einen Betrag von 766 DM zuzüglich eines leicht erhöhten Betrages je Kind erhalten. Pro Kopf gerechnet haben die Angehörigen eines Alleinerziehenden-Haushalts mit drei Kindern damit noch einmal knapp 80 DM mehr als in einem Ehepaar-Haushalt mit der gleichen Kinderzahl.

ren und damit die Sperrklinkeneffekte der Sozialhilfe für den Arbeitsmarkt für einfache Tätigkeiten abzumildern. Dies wäre das genaue Gegenteil des in der klassischen Exegese föderaler Arbeitsteilung eingeklagten Nachrangs der kommunalen Sozialhilfepolitik.

Zugespitzt könnte sogar von einem beschäftigungspolitischen Vorrang der kommunalen Ebene insoweit ausgegangen werden, als ein Teil der Ursachen für ein beschäftigungspolitisches Aktivwerden in kommunaler Eigenverantwortung behoben werden könnte. Zwar erlegt der Bundesgesetzgeber den Kommunen mittelbar die Leistungshöhe auf. Doch nach dem Prinzip des Nachrangs der Sozialhilfe gemäß § 2 Abs. 1 BSHG erhält keine Hilfe, wer sich selbst helfen kann. Die Hilfe soll nach § 1 Abs. 2 den Hilfeempfänger befähigen, unabhängig von der Hilfe zu leben. Jeder erwerbsfähige Empfänger muss daher gemäß § 18 Abs. 1 BSHG seine Arbeitskraft anbieten und im Rahmen der Zumutbarkeit (Absatz 3) einsetzen.

Die Sozialämter hätten demnach also darauf hinzuwirken, dass der Hilfesuchende sich um Arbeit bemüht, Arbeit findet bzw. einer Arbeitsgelegenheit nachkommt. Wer sich weigert, eine zumutbare Arbeit oder Arbeitsgelegenheit anzunehmen, verwirkt seine Ansprüche gemäß § 25 Abs. 1 BSHG. Es entspricht daher Wortlaut und Geist des BSHG, die Anbahnung von Erwerbsarbeit in den Mittelpunkt der Aktivitäten zu stellen und die zu diesem Zweck auch vorgesehenen Anreize und Sanktionsmöglichkeiten zu nutzen. Werden diese Instrumente nicht im Sinne einer Reziprozität von Leistung und Gegenleistung genutzt, kommt es zu den Anreizstörungen auf der untersten föderalen Ebene, die sich im Arbeitsmarkt nach oben fortpflanzen und dann vermeintlich von einer zentralstaatlichen Ebene korrigiert werden sollen, die dafür aus der hier vertretenen Perspektive aber nur insofern die Verantwortung und die angemessenen Instrumente besitzt, als sie die Höhe des Existenzminimums für Arbeitsfähige bestimmen kann.

These 5: Mit einer Kommunalisierung der Arbeitsmarktpolitik könnte dem Konnexitätsprinzip zur Durchsetzung verholfen und die Unterinvestition in aktive arbeitsmarktpolitische Maßnahmen vermindert werden.

Das *zweite* Argument für eine solche Umkehrung der arbeitsmarktpolitischen Zuständigkeiten ist die mit dem bisherigen assignment zwingend verbundene Unterinvestition in beschäftigungsfördernde Maßnahmen. Denn eine *gesamtfiskalische Kosten-Nutzen-Bilanz* von Maßnahmen für *alle öffentlichen Fisci* ist bisher mit Blick auf die Unübersichtlichkeit der arbeitsmarktpolitischen Förderkulisse, das Nebeneinander von Akteuren und vor allem die Inkongruenz zwischen Nutzern und Zahlern der Arbeitsmarktpolitik nicht möglich. Es liegt daher im empirischen Dunkel, welche gebietskörperschaftliche Ebene letztlich wie viel für eine Maßnahme bezahlt, die von einer anderen Ebene durchgeführt wird. Das sogenannte Konnexitätsprinzip - vereinfacht: wer bestellt, bezahlt - ist weder bei der Veranlassung (Veranlassungskonnexität) noch bei der Ausführung (Ausführungskonnexität) gewahrt.

Diese "Verflechtungsfalle" in einem föderalen System, die zur Ineffizienz des Mitteleinsatzes führt und die Kostenwahrheit von Maßnahmen beeinträchtigt, ließe sich durch die Zusammenfassung der Arbeitslosen- und Sozialhilfe zumindest in diesem engeren Bereich "gegenseitiger Deckungsfähigkeit" deutlich reduzieren. Dies wäre zudem ein notwendiger Schritt, um die Schnittstelle zwischen dem BSHG und dem Arbeitsförderungsrecht neu zu justieren, an der sich derzeit noch ein Milliardengrab auftut. Denn statt einer überfälligen besseren Verzahnung der beiden Politikbereiche hat im Zuge der andauernden Reformen an beiden Gesetzeswerken bisher noch stets die wechselseitige Sorge vor einer Übervorteilung die Oberhand gewonnen. Die föderale Verflechtungsfalle kann hier prototypisch auf einfachste buchhalterische Überlegungen reduziert werden.

4 Kommunalisierung der Arbeitsmarktpolitik: Vorsprung durch Aktivierung

These 6: Eine stärker kommunalisierte Arbeitsmarktpolitik könnte sich bei richtiger Ausgestaltung als Prototyp einer aktivierenden Sozialpolitik etablieren.

Was folgt konkret aus diesen Überlegungen für die Neugestaltung der Arbeitsmarktpolitik? 1) Die Arbeitslosenhilfe sollte abgeschafft werden. 2) Arbeitslosenhilfebezieher sollten an die Sozialhilfe/Hilfe zur Arbeit verwiesen werden. 3) Der Bundeszuschuss für die Arbeitslosenhilfe einschließlich der administrativen Kosten sollte ungekürzt an die Kommunen gehen, die eventuelle Überschüsse - zum Beispiel durch Einsparung der Rentenversicherungsbeiträge und den Wegfall doppelter Bürokratie - für den Ausbau ihrer Hilfe zur Arbeit nutzen können. 4) Der Bezug von Arbeitslosengeld sollte auf 12 Monate begrenzt und wie die Hilfe zur Arbeit an das Prinzip Fordern und Fördern gebunden werden.[10]

---

[10] Im politischen Raum entzündet sich ein erheblicher Teil der Kontroversen daran, auf welchem Sicherungsniveau sich die Konvergenz abspielen sollte. Nach der bisherigen Ausgestaltung von Arbeitslosen- und Sozialhilfe ergibt sich von der Leistungshöhe her kein klares Bild. Dagegen sind die Regressvorschriften und die Zumutbarkeit bei der Sozialhilfe deutlich strenger geregelt als bei der Arbeitslosenhilfe. Für die grundsätzliche Frage der Konvergenz sind dies jedoch eher technische Fragen, die sich bei einem politischen "concession bargaining" vermutlich irgendwo in der Mitte lösen ließen und daher hier nicht weiter verfolgt werden sollen.

Diese Zusammenfassung von Arbeitslosen- und Sozialhilfe in der Zuständigkeit der Kommunen würde zu einem anderen Charakter der Arbeitsmarktpolitik für Langzeitarbeitslose und Problemgruppen beitragen, die damit viel stärker als bisher auf vier Säulen ruhen könnte:

- Aktivierung: Grundsatz der Arbeitsmarktpolitik sollte es sein, die Empfänger von Transferleistungen frühzeitig mit einem Arbeitsplatz- oder Ausbildungsangebot zu konfrontieren statt dauerhaft zu alimentieren. Dafür sind in erster Linie umgewidmete Transferleistungen einzusetzen (Fördern).
- Konditionalität: Die Zahlung von Transferleistungen sollte generell an die Verpflichtung gebunden werden, bereits kurzfristig an aktiven arbeitsmarktpolitischen Maßnahmen teilzunehmen. Zudem darf die Teilnahme an einer aktiven Maßnahme nicht wieder neue Ansprüche auf einen passiven Leistungsbezug begründen (Fordern).
- Sanktionsbewehrung: Bei Nichtteilnahme an aktivierenden Maßnahmen sollte es zu Leistungskürzungen bei den Transferzahlungen kommen. Diese sind zwar auch im bisherigen arbeitsamtlichen wie kommunalen Arbeitsförderungsrecht vorgesehen, doch kommen sie wegen der vielfach fehlenden konkreten Stellenangebote nur in einer Minderzahl der Fälle zur Anwendung. Nur eine Politik der verstärkten Arbeitsplatz- oder Ausbildungsangebote kann auch die Sanktionen systematischer einsetzen.
- Vermeidung von Sozialstaatsfallen: Die Anrechnungsregeln im BSHG (Sozialhilfe) und SGB (Arbeitslosenhilfe) müssen vereinheitlicht und so ausgestaltet werden, dass der implizite Steuertarif keine arbeitsanreizwidrigen Sprungstellen aufweist. Die Hinzuverdienstanreize für Transferempfänger müssen gestärkt werden.

These 7: Die bisherigen Erfahrungen mit der Beschäftigungsförderung von Geringqualifizierten zeigen, dass die Arbeitsmarktpolitik stärker von unten nach oben als umgekehrt ausgestaltet werden sollte.

Wegen des Zusammenhangs von Sozialhilfe, Lohnstruktur und Beschäftigung für Geringqualifizierte sollte die Reform der Arbeitsmarkt- und Beschäftigungspolitik für diese wachsende Gruppe stärker als bisher von unten nach oben (bottom-up) als von oben nach unten (top-down) dekliniert werden. Ohne eine Stärkung der untersten föderalen Ebene bei den Aufgaben wie bei der finanziellen Ausstattung für die Aufgaben bliebe eine wirkliche Reform der Arbeitsmarktpolitik bereits im Ansatz stecken. Ein Beleg für diese These liefern die bisherigen Erfahrungen mit verschiedenen "Kombilohn"modellen, die bisher in Deutschland in kleinerem Maßstab praktiziert werden (Übersicht 1). Im wesentlichen weisen sie folgende grundsätzlichen Probleme auf:

- Weil keines der Modelle an einen Umbau der Sozialhilfe in eine verpflichtende Hilfe zur Arbeit gekoppelt ist, bleibt der grundsätzliche Web-

fehler des bestehenden Sozialhilfesystems unbehoben, Arbeitslosigkeit zu alimentieren anstatt Arbeit zu fördern.
- Indem alle Modelle auf dem bestehenden Sozialhilfeniveau und dem dadurch implizit gesetzten Mindestlohn aufsetzen, berücksichtigt keines von ihnen den Sperrklinkeneffekt der Sozialhilfe für den Arbeitsmarkt. Damit beschränken sie die Möglichkeiten, den Arbeitsmarkt für Geringqualifizierte zu öffnen.
- Keines der Modelle bessert die Arbeitsanreize innerhalb der Sozialhilfe nachhaltig auf. In Baden-Württemberg und Hessen wird der Erwerbsfreibetrag (§ 76 BSHG) durch das Einstiegsgeld ersetzt oder aufgestockt, so dass das verfügbare Einkommen von Hilfeempfängern bei einer Arbeitsaufnahme zwar steigt, sobald ihr Zuschuss über dem Freibetrag von maximal 276 DM liegt. Spätestens nach Auslaufen des Zuschusses springt ihre Grenzsteuerbelastung jedoch auf über 100 Prozent. Das Mainzer Modell zieht die Zuschüsse von der Sozialhilfe ab (analog zum Kindergeld), so dass eine Arbeitsaufnahme nicht durch ein zusätzliches Einkommen belohnt wird. Dadurch sollen Kommunen über die Kürzung der Sozialhilfeleistungen und der Bezugsdauer von Kosten entlastet werden. Deswegen wird mit dem Zuschuss lediglich eine zusätzliche, gegenüber der Sozialhilfe vorrangige Sozialleistung eingezogen, die aus Bundes-, Landes- und EU-Mitteln bezahlt wird. Beim Saar-Modell besteht der Zuschuss aus "Anrechten" am Qualifizierungsfonds, so dass der bisherige Freibetrag von maximal 276 DM unverändert gilt.
- Keines der Modelle schafft die Verschiebebahnhöfe zwischen den Sozial- und Arbeitsämtern ab. Dadurch wird ein zügiges, ganzheitliches, individuelles Fallmanagement unmöglich. Hinzu kommen administrative Unklarheiten z. B. dergestalt, dass manche Sozialämter den Zuschuss von der Sozialhilfe abziehen oder dass die Mitarbeiter des Arbeitsamtes nicht wissen, wie er sich auf das Gesamteinkommen der Teilnehmer auswirkt, weil sie die Anrechnungsverfahren der (aufstockenden) Sozialhilfe nicht kennen.
- In den Arbeitsämtern, die im Mainzer Modell und im Saar-Modell für die Zuschüsse zuständig sind, konkurrieren letztere mit einer Vielfalt von arbeitsmarktpolitischen Instrumenten, zu denen sie zudem oft quer liegen, weil sie die zusätzliche Inanspruchnahme anderer SGB III-Mittel ausschließen, oder denen sie unterlegen sind, weil andere Zuschüsse weit großzügiger sind (zum Beispiel Einstiegsgeld, SAM oder Sofortprogramm für Jugendliche). Die institutionelle Verankerung in den Arbeitsämtern macht es zudem schwierig, Geringqualifizierte, die keine SGB III-Leistungen beziehen, überhaupt zu erreichen.

These 8: Die Zusammenfassung von Arbeitslosen- und Sozialhilfe erlaubt die bessere Ausschöpfung bereits bestehender Aktivierungsinstrumente.

Schon gegenwärtig haben die Kommunen einige Spielräume, um die Arbeitsanreize für arbeitslose Hilfeempfänger zu verbessern und mit einem Umbau der Sozialhilfe in eine aktive, verpflichtende Hilfe zur Arbeit zu verbinden:
- Der § 18 Abs. 1 verpflichtet Hilfebezieher, "ihre Arbeitskraft zur Beschaffung des Lebensunterhalts für sich und (ihre) unterhaltsberechtigten Angehörigen einzusetzen" und die Träger, "darauf hinzuwirken," dass sie dies tun (Abs. 2).
- § 18 Abs. 4 und 5 erlaubt ihnen, Hilfeempfängern, die eine Tätigkeit aufnehmen, und Arbeitgebern, die Hilfeempfänger einstellen, begrenzte Zuschüsse zu zahlen.
- § 25 BSHG gestattet, bei Arbeitsverweigerung die Sozialhilfe um 25 Prozent auf das Lebensnotwendige zu kürzen oder ganz zu streichen.
- § 22 Abs. 2 überlässt es den Landesregierungen, die Höhe der Regelsätze festzulegen, sofern sie sich an die "Vorschriften (des BMA) über Inhalt und Aufbau der Regelsätze sowie ihre Bemessung und Fortschreibung" (Abs. 5) halten.
- Die §§ 19 und 20 erlauben die Erstellung von Hilfeplänen für Hilfeempfänger, die nicht unmittelbar in den Arbeitsmarkt vermittelt werden können, die Prüfung der Arbeitsfähigkeit und -willigkeit von arbeitslosen Hilfeempfängern und die Zusammenarbeit mit privaten Arbeitsvermittlern, Beschäftigungsgesellschaften etc.
- § 76 BSHG gibt den Kommunen die Möglichkeit, den Erwerbsfreibetrag zu variieren. Hessen tut dies bereits, indem es von der Empfehlung des Deutschen Vereins nach oben abweicht.
- Sowohl das BSHG wie auch das SGB III (Freie Förderung) gestatten eine enge Zusammenarbeit der örtlichen Arbeits- und Sozialämter, z.B. die Einrichtung einer gemeinsamen Dienststelle oder die Co-Finanzierung von Job Börsen für arbeitslose Hilfeempfänger. Weitere Möglichkeiten werden derzeit in dem vom BMA finanzierten Modellversuch "zur Verbesserung der Zusammenarbeit zwischen Arbeitsämtern und Sozialhilfeträgern" erprobt.

Die Zusammenfassung beider Titel zu einem einzigen Aktivierungsinstrument würde es erlauben, diese verschiedenen Möglichkeiten weitaus systematischer als bisher einzusetzen. Über diese bereits bestehenden Möglichkeiten hinaus könnten zudem mit einer zusammengefassten kommunalen Arbeitsmarktpolitik weitere aktivierende Schritte unternommen werden. Allerdings setzen die bestehenden Gesetze den Bemühungen um grundsätzliche und nachhaltige Verbesserungen der Arbeitsanreize und Hilfe zur Arbeit noch enge juristische, institutionelle und fiskalische Grenzen. Dies gilt vor allem für den engeren Bereich des Bundessozialhilfegesetzes. Eine Zusammenfassung beider Titel zu einer Aktivierungshilfe für erwerbsfähige Hilfeempfänger könnte jedoch auch hier Reformimpulse auslösen.[11]

5 Ausblick

These 9: Die Zusammenfassung von Arbeitslosen- und Sozialhilfe stellt einen Einstieg in die Negativsteuer dar.
Die bisherige Praxis der Modellversuche zur Förderung der Beschäftigung von Geringqualifizierten zeigt, dass Kombilöhne und Erwerbsfreibeträge nicht mehr als eine Starthilfe sein können. Als einkommenspolitische Strategie, um die strukturelle Arbeitslosigkeit abzubauen, die Arbeitsmarktchancen von Geringqualifizierten auf Dauer zu verbessern und Armut trotz Arbeit zu vermeiden, greifen sie systematisch zu kurz. Auch die offenbar in Gang gekommene Zusammenarbeit zwischen Arbeits- und Sozialämtern ist zwar ein erster Schritt in die richtige Richtung, doch ändert sie nichts an den grundlegenden Fehlanreizen, die von der bisherigen Parallelpolitik und deren konkreten Vorschriften ausgehen.

Die Zusammenfassung von Arbeitslosen- und Sozialhilfe in der Kompetenz der Kommunen hingegen böte nicht nur einen Ansatz, um der Verflechtungsfalle zu entgehen und wirksamere Arbeitsanreize zu etablieren. Durch die Vereinheitlichung der Leistungen und Gegenleistungen bei Arbeitslosigkeit sowie eine einheitliche Definition des Existenzminimums könnte sie zudem auch als tragfähiger Einstieg in eine längerfristig anzustrebende Strategie der Negativsteuer dienen. Durch eine Negativsteuer lie-

---

[11] Folgende konkrete Reformen wären denkbar: 1) Entsprechend der Vorschrift des § 2 und § 18 Abs. 1 BSHG, dass jeder Hilfeempfänger grundsätzlich verpflichtet ist, selbst für seinen Lebensunterhalt zu sorgen, wird die Unzumutbarkeitsregelung (§ 18 Abs. 3 BSHG) gestrichen und stattdessen eine Härtefallregelung eingeführt, die den Trägern die Möglichkeit gibt, Hilfeempfänger mit körperlichen oder geistigen Einschränkungen oder wegen der Betreuung von Pflegebedürftigen vorübergehend von der Hilfe zur Arbeit einschl. der Sanktionsvorschrift des §25 BSHG freizustellen. Hilfeempfänger, die auf Dauer erwerbsunfähig sind, werden an die BfA/LVAs weitergeleitet. 2) Zur Eindämmung der Praxis der Verwaltungsgerichte, §25 BSHG (Kürzung der Sozialhilfe bei Verweigerung) als Hilfenorm zu interpretieren, wird der Paragraph in eine Sanktionsnorm umdefiniert und die Beweislast umgekehrt. 3) Die Sozialhilfesätze für Kinder werden an die Höhe des Kindergeldes, der Mietzuschuss an das Wohngeld angeglichen. 4) Die Bindung der Hilfe zur Arbeit an ortsübliche bzw. tarifliche Löhne wird durch eine "Öffnungsklausel" ersetzt. 5) Die mit einem Umbau der Sozialhilfe notwendig verbundenen Investitionen seitens der Kommunen (Ausbau der Hilfe zur Arbeit und der sozialen Infrastruktur, der Kinderbetreuung für erwerbstätige Hilfeempfänger und Niedrigeinkommensbezieher) werden durch Umschichtungen im föderalen Finanzausgleich ausgeglichen. 6) Um Sozialhilfeabhängigkeit aufgrund verweigerter Unterhaltszahlungen zu reduzieren, wird die Unterhaltseintreibung verstärkt. Säumige Väter/Mütter, die aufgrund von Arbeitslosigkeit zahlungsunfähig sind, werden in die Hilfe zur Arbeit eingeschlossen.

ßen sich Niedrigeinkommen einkommensabhängig aufstocken und entweder als Gutschrift direkt auszahlen oder von der Steuerschuld abziehen. Sie wäre auch die wirksamste Einkommenspolitik und der Subventionierung von Sozialversicherungsbeiträgen vorzuziehen, weil sie die Begünstigten nicht aus der Eigenvorsorge entlässt.

Schließlich ist die Zusammenfassung beider Transfers auch geeignet, das im Hinblick auf das in der bisherigen Kombilohndiskussion zu beobachtende fast vollständige Ausblenden des Steuersystems als Instrument der Beschäftigungsförderung für Geringqualifizierte zu verändern. Durch ein Ansetzen im Steuersystem kann am ehesten den folgenden grundsätzlichen Anforderungen an einen effizienten Transfermechanismus Rechnung getragen werden: Er muss a) lohnstrukturrelevant, b) erwerbsanreizfördernd, c) sozialstaatsfallenvermeidend, d) zielgruppenrelevant, e) bedürftigkeitsgeprüft und f) haushaltsbezogen sein. Ein den angelsächsischen Erfahrungen nachempfundener Steuerkredit[12] würde diese Anforderungen zur Gänze erfüllen. Daher sollte die Zusammenfassung von Arbeitslosen- und Sozialhilfe auch unter einer längerfristigen Reformperspektive betrachtet werden.

Übersicht 1: Gegenwärtig laufende Modellversuche zur Beschäftigungsförderung für Geringqualifizierte

Parameter	Mainzer Modell (Rheinl.-Pfalz, Brandenbug)	Saar-Modell (Saarland, Sachsen)	Einstiegsgeld (Baden-Württemberg)	Kombilohn (Hessen)
Zielgruppe	Arbeitsuchende oder hilfebeziehende Alleinlebende, die monatlich mind. 630 DM, höchstens 1.575 DM brutto verdienen und mind. 15 Std./Woche arbeiten sowie Verheiratete und Alleinerziehende, die mind. 630 DM, höchstens 3.150 DM verdienen.	Alle AN, die weniger als 18 DM verdienen (ursprünglich nur Langzeitarbeitslose und Personen ohne Bildungsabschluss)	Langzeitarbeitslose Sozialhilfeempfänger (Schwergewicht liegt auf Alleinerziehenden)	In der Regel langzeitarbeitslose Sozialhilfeempfänger, die mind. 6 Monate im Hilfebezug sind (besondere Zielgruppe: alleinerziehende Frauen)

---

[12] Einen Steuerabsetzbetrag als eine "Adressatenbeschränkung" der Negativsteuer auf Leichtlohnempfänger hat bisher für Deutschland nur Joachim Mitschke vorgeschlagen. Anders als im angelsächsischen Raum muss allerdings für Deutschland bei der Einführung eventueller Steuerkredite stets die Sozialhilfe als staatliche Einkommensgarantie und verfassungsrechtliche Lebensunterhaltssicherung bei Nichtarbeit bedacht werden. Damit eine adressenbeschränkte, "kleine" Negativsteuer in Form eines Steuerabsetzbetrages als beschäftigungspolitisches Instrument erfolgreich und als Steuerkredit finanzierbar sein soll, sollte es ein klares "assignment" geben, wonach der Steuerkredit die Arbeitsaufnahme fördern soll, während die allgemeine Einkommenspolitik für den Ausgleich anderer Lasten zuständig ist. Daher sollten z.B. die Tatbestände Kinder und Wohnen aus der Sozialhilfe herausgenommen und der Familienleistungsausgleich allein im Steuersystem angesiedelt werden.

Fortsetzung der Übersicht 1:

Parameter	Mainzer Modell (Rheinl.-Pfalz, Brandenbug)	Saar-Modell (Saarland, Sachsen)	Einstiegsgeld (Baden-Württemberg)	Kombilohn (Hessen)
Gleichzeitiger Anspruch auf SGB III-/BSGH-Leistungen?	Ja	Ja	Nur BSHG-Leistungen	Ja
Zuständige Behörde	In der Hauptsache die Arbeitsämter; die Kooperation zwischen Arbeits- und Sozialämter reicht von unregelmäßig bis institutionalisiert	In der Hauptsache die Arbeitsämter; die Kooperation zwischen Arbeits- u. Sozialämter reicht von unregelmäßig bis institutionalisiert	Sozialämter	Sozialämter
Ausgestaltung des Zuschusses	Degressive Zuschüsse zu den AN-Sozialversicherungsbeiträgen plus Kindergeldzuschlag von 150 DM pro Kind. Voraussetzung ist, dass der AN in den vorherigen 6 Monaten nicht in dem Betrieb beschäftigt war. Diese Voraussetzung entfällt bei Wechsel von einer 630 DM-Stelle auf eine Teil- oder Vollzeitstelle. Bei Sozialhilfebeziehern werden die Zuschüsse auf die Sozialhilfe angerechnet.	Degressive, stundenlohnabhängige Zuschüsse zu den Sozialversicherungsbeiträgen für AG und AN. AG müssen einen zusätzlichen Arbeitsplatz für Geringqualifizierte oder Langzeitarbeitslose schaffen und der Bruttostundenlohn muss unter 18 DM liegen. AN erhalten einen Zuschuss in gleicher Höhe, der in einen regionalen Fonds zur Finanzierung von Weiterbildungsmaßnahmen fließt.	Unterschiedlich: am häufigsten 50 % des Brutto- oder Nettoverdienstes, teilweise zeitlich degressive Obergrenze ist der Regelbedarf in der Sozialhilfe. In 3 Kommunen sind geringfügige Beschäftigungen ausgeschlossen. Der Erwerbsfreibetrag in der Sozialhilfe entfällt (der Zuschuss darf jedoch nicht niedriger sein als der Freibetrag wäre).	Zeitlich degressiver Zuschuss. Obergrenze ist der Regelbedarf für die Sozialhilfe. Beisp. Frankfurt: Differenzierung nach Teilzeit-/Vollzeit und Kinderzahl: voller Zuschuss 551 DM (entspricht Regelsatz in der Sozialhilfe), halber Zuschuss 275,50 DM zusätzlich zum Erwerbsfreibetrag plus 90 DM pro Kind. Danach alle 2 Monate Reduktion um 25 Prozent.
Befristung	Ab Mai 2001: 36 Monate (vorher 18 Monate)	Seit Mai 2001: 36 Monate (vorher 18 Monate)	12 Monate	12 Monate (Frankfurt 18 Monate)
Bisherige Teilnehmerzahl	Bis 1.3.2001: 151 (120 in Bearbeitung)	Bis 1.3.2001: 19 (36 in Bearbeitung)	Bis Nov. 2000: 281 (10 Prozent der Zielgruppe)	Insgesamt in Hessen 58 (bis Sommer 2000)
Ende der Modellversuche	2005	2005	31.08.2002	15.10.2001

Die Parameter unterscheiden sich z.T. auf kommunaler Ebene. AN: Arbeitnehmer; AG: Arbeitgeber.

Quelle: CAST-Projektbrief Nr. 2; "Arbeit muss sich lohnen - Mainzer Modell für Beschäftigung und Familienförderung", Papier des rheinland-pfälzischen Ministeriums für Arbeit, Soziales und Gesundheit, Januar 2001; "Kombilohn in Hessen," Papier des Hessischen Sozialministeriums, März 2001.

6 Zur Konvergenz von Arbeitslosen- und Sozialhilfe: Neun Thesen

These 1: Das wirtschafts-, arbeitsmarkt- und sozialpolitische Querschnittsproblem des Verlusts von Einfacharbeitsplätzen hat sich immer mehr zu einem kommunalpolitischen Sonderproblem entwickelt.

These 2: Der Kommunalisierung der Arbeitslosigkeit ist mit den bisher bekannten Verschiebebahnhöfen nicht ursachengerecht beizukommen.

These 3: Um der föderalen Verflechtungsfalle zu entgehen, muss neu definiert werden, wo im föderalen Aufbau die Arbeitsmarkt- und Beschäftigungspolitik richtigerweise anzusiedeln ist.

These 4: Der beschäftigungspolitische Nachrang der Kommune missachtet die Sperrklinkeneffekte der Sozialhilfe für den Arbeitsmarkt, insbesondere für Geringqualifizierte.

These 5: Mit einer Kommunalisierung der Arbeitsmarktpolitik könnte dem Konnexitätsprinzip zur Durchsetzung verholfen und die Unterinvestition in aktive arbeitsmarktpolitische Maßnahmen vermindert werden.

These 6: Eine stärker kommunalisierte Arbeitsmarktpolitik könnte sich bei richtiger Ausgestaltung als Prototyp einer aktivierenden Sozialpolitik etablieren.

These 7: Die bisherigen Erfahrungen mit der Beschäftigungsförderung von Geringqualifizierten zeigen, dass die Arbeitsmarktpolitik stärker von unten nach oben als umgekehrt ausgestaltet werden sollte.

These 8: Die Zusammenfassung von Arbeitslosen- und Sozialhilfe erlaubt die bessere Ausschöpfung bereits bestehender Aktivierungsinstrumente.

These 9: Die Zusammenfassung von Arbeitslosen- und Sozialhilfe stellt einen Einstieg in die Negativsteuer dar.

Literaturverzeichnis

CAST-Projektbrief Nr. 2 (2001), Arbeit muss sich lohnen - Mainzer Modell für Beschäftgung und Familienförderung, Papier des rheinland-pfälzischen Ministeriums für Arbeit, Soziales und Gesundheit, Januar 2001; Kombilohn in Hessen, Papier des Hessischen Sozialministeriums.

Eichenhofer, E. (2000), Arbeitsförderung als kommunale Aufgabe, in: Ipsen, Jörn (Hrsg.), Arbeitslosigkeit - Herausforderung für Gemeinden und Kreise, 10. Bad Iburger Gespräche, Osnabrück, S. 29-42.

Peter, W. (2000), Das deutsche Sozialhilfesystem: Im Spannungsfeld zwischen sozialer Fürsorge und Hilfe zur Arbeit, in: IW-Trends, Nr. 2, S. 57-70.

Einstiegsgeld in Baden-Württemberg

Eine Zwischenbilanz nach 15 Monaten[1]

Sabine Dann, Andrea Kirchmann, Alexander Spermann, Jürgen Volkert

Die folgende erste Zwischenbilanz des Modellversuchs „Einstiegsgeld in Baden-Württemberg" basiert auf einer Sonderauswertung zum 31. März 2001. Es handelt sich hierbei um eine eingehende deskriptiv-statistische Analyse der Teilnehmerstruktur. Über Mitnahmeeffekte kann zum jetzigen Zeitpunkt noch keine Aussage getroffen werden. Die folgenden Ergebnisse sind aus unserer Sicht berichtenswert, da sie die Reaktionen der Hilfeempfänger auf das Angebot Einstiegsgeld widerspiegeln, insbesondere das Verhalten der Hilfeempfänger nach Ablauf der Einstiegsgeldgewährung. Zunächst aber noch einmal einige kurze Anmerkungen zur Konzeption des Einstiegsgeldes.

1 Was ist das Einstiegsgeld ? - Eine kurze Einführung

1998 hat das IAW der Landesarbeitsgemeinschaft „Hilfe zur Arbeit" das von Alexander Spermann an der Universität Freiburg entwickelte so genannte „Einstiegsgeld für langzeitarbeitslose Sozialhilfeempfänger" vorgestellt und dessen Erprobung vorgeschlagen. Im selben Jahr hat die Landesarbeitsgemeinschaft diesen Vorschlag beraten und empfohlen, das „Einstiegsgeld" in einigen baden-württembergischen Stadt- und Landkreisen als weitere Variante der Maßnahmen der Hilfe zur Arbeit nach dem Bundessozialhilfegesetz (BSHG) in einem Modellversuch zu erproben. Die Landesregierung hat diese Empfehlung aufgegriffen und die Stadt- und Landkreise um Mitwirkung an dem Modellversuch gebeten. Inzwischen bilden die baden-württembergischen Stadtkreise Freiburg, Karlsruhe und Mannheim sowie die Landkreise Alb-Donau, Böblingen, Esslingen, Rhein-Neckar, Tübingen und Waldshut die Gruppe der Teilnehmer am Modellversuch Einstiegsgeld.

---

[1] Dieser Aufsatz ist eine Zusammenfassung der Veröffentlichung „Einstiegsgeld in Baden-Württemberg. Zwischenbilanz", die als Broschüre beim Sozialministerium Baden-Württemberg, Broschürenstelle, Schellingstraße 15, 70174 Stuttgart, Fax: 0711 / 123 39 99 kostenlos erhältlich ist und außerdem als PDF-File von der IAW-Homepage abgerufen werden kann.

Anfang 1999 wurde das IAW offiziell mit der wissenschaftlichen Begleitforschung beauftragt. Im Verlauf des Jahres 1999 haben die Modellkreise gemeinsam mit dem IAW die regionalen Voraussetzungen und Besonderheiten geklärt, eigene Konzepte entwickelt, die Grundlagen für eine möglichst aussagefähige Erfolgsmessung geschaffen und schließlich zur Jahreswende 1999/2000 das Einstiegsgeld selbst eingeführt.

Der Modellversuch läuft bis Mitte 2002. Bis dahin soll geklärt werden, inwieweit verbesserte monetäre Anreize bei der Aufnahme einer Erwerbstätigkeit zu positiven Effekten führen können.

1.2 Ausgangssituation und die Ziele des Einstiegsgeldes

Zurzeit wird in der deutschen Sozialhilfe das Arbeitseinkommen auf die Sozialhilfe fast vollständig angerechnet. So kann zum Beispiel ein alleinstehender Sozialhilfeempfänger in Baden-Württemberg monatlich 141 DM durch Arbeitseinkommen anrechnungsfrei hinzuverdienen. 85 % der darüber hinaus gehenden Nettoeinkommen werden auf die Sozialhilfe angerechnet. Ab einem Nettoeinkommen von ca. 1.000 DM werden höhere Nettoeinkommen vollständig auf die Sozialhilfe angerechnet. Insgesamt können alleinstehende Hilfeempfänger ihre finanzielle Situation selbst mit einer Vollzeitstelle nur um maximal monatlich 281 DM verbessern.

Seit längerem wird von verschiedensten Seiten die Notwendigkeit gesehen, die Anrechnung der Arbeitseinkommen auf die Sozialhilfe zu verringern, um dadurch mehr Anreize zur Ausübung einer Erwerbstätigkeit zu schaffen. Hierdurch soll die Eigenverantwortlichkeit der Sozialhilfeempfänger gestärkt werden.

In diesem Zusammenhang ist auch der Modellversuch „Einstiegsgeld in Baden-Württemberg" zu sehen, in dem die Anrechnung von Arbeitseinkommen für die Sozialhilfeempfänger - und zwar ausschließlich für langzeitarbeitslose Sozialhilfeempfänger - unter bestimmten Voraussetzungen durch ein Einstiegsgeld attraktiver gestaltet wird.

Das Einstiegsgeld ist sozialhilferechtlich ein Zuschuss des Sozialhilfeträgers nach § 18 Abs. 5 Bundessozialhilfegesetz (BSHG), den dieser durch eine höhere Freilassung von Erwerbseinkommen den Hilfeempfängern bei Arbeitsaufnahme auf dem allgemeinen Arbeitsmarkt gewährt.

Mit dem Einstiegsgeld werden mehrere Ziele verfolgt:
- Verwirklichung von Anrechnungsbestimmungen, die den Sozialhilfeempfängern lohnende Erwerbschancen eröffnen,
- auf diese Weise zugleich ein Beitrag zu Integration der Betreffenden in den ersten Arbeitsmarkt leisten,
- die Sozialhilfeträger nicht stärker belasten, sondern mittel- bis langfristig zu Einspareffekten führen,

- sowohl für Arbeitgeber als auch für Arbeitnehmer attraktiv sind.

2   Eine erste Zwischenbilanz nach 15 Monaten

Das Sozialministerium Baden-Württemberg und das IAW haben die am Modellversuch beteiligten Stadt- und Landkreise zum Stichtag 31. März 2001 um eine ausführliche Datenerhebung zu den Teilnehmern gebeten. Bis zu diesem Stichtag haben insgesamt 496 Sozialhilfeempfängerinnen und -empfänger mit Hilfe des Einstiegsgeldes eine Beschäftigung am ersten Arbeitsmarkt aufgenommen. Diese Gesamtgruppe spaltet sich in drei Teilgruppen auf:
    a. Sozialhilfeempfänger, die zum Stichtag 31. März 2001 Einstiegsgeld bezogen haben, die so genannten **Einstiegsgeldempfänger**.
    b. Sozialhilfeempfänger, deren individuelle Jahresfrist bereits vor dem 31. März 2001 abgelaufen war, die so genannten **Absolventen**. Diese Personen haben zwölf Monate lang Einstiegsgeld bezogen.
    c. Sozialhilfeempfänger, die vor dem 31. März 2001 aus dem Modellversuch ausgeschieden sind, obwohl ihre individuelle Jahresfrist noch nicht abgelaufen war. Diese Personen werden im Folgenden als „**Abbrecher**" bezeichnet. Der Begriff „Abbruch" bezieht sich somit nicht auf den Abbruch des Beschäftigungsverhältnisses, sondern auf die Beendigung des Einstiegsgeldbezuges; das heißt die Teilnahme am Modellversuch wurde vorzeitig beendet. Gründe für eine vorzeitige Beendigung sind zum Beispiel: Kündigung, Sozialhilfeunabhängigkeit aufgrund einer Nettoeinkommenssteigerung, Umzug, Heirat.

Keine Aussagen können über jene Sozialhilfeempfänger getroffen werden, die durch das Einstiegsgeld dazu angeregt wurden, eine Beschäftigung aufzunehmen und sich dann nicht mehr beim Sozialamt gemeldet haben, da ihr Einkommen sofort über der Sozialhilfebedürftigkeitsgrenze lag. Hierbei handelt es sich um die erfolgreichste Gruppe im Modellversuch Einstiegsgeld. Da die Sozialämter jedoch keine systematische Verbleibsstatistik über ehemalige Hilfeempfänger führen, kann die Größe dieser Gruppe allenfalls geschätzt werden.

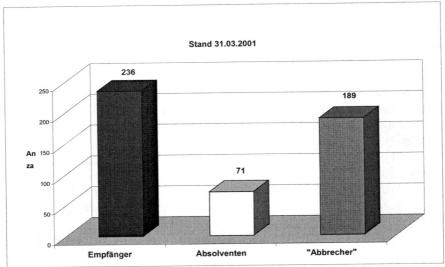

Abbildung 1: Modellteilnehmer nach Teilnahmestatus am Modellversuch
Quelle: IAW-Datenerhebung 2001.

In diesem Beitrag soll im Wesentlichen den folgenden Fragen nachgegangen werden:
- Wie verteilt sich die Gesamtzahl der Modellteilnehmer auf die beteiligten Stadt- und Landkreise?
- Durch welche soziodemographischen Merkmale zeichnen sich die Modellteilnehmer aus?
- Welche Art von Beschäftigungsverhältnissen wurden aufgenommen?
- In welchen Branchen und Berufsbereichen haben die Hilfeempfänger eine Arbeit gefunden und welche Tätigkeiten üben sie aus?
- Aus welchen Gründen haben Hilfeempfänger den Modellversuch vorzeitig beendet?

Zunächst erfolgt ein allgemeiner Überblick über alle Modellteilnehmer. Auf die Gruppe der Einstiegsgeldempfänger wird nur kurz eingegangen, da diese Gruppe in ihren Merkmalen kaum von der Gesamtgruppe abweicht. Anschließend wird die Gruppe der Einstiegsgeldabsolventen vorgestellt. Die zwei spannenden Fragen bei dieser Gruppe lauten:
- Wie reagieren die Hilfeempfänger nach Ablauf der zwölfmonatigen Einstiegsgeldbefristung? Üben Sie weiterhin ihr Beschäftigungsverhältnis aus oder nicht?
- Und beziehen die Hilfeempfänger weiterhin Sozialhilfe oder nicht?

Schließlich werden die Modellversuch-„Abbrecher" betrachtet und hier speziell die Teilgruppe, die aufgrund einer Nettoeinkommenssteigerung von der Sozialhilfe unabhängig geworden ist. Letztere wird als erfolgreiche Modellversuch-„Abbrecher" bezeichnet.

3 Allgemeiner Überblick über alle Modellteilnehmer

Von den 496 Personen, die bis zum Stichtag 31. März 2001 am Modellversuch teilgenommen haben, lebt ein Drittel in den beteiligten Landkreisen und zwei Drittel in den Städten. Die folgende Abbildung zeigt die Verteilung auf die Städte und Landkreise.

Der Landkreis Tübingen hat später als die anderen Kreise mit dem Modellversuch begonnen. Die Hilfeempfängerinnen wurden hier Anfang 2001 durch das Sozialamt über das Einstiegsgeld informiert. Bis zum Stichtag 31. März 2001 gab es jedoch im Landkreis Tübingen keine Teilnehmerin am Modellversuch. Damit beziehen sich die folgenden Angaben auf die anfänglichen acht Modellkreise.

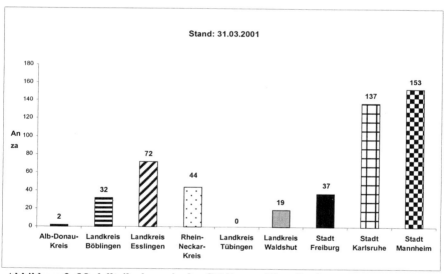

Abbildung 2: Modellteilnehmer in den Städten und Landkreisen
Quelle: IAW-Datenerhebung 2001.

3.1 Soziodemographische Merkmale

Mehr als drei Viertel (77 %) aller Modellteilnehmer sind Frauen. Lässt man den Rhein-Neckar-Kreis außer Acht, der Einstiegsgeld nur an allein Erziehende gewährt (nur ein Modellteilnehmer im Rhein-Neckar Kreis ist männlich), liegt der Frauenanteil noch immer bei 75 %. In Baden-Württemberg waren am 31. Dezember 1999[2] 57 % aller Sozialhilfeempfänger[3] Frauen. Folglich ist der Frauenanteil unter den Teilnehmern am Modellversuch wesentlich höher als der Frauenanteil bei allen Sozialhilfeempfängern in Baden-Württemberg.[4]

Eine Betrachtung der Ausländerbeteiligung am Modellversuch ergibt, dass 23 % der Hilfeempfänger, die im Rahmen des Einstiegsgeldes eine Beschäftigung aufgenommen haben, keinen deutschen Pass besitzen. Damit ist die Ausländerquote im Modellversuch etwas niedriger als in der Sozialhilfe insgesamt. In Baden-Württemberg waren am 31. Dezember 1999 26 % aller Sozialhilfeempfänger Ausländer.

Die Aufschlüsselung der altersmäßigen Zusammensetzung der Modellteilnehmer zeigt: 6 % der Modellteilnehmer sind unter 25 Jahre alt. 15 % sind zwischen 25 und 30 Jahren. Über die Hälfte der Modellteilnehmer gehört zur mittleren Altersgruppe der 30- bis 40-Jährigen. Die 40- bis 50-Jährigen nehmen einen Anteil von 19 % ein. 8 % entfallen auf die über 50-Jährigen.

Mit dem Einstiegsgeld vergleichbare Modellversuche beziehungsweise Programme im Ausland sind häufig für spezielle Zielgruppen konzipiert. So handelt es sich beim kanadischen „Self-Sufficiency Projekt (SSP)" um ein Anreizmodell für allein erziehende Sozialhilfeempfängerinnen, während sich der „Working Families' Tax Credit" in Großbritannien an Familien mit mindestens einem Kind richtet. Damit stellt sich auch im Modellversuch „Einstiegsgeld in Baden-Württemberg" die wichtige Frage: Welche Haushaltstypen konnten mit Hilfe des Einstiegsgeldes zu einer intensiven Arbeitsplatzsuche beziehungsweise zur Aufnahme einer Beschäftigung angeregt werden?

Ein Blick auf die Haushaltstypen der Modellteilnehmer zeigt, dass von den Modellteilnehmern 286 (58 %) allein Erziehende sind. Schließt man den Rhein-Neckar-Kreis aus der Betrachtung aus, da hier ausschließlich allein Erziehende ein Einstiegsgeld beziehen können, so liegt der Anteil der allein Erziehenden weiterhin bei über der Hälfte - exakt bei 54 % (vgl. Abbildung 3). Bei etwas mehr als einem Viertel handelt es sich um alleinstehende. 17

---

[2] Neuere Zahlen liegen nicht vor. Die Sozialhilfedaten für Baden-Württemberg beziehen sich im Folgenden ausschließlich auf den 31.12.1999. Quelle: Statistisches Landesamt Baden-Württemberg.

[3] Empfänger laufender Hilfe zum Lebensunterhalt außerhalb von Einrichtungen.

[4] Um eine verlässliche Aussage darüber treffen zu können, ob Sozialhilfeempfängerinnen besser auf finanzielle Anreize ansprechen als männliche Bezieher, müsste der Anteil der Frauen an der Zielgruppe hinzugezogen werden. Leider ist es aber nicht möglich, die Größe und Zusammensetzung der Zielgruppe für alle Kreise zu jedem Zeitpunkt des Modellversuchs exakt zu bestimmen, da die Sozialämter in der Regel nicht über eine geeignete Software verfügen.

% der Modellteilnehmer sind Paare mit Kindern. Paare ohne Kinder sind mit 3 % vertreten.

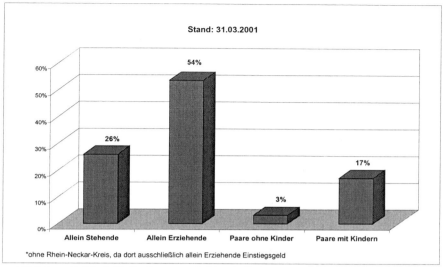

Abbildung 3: Modellteilnehmer nach Haushaltstyp
Quelle: IAW-Datenerhebung 2001.

Vergleicht man die Anteile der Haushaltstypen im Modellversuch mit denen aller Sozialhilfeempfänger in Baden-Württemberg, so kann festgehalten werden, dass Haushalte mit Kindern im Modellversuch mit einem Anteil von 71 % gegenüber 38,5 % in Baden-Württemberg weit überproportional vertreten sind. Besonders auffällig ist die starke Beteiligung der allein Erziehenden am Einstiegsgeld. Ihr Anteil an den Modellteilnehmern ist mit 54 % fast doppelt so hoch wie ihr Anteil an allen Sozialhilfeempfängern in Baden-Württemberg (27,5 %).[5]

Betrachtet man die allein Erziehenden nach der Zahl ihrer Kinder, so stellt sich heraus, dass keineswegs lediglich allein Erziehende, die nur für ein Kind verantwortlich sind (52 %), ein Beschäftigungsverhältnis im Rahmen des Modellversuchs aufgenommen haben. Auch allein Erziehende mit zwei Kindern (35 %), mit drei Kindern (9 %), mit vier Kindern (3 %) und sogar mit fünf und mehr Kindern (1 %) konnten mit Hilfe des Einstiegsgeldes eine Beschäftigung aufnehmen.

Der große Anteil der allein Erziehenden überrascht auf den ersten Blick. Erfahrungen in anderen Staaten wie zum Beispiel in Großbritannien, Kanada und den USA, die schon seit längerem mit ähnlichen Anreizkonzepten

---

[5] Vgl. Statistisches Landesamt Baden-Württemberg (1999): Statistische Berichte Baden-Württemberg: Empfänger von Sozialhilfe - Laufende Hilfe zum Lebensunterhalt in Baden-Württemberg am 31. Dezember; IAW-Berechnungen.

arbeiten[6], aber auch Erfahrungen in Deutschland aus dem Modellversuch „Hessischer Kombilohn" zeigen, dass sich Anreizinstrumente wie das Einstiegsgeld besonders gut für die Arbeitsmarktintegration von allein Erziehenden eignen. Daher kommt dieser Gruppe im Folgenden besondere Aufmerksamkeit zu.

3.2 Bildungsstand

Neben den soziodemographischen Merkmalen der Modellteilnehmer stand auch das Bildungsniveau der Teilnehmer im Mittelpunkt der Sonderauswertung. Die Beschäftigungschancen für gering Qualifizierte haben sich in den letzten Jahren erheblich verschlechtert. Hiervon betroffen sind vor allem Arbeitslose und Sozialhilfeempfänger. Ein qualifizierter Schul- beziehungsweise Berufsausbildungsabschluss ist die entscheidende Voraussetzung für eine erfolgreiche und dauerhafte Integration in den ersten Arbeitsmarkt. Über welche Qualifikationen, das heißt über welche schulische und berufliche Ausbildung, verfügen die Modellteilnehmer?

Die Auswertung hat ergeben, dass die Modellteilnehmer ein niedriges bis sehr niedriges Schul- und Ausbildungsniveau haben. Einschränkend ist anzumerken, dass bei etwa einem Fünftel der Modellteilnehmer keine Angaben zu den Schul- und Berufsabschlüssen vorlagen, da es sich hierbei nicht um Pflichtangaben beim Antrag auf Sozialhilfe handelt. Die folgende Betrachtung der Schul- und Berufsabschlüsse bezieht sich somit auf die Fälle, in denen die Schul- beziehungsweise Berufsausbildung bekannt ist. Die Schulabschlüsse verteilen sich wie folgt: 12 % können keinen Schulabschluss vorweisen, 57 % der Modellteilnehmer haben einen Hauptschul- beziehungsweise Volksschulabschluss erworben. Über die mittlere Reife verfügen 20 %, über die Fachhochschul- oder Hochschulreife 11 % der Modellteilnehmer.

Bei allein Erziehenden, die von Sozialhilfe leben, wird oft vermutet, dass sie höher qualifiziert sind als der Durchschnitt der Sozialhilfeempfänger, weil als primäres Hemmnis gegen eine Arbeitsaufnahme die Kinderbetreuung und nicht andere Gründe, wie beispielsweise ein Qualifikationsdefizit, gesehen werden. Diese Vermutung bestätigt sich bei der Betrachtung der Schulabschlüsse der allein erziehenden Modellteilnehmerinnen jedoch nicht

---

[6] Vgl. u.a. Meyer, B. D.; Rosenbaum, D. T. (2000): Making Single Mother work: Recent Tax and Welfare Policy and its Effects, NBER Working Paper 7491, Cambridge; Card, D.; Robins, P. K.; Lin, W. (1998): Would Financial Incentives for Leaving Welfare lead some People to Stay on Welfare longer? An Experimental Evaluation on ‚Entry Effects' in Self-Sufficiency Project, in: NBER Working Paper Nr. 6449, Cambridge; Bingley, P.; Walker, I. (1995): Labour-supply with in-works and inkind transfers; Institut for Fiscal Studies, Working Paper 95/16, London; Waldfogel, J.; Danziger, Sandra K. (2001): Welfare Reform and Lone Mothers' Employment in the US, CASEpaper 47, London.

uneingeschränkt. Zwar ist bei den allein Erziehenden der Anteil der Personen ohne Schulabschluss geringfügig kleiner und der mit Hauptschulabschluss etwas höher als bei den Modellteilnehmern insgesamt, bei den Realschulabschlüssen besteht hingegen kaum ein Unterschied gegenüber der Gesamtgruppe. Bei der Fachhochschul- oder Hochschulreife schneiden die allein Erziehenden sogar schlechter ab.

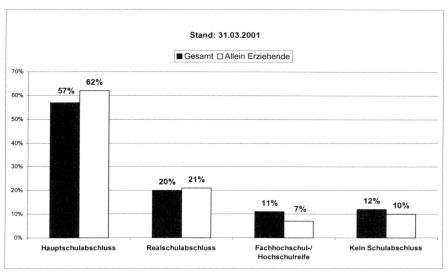

Abbildung 4: Modellteilnehmer nach bekanntem Schulabschluss
Quelle: IAW-Datenerhebung 2001.

Knapp die Hälfte der Modellteilnehmer hat eine abgeschlossene Berufsausbildung. Dieses Bild bestätigt sich auch bei den allein Erziehenden.

Bei den beruflichen Ausbildungsabschlüssen dominiert die beruflich-schulische Ausbildung, die so genannte Lehre. Mehr als drei Viertel der Hilfeempfänger haben eine Lehre abgeschlossen. 13 % verfügen über eine abgeschlossene beruflich-schulische Ausbildung (z.B. Berufsfach- oder Handelsschule). Einen Fachhochschul- oder Hochschulabschluss haben 11 % der Modellteilnehmer. Die allein Erziehenden sind auch bezüglich ihrer Berufsausbildung nicht höher qualifiziert als die Modellteilnehmer insgesamt. Über drei Viertel der allein Erziehenden haben ebenfalls eine abgeschlossene beruflich-betriebliche Ausbildung. Bei der beruflich-schulischen Ausbildung und dem Fachhochschul- beziehungsweise Hochschulabschluss treten nur kleine Unterschiede zu den Modellteilnehmern insgesamt auf: 16 % der allein Erziehenden können eine abgeschlossene beruflich-schulische Ausbildung vorweisen, nur 7 % von ihnen verfügen über einen Fachhochschul- beziehungsweise Hochschulabschluss.

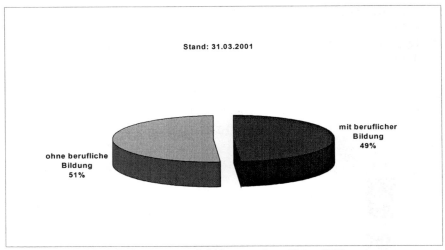

Abbildung 5: Modellteilnehmer nach bekannter beruflicher Bildung
Quelle: IAW-Datenerhebung 2001.

4 Beschäftigung und Sozialhilfe

Welche Art von Beschäftigungsverhältnissen üben die Modellteilnehmer aus? In welchen Branchen und Berufen finden langzeitarbeitslose, zum Teil niedrig qualifizierte Sozialhilfeempfänger einen Arbeitsplatz? Welches Einkommen können die Hilfeempfänger durch ihre eigene Arbeit erwirtschaften? Und wieviel ergänzende Sozialhilfe ist zu Beginn des Reintegrationsprozesses in den Arbeitsmarkt zusätzlich zum Arbeitseinkommen nötig, um den Bedarf der Haushalte zu decken? Antworten auf diese, zur Beurteilung eines Anreizinstrumentes bedeutsamen Fragen werden im Folgenden gegeben.

Von den 496 Modellteilnehmern haben insgesamt 73 % eine sozialversicherungspflichtige Beschäftigung aufgenommen. Da es jedoch im Modellversuch Teilnehmerkommunen gibt, die ausschließlich sozialversicherungspflichtige Beschäftigungsverhältnisse fördern, ist es erforderlich, den obengenannten Wert zu bereinigen. Das heißt, es werden nur die Kreise betrachtet, die mit dem Einstiegsgeld jeden Schritt - also geringfügige und sozialversicherungspflichtige Tätigkeiten - in den ersten Arbeitsmarkt unterstützen. Der Anteil der sozialversicherungspflichtigen Beschäftigungen ist in der bereinigten Statistik etwas niedriger, liegt aber immer noch bei 65 %, also bei etwa zwei Dritteln.

Eine detaillierte Analyse der sozialversicherungspflichtigen Beschäftigungsverhältnisse verdeutlicht einen hohen Anteil von Teilzeitstellen (44 %) in der bereinigten Statistik. Abbildung 6 zeigt nochmals die bereinigte Verteilung der Beschäftigungsverhältnisse, differenziert nach geringfügiger Beschäftigung sowie nach Teilzeit- und Vollzeitbeschäftigung.

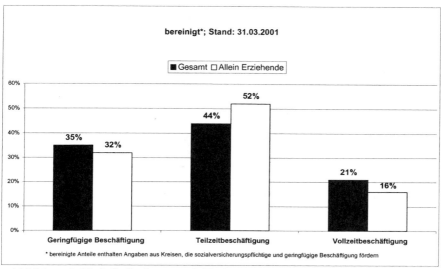

Abbildung 6: **Modellteilnehmer nach Umfang der Beschäftigung**
Quelle: IAW-Datenerhebung 2001.

Aufgrund der besonderen Situation von allein Erziehenden, Kinderbetreuung und Berufstätigkeit miteinander in Einklang bringen zu müssen, liegt die Annahme nahe, dass die Teilzeitbeschäftigung in dieser Gruppe einen höheren Stellenwert besitzt als bei den restlichen Modellteilnehmern. Die Auswertung der bereinigten Statistik der Beschäftigungsverhältnisse von allein Erziehenden bestätigt diese Vermutung. 52 % der allein Erziehenden gehen einer Teilzeitbeschäftigung nach, 16 % haben eine Vollzeitbeschäftigung aufgenommen und 32 % sind geringfügig beschäftigt.

Damit wird deutlich: Durch das Angebot des Einstiegsgeldes wird es für die Hilfeempfänger zunehmend attraktiv, nicht nur eine geringfügige Beschäftigung auszuüben, sondern ihre Sozialhilfe durch eine Teilzeit- oder Vollzeitstelle aufzubessern.

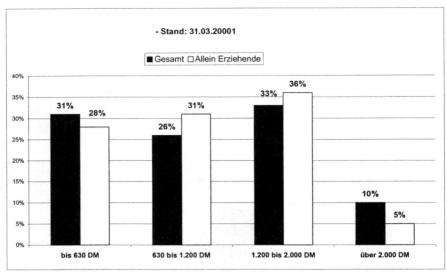

Abbildung 7: **Modellteilnehmer nach dem letzten monatlichen Nettoeinkommen**
Quelle: IAW-Datenerhebung 2001.

Eine Branchenanalyse zeigt Schwerpunkte im Handel (überwiegend Einzelhandel) und im Reinigungsgewerbe, gefolgt vom Hotel- und Gaststättengewerbe sowie dem Gesundheits- und Sozialwesen. Das Verarbeitende Gewerbe spielt für die Beschäftigung von Sozialhilfeempfängern im Rahmen des Modellversuchs eine untergeordnete Rolle. Bei den allein Erziehenden finden sich höhere Anteile im Handel sowie im Gesundheits- und Sozialwesen. Ferner dominieren die Dienstleistungsberufe mit 84 %. In der Gruppe der allein Erziehenden steigt dieser Anteil sogar auf 92 %.

Analysiert man die Modellteilnehmer weiter nach den von ihnen ausgeübten Dienstleistungsberufen, so stellt sich heraus, dass 28 % der Modellteilnehmer in Reinigungs- und Entsorgungsberufen und 23 % im Verkauf tätig sind. Jeweils 9 % der Modellteilnehmer üben im Rahmen des Einstiegsgeldes Büroberufe beziehungsweise Hotel- und Gaststättenberufe aus. Es folgen Gesundheitsberufe, hierunter versteht man zum Beispiel Tätigkeiten als Altenpfleger oder als Arzthelfer, mit einem Anteil von 8 %. Mit jeweils 5 % sind Lager- und Transportberufe (z.B. Lagerarbeiter) sowie Berufe des Nachrichtenverkehrs (z.B. Telefonistin und Postzusteller) vertreten. Relativ selten vertreten sind Sozial- und Erziehungsberufe mit nur 3 %, als Beispiel sei hier die Erzieherin genannt.

Abschließend sollen noch die Fragen nach der Höhe des Nettoeinkommens und der ergänzenden Sozialhilfe beantwortet werden. In der Stichtagsabfrage wurde auch nach dem letzten monatlichen Nettoeinkommen der Modellteilnehmer gefragt. 31 % erzielen demnach einen Nettoverdienst von bis zu 630 DM. 26 % haben einen Nettoverdienst zwischen 630 und 1.200 DM und 33 % verdienen zwischen 1.200 und 2.000 DM netto. Ein monatliches Nettoeinkommen von über 2.000 DM erzielen 10 % der Modellteilnehmer.

Bei 33 % der Modellteilnehmer betrug die ergänzende Sozialhilfe weniger als 500 DM. 39 % beanspruchten eine Sozialhilfe zwischen 500 und 1.000 DM und 19 % der Teilnehmer erhielten zwischen 1.000 und 1.500 DM. Über 1.500 DM an ergänzender Sozialhilfe benötigten 9 % der Teilnehmer.

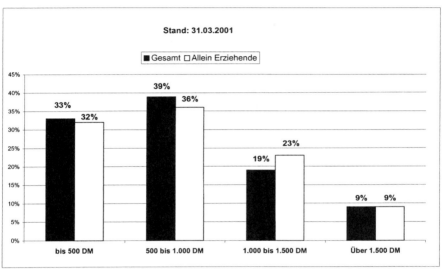

Abbildung 8: Modellteilnehmer nach der letzten monatlichen Sozialhilfe
Quelle: IAW-Datenerhebung 2001.

Die allein Erziehenden weisen bei den Nettoeinkommen und bei der ergänzenden Sozialhilfe - mit geringfügigen Abweichungen - eine ähnliche Verteilung wie die Modellteilnehmer auf.

5 Überblick über die Einstiegsgeldempfänger

Zum 31. März 2001 gingen im Modellversuch „Einstiegsgeld in Baden-Württemberg" insgesamt 236 Personen einer Beschäftigung auf dem ersten Arbeitsmarkt nach. Davon leben 144 in den städtischen Modellkreisen und 92 in den Landkreisen. Betrachtet man die soziodemographischen Merkmale und den Bildungsstand der Einstiegsgeldempfänger, die Art der Beschäftigungsverhältnisse, die Branchen und die Berufsbereiche, in denen sie tätig sind, so lassen sich gegenüber der Gesamtgruppe der Modellteilnehmer keine bedeutsamen Unterschiede feststellen. Die Einstiegsgeldempfänger beziehen ein Kombi-Einkommen aus eigenem Nettoerwerbseinkommen und ergänzender Sozialhilfe. Durch die Aufnahme einer Beschäftigung sinkt die von den Kommunen zu zahlende Sozialhilfe, so dass sich durch den Modellversuch bereits erste Einspareffekte bei der Sozialhilfe ergeben haben - unter der Annahme, dass Mitnahmeeffekte unbedeutend sind. Hinzu kommen abgeführte Sozialversicherungsbeiträge (auch bei geringfügigen Beschäftigungsverhältnissen) und Einkommensteuer bei sozialversicherungspflichtigen Beschäftigungsverhältnissen.

6 Überblick über die Einstiegsgeldabsolventen

Unter dem Begriff „Einstiegsgeldabsolventen" werden all jene Hilfeempfänger verstanden, die über die maximal mögliche Bezugsdauer des Einstiegsgeldes, das heißt ein Jahr lang, beschäftigt waren. Von den 71 Einstiegsgeldabsolventen leben 43 in den Städten und 28 in den Landkreisen.

6.1 Soziodemographische Merkmale

Unter den Absolventen überwiegen mit 82 % die weiblichen Sozialhilfebezieher, 18 % sind männlich. Diese Durchschnittswerte sind jedoch zugunsten der weiblichen Absolventen verzerrt.

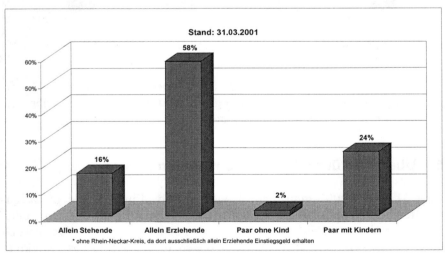

Abbildung 9: Einstiegsgeldabsolventen nach Haushaltstyp
Quelle: IAW-Datenerhebung 2001.

Das liegt daran, dass sich im Rhein-Neckar Kreis ausschließlich allein Erziehende in der Gruppe der Einstiegsgeldabsolventen befinden. Der Anteil der ausländischen Einstiegsgeldabsolventen ist mit knapp einem Drittel deutlich höher als bei den Modellteilnehmern mit 23 %. Betrachtet man die Staatszugehörigkeit in der Gruppe der allein Erziehenden, so ist der Anteil der ausländischen allein Erziehenden im Vergleich zur Gesamtgruppe der Absolventen mit 18 % wesentlich geringer. Eine Haushaltstypenanalyse - der Rhein-Neckar-Kreis ist hier aufgrund seiner Zielgruppendefinition ausgeblendet - legt wiederum den mit knapp 60 % hohen Anteil der allein Erziehenden offen, wobei allein Erziehende mit einem Kind dominieren.

6.2 Bildungsstand

Hinsichtlich der Schulbildung unterscheiden sich die Absolventen kaum von der Gesamtgruppe der Modellteilnehmer. Wie bei den Modellteilnehmern sind auch hier die allein Erziehenden nicht höher qualifiziert.

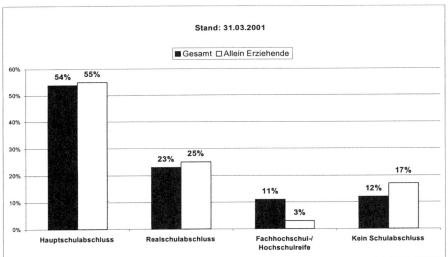

Abbildung 10: Einstiegsgeldabsolventen nach bekanntem Schulabschluss
Quelle: IAW-Datenerhebung 2001.

Gemessen an der beruflichen Bildung sind die Einstiegsgeldabsolventen etwas besser qualifiziert als die Gesamtgruppe der Modellteilnehmer. Während von den Modellteilnehmern 51 % keine abgeschlossene Berufsausbildung vorweisen können und somit zu den gering Qualifizierten zählen, sind es bei den Absolventen 47 % der Hilfeempfänger, die gering qualifiziert sind.

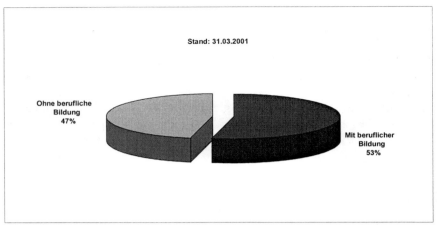

Abbildung 11: Einstiegsgeldabsolventen nach bekannter beruflicher Bildung
Quelle: IAW-Datenerhebung 2001

Welche beruflichen Bildungsabschlüsse liegen bei den Einstiegsgeldabsolventen vor? Knapp 90 % haben eine Lehre abgeschlossen, nur drei Prozent verfügen über einen Fachhoch- oder Hochschulabschluss. Während bei den Einstiegsgeldabsolventen ein deutlich höherer Anteil eine beruflich-betriebliche Ausbildung hat als bei den Modellteilnehmern, weisen letztere einen höheren Anteil an hoch qualifizierten Arbeitnehmern auf (11 % haben einen Fachhochschul- oder Hochschulabschluss).

Der Eindruck der eher geringen beruflichen Bildung ändert sich auch nicht, wenn man die Gruppe der allein Erziehenden betrachtet. Bei 20 % der allein Erziehenden ist die Berufsausbildung unbekannt. Blendet man diese aus der Betrachtung aus, so sind 44 % ohne und 56 % mit beruflicher Bildung. Auch bei dieser Gruppe dominiert die abgeschlossene Lehre mit 85 %; über einen Fachhochschul- oder Hochschulabschluss verfügt keine der allein erziehenden Absolventinnen.

6.3 Beschäftigung

Von den 71 Einstiegsgeldabsolventen gingen 31 % einer geringfügigen Beschäftigung und 69 % einer sozialversicherungspflichtigen Beschäftigung nach. Betrachtet man ausschließlich die Kreise, die geringfügige und sozialversicherungspflichtige Stellen fördern, so steigt der Anteil der geringfügigen Beschäftigungsverhältnisse zwar auf 40 %, doch überwiegen weiterhin sozialversicherungspflichtige Beschäftigungsverhältnisse mit 60 %.

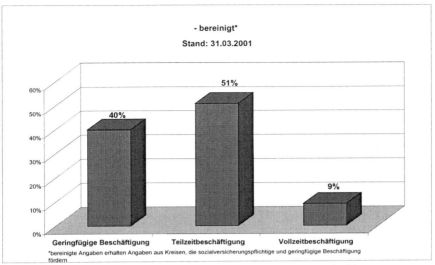

Abbildung 12: Einstiegsgeldabsolventen nach Umfang der Beschäftigung
Quelle: IAW-Datenerhebung 2001.

Eine detaillierte Analyse der Beschäftigungsverhältnisse in der bereinigten Statistik verdeutlicht ferner den hohen Anteil von Teilzeitbeschäftigung mit 51 %. Zusammenfassend ist aber festzuhalten, dass im Vergleich zu den Modellteilnehmern geringfügige Beschäftigungsverhältnisse bei dieser Teilgruppe stärker vertreten sind.

Eine Analyse der Branchen und Berufe führt zu den gleichen Ergebnissen wie bei der Gesamtgruppe der Modellteilnehmer.

6.4 Die Zeit nach dem Einstiegsgeld

Die für den Modellversuch interessanten Fragestellungen:
1. Wie viele Einstiegsgeldabsolventen beziehen nach einem Jahr Einstiegsgeldbezug weiterhin Sozialhilfe?
2. Wie viele Hilfeempfänger, die im Sozialhilfebezug stehen, gehen nach Ablauf der Einstiegsgeldgewährung weiterhin einer Beschäftigung nach?
können vorläufig wie folgt beantwortet werden.

66 % der Absolventen beziehen auch nach einem Jahr weiterhin Sozialhilfe, 30 % jedoch nicht mehr und zu 4 % liegen keine Angaben vor. Die Gruppe der allein erziehenden Absolventen weist eine ähnliche Verteilung auf.

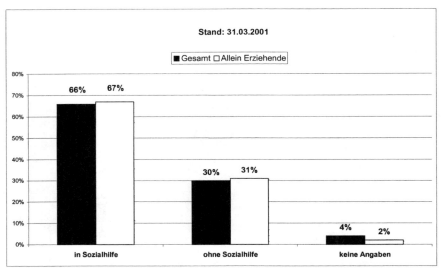

Abbildung 13: Einstiegsgeldabsolventen nach Einstiegsgeldwährung
Quelle: IAW-Datenerhebung 2001.

Von den Personen, die nach einem Jahr Einstiegsgeld keine Sozialhilfe mehr beziehen, sind 81 % aufgrund einer Nettoeinkommenssteigerung aus der Sozialhilfe ausgeschieden, bei den allein Erziehenden sind es 71 %. Die restlichen 19 % der Absolventen beziehungsweise 21 % der allein Erziehenden beziehen keine Sozialhilfe mehr, da sie zum Beispiel in eine andere Stadt gezogen oder mit einem Lebenspartner zusammengezogen sind.

Die zweite Frage bezieht sich auf die restlichen zwei Drittel, die weiterhin - wenn auch in geringerem Umfang - auf Sozialhilfe angewiesen sind. Die gute Nachricht hierbei ist, dass von dieser Gruppe 94 % auch nach Ablauf des Einstiegsgeldes eine Beschäftigung ausüben. Nur 6 % sind nach einem Jahr Einstiegsgeld ohne Beschäftigung - ein Bild, das sich auch für die Gruppe der allein Erziehenden bestätigt.

Als vorläufiges Fazit kann festgehalten werden: Einstiegsgeldabsolventen bleiben nach Ablauf des Einstiegsgeldes in der Regel weiterhin in Beschäftigung, scheiden jedoch nicht mehrheitlich aus der Sozialhilfe aus.

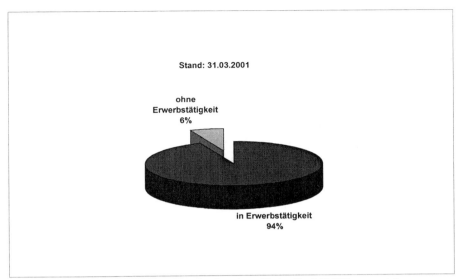

Abbildung 14: Wie viele Einstiegsabsolventen, die im Sozialhilfebezug stehe, gehen nach einem Jahr Einstiegsgeld weiterhin einer Beschäftigung nach?
Quelle: IAW-Datenerhebung 2001.

Wenn sie aber von der Sozialhilfe unabhängig werden, dann ist der wesentliche Grund die Erhöhung des Nettoeinkommens nach Ablauf des Einstiegsgeldes.

7 Überblick über die Modellversuch-„Abbrecher"

Unter Modellversuch-„Abbrechern" werden im Folgenden jene Personen verstanden, die ihre Teilnahme am Modellversuch vor Ablauf der Einstiegsgeldfrist von 12 Monaten beendet haben. Dabei handelt es sich jedoch nicht zwangsläufig um Personen, die ihr Beschäftigungsverhältnis frühzeitig beendet haben. Im Gegenteil, eine vorzeitige Beendigung kann sehr unterschiedliche Ursachen haben.

Seit Beginn des Modellversuchs bis zum 31. März 2001 haben 189 Personen ihre Teilnahme am Modellversuch vorzeitig beendet. Zum Vergleich: Insgesamt nahmen bis zum Stichtag 496 Personen am Modellversuch teil. Damit beträgt die Quote der vorzeitigen Beendigung 38 %.

7.1 Gründe für eine vorzeitige Beendigung

In 164 Fällen liegen Angaben für den Grund der vorzeitigen Beendigung des Modellversuchs vor. Dabei sind insbesondere drei Gruppen interessant:
1. **Kündigung durch den Arbeitgeber:** Ein Drittel der Hilfeempfänger musste das Beschäftigungsverhältnis wegen Kündigung durch den Arbeitgeber abbrechen.
2. **Kündigung durch den Arbeitnehmer:** Nur 6 % der Beschäftigungsverhältnisse wurden von den Arbeitnehmern gekündigt.
3. **Nettoeinkommenssteigerung:** Über ein Viertel der Hilfeempfänger beendete den Modellversuch deshalb, weil sie aufgrund einer Nettoeinkommenssteigerung nicht mehr von der Sozialhilfe abhängig waren. Diese Untergruppe konnte nicht befragt werden, es ist daher nicht sicher, ob die Hilfeempfänger weiterhin beschäftigt sind und wenn ja, wo. Da jedoch eine Nettoeinkommenssteigerung der Grund für das Ausscheiden aus der Sozialhilfe ist, scheint ein höher dotiertes Beschäftigungsverhältnis im ersten Arbeitsmarkt wahrscheinlich, zumal die Aufnahme eines Beschäftigungsverhältnisses im zweiten Arbeitsmarkt separat abgefragt wurde. Damit kann diese Gruppe auch als die erfolgreichen Modellversuch-„Abbrecher" bezeichnet werden.

Weitere Gründe für die vorzeitige Beendigung sind in der Abbildung 15 dargestellt. Hinter der Rubrik Sonstiges verbergen sich vielfältige Gründe, die zu einem Ausscheiden aus der Sozialhilfe und damit zwangsläufig auch zur Beendigung der Teilnahme am Modellversuch geführt haben. So z.B. Umzug, Heirat, Bewilligung etwaiger Unterhalts- beziehungsweise Rentenansprüche oder der Hilfeempfänger hat sich nicht mehr beim Sozialamt gemeldet. Aber auch der Beginn einer Umschulung kann ein Grund dafür sein, den Modellversuch vorzeitig zu beenden.

Bei der Betrachtung der Untergruppe der allein Erziehenden (Grundgesamtheit 80 Fälle) fällt auf, dass relativ zur Gesamtgruppe weniger Kündigungen durch den Arbeitgeber ausgesprochen wurden (23 %). Bei der Kündigung durch den Arbeitnehmer ergeben sich keine Unterschiede zur Gesamtgruppe der Modellversuch-„Abbrecher". Allerdings sind weniger allein Erziehende aufgrund einer Nettoeinkommenssteigerung unabhängig von der Sozialhilfe geworden (21 %). Erstaunlich ist, dass lediglich 9 % der allein Erziehenden wegen mangelnder Kinderbetreuung frühzeitig aus dem Modellversuch ausgeschieden sind.

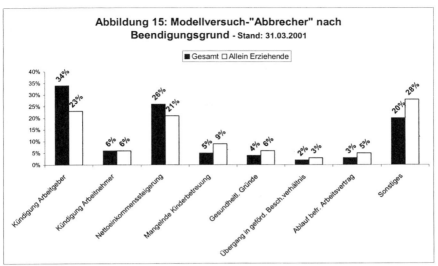

Abbildung 15: Modellversuch „Abbrecher" nach Beendigungsgrund
Quelle: IAW-Datenerhebung 2001.

7.2 Zeitpunkt der vorzeitigen Beendigung

Bevor die erfolgreichen Modellversuch-„Abbrecher" näher betrachtet werden, noch ein kurzer Blick auf den Zeitpunkt der vorzeitigen Beendigung. Die Analyse der 189 Modellversuch-„Abbrecher" zeigt, dass die Teilnahme am Modellversuch im Wesentlichen im ersten Halbjahr nach Aufnahme der Beschäftigung vorzeitig beendet wurde (77 %). Die kritische Grenze scheint zwischen zwei und vier Monaten zu liegen, weil in diesem Zeitintervall mit 28 % am relativ häufigsten die Teilnahme vorzeitig beendet wurde. Im zweiten Halbjahr kommt es dagegen nur noch zu relativ wenigen vorzeitigen Beendigungen des Modellversuchs (23 %). Eine isolierte Betrachtung der Untergruppe der allein Erziehenden bringt hier keine abweichenden Ergebnisse.

7.3 Erfolgreiche Modellversuch-„Abbrecher"

Zum Abschluss soll noch eine Betrachtung jener Modellversuch-„Abbrecher" erfolgen, die aufgrund einer Nettoeinkommenssteigerung vorzeitig aus dem Modellversuch ausgeschieden sind, und damit als besonders erfolgreich eingestuft werden können.

Von den Hilfeempfängern, die durch eine Nettoeinkommenssteigerung frühzeitig aus der Sozialhilfe und damit aus dem Modellversuch ausgeschieden sind, sind 58 % Frauen und 42 % Männer. Der Anteil der Männer an allen Modellteilnehmern beträgt nur 23 %. Damit haben Männer den direkten Sprung aus der Sozialhilfe relativ häufiger geschafft als Frauen. Die Ausländerquote unter den erfolgreichen Modellversuch-„Abbrechern" beträgt 23 % und ist somit identisch mit der Ausländerquote im gesamten Modellversuch.

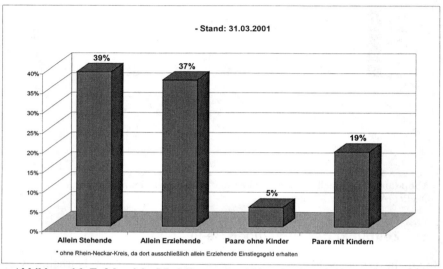

Abbildung 16: Erfolgreiche Modellversuch-„Abbrecher" nach Haushaltstyp
Quelle: IAW-Datenerhebung 2001.

Schlüsselt man die erfolgreichen Modellversuch-„Abbrecher" nach Haushaltstypen auf, so zeigen sich überraschende Ergebnisse: Allein Stehende nehmen einen Anteil von 39 % unter den erfolgreichen „Abbrechern" ein, allein Erziehende sind mit einem Anteil von 37 % vertreten. Paare ohne Kinder haben einen Anteil von 5 %, Paare mit Kindern 19 %. Damit sind die allein Stehenden unter den erfolgreichen „Abbrechern" weit überrepräsentiert (Anteil an allen Modellteilnehmern: 26 %), die allein Erziehenden hingegen stark unterrepräsentiert (Anteil an allen Modellteilnehmern: 54 %). Dies hängt aber auch mit der Sozialhilfeschwelle des jeweiligen Haushaltstyps zusammen. Die Sozialhilfeschwelle gibt das Bruttoeinkommen an, das gerade ausreicht, um ein Nettoeinkommen in Höhe des maximal verfügbaren Einkommens zu erzielen, so dass keine Sozialhilfebedürftigkeit besteht. Bei einem fiktiven Sozialhilfebedarf von 1.100 DM bei allein Stehenden liegt die Sozialhilfeschwelle bei ca. 1.726 DM. Bei einer allein erziehenden Hilfeempfängerin mit einem Kind und Sozialhilfebedarf von 1.850 DM beträgt die Sozialhilfeschwelle 2.781 DM.

7.4 Bildungsstand

Eine Betrachtung der beruflichen Bildung bei den erfolgreichen Abbrechern zeigt, dass diese im Vergleich zur Gesamtgruppe der Modellteilnehmer etwas besser qualifiziert sind. 54 % der erfolgreichen Abbrecher können einen beruflichen Ausbildungsabschluss vorweisen, bei der Gesamtgruppe sind es 49 %.

7.5 Beschäftigung

Bei den Beschäftigungsverhältnissen, aus denen der Sprung in die Sozialhilfeunabhängigkeit gelungen ist, überwiegen die sozialversicherungspflichtigen. Schlüsselt man diese weiter nach Voll- und Teilzeitbeschäftigung auf, so ergibt sich folgende Verteilung: Knapp die Hälfte hat eine Vollbeschäftigung, ein Drittel arbeitet in Teilzeit, ein Fünftel geht einer geringfügigen Beschäftigung nach (siehe Abbildung 17).

Zum Abschluss ein Blick auf die Branchen und Berufe, aus denen die erfolgreichen Modellversuch-„Abbrecher" hervorgegangen sind. Bei den Branchen dominieren das Verarbeitende Gewerbe und das Reinigungsgewerbe mit jeweils 17 %. Weiterhin zu erwähnen sind der Handel sowie Verkehr und Nachrichtenübermittlung mit jeweils 11 %. Auch Zeitarbeit sowie Erziehung und Unterricht nehmen mit jeweils 9 % wichtige Anteile ein.

Die Branchen Verarbeitendes Gewerbe, Verkehr und Nachrichtenübermittlung, Zeitarbeit, Baugewerbe sowie Erziehung und Unterricht sind in der Gruppe der erfolgreichen Modellversuch-„Abbrecher" gegenüber der Gesamtgruppe der Modellteilnehmer auffällig stark vertreten. Der Handel, das Gastgewerbe und das Reinigungsgewerbe sind hingegen unterrepräsentiert. Bei den Berufsbereichen dominieren mit 67 % zwar die Dienstleistungsberufe. Die Fertigungsberufe sind mit 33 % jedoch wesentlich stärker besetzt als bei den Modellteilnehmern, bei denen nur 14 % Fertigungsberufe ausgeübt haben. Technische Berufe sind bei den Hilfempfängern, die vorzeitig ihre Teilnahme am Modellversuch beendet haben, nicht vertreten.

Eine Betrachtung der Dienstleistungsberufe nach Berufsgruppen zeigt folgendes Bild: Bei den erfolgreichen Modellversuch-„Abbrechern" stark vertreten sind die Reinigungs- und Entsorgungsberufe (35 %) und die Sozialen Berufe (12 %) sowie die Berufe des Nachrichtenverkehrs (12 %). Verkaufspersonal, Hotel- und Gaststättenberufe und die Gesundheitsberufe sind gegenüber der Gesamtgruppe der Modellteilnehmer deutlich unterrepräsentiert

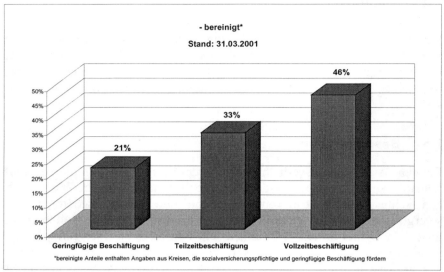

Abbildung 17: Erfolgreiche Modellversuch-„Abbrecher" nach Umfang der Beschäftigung
Quelle: IAW-Datenerhebung 2001.

8 Zusammenfassung der Ergebnisse vom 31. März 2001

- Von den Modellteilnehmern sind zum Stichtag 104 Personen im ersten Arbeitsmarkt beschäftigt und beziehen kein Einstiegsgeld mehr. Davon sind wiederum 60 Personen nicht mehr von der Sozialhilfe abhängig und 44 Personen beziehen noch ergänzende Sozialhilfe.
- 236 Personen beziehen weiterhin ein Einstiegsgeld und üben ein Beschäftigungsverhältnis auf dem ersten Arbeitsmarkt aus.
- 156 Personen sind nicht mehr im ersten lokalen Arbeitsmarkt beschäftigt.

Die hier vorgestellten Ergebnisse sollen einen ersten Eindruck von den Teilnehmern am Modellversuch „Einstiegsgeld in Baden-Württemberg" vermitteln. Endgültige Schlussfolgerungen können erst nach Ende des Modellversuchs und abschließender Evaluation gezogen werden.

Literaturverzeichnis

Bingley, P. / Walker, I. (1995), Labour-supply with in-works and inkind transfers; Institut for Fiscal Studies, Working Paper 95/16, London.

Card, D. / Robins, P. K. / Lin, W. (1998), Would Financial Incentives for Leaving Welfare lead some People to Stay on Welfare longer? An Experimental Evaluation on ‚Entry Effects' in Self-Sufficiency Project, in: NBER Working Paper Nr. 6449, Cambridge.

Meyer, B. D. / Rosenbaum, D. T. (2000), Making Single Mother work: Recent Tax and-Welfare Policy and its Effects, NBER Working Paper 7491, Cambridge.

Sozialministerium Baden-Württemberg, Broschürenstelle: Einstiegsgeld in Baden Württemberg. Zwischenbilanz, Stuttgart

Statistisches Landesamt Baden-Württemberg (1999), Statistische Berichte Baden-Württemberg: Empfänger von Sozialhilfe - Laufende Hilfe zum Lebensunterhalt in Baden-Württemberg.

Waldfogel, J. / Danziger, S. K. (2001), Welfare Reform and Lone Mothers' Employment in the US, CASEpaper 47, London.

Der Staat und seine Politik

2001. XXII, 492 S. 35 Abb., 38 Tab.
Geb. € 84,95; sFr 132,-
ISBN 3-7908-1376-1

F. Söllner, A. Wilfert (Hrsg.)

Die Zukunft des Sozial- und Steuerstaates

Festschrift zum 65. Geburtstag von Dieter Fricke

Im Bereich der Finanzpolitik werden unter anderem die Notwendigkeit weiterer Steuerreformen, die Rolle öffentlicher Unternehmen in einer modernen Marktwirtschaft und Probleme der Finanzverfassung diskutiert. In dem der Sozialpolitik gewidmeten Teil geht es sowohl um grundsätzliche Fragen (wie die der Vereinbarkeit von Sozialstaat und Marktwirtschaft) als auch um aktuelle Reformen in der Gesundheits-, Renten- und Beschäftigungspolitik. Die geldpolitischen Beiträge spannen schließlich einen Bogen von der politökonomischen Analyse der Einführung des Euro über die Erörterung möglicher Konflikte zwischen Geld- und Finanzpolitik bis zur Untersuchung der volkswirtschaftlichen Bedeutung von elektronischem Geld.

2001. VII, 193 S. Geb. € 39,95; sFr 60,-
ISBN 3-7908-1419-9

S. Bach, C. Bork, M. Kohlhaas, C. Lutz, B. Meyer, B. Praetorius, H. Welsch

Die ökologische Steuerreform in Deutschland

Eine modellgestützte Analyse ihrer Wirkungen auf Wirtschaft und Umwelt

Das Buch stellt eine erste systematische und modellgestützte Analyse der Auswirkungen der ökologischen Steuerreform vor. Untersucht werden die Folgen für das Wirtschaftswachstum, den Arbeitsmarkt und die Einkommensverteilung sowie die Wirkungen auf den Energieverbrauch und die CO_2-Emissionen. Dazu werden zwei gesamtwirtschaftliche Modelle sowie ein Mikrosimulationsmodell eingesetzt. Sensitivitätsanalysen erlauben einen Test der Robustheit der Ergebnisse und des Einflusses unterschiedlicher Annahmen und analytischer Methoden auf das Ergebnis. Die Studie zeigt auf, inwieweit die ursprünglichen Ziele der ökologischen Steuerreform erreicht werden können, unerwünschte Nebenwirkungen auftreten und politischer Handlungsbedarf entsteht.

2001. XXII, 130 S. (Kieler Studien. Bd. 311) Geb. € 44,95; sFr 72,-
ISBN 3-540-41981-0

F. Foders

Bildungspolitik für den Standort D

In der Studie werden die Stärken und Schwächen des deutschen Bildungssystems aufgezeigt und zehn Thesen zur Reform einzelner Bildungsbereiche formuliert. Bildungspolitik wird dabei als Teil einer Wirtschaftspolitik definiert, die auf die langfristige Sicherung des Standortes im internationalen Wettbewerb ausgerichtet ist und von der erhebliche Impulse für Wachstum und Beschäftigung ausgehen können.

Springer · Kundenservice
Haberstr. 7
69126 Heidelberg
Tel.: (0 62 21) 345 - 0
Fax: (0 62 21) 345 - 4229
e-mail: orders@springer.de

Die €-Preise für Bücher sind gültig in Deutschland und enthalten 7% MwSt.
Preisänderungen und Irrtümer vorbehalten. d&p · BA 0008/2

Dauerbrenner: Wirtschaftspolitik!

L. Menkhoff, F.L. Sell (Hrsg.)
Zur Theorie, Empirie und Politik der Einkommensverteilung
Festschrift für Gerold Blümle

In diesem Sammelband nehmen ausgewiesene Wissenschaftler in neuen Beiträgen zur Thematik Stellung. Es geht dabei um die Erklärung der Einkommensverteilung, ihre Rolle in anderen Erklärungszusammenhängen (bspw. in Wachstumsprozessen, bei Alterung) sowie um dogmengeschichtliche Bezüge. Aus wirtschaftspolitischer Sicht werden Probleme der Arbeitslosigkeit, der Alterssicherung und der Lohnpolitik in Bezug zu Verteilungsfragen gesetzt.

2002. VI, 350 S. 42 Abb., 11 Tab. Geb. € **74,95**; sFr 116,50 ISBN 3-540-42784-8

S.K. Berninghaus, M. Braulke (Hrsg.)
Beiträge zur Mikro- und zur Makroökonomik
Festschrift für Hans Jürgen Ramser

Diese Festschrift enthält über 40 Beiträge über die Höhen der reinen Theorie bis in die Niederungen der empirischen Forschung, eine Sammlung von Arbeiten zum Mainstream und zu den Nischen des Fachs, die von formal-theoretischen Analysen bis hin zu methodischen, ethischen und philosophischen Abhandlungen reicht.

2001. XIV, 516 S. Geb. € **74,95**; sFr 116,50 ISBN 3-540-42308-7

G. Chaloupek, A. Guger, E. Nowotny, G. Schwödiauer (Hrsg.)
Ökonomie in Theorie und Praxis
Festschrift für Helmut Frisch

Autoren aus Österreich, Deutschland, der Schweiz und den USA behandeln in der Festschrift für den bekannten österreichischen Nationalökonomen Helmut Frisch theoretische und politisch-praktische Fragen aus den Themenkomplexen Inflation, Staatsverschuldung und Stabilisierungspolitik.

2002. X, 404 S. 24 Abb., 41 Tab. Geb. € **64,95**; sFr 101,- ISBN 3-540-42240-4

Besuchen Sie uns im Internet unter:

www.springer.de/economics

Springer · Kundenservice
Haberstr. 7 · 69126 Heidelberg
Tel.: (0 62 21) 345 - 0
Fax: (0 62 21) 345 - 4229
e-mail: orders@springer.de

Die €-Preise für Bücher sind gültig in Deutschland und enthalten 7% MwSt.
Preisänderungen und Irrtümer vorbehalten. d&p · BA 0008/1

Druck: Strauss Offsetdruck, Mörlenbach
Verarbeitung: Schäffer, Grünstadt